云南统计年鉴

YUNNAN STATISTICAL YEARBOOK

2010

（总第 26 期 No.26）

云南省统计局
国家统计局云南调查总队
编

Compiled by Statistical Bureau of Yunnan Province
Survey Office of the National Bureau of Statistics in Yunnan

（京）新登字 041 号

图书在版编目（CIP）数据
云南统计年鉴 . 2010/云南省统计局,国家统计局云南调查总队编.—北京: 中国统计出版社，2010.7
ISBN 978-7-5037-5960-4
Ⅰ.①云 …
Ⅱ.①云 …②国…
Ⅲ.①统计资料-云南省-2010-年鉴
Ⅳ.①C832.74-54
中国版本图书馆 CIP 数据核字(2010) 第 111239 号

云南统计年鉴-2010

作　　者 / 云南省统计局 国家统计局云南调查总队
责任编辑 / 佘竞雄
封面设计 / 杨　超
出版发行 / 中国统计出版社
通信地址 / 北京市丰台区西三环南路甲 6 号　中国统计出版社
邮　　编 / 100073
电　　话 / (010)63376907
E-mail / yearbook@gj.stats.cn
印　　刷 /昆明市西山新雅彩印厂
经　　销 / 新华书店
开　　本 / 890 毫米 × 1240 毫米 1/16
字　　数 / 1000 千字
印　　张 / 37.5
印　　数 / 1-1000 册
版　　别 / 2010 年 9 月第 1 版
版　　次 / 2010 年 9 月第 1 次印刷
书　　号 / ISBN 978-7-5037-5960-4/C · 2337
定　　价 / 468.00 元　　Price:468.00 (RMB)

《云南统计年鉴—2010》

编委会和编辑部人员

Yunnan Statistical Yearbook-2010

EDITORIAL BOARD AND STAFF

编 者 说 明

一、《云南统计年鉴—2010》是一部全面反映云南省国民经济和社会发展情况的统计资料汇编集，汇集了全省及各州（市）、县（市、区）2009年经济和社会发展各方面的统计数据，以及全省历年主要统计数据。

二、本年鉴对上年度年鉴部分章节内容进行了调整，调整后全书共21章，即：1.综合；2.国民经济核算；3.人口；4.就业人员和职工工资；5.固定资产投资；6.对外经济贸易；7.能源；8.财政、金融和保险；9.价格指数；10.人民生活；11.自然资源和环境；12.农业；13.工业；14.建筑业；15.运输邮电；16.批发和零售业；17.住宿、餐饮和旅游；18.教育、科技、文化和体育；19.卫生和其他社会活动；20.民族自治地方概况；21.各地区主要经济指标。

三、本年鉴每个章节后附有主要统计指标解释，对主要统计指标的含义、统计范围和统计方法作了简要说明。

四、本年鉴的资料来源，大部分来自年度统计报表，少部分来自抽样调查。由于条块统计分工关系，部分指标各州（市）、县（市、区）数字相加不等于全省总计，在使用中请注意。由于统计制度仍处于改革过程中，因此，一些统计指标的统计口径范围有所变化，本年鉴对有关数据作了相应的调整，并在有关统计表中作了解释。

五、度量衡单位均采用国家颁布的国际统一标准计量单位。

六、本年鉴中的符号使用说明：

“空格”表示无该项统计指标数据；或表示最小单位数；或资料不详；

“#”表示其中的主要项。

七、本年鉴在编辑过程中，由于时间和水平关系，如有差错之处，热忱希望读者批评指正。为使本年鉴不断改进和完善，更好地满足社会各界的需要，希望广大读者提出宝贵的意见。

PREFACE

I. *Yunnan Statistical Yearbook 2009* is an annual statistics publication fully reflects the national economy and social development in Yunnan province. The present yearbook covers comprehensive data in each city, county and prefecture in 2008 as well as some key data series in significant years of the whole province.

II. After revision, this book contains the following twenty parts: 1.General Survey. 2. National Accounts. 3. Population. 4. Employment, wages. 5. Investment in Fixed Assets. 6. Foreign Economy and Trade. 7. Energy. 8. Finance, Banking and Insurance. 9. Price Indices. 10.People's Livelihood. 11.Natural Resources and environment. 12.Agriculture. 13.Industry. 14.Construction. 15.Transport, Post and Telecommunication Services. 16. Wholesale and Retail Trades. 17. Hotels, Catering Services and Tourism.18. Education, Science and technology, Culture and Sports. 19. Public Health and Other Social Activities. 20.General Survey of Ethnic Minority Autonomous Areas. 21. Principal Economic Indicators by Region.

III. Explanatory Notes on Principal Statistical Indicators are provided at the end of each part to describe the content, scope and method of provincial statistical indicators briefly.

IV. The major data in this publication are obtained from annual statistical reports and a small part from sample surveys. It is advisable to note in the reference that the sum of data of each city, county and prefecture may not correspondingly equal the total of the whole province in some statistical indicators due to vertical and horizontal statistical division. Since the statistical system is still under reform and the statistical requirements and scope are somewhat changed, the relevant data are adjusted and explained accordingly in the present yearbook.

V The units of measurement used in this book are international standard measurement units issued by the state.

VI. Notations used in this yearbook:

"(Blank)" indicates that the data are not available; or refers to numbers of minimum units or refers to numbers which are not in detail.

"#" indicates that the major items of the total.

VII. Readers are welcome to correct our mistakes made during the compiling due to our limited time and level. In order to perfect the yearbook and meet the requirements of all social circles better, comments from various readers are highly appreciated.

目 录

CONTENTS

一、综 合

Chapter 1 General Survey

二、国民经济核算
Chapter 2 National Accounts

三、人 口
Chapter 3 Population

四、就业人员和职工工资
Chapter 4　Employment and Wages

五、固定资产投资
Chapter 5 Investment in Fixed Assets

六、对外经济贸易
Chapter 6　Foreign Trade and Economic Cooperation

七、能　源
Chapter 7　Energy

八、财政、金融和保险
Chapter 8　Finance, Banking and Insurance

九、价格指数
Chapter 9 Price Indices

十、人民生活
Chapter 10 People's Livelihood

十一、自然资源和环境
Chapter 11 Natural Resources and Environment

十二、农 业
Chapter 12 Agriculture

十三、工 业
Chapter 13 Industry

十四、建筑业
Chapter 14 Construction

十五、运输邮电
Chapter 15 Transport, Post and Telecommunication Services

十六、批发和零售业
Chapter 16 Wholesale and Retail Trades

十七、住宿、餐饮和旅游
Chapter 17 Hotels , Catering Services and Tourism

十八、教育、科技、文化和体育
Chapter 18 Education, Science and Technology, Culture and Sports

十九、卫生和其他社会活动
Chapter 19 Public Health and Other Social Activities

二十、民族自治地方概况
Chapter 20 General Survey of Ethnic Minority Autonomous Areas

二十一、各地区主要经济指标
Chapter 21 Principal Economic Indicators by Region

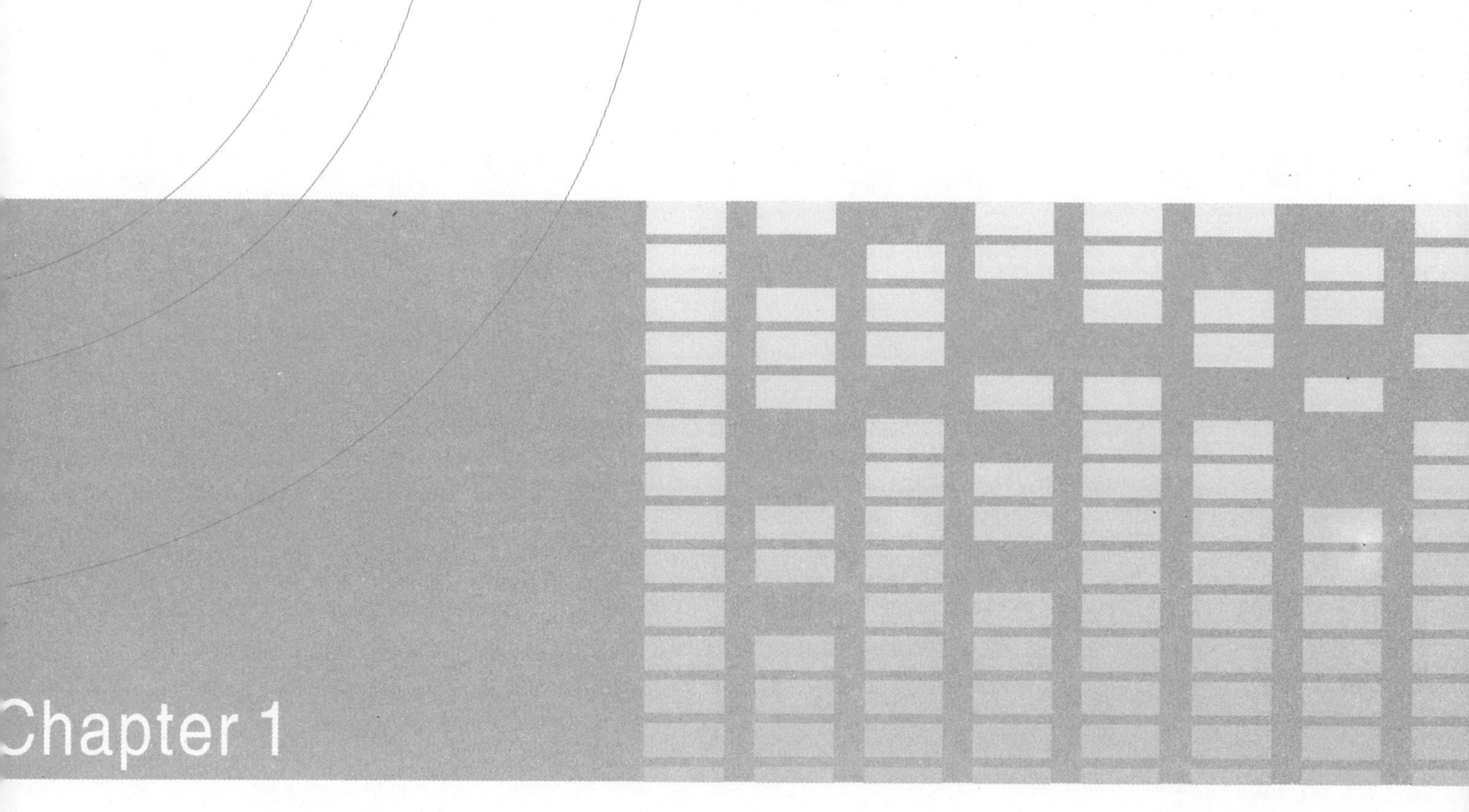

一、综合

General Survey

1-1 全省行政区划及代码（2009年）

Administrative Divisions and Their Codes in Yunnan (2009)

州、市 Autonomous Prefectures and Municipalities	市、县、区 Cities at County Level, Counties and Districts under the Jurisdiction of Cities	县级市、县、区数 Number of Cities at County Level, Counties and Districts under the Jurisdiction of Cities
昆 明 市 Kunming	五华区 盘龙区 官渡区 西山区 东川区 呈贡县 晋宁县 富民县 宜良县 石林县 嵩明县 禄劝县 寻甸县 安宁市 Panlong District, Wuhua District, Guandu District, Xishan District, Dongchuan District, Chenggong, Jinning, Fumin, YiLiang, Shilin, Songming, Luquan, Xundian, Anning City	5个市辖区、1个市、8个县 5 districts under municipal jurisdiction , 1 city and 8 counties
曲 靖 市 Qujing	麒麟区 马龙县 陆良县 师宗县 罗平县 富源县 会泽县 沾益县 宣威市 Qilin District, Malong, Luliang, Shizong, Luoping, Fuyuan, Huize, Zhanyi, Xuanwei City	1个市辖区、1个市、7个县 1 district under municipal jurisdiction,1 city and 7 counties
玉 溪 市 Yuxi	红塔区 江川县 澄江县 通海县 华宁县 易门县 峨山县 新平县 元江县 Hongta District, Jiangchuan, Chengjiang, Tonghai, Huaning, Yimen, Eshan, Xinping,Yuanjiang	1个市辖区、8个县 1 district under municipal jurisdiction and 8 counties
保 山 市 Baoshan	隆阳区 施甸县 腾冲县 龙陵县 昌宁县 Longyang District, Shidian, Tengchong, Longling, Changning	1个市辖区、4个县 1 district under municipal jurisdiction and 4 counties
昭 通 市 Zhaotong	昭阳区 鲁甸县 巧家县 盐津县 大关县 永善县 绥江县 镇雄县 彝良县 威信县 水富县 Zhaoyang District, Ludian, Qiaojia, Yanjin, Daguan, Yongshan, Suijiang, Zhenxiong, Yiliang, Weixin, Shuifu	1个市辖区、10个县 1 district under municipal jurisdiction and 10 counties
丽 江 市 Lijiang	古城区 玉龙县 永胜县 华坪县 宁蒗县 Gucheng District,Yulong, Yongsheng, Huaping, Ninglang	1个市辖区、4个县 1 district under municipal jurisdiction and 4 counties
普 洱 市 Pu'er	思茅区 宁洱县 墨江县 景东县 景谷县 镇沅县 江城县 孟连县 澜沧县 西盟县 Simao District, N ing'er, Mojiang, Jingdong, Jinggu, Zhenyuan, Jiangcheng, Menglian, Lancang, Ximeng	1个市辖区、9个县 1 district under municipal jurisdiction and 9 counties
临 沧 市 Lincang	临翔区 凤庆县 云 县 永德县 镇康县 双江县 耿马县 沧源县 Linxiang District, Fengqing, Yunxian, Yongde, Zhenkang, Shuangjiang, Gengma, Cangyuan	1个市辖区、7个县 1 district under municipal and 7 counties
楚 雄 州 Chuxiong	楚雄市 双柏县 牟定县 南华县 姚安县 大姚县 永仁县 元谋县 武定县 禄丰县 Chuxiong City, Shuangbo, Mouding, Nanhua, Yao'an, Dayao, Yongren, Yuanmou, Wuding, Lufeng	1个市、9个县 1 city and 9 counties
红 河 州 Honghe	个旧市 开远市 蒙自县 屏边县 建水县 石屏县 弥勒县 泸西县 元阳县 红河县 金平县 绿春县 河口县 Gejiu City, Kaiyuan City, Mengzi, Pingbian, Jianshui, Shiping, Mile, Luxi, Yuanyang,Honghe, Jinping, Luchun, Hekou	2个市、11个县 2 cities and 11 counties
文 山 州 Wenshan	文山县 砚山县 西畴县 麻栗坡县 马关县 丘北县 广南县 富宁县 Wenshan, Yanshan, Xichou, Malipo, Maguan, Qiubei, Guangnan, Funing	8个县 8 counties
西双版纳州 Xishuangbanna	景洪市 勐海县 勐腊县 Jinghong City, Menghai, Mengla	1个市、2个县 1 city and 2 counties
大 理 州 Dali	大理市 漾濞县 祥云县 宾川县 弥渡县 南涧县 巍山县 永平县 云龙县 洱源县 剑川县 鹤庆县 Dali City, Yangbi, Xiangyun, Binchuan, Midu, Nanjian, Weishan, Yongping, Yunlong,Eryuan, Jianchuan, Heqing	1个市、11个县 1 city and 11 counties
德 宏 州 Dehong	瑞丽市 潞西市 梁河县 盈江县 陇川县 Ruili City, Luxi City, Lianghe, Yingjiang, Longchuan	2个市、3个县 2 cities and 3 counties
怒 江 州 Nujiang	泸水县 福贡县 贡山县 兰坪县 Lushui,Fugong,Gongshan,Lanping	4个县 4 counties
迪 庆 州 Diqing	香格里拉县 德钦县 维西县 Shangri-La, Deqin, Weixi	3个县 3 counties
合 计 **Total**	**8个省辖市、8个民族自治州；12个市辖区、9个县级市、29个民族自治县、79个非民族自治县** **8 Provincial Jurisdiction Cities,8 Ethinic Minority Autonomous Prefectures, 12 Municipal Jurisdiction Districts, 9 Cities at County Level,29 ethinic minority autonomous counties, 79 counties**	

1-1 续表1

单位：个

地 区	Regions	县、市、区 总 计 Total	#县级市 Cities at County Level	#市辖区 Municipal Districts	#民族自治县 Ethnic Minority Autonomous Counties	#边境县 Counties of Border
全省合计	**Total**	**129**	**9**	**12**	**29**	**25**
昆 明	Kunming	14	1	5	3	
曲 靖	Qujing	9	1	1		
玉 溪	Yuxi	9		1	3	
保 山	Baoshan	5		1		2
昭 通	Zhaotong	11		1		
丽 江	Lijiang	5		1	2	
普 洱	Pu'er	10		1	9	4
临 沧	Lincang	8		1	3	2
楚 雄	Chuxiong	10	1			
红 河	Honghe	13	2		3	3
文 山	Wenshan	8				3
西双版纳	Xishuangbanna	3	1			3
大 理	Dali	12	1		3	
德 宏	Dehong	5	2			4
怒 江	Nujiang	4			2	3
迪 庆	Diqing	3			1	

continued

(unit)

乡、镇、街道办事处合计 Total	街道办事处 Community Offices	镇 Towns	乡 Townships	民族乡 Townships of Ethinic Minority	村、居委会合计 Total	居委会 Community Residents' Committees	村委会 Villagers Committees
1 370	**80**	**593**	**697**	**196**	**14 023**	**1 303**	**12 720**
131	50	57	24	10	1 591	438	1 153
115	9	62	44	8	1 602	191	1 411
75	3	45	27	13	672	51	621
72	2	24	46	15	914	40	874
143	3	54	86	19	1 278	101	1 177
63	4	12	47	22	458	48	410
103		30	73	14	1 032	39	993
77	2	32	43	22	930	31	899
103		53	50	6	1 092	46	1 046
133	3	55	75	9	1 301	124	1 177
102		43	59	16	947	48	899
32	1	18	13	14	239	22	217
112	2	67	43	17	1 139	62	1 077
51	1	23	27	5	373	37	336
29		9	20	3	268	12	256
29		9	20	3	187	13	174

1-1 续表2 continued

单位：个 (unit)

地 区	Region	行政区划代码 Administr-ative Division Codes	合 计 Total	街道办事处 Community Offices	镇 Town	乡 Township	#民族乡 Townships of Nationalities	合 计 Total	居委会 Community Residents' Committees	村委会 Villagers Committees
全省合计	**Total**	**530000**	**1 370**	**80**	**593**	**697**	**196**	**14 023**	**1 303**	**12 720**
昆 明 市	**Kunming**	**530100**	**131**	**50**	**57**	**24**	**10**	**1 591**	**438**	**1 153**
五华区	Wuhua	530102	11	9		2	1	87	76	11
盘龙区	Panlong	530103	10	10				99	51	48
官渡区	Guandu	530111	10	9		1	1	103	57	46
西山区	Xishan	530112	10	10			3	99	99	
东川区	Dongchuan	530113	8		7	1		163	28	135
呈贡县	Chenggong	530121	10	10				65	65	
晋宁县	Jinning	530122	8		6	2	2	133	4	129
富民县	Fumin	530124	6		1	5	1	75	2	73
宜良县	Yiliang	530125	8		6	2	2	137	4	133
石林县	Shilin	530126	7		6	1		92	4	88
嵩明县	Songming	530127	4		4			75	10	65
禄劝县	Luquan	530128	16		10	6		194	2	192
寻甸县	Xundian	530129	14		10	4		174	7	167
安宁市	Anning	530181	9	2	7			95	29	66
曲 靖 市	**Qujing**	**530300**	**115**	**9**	**62**	**44**	**8**	**1 602**	**191**	**1 411**
麒麟区	Qilin	530302	11	5	3	3		119	62	57
马龙县	Malong	530321	8		5	3		66	2	64
陆良县	Luliang	530322	10		8	2		139	17	122
师宗县	Shizong	530323	8		5	3	3	109	5	104
罗平县	Luoping	530324	12		6	6	3	154	30	124
富源县	Fuyuan	530325	11		10	1	1	161	7	154
会泽县	Huize	530326	21		8	13	1	376	15	361
沾益县	Zhanyi	530328	8		3	5		122	28	94
宣威市	Xuanwei	530381	26	4	14	8		356	25	331
玉 溪 市	**Yuxi**	**530400**	**75**	**3**	**45**	**27**	**13**	**672**	**51**	**621**
红塔区	Hongta	530402	11	3	6	2	2	81	17	64
江川县	Jiangchuan	530421	7		5	2	1	72	4	68
澄江县	Chengjiang	530422	6		6			40	4	36
通海县	Tonghai	530423	9		6	3	4	71	4	67
华宁县	Huaning	530424	5		4	1	3	77	4	73
易门县	Yimen	530425	7		3	4	3	56	3	53
峨山县	Eshan	530426	8		5	3		76	5	71
新平县	Xinping	530427	12		6	6		120	4	116
元江县	Yuanjiang	530428	10		4	6		79	6	73

1-1　续表3　continued

单位：个　(unit)

地　区	Region	行政区划代码 Administrative Division Codes	合　计 Total	街道办事处 Community Offices	镇 Town	乡 Township	#民族乡 Townships of Nationalities	合　计 Total	居委会 Community Residents' Committees	村委会 Villagers Committees
保 山 市	**Baoshan**	**530500**	**72**	**2**	**24**	**46**	**15**	**914**	**40**	**874**
隆阳区	Longyang	530502	18	2	6	10	7	309	20	289
施甸县	Shidian	530521	13		5	8	2	137	2	135
腾冲县	Tengchong	530522	18		5	13	2	221	8	213
龙陵县	Longling	530523	10		3	7	1	121	5	116
昌宁县	Changning	530524	13		5	8	3	126	5	121
昭 通 市	**Zhaotong**	**530600**	**143**	**3**	**54**	**86**	**19**	**1 278**	**101**	**1 177**
昭阳区	Zhaoyang	530602	20	3	3	14	4	178	49	129
鲁甸县	Ludian	530621	12		3	9	2	84	4	80
巧家县	Qiaojia	530622	16		6	10		183	4	179
盐津县	Yanjin	530623	10		4	6		88	10	78
大关县	Daguan	530624	9		6	3	1	78	2	76
永善县	Yongshan	530625	15		6	9	2	137	4	133
绥江县	Suijiang	530626	5		4	1		35	3	32
镇雄县	Zhenxiong	530627	28		16	12	4	244	10	234
彝良县	Yiliang	530628	15		3	12	5	137	4	133
威信县	Weixin	530629	10		2	8	1	87	4	83
水富县	Shuifu	530630	3		1	2		27	7	20
丽 江 市	**Lijiang**	**530700**	**63**	**4**	**12**	**47**	**22**	**458**	**48**	**410**
古城区	Gucheng	530702	9	4		5		58	23	35
玉龙县	Yulong	530721	16		3	13	6	102	5	97
永胜县	Yongsheng	530722	15		5	10	7	147	8	139
华坪县	Huaping	530723	8		3	5	8	60	5	55
宁蒗县	Ninglang	530724	15		1	14	1	91	7	84
普 洱 市	**Pu'er**	**530800**	**103**		**30**	**73**	**14**	**1 032**	**39**	**993**
思茅区	Simao	530802	7		4	3	3	70	10	60
宁洱县	Ning'er	530821	9		2	7		89	4	85
墨江县	Mojiang	530822	15		2	13	2	168	5	163
景东县	Jingdong	530823	13		4	9		169	3	166
景谷县	Jinggu	530824	10		4	6		136	4	132
镇沅县	Zhenyuan	530825	9		4	5		111	2	109
江城县	Jiangcheng	530826	7		2	5		50	2	48
孟连县	Menglian	530827	6		3	3		42	3	39
澜沧县	Lancang	530828	20		3	17	8	159	4	155
西盟县	Ximeng	530829	7		2	5	1	38	2	36
临 沧 市	**Lincang**	**530900**	**77**	**2**	**32**	**43**	**22**	**930**	**31**	**899**
临翔区	Linxiang	530902	10	2	1	7	2	102	9	93
凤庆县	Fengqing	530921	13		8	5	6	187	4	183
云　县	Yunxian	530922	12		7	5	7	194	4	190
永德县	Yongde	530923	10		3	7	3	118	2	116
镇康县	Zhenkang	530924	7		3	4	1	74	3	71
双江县	Shuangjiang	530925	6		2	4		75	3	72
耿马县	Gengma	530926	9		4	5	2	87	3	84
沧源县	Cangyuan	530927	10		4	6	1	93	3	90

1-1 续表4 continued

单位：个 (unit)

地区	Region	行政区划代码 Administrative Division Codes	合计 Total	街道办事处 Community Offices	镇 Town	乡 Township	#民族乡 Townships of Nationalities	合计 Total	居委会 Community Residents' Committees	村委会 Villagers Committees
楚雄州	**Chuxiong**	**532300**	**103**		**53**	**50**	**6**	**1 092**	**46**	**1 046**
楚雄市	Chuxiong	532301	15		11	4		150	9	141
双柏县	Shuangbo	532322	8		5	3		84	2	82
牟定县	Mouding	532323	7		4	3		89	5	84
南华县	Nanhua	532324	10		6	4	1	128	5	123
姚安县	Yao'an	532325	9		5	4		77	4	73
大姚县	Dayao	532326	12		3	9	1	129	3	126
永仁县	Yongren	532327	7		3	4	2	63	3	60
元谋县	Yuanmou	532328	10		3	7		78	5	73
武定县	Wuding	532329	11		3	8	2	130	4	126
禄丰县	Lufeng	532331	14		10	4		164	6	158
红河州	**Honghe**	**532500**	**133**	**3**	**55**	**75**	**9**	**1 301**	**124**	**1 177**
个旧市	Gejiu	532501	10	1	7	2		115	36	79
开远市	Kaiyuan	532502	7	2	2	3	1	74	22	52
蒙自县	Mengzi	532522	11		7	4	4	101	17	84
屏边县	Pingbian	532523	7		1	6		80	4	76
建水县	Jianshui	532524	14		8	6		153	11	142
石屏县	Shiping	532525	9		7	2		115	3	112
弥勒县	Mile	532526	12		10	2		139	10	129
泸西县	Luxi	532527	8		5	3		86	5	81
元阳县	Yuanyang	532528	14		2	12	1	137	4	133
红河县	Honghe	532529	13		1	12	1	91	3	88
金平县	Jinping	532530	13		2	11	1	97	4	93
绿春县	Luchun	532531	9		1	8		83	2	81
河口县	Hekou	532532	6		2	4	1	30	3	27
文山州	**Wenshan**	**532600**	**102**		**43**	**59**	**16**	**947**	**48**	**899**
文山县	Wenshan	532621	15		8	7	5	137	16	121
砚山县	Yangshan	532622	11		4	7	4	100	7	93
西畴县	Xichou	532623	9		2	7		72	3	69
麻栗坡县	Malipo	532624	11		4	7	1	96	3	93
马关县	Maguang	532625	13		9	4		124	4	120
丘北县	Qiubei	532626	12		3	9	5	99	4	95
广南县	Guangnan	532627	18		7	11		174	7	167
富宁县	Funing	532628	13		6	7	1	145	4	141
西双版纳州	**Xishuangbanna**	**532800**	**32**	**1**	**18**	**13**	**14**	**239**	**22**	**217**
景洪市	Jinghong	532801	11	1	5	5	2	95	14	81
勐海县	Menghai	532822	11		6	5	7	89	4	85
勐腊县	Mengla	532823	10		7	3	5	55	4	51

1-1 续表5 continued

单位：个 (unit)

地 区	Region	行政区划代码 Administrative Division Codes	合 计					合 计		
				街道办事处	镇	乡			居委会	村委会
							#民族乡			
			Total	Community Offices	Town	Township	Townships of Nationalities	Total	Community Residents' Committees	Villagers Committees
大 理 州	**Dali**	**532900**	**112**	**2**	**67**	**43**	**17**	**1 139**	**62**	**1 077**
大理市	Dali	532901	13	2	10	1	1	142	32	110
漾濞县	yangbi	532922	9		3	6		66	1	65
祥云县	Xiangyun	532923	10		8	2	3	136	4	132
宾川县	Binchuan	532924	10		8	2	3	86	5	81
弥渡县	Midu	532925	8		5	3	1	89	4	85
南涧县	Nanjian	532926	8		4	4		80	1	79
巍山县	Weishan	532927	10		4	6		83	4	79
永平县	Yongping	532928	7		3	4	6	73	1	72
云龙县	Yunlong	532929	11		4	7	2	86	1	85
洱源县	Eryuan	532930	9		6	3		90	2	88
剑川县	Jianchuan	532931	8		5	3		93	5	88
鹤庆县	Heqing	532932	9		7	2	1	115	2	113
德 宏 州	**Dehong**	**533100**	**51**	**1**	**23**	**27**	**5**	**373**	**37**	**336**
瑞丽市	Ruili	533102	6		3	3		40	11	29
潞西市	Luxi	533103	12	1	5	6	1	93	13	80
梁河县	Lianghe	533122	9		3	6	2	66	4	62
盈江县	Yingjiang	533123	15		8	7	1	103	6	97
陇川县	Longchuan	533124	9		4	5	1	71	3	68
怒 江 州	**Nujiang**	**533300**	**29**		**9**	**20**	**3**	**268**	**12**	**256**
泸水县	Lushui	533321	9		3	6	2	75	4	71
福贡县	Fugong	533323	7		1	6	1	58	1	57
贡山县	Gongshan	533324	5		1	4		28	2	26
兰坪县	Lanping	533325	8		4	4		107	5	102
迪 庆 州	**Diqing**	**533400**	**29**		**9**	**20**	**3**	**187**	**13**	**174**
香格里拉县	Shangri-La	533421	11		4	7	1	63	8	55
德钦县	Deqing	533422	8		2	6	2	42	2	40
维西县	Weixi	533423	10		3	7		82	3	79

1-2 历届省人民代表大会代表人数

Number of Deputies to All the Previous Provincial People's Congresses

单位：人 (person)

项目	Item	一届 1954年 8月 First Congress Aug. 1954	二届 1958年 11月 Second Congress Nov. 1958	三届 1963年 12月 Third Congress Dec. 1963	五届 1977年 12月 Fifth Congress Dec. 1977	六届 1983年 4月 Sixth Congress Apr. 1983
代表总人数	**Total Number of Deputies**	**392**	**395**	**495**	**1 016**	**885**
在代表总人数中	Of Which					
女代表	Female Deputies	59	55	92	213	212
占代表总人数（%）	Proportion to Total(%)	15.1	13.9	18.6	20.9	23.9
在代表总人数中	Of Which					
少数民族代表	Minority Nationality Deputies	160	165	197	359	360
占代表总人数（%）	Proportion to Total(%)	40.8	41.8	39.8	35.3	40.6

1-2 续表 continued

单位：人 (person)

项目	Item	七届 1988年 4月 Seventh Congress Apr. 1988	八届 1993年 5月 Eighth Congress May. 1993	九届 1998年 1月 Ninth Congress Jan. 1998	十届 2003年 1月 Tenth Congress Jan. 2003	十一届 2008年 1月 Eleventh Congress Jan. 2008
代表总人数	**Total Number of Deputies**	**588**	**629**	**619**	**621**	**626**
在代表总人数中	Of Which					
女代表	Female Deputies	134	127	147	164	168
占代表总人数（%）	Proportion to Total(%)	22.8	20.2	23.7	26.4	26.8
在代表总人数中	Of Which					
少数民族代表	Minority Nationality Deputies	259	287	286	291	295
占代表总人数（%）	Proportion to Total(%)	44.0	45.6	46.2	46.9	47.1

注：因文化大革命，1968年8月云南省革命委员会成立，云南省第四届省人代会没有召开代表大会。
Note: The Fourth Session of the People's Congress of Yunnan Province was not held. The Revolutionary Committee of Yunnan Province was established in August, 1968.

1-3 历届政治协商会议云南省委员会委员人数

Number of Deputies to All the Previous Provincial People's Political Consultative Conferences

单位：人 (person)

项 目	Item	一 届 1955年 2月 First Conference Feb. 1955	二 届 1959年 7月 Second Conference July. 1959	三 届 1963年 12月 Third Conference Dec. 1963	四 · 届 1977年 12月 Fourth Conference Dec. 1977	五 届 1983年 4月 Fifth Conference Apr. 1983
委员总人数	**Total Number of Deputies**	**157**	**390**	**387**	**419**	**526**
在委员总人数中	Of Which					
中共委员	Deputies from the CPC	33	111	134	158	196
占总人数（%）	Proportion to Total(%)	21.0	28.5	34.6	37.7	37.3
在委员总人数中	Of Which					
女委员	Female Deputies	4	29	30	47	71
占总人数（%）	Proportion to Total(%)	2.6	7.4	7.8	11.2	13.5
在委员总人数中	Of Which					
少数民族委员	Minority Nationality Deputies	44	119	106	96	137
占总人数%	Proportion to Total(%)	28.0	30.5	27.4	22.9	26.0

1-3 续表 continued

单位：人 (person)

项 目	Item	六 届 1988年 4月 Sixth Conference Apr. 1988	七 届 1993年 4月 Seventh Conference Apr. 1993	八 届 1998年 1月 Eighth Conference Jan. 1998	九 届 2003年 1月 Ninth Conference Jan. 2003	十 届 2008年 1月 Tenth Conference Jan. 2008
委员总人数	**Total Number of Members**	**561**	**589**	**612**	**643**	**647**
在委员总人数中	Of Which					
中共委员	Members of the CPC	204	228	228	247	259
占总人数（%）	Proportion to Total(%)	36.4	38.7	37.3	38.4	40.0
在委员总人数中	Of Which					
女委员	Female Deputies	84	98	134	172	163
占总人数（%）	Proportion to Total(%)	15.0	16.6	21.5	26.6	25.2
在委员总人数中	Of Which					
少数民族委员	Minority Nationality Deputies	160	172	183	206	203
占总人数（%）	Proportion to Total(%)	28.5	29.2	29.9	32.0	31.4

1-4 主要年份国民经济主要指标

指 标	Item	1952
年末总人口数（万 人）	**Total Population at Year-end (10 000 persons)**	**1 695.00**
#女 性	Female	
男 性	Male	
年末就业人员数 （万 人）	**Total Number of Employed Persons at Year-end (10 000 persons)**	**761.00**
#职工人数 （万 人）	Staff and Workers (10 000 persons)	26.00
工农业总产值 （亿 元）	**Gross Output Value of Industry and Agriculture (100 million yuan)**	**13.41**
地区生产总值(当年价)(亿 元)	**Gross Regional Product (at current prices) (100 Million yuan)**	**11.78**
#非公经济增加值(亿元)	#Added Value of Individual and Private Economy (10 000 yuan)	
万元生产总值能耗(吨标准煤/万元)	**Total Energy Consumption per 10 000 yuan of GRP (tons of SEC/10 000 yuan)**	**1.61**
农业生产	**Agriculture Production**	
农、林、牧、渔业总产值(当年价)(亿元)	Gross Output Value of Farming, Forestry, Animal Husbandry and Fishery (at current prices) (100 million yuan)	9.60
主要农产品产量	Output of Major Agricultural Products	
粮 食（万 吨）	Grain (10 000 tons)	451.00
油 料（万 吨）	Oil-bearing Crops(10 000 tons)	3.37
甘 蔗（万 吨）	Sugarcane(10 000 tons)	30.13
烤 烟（万 吨）	Flue-cured Tobacco (10 000 tons)	0.57
水 果（万 吨）	Fruits (10 000 tons)	
茶 叶（万 吨）	Tea (10 000 tons)	0.36
猪、牛、羊肉（万 吨）	Pork,Beef and Mutton (10 000 tons)	8.36
水产品（万 吨）	Aquatic Product (10 000 tons)	0.14
工业生产	**Industrial Production**	
工业总产值(当年价)(亿 元)	Gross Output Value of Industry (at current prices)(100 million yuan)	3.81
轻工业产值（亿 元）	Total Output Value of Light Industry (100 million yuan)	2.30
重工业产值（亿 元）	Total Output Value of Heavy Industry (100 million yuan)	1.51
能源生产与消费	**Production and Consumption of Energy**	
能源生产总量(万吨标准煤)	Total Energy Production (10 000 tons of SCE)	17.50
能源消耗总量(万吨标准煤)	Total Energy Consumption (10 000 tons of SCE)	19.00
主要工业产品产量	**Output of Majar Industrial Products**	
布（万 米）	Cloth (10 000 m)	3641.00
机制纸及纸板（万 吨）	Machine-made Paper and Paperboards (10 000 tons)	0.08
糖（万 吨）	Sugar (10 000 tons)	2.00
卷 烟（万 箱）	Cigarettes (10 000 cases)	2.00
粗 钢（万 吨）	Steel (10 000 tons)	0.25
成品钢材（万 吨）	Steel Products (10 000 tons)	0.13
原 煤（万 吨）	Raw Coal (10 000 tons)	28.00
发电量（亿千瓦小时）	Electricity (100 million kwh)	0.52
水 泥（万 吨）	Cement (10 000 tons)	1.00

注：工业总产值及轻重工业产值从1995年开始按新规定的计算方法统计,万元生产总值能耗按当年价格计算。

Principal Indicators on National Economy in Significant Years

1978	1990	1995	2000	2005	2007	2008	2009
3 091.50	**3 730.60**	**3 989.60**	**4 240.80**	**4 450.40**	**4 514.00**	**4 543.00**	**4 571.00**
1 542.80	1 819.80	1 934.40	2 048.80	2 148.20	2 178.90	2 192.90	2 206.40
1 548.70	1 910.80	2 055.20	2 192.00	2 302.20	2 335.10	2 350.00	2 364.60
1 313.39	**1 922.65**	**2 149.00**	**2 295.40**	**2 461.32**	**2 573.80**	**2 638.40**	**2 684.80**
216.04	291.87	311.50	273.40	235.71	280.72	286.73	293.60
95.45	**556.98**	**1 704.47**	**2 270.22**	**4 318.42**	**6 552.09**	**7 380.27**	**7 967.94**
69.05	**451.67**	**1 222.15**	**2 011.19**	**3 472.89**	**4 741.31**	**5 700.10**	**6 169.75**
	46.97	188.24	411.00	1 215.00	1 773.25	2 194.54	2 412.38
15.44	**4.33**	**2.16**	**1.72**	**1.74**	**1.51**	**1.32**	**1.30**
40.02	211.72	474.46	680.86	1 068.58	1 414.79	1 641.46	1 706.19
864.05	1 061.21	1 188.91	1 467.80	1 514.90	1 460.70	1 518.59	1 576.92
5.51	13.31	19.58	26.98	36.22	36.65	40.38	50.16
160.01	661.88	1 055.92	1 420.29	1 415.50	1 938.67	1 898.75	1 761.31
12.26	43.60	76.07	64.61	77.22	76.68	83.97	88.03
11.62	31.97	55.71	76.95	136.63	202.37	266.18	303.85
1.78	4.48	6.40	7.94	11.59	16.99	17.15	18.29
29.23	74.74	120.45	191.51	277.32	238.60	257.18	270.88
1.12	4.60	8.44	16.62	23.85	33.39	39.37	43.06
55.43	345.26	1 079.46	1 589.36	3 249.84	5 137.30	5 738.81	6 261.75
23.84	181.14	584.60	802.70	1 120.47	1 830.16	1 447.80	1 930.88
31.60	164.12	494.86	786.66	2 129.37	3 307.14	4 291.01	4 330.87
1 002.60	1 594.50	2 313.65	2 471.77	5 353.36	6 587.28	7 662.18	7 851.21
1 065.90	1 954.18	2 640.55	3 468.33	6 023.97	7 173.26	7 577.69	8 032.06
10 507.00	17 974.00	13 964.00	5 855.00	1 385.00	616.00	374.78	365.00
5.12	15.43	30.41	22.32	28.88	37.72	42.79	46.02
14.00	51.00	94.00	152.25	153.57	188.04	211.02	223.91
63.00	448.00	680.00	612.77	631.47	670.26	679.55	691.58
35.12	80.15	140.50	189.41	531.41	883.85	901.31	1 049.05
25.59	68.97	144.34	183.71	486.93	789.99	836.62	973.30
1 483.00	2 227.00	2 803.00	2 216.00	6 462.14	7 755.19	8 657.43	8 921.02
52.51	125.78	228.42	317.46	624.20	904.51	1 039.56	1 173.82
131.00	471.00	997.00	1 642.80	2 832.62	3 568.53	4 011.98	5 046.45

Note:The gross output value of light and heavy industries have been calculated by a new approach since 1995，numbers of total energy consumption per 10000 yuan of GDP are calculated at current prices.

1-4 续表

指 标	Item	1952
运输邮电	**Transport, Posts and Telecommunication Services**	
货运周转量（亿吨公里）	Freight Traffic(100 million ton-km)	1.54
铁 路	Railways	0.64
公 路	Highways	0.87
水 路	Waterways	0.03
民用航空	Civil Aviation	
旅客周转量（亿人公里）	Passenger Traffic(100 million passenger-km)	1.32
铁 路	Railways	0.73
公 路	Highways	0.59
水 路	Waterways	
民用航空	Civil Aviation	
邮电业务总量（亿 元）	Total Post and Telecommunication Services(10 000 yuan)	0.03
固定资产投资（亿 元）	**Investment in Fixed Assets(100 million yuan)**	
全社会固定资产投资	Total Investment in Fixed Assets	0.59
城 镇	Urban Areas	0.59
乡 村	Rural Areas	
国内贸易	**Domestic Trade**	
社会消费品零售总额（亿 元）	Total Retail Sales of Consumer Goods (100 million yuan)	4.87
对外经济贸易（万美元）	**Foreign Trade and Economic Cooperation (USD 10 000)**	
进出口总额	Total Value of Exports and Imports	32
出口额	Exports Value	5
进口额	Imports Value	27
旅游总收入（万元）	**Total Tourism Revenue**	
#旅游外汇总收入(万美元)	Foreign Exchange Earning from International Tourism	
实际利用外商投资总额	**Actually Utilized Foreign Investment Value**	
财 政（亿 元）	**Government Finance (100 million yuan)**	
财政总收入	Government Revenue	1.87
财政支出	Government Expenditure	0.99
物价指数（以1952年价格为100）	**Price Indices (%) (prices in 1952 = 100)**	
商品零售价格指数（%）	Commodity Retail Price Indice(%)	
城市居民消费价格指数（%）	Urban Population Consumer Price Indice (%)	100.0
职工工资	**Wages of Staff and Workers**	
职工工资总额（亿 元）	Total Wages of Staff and Wokers (100 million yuan)	
#国有单位职工工资总额（亿 元）	Total Wages of Staff and Wokers of State-owned Entities (100 million yuan)	0.73
职工年平均工资（元）	Annual Average Wages of Staff and Workers (yuan)	371
#国有单位职工年平均工资（元）	Annual Average Wages of Staff and Workers of State-owned Units (yuan)	371
教育文化	**Education and Culture**	
高等学校数（所）	Number of Regular Institutions of Higher Education (unit)	2
高等学校在校学生数（万人）	Student Enrollment of Regular Institutions of Higher Education (10 000 person)	0.33
中等专业学校在校学生数（万人）	Student Enrollment of Specialized Secondary Schools (10 000 person)	0.66
普通中学在校学生数（万 人）	Student Enrollment of Regular Secondary Schools (10 000 persons)	4.73
小学在校学生数（万 人）	Student Enrollment of Primary Schools (10 000 persons)	114.85
艺术表演团体（个）	Number of Art Performance Groups (unit)	
报纸出版数量（亿 份）	Number of Newspapers Issued (100 million pieces)	
各类杂志出版数量（万 册）	Number of Magazines Issued (10 000 copies)	
图书出版数量（亿 册）	Number of Books Published (100 million copies)	
卫 生	**Health Care**	
卫生机构数（个）	Number of Health Institutions (unit)	350
床位数（万 张）	Number of Sickbeds of Health Institutions (10 000)	0.43
#医院病床数（万 张）	Number of Sickbeds of Hospital (10 000)	0.36
专业卫生技术人员（万 人）	Number of Medical Technical Personnel (10 000 persons)	0.38
#医 生（万 人）	Doctors (10 000 persons)	0.07

注：1.进出口总额包括边境贸易，1998年以前为外贸业务数，1999年以后为海关进出口统计数。
2.财政收入为总收入，包括上划中央的“两税”收入。
3.从1996年开始卫生机构数包括主要卫生机构、诊所、卫生保健所、医务室等。

continued

1978	1990	1995	2000	2005	2007	2008	2009
62.34	260.67	307.71	479.52	656.49	770.96	811.15	904.27
43.52	93.91	114.24	180.76	270.37	314.23	336.20	340.95
18.57	166.10	192.10	296.65	381.96	450.83	468.63	496.14
0.24	0.59	1.06	0.98	2.93	4.59	5.16	5.42
0.01	0.07	0.31	1.13	1.23	1.31	1.16	1.16
24.25	87.67	137.93	237.94	331.60	393.40	411.89	448.45
9.92	17.22	23.03	31.35	41.04	52.63	66.61	63.37
13.89	65.77	93.10	171.20	233.12	265.80	272.98	302.22
0.12	0.46	0.35	0.78	1.05	1.21	1.54	1.55
0.32	4.22	21.45	34.57	56.39	73.76	70.76	81.31
0.30	1.27	13.97	99.07	272.23	469.35	606.99	669.99
15.04	75.74	380.57	697.94	1 755.30	2 798.89	3 526.60	4 527.02
13.44	51.22	262.84	466.20	815.27	1 211.78	2 548.64	3 380.08
1.15	12.57	38.55	47.44	79.47	193.99	158.57	218.49
28.38	145.59	369.55	583.17	1 034.40	1 394.54	1 764.74	2 051.06
10 420	54 842	189 609	181 283	473 822	877 976	959 936	801 921
6 948	43 449	121 548	117 516	264 158	473 612	498 696	451 402
3 472	11 393	68 061	63 767	209 664	404 363	461 240	350 510
			2 114 340	**4 301 365**	**5 592 081**	**6 632 787**	**8 107 266**
			33 901	52 801	85 958	100 755	117 221
11.76	77.43	285.26	432.95	766.40	1 111.30	1 360.00	1 490.82
18.28	90.76	235.10	414.11	766.31	1 135.22	1 470.24	1 952.34
100.1	102.1	118.1	97.6	100.1	104.4	106.1	100.1
100.0	101.6	120.3	97.6	101.9	105.9	105.7	100.4
12.68	60.66	158.96	254.46	377.15	566.49	683.69	788.38
11.42	53.56	137.81	209.5	283.30	398.49	473.30	546.72
608	2 130	5 149	9 231	16 140	20 481	24 030	26 992
629	2 200	5 286	9 422	16 900	22 884	26 765	30 329
15	26	26	24	44	51	59	61
1.59	4.35	5.14	9.04	23.21	30.21	34.35	38.95
2.66	7.38	10.26	11.92	15.56	18.63	20.53	23.37
128.54	123.95	127.25	185.97	238.88	251.77	259.48	264.97
436.03	446.86	462.41	472.06	441.23	453.31	451.04	444.14
149	137	134	129	135	131	127	146
	2.23	2.59	3.60	4.97	5.59	5.89	6.72
75	954	1 604	2 877	2 308	2 793	3 265	3 086
0.45	1.23	1.19	1.34	1.29	1.60	1.75	1.71
5 529	6 671	6 400	13 356	10 110	9 693	9 249	9 251
5.97	8.45	9.56	9.75	10.70	11.90	12.78	14.01
5.41	7.61	8.39	6.61	7.47	8.32	9.04	9.97
6.55	10.16	11.25	12.41	11.84	12.37	12.62	13.38
3.11	5.39	5.95	6.26	5.58	5.66	5.73	5.94

Note: a.The total value of imports and exports includes frontier trade value. The data before 1998 refer to those of foreign trade, and those after 1999 refer to the statistical data of imports and exports of the customs.

b.The government revenue is the total government revenue,including two taxes turned over to the central government.

c.The number of health institutions has included main health institutions, clinics, care centers and so forth since 1996.

1-5 主要年份国民经济主要指标指数及增速

指　　标	Item		
		1952	1978
人　口	**Population**	**269.7**	**147.9**
工农业总产值	**Gross Output Value of Industry and Agriculture**	**11 767.5**	**2 042.5**
地区生产总值	**Gross Regional Product**	**8 450.3**	**1 837.8**
农业生产	**Agricultural Production**		
农、林、牧、渔业总产值	Gross Output Value of Farming, Forestry, Animal Husbandry and	1 407.2	564.7
主要农产品产量	Output of Major Agriculture Products		
粮　食	Grain	349.6	182.5
油　料	Oil-bearing Crops	1 488.4	910.3
甘　蔗	Sugarcane	5 845.7	1 100.7
烤　烟	Flue-cured Tobacco	15 443.9	718.0
水　果	Fruits		2 614.9
茶　叶	Tea	5 080.6	1 027.5
猪、牛、羊肉	Pork,Beef and Mutton	3 240.2	926.7
水产品	Aquatic Products	30 757.1	3 844.6
主要工业产品产量	Output of Major Industrial Products		
布	Cloth	10.0	3.5
机制纸及纸板	Machine-made Paper and Paperboards	57 525.0	898.8
糖	Sugar	11 195.5	1 599.4
卷　烟	Cigarettes	34 579.0	1 097.7
粗　钢	Steel	419 620.0	2 987.0
成品钢材	Steel Products	748 692.3	3 803.4

Index and Growth Rate of Principal Indicators on National Economy in Significant Years

指　数（2009年为以下各年） Index(2009 as percentage of the following years)						年平均增长速度(%) Average Annual Growth Rate(%)	
1990	1995	2000	2005	2007	2008	1953–2009	1979–2009
122.5	**114.6**	**107.8**	**102.7**	**101.3**	**100.6**	**1.8**	**1.4**
735.8	**417.8**	**281.5**	**175.0**	**127.4**	**111.7**	**8.7**	**10.2**
602.1	**365.8**	**240.7**	**156.6**	**124.4**	**112.1**	**8.1**	**9.8**
296.6	238.0	175.3	132.9	114.2	105.8	4.7	5.7
148.6	132.6	107.4	104.1	108.0	103.8	2.3	2.1
376.9	256.2	185.9	138.5	136.9	124.2	4.9	7.9
266.1	166.8	124.0	124.4	90.9	92.8	7.5	8.6
201.9	115.7	136.2	114.0	114.8	104.8	9.4	7.0
950.4	545.4	394.9	222.4	150.1	114.2		11.9
408.3	285.8	230.4	157.8	107.7	106.6	7.3	8.4
362.4	224.9	141.4	97.7	113.5	105.3	6.4	8.0
936.1	510.2	259.1	180.5	129.0	109.4	10.8	13.4
2.0	2.6	6.2	26.4	59.3	97.4	- 4.0	- 10.9
298.3	151.3	206.2	159.3	122.0	107.5	12.0	7.9
439.0	238.2	147.1	145.8	119.1	106.1	8.8	10.0
154.4	101.7	112.9	109.5	103.2	101.8	11.0	8.6
1 308.9	746.7	553.9	197.4	118.7	116.4	16.1	12.4
1 411.2	674.3	529.8	199.9	123.2	116.3	17.3	13.4

1-5 续表

指 标	Item	1952	1978
原 煤	Coal	31 860.8	601.6
发电量	Electricity	225 734.6	2 235.4
水 泥	Cement	504 645.0	3 852.3
运输邮电	**Transportation**		
货运周转量	Freigh Traffic	58 718.8	1 450.5
旅客周转量	Passenger Traffic	33 973.5	1 849.3
邮电业务总量	Total Post and Telecommunication Services	2 233 300.0	223 330.0
全社会固定资产投资总额	**Total Investment in Fixed Assets**	**767 291.5**	**30 099.9**
社会消费品零售总额	**Total Retail Sales of Consumer Goods**	**42 116.2**	**7 227.1**
进出口总额	**Total Value of Exports and Imports**	**2 506 003.1**	**7 696.0**
出口额	Export Value	90 280.4	65.0
进口额	Import Value	12 981.9	101.0
财 政	**Government Finance**		
财政总收入	Government Revenue	79 723.0	12 677.0
财政支出	Government Expenditure	197 206.1	10 680.2
物价指数	**Price Indices**		
商品零售价格总指数(%)	General Indice of Commodity Retail Price(%)	456.0	427.0
城市居民消费价格总指数(%)	General Indice of Urban Population Consumer Price(%)	620.5	550.6
国有单位职工平均工资	**Average Wages of Staff and Workers of State-owned Entities**	**8 174.9**	**4 821.8**
教育文化	**Education and Culture**		
高等学校在校学生数	Student Enrollment of Regular Institutions of Higher Education	11 803.0	2 449.7
中等专业学校在校学生数	Student Enrollment of Specialized Secondary Schools	3 540.9	878.6
普通中学在校学生数	Student Enrollment of Regular Secondary Schools	5 601.9	206.1
小学在校学生数	Student Enrollment of Primary Schools	386.7	101.9
卫 生	**Health Care**		
医院病床数	Number of Hospital Sickbeds	3 258.1	234.7
专业卫生技术人员	Number of Medical Technical Personnel	3 521.1	204.3
#医 生	Number of Doctors	8 485.7	191.0

注：2002年进出口总额因口径与1995年以前不一致，故不可比。

continued

指　数（2009年为以下各年）Index(2009 as percentage)						年平均增长速度(%) Average Annual Growth Rate (%)	
1990	1995	2000	2005	2007	2008	1953-2009	1979-2009
400.6	318.3	402.6	138.1	115.0	103.0	10.8	6.4
933.2	513.9	369.8	188.1	129.8	112.9	14.8	11.3
1 071.4	506.2	307.2	178.2	141.4	125.8	16.4	13.4
346.9	293.9	188.6	137.7	117.3	111.5	12.1	9.7
511.5	325.1	188.5	135.2	114.0	108.9	11.0	10.6
52 755.1	4 795.9	676.3	246.1	142.8	112.7	19.6	30.5
5 977.1	**1 189.5**	**648.6**	**257.9**	**161.7**	**128.4**	**17.3**	**21.7**
1 408.8	**555.0**	**351.7**	**198.3**	**147.1**	**119.3**	**11.4**	**15.9**
1 462.2	**422.9**	**442.4**	**169.2**	**91.3**	**83.5**	**19.4**	**15.0**
1 038.9	371.4	384.1	170.9	95.3	90.5	22.1	14.4
3 076.5	515.0	549.7	167.2	86.7	76.0	18.1	16.1
1 925.4	522.6	109.6	194.5	134.2	109.6	12.7	18.2
2 151.1	830.4	471.5	254.8	172.0	132.8	14.5	17.5
212.9	117.2	113.0	111.8	106.2	100.1	2.7	5.0
261.4	136.1	121.7	114.3	106.0	100.5	**3.3**	**5.7**
1 378.6	**573.8**	**321.9**	**179.5**	**132.5**	**113.3**	**8.2**	**14.3**
895.4	757.8	430.9	167.8	128.9	113.4	8.9	11.7
316.7	227.8	196.1	150.2	125.4	113.8	6.6	7.8
213.8	208.2	142.5	110.9	105.2	102.1	7.5	2.5
99.4	96.0	94.1	100.7	98.0	98.5	2.4	0.1
165.8	146.5	143.7	130.9	117.7	109.6	6.4	3.0
131.7	118.9	107.8	113.0	108.2	106.0	6.6	2.5
110.2	99.8	94.9	106.5	104.9	103.7	8.3	2.3

Note: The total Value of import and export in 2000 can not be compared with those before 1995 because of the different accounting approaches.

1-6 按经济成分划分的主要社会经济指标（2009年）

Principal Socio-economic Indicators by Sectors of Economy (2009)

指　　标	Item	绝对数 Absolute Figure	比重（%） As Percentage to Total (%) (total=100)
地区生产总值(亿元)	**Gross Regional Product (100 million yuan)**	**6 169.75**	**100.0**
国有经济	State-owned Economy	2 850.42	46.2
集体经济	Collective-owned Economy	906.95	14.7
非公有制经济	Non-public-owned Economy	2 412.38	39.1
就业人员总数(万人)	**Total Number of Employed Persons (10 000 persons)**	**2 684.80**	**100.0**
城镇国有单位就业人员	Employed Persons in Urban State-owned Entities	187.80	7.0
城镇集体单位就业人员	Employed Persons in Urban Collective-owned Entities	11.00	0.4
城镇其他经济类型单位就业人员	Employed Persons in Entities of Other Types of Ownership	107.60	4.0
城镇个体私营就业人员	Self-employed Individuals and Others	235.50	8.8
其他就业人员	Other Employed Persons	5.60	0.2
乡村就业人员	Rural Employed Persons	2 137.30	79.6
规模以上工业增加值(亿元)	**Added Value of Industry (100 million yuan)**	**1 904.38**	**100.0**
国有企业	State-owned Enterprises	593.02	31.2
集体企业	Collective-owned Enterprises	18.59	1.0
股份合作制企业	Joint Stock Cooperative Enterprises	5.62	0.3
股份制企业	Joint Stock Enterprises	1 120.39	58.8
外商及港澳台资企业	Foreign-funded and Enterprises funded by Hong Kong,Macao and Taiwan	99.58	5.2
其他工业	Other Enterprises	67.18	3.5
固定资产投资总额(亿元)	**Total Investment in Fixed Assets (100 million yuan)**	**4 527.02**	**100.0**
国有经济	State-owned Economy	2 144.32	47.4
集体经济	Collective-owned Economy	111.54	2.4
个体私营经济	Individual and Private Economy	419.72	9.3
其他各种经济	Other Types of Ownership Economy	1 851.44	40.9
社会消费品零售总额(亿元)	**Total Retail Sales of Consumer Goods (100 million yuan)**	**2 051.06**	**100.0**
公有经济	Public Ownership Economy	335.24	16.3
其中：国有经济	Of which:State-owned Economy	223.62	10.9
非公有经济	Individual and Private Enterprises	1 715.82	83.7
其中：私有经济	Of which: Private Economy	1 440.72	70.2
普通中学和小学教师总人数(万人)	**Total Teachers and Primary Shools (10 000 persons)**	**42.31**	**100.0**
教育部门和集体办	Shools Run by Educational Departments and Collective Entities	41.13	97.2
社会力量办	Shools Run by Non-government Entities	1.11	2.6
其他部门办	Shools Run by Other Departments	0.07	0.2

注：农、林、牧、渔业总产值、工业增加值按当年价格计算。

Note: Gross output value of agriculture,forestry,animal husbandry,fishery and added value of industry are calculated at current prices.

1-7　云南省国民经济主要指标占全国的比重（2009年）
Proportion of National Economy in Yunnan Province to the Whole Country (2009)

单位:%　　Unit:%

指　标	Item	全　国 National Total	云　南 Yunnan Total	云南占全国的比重(%) Proportion of Yunnan to National Total(%)
年末总人口(万人)	**Total Population at the Year-end (10 000 persons)**	**133 474.00**	**4 571.00**	**3.4**
#城　镇	**Urban Areas**	62 186.00	1 554.10	2.5
地区生产总值(亿元)	**Gross Regional Product (100 million yuan)**	**335 353.00**	**6 169.75**	**1.8**
第一产业	Primary Industry	35 477.00	1 067.60	3.0
第二产业	Secondary Industry	156 958.00	2 582.53	1.6
第三产业	Tertiary Industry	142 918.00	2 519.62	1.8
人均地区生产总值（元）	Per Capita Gross Regional Product	25 188.00	13 539.00	53.8
全社会固定资产投资(亿元)	**Total Investment in Fixed Assets (100 million yuan)**	**224 846.00**	**4 527.02**	**2.0**
社会消费品零售总额(亿元)	**Total Retail Sales of Consumer Goods (100 million yuan)**	**132 676.00**	**2 051.06**	**1.5**
对外贸易进出口总额	**Total Value of Export and Import in Foreign Trade (USD 100 million)**	**22 072.00**	**80.19**	**0.4**
#出口总额	Total Export Value	12 017.00	45.14	0.4
外商直接投资(亿美元)	**Direct Foreign Investment (USD 100 million)**	**900.00**	**9.10**	**1.0**
普通高等学校在校学生数(万人)	**Student Enrollment of Regular Institutions of Higher Education(10 000 persons)**	**2 144.70**	**38.95**	**1.8**
卫生机构病床数(万张)	**Number of Hospital Sickbeds (10 000 beds)**	**441.60**	**14.01**	**3.2**
卫生技术人员(万人)	**Medical Technical Personnel (10 000 persons)**	**539.70**	**13.38**	**2.5**
#医生	Doctors	220.50	5.94	2.7
全部职工平均工资(元)	**Average Wages of All Staff and Workers (yuan)**	**32 736**	**26 992.00**	**82.5**
农民人均纯收入(元)	**Per Capita Net Income of Farmers (yuan)**	**5 153.00**	**3 369.00**	**65.4**
城镇居民年平均可支配收入(元)	**Annual Average Disposable Income of Urban Households (yuan)**	**17 175.00**	**14 424.00**	**84.0**
城乡居民储蓄存款余额(亿元)	**Balance of Savings Deposits of Urban and Rural Residents(100 million yuan)**	**264 761.00**	**4 668.61**	**1.8**
工农业主要产品产量	**Output of Major Industrial and Farm Products**			
粮　食(万吨)	Grain (10 000 tons)	53 082.00	1 576.92	3.0
烤　烟(万吨)	Flue-cured Tobacco (10 000 tons)	281.40	88.03	31.3
油　料(万吨)	Oil-bearing Crops (10 000 tons)	3 154.30	50.16	1.6
猪、牛、羊肉(万吨)	Pork , Beef and Mutton (10 000 tons)	5 915.50	270.88	4.6
粗　钢(万吨)	Steel (10 000 tons)	56 803.30	1 049.05	1.8
成品钢材(万吨)	Steel Products (10 000 tons)	69 626.30	973.30	1.4
原　煤(亿吨)	Coal (100 million tons)	29.73	0.89	3.0
发电量(亿千瓦小时)	Electricity (100 million kwh)	37 146.50	1 173.82	3.2
水　泥(万吨)	Cement (10 000 tons)	165 000.00	5 046.45	3.1
农用化肥(折100%)(万吨)	Chemical Fertilizer (10 000 tons)	6 599.70	356.73	5.4
布(亿米)	Cloth (100 million m)	740.00	0.04	0.00005
糖(万吨)	Sugar (10 000 tons)	1 321.20	223.91	16.9
卷　烟(亿支)	Cigarettes (10 billions cigarettes)	22 901.50	3 457.90	15.1

1-8 企业景气指数（2009年）

Boom Indices of Enterprises (2009)

指　　标	Item	一季度 1st Quarter	二季度 2nd Quarter	三季度 3rd Quarter	四季度 4th Quarter
总体指数	**General Index**	**111.6**	**109.4**	**115.1**	**124.5**
按行业分类	**Grouped by Industrial Sector**				
工　业	Industry	100.3	103.0	108.4	120.1
采矿业	Mining	67.3	85.5	92.9	115.9
制造业	Manufacturing	100.5	99.7	103.7	116.6
电力、燃气及水的生产和供应业	Production and Supply of Electric Power, Gas and Water	110.4	123.7	134.5	139.2
建筑业	Construction	118.7	116.5	121.5	130.8
房屋和土木工程建筑业	Building and Civil Engineering	120.3	117.4	121.4	132.8
建筑安装业	Construction and Installation	83.7	116.6	133.3	100.0
交通运输、仓储及邮政业	Transportation,Storage and Post	118.9	109.3	126.5	122.8
铁路运输业	Railway Transport	50.0	100.0	150.0	100.0
道路运输业	Highway Transport	117.5	100.0	122.0	114.6
仓储业	Storage	77.3	120.0	125.0	125.0
邮政业	Post	137.8	125.8	135.5	138.7
批发和零售业	Wholesale and Retail Trades	141.9	125.5	127.7	139.3
批发业	Wholesale Trade	146.4	134.7	132.3	144.8
零售业	Retail Trade	133.8	111.6	121.1	131.5
房地产业	Real Estate	113.8	110.7	111.9	123.8
社会服务业	Social Services	104.5	101.4	110.0	113.0
租赁业	Leasehold Services	66.7	133.3	133.3	133.3
商务服务业	Business Services	102.8	94.6	103.6	109.3
公共设施管理业	Public Facility Management	122.1	128.6	142.9	128.6
居民服务业	Resident Services	75.0	100.0	100.0	100.0
信息传输、计算机服务和软件业	Information Transmission,Computer Services and Software Services	152.7	150.6	152.7	157.1
信息传输业	Information Transmission	156.3	156.9	156.0	157.8
计算机服务业	Computer Services	66.7	66.7	66.7	133.3
软件业	Software Services	133.3	100.0	166.7	166.7
住宿和餐饮业	Hotels and Catering Services	112.9	96.7	109.0	105.6
住宿业	Hotels	109.4	97.4	110.4	106.5
餐饮业	Catering Services	130.8	92.3	100.0	100.0
按企业登记注册类型分	**Grouped by Status of Registration**				
国有企业	State-owned Enterprises	128.8	119.2	126.7	133.2
集体企业	Collective-owned Enterprises	93.4	100.0	97.7	106.8
股份合作企业	Cooperative Enterprises	100.0	89.3	92.9	100.0
联营企业	Joint Ownership Enterprise	133.3	133.3	100.0	133.3
有限责任公司	Limited Liability Corporations	111.2	104.7	111.3	119.4
股份有限公司	Share-holding Corporations Ltd.	100.2	121.5	132.1	137.6
私营企业	Private Enterprises	112.7	107.1	110.9	125.5
其他内资企业	Other Domestic Enterprises	125.0	150.0	150.0	125.0
外商及港澳台企业	Enterprises with Fund From Foreigners, Hong Kong, Macao and Taiwan	126.2	120.0	125.5	130.9
按企业规模分	**Grouped by Size of Enterprises**				
大型企业	Large Enterprises	131.1	134.8	165.2	167.0
中型企业	Medium-sized Enterprises	106.0	116.4	122.2	130.6
小型企业	Small Enterprises	108.1	102.5	106.6	115.3
特殊分组	**Grouped by Special Standard**				
国家重点企业	State Key Enterprises	111.8	110.2	160.3	160.2
乡镇企业	Enterprises of Township and Village	116.4	101.3	105.0	120.0
上市公司	Listed Companies	99.4	133.8	147.9	146.9
国有控股企业	State Holding Enterprises	118.0	119.4	128.2	136.4

1-9　企业家信心指数（2009年）
Indices of Entrepreneurial Confidence (2009)

指　　标	Item	一季度 1st Quarter	二季度 2nd Quarter	三季度 3rd Quarter	四季度 4th Quarter
总体指数	**General Index**	**108.1**	**109.0**	**117.9**	**123.8**
按行业分类	**Grouped by Industrial Sector**				
工　业	Industry	100.0	102.9	114.3	121.4
采矿业	Mining	102.6	83.5	107.8	127.7
制造业	Manufacturing	96.9	99.9	108.8	115.4
电力、燃气及水的生产和供应业	Production and Supply of Electric Power, Gas and Water	113.5	120.5	140.3	146.9
建筑业	Construction	112.5	111.5	114.5	119.1
房屋和土木工程建筑业	Building and Civil Engineering	113.4	112.2	115.0	120.6
建筑安装业	Construction and Installation	100.0	83.2	100.0	100.0
交通运输、仓储及邮政业	Transportation,Storage and Post	128.3	131.0	132.4	131.4
铁路运输业	Railway Transport	50.0	150.0	200.0	200.0
道路运输业	Highway Transport	118.5	114.6	107.3	104.9
仓储业	Storage	102.7	120.0	100.0	100.0
邮政业	Post	159.3	145.2	154.8	158.1
批发和零售业	Wholesale and Retail Trades	131.4	118.5	122.2	128.4
批发业	Wholesale trade	132.8	125.2	132.7	135.2
零售业	Retail Trade	129.7	109.0	107.8	119.3
房地产业	Real Estate	79.8	104.8	122.6	123.8
社会服务业	Social Services	98.0	97.1	104.3	117.4
租赁业	Leasehold Services	100.0	133.3	133.3	133.3
商务服务业	Business Services	93.4	89.1	92.7	111.1
公共设施管理业	Public Facility Management	115.7	114.3	142.9	128.6
居民服务业	Resident Services	125.0	125.0	150.0	150.0
信息传输、计算机服务和软件业	Information Transmission,Computer Services and Software Services	167.3	153.5	153.8	158.3
信息传输业	Information Transmission	170.7	158.5	158.9	160.7
计算机服务业	Computer Services	100.0	66.7	66.7	100.0
软件业	Software Services	166.7	133.3	133.3	166.7
住宿和餐饮业	Hotels and Catering Services	104.2	98.9	113.5	116.9
住宿业	Hotels	104.3	96.2	113.0	116.9
餐饮业	Catering Services	100.0	115.4	116.7	116.7
按企业登记注册类型分	**Grouped by Status of Registration**				
国有企业	State-owned Enterprises	132.5	124.1	133.3	138.7
集体企业	Collective-owned Enterprises	84.3	93.2	102.3	100.0
股份合作企业	Cooperative Enterprises	100.4	107.1	110.7	114.3
联营企业	Joint Ownership Enterprise	66.7	133.3	133.3	100.0
有限责任公司	Limited Liability Corporations	110.4	103.5	111.8	118.7
股份有限公司	Share-holding Corporations Ltd.	89.9	111.2	127.9	128.6
私营企业	Private Enterprises	99.1	104.7	109.3	122.9
其他内资企业	Other Domestic Enterprises	100.0	125.0	100.0	125.0
外商及港澳台企业	Enterprises with Fund From Foreigners, Hong Kong, Macao and Taiwan	136.8	126.5	133.8	132.7
按企业规模分	**Grouped by Size of Enterprises**				
大型企业	Large Enterprises	134.6	137.6	158.1	157.3
中型企业	Medium-sized Enterprises	105.7	115.2	121.7	131.8
小型企业	Small Enterprises	100.0	102.5	111.1	115.3
特殊分组	**Grouped by Special Standard**				
国家重点企业	State Key Enterprises	112.0	140.5	158.6	160.2
乡镇企业	Enterprises of Township and Village	99.1	97.5	107.5	112.5
上市公司	Listed Companies	89.4	120.9	141.7	131.6
国有控股企业	State-holding Enterprises	119.0	119.7	130.8	136.4

1-10　2005-2009年按行业分组的法人单位数
Number of Legal Entities by Sector (2005-2009)

单位：个 (unit)

行　业	Sector	2005	2006	2007	2008	2009
总　计	**Total**	**99 132**	**102 372**	**110 196**	**126 405**	**148 613**
农、林、牧、渔业	Agriculture, Forestry, Animal Husbandry and Fishery	3 253	3 360	3 716	3 869	7 026
采矿业	Mining	3 304	3 533	3 861	4 680	5 092
制造业	Manufacturing	11 774	12 138	12 998	13 918	15 424
电力、燃气及水的生产和供应业	Production and Supply of Electricity, Gas and Water	1 148	1 238	1 347	1 670	1 894
建筑业	Construction	2 819	3 079	3 503	3 728	4 736
交通运输、仓储和邮政业	Transport, Storage and Post	1 394	1 507	1 657	2 202	2 631
信息传输、计算机服务和软件业	Information Transmission, Computer Services and Software	1 358	1 488	1 778	2 523	3 277
批发和零售业	Wholesale and Retail Trades	13 871	14 882	17 220	20 301	30 421
住宿和餐饮业	Hotels and Catering Services	2 354	2 385	2 480	2 530	2 671
金融业	Financial Intermediation	547	564	630	770	1 156
房地产业	Real Estate	2 597	2 913	3 457	4 298	5 162
租赁和商务服务业	Leasing and Business Services	4 106	4 450	5 196	6 395	8 265
科学研究、技术服务和地质勘查业	Scientific Research, Technical Services and Geological Prospecting	3 560	3 673	3 881	4 909	5 183
水利、环境和公共设施管理业	Management of Water Conservancy, Environment and Public Facilities	1 576	1 580	1 640	1 764	1 801
居民服务和其他服务业	Services to Households and Other Services	1 008	1 090	1 261	1 566	2 026
教　育	Education	6 275	6 230	6 433	7 270	7 403
卫生、社会保障和社会福利业	Health, Social Security and Social Welfare	3 758	3 757	3 807	4 226	4 229
文化、体育和娱乐业	Culture, Sports and Entertainment	1 944	1 988	2 047	2 138	2 359
公共管理和社会组织	Public Management and Social Organizations	32 486	32 517	33 284	37 648	37 854
国际组织	International Organization					3

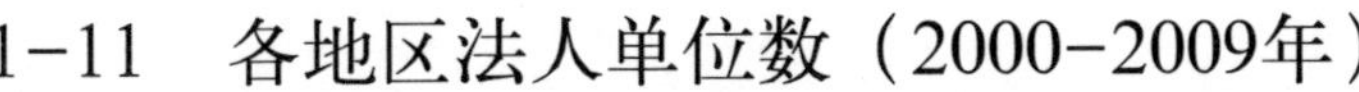

1-11　各地区法人单位数（2000-2009年）

Number of Legal Entities by Region (2000-2009)

单位：个　　(unit)

地　区	Region	2000	2005	2006	2007	2008	2009
全省合计	**Total**	**80 243**	**99 132**	**1 023 720**	**110 196**	**126 405**	**148 613**
昆　明	Kunming	22 281	27 967	29 430	33 341	39 353	51 453
曲　靖	Qujing	6 431	8 961	8 487	9 590	11 951	13 763
玉　溪	Yuxi	6 554	7 627	7 807	8 033	9 317	9 789
保　山	Baoshan	3 062	3 876	4 191	4 421	4 741	5 431
昭　通	Zhaotong	4 547	5 360	5 404	5 538	7 128	7 398
丽　江	Lijiang	2 080	2 598	2 697	2 931	3 453	4 011
普　洱	Pu'er	4 140	5 301	5 377	5 590	6 591	7 139
临　沧	Lincang	3 291	4 121	4 365	4 436	4 199	4 900
楚　雄	Chuxiong	4 673	6 150	6 348	6 792	6 471	7 639
红　河	Honghe	6 983	7 908	8 262	8 611	10 128	11 777
文　山	Wenshan	3 710	4 339	4 531	4 933	5 240	5 934
西双版纳	Xishuangbanna	2 141	2 160	2 394	2 597	3 034	3 708
大　理	Dali	5 562	7 250	7 318	7 343	7 901	8 057
德　宏	Dehong	2 734	3 430	3 652	3 893	3 962	4 346
怒　江	Nujiang	1 110	1 125	1 156	1 177	1 670	1 890
迪　庆	Diqing	944	959	953	970	1 266	1 378

1-12　各地区基本单位数（2009年）

Number of Basic Entities by Region (2009)

单位：个　　(unit)

地　区	Region	法人单位数 Number of Legal Entities			产业活动单位数 Number of Industrial Activity Entities	
		合　计 Total	单产业法人 Single-industry Legal Entities	多产业法人 Multi-industry Legal Entities	合　计 Total	#多产业法人单位所属产业活动 Activity of Multi-industry Corporation
全省合计	**Total**	**148 613**	**135 204**	**13 409**	**218 978**	**83 774**
昆　明	Kunming	51 453	49 406	2 047	62 675	13 269
曲　靖	Qujing	13 763	12 548	1 215	20 841	8 293
玉　溪	Yuxi	9 789	9 073	716	13 270	4 197
保　山	Baoshan	5 431	4 666	765	9 503	4 837
昭　通	Zhaotong	7 398	6 566	832	13 952	7 386
丽　江	Lijiang	4 011	3 678	333	5 948	2 270
普　洱	Pu'er	7 139	6 257	882	11 092	4 835
临　沧	Lincang	4 900	4 186	714	8 444	4 258
楚　雄	Chuxiong	7 639	6 285	1 354	13 472	7 187
红　河	Honghe	11 777	10 572	1 205	18 291	7 719
文　山	Wenshan	5 934	5 218	716	10 668	5 450
西双版纳	Xishuangbanna	3 708	3 302	406	5 506	2 204
大　理	Dali	8 057	6 881	1 176	13 181	6 300
德　宏	Dehong	4 346	3 701	645	7 281	3 580
怒　江	Nujiang	1 890	1 715	175	2 729	1 014
迪　庆	Diqing	1 378	1 150	228	2 125	975

注：本表产业活动单位的汇总范围，包括外省(地、州)法人单位在本地的产业活动单位，但不包括本省(地、州)法人单位在外地的产业活动单位。

Note: The number of industrial activity entities by region does not include the number outside the province.

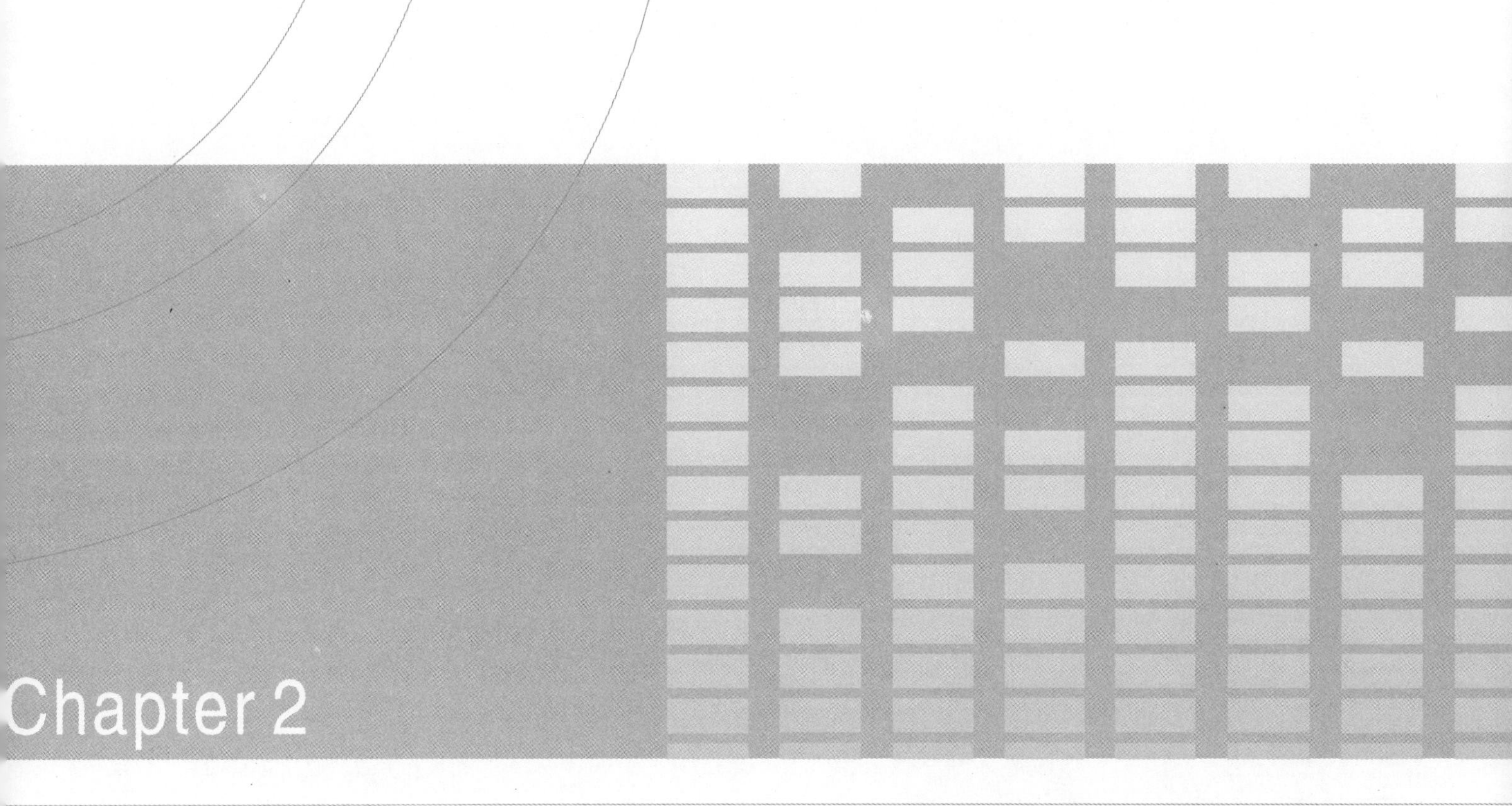

二、国民经济核算

National Accounts

2-1 1957-2009年历年地区生产总值
Historic Gross Regional Product (1957-2009)

年份 Year	地区生产总值(亿元) Gross Regional Product (100 million yuan)	第一产业 Primary Industry	第二产业 Secondary Industry	工业 Industry	建筑业 Construction	第三产业 Tertiary Industry	人均地区生产总值(元) Per Capita Gross Regional Product (yuan)
1957	22.53	12.47	5.43	4.32	1.11	4.63	121
1962	24.50	13.64	6.55	5.81	0.74	4.31	127
1965	33.62	17.31	11.01	7.28	3.73	5.30	158
1966	36.39	18.37	12.18	7.86	4.32	5.84	166
1967	34.18	18.49	10.17	6.93	3.24	5.52	151
1968	26.51	17.36	4.74	2.55	2.19	4.41	114
1969	34.34	18.63	10.01	7.15	2.86	5.70	144
1970	38.52	18.87	13.38	9.65	3.73	6.27	156
1971	43.47	21.99	14.57	10.71	3.86	6.91	171
1972	49.50	24.84	16.89	12.73	4.16	7.77	188
1973	54.57	27.23	18.85	14.43	4.42	8.49	202
1974	51.78	24.29	18.98	14.58	4.40	8.51	186
1975	54.29	26.34	19.12	14.47	4.65	8.83	190
1976	49.27	25.70	14.96	10.79	4.17	8.61	169
1977	55.84	24.36	21.45	16.82	4.63	10.03	187
1978	69.05	29.46	27.58	20.91	6.67	12.01	226
1979	76.83	32.38	30.50	23.56	6.94	13.95	247
1980	84.27	35.89	33.98	25.86	8.12	14.40	267
1981	94.13	41.23	35.80	28.62	7.18	17.10	294
1982	110.12	47.04	42.39	34.21	8.18	20.69	339
1983	120.07	49.33	47.28	39.08	8.20	23.46	363
1984	139.58	57.33	54.38	44.14	10.24	27.87	416
1985	164.96	66.07	65.41	52.51	12.90	33.48	486
1986	182.28	71.32	70.83	61.09	9.74	40.13	528
1987	229.03	84.06	84.30	73.30	11.00	60.67	653
1988	301.09	103.47	112.40	99.19	13.21	85.22	845
1989	363.05	119.01	138.06	124.73	13.33	105.98	1 003
1990	451.67	168.13	157.80	142.77	15.03	125.74	1 224
1991	517.41	169.48	179.56	162.32	17.24	168.37	1 377
1992	618.69	186.80	219.03	193.90	25.13	212.86	1 625
1993	783.27	191.45	325.57	284.65	40.92	266.25	2 030
1994	983.78	236.25	428.68	383.91	44.77	318.85	2 515
1995	1 222.15	302.69	534.78	480.95	53.83	384.68	3 083
1996	1 517.69	360.48	669.06	599.82	69.24	488.15	3 779
1997	1 676.17	387.02	743.82	657.05	86.77	545.33	4 121
1998	1 831.33	403.43	818.26	705.55	112.71	609.64	4 446
1999	1 899.82	406.87	811.90	686.09	125.81	681.05	4 558
2000	2 011.19	431.80	833.25	704.00	129.25	746.14	4 770
2001	2 138.31	444.42	868.06	730.81	137.25	825.83	5 015
2002	2 312.82	463.44	934.88	788.44	146.44	914.50	5 366
2003	2 556.02	494.60	1 047.66	882.08	165.58	1 013.76	5 870
2004	3 081.91	593.59	1 281.63	1 066.41	215.22	1 206.69	7 012
2005	3 461.73	661.69	1 426.42	1 168.68	257.74	1 374.62	7 809
2006	3 988.14	724.40	1 705.83	1 401.57	304.26	1 557.91	8 929
2007	4 772.52	837.35	2 038.39	1 696.29	342.10	1 896.78	10 609
2008	5 692.12	1 020.56	2 452.75	2 051.73	401.02	2 218.81	12 570
2009	6 169.75	1 067.60	2 582.53	2 088.17	494.36	2 519.62	13 539

注：1.地区生产总值按当年价格计算。
2.地区生产总值即原国内生产总值(GDP)。

Note: a. Gross Regional Product is calculated at current prices.
b. Gross Regional Product of Yunnan Province in this table refers to the Original indicator of Gross Domestic Product.

2-2 1957-2009年历年地区生产总值指数
Historic Indices of Gross Regional Product (1957-2009)

本表按不变价计算 Data in this table are calculated at constant price

(上年=100) (preceding year=100)

年 份 Year	地区生产总值指数(%) Indices of Gross Regional Product of (%)	第一产业 Primary Industry	第二产业 Secondary Industry	工 业 Industry	建筑业 Construction	第三产业 Tertiary Industry	人均地区生产总值指数(%) Indices of Per Capita Gross Regional Product (%)
1957	99.6	97.5	104.5	104.8	101.7	98.9	97.2
1962	98.4	109.5	86.4	88.2	70.3	94.5	96.7
1965	116.5	106.8	133.8	123.7	211.0	110.8	112.7
1966	109.7	106.1	113.6	109.8	130.7	110.9	106.1
1967	92.1	100.6	82.1	83.1	78.5	93.3	89.5
1968	75.9	93.9	49.6	43.1	75.6	79.1	73.8
1969	132.2	107.2	197.9	231.7	121.5	131.0	128.5
1970	114.6	99.7	137.4	135.8	144.8	110.8	111.3
1971	107.8	105.7	108.7	110.1	103.1	111.2	104.3
1972	112.7	110.6	115.3	117.3	106.7	111.4	109.3
1973	110.2	109.3	110.2	111.2	105.6	112.5	107.1
1974	96.3	91.7	100.2	100.3	99.7	97.5	93.6
1975	105.2	109.3	102.0	99.9	112.2	104.3	102.6
1976	90.6	97.6	80.9	79.9	85.6	98.9	88.6
1977	113.6	94.4	134.7	140.2	111.7	114.4	110.9
1978	121.7	113.7	129.0	128.3	132.6	119.2	119.0
1979	103.1	93.0	105.8	106.3	103.2	114.8	101.3
1980	108.5	109.8	110.1	109.4	113.9	102.5	107.1
1981	107.8	109.3	103.3	105.7	91.5	117.2	106.3
1982	115.5	112.8	115.1	115.7	111.6	120.4	113.6
1983	108.4	104.2	108.9	110.3	100.2	113.3	106.6
1984	114.5	113.7	112.9	111.8	120.0	118.9	113.0
1985	113.0	106.8	113.6	112.6	119.3	119.6	111.5
1986	104.3	97.7	106.6	106.6	106.7	107.1	102.7
1987	112.3	107.7	110.4	110.3	111.0	120.7	110.4
1988	116.0	107.8	118.5	118.1	120.8	119.0	114.2
1989	105.8	103.2	103.9	104.5	100.4	111.3	104.1
1990	108.7	108.5	109.8	110.1	107.9	107.1	106.7
1991	106.6	101.1	108.9	109.3	105.5	111.0	104.7
1992	110.9	103.0	116.8	115.2	133.5	113.4	109.5
1993	111.1	102.5	113.7	113.2	117.8	117.0	109.6
1994	112.2	103.0	117.3	117.7	114.0	114.7	110.7
1995	111.7	105.0	113.5	114.2	107.1	115.2	110.3
1996	111.1	105.2	111.5	112.0	106.6	115.1	109.7
1997	109.7	104.6	110.6	109.6	120.4	112.3	108.3
1998	108.1	103.0	109.2	107.2	126.6	110.3	106.7
1999	107.3	104.5	107.0	106.5	110.9	109.3	106.0
2000	107.5	105.6	105.8	107.0	97.2	110.4	106.2
2001	106.8	103.9	103.9	103.9	104.2	111.7	105.6
2002	109.0	103.8	109.3	110.0	105.8	111.4	107.8
2003	108.8	105.5	110.1	110.2	109.7	109.1	107.7
2004	111.3	105.3	112.7	111.8	117.8	112.8	110.3
2005	108.9	104.8	107.5	106.4	113.6	111.7	107.9
2006	111.6	105.5	116.8	116.5	118.2	109.0	110.7
2007	112.2	104.2	115.2	117.0	107.2	112.5	111.4
2008	110.6	106.3	112.1	113.4	105.5	110.7	109.8
2009	112.1	105.2	113.6	111.2	126.3	113.1	111.4

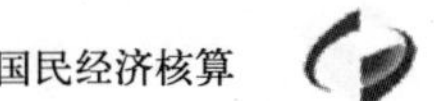

2-3 1957-2009年历年地区生产总值指数
Historic Indices of Gross Regional Product (1957-2009)

本表按不变价计算 Data in this table are calculated at constant price

(1952年=100) (year of 1952=100)

年份 Year	地区生产总值指数 (%) Indices of Gross Regional Product (%)	第一产业 Primary Industry	第二产业 Secondary Industry	工业 Industry	建筑业 Construction	第三产业 Tertiary Industry	人均地区生产总值指数 (%) Indices of Per Capita Gross Regional Product (%)
1957	177.1	150.8	307.1	314.1	256.2	159.9	159.1
1962	167.4	138.0	344.5	361.4	225.8	127.6	145.7
1965	233.1	174.0	577.5	540.1	833.7	159.9	184.8
1966	255.7	184.6	656.0	593.0	1 089.6	177.3	196.1
1967	235.5	185.7	538.6	492.8	855.3	165.4	175.5
1968	178.7	174.4	267.1	212.4	646.6	130.8	129.5
1969	236.2	187.0	528.6	492.1	785.6	171.3	166.4
1970	270.7	186.4	726.3	668.3	1 137.5	189.8	185.2
1971	291.8	197.0	789.5	735.8	1 172.8	211.1	193.2
1972	328.9	217.9	910.3	863.1	1 251.4	235.2	211.2
1973	362.4	238.2	1 003.2	959.8	1 321.5	264.6	226.2
1974	349.0	218.4	1 005.2	962.7	1 317.5	258.0	211.7
1975	367.1	238.7	1 025.3	961.7	1 478.2	269.1	217.2
1976	332.6	233.0	829.5	768.4	1 265.3	266.1	192.4
1977	377.8	220.0	1 117.3	1 077.3	1 413.3	304.4	213.4
1978	459.8	250.1	1 441.3	1 382.2	1 874.0	362.8	253.9
1979	474.1	232.6	1 524.9	1 469.3	1 934.0	416.5	257.2
1980	514.4	255.4	1 678.9	1 607.4	2 202.8	426.9	275.5
1981	554.5	279.2	1 734.3	1 699.0	2 015.6	500.3	292.9
1982	640.4	314.9	1 996.2	1 965.7	2 249.4	602.4	332.7
1983	694.2	328.1	2 173.9	2 168.2	2 253.9	682.5	354.7
1984	794.9	373.0	2 454.3	2 424.0	2 704.7	811.5	400.8
1985	898.2	398.4	2 788.1	2 729.4	3 226.7	970.6	446.9
1986	936.8	389.2	2 972.1	2 909.5	3 442.9	1 039.5	459.0
1987	1 052.0	419.2	3 281.2	3 209.2	3 821.6	1 254.7	506.7
1988	1 220.3	451.9	3 888.2	3 790.1	4 616.5	1 493.1	578.7
1989	1 291.1	466.4	4 039.8	3 960.7	4 635.0	1 661.8	602.4
1990	1 403.4	506.0	4 435.7	4 360.7	5 001.2	1 779.8	642.8
1991	1 496.0	511.6	4 830.5	4 766.2	5 276.3	1 975.6	673.0
1992	1 659.1	526.9	5 642.0	5 490.7	7 043.9	2 240.3	736.9
1993	1 843.3	540.1	6 415.0	6 215.5	8 297.7	2 621.2	807.6
1994	2 068.2	556.3	7 524.8	7 315.6	9 459.4	3 006.5	894.0
1995	2 310.2	584.1	8 540.6	8 354.4	10 131.0	3 463.5	986.1
1996	2 566.6	614.5	9 522.8	9 356.9	10 799.6	3 986.5	1 081.8
1997	2 815.6	642.8	10 532.2	10 255.2	13 002.7	4 476.8	1 171.6
1998	3 043.7	662.1	11 501.2	10 993.6	16 461.4	4 937.9	1 250.1
1999	3 265.9	691.9	12 306.3	11 708.2	18 255.7	5 397.1	1 325.1
2000	3 510.8	730.6	13 020.1	12 527.8	17 744.5	5 958.4	1 407.3
2001	3 749.5	759.1	13 527.9	13 016.4	18 489.8	6 655.5	1 486.1
2002	4 087.0	787.9	14 786.0	14 318.0	19 562.2	7 414.2	1 602.0
2003	4 446.7	831.2	16 279.4	15 778.4	21 459.7	8 088.9	1 725.4
2004	4 949.2	875.3	18 346.9	17 640.3	25 279.5	9 124.3	1 903.1
2005	5 389.7	917.3	19 722.9	18 769.3	28 717.5	10 191.8	2 053.4
2006	6 014.9	967.8	23 036.3	21 866.2	33 944.1	11 109.1	2 273.1
2007	6 748.7	1 008.4	26 537.8	25 583.5	36 388.1	12 497.7	2 532.2
2008	7 464.1	1 071.9	29 748.9	29 011.7	38 389.4	13 835.0	2 780.4
2009	8 367.3	1 127.6	33 794.8	32 261.0	48 485.8	15 647.4	3 097.4

2-4 各地区生产总值（2009年）
Gross Regional Product by Region (2009)

地 区	Region	地区生产总值（万元） Gross Regional Product (10 000 yuan)	第一产业 Primary Industry	第二产业 Secondary Industry	工 业 Industry	建筑业 Construction	第三产业 Tertiary Industry
全 省	**Total**	**61 697 500**	**10 676 000**	**25 825 300**	**20 881 700**	**4 943 600**	**25 196 200**
昆 明	Kunming	18 374 605	1 149 246	8 245 790	6 323 548	1 922 242	8 979 569
曲 靖	Qujing	8 709 446	1 600 564	4 515 169	4 048 643	466 526	2 593 713
玉 溪	Yuxi	6 444 042	665 943	3 847 214	3 653 201	194 013	1 930 885
保 山	Baoshan	2 216 595	722 938	632 872	459 084	173 788	860 785
昭 通	Zhaotong	3 204 517	728 869	1 302 154	964 915	337 239	1 173 494
丽 江	Lijiang	1 206 746	230 015	441 400	266 002	175 398	535 331
普 洱	Pu'er	2 116 987	643 708	689 048	449 485	239 563	784 231
临 沧	Lincang	1 813 326	631 879	585 982	410 089	175 893	595 465
楚 雄	Chuxiong	3 439 465	816 613	1 386 004	1 125 550	260 454	1 236 848
红 河	Honghe	5 608 799	1 046 043	2 835 561	2 444 027	391 534	1 727 195
文 山	Wenshan	2 848 997	706 936	948 273	695 257	253 016	1 193 788
西双版纳	Xishuangbanna	1 386 353	406 911	410 109	280 919	129 190	569 333
大 理	Dali	4 044 965	1 040 078	1 454 773	1 173 854	280 919	1 550 114
德 宏	Dehong	1 157 088	330 910	346 675	259 405	87 270	479 503
怒 江	Nujiang	480 471	59 231	203 544	166 600	36 944	217 696
迪 庆	Diqing	636 560	69 091	239 273	137 976	101 297	328 196

2-4 续表 continued

地 区	Region	交通运输、仓储及邮政业 Transport,Storage, Post and Telecommunication Services	批发和零售业 Wholesale and Retail Trades and Catering Services	三次产业构成 Composition (%) 第一产业 Primary Industry	第二产业 Secondary Industry	第三产业 Tertiary Industry	人均生产总值（元） Per Capita Gross Regional Product (yuan)
全 省	**Total**	**1 794 500**	**5 710 300**	**17.3**	**41.9**	**40.8**	**13 539**
昆 明	Kunming	523 386	1 890 887	6.2	44.9	48.9	29 355
曲 靖	Qujing	339 070	569 279	18.4	51.8	29.8	14 970
玉 溪	Yuxi	239 174	461 657	10.3	59.7	30.0	28 245
保 山	Baoshan	104 620	156 117	32.6	28.6	38.8	8 972
昭 通	Zhaotong	130 971	155 006	22.7	40.6	36.7	6 025
丽 江	Lijiang	48 446	92 012	19.0	36.6	44.4	9 863
普 洱	Pu'er	75 890	105 178	30.4	32.6	37.0	8 193
临 沧	Lincang	55 334	73 622	34.8	32.3	32.9	7 590
楚 雄	Chuxiong	140 381	258 431	23.7	40.3	36.0	12 758
红 河	Honghe	122 596	371 633	18.6	50.6	30.8	12 769
文 山	Wenshan	114 273	282 803	24.8	33.3	41.9	8 277
西双版纳	Xishuangbanna	63 251	57 299	29.4	29.6	41.0	12 920
大 理	Dali	206 350	296 686	25.7	36.0	38.3	11 555
德 宏	Dehong	34 672	90 680	28.6	30.0	41.4	9 728
怒 江	Nujiang	14 438	35 291	12.3	42.4	45.3	8 989
迪 庆	Diqing	39 956	60 130	10.8	37.6	51.6	16 840

注：由于各州、市分别计算，各州、市数相加不等于全省数。

Note:The sum of the data of all prefectures and cities is not necessary equal to the provincial total because the regional data are calculated respectively.

2-5 1978-2009年支出法云南省生产总值

Gross Regional Product by Expenditure Approach (1978-2009)

年 份 Year	支出法生产总值(亿元) Gross Regional Product by Expenditure Approach (100 million yuan)	最终消费 Final Consumption Expenditure	资本形成总额 Gross Capital Formation	净出口 Net Export	最终消费率(%) Final Consumption Rate(%)	资本形成率(%) Capital Formation Rate (%)
1978	69.05	52.03	26.96	-9.94	75.4	39.0
1980	84.27	63.35	30.30	-9.38	75.2	36.0
1985	164.96	119.86	56.76	-11.66	72.7	34.4
1990	451.67	298.97	132.16	20.54	66.2	29.3
1995	1 222.15	697.85	498.64	25.66	57.1	40.8
1997	1 676.17	1 002.35	717.40	-43.58	59.8	42.8
1998	1 831.33	1 113.45	785.64	-67.76	60.8	42.9
1999	1 899.82	1 286.18	761.83	-148.19	67.7	40.1
2000	2 011.19	1 524.48	746.15	-259.44	75.8	37.1
2001	2 138.31	1 473.30	957.96	-292.95	68.9	44.8
2002	2 312.82	1 581.97	920.50	-189.65	68.4	39.8
2003	2 556.02	1 656.30	1 188.55	-288.83	64.8	46.5
2004	3 081.91	2 042.43	1 450.44	-410.96	66.3	47.1
2005	3 461.73	2 365.67	1 798.86	-702.80	68.3	52.0
2006	3 988.14	2 662.39	2 025.26	-699.51	66.8	50.8
2007	4 772.52	2 960.48	2 113.54	-301.50	62.0	44.3
2008	5 692.12	3 390.10	3 017.36	- 715.34	59.6	53.0
2009	6 169.75	3 745.96	3 756.61	-1 332.82	60.7	60.9

2-6 1978-2009年支出法云南省生产总值构成

Composition of Gross Regional Product by Expenditure Approach (1978-2009)

年 份	资 本 形 成 总 额 Gross Capital Formation				最 终 消 费 Final Consumption Expenditure					
	绝对数(亿元) Absolute Figure (100 million yuan)		比重(资本形成总额=100) Proportion (Gross Capital Formation=100)		绝对数(亿元) Absolute Figure (100 million yuan)				比重(最终消费=100) Proporton (Final Consum- ption Expenditure=100)	
Year	固定资本 形成总额 Gross Fixed Ca- pital Formation	存货 增加 Changes in Inventory	固定资本 形成总额 Gross Fixed Ca- pital Formation	存货 增加 Changes in Inventory	居民 消费 Household Consumption	农村居民 Rural Households	城镇居民 Urban Households	政府 消费 Government Consumption	居民 消费 Household Consumption	政府 消费 Government Consumption
1978	20.55	6.41	76.2	23.8	47.80	33.03	14.77	4.23	91.9	8.1
1980	28.70	1.60	94.7	5.3	58.87	38.10	20.77	4.48	92.9	7.1
1985	50.07	6.69	88.2	11.8	110.69	56.90	53.79	9.17	92.3	7.7
1990	89.25	42.91	67.5	32.5	269.68	57.71	211.97	29.29	90.2	9.8
1993	288.95	83.89	77.5	22.5	417.49	68.68	348.81	56.39	88.1	11.9
1994	337.09	100.69	77.0	23.0	498.67	73.25	425.42	77.83	86.5	13.5
1995	399.91	98.73	80.2	19.8	595.27	76.74	518.53	102.58	85.3	14.7
1996	472.82	150.95	75.8	24.2	736.07	80.71	655.36	138.12	84.2	15.8
1997	560.29	157.11	78.1	21.9	821.93	100.56	721.37	180.42	82.0	18.0
1998	703.15	82.49	89.5	10.5	866.26	103.63	762.63	247.19	77.8	22.2
1999	738.21	23.62	96.9	3.1	998.08	193.51	804.57	288.10	77.6	22.4
2000	722.27	23.88	96.8	3.2	1 097.63	327.70	769.93	426.85	72.0	28.0
2001	770.20	187.76	80.4	19.6	962.06	417.68	544.38	511.24	65.3	34.7
2002	860.67	59.83	93.5	6.5	1 061.50	433.10	628.40	520.47	67.1	32.9
2003	1 068.51	120.04	89.9	10.1	1 126.28	416.22	710.06	530.02	68.0	32.0
2004	1 352.78	97.66	93.3	6.7	1 456.91	521.76	935.15	585.52	71.3	28.7
2005	1 564.23	234.63	87.0	13.0	1 705.56	616.99	1 088.57	660.11	72.1	27.9
2006	1 795.88	229.38	88.7	11.3	1 866.84	684.54	1 182.30	795.55	70.1	29.9
2007	2 063.58	49.96	97.6	2.4	2 100.76	805.52	1 295.24	859.72	71.0	29.0
2008	2 302.17	715.19	76.3	23.7	2 454.25	885.75	1 568.50	935.85	72.4	27.6
2009	3 502.42	254.19	93.2	6.8	2 700.65	920.54	1 780.11	1 045.31	72.1	27.9

2-7 支出法地区生产总值（2008年）
Gross Regional Product by Expenditure Approach and Region (2008)

地区	Region	支出法生产总值(万元) Gross Regional Product by Expenditure Approach (10 000 yuan)	最终消费 Final Consumption Expenditure	资本形成总额 Gross Capital Formation	最终消费率(%) Final Consumption Rate (%)	资本形成率(%) Capital Formation Rate(%)
全省	**Total**	**56 921 200**	**33 901 000**	**30 173 600**	**59.6**	**53.0**
昆明	Kunming	16 340 007	7 418 555	8 997 171	45.4	55.1
曲靖	Qujing	7 927 706	3 320 058	3 925 139	41.9	49.5
玉溪	Yuxi	6 022 161	1 760 633	1 895 834	29.2	31.5
保山	Baoshan	1 975 122	1 314 959	1 186 574	66.6	60.1
昭通	Zhaotong	2 849 723	2 048 130	1 804 754	71.9	63.3
丽江	Lijiang	1 044 508	735 234	888 469	70.4	85.1
普洱	Pu'er	1 848 698	1 481 341	1 420 429	80.1	76.8
临沧	Lincang	1 591 586	1 230 271	942 054	77.3	59.2
楚雄	Chuxiong	3 066 009	1 927 973	1 117 168	62.9	36.4
红河	Honghe	5 147 372	2 407 995	2 779 427	46.8	54.0
文山	Wenshan	2 537 507	1 728 387	1 651 208	68.1	65.1
西双版纳	Xishuangbanna	1 232 899	678 381	704 603	55.0	57.2
大理	Dali	3 691 202	2 124 188	1 648 748	57.5	44.7
德宏	Dehong	1 004 832	810 328	685 137	80.6	68.2
怒江	Nujiang	431 284	131 555	265 442	30.5	61.5
迪庆	Diqing	557 856	270 482	283 806	48.5	50.9

注：1.由于受净出口及计算误差影响，最终消费加资本形成总额不等于支出法地区生产总值。
2.由于各州、市分别计算,各州、市数相加不等于全省数。

Note:a.The sum of final consumption expenditure plus gross capital formation is not equal to gross regional product by expenditure approach because of the influence of net export and calculation errors.
b.The sum of data of all prefectures and cities is not equal to the provincial total because the regional data are calculated respectively.

2-8 支出法地区生产总值（2009年）
Gross Regional Product by Expenditure Approach and Region (2009)

地区	Region	支出法生产总值(万元) Gross Regional Product by Expenditure Approach (10 000 yuan)	最终消费 Final Consumption Expenditure	资本形成总额 Gross Capital Formation	最终消费率(%) Final Consumption Rate (%)	资本形成率(%) Capital Formation Rate(%)
全省	**Total**	**61 697 500**	**37 459 600**	**37 566 100**	**60.7**	**60.9**
昆明	Kunming	18 374 605	8 426 055	10 746 847	45.9	58.5
曲靖	Qujing	8 709 446	3 612 576	4 223 420	41.5	48.5
玉溪	Yuxi	6 444 042	1 938 177	2 063 111	30.1	32.0
保山	Baoshan	2 216 595	1 466 107	1 323 137	66.1	59.7
昭通	Zhaotong	3 204 517	2 245 226	2 210 041	70.1	69.0
丽江	Lijiang	1 206 746	877 192	1 121 393	72.7	92.9
普洱	Pu'er	2 116 987	1 635 869	1 983 874	77.3	93.7
临沧	Lincang	1 813 326	1 351 523	1 253 274	74.5	69.1
楚雄	Chuxiong	3 439 465	2 104 985	1 269 383	61.2	36.9
红河	Honghe	5 608 799	2 533 997	3 336 646	45.2	59.5
文山	Wenshan	2 848 997	1 921 527	2 177 411	67.4	76.4
西双版纳	Xishuangbanna	1 386 353	749 331	918 589	54.1	66.3
大理	Dali	4 044 965	2 383 835	1 750 228	58.9	43.3
德宏	Dehong	1 157 088	975 268	881 817	84.3	76.2
怒江	Nujiang	480 471	159 208	277 877	33.1	57.8
迪庆	Diqing	636 560	286 821	347 445	45.1	54.6

注：1.由于受净出口及计算误差影响，最终消费加资本形成总额不等于支出法地区生产总值。
2.由于各州、市分别计算,各州、市数相加不等于全省数。

Note:a.The sum of final consumption expenditure plus gross capital formation is not equal to gross regional by expenditure approach because of net export and calculation errors.
b.The sum of data of all prefectures and cities is not equal to the provincial total because the regional data are calculated respectively.

2-9 各地区资本形成总额及构成（2008年）

Gross Capital Formation and Its Composition by Region (2008)

地 区	Region	资本形成总额(万元) Gross Capital Formation (10 000 yuan)	固定资本形成总额 Gross Fixed Capital Formation	存货增加 Changes in Inventory	构成(资本形成总额为100) Composition (Gross Capital Formation=100) 固定资本形成总额 Gross Fixed Capital Formation	存货增加 Changes in Inventory
全 省	**Total**	**30 173 600**	**23 021 700**	**7 151 900**	**76.3**	**23.7**
昆 明	Kunming	8 997 171	8 756 885	240 286	97.3	2.7
曲 靖	Qujing	3 925 139	3 450 671	474 468	87.9	12.1
玉 溪	Yuxi	1 895 834	1 510 657	385 177	79.7	20.3
保 山	Baoshan	1 186 574	1 120 598	65 976	94.4	5.6
昭 通	Zhaotong	1 804 754	1 558 047	246 707	86.3	13.7
丽 江	Lijiang	888 469	850 348	38 121	95.7	4.3
普 洱	Pu'er	1 420 429	1 319 934	100 495	92.9	7.1
临 沧	Lincang	942 054	849 969	92 085	90.2	9.8
楚 雄	Chuxiong	1 117 168	998 677	118 491	89.4	10.6
红 河	Honghe	2 779 427	2 573 623	205 804	92.6	7.4
文 山	Wenshan	1 651 208	1 434 533	216 675	86.9	13.1
西双版纳	Xishuangbanna	704 603	667 606	36 997	94.7	5.3
大 理	Dali	1 648 748	1 554 047	94 701	94.3	5.7
德 宏	Dehong	685 137	660 174	24 963	96.4	3.6
怒 江	Nujiang	265 442	235 240	30 202	88.6	11.4
迪 庆	Diqing	283 806	264 323	19 483	93.1	6.9

注：由于各州、市分别计算，各州、市数相加不等于全省数。
Note:The sum of data of all prefectures and cities is not equal to the provincial total because the regional data are calculated respectively.

2-10 各地区资本形成总额及构成（2009年）

Gross Capital Formation and Its Composition by Region (2009)

地 区	Region	资本形成总额(万元) Gross Capital Formation (10 000 yuan)	固定资本形成总额 Gross Fixed Capital Formation	存货增加 Changes in Inventory	构成(资本形成总额为100) Composition (Gross Capital Formation=100) 固定资本形成总额 Gross Fixed Capital Formation	存货增加 Changes in Inventory
全 省	**Total**	**37 566 100**	**35 024 200**	**2 541 900**	**93.2**	**6.8**
昆 明	Kunming	10 746 847	10 443 438	303 409	97.2	2.8
曲 靖	Qujing	4 223 420	3 815 497	407 923	90.3	9.7
玉 溪	Yuxi	2 063 111	1 625 935	437 176	78.8	21.2
保 山	Baoshan	1 323 137	1 248 304	74 833	94.3	5.7
昭 通	Zhaotong	2 210 041	2 148 671	61 370	97.2	2.8
丽 江	Lijiang	1 121 393	1 076 124	45 269	96.0	4.0
普 洱	Pu'er	1 983 874	1 719 837	264 037	86.7	13.3
临 沧	Lincang	1 253 274	1 145 312	107 962	91.4	8.6
楚 雄	Chuxiong	1 269 383	1 152 288	117 095	90.8	9.2
红 河	Honghe	3 336 646	3 152 145	184 501	94.5	5.5
文 山	Wenshan	2 177 411	1 925 492	251 919	88.4	11.6
西双版纳	Xishuangbanna	918 589	888 599	29 990	96.7	3.3
大 理	Dali	1 750 228	1 653 440	96 788	94.5	5.5
德 宏	Dehong	881 817	863 823	17 994	98.0	2.0
怒 江	Nujiang	277 877	245 764	32 113	88.4	11.6
迪 庆	Diqing	347 445	326 132	21 313	93.9	6.1

注：由于各州、市分别计算，各州、市数相加不等于全省数。
Note:The sum of data of all prefectures and cities is not equal to the provincial total because the regional data are calculated respectively.

2-11 各地区最终消费及构成（2008年）

Final Consumption Expenditure and Its Composition by Region (2008)

地区	Region	最终消费（万元） Final Consumption Expenditure(10 000 yuan)	居民消费 Households Consumption	农村居民 Rural Households	城镇居民 Urban Households	政府消费 Government Consumption	构成(最终消费=100)(%) Composition (%) 居民消费 Household Consumption	政府消费 Government Consumption
全省	**Total**	**33 901 000**	**24 542 500**	**8 857 500**	**15 685 000**	**9 358 500**	**72.4**	**27.6**
昆明	Kunming	7 418 555	5 440 789	1 220 239	4 220 550	1 977 766	73.3	26.7
曲靖	Qujing	3 320 058	2 842 340	1 192 885	1 649 455	477 718	85.6	14.4
玉溪	Yuxi	1 760 633	1 470 277	723 848	746 429	290 356	83.5	16.5
保山	Baoshan	1 314 959	1 024 912	527 999	496 913	290 047	77.9	22.1
昭通	Zhaotong	2 048 130	1 604 252	869 538	734 714	443 878	78.3	21.7
丽江	Lijiang	735 234	465 856	291 899	173 957	269 378	63.4	36.6
普洱	Pu'er	1 481 341	1 026 763	494 740	532 023	454 578	69.3	30.7
临沧	Lincang	1 230 271	874 642	317 176	557 466	355 629	71.1	28.9
楚雄	Chuxiong	1 927 973	1 439 848	634 066	805 782	488 125	74.7	25.3
红河	Honghe	2 407 995	1 791 822	867 661	924 161	616 173	74.4	25.6
文山	Wenshan	1 728 387	1 282 928	488 285	794 643	445 459	74.2	25.8
西双版纳	Xishuangbanna	678 381	486 831	164 005	322 826	191 550	71.8	28.2
大理	Dali	2 124 188	1 638 361	1 114 595	523 766	485 827	77.1	22.9
德宏	Dehong	810 328	521 590	172 626	348 964	288 738	64.4	35.6
怒江	Nujiang	131 555	70 809	40 883	29 926	60 746	53.8	46.2
迪庆	Diqing	270 482	142 351	62 051	80 300	128 131	52.6	47.4

注：由于各州、市分别计算，各州、市数相加不等于全省数。
Note:The sum of data of all prefectures and cities is not equal to the provincial total because the regional data are calculated respectively.

2-12 各地区最终消费及构成（2009年）

Final Consumption Expenditure and Its Composition by Region (2009)

地区	Region	最终消费（万元） Final Consumption Expenditure(10 000 yuan)	居民消费 Households Consumption	农村居民 Rural Households	城镇居民 Urban Households	政府消费 Government Consumption	构成(最终消费=100)(%) Composition (%) 居民消费 Household Consumption	政府消费 Government Consumption
全省	**Total**	**37 459 600**	**27 006 500**	**9 205 400**	**17 801 100**	**10 453 100**	**72.1**	**27.9**
昆明	Kunming	8 426 055	6 200 884	1 335 191	4 865 693	2 225 171	73.6	26.4
曲靖	Qujing	3 612 576	3 053 581	1 353 933	1 699 648	558 995	84.5	15.5
玉溪	Yuxi	1 938 177	1 637 705	747 056	890 649	300 472	84.5	15.5
保山	Baoshan	1 466 107	1 149 957	602 988	546 969	316 150	78.4	21.6
昭通	Zhaotong	2 245 226	1 752 568	900 510	852 058	492 658	78.1	21.9
丽江	Lijiang	877 192	557 686	366 333	191 353	319 506	63.6	36.4
普洱	Pu'er	1 635 869	1 137 705	499 313	638 392	498 164	69.5	30.5
临沧	Lincang	1 351 523	958 553	330 958	627 595	392 970	70.9	29.1
楚雄	Chuxiong	2 104 985	1 573 905	690 472	883 433	531 080	74.8	25.2
红河	Honghe	2 533 997	1 908 007	928 397	979 610	625 990	75.3	24.7
文山	Wenshan	1 921 527	1 410 586	538 143	872 443	510 941	73.4	26.6
西双版纳	Xishuangbanna	749 331	547 050	152 739	394 311	202 281	73.0	27.0
大理	Dali	2 383 835	1 794 047	1 206 371	587 676	589 788	75.3	24.7
德宏	Dehong	975 268	586 915	191 018	395 897	388 353	60.2	39.8
怒江	Nujiang	159 208	79 083	47 515	31 568	80 125	49.7	50.3
迪庆	Diqing	286 821	151 195	67 535	83 660	135 626	52.7	47.3

注：由于各州、市分别计算，各州、市数相加不等于全省数。
Note:The sum of data of all prefectures and cities is not equal to the provincial total because the regional data are calculated respectively.

2-13 各地区生产总值构成项目（2008年）

Composition of Gross Regional Product by Region (2008)

地　区	Region	地区生产总值（万元）Gross Regional Product (10 000 yuan)	劳动者报酬 Remuneration For Labourers	生产税净额 Net Taxe on Production	固定资产折旧 Depreciation of Surplus	营业盈余 Operating Surplus
全　省	**Total**	**56 921 200**	**28 397 600**	**12 120 600**	**7 569 500**	**8 833 500**
昆　明	Kunming	16 340 007	6 203 738	3 781 270	2 221 184	4 133 815
曲　靖	Qujing	7 927 706	3 613 375	1 817 637	1 086 979	1 409 715
玉　溪	Yuxi	6 022 161	1 903 263	1 961 369	1 159 285	998 244
保　山	Baoshan	1 975 122	1 233 063	195 739	268 774	277 546
昭　通	Zhaotong	2 849 723	1 679 878	451 359	318 876	399 610
丽　江	Lijiang	1 044 508	639 100	115 377	149 418	140 613
普　洱	Pu'er	1 848 698	1 219 970	171 357	208 646	248 725
临　沧	Lincang	1 591 586	1 054 607	125 287	223 906	187 786
楚　雄	Chuxiong	3 066 009	1 550 419	558 460	481 374	475 756
红　河	Honghe	5 147 372	2 419 956	1 207 789	781 221	738 406
文　山	Wenshan	2 537 507	1 374 497	282 230	279 208	601 572
西双版纳	Xishuangbanna	1 232 899	803 143	123 549	181 212	124 995
大　理	Dali	3 691 202	2 025 196	647 003	462 015	556 988
德　宏	Dehong	1 004 832	651 147	98 814	154 053	100 818
怒　江	Nujiang	431 284	213 198	21 196	41 568	155 322
迪　庆	Diqing	557 856	296 613	53 460	90 342	117 441

注：由于各州、市分别计算，各州、市数相加不等于全省数。
Note:The sum of data of all prefectures and cities is not equal to the provincial total because the regional data are calculated respectively.

2-14 各地区生产总值构成项目（2009年）

Composition of Gross Regional Product by Region (2009)

地　区	Region	地区生产总值（万元）Gross Regional Product (10 000 yuan)	劳动者报酬 Remuneration For Labourers	生产税净额 Net Taxe on Production	固定资产折旧 Depreciation of Surplus	营业盈余 Operating Surplus
全　省	**Total**	**61 697 500**	**30 582 000**	**12 636 500**	**7 406 800**	**11 072 200**
昆　明	Kunming	18 374 605	7 475 487	4 148 734	2 736 703	4 013 681
曲　靖	Qujing	8 709 446	3 604 540	1 818 562	1 739 914	1 546 430
玉　溪	Yuxi	6 444 042	1 909 840	1 744 765	1 667 068	1 122 369
保　山	Baoshan	2 216 595	1 139 440	206 349	557 845	312 961
昭　通	Zhaotong	3 204 517	1 871 218	527 633	356 558	449 108
丽　江	Lijiang	1 206 746	718 474	138 910	176 243	173 119
普　洱	Pu'er	2 116 987	1 356 126	131 030	302 634	327 197
临　沧	Lincang	1 813 326	1 179 719	150 554	244 514	238 539
楚　雄	Chuxiong	3 439 465	1 833 722	658 362	518 379	429 002
红　河	Honghe	5 608 799	2 654 224	1 290 639	851 034	812 902
文　山	Wenshan	2 848 997	1 572 831	324 545	310 583	641 038
西双版纳	Xishuangbanna	1 386 353	894 533	135 160	203 300	153 360
大　理	Dali	4 044 965	2 104 719	709 749	547 267	683 230
德　宏	Dehong	1 157 088	739 165	108 694	172 474	136 755
怒　江	Nujiang	480 471	222 420	64 559	62 368	131 124
迪　庆	Diqing	636 560	341 850	61 100	106 411	127 199

注：由于各州、市分别计算，各州、市数相加不等于全省数。
Note:The sum of data of all prefectures and cities is not equal to the provincial total because the regional data are calculated respectively.

2-15 各地区非公有制经济增加值（2009年）

Added Value of Non-Public Ownership Economy by Region (2009)

单位：万元 (10 000 yuan)

地 区	Region	非公有制经济增加值 Added Value of Non-Public ownership Economy	第一产业 Primary Industry	第二产业 Secondary Industry	第三产业 Tertiary Industry
全省合计	**Total**	**24 123 800**	**2 636 900**	**11 156 500**	**10 330 400**
昆 明	Kunming	7 971 888	288 461	3 280 991	4 402 436
曲 靖	Qujing	3 444 145	617 818	1 682 796	1 143 531
玉 溪	Yuxi	1 959 073	179 095	990 972	789 006
保 山	Baoshan	837 334	92 536	367 672	377 126
昭 通	Zhaotong	1 219 750	188 270	599 831	431 649
丽 江	Lijiang	576 824	63 714	287 723	225 387
普 洱	Pu'er	781 208	148 053	339 303	293 852
临 沧	Lincang	647 239	139 262	311 930	196 047
楚 雄	Chuxiong	1 422 031	227 835	659 549	534 647
红 河	Honghe	1 816 201	177 828	979 697	658 676
文 山	Wenshan	1 390 003	187 005	599 272	603 726
西双版纳	Xishuangbanna	458 135	42 726	219 418	195 991
大 理	Dali	1 818 491	313 064	875 433	629 994
德 宏	Dehong	505 208	60 887	269 217	175 104
怒 江	Nujiang	188 970	11 609	105 764	71 597
迪 庆	Diqing	295 436	16 236	148 956	130 244

注：全省数据为快报数。

Note: Data of whole province are preliminary data from national account.

主要统计指标解释

地区生产总值 即原国内生产总值（国家仍称国内生产总值），指按市场价格计算的一个国家（或地区）所有常住单位在一定时期内生产活动的最终成果。地区生产总值有三种表现形态，即价值形态、收入形态和产品形态。从价值形态看，它是所有常住单位在一定时期内生产的全部货物和服务价值超过同期投入的全部非固定资产货物和服务价值的差额，即所有常住单位的增加值之和；从收入形态看，它是所有常住单位在一定时期内创造并分配给常住单位和非常住单位的初次收入之和；从产品形态看，它是所有常住单位在一定时期内最终使用的货物和服务价值减去货物和服务进口价值。在实际核算中，地区生产总值有三种计算方法，即生产法、收入法和支出法。

生产法 是从生产的角度衡量常住单位在核算期内新创造价值的一种计算方法。即从生产的全部货物和服务总产品的价值中，扣除生产过程中投入的中间产品的价值，得到增加值。全社会所有常住单位增加值的总和就是地区生产总值。计算公式为:

增加值=总产出-中间投入

国（地区）外净要素收入 是指本国（或本地区）居民对国（或本地区）外从事投资和提供劳务所得的要素收入，与外国（或本地区）居民对本国（或本地区）从事投资和提供劳务所得的要素收入的差额。

三次产业 三次产业的划分是世界上较为常用的产业结构分类，但各国的划分不尽一致。中国的三次产业划分是:

第一产业：是指农（种植）、林、牧、渔业，农林牧渔服务业。

第二产业：是指采掘业，制造业，电力、燃气及水的生产和供应业，建筑业。

第三产业：是指除第一、二产业以外的其他行业。包括：交通运输、仓储和邮政业，信息传输、计算机服务和软件业，批发和零售业，住宿和餐饮业，金融业，房地产业，租赁和商务服务业，科学研究、技术服务和地质勘查业，水利、环境和公共设施管理业，居民服务和其他服务业，教育，卫生、社会保障和社会福利业，文化、体育和娱乐业，公共管理和社会组织。

总产出 指常住单位在核算期内生产的货物和服务的价值总和，总产出中既包括核算期内新增加的价值，也包括中间投入的转移价值，它反映了国民经济各个部门生产活动的总规模。

中间投入 指常住单位在生产货物或提供服务的过程中，消耗和使用的所有原材料、燃料动力等货物和各种服务的价值。中间投入也称中间消耗，货物投入是生产过程中消耗或转换的有形的物质产品，不包括固定资产。服务投入是在生产过程中消耗的各种服务，包括金融保险、运输邮电、文化教育等等。

劳动者报酬 指劳动者因从事生产活动所获得的全部报酬。包括劳动者获得的各种形式的工资、奖金和津贴，既包括货币形式的，也包括实物形式的，还包括劳动者所享受的公费医疗和医药卫生费、上下班交通补贴、单位支付的社会保险费、住房公积金等。对于个体经济来说，其所有者所获得的劳动报酬和经营利润不易区分，这两部分统一作为劳动者报酬处理。

生产税净额 指生产税减生产补贴后的余额。生产税指政府对生产单位从事生产、销售和经营活动以及因从事生产活动使用某些生产要素（如固定资产、土地、劳动力）所征收的各种税、附加费和规费。生产补贴与生产税相反，指政府对生产单位的单方面转移支出，因此视为负生产税，包括政策亏损补贴、价格补贴等。

固定资产折旧 指一定时期内为弥补固定资产损耗按照规定的固定资产折旧率提取的固定资产折旧，或按国民经济核算统一规定的折旧率虚拟计算的固定资产折旧。它反映了固定资产在当期生产中的转移价值。各类企业和企业化管理的事业单位的固定资产折旧是指实际计提的折旧费；不计提折旧的政府机关、非企业化管理的事业单位和居民住房的固定资产折旧是按照统一规定的折旧率和固定资产原值计算的虚拟折旧。原则上，固定资产折旧应按固定资产当期的重置价值计算，但是目前我国尚不具备对全社会固定资产进行重估价的基础，所以暂时只能采用上述办法。

营业盈余 指常住单位创造的增加值扣除劳动者报酬、生产税净额和固定资产折旧后的余额。它相当于企业的营业利润加上生产补贴，但要扣除从利润中开支的工资和福利等。

支出法地区生产总值 是从最终使用的角度反映一个国家（或地区）一定时期内生产活动最终成果的一种方法，包括最终消费支出、资本形成总额及货物和服务净出口三部分。计算公式为：

支出法地区生产总值=最终消费支出+资本形成总额+货物和服务净出口

最终消费支出 指常住单位为满足物质、文化和精神生活的需要，从本国经济领土和国外购买的货物和服务的支出。它不包括非常住单位在本国经济领土内的消费支出。最终消费支出分为居民消费支出和政府消费支出。

居民消费支出 指常住住户在一定时期内对于货物和服务的全部最终消费支出。居民消费支出除了直接以货币形式购买的货物和服务的消费支出外，还包括以其他方式获得的货物和服务的消费支出，即所谓的虚拟消费支出。居民虚拟消费支出包括如下几种类型：单位以实物报酬及实物转移的形式提供给劳动者的货物和服务；住户生产并由本住户消费了的货物和服务，其中的服务仅指住户的自有住房服务和付酬的家庭雇员提供的家庭和个人服务；金融机构提供的金融媒介服务。

政府消费支出 指政府部门为全社会提供的公共服务的消费支出和免费或以较低的价格向居民住户提供的货物和服务的净支出，前者等于政府服务的产出价值减去政府单位所获得的经营收入的价值，后者等于政府部门免费或以较低价格向居民住户提供的货物和服务的市场价值减去向住户收取的价值。

资本形成总额 指常住单位在一定时期内获得减去处置的固定资产和存货的净额，包括固定资本形成总额和存货增加两部分。

固定资本形成总额 指常住单位在一定时期内获得的固定资产减处置的固定资产的价值总额。固定资产是通过生产活动生产出来的，且其使用年限在一年以上、单位价值在规定标准以上的资产，不包括自然资产。可分为有形固定资本形成总额和无形固定资本形成总额。有形固定资本形成总额包括一定时期内完成的建筑工程、安装工程和设备工器具购置（减处置）价值，以及土地改良、新增役、种、奶、毛、娱乐用牲畜和新增经济林木价值。无形固定资本形成总额包括矿藏的勘探、计算机软件等获得减处置。

存货增加 指常住单位在一定时期内存货实物量变动的市场价值，即期末价值减期初价值的差额，再扣除当期由于价格变动而产生的持有收益。存货增加可以是正值，也可以是负值，正值表示存货上升，负值表示存货下降。存货包括生产单位购进的原材料、燃料和储备物资等存货，以及生产单位生产的产成品、在制品和半成品等存货。

货物和服务净出口 指货物和服务出口减货物和服务进口的差额。出口包括常住单位向非常住单位出售或无偿转让的各种货物和服务的价值；进口包括常住单位从非常住单位购买或无偿得到的各种货物和服务的价值。由于服务活动的提供与使用同时发生，一般把常住单位从非常住单位得到的服务作为进口，非常住单位从常住单位得到的服务作为出口。货物的出口和进口都按离岸价格计算。

Explanatory Notes on Principal Statistical Indicators

Gross Regional Product refers to the final products at market prices produced by all resident entities in a country (or territory) during a certain period of time. Gross regional product is expressed in three different forms, i.e. value, income, and product respectively. Gross regional product in its value form refers to the difference between the total value of all goods and services produced by all resident entities during a certain period of time and that of goods and services of the nature of non-fixed assets input in the same period, i.e. it is the sum of added value of all resident entities. Gross regional product in the form of income refers to the total initial income created by all resident entities and distributed to resident and non-resident entities in a certain period of time. Gross regional product in the form of product refers to the balance of the value of all goods and services for final consumption by all resident units minus the net export value of goods and services during a given period of time. In the practice of national accounting, gross regional product is calculated by three approaches, i.e. production approach, income approach and expenditure approach.

Production Approach refers to the calculation method for measuring the newly increased value of resident entities in the accounting period from the perspective of production, i.e. the value of total goods and services produced minus that of intermediate products input in the process of production is added value. The sum of added value created by all resident entities makes GDP. The formula is as follows: Added Value = Total Output – Intermediate Input

Net Factor Income from Abroad refers to the difference between factor income earned by residents of a country (or territory) from their investment and labor services in foreign countries (or territories) and that earned by residents of foreign countries (or territories) from their investment and labor services in that country (or territory).

Three Industries Classification of economic activities into three industries is a common practice in the world, although the grouping varies to some extent form country to country. In China, economic activities are categorized as follows: Primary industry refers to farming, forestry, animal husbandry and fishery.

Secondary industry refers to mining and quarrying, manufacturing, production and supply of electricity, water, fuel gas and construction.

Tertiary industry refers to all other economic activities not included in primary or secondary industry, including services of farming, forestry, animal husbandry and fishery, communications and transportation, storage and postal services, information transmission, computer and software services wholesale and retail trade, hotel and food services, banking, real estate, lease and commercial services, scientific research and technical service, geological prospecting, management services of water conservancy, environment and public facilities, resident and other services, education, health care, social security and welfare, culture, sports and entertainment, public management and social organizations.

Total Output refers to the total value of goods and services produced by resident entities in the accounting period, including newly increased value and transfer value in intermediate input, which reflects the general scale of productive activities of each sector of the national economy.

Intermediate Input also known as intermediate consumption refers to the value of goods such as raw materials, fuels, power, etc. and various services consumed and used in the process of production or provision of services. Goods input refers to tangible material products consumed or transferred in production; and services input are those consumed in production, including banking, insurance, communications and transportation, culture, education, etc.

Compensation of Employees refers to the total payment of various forms to employees for the productive activities they are engaged in. It includes wages, bonuses and allowances, which the employees earn in cash or in kind. It also includes the free medical services provided to the employees and the medicine expenses, transport subsidies and social insurance, and housing fund paid by the employers. As regards the individual economy, since compensation of employees is not easily distinguishable from the operating surplus, both parts are treated as compensation of employees.

Net Taxes on Production refers to taxes on production less subsidies on production. The taxes on production refers to the various taxes, extra charges and fees levied on the production units on their production, sale and business activities as well as on the use of some factors of production, such as fixed assets, land and labour in the production activities they are engaged in. In contrast to taxes on production, subsidies on production refer to the unilateral government transfer to the production units and are therefore regarded as negative taxes on production. They include subsidies on the loss due to implementation of government policies, price subsidies, etc.

Depreciation of Fixed Assets refers to the depreciation of fixed assets in a given period, drawn in accordance with the stipulated depreciation rate for the purpose of compensating the wear-and-tear loss of the fixed assets or the depreciation of fixed assets imputed in accordance with the stipulated unified depreciation rate in the national economic accounting system. It reflects the value of transfer of the fixed assets in the production of the current period. The depreciation of fixed assets in various enterprises and institutions managed as enterprises refers to the depreciation expenses actually drawn. In government agencies and institutions not managed as enterprises which do not draw the depreciation expenses, as well as for the houses of residents, the depreciation of fixed assets is the imputed depreciation, which is calculated in accordance with the stipulated unified depreciation rate. In principle, the depreciation of fixed assets should be calculated on the basis of the re-purchased value of the fixed assets. However, currently the conditions in China do not facilitate the revaluation of all the fixed assets. Therefore, only the above-mentioned methods can be adopted at present.

Operating Surplus refers to the balance of the value added created by the resident units after deducting the labourers remuneration, net taxes on production and the depreciation of fixed assets. It is equivalent to the business profit of the enterprises plus subsidies to production, but the wages and welfare expenses paid from the profits should be deducted.

Gross Regional Product by Expenditure Approach refers to the method of measuring the final results of production activities of a country (region) during a given period from the perspective of final uses. It includes final consumption expenditure, gross capital formation and net export of goods and services. The formula for computation is.:

Gross Regional Product by expenditure approach = final consumption expenditure + gross capital formation + net export of goods and services

Final Consumption Expenditure refers to the total expenditure of resident units for purchases of goods and services from both the domestic economic territory and abroad to meet the needs of material, cultural and spiritual life. It does not include the expenditure of non-resident units on consumption in the economic territory of the country. The final consumption expenditure is broken down into household consumption expenditure and government consumption expenditure.

Household Consumption Expenditure refers to the total expenditure of resident households on the final consumption of goods and services. In addition to the consumption of goods and services bought by the households directly with money, the household consumption expenditure also includes expenditure on goods and services obtained by the households in other ways, i.e. the so-called imputed consumption expenditure, which includes the following: a) the goods and services provided to households by employers in the form of payment in kind and transfer in kind; b) goods and services produced and consumed by the households themselves, in which the services refer to the owner-occupied housing and services offered by payed family employees; c) financial intermediate services provided by financial institution.

Government Consumption Expenditure refers to the consumption expenditure spent for the provision of public services provided by the government to the whole country and the net expenditure on the goods and services provided by the government to households free of charge or at reduced prices. The former equals to the output value of the government services minus the value of operating income obtained by the government departments. The latter equals to the market value of the goods and services provided by the government free of charge or at reduced prices to the households minus the value received by the government from the households.

Gross Capital Formation refers to the fixed assets acquired less disposals and the net value of inventory, thus including gross fixed capital formation and changes in inventories.

Gross Fixed Capital Formation refers to the value of acquisitions less those disposals of fixed assets during a given period. Fixed assets are the assets produced through production activities with unit value above a specified amount and which could be used for over one year. Natural assets are not included.Gross fixed capital formation can be categorized into total tangible fixed capital formation and total intangible fixed capital formation. Total tangible fixed capital formation includes the value of the construction projects and installation projects completed and the equipment, apparatus and instruments purchased (less those disposed) as well as the value of land improved, the value of draught animals, breeding stock and animals for milk, for wool and for recreational purposes and the newly increased forest with economic value. Total intangible fixed capital formation includes the prospecting of minerals and the acquisition of computer software minus the disposal of them.

Changes in Inventories refers to the market value of the change in the physical volume of inventory of resident units during a given period, i.e. the difference between the values at the beginning and at the end of the period minus the gains due to the change in prices. The changes in inventories can have a positive or a negative value. A positive value indicates an increase in inventory while a negative value indicates a decrease in inventory. The inventory includes raw materials, fuels and reserve materials purchased by the production units as well as the inventory of finished products, semi-finished products and work-in-progress.

Net Export of Goods and Services refers to the exports of goods and services subtracting the imports of goods and services. Exports include the value of various goods and services sold or gratuitously transferred by resident units to non-resident units. Imports include the value of various goods and services purchased or gratuitously acquired resident units from non-resident units. Because the provision of services and the use of them happen simultaneously, the acquisition of services by resident units from abroad is usually treated as import while the acquisition of services by non-resident units in this country is usually treated as export. The exports and imports of goods are calculated at FOB.

provided by the government to households free of charge or at reduced prices. The former equals to the output value of the government services minus the value of operating income obtained by the government departments. The latter equals to the market value of the goods and services provided by the government free of charge or at reduced prices to the households minus the value received by the government from the households.

Gross Capital Formation refers to the fixed assets acquired less disposals and the net value of inventory, thus including gross fixed capital formation and changes in inventories.

Gross Fixed Capital Formation refers to the value of acquisitions less those disposals of fixed assets during a given period. Fixed assets are the assets produced through production activities with unit value above a specified standard and which could be used for over one year. Natural assets are not included. Gross fixed capital formation can be categorized into tangible fixed capital formation and intangible fixed capital formation. Total tangible fixed capital formation includes the value of the construction projects and installation projects completed and the equipment, instruments and tools purchased (less those disposed) as well as the value of land improved, the value of draught animals, breeding stocks and animals for milk, for wool and for recreational purposes and the newly increased forests with economic value. Intangible fixed capital formation includes the prospecting of minerals and the acquisition of computer software minus the disposal of them.

Changes in Inventory refers to the market value of the changes in the physical volume of inventories of producing units during a given period, i.e. the difference between the values at the beginning and at the end of the period minus the gains due to the changes in prices. The changes in inventory can have a positive or a negative value. A positive value indicates an increase in inventory while a negative value indicates a decrease in inventory. The inventory includes raw materials, fuels and reserve materials purchased by the production units as well as the inventory of finished products, semi-finished products and work-in-progress.

Net Exports of Goods and Services refers to the balance of goods and services, equaling the exports of goods and services minus the imports of goods and services. Exports include the value of various goods and services sold or granted or transferred by resident units to non-resident units. Imports include the value of various goods and services purchased or gratuitously acquired by resident units from non-resident units. Because the provision of services and the use of them occur simultaneously, the acquisition of services by resident units from abroad is usually treated as import, while the acquisition of services by non-residents in this country is usually treated as export. The exports and imports of goods are calculated at FOB.

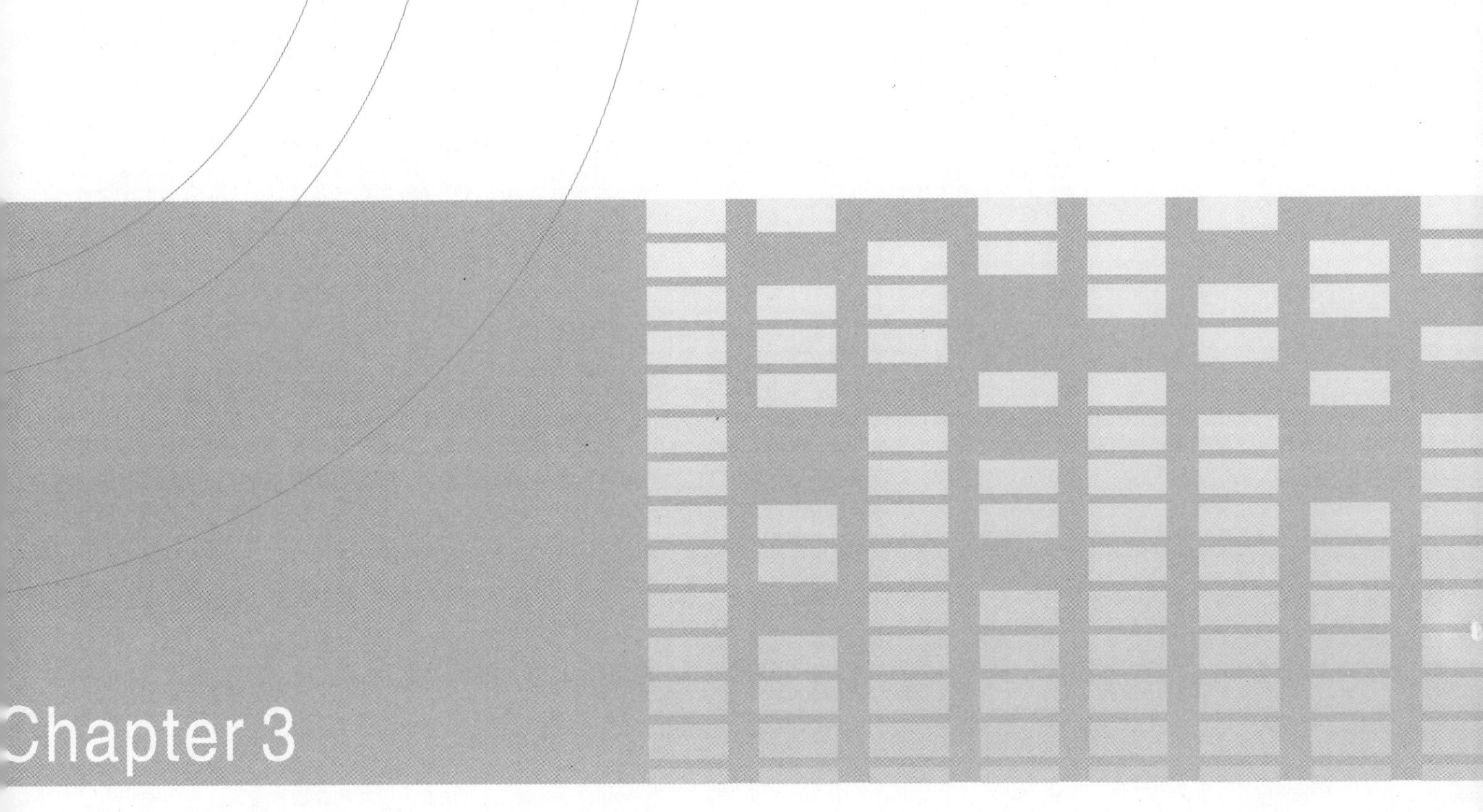

三、人口

Population

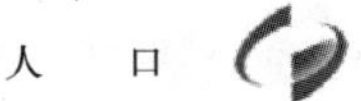

3-1 历年全省年末人口数（1949-2009年）
Historic Population at Year-end (1949-2009)

单位：万人 (10 000 persons)

年 份 Year	总人口 Total Population	按性别分 By Sex 男 Male	 女 Female	按城乡分 By Residence 城镇人口 Urban	 乡村人口 Rural	按农业、非农业分 By Agricultural and Non-Agricultural 农业人口 Agricultural Population	 非农业人口 Non-Agricultural Population
1949	1 595.0						
1952	1 695.1			82.3	1 612.8		
1957	1 896.8	941.9	954.8	237.1	1 659.7	1 717.0	179.8
1958	1 914.5	959.9	954.6	349.7	1 564.8	1 647.4	267.1
1960	1 894.6	937.8	956.7	305.2	1 589.4	1 615.9	278.7
1962	1 963.7	966.2	997.5	275.0	1 688.7	1 776.5	187.2
1965	2 160.4	1 075.3	1 085.1	261.4	1 899.0	1 925.5	234.9
1970	2 503.3	1 246.4	1 256.9	271.2	2 232.1	2 256.0	247.3
1973	2 746.9	1 369.7	1 377.2	323.9	2 423.0	2 461.7	285.2
1974	2 819.0	1 408.0	1 411.0	326.1	2 492.9	2 524.7	294.3
1975	2 884.3	1 441.8	1 442.5	335.9	2 548.4	2 585.9	298.4
1976	2 951.7	1 477.1	1 474.6	343.3	2 608.4	2 646.7	305.0
1977	3 024.6	1 515.0	1 509.6	351.7	2 672.9	2 712.4	312.2
1978	3 091.5	1 548.7	1 542.8	375.7	2 715.8	2 767.5	324.0
1979	3 134.8	1 569.1	1 565.6	388.3	2 746.5	2 798.2	336.6
1980	3 173.4	1 590.0	1 583.4	395.4	2 778.0	2 828.8	344.6
1981	3 222.8	1 622.2	1 600.6	416.5	2 806.3	2 873.0	349.8
1982	3 283.1	1 657.5	1 625.6	433.0	2 850.1	2 924.8	358.3
1983	3 330.8	1 683.1	1 647.7	472.0	2 858.8	2 963.1	367.7
1984	3 372.1	1 707.3	1 664.8	698.7	2 673.4	2 994.8	377.3
1985	3 418.1	1 733.7	1 684.4	904.6	2 513.5	3 021.9	396.2
1986	3 480.0	1 766.8	1 713.2	1 007.5	2 472.5	3 071.8	408.2
1987	3 534.0	1 797.7	1 736.3	996.2	2 537.8	3 112.0	422.0
1988	3 594.0	1 829.0	1 765.0	1 426.1	2 167.9	3 159.5	434.5
1989	3 648.0	1 861.2	1 786.8	1 524.5	2 123.5	3 204.8	443.2
1990	3 730.6	1 910.8	1 819.8	1 510.1	2 220.5	3 271.7	458.9
1991	3 782.1	1 939.1	1 843.0	1 555.2	2 226.9	3 312.0	470.1
1992	3 831.6	1 967.1	1 864.5	1 608.1	2 223.5	3 346.9	484.7
1993	3 885.2	1 997.0	1 888.2	1 664.0	2 221.2	3 380.5	504.7
1994	3 939.2	2 027.1	1 912.1	1 782.1	2 157.1	3 414.5	524.7
1995	3 989.6	2 055.2	1 934.4	1 821.3	2 168.3	3 445.5	544.1
1996	4 041.5	2 084.8	1 956.7	1 857.4	2 184.1	3 477.2	564.3
1997	4 094.0	2 112.9	1 981.1	1 937.3	2 156.7	3 506.1	587.9
1998	4 143.8	2 139.0	2 004.8	1 951.7	2 192.1	3 538.0	605.8
1999	4 192.4	2 165.8	2 026.6	1 991.3	2 201.1	3 554.8	637.6
2000	4 240.8	2 192.0	2 048.8	990.6	3 250.2	3 584.3	656.5
2001	4 287.4	2 217.4	2 070.0	1 066.0	3 221.4	3 609.9	677.5
2002	4 333.1	2 240.6	2 092.5	1 127.0	3 206.1	3 636.3	696.8
2003	4 375.6	2 263.6	2 112.0	1 163.9	3 211.7	3 662.4	713.2
2004	4 415.2	2 284.1	2 131.1	1 240.7	3 174.5	3 691.1	724.1
2005	4 450.4	2 302.2	2 148.2	1 312.9	3 137.5	3 720.5	729.9
2006	4 483.0	2 319.1	2 163.9	1 367.3	3 115.7	3 740.2	742.8
2007	4 514.0	2 335.1	2 178.9	1 426.4	3 087.6	3 764.3	749.7
2008	4 543.0	2 350.1	2 192.9	1 499.2	3 043.8	3 789.4	753.6
2009	4 571.0	2 364.6	2 206.4	1 554.1	3 016.9	3 812.8	758.2

3-2 各地区户数、人口数及构成（2009年）

Number of Households, Population and Its Composition by Region (2009)

地 区	Region	总户数（万户）Family Households (10 000 households)	总人口（万人）Total Population (10 000 persons)	按性别分（万 人）By Sex (10 000 Persons)		按城乡分（万 人）By Residence (10 000 Persons)		按农业、非农业分（万 人）By Agricultural and Non-Agricultural (10 000 Persons)		人口密度（人/平方公里）Population Density (person/sq.km)
				男 Male	女 Female	城镇人口 Urban	乡村人口 Rural	农业人口 Agricultural Population	非农业人口 Non-Agricultural Population	
全省合计	**Total**	**1 287.3**	**4 571.0**	**2 364.6**	**2 206.4**	**1 554.1**	**3 016.9**	**3 812.8**	**758.2**	**116.0**
昆 明	Kunming	179.7	628.0	323.8	304.2	383.1	244.9	370.6	257.4	291.0
曲 靖	Qujing	179.1	581.8	306.1	275.7	197.8	384.0	513.6	68.2	194.9
玉 溪	Yuxi	70.0	228.7	117.7	111.0	84.6	144.1	189.8	38.9	149.6
保 山	Baoshan	65.5	247.7	127.4	120.3	61.9	185.8	223.0	24.7	126.1
昭 通	Zhaotong	155.5	534.3	274.4	259.9	106.9	427.4	495.0	39.3	232.1
丽 江	Lijiang	35.6	122.6	63.0	59.6	33.1	89.5	105.5	17.1	57.8
普 洱	Pu'er	70.6	258.7	135.9	122.8	77.6	181.1	224.8	33.9	57.0
临 沧	Lincang	59.2	239.6	125.7	113.9	69.5	170.1	215.8	23.8	97.9
楚 雄	Chuxiong	76.9	270.1	138.8	131.3	83.7	186.4	230.9	39.2	92.3
红 河	Honghe	122.0	444.2	229.7	214.5	155.5	288.7	367.6	76.6	134.9
文 山	Wenshan	93.1	345.4	180.3	165.1	93.3	252.1	315.9	29.5	107.1
西双版纳	Xishuangbanna	26.3	107.6	54.3	53.3	38.7	68.9	75.3	32.3	54.6
大 理	Dali	100.2	350.8	179.2	171.6	108.7	242.1	308.3	42.5	119.1
德 宏	Dehong	29.0	119.4	60.7	58.7	39.4	80.0	96.7	22.7	103.6
怒 江	Nujiang	15.2	53.6	27.7	25.9	11.3	42.3	46.1	7.5	36.5
迪 庆	Diqing	9.4	37.9	19.4	18.5	9.1	28.8	33.2	4.7	36.5

3-3 全省分民族人口数（2009年）

Provincial Population by Nationality (2009)

单位：万人 、 % (10 000 persons ,%)

民 族	Nationality	人口数 Population	比 重 Proportion	民 族	Nationality	人口数 Population	比 重 Proportion
总 计	**Total**	**4571.0**	**100.0**	藏 族	Tibetan	14.6	0.3
汉 族	Han Nationality	3017.5	66.0	景颇族	Jingpo Nationality	15.1	0.3
彝 族	Yi Nationality	510.1	11.2	布朗族	Bulang Nationality	11.3	0.2
白 族	Bai Nationality	167.3	3.7	普米族	Pumi Nationality	3.8	0.1
哈尼族	Hani Nationality	156.8	3.4	怒 族	Nu Nationality	3.1	0.1
壮 族	Zhuang Nationality	123.0	2.7	阿昌族	Achang Nationality	3.6	0.1
傣 族	Dai Nationality	134.8	3.0	基诺族	Jinuo Nationality	2.6	0.1
苗 族	Miao Nationality	107.9	2.4	德昂族	De'ang Nationality	1.9	0.0
傈僳族	Lisu Nationality	68.4	1.5	蒙古族	Mongolian	2.0	0.0
回 族	Hui Nationality	70.7	1.5	独龙族	Dulong Nationality	0.7	0.0
拉祜族	Lahu Nationality	48.0	1.0	满 族	Manchu Nationality	1.3	0.0
佤 族	Wa Nationality	42.3	0.9	水 族	Shui Nationality	1.1	0.0
纳西族	Naxi Nationality	32.4	0.7	布依族	Buyi Nationality	4.9	0.1
瑶 族	Yao Nationality	21.2	0.5	其他族	Other Nationalities	4.7	0.1

3-4 主要年份全省人口出生率、死亡率、自然增长率

Birth Rate, Death Rate and Natural Growth Rate of Provincial Population in Significant Years

单位：万人 、 ‰ (10 000 persons, ‰)

年 份 Year	年平均人口数 Annual Average Population	出 生 Birth		死 亡 Death		自然增长 Natural Growth	
		人 数 Population	出生率 Birth Rate	人 数 Population	死亡率 Death Rate	人 数 Population	自然增长率 Natural Growth Rate
1952	1 677.70	56.5	33.69	27.1	16.16	29.4	17.50
1957	1 869.20	67.8	36.27	30.5	16.29	37.3	19.90
1962	1 931.80	76.7	39.71	21.0	10.85	55.7	28.90
1965	2 124.40	93.5	44.01	27.6	12.99	65.9	31.00
1970	2 548.00	97.1		20.4	8.02	76.7	30.10
1975	2 851.60	90.5	31.72	24.7	8.68	65.7	23.00
1976	2 918.00	92.9	31.83	22.9	7.84	70.0	24.00
1977	2 988.20	92.6	31.01	22.8	7.65	69.8	23.36
1978	3 058.00	86.8	28.37	21.2	6.93	65.6	21.44
1979	3 113.10	75.0	24.08	25.3	8.13	49.7	15.95
1980	3 154.10	65.9	20.91	23.2	7.36	42.7	13.54
1981	3 198.10	81.1	25.36	27.5	8.60	53.6	16.76
1982	3 252.90	77.4	23.80	32.1	9.88	45.3	13.92
1983	3 307.00	77.8	23.57	30.3	9.19	47.5	14.38
1984	3 351.50	67.8	20.29	26.5	7.92	41.3	12.37
1985	3 395.10	72.9	21.55	27.2	8.03	45.8	13.52
1986	3 449.50	89.1	26.03	27.0	7.87	62.1	18.16
1987	3 507.00	83.5	23.97	29.3	8.40	54.2	15.57
1988	3 564.00	84.9	24.00	25.2	7.13	59.7	16.87
1989	3 621.00	83.0	23.07	29.0	8.05	54.0	15.02
1990	3 689.30	87.0	23.60	29.0	7.92	58.0	15.68
1991	3 756.40	81.9	21.80	30.4	8.10	51.5	13.70
1992	3 806.90	79.9	21.00	30.5	8.00	49.5	13.00
1993	3 858.40	84.9	22.00	31.3	8.10	53.6	13.90
1994	3 912.20	85.3	21.80	31.3	8.00	54.0	13.80
1995	3 964.40	82.3	20.75	31.8	8.03	50.5	12.73
1996	4 015.60	83.8	20.87	31.9	7.94	51.9	12.93
1997	4 067.80	84.7	20.82	32.2	7.91	52.5	12.91
1998	4 118.90	82.4	20.01	32.6	7.91	49.8	12.10
1999	4 168.10	81.2	19.48	32.6	7.82	48.6	11.66
2000	4 216.60	80.3	19.05	31.9	7.57	48.4	11.48
2001	4 264.10	78.9	18.51	32.3	7.57	46.6	10.94
2002	4 310.25	77.3	17.90	31.5	7.30	45.7	10.60
2003	4 354.35	74.0	17.00	31.4	7.20	42.6	9.80
2004	4 395.40	68.6	15.60	29.0	6.60	39.6	9.00
2005	4 432.80	65.3	14.72	29.9	6.75	35.4	7.97
2006	4 466.70	59.0	13.20	28.1	6.30	30.9	6.90
2007	4 498.50	58.6	13.08	27.9	6.22	30.8	6.86
2008	4 528.50	57.2	12.63	28.6	6.31	28.6	6.32
2009	4 557.00	57.1	12.53	29.4	6.45	27.7	6.08

注：本表从1983年起的数字系抽样调查推断数。其余年份数字均为人口年报数。

Note:Data in this table from 1983 are estimated on the basis of population sample surveys,and the others are obtained from annual population reports.

3-5 各地区人口出生率、死亡率、自然增长率（2009年）

Birth Rate, Death Rate and Natural Growth Rate of Population by Region (2009)

单位：万人、‰ (10 000 persons, ‰)

地区	Region	出生 Birth 人数 Population	出生率 Birth Rate	死亡 Death 人数 Population	死亡率 Death Rate	自然增长 Natural Growth 人数 Population	自然增长率 Natural Growth Rate
全省合计	**Total**	**57.1**	**12.5**	**29.4**	**6.5**	**27.7**	**6.1**
昆明	Kunming	6.8	10.9	3.2	5.1	3.6	5.8
曲靖	Qujing	6.4	11.1	2.7	4.6	3.8	6.5
玉溪	Yuxi	2.4	10.4	1.2	5.4	1.1	5.0
保山	Baoshan	2.9	11.9	1.6	6.5	1.3	5.4
昭通	Zhaotong	7.7	14.6	3.0	5.6	4.8	9.0
丽江	Lijiang	1.3	10.8	0.8	6.3	0.6	4.5
普洱	Pu'er	3.1	12.0	1.6	6.4	1.5	5.7
临沧	Lincang	3.0	12.7	1.6	6.6	1.4	6.0
楚雄	Chuxiong	2.9	10.7	1.8	6.6	1.1	4.1
红河	Honghe	5.8	13.0	2.9	6.6	2.8	6.4
文山	Wenshan	4.5	13.0	1.8	5.1	2.7	7.9
西双版纳	Xishuangbanna	1.1	10.4	0.5	4.4	0.6	6.0
大理	Dali	3.6	10.4	1.8	5.1	1.9	5.3
德宏	Dehong	1.6	13.5	0.7	6.2	0.9	7.3
怒江	Nujiang	0.7	12.5	0.3	5.1	0.4	7.4
迪庆	Diqing	0.4	11.0	0.2	5.0	0.2	6.0

3-6 主要年份全省户数、年平均人口数及人口密度

Number of Households, Annual Average Population and Population Density in Significant Years

年份 Year	户数 (万户) Number of Households (10 000 households)	平均每户人数 (人/户) Average Households Size (person/household)	年平均人口数 (万人) Annual Average Population (10 000 persons)	农业人口数 (万人) Agricultural Population (10 000 persons)	非农业人口数 (万人) Non-Agricultural Population (10 000 persons)	人口密度 (人/平方公里) Population Density (person/sq.km)
1965	446.3	4.8	2 124.40	1 903.9	220.6	54.8
1970	481.4	5.2	2 548.00	2 217.3	245.8	63.5
1975	538.3	5.4	2 851.60	2 555.3	296.4	73.2
1978	571.8	5.4	3 058.00	2 740.0	318.1	78.5
1980	590.9	5.4	3 154.10	2 813.5	340.6	80.5
1985	667.4	5.1	3 395.10	3 008.4	386.8	86.8
1990	812	4.5	3 689.30	3 238.3	451.1	94.7
1995	925.9	4.3	3 964.40	3 430.0	534.4	101.3
1997	965.4	4.2	4 067.80	3 491.7	576.1	103.9
1998	991.3	4.2	4 118.90	3 522.1	596.9	105.2
1999	1 012.0	4.2	4 168.10	3 554.8	637.6	106.4
2000	1 030.6	4.1	4 216.60	3 584.3	656.5	107.6
2001	1 046.7	4.1	4 264.10	3 609.9	677.5	108.8
2002	1 063.3	4.1	4 310.25	3 636.3	696.8	109.8
2003	1 083.1	4.0	4 354.34	3 662.4	713.2	111.0
2004	1 117.1	4.0	4 395.40	3 691.1	724.1	112.0
2005	1 216.2	3.7	4 432.80	3 720.5	729.9	112.9
2006	1 183.9	3.8	4 466.70	3 740.2	742.8	113.8
2007	1 222.3	3.7	4 498.50	3 764.3	749.7	114.5
2008	1 252.9	3.6	4 528.50	3 789.4	753.6	115.3
2009	1 287.3	3.5	4 557.00	3 812.8	758.2	116.0

3-7　五次全国人口普查全省人口基本情况

Basic Statistics on National Population Census in 1953, 1964, 1982, 1990 and 2000

指　　标	Item	1953	1964	1982	1990	2000
总人口(万人)	**Total Population (10 000 persons)**	**1 713.3**	**2 051.0**	**3 255.4**	**3 697.3**	**4 235.9**
男	Male	846.0	1 024.7	1 650.0	1 899.6	2 219.9
女	Female	867.3	1 026.3	1 605.4	1 797.7	2 016.0
性别比（以女性为100）	Sex Ratio (female=100)	97.6	99.8	102.8	105.7	110.1
家庭户规模（人/户）	**Average Family Household Size (person/household)**		**4.7**	**5.2**	**4.5**	**3.7**
各年龄组人口构成(%)	**Population by Age Group (%)**					
0-14岁	0-14	34.5	39.2	39.2	31.7	26.0
15-64岁	15-64	58.1	58.2	56.4	61.2	68.0
65岁及以上	65 and Over	7.4	2.6	4.5	7.1	6.0
民族人口数	**Population by Ethnicity**					
汉族人口数(万人)	Han (10 000 persons)	1 178.8	1 410.7	2 223.4	2 462.8	2 820.7
占总人口比重（%）	Percentage to Total Population (%)	68.8	68.8	68.3	66.6	66.6
少数民族人口数(万人)	Ethnic Minorities (10 000 persons)	534.5	640.3	1 032.0	1 234.5	1 415.2
占总人口比重(%)	Percentage to Total Population(%)	31.2	31.2	31.7	33.4	33.4
每十万人拥有的各种受教育程度人口数(人)	**Population with Various Education Attainments Per 100 000 Persons (person)**					
大专及以上	Junior College and Above		280	331	807	2 013
高中和中专	Senior Secondary School and Technical Secondary School		1 033	2 792	4 095	6 563
初中	Junior Secondary School		3 115	10 224	13 795	21 233
小学	Primary School		23 076	29 305	37 905	44 768
平均受教育年限(年)	Average Education Year (year)		2.2	3.6	4.8	6.3
文盲人口数及文盲率	**Illiterate Population and Illiterate Rate**					
文盲人口数(万人)	Illiterate Population (10 000 persons)		969.9	1 025.1	940.6	484.2
文盲率(%)	Illiterate Rate (%)		47.3	31.5	25.4	11.4
平均预期寿命(岁)	**Life Expectancy (year old)**			**60.8**	**63.5**	**65.5**
男	Male			59.9	62.1	64.2
女	Female			61.6	64.9	66.9

注：1.1953年总人口数据中包括了间接调查人口，而民族人口、城乡人口中未包括。

2.1964年文盲人口为12岁及12岁以上不识字人口，1982、1990、2000年文盲人口为15岁及15岁以上不识字或识字很少人口。

Note:a.Total population of 1953 National Population Census includes the population from indirect survey,but it didn't includ the ethnic minority population, urban and rural population.

b.Illiterate population of 1964 National Population Census referred to the population aged 12 and over who are unable to read. Illiterate population of 1982, 1990 and 2000 National Population Censuses referred to the population aged 15 and over who are unable or have difficulty to read.

主要统计指标解释

人口数　指一定时点、一定地区范围内有生命的个人总和。

年度统计的年末人口数指每年 12 月 31 日 24 时的人口数。年度统计的全国人口总数内未包括香港、澳门特别行政区和台湾省以及海外华侨人数。

城镇人口和乡村人口　城镇人口是指居住在城镇范围内的全部常住人口；乡村人口是除上述人口以外的全部人口。

人口密度　指一定时点一定地区的人口数与该地区的面积数之比，即一定时点的单位土地面积上的人口数通常以每平方公里的居民人数来表示。计算公式:

人口密度（人/平方公里）=该地区的人口数/该地区的土地面积

出生率 出生率（又称粗出生率）指一定时期内（通常为一年内）平均每千人所出生的人数的比例，一般用千分率表示。计算公式:

出生率（‰）=年出生人数/年平均人数 × 1000‰

出生人数是指活产婴儿，即胎儿脱离母体时（不管怀孕月数）有过呼吸或其他生命现象。

年平均人数是年初、年末人口数的平均数，也可用年中人口数代替。

死亡率　指在一定时期内（通常为一年内）一定地区的死亡人数与同期平均人数（或期中人数）之比，一般用千分率表示。计算公式:

死亡率（‰）=年死亡人数/年平均人数 × 1000‰

人口自然增长率　在一定时期内（通常为一年内）人口自然增加数（出生人数减死亡人数）与平均人数（或期中人数）之比，一般用千分率表示。计算公式:

人口自然增长率=（本年出生人口数-本年死亡人口数）/年平均人口数 × 1000%

人口自然增长率（‰）=人口出生率-人口死亡率

性别比　反映两性人口比例的指标,指在总人口中或各年龄组人口中，男性人数与女性人数之比。通常以每 100 个女性人口相对应的男性人口数。计算公式:

性别比=男性人口/女性人口 × 100

农业、非农业人口数　根据公安部门下发的“户口簿”的户口性质统计。

Explanatory Notes on Principal Statistical Indicators

Total Population refers to the total number of people alive at a certain point of time within a given area.

The annual statistics on total population is taken at midnight, the 3lst of December, not including residents in Taiwan province, Hong Kong SAR and Macao SAR and Chinese national residing abroad.

Urban Population and Rural Population Urban population refers to all people residing in cities and towns, while rural population refers to population other than urban population.

Population Density refers to the ratio of population to the area at a certain point of time within a given area, i.e., the population of unit land area at a certain point of time, which is often expressed as number of inhabitants per square kilometer:

Population density = number of population in the region/land area in the region

Birth Rate or (crude Birth Rate) refers to the ratio of the number of births to the average population during a certain period of time (usually a year) which is often expressed in ‰. The formula is as follows:

Birth Rate = Number of Births/Annual Average Number of Population × 1000‰.

Number of births refers to live births, i.e., the births when babies had showed any vital phenomena regardless of the length of pregnancy.

Annual Average Number of Population is the average of the number of population at the beginning of the year and that at the end of the year. Sometimes it is substituted for with the mid year population.

Death Rate (or Crude Death Rate) refers to the ratio of the number of deaths to the average population (or mid-period population) during a certain period of time (usually a year) which is often expressed in ‰. The formula is as follows:

Death Rate = Number of Deaths/Annual Average Number of Population × 1000‰.

Natural Growth Rate of Population refers to the ratio of natural increase in population (number of births minus number of deaths) in a certain period of time (usually a year) to the average population (or mid-period population)of the same period which is often expressed in ‰. The formulas are as follows:

Natural Growth of Population = (Number of Birth − Number of Deaths)/Average Number of Population × 1000‰.

Natural Growth Rate of Population = Birth Rate − Death Rate

Sex Ratio reflects the indicator of male population and female population, which refers to the ratio of male population to female population in total population or population by age group. It usually means relevant male population per 100 female populations. The formula is as follows:

Sex ratio = male population/female population ×100.

Agricultural and Non-Agricultural Population is classified according to people's residence registration nature recorded on their permanent residence booklets issued by public security organs.

四、就业人员和职工工资

Employment and Wages

4-1 2007-2009年就业基本情况
Employment (2007-2009)

项　目	Item	2007	2008	2009
就业人员(万人)	**Total Number of Employed Persons (10 000 persons)**	**2 573.8**	**2 638.4**	**2 684.8**
第一产业	Primary Industry	1 684.7	1 678.4	1 672.5
第二产业	Secondary Industry	279.8	298.6	321.3
第三产业	Tertiary Industry	609.3	661.4	691.0
就业人员构成(合计=100)	**Composition of Employed Persons (total=100)**			
第一产业	Primary Industry	65.4	63.6	62.3
第二产业	Secondary Industry	10.9	11.3	12.0
第三产业	Tertiary Industry	23.7	25.1	25.7
按城乡分就业人员(万人)	**Number of Employed Persons by Urban and Rural Areas (10 000 persons)**			
城镇就业人员(万人)	Urban Employed Persons (10 000 persons)	477.3	525.6	547.5
#国有单位	State-owned Entities	182.1	185.8	187.8
城镇集体单位	Urban Collective-owned Entities	12.8	11.2	11.0
股份合作单位	Cooperative Entities	2.6	2.3	2.2
联营单位	Joint Ownership Entities	0.3	0.3	0.3
有限责任公司	Limited Liability Corporations	37.5	41.9	44.7
股份有限公司	Share-holding Corporations Ltd.	55.5	56.8	60.4
私营企业	Private Enterprises	75.3	101.5	113.4
港澳台商投资单位	Entities with Funds from Hong Kong, Macao & Taiwan	2.4	2.4	2.5
外商投资单位	Foreign Funded Entities	2.9	2.8	3.1
个　体	Self-employed Individuals	105.7	120.6	122.1
乡村就业人员(万人)	Rural Employed Persons (10 000 persons)	2 096.5	2 112.8	2 137.3
#乡镇企业	Township and Village Enterprises	400.6	410.6	416.8
乡镇私营企业	Private Enterprisess	81.9	91.6	99.1
乡镇个体企业	Self-employed Individuals	253.0	253.7	255.7
城镇单位在岗职工人数(万人)	**Number of Staff and Workers in Urban Entities (10 000 persons)**	**280.7**	**286.7**	**293.6**
#国有单位	State-owned Entities	175.2	177.8	178.0
#企业	Enterprises	54.4	54.1	52.4
#地方企业	Local Enterprises	35.3	39.6	38.3
事　业	Institutions	83.7	85.3	84.9
机　关	Agencies & Organizations	38.1	39.3	40.7
城镇集体单位	Urban Collective-owned Entities	11.9	10.4	10.3
其他单位	Entities of Other Types of Ownership	93.6	98.5	105.3
城镇单位女性就业人员(万人)	Number of Female Employment in Urban Entities (10 000 persons)	102.4	105.7	109.3
城镇登记失业人数(万人)	Number of Registered Unemployed Persons in Urban Areas (10 000 persons)	14.0	14.8	15.6
城镇登记失业率(%)	Registered Unemployment Rate in Urban Areas (%)	4.2	4.2	4.3

注：1.乡镇企业及乡镇私营、个体企业就业人员人数由于规范统计口径，2000年及以后的数据与1999年及以前的数据不可比。
2.2000年及以后就业人员人数，按一、二、三产业划分的就业人员人数，计算方法详见本篇末指标解释。

Note: a.The figures of township enterprises, township private entities and individual enterprises recorded after 2000 can not be compared with those of 1999 due to the standardized statistical coverage.
b.Since 2000, the statistical method for employed persons in primary, secondary and tertiary industries has been adjusted. The detail is explained in the explanatory notes at the end of this part.

4-2 主要年份按三次产业分的年末就业人员数

Number of Employed Persons at Year-end by Type of Industry in Significant Years

单位：万人 (10 000 persons)

年份 Year	合计 Total	第一产业 Primary Industry	第二产业 Secondary Industry	第三产业 Tertiary Industry	构成 Percentage (%) (total=100) 第一产业 Primary Industry	第二产业 Secondary Industry	第三产业 Tertiary Industry
1980	1 404.0	1 194.0	113.1	96.9	85.0	8.1	6.9
1985	1 672.3	1 329.2	172.0	171.1	79.5	10.3	10.2
1987	1 777.5	1 411.1	182.9	183.5	79.4	10.3	10.3
1988	1 826.9	1 454.4	183.3	189.2	79.6	10.0	10.4
1989	1 880.7	1 503.2	183.9	193.6	79.9	9.8	10.3
1990	1 922.7	1 537.8	184.8	200.1	80.0	9.6	10.4
1992	2 032.6	1 612.9	198.0	221.7	79.4	9.9	10.7
1993	2 071.5	1 630.9	203.6	237.0	78.7	9.9	11.4
1994	2 108.7	1 642.1	215.8	250.8	77.9	10.2	11.9
1995	2 149.0	1 656.1	216.6	276.3	77.1	10.1	12.9
1996	2 186.2	1 596.9	242.7	346.6	73.0	11.1	15.9
1997	2 223.5	1 653.2	236.0	334.3	74.4	10.6	15.0
1998	2 240.5	1 687.5	232.0	321.0	75.3	10.4	14.3
1999	2 244.0	1 720.4	197.5	326.1	76.7	8.8	14.5
2000	2 295.4	1 695.9	210.4	389.2	73.9	9.2	17.0
2001	2 322.5	1 710.4	207.9	404.2	73.7	9.0	17.4
2002	2 341.3	1 715.8	206.5	419.0	73.3	8.8	17.9
2003	2 353.3	1 709.3	209.9	434.1	72.6	8.9	18.5
2004	2 401.4	1 711.9	218.4	471.1	71.3	9.1	19.6
2005	2 461.3	1 709.2	245.1	507.0	69.4	10.0	20.6
2006	2 517.6	1 697.0	262.5	558.2	67.4	10.4	22.2
2007	2 573.8	1 684.7	279.8	609.3	65.4	10.9	23.7
2008	2 638.4	1 678.4	298.6	661.4	63.6	11.3	25.1
2009	2 684.8	1 672.5	321.3	691.0	62.3	12.0	25.7

注：2000年及以后就业人员人数，按一、二、三产业划分的就业人员人数计算方法有调整，详见本篇末指标解释。

Note: Since 2000, the statistical method for employed persons in primary, secondary and tertiary industries is adjusted. The detail is explained in the explanatory notes at the end of this part.

4-3 主要年份按城乡分的年末就业人员数
Number of Employed Persons at Year-end by Residence in Urban and Rural Areas in Significant Years

单位：万人 (10 000 persons)

年 份 Year	就业人员 Total	城镇单位就业人员 Number of Employed Persons in Urban Entities					城镇个体和私营就业人员 Persons Engaged in Urban Private Enterprises and Self-employed Individuals	乡 村 就业人员 Rural Employed Persons
		职工人数 Number of Staff and Workers	国有单位 State-owned Economic Entities	集体单位 Collective-owned Economic Entities	其他单位 Other Types of Ownership	其他就业人员 Others		
1978	1 313.39	216.04	190.66	25.38			0.24	1 097.11
1980	1 404.03	229.82	200.67	29.15			0.83	1 173.38
1985	1 672.34	263.00	222.41	40.16	0.43		11.66	1 397.68
1990	1 922.65	291.87	249.26	41.94	0.67		13.75	1 617.03
1995	2 149.00	311.50	262.86	43.28	5.36	7.23	32.30	1 797.97
1998	2 240.50	295.10	245.20	30.50	19.40	9.10	57.50	1 878.80
1999	2 244.00	284.50	231.30	26.70	26.50	7.80	69.90	1 881.80
2000	2 295.40	273.40	220.60	23.70	29.10	6.80	66.40	1 948.80
2001	2 322.53	261.61	207.31	20.03	34.27	8.07	81.83	1 971.02
2002	2 341.25	249.26	195.78	16.62	36.86	8.77	92.54	1 990.68
2003	2 353.33	244.01	181.78	14.61	47.62	9.24	97.38	2 002.70
2004	2 401.39	235.43	171.15	12.24	51.74	10.52	125.45	2 029.99
2005	2 461.32	235.71	168.39	10.65	56.67	11.32	163.35	2 050.93
2006	2 517.60	247.98	170.98	12.63	64.37	11.24	159.28	2 099.10
2007	2 573.82	280.72	175.17	11.93	93.62	15.56	181.03	2 096.51
2008	2 638.37	286.73	177.78	10.44	98.51	16.77	222.13	2 112.74
2009	2 684.77	293.60	178.01	10.27	105.32	18.44	235.46	2 137.27

4-4 各地区按城乡分的年末就业人员数（2009年）
Number of Employed Persons at Year-end by Residence in Urban and Rural Areas and by Region (2009)

单位：万人 (10 000 persons)

地 区	Region	就业人员 Total	城镇单位就业人员 Urban Employed Persons					城镇个体和私营 Urban and Rural Self-employed Individuals and Private Enterprises	乡村就业人员 Rural Employed Persons
			职工人数 Number of Staff and Workers	国有单位 State-owned Economic Entities	集体单位 Collective-owned Economic Entities	其他单位 Other Types of Ownership	其他就业人员 Others		
全省合计	**Total**	**2 684.77**	**293.60**	**178.01**	**10.27**	**105.33**	**18.44**	**235.46**	**2 137.27**
昆 明	Kunming	389.34	88.45	44.17	4.06	40.22	5.52	112.29	183.09
曲 靖	Qujing	352.65	30.92	18.67	1.23	11.01	0.95	16.91	303.87
玉 溪	Yuxi	147.54	17.55	9.20	0.55	7.80	0.61	16.24	113.15
保 山	Baoshan	150.37	13.61	6.82	0.30	6.49	0.05	5.28	131.43
昭 通	Zhaotong	285.72	17.47	13.45	0.58	3.45	0.16	8.61	259.48
丽 江	Lijiang	71.75	7.66	4.53	0.24	2.90	0.63	4.55	58.91
思 茅	Simao	147.26	11.59	8.17	0.30	3.12	2.71	9.53	123.45
临 沧	Lincang	130.35	8.91	7.01	0.13	1.77	0.73	5.93	114.77
楚 雄	Chuxiong	162.46	14.39	9.71	0.40	4.29	1.48	9.10	137.49
红 河	Honghe	255.62	25.57	17.50	0.92	7.15	1.31	18.27	210.46
文 山	Wenshan	205.84	13.19	9.82	0.29	3.08	0.76	6.70	185.19
西双版纳	Xishuangbanna	54.38	10.06	8.20	0.36	1.49	0.19	4.73	39.40
大 理	Dali	210.99	19.88	10.47	0.55	8.86	2.31	9.97	178.83
德 宏	Dehong	68.15	8.74	5.87	0.29	2.58	0.38	4.53	54.50
怒 江	Nujiang	29.59	3.01	2.43	0.02	0.56	0.32	1.02	25.25
迪 庆	Diqing	22.74	2.61	2.00	0.05	0.56	0.33	1.81	17.99

注：城镇规模以上私营企业就业人员统计到其他单位中。
Note:Number of employees of private enterprise above designated size is calculated into other entities.

4-5 分行业年末职工人数（2007-2009年）

Number of Staff and Workers by Sector at Year-end (2007-2009)

单位：万人 (10000 persons)

行业	Sector	2007	2008	2009
合计	**Total**	**280.72**	**286.73**	**293.60**
农、林、牧、渔业	Farming,Forestry,Animal Husbandry and Fishery	15.09	13.19	7.25
采矿业	Mining	11.93	10.85	13.82
制造业	Manufacturing	53.04	52.92	57.01
电力、燃气及水的生产和供应业	Production and Supply of Electricity, Gas and Water	7.45	7.74	7.69
建筑业	Construction	29.89	33.13	32.84
交通运输、仓储及邮政业	Transportation,Storage and Post	12.00	12.64	13.21
信息传输、计算机服务和软件业	Information Transmission, Computers Service and Software Service	2.94	3.03	3.49
批发和零售业	Wholesale and Retail Trades	13.34	13.28	14.04
住宿和餐饮业	Hotels and Catering Services	5.57	5.58	5.65
金融业	Banking	6.95	7.68	8.03
房地产业	Real Estate	2.91	3.14	3.50
租赁和商务服务业	Leasing Trade and Business Service	4.65	4.75	5.54
科学研究、技术服务和地质勘查业	Scientific Research, Technology Service and Geological Prospecting	5.44	5.80	6.10
水利、环境和公共设施管理业	Water Conservancy, Admistration of Environment and Public Facilities	4.22	4.22	4.50
居民服务和其他服务业	Services to Households and Other Services	0.55	0.56	0.68
教育	Education	47.89	49.47	49.57
卫生、社会保障和社会福利业	Health Care, Social Security and Social Welfare	13.08	13.60	14.18
文化、体育和娱乐业	Culture, Sports and Entertainment	3.35	3.04	3.38
公共管理和社会组织	Public Administration and Social Organization	40.43	42.12	43.12

4-6 各地区分行业年末城镇单位就业人员数（2009年）

Number of Employed Persons in Urban Entities at Year-end by Sector and Region (2009)

单位：人 (person)

地区	Region	合计 Total	农、林、牧、渔业 Farming, Forestry, Animal Husbandry and Fishery	采矿业 Mining	制造业 Manufacturing	电力、燃气及水的生产和供应业 Production and Supply of Electricity,Gas and Water
全省合计	**Total**	**3 120 397**	**85 068**	**145 514**	**608 339**	**79 561**
昆明	Kunming	939 611	6 893	12 539	190 769	13 219
曲靖	Qujing	318 712	5 394	52 065	70 734	11 280
玉溪	Yuxi	181 553	3 004	10 434	51 874	4 928
保山	Baoshan	136 597	5 533	2 518	20 625	3 079
昭通	Zhaotong	176 306	2 733	11 704	15 393	5 413
丽江	Lijiang	82 924	2 495	6 614	8 807	2 298
普洱	Pu'er	142 911	14 051	2 008	28 499	3 782
临沧	Lincang	96 467	284	3 576	17 404	3 517
楚雄	Chuxiong	158 709	1 909	10 215	22 680	3 834
红河	Honghe	268 842	17 315	12 283	70 885	9 620
文山	Wenshan	139 572	7 246	7 031	12 061	5 568
西双版纳	Xishuangbanna	102 447		7 238	43 724	1 776
大理	Dali	221 957	4 205	4 647	37 700	5 616
德宏	Dehong	91 168	11 612	1 061	10 820	3 479
怒江	Nujiang	33 255	1 469	20	4 794	1 146
迪庆	Diqing	29 366	925	1 561	1 570	1 006

注：不含城镇规模以下私营个体就业人员。

Note: Employed persons in urban private enterprises under designated size are excluded.

4-6 续表1 continued

单位：人 (person)

地区	Region	建筑业 Construction	交通运输、仓储和邮政业 Transportation, Storage and Post	信息传输、计算机服务和软件业 Information Transmission, Computer Service and Software Service	批发和零售业 Wholesale and Retail Trades	住宿和餐饮业 Hotels and Catering Services
全省合计	**Total**	**362 867**	**142 520**	**40 521**	**146 872**	**58 639**
昆明	Kunming	160 777	81 433	18 474	64 096	27 490
曲靖	Qujing	28 129	5 086	1 534	9 226	2 064
玉溪	Yuxi	10 186	3 131	573	17 169	2 982
保山	Baoshan	32 563	3 134	1 202	4 758	1 038
昭通	Zhaotong	10 126	5 207	2 216	4 742	787
丽江	Lijiang	6 060	2 705	1 059	2 451	5 985
普洱	Pu'er	13 855	4 231	1 615	3 734	1 114
临沧	Lincang	2 507	5 409	1 662	2 545	790
楚雄	Chuxiong	21 632	5 685	2 320	5 345	1 803
红河	Honghe	20 339	6 172	2 813	8 873	3 800
文山	Wenshan	7 563	4 817	1 558	4 859	1 090
西双版纳	Xishuangbanna	3 756	3 200	1 089	3 219	2 708
大理	Dali	36 568	9 131	2 321	10 122	4 762
德宏	Dehong	6 634	1 709	1 145	2 350	1 652
怒江	Nujiang	614	1 011	441	746	210
迪庆	Diqing	1 558	459	499	2 637	364

4-6 续表2 continued

单位：人 (person)

地区	Region	金融业 Banking	房地产业 Real Estate	租赁和商务服务业 Leasing Trade and Business Service	科学研究、技术服务和地质勘查业 Scientific Research, Technology Service and Geological Prospecting	水利、环境和公共设施管理业 Water Conservancy, A dmistration of Environment and Public Facilities
全省合计	**Total**	**88 466**	**36 616**	**57 865**	**64 162**	**51 296**
昆明	Kunming	28 577	19 896	35 557	37 056	11 048
曲靖	Qujing	6 631	416	1 332	2 774	4 345
玉溪	Yuxi	7 396	611	1 988	1 715	2 041
保山	Baoshan	3 257	1 860	1 161	1 382	2 804
昭通	Zhaotong	4 990	1 019	911	1 636	2 771
丽江	Lijiang	2 139	520	1 559	1 011	2 687
普洱	Pu'er	3 261	744	588	2 570	2 866
临沧	Lincang	2 320	630	132	706	1 187
楚雄	Chuxiong	5 069	265	1 274	1 902	3 438
红河	Honghe	6 099	1 253	656	3 391	5 934
文山	Wenshan	4 038	2 160	1 327	1 604	2 775
西双版纳	Xishuangbanna	2 515	603	833	1 845	3 048
大理	Dali	6 451	5 173	7 654	3 311	2 983
德宏	Dehong	3 847	1 316	2 400	2 006	1 038
怒江	Nujiang	859	150	11	348	508
迪庆	Diqing	1 017		482	905	1 823

4-6 续表3 continued

单位：人 (person)

地 区	Region	居民服务和其他服务业 Services to Households and Other Services	教育 Education	卫生、社会保障和社会福利业 Health Care, Social Security and Social Welfare	文化、体育和娱乐业 Culture, Sports and Entertainment	公共管理和社会组织 Public Administration and Social Organization
全省合计	**Total**	**7 385**	**507 329**	**150 104**	**34 830**	**452 443**
昆 明	Kunming	4 955	86 642	38 038	13 848	88 304
曲 靖	Qujing	451	67 175	11 596	1 990	36 490
玉 溪	Yuxi	189	27 093	9 621	1 324	25 294
保 山	Baoshan	58	26 069	6 454	701	18 401
昭 通	Zhaotong	109	48 940	9 744	1 874	45 991
丽 江	Lijiang	118	14 900	4 057	1 451	16 008
普 洱	Pu'er	29	25 507	8 466	1 413	24 578
临 沧	Lincang	40	24 533	5 667	1 039	22 519
楚 雄	Chuxiong	57	28 404	9 349	2 035	31 493
红 河	Honghe	214	45 102	13 242	2 322	38 529
文 山	Wenshan	88	39 914	8 820	1 785	25 268
西双版纳	Xishuangbanna	603	10 511	4 328	1 289	10 162
大 理	Dali	302	35 902	12 055	2 118	30 936
德 宏	Dehong	172	13 759	4 816	555	20 797
怒 江	Nujiang		7 626	2 196	643	10 463
迪 庆	Diqing		5 252	1 655	443	7 210

4-7 各地区城镇单位分行业年末职工人数（2009年）

Number of Staff and Workers in Urban Entities at Year-end by Sector and Region (2009)

单位：人 (person)

地 区	Region	合计 Total	农、林、牧、渔业 Farming,Forestry, Animal Husbandry and Fishery	采矿业 Mining	制造业 Manufacturing	电力、燃气及水的生产和供应业 Production and Supply of Electricity,Gas and Water
全省合计	**Total**	**2 936 025**	**72 507**	**138 160**	**570 054**	**76 893**
昆 明	Kunming	884 461	6 710	12 272	181 155	13 111
曲 靖	Qujing	309 178	4 988	51 685	67 568	11 238
玉 溪	Yuxi	175 498	2 968	10 054	50 511	4 624
保 山	Baoshan	136 091	5 515	2 515	20 612	3 072
昭 通	Zhaotong	174 729	2 733	11 526	15 347	5 402
丽 江	Lijiang	76 588	2 482	6 564	7 940	2 084
普 洱	Pu'er	115 855	7 522	1 935	15 984	3 581
临 沧	Lincang	89 128	258	3 411	15 197	3 240
楚 雄	Chuxiong	143 898	1 799	6 578	21 132	3 681
红 河	Honghe	255 702	13 054	12 221	69 524	9 362
文 山	Wenshan	131 927	6 846	6 994	11 941	5 447
西双版纳	Xishuangbanna	100 574		7 238	42 945	1 768
大 理	Dali	198 840	3 728	2 973	34 905	5 040
德 宏	Dehong	87 362	11 513	1 013	10 707	3 440
怒 江	Nujiang	30 089	1 469	20	3 583	868
迪 庆	Diqing	26 105	922	1 161	1 003	935

4-7 续表1 continued

单位：人 (person)

地区	Region	建筑业 Construction	交通运输、仓储和邮政业 Transportation, Storage and Post	信息传输、计算机服务和软件业 Information Transmission, Computers Service and Software Service	批发和零售业 Wholesale and Retail Trades	住宿和餐饮业 Hotels and Catering Services
全省合计	**Total**	**328 351**	**132 081**	**34 903**	**140 385**	**56 509**
昆　明	Kunming	148 244	74 665	15 017	61 199	26 241
曲　靖	Qujing	25 973	4 883	1 417	8 296	2 058
玉　溪	Yuxi	9 770	2 858	422	16 937	2 835
保　山	Baoshan	32 560	3 126	1 200	4 754	1 034
昭　通	Zhaotong	10 126	5 181	2 216	4 741	787
丽　江	Lijiang	4 781	2 276	745	2 371	5 902
普　洱	Pu'er	10 738	3 812	1 025	3 525	1 049
临　沧	Lincang	1 906	4 993	1 641	2 425	790
楚　雄	Chuxiong	18 773	5 376	2 278	4 898	1 676
红　河	Honghe	19 380	5 973	2 637	8 669	3 744
文　山	Wenshan	5 686	4 582	1 035	4 495	1 037
西双版纳	Xishuangbanna	3 560	3 190	1 081	3 191	2 707
大　理	Dali	28 255	8 014	2 117	9 336	4 472
德　宏	Dehong	6 477	1 709	1 144	2 301	1 636
怒　江	Nujiang	564	1 000	441	644	210
迪　庆	Diqing	1 558	443	487	2 603	331

4-7 续表2 continued

单位：人 (person)

地区	Region	金融业 Banking	房地产业 Real Estate	租赁和商务服务业 Leasing Trade and Business Service	科学研究、技术服务和地质勘查业 Scientific Research,Technology Service and Geological Prospecting	水利、环境和公共设施管理业 Water Conservancy, Admistration of Environment and Public Facilities
全省合计	**Total**	**80 347**	**35 008**	**55 381**	**61 041**	**45 018**
昆　明	Kunming	27 618	18 920	33 659	35 110	9 259
曲　靖	Qujing	6 285	412	1 287	2 731	4 332
玉　溪	Yuxi	6 971	607	1 951	1 626	1 744
保　山	Baoshan	3 016	1 845	1 156	1 367	2 804
昭　通	Zhaotong	4 990	1 019	911	1 635	2 771
丽　江	Lijiang	1 974	520	1 538	987	1 714
普　洱	Pu'er	2 997	633	463	2 327	2 462
临　沧	Lincang	2 201	592	128	696	1 077
楚　雄	Chuxiong	3 900	249	1 263	1 860	2 815
红　河	Honghe	5 130	1 214	634	3 292	5 487
文　山	Wenshan	3 172	1 937	1 320	1 557	2 038
西双版纳	Xishuangbanna	1 983	594	826	1 827	3 046
大　理	Dali	6 183	5 093	7 562	3 123	2 625
德　宏	Dehong	2 289	1 270	2 362	1 970	1 015
怒　江	Nujiang	801	103	11	348	406
迪　庆	Diqing	837		310	585	1 423

4-7 续表3 continued

单位：人 (person)

地 区 Region		居民服务和其他服务业 Services to Households and Other Services	教 育 Education	卫生、社会保障和社会福利业 Health Care, Social Security and Social Welfare	文化、体育和娱乐业 Culture, Sports and Entertainment	公共管理和社会组织 Public Administration and Social Organization
全省合计	**Total**	**6 797**	**495 748**	**141 829**	**33 779**	**431 234**
昆 明	Kunming	4 431	83 924	36 754	13 517	82 655
曲 靖	Qujing	451	66 888	11 224	1 960	35 502
玉 溪	Yuxi	189	26 492	9 049	1 266	24 624
保 山	Baoshan	58	26 061	6 414	700	18 282
昭 通	Zhaotong	108	48 416	9 453	1 870	45 497
丽 江	Lijiang	113	14 265	3 960	1 386	14 986
普 洱	Pu'er	25	25 251	7 714	1 366	23 446
临 沧	Lincang	39	23 501	5 238	1 027	20 768
楚 雄	Chuxiong	54	27 753	8 389	2 016	29 408
红 河	Honghe	211	43 758	12 244	2 292	36 876
文 山	Wenshan	81	39 466	8 221	1 646	24 426
西双版纳	Xishuangbanna	602	10 508	4 283	1 248	9 977
大 理	Dali	284	33 982	10 612	1 887	28 649
德 宏	Dehong	151	13 758	4 781	541	19 285
怒 江	Nujiang		6 997	2 012	621	9 991
迪 庆	Diqing		4 728	1 481	436	6 862

4-8 各地区国有单位分行业年末职工人数（2009年）

Number of Staff and Workers in State-owned Entities at Year-end by Sector and Region (2009)

单位：人 (person)

地 区 Region		合 计 Total	农、林、牧、渔业 Farming,Forestry,Animal Husbandry and Fishery	采矿业 Mining	制造业 Manufacturing	电力、燃气及水的生产和供应业 Production and Supply of Electricity, Gas and Water
全省合计	**Total**	**1 780 082**	**67 831**	**43 976**	**174 484**	**42 806**
昆 明	Kunming	441 655	5 118	5 998	49 025	8 766
曲 靖	Qujing	186 737	4 976	10 604	22 891	7 881
玉 溪	Yuxi	91 982	2 600	4 167	4 860	3 342
保 山	Baoshan	68 163	5 496		257	386
昭 通	Zhaotong	134 458	2 733		6 789	3 564
丽 江	Lijiang	45 267	2 362	6	804	361
普 洱	Pu'er	81 719	6 491	348	1 846	2 153
临 沧	Lincang	70 120	258	3 351	4 672	1 002
楚 雄	Chuxiong	97 060	1 781	3 978	5 097	2 647
红 河	Honghe	174 989	12 674	5 844	33 926	6 099
文 山	Wenshan	98 203	6 805	1 635	2 193	1 026
西双版纳	Xishuangbanna	82 007		6 991	38 092	1 526
大 理	Dali	104 744	3 569	129	3 252	2 915
德 宏	Dehong	58 661	10 609		576	416
怒 江	Nujiang	24 299	1 469		97	181
迪 庆	Diqing	20 018	890	925	107	541

4-8 续表1 continued

单位：人 (person)

地 区	Region	建筑业 Construction	交通运输、仓储和邮政业 Transportation, Storage and Post	信息传输、计算机服务和软件业 Information Transmission, Computers Service and Software Service	批发和零售业 Wholesale and Retail Trades	住宿和餐饮业 Hotels and Catering Services
全省合计	**Total**	**54 911**	**87 598**	**17 383**	**35 502**	**14 213**
昆 明	Kunming	42 085	46 919	4 849	8 470	7 975
曲 靖	Qujing	2 767	4 631	1 172	4 392	482
玉 溪	Yuxi	955	2 598	274	3 367	871
保 山	Baoshan	29	1 617	950	2 132	418
昭 通	Zhaotong	58	4 674	1 488	2 232	295
丽 江	Lijiang	254	2 006	539	1 001	436
普 洱	Pu'er	2 997	2 257	398	700	192
临 沧	Lincang	89	3 651	1 184	1 931	209
楚 雄	Chuxiong	1 295	4 039	1 777	1 866	460
红 河	Honghe	1 274	2 890	776	3 986	581
文 山	Wenshan	144	2 805	970	2 005	258
西双版纳	Xishuangbanna	170	2 497	977	362	716
大 理	Dali	1 589	4 809	592	1 954	1 167
德 宏	Dehong	880	858	530	483	86
怒 江	Nujiang		904	441	237	
迪 庆	Lincang	325	443	466	384	67

4-8 续表2 continued

单位：人 (person)

地 区	Region	金融业 Banking	房地产业 Real Estate	租赁和商务服务业 Leasing Trade and Business Service	科学研究、技术服务和地质勘查业 Scientific Research, Technology Service and Geological Prospecting	水利、环境和公共设施管理业 Water Conservancy, Administration of Environment and Public Facilities
全省合计	**Total**	**39 215**	**4 185**	**19 200**	**53 823**	**37 759**
昆 明	Kunming	9 756	1 703	9 969	28 769	7 720
曲 靖	Qujing	3 436	342	1 187	2 645	3 414
玉 溪	Yuxi	3 935	143	213	1 597	1 728
保 山	Baoshan	1 543	148	597	1 334	1 851
昭 通	Zhaotong	2 295	242	858	1 635	2 390
丽 江	Lijiang	1 218	30	88	917	1 295
普 洱	Pu'er	1 448	194	151	2 303	2 450
临 沧	Lincang	1 420	65	97	666	1 037
楚 雄	Chuxiong	2 137	74	1 029	1 776	2 068
红 河	Honghe	2 881	499	255	3 267	5 470
文 山	Wenshan	1 842	283	1 057	1 544	1 834
西双版纳	Xishuangbanna	1 407	180	235	1 710	1 519
大 理	Dali	3 390	183	1 609	2 838	2 505
德 宏	Dehong	1 382	99	1 581	1 901	989
怒 江	Nujiang	590		5	348	406
迪 庆	Diqing	535		269	573	1 083

4-8 续表3 continued

单位: 人 (person)

地 区	Region	居民服务和其他服务业 Services to Households and Other Services	教 育 Education	卫生、社会保障和社会福利业 Health Care, Social Security and Social Welfare	文化、体育和娱乐业 Culture, Sports and Entertainment	公共管理和社会组织 Public Administration and Social Organization
全省合计	**Total**	**2 503**	**490 146**	**137 554**	**27 375**	**429 618**
昆 明	Kunming	1 048	78 808	33 991	9 633	81 053
曲 靖	Qujing	447	66 876	11 158	1 934	35 502
玉 溪	Yuxi	186	26 250	9 049	1 223	24 624
保 山	Baoshan	56	26 061	6 306	700	18 282
昭 通	Zhaotong	39	48 416	9 383	1 870	45 497
丽 江	Lijiang	61	14 241	3 852	810	14 986
普 洱	Pu'er	25	25 243	7 714	1 363	23 446
临 沧	Lincang	12	23 489	5 226	993	20 768
楚 雄	Chuxiong	54	27 726	8 320	1 528	29 408
红 河	Honghe	171	43 758	11 498	2 273	36 867
文 山	Wenshan	81	39 445	8 204	1 646	24 426
西双版纳	Xishuangbanna	136	10 485	4 267	760	9 977
大 理	Dali	140	33 865	10 526	1 063	28 649
德 宏	Dehong	47	13 758	4 645	541	19 280
怒 江	Nujiang		6 997	2 012	621	9 991
迪 庆	Diqing		4 728	1 403	417	6 862

4-9 各地区城镇集体单位分行业年末职工人数（2009年）

Number of Staff and Workers in Urban Collective-owned Entities at Year-end by Sector and Region (2009)

单位: 人 (person)

地 区	Region	合 计 Total	农、林、牧、渔业 Farming,Forestry,Animal Husbandry and Fishery	采矿业 Mining	制造业 Manufa-cturing	电力、燃气及水的生产和供应业 Production and Supply of Electricity, Gas and Water
全省合计	**Total**	**102 662**	**308**	**3 199**	**17 597**	**688**
昆 明	Kunming	40 591	115	229	9 428	133
曲 靖	Qujing	12 299		268	1 469	80
玉 溪	Yuxi	5 540		24	557	48
保 山	Baoshan	3 019		16	622	
昭 通	Zhaotong	5 761			1 263	85
丽 江	Lijiang	2 368			565	
普 洱	Pu'er	2 965	16	5	217	29
临 沧	Lincang	1 315			169	47
楚 雄	Chuxiong	3 971		368	73	47
红 河	Honghe	9 175	64	1 310	1 820	
文 山	Wenshan	2 876		131	188	45
西双版纳	Xishuangbanna	3 629		52	224	126
大 理	Dali	5 536	113	272	512	42
德 宏	Dehong	2 878		454	490	6
怒 江	Nujiang	231		20		
迪 庆	Diqing	508		50		

4-9 续表1 continued

单位：人 (person)

地 区 Region	建筑业 Construction	交通运输、仓储和邮政业 Transportation, Storage and Post	信息传输、计算机服务和软件业 Information Transmission, Computers Service and Software Service	批发和零售业 Wholesale and Retail Trades	住宿和餐饮业 Hotels and Catering Services
全省合计 Total	**34 204**	**1 497**	**71**	**10 781**	**3 296**
昆 明 Kunming	16 436	733	43	3 484	1 814
曲 靖 Qujing	5 679	61		1 209	181
玉 溪 Yuxi	500			922	288
保 山 Baoshan	300		28	670	
昭 通 Zhaotong	2 464	300		207	
丽 江 Lijiang	657	204		248	53
普 洱 Pu'er	807			466	69
临 沧 Lincang	75			194	17
楚 雄 Chuxiong	1 100	95		256	9
红 河 Honghe	3 071	12		755	70
文 山 Wenshan	632			695	13
西双版纳 Xishuangbanna	185	19		829	567
大 理 Dali	1 652	73		434	177
德 宏 Dehong	644			108	38
怒 江 Nujiang	2			90	
迪 庆 Diqing				214	

4-9 续表2 continued

单位：人 (person)

地 区 Region	金融业 Banking	房地产业 Real Estate	租赁和商务服务业 Leasing Trade and Business Service	科学研究、技术服务和地质勘查业 Scientific Research, Technology Service and Geological Prospecting	水利、环境和公共设施管理业 Water Conservancy, Administration of Environment and Public Facilities
全省合计 Total	**17 650**	**764**	**6 527**	**750**	**1 838**
昆 明 Kunming	2 289	372	2 784	620	96
曲 靖 Qujing	2 286		66		918
玉 溪 Yuxi	1 284		1 735		4
保 山 Baoshan	959	29	285		2
昭 通 Zhaotong	1 439				
丽 江 Lijiang	500		9		
普 洱 Pu'er	1 132	31	170		12
临 沧 Lincang	750	2	9	30	
楚 雄 Chuxiong	1 478		27	38	400
红 河 Honghe	1 688	37	245		10
文 山 Wenshan	1 071		63		
西双版纳 Xishuangbanna	457	35	202		396
大 理 Dali	1 358	250	573	13	
德 宏 Dehong	629	8	338	37	
怒 江 Nujiang	119				
迪 庆 Diqing	211		21	12	

4-9 续表3 continued

单位：人 (person)

地区	Region	居民服务和其他服务业 Services to Households and Other Services	教育 Education	卫生、社会保障和社会福利业 Health Care, Social Security and Social Welfare	文化、体育和娱乐业 Culture, Sports and Entertainment	公共管理和社会组织 Public Administration and Social Organization
全省合计	**Total**	**833**	**926**	**824**	**216**	**693**
昆明	Kunming	394	648	247	42	684
曲靖	Qujing	4	12	66		
玉溪	Yuxi	3	175			
保山	Baoshan			108		
昭通	Zhaotong	3				
丽江	Lijiang		24	108		
普洱	Pu'er		8		3	
临沧	Lincang	6	4	12		
楚雄	Chuxiong		11	69		
红河	Honghe	13		71		9
文山	Wenshan		21	17		
西双版纳	Xishuangbanna	343	23		171	
大理	Dali	67				
德宏	Dehong			126		
怒江	Nujiang					
迪庆	Diqing					

4-10 各地区其他单位分行业年末职工人数（2009年）

Number of Staff and Workers in Entities of Other Types of Ownership at Year-end by Sector and Region (2009)

单位：人 (person)

地区	Region	合计 Total	农、林、牧、渔业 Farming,Forestry, Animal Husbandry and Fishery	采矿业 Mining	制造业 Manufacturing	电力、燃气及水的生产和供应业 Production and Supply of Electricity,Gas and Water
全省合计	**Total**	**1 053 281**	**4 368**	**90 985**	**377 973**	**33 399**
昆明	Kunming	402 215	1 477	6 045	122 702	4 212
曲靖	Qujing	110 142	12	40 813	43 208	3 277
玉溪	Yuxi	77 976	368	5 863	45 094	1 234
保山	Baoshan	64 909	19	2 499	19 733	2 686
昭通	Zhaotong	34 510		11 526	7 295	1 753
丽江	Lijiang	28 953	120	6 558	6 571	1 723
普洱	Pu'er	31 171	1 015	1 582	13 921	1 399
临沧	Lincang	17 693		60	10 356	2 191
楚雄	Chuxiong	42 867	18	2 232	15 962	987
红河	Honghe	71 538	316	5 067	33 778	3 263
文山	Wenshan	30 848	41	5 228	9 560	4 376
西双版纳	Xishuangbanna	14 938		195	4 629	116
大理	Dali	88 560	46	2 572	31 141	2 083
德宏	Dehong	25 823	904	559	9 641	3 018
怒江	Nujiang	5 559			3 486	687
迪庆	Diqing	5 579	32	186	896	394

4-10 续表1 continued

单位：人 (person)

地 区	Region	建筑业 Construction	交通运输、仓储和邮政业 Transportation, Storage and Post	信息传输、计算机服务和软件业 Information Transmission, Computers Service and Software Service	批发和零售业 Wholesale and Retail Trades	住宿和餐饮业 Hotels and Catering Services
全省合计	**Total**	**239 236**	**42 986**	**17 449**	**94 102**	**39 000**
昆 明	Kunming	89 723	27 013	10 125	49 245	16 452
曲 靖	Qujing	17 527	191	245	2 695	1 395
玉 溪	Yuxi	8 315	260	148	12 648	1 676
保 山	Baoshan	32 231	1 509	222	1 952	616
昭 通	Zhaotong	7 604	207	728	2 302	492
丽 江	Lijiang	3 870	66	206	1 122	5 413
普 洱	Pu'er	6 934	1 555	627	2 359	788
临 沧	Lincang	1 742	1 342	457	300	564
楚 雄	Chuxiong	16 378	1 242	501	2 776	1 207
红 河	Honghe	15 035	3 071	1 861	3 928	3 093
文 山	Wenshan	4 910	1 777	65	1 795	766
西双版纳	Xishuangbanna	3 205	674	104	2 000	1 424
大 理	Dali	25 014	3 132	1 525	6 948	3 128
德 宏	Dehong	4 953	851	614	1 710	1 512
怒 江	Nujiang	562	96		317	210
迪 庆	Diqing	1 233		21	2 005	264

4-10 续表2 continued

单位：人 (person)

地 区	Region	金融业 Banking	房地产业 Real Estate	租赁和商务服务业 Leasing Trade and Business Service	科学研究、技术服务和地质勘查业 Scientific Research, Technology Service and Geological Prospecting	水利、环境和公共设施管理业 Water Conservancy, Administration of Environment and Public Facilities
全省合计	**Total**	**23 482**	**30 059**	**29 654**	**6 468**	**5 421**
昆 明	Kunming	15 573	16 845	20 906	5 721	1 443
曲 靖	Qujing	563	70	34	86	
玉 溪	Yuxi	1 752	464	3	29	12
保 山	Baoshan	514	1 668	274	33	951
昭 通	Zhaotong	1 256	777	53		381
丽 江	Lijiang	256	490	1 441	70	419
普 洱	Pu'er	417	408	142	24	
临 沧	Lincang	31	525	22		40
楚 雄	Chuxiong	285	175	207	46	347
红 河	Honghe	561	678	134	25	7
文 山	Wenshan	259	1 654	200	13	204
西双版纳	Xishuangbanna	119	379	389	117	1 131
大 理	Dali	1 435	4 660	5 380	272	120
德 宏	Dehong	278	1 163	443	32	26
怒 江	Nujiang	92	103	6		
迪 庆	Diqing	91		20		340

4-10 续表3 continued

单位：人 (person)

地 区	Region	居民服务和其他服务业 Services to Households and Other Services	教 育 Education	卫生、社会保障和社会福利业 Health Care, Social and Security Social Welfare	文化、体育和娱乐业 Culture, Sports and Entertainment	公共管理和社会组织 Public Administration and Social Organization
全省合计	**Total**	**3 461**	**4 676**	**3 451**	**6 188**	**923**
昆 明	Kunming	2 989	4 468	2 516	3 842	918
曲 靖	Qujing				26	
玉 溪	Yuxi		67		43	
保 山	Baoshan	2				
昭 通	Zhaotong	66		70		
丽 江	Lijiang	52			576	
普 洱	Pu'er					
临 沧	Lincang	21	8		34	
楚 雄	Chuxiong		16		488	
红 河	Honghe	27		675	19	
文 山	Wenshan					
西双版纳	Xishuangbanna	123		16	317	
大 理	Dali	77	117	86	824	
德 宏	Dehong	104		10		5
怒 江	Nujiang					
迪 庆	Diqing			78	19	

4-11 各地区城镇单位分登记注册类型年末就业人员数（2009年）

Number of Employed Persons in Urban Entities at Year-end by Status of Registration and Region (2009)

单位：人 (person)

地 区	Region	就业人员合计 Number of Employed Persons in Urban Entities	国有单位 State-owned Entities	城镇集体单位 Urban Collective-owned Entities	其他单位 Others
全省合计	**Total**	**3 120 397**	**1 877 744**	**110 125**	**1 132 528**
昆 明	Kunming	939 611	468 219	44 405	426 987
曲 靖	Qujing	318 712	190 383	13 180	115 149
玉 溪	Yuxi	181 553	95 654	5 651	80 248
保 山	Baoshan	136 597	68 609	3 021	64 967
昭 通	Zhaotong	176 306	135 810	5 761	34 735
丽 江	Lijiang	82 924	49 178	2 607	31 139
普 洱	Pu'er	142 911	93 685	3 210	46 016
临 沧	Lincang	96 467	74 286	1 361	20 820
楚 雄	Chuxiong	158 709	106 802	4 297	47 610
红 河	Honghe	268 842	185 396	10 059	73 387
文 山	Wenshan	139 572	103 025	2 910	33 637
西双版纳	Xishuangbanna	102 447	83 068	3 655	15 724
大 理	Dali	221 957	115 257	5 687	101 013
德 宏	Dehong	91 168	60 555	2 952	27 661
怒 江	Nujiang	33 255	25 801	231	7 223
迪 庆	Diqing	29 366	22 016	1 138	6 212

4-12 城镇单位分登记注册类型和细行业全部就业人员人数（2009年）

Number of Employed Persons in Urban Entities by Status of Registration and Sector in Detail (2009)

单位：人 (person)

行业	Sector	就业人员合计 Number of Employed Persons in Urban Entities	国有单位 State-owned Entities	城镇集体单位 Urban Collective-owned Entities	其他单位 Entities of Other Types of Ownership
全省合计	**Total**	**3 120 397**	**1 877 744**	**110 125**	**1 132 528**
按企业、事业、机关分组	**Grouped by Enterprises, Institutions and Agencies & Organization**				
企业	Enterprises	1 806 755	573 074	105 235	1 128 446
事业	Institutions	887 353	878 969	4 380	4 004
机关	Agencies & Organizations	426 093	425 701	383	9
按国民经济行业分组	**Grouped by National Economic Sector**				
农、林、牧、渔业	**Farming,Forestry,Animal Husbandry and Fishery**	**85 068**	**80 190**	**341**	**4 537**
农业	Farming	21 911	19 413	109	2 389
林业	Forestry	26 452	24 875	89	1 488
畜牧业	Animal Husbandry	816	359	98	359
渔业	Fishery	71	59		12
农、林、牧、渔服务业	Farming,Forestry,Animal Husbandry and Fishery Services	35 818	35 484	45	289
采矿业	**Mining**	**145 514**	**48 163**	**3 665**	**93 686**
煤炭开采和洗选业	Coal Mining and Dressing	84 183	20 067	518	63 598
石油和天然气开采业	Petroleum and Natural Gas Extraction	246	57		189
黑色金属矿采选业	Ferrous Metals Mining and Dressing	7 593	2 540	272	4 781
有色金属矿采选业	Nonferrous Metals Mining and Dressing	33 528	9 930	2 550	21 048
非金属矿采选业	Nonmetal Minerals Mining and Dressing	9 013	5 018	273	3 722
其他采矿业	Other Minerals Mining	10 951	10 551	52	348
制造业	**Manufacturing**	**608 339**	**182 482**	**18 512**	**407 345**
农副食品加工业	Agricultural Non-staple Food Processing	49 912	10 094	446	39 372
食品制造业	Food Manufacturing	12 997	438	519	12 040
饮料制造业	Beverage Manufacturing	30 304	861	344	29 099
烟草制品业	Tobacco Production	35 719	29 427	104	6 188
纺织业	Textile Industry	8 458	466	1 128	6 864
纺织服装、鞋、帽制造业	Textile,Clothing, Footwear Production	2 382	700	743	939
皮革、毛皮、羽毛(绒)及其制品业	Leather, Furs, Down and Related Products	663		132	531
木材加工及木、竹、藤、棕、草制品业	Timber Processing, Bamboo, Cane, Palm Fiber and Straw Products	12 810	2 954	312	9 544

注：不含城镇规模以下私营及个体就业人员。

Note: Employed persons in urban private enterprises under designated size are excluded.

4-12 续表1 continued

单位：人 (person)

行业	Sector	就业人员合计 Number of Employed Persons in Urban Entities	国有单位 State-owned Entities	城镇集体单位 Urban Collective-owned Entities	其他单位 Entities of Other Types of Ownership
家具制造业	Furniture Manufacturing	20 026	18 667	105	1 254
造纸及纸制品业	Papermaking and Paper Products	12 959	756	1 188	11 015
印刷业和记录媒介的复制	Printing and Record Medium Reproduction	31 529	18 935	1 731	10 863
文教体育用品制造业	Cultural, Educational and Sports Goods	217	50	49	118
石油加工、炼焦及核燃料加工业	Petroleum Processing,Coking and Nuclear Fuel Processing	10 529	373		10 156
化学原料及化学制品制造业	Raw Chemical Materials and Chemical Products	68 761	19 556	803	48 402
医药制造业	Medical and Pharmaceutical Products	14 199	1 009	450	12 740
化学纤维制造业	Chemical Fiber Manufacturing	331		2	329
橡胶制品业	Rubber Products	2 294	870	122	1 302
塑料制品业	Plastic Products	7 172	196	868	6 108
非金属矿物制品业	Nonmetal Mineral Products	49 602	2 472	3 377	43 753
黑色金属冶炼及压延加工业	Smelting and Pressing of Ferrous Metals	61 217	24 013	1 261	35 943
有色金属冶炼及压延加工业	Smelting and Pressing of Nonferrous Metals	100 458	29 622	541	70 295
金属制品业	Metal Products	7 009	735	1 115	5 159
通用设备制造业	General-purpose Machinery Manufacturing	15 246	2 742	1 506	10 998
专用设备制造业	Special Purposes Equipment	17 784	7 128	143	10 513
交通运输设备制造业	Transport Equipment	18 786	6 250	501	12 035
电气机械及器材制造业	Electric Equipment and Machinery	9 664	2 316	621	6 727
通信设备、计算机及其他电子设备制造业	Communication Equipment, Computers and Other Electronic Equipment Production	2 087	564	10	1 513
仪器仪表及文化、办公用机械制造业	Instruments, Meters, Cultural and Clerical Machinery	3 666	1 255	64	2 347
工艺品及其他制造业	Handicraft Articles and Other Goods Production	1 488	33	298	1 157
废弃资源和废旧材料回收加工业	Discarded Resources and Waste Materials Recovery and Processing	70		29	41
电力、燃气及水的生产和供应业	**Production and Supply of Electric Power,Gas and Water**	**79 561**	**43 755**	**734**	**35 072**
电力、热力的生产和供应业	Production and Supply of Electric Power and Heat	68 647	36 524	478	31 645
燃气生产和供应业	Gas Production and Supply	2 353	2 203		150
水的生产和供应业	Water Production and Supply	8 561	5 028	256	3 277
建筑业	**Construction**	**362 867**	**62 962**	**35 752**	**264 153**
房屋和土木工程建筑业	House Building and civil Engineering	321 728	51 396	32 491	237 841
建筑安装业	Construction Installation	24 052	10 670	2 691	10 691
建筑装饰业	Building Fiting up and Decoration	11 629	122	524	10 983
其他建筑业	Other Construction	5 458	774	46	4 638
交通运输、仓储和邮政业	**Transport, Storage and Post**	**142 520**	**96 449**	**2 322**	**43 749**
铁路运输业	Railway transport	46 160	46 156	4	
道路运输业	Highway Transport	48 441	27 868	847	19 726
城市公共交通业	Urban Public Transit	14 779	2 958	425	11 396

4-12 续表2 continued

单位：人 (person)

行 业	Sector	就业人员合计 Number of Employed Persons in Urban Entities	国有单位 State- owned Entities	城镇集体单位 Urban Collective-owned Entities	其他单位 Entities of Other Types of Ownership
水上运输业	Water Way Transport	531	359		172
航空运输业	Air Transport	10 722	4 753	15	5 954
管道运输业	Pipeline Transport				
装卸搬运和其他运输服务业	Lording, Unlording, Carrying and Other Transport Services	7 085	960	950	5 175
仓储业	Storage	2 629	1 300	59	1 270
邮政业	Post	12 173	12 095	22	56
信息传输、计算机服务和软件业	**Information Transmission Computer Service and Software Service**	**40 521**	**19 372**	**76**	**21 073**
电信和其他信息传输服务业	Telecommunication and Other Information Transmission Service	36 101	18 974	9	17 118
计算机服务业	Computer Service	2 491	193	5	2 293
软件业	Software Service	1 929	205	62	1 662
批发和零售业	**Wholesale and Retail Trades**	**146 872**	**37 743**	**11 812**	**97 317**
批发业	Wholesale Trade	73 858	29 570	4 135	40 153
零售业	Retail Trade	73 014	8 173	7 677	57 164
住宿和餐饮业	**Hotels and Catering Services**	**58 639**	**14 899**	**3 474**	**40 266**
住宿业	Hotels	50 380	14 097	3 215	33 068
餐饮业	Catering Services	8 259	802	259	7 198
金融业	**Finance**	**88 466**	**41 991**	**18 092**	**28 383**
银行业	Banking	65 850	33 976	17 870	14 004
证券业	Securities Industry	1 353	186		1 167
保险业	Insurance	19 526	7 235		12 291
其他金融活动	Other Financial Trade	1 737	594	222	921
房地产业	**Real Estate Trade**	**36 616**	**4 372**	**808**	**31 436**
房地产开发经营	Development and Operation of Real Estate Trade	20 796	1 775	170	18 851
物业管理	Substance Management	11 466	847	272	10 347
房地产中介服务	Real Estate Agency Service	2 037	624	97	1 316
租赁和商务服务业	**Leasing Trade and Business Service**	**57 865**	**19 784**	**6 724**	**31 357**
租赁业	Leasing Trade	933	63	73	797
商务服务业	Commercial Serive	56 932	19 721	6 651	30 560
科学研究、技术服务和地质勘查业	**Scientific Research,Technology Service and Geological Prospecting**	**64 162**	**55 799**	**1 168**	**7 195**
研究与试验发展	R & D	17 353	16 744	30	579
自然科学研究与试验发展	R & D of Science Technology	2 787	2 375		412
工程和技术研究与试验发展	R & D of Engineering Technology	7 045	6 922	2	121
农业科学研究与试验发展	R & D of Agriculture Science	5 868	5 854	5	9
医学研究与试验发展	R & D of Medicine	794	736	23	35
社会人文科学研究与试验发展	R & D of Social Literate Humaniores	859	857		2
专业技术服务业	Professional Technology Service	27 702	20 728	760	6 214

4-12 续表3 continued

单位：人 (person)

行业	Sector	就业人员合计 Number of Employed Persons in Urban Entities	国有单位 State-owned Entities	城镇集体单位 Urban Collective-owned Entities	其他单位 Entities of Other Types of Ownership
#气象服务	Weather Service	2 258	2 258		
地震服务	Earthquake Service	1 246	1 246		
海洋服务	Ocean Service	16	16		
测绘服务	Mapping Service	1 269	900		369
技术检测	Technology Service	3 437	3 114	66	257
环境监测	Environment Minitoring	1 214	1 214		
工程技术与规划管理	Engineering Technology and Programming Administration	16 592	10 886	411	5 295
科技交流和推广服务业	S&T Exchange and Promotion Services	11 027	10 405	329	293
地质勘查业	Geological Prospecting	8 080	7 922	49	109
水利、环境和公共设施管理业	**Water Conservancy, Admistration of Environment and Public Facilities**	**51 296**	**43 190**	**1 931**	**6 175**
水利管理业	Water Conservancy Admistrition	12 186	11 924	23	239
环境管理业	Admistration of Environment	22 289	19 401	1 703	1 185
公共设施管理业	Admistration of Public Facilities	16 821	11 865	205	4 751
居民服务和其他服务业	**Services to Households and Other Services**	**7 385**	**2 608**	**839**	**3 938**
居民服务业	Services to Households	3 620	1 221	501	1 898
其他服务业	Other Services	3 765	1 387	338	2 040
教育	**Education**	**507 329**	**499 912**	**1 872**	**5 545**
#初等教育	Primary Education	258 512	257 599	25	888
中等教育	Secondary Education	179 960	178 648	61	1 251
高等教育	Higher Education	34 076	32 360	568	1 148
卫生、社会保障和社会福利业	**Health Care, Social Security and Social Welfare**	**150 104**	**145 218**	**959**	**3 927**
卫生	Health Care	144 078	139 393	936	3 749
社会保障业	Social Security	3 444	3 409		35
社会福利业	Social Welfare	2 582	2 416	23	143
文化、体育和娱乐业	**Culture, Sports and Entertainment**	**34 830**	**28 156**	**228**	**6 446**
新闻出版社	News and Publishing	3 343	3 343		
广播、电视、电影和音像业	Broadcast, Television,Filmdom and Audio & Video Production	8 454	7 200	30	1 224
文化艺术业	Culture and Arts	13 890	13 092		798
体育	Sports	2 943	2 172	16	755
娱乐业	Entertainment	6 200	2 349	182	3 669
公共管理和社会组织	**Public Administration and Social Organization**	**452 443**	**450 699**	**816**	**928**
#中国共产党机关	Organs of Communist Party of China	22 614	22 614		
国家机构	Government Agencies	413 892	413 465	427	
人民政协和民主党派	Chinese People's Political Consultative Conferences and Democracy Parties	5 707	5 707		
群众社团、社会团体和宗教组织	Mass Groups, Social Groups and Religion Organization	8 211	7 105	178	928

4-13 城镇单位分登记注册类型和细行业女性就业人员人数（2009年）

Number of Female Employed Persons in Urban Entities by Status of Registration and Sector in Detail (2009)

单位：人 (person)

行　业	Sector	女性就业人员合计 Number of Female Employed Persons in Urban Entities	国有单位 State-owned Entities	城镇集体单位 Urban Coll-ective-owned Entities	其他单位 Entities of Other Types of Ownership
全省合计	**Total**	**1 093 375**	**721 089**	**33 394**	**338 892**
按企业、事业、机关分组	**Grouped by Enterprises,Institutions and Agencies & Organizations**				
企业	Enterprises	558 497	190 517	31 040	336 940
事业	Institutions	414 549	410 476	2 147	1 926
机关	Agencies & Organizations	120 267	120 096	167	4
按国民经济行业分组	**Grouped by National Economic Sector**				
农、林、牧、渔业	**Farming,Forestry,Animal Husbandry and Fishery**	**30 012**	**28 205**	**141**	**1 666**
农业	Farming	9 573	8 621	52	900
林业	Forestry	9 517	8 960	35	522
畜牧业	Animal Husbandry	298	126	38	134
渔业	Fishery	19	18		1
农、林、牧、渔服务业	Farming,Forestry,Animal Husbandry and Fishery Services	10 605	10 480	16	109
采矿业	**Mining**	**24 835**	**13 472**	**961**	**10 402**
煤炭开采和洗选业	Coal Mining and Dressing	10 896	5 742	118	5 036
石油和天然气开采业	Petroleum and Natural Gas Extraction	78	19		59
黑色金属矿采选业	Ferrous Metals Mining and Dressing	1 722	716		1 006
有色金属矿采选业	Nonferrous Metals Mining and Dressing	5 453	1 147	734	3 572
非金属矿采选业	Nonmetal Minerals Mining and Dressing	2 364	1 652	82	630
其他采矿业	Other Minerals Mining	4 322	4 196	27	99
制造业	**Manufacturing**	**204 309**	**66 485**	**7 375**	**130 449**
农副食品加工业	Agricultural Non-staple Food Processing	19 658	4 743	199	14 716
食品制造业	Food Manufacturing	6 236	195	299	5 742
饮料制造业	Beverage Manufacturing	13 600	422	126	13 052
烟草制品业	Tobacco Production	13 161	10 451	35	2 675
纺织业	Textile Industry	5 537	226	831	4 480
纺织服装、鞋、帽制造业	Textile,Clothing, Footwear Production	1 644	546	495	603
皮革、毛皮、羽毛(绒)及其制品业	Leather, Furs, Down and Related Products	483		97	386
木材加工及木、竹、藤、棕、草制品业	Timber Processing, Bamboo, Cane, Palm Fiber and Straw Products	4 867	1 177	107	3 583
家具制造业	Furniture Manufacturing	8 668	8 275	43	350
造纸及纸制品业	Papermaking and Paper Products	4 509	158	378	3 973
印刷业和记录媒介的复制	Printing and Record Medium Reproduction	14 188	8 180	877	5 131
文教体育用品制造业	Cultural, Educational and Sports Goods	94	19	22	53
石油加工、炼焦及核燃料加工业	Petroleum Processing,Coking and Nuclear Fuel Processing	2 928	89		2 839

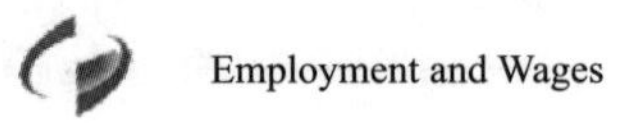

4-13 续表1 continued

单位：人 (person)

行业	Sector	女性就业人员合计 Number of Female Employed Persons in Urban Entities	国有单位 State-owned Entities	城镇集体单位 Urban Collective-owned Entities	其他单位 Entities of Other Types of Ownership
化学原料及化学制品制造业	Raw Chemical Materials and Chemical Products	20 817	7 100	296	13 421
医药制造业	Medical and Pharmaceutical Products	6 887	466	205	6 216
化学纤维制造业	Chemical Fiber Manufacturing	61		1	60
橡胶制品业	Rubber Products	888	376	38	474
塑料制品业	Plastic Products	3 795	92	409	3 294
非金属矿物制品业	Nonmetal Mineral Products	13 608	657	891	12 060
黑色金属冶炼及压延加工业	Smelting and Pressing of Ferrous Metals	14 951	6 281	502	8 168
有色金属冶炼及压延加工业	Smelting and Pressing of Nonferrous Metals	26 695	10 214	104	16 377
金属制品业	Metal Products	1 809	201	377	1 231
通用设备制造业	General-purpose Machinery Manufacturing	3 855	848	484	2 523
专用设备制造业	Special Purposes Equipment	5 186	2 450	59	2 677
交通运输设备制造业	Transport Equipment	4 520	1 821	133	2 566
电气机械及器材制造业	Electric Equipment and Machinery	2 593	733	220	1 640
通信设备、计算机及其他电子设备制造业	Communication Equipment, Computers and Other Electronic Equipment Production	649	216	4	429
仪器仪表及文化、办公用机械制造业	Instruments, Meters, Cultural and Clerical Machinery	1 751	532	29	1 190
工艺品及其他制造业	Handicraft Articles and Other Goods Production	649	17	105	527
废弃资源和废旧材料回收加工业	Discarded Resources and Waste Materials Recovery and Processing	22		9	13
电力、燃气及水的生产和供应业	**Production and Supply of Electric Power,Gas and Water**	**25 567**	**13 971**	**279**	**11 317**
电力、热力的生产和供应业	Production and Supply of Electric Power and Heat	21 365	11 206	177	9 982
燃气生产和供应业	Gas Production and Supply	689	633		56
水的生产和供应业	Water Production and Supply	3 513	2 132	102	1 279
建筑业	**Construction**	**53 187**	**9 979**	**5 163**	**38 045**
房屋和土木工程建筑业	House Building and Civil Engineering	45 316	8 157	3 811	33 348
建筑安装业	Construction Installation	4 754	1 705	1 194	1 855
建筑装饰业	Building Fiting up and Decoration	2 270	12	140	2 118
其他建筑业	Other Construction	847	105	18	724
交通运输、仓储和邮政业	**Transport, Storage and Post**	**41 674**	**27 964**	**394**	**13 316**
铁路运输业	Railway Transport	10 763	10 761	2	
道路运输业	Highway Transport	16 139	9 324	186	6 629
城市公共交通业	Urban Public Transit	4 109	977	53	3 079
水上运输业	Water Way Transport	184	105		79
航空运输业	Air Transport	3 710	1 381	8	2 321
管道运输业	Pipeline Transport				
装卸搬运和其他运输服务业	Lording, Unlording, Carrying and Other Transport Services	1 185	315	129	741

4-13　续表2　continued

单位：人 (person)

行　业	Sector	女性就业人员合计 Number of Female Employed Persons in Urban Entities	国有单位 State-owned Entities	城镇集体单位 Urban Collective-owned Entities	其他单位 Entities of Other Types of Ownership
仓储业	Storage	953	481	11	461
邮政业	Post	4 631	4 620	5	6
信息传输、计算机服务和软件业	**Information Transmission Computer Service and Software Service**	**16 276**	**7 634**	**22**	**8 620**
电信和其他信息传输服务业	Telecommunication And Other Information Transmission Service	15 287	7 481	3	7 803
计算机服务业	Computer Service	397	75	1	321
软件业	Software Service	592	78	18	496
批发和零售业	**Wholesale and Retail Trades**	**69 252**	**13 681**	**5 127**	**50 444**
批发业	Wholesale Trade	28 322	10 204	1 618	16 500
零售业	Retail Trade	40 930	3 477	3 509	33 944
住宿和餐饮业	**Hotels and Catering Services**	**33 294**	**8 350**	**2 110**	**22 834**
住宿业	Hotels	28 811	7 919	1 965	18 927
餐饮业	Catering Services	4 483	431	145	3 907
金融业	**Finance and Insurance**	**41 422**	**19 539**	**6 546**	**15 337**
银行业	Banking	28 851	15 012	6 496	7 343
证券业	Securities Industry	622	72		550
保险业	Insurance	11 114	4 101		7 013
其他金融活动	Other Financial Trade	835	354	50	431
房地产业	**Real Estate Trade**	**13 022**	**1 801**	**346**	**10 875**
房地产开发经营	Development and Operation of Real Estate Trade	7 225	675	59	6 491
物业管理	Substance Management	3 848	302	133	3 413
房地产中介服务	Real Estate Agency Service	888	305	43	540
租赁和商务服务业	**Leasing Trade and Business Service**	**16 644**	**5 295**	**1 323**	**10 026**
租赁业	Leasing Trade	384	35	14	335
商务服务业	Commercial Serive	16 260	5 260	1 309	9 691
科学研究、技术服务和地质勘查业	**Scientific Research, Technology Service and Geological Prospecting**	**19 863**	**17 411**	**371**	**2 081**
研究与试验发展	R & D	5 585	5 404	11	170
自然科学研究与试验发展	R & D of Science Technology	996	874		122
工程和技术研究与试验发展	R & D of Engineering Technology	2 331	2 295	1	35
农业科学研究与试验发展	R & D of Agriculture Science	1 539	1 535	4	
医学研究与试验发展	R & D of Medicine	399	380	6	13
社会人文科学研究与试验发展	R & D of Social Literate Humaniores	320	320		
专业技术服务业	**Professional Technology Service**	**8 767**	**6 734**	**241**	**1 792**
#气象服务	Weather Service	849	849		
地震服务	Earthquake Service	417	417		
海洋服务	Ocean Service	2	2		
测绘服务	Mapping Service	452	313		139

4-13 续表3 continued

单位：人 (person)

行 业	Sector	女性就业人员合计 Number of Employed Persons in Urban Entities	国有单位 State-owned Entities	城镇集体单位 Urban Collective-owned Entities	其他单位 Entities of Other Types of Ownership
技术检测	Technology Service	1 280	1 187	12	81
环境监测	Environment Minitoring	461	461		
工程技术与规划管理	Engineering Technology and Programming Administration	4 711	3 125	108	1 478
科技交流和推广服务业	S&T Exchange and Promotion Services	3 573	3 381	104	88
地质勘查业	Geological Prospecting	1 938	1 892	15	31
水利、环境和公共设施管理业	**Water Conservancy, Admistration of Environment and Public Facilities**	**23 383**	**19 687**	**1 157**	**2 539**
水利管理业	Water Conservancy Admistrition	3 044	3 005	6	33
环境管理业	Admistration of Environment	12 802	10 867	1 065	870
公共设施管理业	Admistration of Public Facilities	7 537	5 815	86	1 636
居民服务和其他服务业	**Services to Households and Other Services**	**3 028**	**690**	**258**	**2 080**
居民服务业	Services to Households	1 576	358	120	1 098
其他服务业	Other Services	1 452	332	138	982
教育	**Education**	**237 334**	**233 378**	**852**	**3 104**
#初等教育	Primary Education	118 486	117 871	21	594
中等教育	Secondary Education	83 155	82 511	39	605
高等教育	Higher Education	15 757	15 078	238	441
卫生、社会保障和社会福利业	**Health Care, Social Security and Social Welfare**	**96 044**	**92 730**	**613**	**2 701**
卫生	Health Care	93 036	89 869	592	2 575
社会保障业	Social Security	1 742	1 713		29
社会福利业	Social Welfare	1 266	1 148	21	97
文化、体育和娱乐业	**Culture, Sports and Entertainment**	**14 980**	**12 415**	**29**	**2 536**
新闻出版社	News and Publishing	1 330	1 330		
广播、电视、电影和音像业	Broadcast, Television,Filmdom and Audio & Video Production	3 286	2 830	5	451
文化艺术业	Culture and Arts	6 771	6 508		263
体育	Sports	801	650	3	148
娱乐业	Entertainment	2 792	1 097	21	1 674
公共管理和社会组织	**Public Administration and Social Organization**	**129 249**	**128 402**	**327**	**520**
#中国共产党机关	Organs of Communist Party of China	6 102	6 102		
国家机构	Government Agencies	117 160	117 012	148	
人民政协和民主党派	Chinese People's Political Consultative Conferences and Democracy Parties	1 438	1 438		
群众社团、社会团体和宗教组织	Mass Groups, Social Groups and Religion Organization	3 633	3 053	60	520

4-14 各地区城镇单位分企事业机关年末就业人员数（2009年）

Number of Employed Persons in Urban Entities at Year-end by Enterprise, Public Institution, Government Agency and by Region (2009)

单位：人 (person)

地区	Region	就业人员合计 Number of Employed Persons in Urban Entities	企业 Enterprises	事业 Public Institutions	机关 Government Agencies and Organizations
全省合计	**Total**	**3 120 397**	**1 806 755**	**887 353**	**426 093**
昆明	Kunming	939 611	676 888	179 639	83 084
曲靖	Qujing	318 712	185 895	96 440	36 377
玉溪	Yuxi	181 553	109 988	49 500	22 065
保山	Baoshan	136 597	76 623	42 717	17 257
昭通	Zhaotong	176 306	60 851	70 359	45 096
丽江	Lijiang	82 924	41 036	27 323	14 565
普洱	Pu'er	142 911	71 114	49 251	22 546
临沧	Lincang	96 467	37 110	37 698	21 659
楚雄	Chuxiong	158 709	77 017	51 435	30 074
红河	Honghe	268 842	148 678	83 408	36 756
文山	Wenshan	139 572	53 487	61 784	24 301
西双版纳	Xishuangbanna	102 447	70 809	22 700	8 938
大理	Dali	221 957	128 080	65 159	28 718
德宏	Dehong	91 168	47 512	25 931	17 712
怒江	Nujiang	33 255	9 492	13 548	10 215
迪庆	Diqing	29 366	12 175	10 461	6 730

注：不含城镇规模以下私营及个体就业人员。
Note:Employed persons in urban private enterprises under designated size are excluded.

4-15 各地区私营企业年末就业人员人数（2009年）

Number of Employed Persons in Private Enterprises at Year-end by Region (2009)

单位：户、人 (enterprises, persons)

地区	Region	合计 Total		城镇 Urban Areas		乡村 Rural Areas	
		户数 Number of Enterprises	就业人数 Number of Employed Persons	户数 Number of Enterprises	就业人数 Number of Employed Persons	户数 Number of Enterprises	就业人数 Number of Employed Persons
全省合计	**Total**	**136 746**	**1 993 242**	**117 189**	**1 587 636**	**19 557**	**405 606**
昆明	Kunming	69 955	729 566	66 734	687 352	3 221	42 214
曲靖	Qujing	9 435	199 039	6 537	105 253	2 898	93 786
玉溪	Yuxi	6 853	156 054	5 125	108 356	1 728	47 698
保山	Baoshan	3 084	69 214	2 387	55 387	697	13 827
昭通	Zhaotong	4 246	73 927	2 886	46 648	1 360	27 279
丽江	Lijiang	2 851	50 349	1 989	32 540		
普洱	Pu'er	3 221	74 012	2 585	53 493	636	20 519
临沧	Lincang	2 080	44 332	1 332	28 197	748	16 135
楚雄	Chuxiong	5 262	103 424	3 003	68 103	2 259	35 321
红河	Honghe	6 795	149 993	5 859	129 024	936	20 969
文山	Wenshan	3 596	53 884	2 629	39 188	967	14 696
西双版纳	Xishuangbanna	3 090	32 919	2 473	28 438	617	4 481
大理	Dali	4 938	169 842	3 694	72 314	1 244	97 528
德宏	Dehong	3 136	33 115	2 404	22 017	732	11 098
怒江	Nujiang	871	13 580	472	6 735	399	6 845
迪庆	Diqing	801	11 152	801	11 152		

4-16 各地区年末个体就业人员人数（2009年）
Number of Self-employed Individuals at Year-end by Region (2009)

单位：户、人 (household, person)

地区	Region	合计 Total 户数 Number of Households	合计 Total 就业人数 Number of Employed Persons	城镇 Urban Areas 户数 Number of Households	城镇 Urban Areas 就业人数 Number of Employed Persons	乡村 Rural Areas 户数 Number of Households	乡村 Rural Areas 就业人数 Number of Employed Persons
全省合计	**Total**	**986 655**	**2 009 177**	**609 516**	**1 221 293**	**377 139**	**787 884**
昆明	Kunming	241 669	559 543	168 319	422 482	73 350	137 061
曲靖	Qujing	105 306	187 605	63 283	132 803	42 023	54 802
玉溪	Yuxi	71 812	162 682	46 520	103 582	25 292	59 100
保山	Baoshan	47 076	66 100	21 668	31 334	25 408	34 766
昭通	Zhaotong	62 481	117 298	34 242	62 455	28 239	54 843
丽江	Lijiang	23 270	38 819	16 711	30 107		
普洱	Pu'er	49 376	116 315	31 147	74 818	18 229	41 497
临沧	Lincang	35 199	57 919	21 959	39 559	13 240	18 360
楚雄	Chuxiong	55 974	102 400	30 898	55 935	25 076	46 465
红河	Honghe	88 004	146 622	52 050	87 490	35 954	59 132
文山	Wenshan	57 288	68 277	33 032	41 627	24 256	26 650
西双版纳	Xishuangbanna	27 466	55 653	12 566	25 519	14 900	30 134
大理	Dali	72 022	103 446	39 936	60 635	32 086	42 811
德宏	Dehong	32 085	51 966	22 478	36 677	9 607	15 289
怒江	Nujiang	8 309	14 338	4 477	8 605	3 832	5 733
迪庆	Diqing	9 217	24 853	5 129	7 675	4 088	17 178

4-17 城镇私营企业年末分行业就业人数（2007-2009年）
Number of Employed Persons in Urban Private Enterprises at Year-end by Sector (2007-2009)

单位：万人 (10 000 persons)

行业	Sector	2007	2008	2009
合计	**Total**	**102.34**	**142.64**	**158.76**
农、林、牧、渔业	Farming,Forestry,Animal Husbandry and Fishery	3.54	4.73	5.28
采矿业	Mining	3.01	6.05	6.60
制造业	Manufacturing	19.26	28.54	30.43
电力、煤气及水的生产和供应业	Production and Supply of Electricity,Gas and Water	1.38	2.05	2.13
建筑业	Construction	14.50	17.71	21.90
交通运输、仓储及邮电通讯业	Transport,Storage,Post and Telecommunication Services	2.32	3.85	4.76
信息传输、计算机服务和软件业	Information Transmission, Computers Service and Software Service	3.52	4.22	5.23
批发和零售业	Wholesale and Retail Trades	32.32	44.32	46.58
住宿和餐饮业	Hotels and Catering Services	2.93	3.94	4.52
房地产业	Real Estate Trade	4.54	6.57	7.47
租赁和商务服务业	Leasing Trade and Business Service	6.78	9.46	10.60
居民服务和其他服务业	Services to Households and Other Services	3.04	4.17	4.83
卫生、社会保障和社会福利业	Health Care, Social Security and Social Welfare	0.65	0.87	0.93
文化、体育和娱乐业	Culture, Sports and Entertainment	1.03	1.34	1.62
其他合计	Others	3.52	4.81	5.90

4-18 城镇个体就业人员年末分行业就业人数（2007-2009年）

Number of Self-employed Individuals in Urban Areas at Year-end by Sector (2007-2009)

单位：万人 (10 000 persons)

行　业	Sector	2007	2008	2009
合　计	**Total**	**105.69**	**120.61**	**122.13**
农、林、牧、渔业	Farming,Forestry,Animal Husbandry and Fishery	0.44	0.46	1.08
采矿业	Mining	0.35	0.38	0.42
制造业	Manufacturing	7.91	7.72	8.64
电力、煤气及水的生产和供应业	Production and Supply of Electricity,Gas and Water	0.02	0.02	0.03
建筑业	Construction	0.28	0.27	0.35
交通运输、仓储及邮电通讯业	Transport,Storage,Post and Telecommunication Services	2.57	1.77	1.47
信息传输、计算机服务和软件业	Information Transmission,Computers Service and Software Service	0.52	0.56	0.60
批发和零售业	Wholesale and Retail Trades	62.44	76.61	72.27
住宿和餐饮业	Hotels and Catering Services	16.82	18.11	20.34
房地产业	Real Estate Trade	0.01	0.02	0.02
租赁和商务服务业	Leasing Trade and Business Service	0.86	0.89	1.12
居民服务和其他服务业	Services to Households and Other Services	10.59	11.09	12.69
卫生、社会保障和社会福利业	Health Carc, Social Security and Social Welfare	0.86	0.87	0.91
文化、体育和娱乐业	Culture, Sports and Entertainment	1.49	1.45	1.69
其他合计	Others	0.54	0.41	0.49

4-19 主要年份全部职工工资总额和指数

Total Wages of Staff and Workers and Related Indices in Significant Years

单位：万元、% (10 000 yuan, %)

年　份 Year	职工工资总额 Total Wages 合　计 Total	 国有单位 State-owned Entities	 城镇集体单位 Urban Collective-owned Entities	 其他单位 Other Ownership	工资总额指数（上年=100） Indices of Total Wages(preceding year=100) 合　计 Total	 国有单位 State-owned Entities	 城镇集体单位 Urban Collective-owned Entities	 其他单位 Other Ownership
1978	126 803	114 225	12 578		115.3	117.4	99.6	
1980	171 550	154 601	16 949		120.3	120.4	119.6	
1985	301 329	262 970	37 902	457	118.5	118.3	119.4	
1990	606 598	535 607	69 695	1 296	115.3	116.3	108.6	
1995	1 589 569	1 378 077	182 208	29 284	114.4	113.6	116.7	144.5
1996	1 940 655	1 690 621	202 732	47 303	122.1	122.7	111.3	161.5
1997	2 190 837	1 907 523	210 466	72 849	112.9	112.8	103.8	154.0
1998	2 260 931	1 931 463	187 028	142 440	103.2	101.3	88.9	195.5
1999	2 359 332	1 959 697	175 717	223 918	104.4	101.5	94.0	157.2
2000	2 544 580	2 095 029	167 795	281 756	107.9	106.9	95.5	125.8
2001	2 759 817	2 253 345	143 717	362 755	108.5	107.6	85.7	128.7
2002	3 008 517	2 452 154	132 134	424 229	109.0	108.8	91.9	116.9
2003	3 149 842	2 462 394	123 447	564 001	104.7	100.4	93.4	132.9
2004	3 445 228	2 640 176	115 346	689 706	109.4	107.2	93.4	122.3
2005	3 771 553	2 832 996	108 039	830 518	109.5	107.3	93.7	120.4
2006	4 586 169	3 398 771	146 975	1 040 423	121.6	120.0	136.0	125.3
2007	5 664 925	3 984 942	163 189	1 516 794	123.5	117.2	111.0	145.8
2008	6 836 901	4 733 017	188 891	1 914 994	120.7	118.8	115.7	126.3
2009	7 883 808	5 467 236	216 063	2 200 508	115.3	115.5	114.4	114.9

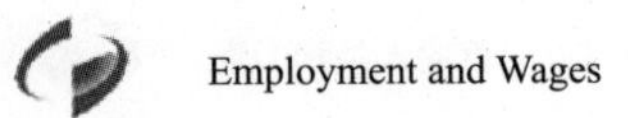

4-20 主要年份全部职工平均工资及指数

Average Wages of Staff and Workers and Related Indices in Significant Years

单位：元/人、%　　　　(yuan/person,%)

年 份 Year	职工平均工资 Average Wages				平均工资指数(上年=100，%) Indices of Average Wages (preceding year = 100 ,%)							
					货币工资 Money Wages				实际工资 Real Wages			
	合 计 Total	国有单位 State-owned Entities	集体单位 Urban Collective-owned Entities	其他单位 Other Ownership	合计 Total	国有单位 State-owned Entities	集体单位 Urban Collective-owned Entities	其他单位 Other Ownership	合计 Total	国有单位 State-owned Entities	城镇集体单位 Urban Collective-owned Entities	其他单位 Other Ownership
1978	608	629	496		112.0	108.5	128.8					
1980	760	782	604		115.2	115.2	114.2					
1985	1 171	1 207	970	1 100	115.5	115.1	117.9					
1990	2 130	2 200	1 713	2 037	113.3	113.6	109.9		111.5	111.8	108.2	
1995	5 149	5 286	4 237	5 802	114.1	113.1	120.4	111.6	94.8	94.0	100.1	92.7
1996	6 231	6 419	4 926	6 863	121.0	121.4	116.3	118.3	111.3	111.7	107.0	108.8
1997	7 037	7 237	5 473	7 852	112.9	112.7	111.1	114.4	107.9	107.7	106.2	109.4
1998	7 667	7 882	6 029	7 564	109.0	108.9	110.2	96.3	106.4	106.4	107.6	94.1
1999	8 276	8 449	6 505	8 566	107.9	107.2	107.9	113.2	109.2	108.5	109.2	96.5
2000	9 231	9 422	7 033	9 566	111.5	111.5	108.1	111.7	114.3	114.3	110.8	95.2
2001	10 537	10 880	7 203	10 407	114.1	115.5	102.4	108.8	116.4	117.7	104.4	92.7
2002	11 987	12 429	7 947	11 443	113.8	114.2	110.3	110.0	114.7	115.2	111.2	93.7
2003	12 870	13 471	8 519	11 886	107.4	108.4	107.2	103.9	106.0	107.0	105.8	88.5
2004	14 581	15 320	9 519	13 307	113.3	113.7	111.7	112.0	106.8	107.2	105.3	95.4
2005	16 140	16 900	10 516	14 894	110.69	110.3	110.5	111.9	108.8	108.5	108.6	110.1
2006	18 711	20 017	12 193	16 447	115.9	118.4	115.9	110.4	113.8	116.2	113.8	108.4
2007	20 481	22 884	14 054	16 697	109.46	114.3	115.3	101.5	103.36	108.0	108.8	95.9
2008	24 030	26 765	18 194	19 683	117.33	117.0	129.5	117.9	111.32	111.0	122.8	111.8
2009	26 992	30 329	21 407	21 633	112.33	113.3	117.7	109.9	111.77	112.8	117.1	109.4

4-21 各地区全部职工工资总额和平均工资（2009年）

Total Wages and Annual Average Wages of Staff and Workers by Region (2009)

单位：千元、元/人　　　　(1 000 yuan, yuan/person)

地 区	Region	职工工资总额 Total Wages				职工平均工资 Average Wages			
		合 计 Total	国有单位 State-owned Entities	城镇集体单位 Urban Collective-owned Entities	其他单位 Other Ownership	合计 Total	国有单位 State-owned Entities	城镇集体单位 Urban Collective-owned Entities	其他单位 Other Ownership
全省合计	**Total**	**78 838 075**	**54 672 359**	**2 160 632**	**22 005 084**	**26 992**	**30 329**	**21 407**	**21 633**
昆 明	Kunming	26 667 158	16 040 577	723 725	9 902 856	29 889	34 330	17 960	25 745
曲 靖	Qujing	8 945 310	6 300 180	276 817	2 368 313	29 238	33 967	24 361	21 706
玉 溪	Yuxi	4 744 761	3 260 570	88 146	1 396 045	27 674	35 149	15 862	19 090
保 山	Baoshan	2 849 354	1 826 300	63 220	959 834	21 405	27 013	20 493	15 377
昭 通	Zhaotong	4 634 842	3 905 532	142 818	586 492	26 714	29 164	25 215	17 292
丽 江	Lijiang	2 003 345	1 352 497	59 518	591 330	26 786	30 037	25 273	21 574
普 洱	Pu'er	2 817 591	2 154 585	82 912	580 094	24 782	26 637	31 394	19 229
临 沧	Lincang	2 175 318	1 827 749	42 075	305 494	24 634	26 353	32 069	17 320
楚 雄	Chuxiong	3 723 228	2 907 780	118 905	696 543	26 414	30 093	29 615	17 278
红 河	Honghe	6 280 253	4 878 085	209 176	1 192 992	24 389	27 498	22 677	16 830
文 山	Wenshan	3 264 390	2 539 210	72 469	652 711	24 811	26 080	25 102	20 840
西双版纳	Xishuangbanna	1 998 368	1 672 693	69 142	256 533	20 275	20 804	19 846	17 475
大 理	Dali	5 015 457	3 291 711	129 585	1 594 161	25 706	31 476	23 480	18 752
德 宏	Dehong	1 981 914	1 351 497	63 529	566 888	22 287	22 534	22 560	21 690
怒 江	Nujiang	844 293	633 373	5 884	205 036	28 297	26 323	25 472	36 983
迪 庆	Diqing	892 493	730 020	12 711	149 762	35 276	36 624	26 426	30 651

4-22 各地区城镇单位分企事业机关职工工资总额（2009年）

Total Wages of Employed Persons in Urban Entities at Year-end by Enterprise, Public Institution, Government Agency and by Region (2009)

单位：千元 (1 000 yuan)

地区	Region	职工工资总额 Total Wages of Employed Persons 合计 Total	企业 Enterprises	事业 Public Institutions	机关 Government Agencies and Organizations
全省合计	**Total**	**78 838 075**	**42 547 240**	**23 399 374**	**12 885 516**
昆明	Kunming	26 667 158	19 003 446	4 753 257	2 910 455
曲靖	Qujing	8 945 310	4 735 712	2 955 400	1 254 198
玉溪	Yuxi	4 744 761	2 496 342	1 476 671	771 748
保山	Baoshan	2 849 354	1 291 994	1 047 228	510 132
昭通	Zhaotong	4 634 842	1 662 473	1 849 593	1 122 776
丽江	Lijiang	2 003 345	823 904	724 913	454 528
普洱	Pu'er	2 817 591	982 027	1 189 061	646 503
临沧	Lincang	2 175 318	652 553	954 851	567 914
楚雄	Chuxiong	3 723 228	1 677 740	1 245 638	794 221
红河	Honghe	6 280 253	3 157 690	2 072 031	1 050 532
文山	Wenshan	3 264 390	1 090 647	1 494 724	679 019
西双版纳	Xishuangbanna	1 998 368	1 082 907	632 349	283 112
大理	Dali	5 015 457	2 462 374	1 697 816	855 267
德宏	Dehong	1 981 914	857 925	647 393	476 280
怒江	Nujiang	844 293	277 252	314 490	252 551
迪庆	Diqing	892 493	292 254	343 959	256 280

4-23 各地区城镇单位分企事业机关年末职工平均工资（2009年）

Average Wages of Staff and Workers in Urban Entities at Year-end by Enterprise,Public Institution,Government Agency and by Region (2009)

单位：元/人 (yuan/person)

地区	Region	全部职工平均工资 Average Wage of Staff and Workers	企业单位职工平均工资 Staff and Workers of Enterprises	事业单位职工平均工资 Staff and Workers of Institution	机关单位职工平均工资 Staff and Workers of Agencies and Organization
全省合计	**Total**	**26 992**	**25 519**	**27 549**	**31 900**
昆明	Kunming	29 889	29 588	27 600	37 451
曲靖	Qujing	29 238	26 861	31 292	35 630
玉溪	Yuxi	27 674	24 298	31 236	36 004
保山	Baoshan	21 405	17 504	24 638	30 367
昭通	Zhaotong	26 714	27 569	26 988	25 141
丽江	Lijiang	26 786	22 861	28 676	33 734
普洱	Pu'er	24 782	21 265	25 761	30 270
临沧	Lincang	24 634	19 623	27 208	28 454
楚雄	Chuxiong	26 414	26 151	25 578	28 444
红河	Honghe	24 389	22 083	26 132	29 825
文山	Wenshan	24 811	22 545	24 972	29 094
西双版纳	Xishuangbanna	20 275	15 977	28 363	33 343
大理	Dali	25 706	22 740	28 097	32 399
德宏	Dehong	22 287	18 072	25 420	29 814
怒江	Nujiang	28 297	35 872	25 272	26 133
迪庆	Diqing	35 276	30 494	36 642	40 493

4-24 各地区城镇单位分行业职工平均工资（2009年）

Average Wages of Staff and Workers in Urban Entities by Sector and Region (2009)

单位：元/人 (yuan/person)

地 区	Region	合 计 Total	农、林、牧、渔业 Farming,Forestry,Animal Husbandry and Fishery	采矿业 Mining	制造业 Manufacturing	电力、燃气及水的生产和供应业 Production and Supply of Electric Power,Gas and Water
全省合计	**Total**	**26 992**	**16 514**	**23 800**	**24 443**	**40 942**
昆 明	Kunming	29 889	21 048	24 975	27 942	50 195
曲 靖	Qujing	29 238	22 691	23 255	28 142	46 787
玉 溪	Yuxi	27 674	22 290	23 163	26 215	39 044
保 山	Baoshan	21 405	18 680	23 502	16 454	33 024
昭 通	Zhaotong	26 714	21 537	19 270	36 464	35 049
丽 江	Lijiang	26 786	17 580	27 518	18 801	38 358
普 洱	Pu'er	24 782	17 995	23 144	17 751	35 072
临 沧	Lincang	24 634	24 136	10 062	13 469	32 976
楚 雄	Chuxiong	26 414	20 279	33 094	26 156	41 119
红 河	Honghe	24 389	15 422	33 663	22 651	32 262
文 山	Wenshan	24 811	16 908	23 155	16 872	39 134
西双版纳	Xishuangbanna	20 275		12 006	12 819	41 230
大 理	Dali	25 706	18 677	21 546	23 294	43 326
德 宏	Dehong	22 287	5 905	15 640	20 075	45 463
怒 江	Nujiang	28 297	21 379	11 600	43 222	42 193
迪 庆	Diqing	35 276	31 402	40 662	17 625	35 032

4-24 续表1 continued

单位：元/人 (yuan/person)

地 区	Region	建筑业 Construction	交通运输、仓储和邮政业 Transportation, Storage and Post	信息传输、计算机服务和软件业 Information Transmission, Computers Service and Software Service	批发和零售业 Wholesale and Retail Trades	住宿和餐饮业 Hotels and Catering Services
全省合计	**Total**	**17 686**	**33 066**	**37 975**	**24 073**	**14 962**
昆 明	Kunming	20 108	42 453	47 097	21 192	15 676
曲 靖	Qujing	17 635	18 246	38 866	30 081	12 942
玉 溪	Yuxi	15 844	18 749	33 950	17 154	13 031
保 山	Baoshan	12 361	17 195	29 025	29 371	13 383
昭 通	Zhaotong	13 976	21 344	33 154	35 884	17 161
丽 江	Lijiang	18 949	27 172	29 268	24 352	16 501
普 洱	Pu'er	16 778	19 114	38 489	21 912	13 304
临 沧	Lincang	10 536	21 410	26 715	35 354	11 202
楚 雄	Chuxiong	15 450	20 248	27 867	37 730	16 108
红 河	Honghe	16 552	18 882	26 848	24 166	13 019
文 山	Wenshan	15 920	21 388	28 349	24 912	12 951
西双版纳	Xishuangbanna	18 007	22 455	30 106	21 555	16 355
大 理	Dali	16 116	23 338	31 803	23 044	13 044
德 宏	Dehong	15 405	19 689	35 723	20 738	14 327
怒 江	Nujiang	8 894	20 941	39 081	23 266	15 917
迪 庆	Diqing	16 340	42 351	31 891	44 594	13 407

4-24 续表2 continued

单位：元/人 (yuan/person)

地区	Region	金融业 Banking	房地产业 Real Estate	租赁和商务服务业 Leasing Trade and Business Service	科学研究、技术服务和地质勘查业 Scientific Research, Technology Service and Geological Prospecting	水利、环境和公共设施管理业 Water Conservancy, Admistration of Environment and Public Facilities
全省合计	**Total**	**56 545**	**20 726**	**22 314**	**30 800**	**17 353**
昆　明	Kunming	78 491	22 758	25 861	35 021	18 485
曲　靖	Qujing	48 249	22 754	22 307	24 561	19 338
玉　溪	Yuxi	40 555	22 196	9 706	26 531	19 558
保　山	Baoshan	41 929	17 309	13 720	23 761	14 258
昭　通	Zhaotong	38 097	18 852	13 518	24 931	16 676
丽　江	Lijiang	41 206	20 092	17 857	26 250	19 963
普　洱	Pu'er	48 032	15 634	21 805	25 295	17 784
临　沧	Lincang	46 377	15 968	18 767	22 304	18 118
楚　雄	Chuxiong	48 446	21 568	11 084	23 042	16 326
红　河	Honghe	42 111	15 875	19 864	24 531	13 593
文　山	Wenshan	42 242	20 083	16 290	25 288	17 186
西双版纳	Xishuangbanna	48 125	23 026	18 980	26 638	19 455
大　理	Dali	45 425	17 052	20 311	26 917	17 983
德　宏	Dehong	47 267	18 328	13 206	23 564	17 210
怒　江	Nujiang	43 745	24 631	18 545	23 436	20 191
迪　庆	Diqing	41 280		12 061	31 642	14 978

4-24 续表3 continued

单位：元/人 (yuan/person)

地区	Region	居民服务和其他服务业 Services to Households and Other Services	教育 Education	卫生、社会保障和社会福利业 Health Care, Social Security and Social Welfare	文化、体育和娱乐业 Culture, Sports and Entertainment	公共管理和社会组织 Public Administration and Social Organization
全省合计	**Total**	**17 565**	**29 696**	**25 348**	**22 649**	**31 404**
昆　明	Kunming	17 706	28 028	29 358	21 197	35 883
曲　靖	Qujing	12 146	34 628	24 411	24 097	35 870
玉　溪	Yuxi	28 536	35 651	25 227	27 913	35 239
保　山	Baoshan	21 879	27 253	21 071	22 290	29 799
昭　通	Zhaotong	17 818	29 009	23 618	24 326	25 077
丽　江	Lijiang	17 159	31 472	25 617	26 842	33 046
普　洱	Pu'er	24 792	28 062	22 908	23 515	30 032
临　沧	Lincang	21 079	29 308	23 221	21 826	28 659
楚　雄	Chuxiong	22 574	27 619	26 233	18 747	28 305
红　河	Honghe	16 493	27 368	20 373	21 324	29 645
文　山	Wenshan	21 759	26 259	23 070	23 174	28 931
西双版纳	Xishuangbanna	16 812	31 768	27 487	26 857	32 019
大　理	Dali	18 736	31 071	25 125	24 244	32 122
德　宏	Dehong	11 363	28 082	22 931	21 699	28 447
怒　江	Nujiang		26 945	24 895	21 493	26 118
迪　庆	Diqing		38 754	35 932	32 787	39 902

4-25 主要年份城镇登记失业人数和城镇登记失业率

Number of Registered Urban Unemployed persons and Unemployment Rate in Significant Years

年份 Year	城镇登记失业人数（万人） Urban Unemployed Persons(10 000 persons)	#女性 Female	#长期失业者人数 Permanent Unemployed Persons	城镇登记失业率(%) Urban Unemployment Rate (%)
1978	6.40			2.70
1980	6.00			2.30
1985	4.21			2.50
1990	7.76			2.50
1992	7.53			2.30
1993	7.34			2.30
1994	7.14			2.23
1995	8.10			2.26
1996	8.01			2.80
1997	7.84			2.70
1998	6.01	3.02		2.20
1999	6.20	3.10	3.10	2.50
2000	6.77	3.28	3.42	2.60
2001	8.00	3.89	3.64	3.30
2002	9.80	4.04	4.79	4.00
2003	12.12	5.94	5.64	4.10
2004	11.95	6.28	4.85	4.30
2005	12.97	6.12	5.17	4.30
2006	13.79	6.35	5.01	4.28
2007	14.02	6.37	4.2	4.18
2008	14.77	6.5	3.79	4.21
2009	15.63	6.73	3.44	4.28

4-26 各地区城镇单位分行业年末就业人员劳动报酬（2009年）

Earnings of Employed Persons in Urban Entities by Sector and Region at Year-end (2009)

单位：千元 (1 000 yuan)

地 区	Region	合 计 Total	农、林、牧渔业 Farming,Forestry,Animal Husbandry and Fishery	采矿业 Mining	制造业 Manufacturing	电力、燃气及水的生产和供应业 Production and Supply of Electricity,Gas and Water
全省合计	**Total**	**81 204 267**	**1 313 842**	**3 483 576**	**14 461 777**	**3 148 461**
昆 明	Kunming	27 676 158	146 807	414 669	5 472 184	637 283
曲 靖	Qujing	9 050 286	114 238	1 206 673	1 901 966	527 199
玉 溪	Yuxi	4 843 479	66 486	246 324	1 338 043	180 936
保 山	Baoshan	2 854 064	104 741	47 916	344 255	100 741
昭 通	Zhaotong	4 649 050	60 152	225 071	564 645	187 998
丽 江	Lijiang	2 083 660	44 803	165 717	146 949	83 616
普 洱	Pu'er	2 994 094	168 016	45 481	331 172	126 374
临 沧	Lincang	2 243 382	6 345	38 512	226 371	110 252
楚 雄	Chuxiong	3 911 485	36 968	275 290	546 086	147 134
红 河	Honghe	6 361 688	227 591	401 596	1 599 242	304 309
文 山	Wenshan	3 368 324	120 626	164 242	201 034	215 235
西双版纳	Xishuangbanna	2 023 300		80 270	556 528	71 198
大 理	Dali	5 304 983	75 379	101 610	802 685	224 918
德 宏	Dehong	2 022 804	81 078	18 553	223 757	154 487
怒 江	Nujiang	890 881	31 492	232	183 969	42 878
迪 庆	Diqing	926 629	29 120	51 420	22 891	33 903

4-26 续表1 continued

单位：千元 (1 000 yuan)

地 区	Region	建筑业 Construction	交通运输、仓储和邮政业 Transportation, Storage and Post	信息传输、计算机服务和软件业 Information Transmission, Computers Service and Software Service	批发和零售业 Wholesale and Retail Trades	住宿和餐饮业 Hotels and Catering Services
全省合计	**Total**	**6 287 484**	**4 510 297**	**1 464 851**	**3 343 782**	**866 109**
昆 明	Kunming	3 340 724	3 273 312	781 421	1 240 823	428 288
曲 靖	Qujing	449 124	91 087	56 541	286 200	26 846
玉 溪	Yuxi	159 567	57 369	17 681	247 506	38 308
保 山	Baoshan	376 426	54 612	34 554	135 855	13 260
昭 通	Zhaotong	137 567	112 167	72 973	175 563	13 454
丽 江	Lijiang	106 432	67 923	31 470	58 211	94 295
普 洱	Pu'er	197 392	76 315	60 996	76 739	14 392
临 沧	Lincang	29 279	107 204	43 474	90 146	7 987
楚 雄	Chuxiong	309 446	110 000	64 407	199 820	27 708
红 河	Honghe	328 342	116 008	73 048	236 183	49 321
文 山	Wenshan	121 188	101 353	48 806	120 639	13 857
西双版纳	Xishuangbanna	61 632	70 938	31 698	67 639	45 585
大 理	Dali	546 428	197 165	74 890	229 293	61 776
德 宏	Dehong	101 983	34 161	40 619	47 937	23 038
怒 江	Nujiang	5 810	21 871	16 805	16 410	3 438
迪 庆	Diqing	16 144	18 812	15 468	114 818	4 556

4-26 续表2 continued

单位：千元 (1 000 yuan)

地 区	Region	金融业 Banking	房地产业 Real Estate	租赁和商务服务业 Leasing Trade and Business Service	科学研究、技术服务和地质勘查业 Scientific Research, Technology Service and Geological Prospecting	水利、环境和公共设施管理业 Water Conservancy, Admistration of Environment and Public Facilities
全省合计	**Total**	**4 780 427**	**739 942**	**1 249 920**	**1 898 257**	**826 475**
昆 明	Kunming	2 377 107	449 779	879 551	1 243 036	188 569
曲 靖	Qujing	299 852	9 383	29 264	67 554	82 433
玉 溪	Yuxi	285 369	13 266	19 893	42 497	37 343
保 山	Baoshan	127 390	31 782	15 365	32 412	39 909
昭 通	Zhaotong	185 455	18 268	11 558	40 748	45 875
丽 江	Lijiang	85 138	10 026	27 784	26 433	43 727
普 洱	Pu'er	148 000	11 055	11 725	59 360	44 948
临 沧	Lincang	103 523	9 678	2 469	15 480	19 998
楚 雄	Chuxiong	204 356	5 283	14 420	43 158	49 973
红 河	Honghe	236 644	18 895	13 122	81 497	76 933
文 山	Wenshan	144 921	40 277	22 089	39 703	39 383
西双版纳	Xishuangbanna	99 984	12 864	16 088	47 755	57 135
大 理	Dali	284 113	83 067	149 203	84 375	48 920
德 宏	Dehong	125 099	23 338	31 531	46 212	17 538
怒 江	Nujiang	35 922	2 981	204	8 109	8 538
迪 庆	Diqing	37 554		5 654	19 928	25 253

4-26 续表3 continued

单位：千元 (1 000 yuan)

地 区	Region	居民服务和其他服务业 Services to Households and Other Services	教 育 Education	卫生、社会保障和社会福利业 Health Care, Social Security and Social Welfare	文化、体育和娱乐业 Culture, Sports and Entertainment	公共管理和社会组织 Public Administration and Social Organization
全省合计	**Total**	**122 308**	**14 717 459**	**3 612 496**	**772 843**	**13 603 961**
昆 明	Kunming	80 988	2 365 999	1 075 179	289 084	2 991 355
曲 靖	Qujing	5 502	2 297 169	276 625	47 196	1 275 434
玉 溪	Yuxi	5 222	946 397	231 306	35 933	874 033
保 山	Baoshan	1 269	708 970	133 832	15 760	535 015
昭 通	Zhaotong	1 984	1 383 605	220 838	45 534	1 145 595
丽 江	Lijiang	1 987	450 763	101 163	36 814	500 409
普 洱	Pu'er	620	709 171	176 863	31 153	704 322
临 沧	Lincang	812	691 231	119 131	22 293	599 197
楚 雄	Chuxiong	1 243	774 062	226 501	37 549	838 081
红 河	Honghe	3 564	1 198 940	254 636	49 285	1 092 532
文 山	Wenshan	1 859	1 032 386	190 428	40 779	709 519
西双版纳	Xishuangbanna	9 840	332 949	114 532	33 262	313 403
大 理	Dali	5 437	1 068 547	278 376	48 571	940 230
德 宏	Dehong	1 981	382 684	108 429	12 070	548 309
怒 江	Nujiang		188 045	50 600	13 171	260 406
迪 庆	Diqing		186 541	54 057	14 389	276 121

4-27 各地区国有单位分行业职工平均工资（2009年）
Average Wages of Staff and Workers of State-owned Units by Sector and Region (2009)

单位：元／人 (yuan/person)

地区	Region	合计 Total	农、林、牧、渔业 Farming,Forestry, Animal Husbandry and Fishery	采矿业 Mining	制造业 Manufacturing	电力、燃气及水的生产和供应业 Production and Supply of Electricity,Gas and Water
全省合计	**Total**	**30 329**	**16 675**	**25 768**	**33 651**	**44 363**
昆　明	Kunming	34 330	21 934	22 644	39 086	55 576
曲　靖	Qujing	33 967	22 713	24 932	41 810	43 752
玉　溪	Yuxi	35 149	23 863	18 453	97 023	42 721
保　山	Baoshan	27 013	18 668		12 737	46 306
昭　通	Zhaotong	29 164	21 537		58 292	41 105
丽　江	Lijiang	30 037	17 943	15 000	20 969	48 616
普　洱	Pu'er	26 637	18 682	16 009	13 293	36 106
临　沧	Lincang	26 353	24 136	9 532	6 112	43 274
楚　雄	Chuxiong	30 093	20 348	41 449	49 903	47 047
红　河	Honghe	27 498	15 433	47 942	29 802	33 685
文　山	Wenshan	26 080	16 933	31 153	17 116	39 394
西双版纳	Xishuangbanna	20 804		11 880	12 481	43 804
大　理	Dali	31 476	19 111	56 109	62 945	50 783
德　宏	Dehong	22 534	5 720		15 247	32 680
怒　江	Nujiang	26 323	21 379		12 847	35 097
迪　庆	Diqing	36 624	31 823	46 605	16 439	31 059

4-27 续表1 continued

单位：元／人 (yuan/person)

地区	Region	建筑业 Construction	交通运输、仓储和邮政业 Transportation, Storage and Post	信息传输、计算机服务和软件业 Information Transmission, Computers Service and Software Service	批发和零售业 Wholesale and Retail Trades	住宿和餐饮业 Hotels and Catering Services
全省合计	**Total**	**21 729**	**37 806**	**40 087**	**37 615**	**15 841**
昆　明	Kunming	21 766	51 212	54 993	31 762	16 896
曲　靖	Qujing	33 147	18 271	41 737	40 296	14 724
玉　溪	Yuxi	15 818	18 846	35 134	23 155	12 977
保　山	Baoshan	16 793	20 386	28 927	48 734	20 234
昭　通	Zhaotong	16 597	21 790	38 293	60 309	14 584
丽　江	Lijiang	16 421	27 909	33 710	29 167	17 251
普　洱	Pu'er	13 518	23 221	55 414	43 739	18 124
临　沧	Lincang	21 236	23 183	31 825	40 569	14 229
楚　雄	Chuxiong	24 086	20 012	31 550	63 773	15 821
红　河	Honghe	25 724	23 609	23 730	34 861	11 751
文　山	Wenshan	17 222	21 714	29 095	39 891	12 685
西双版纳	Xishuangbanna	14 400	24 296	31 191	59 569	13 908
大　理	Dali	17 597	26 348	34 755	37 555	13 611
德　宏	Dehong	17 343	22 010	41 238	35 699	11 023
怒　江	Nujiang		21 531	39 081	30 092	
迪　庆	Diqing	34 634	42 351	32 533	31 743	21 932

4-27 续表2 continued

单位：元/人 (yuan/person)

地 区	Region	金融业 Banking	房地产业 Real Estate	租赁和商务服务业 Leasing Trade and Business Service	科学研究、技术服务和地质勘查业 Scientific Research, Technology Service and Geological Prospecting	水利、环境和公共设施管理业 Water Conservancy, Admistration of Environment and Public Facilities
全省合计	**Total**	**48 923**	**22 783**	**22 510**	**31 761**	**17 486**
昆　明	Kunming	57 326	24 099	26 134	37 364	18 302
曲　靖	Qujing	49 517	24 497	21 594	24 753	21 347
玉　溪	Yuxi	43 124	32 629	30 237	26 609	19 497
保　山	Baoshan	48 050	18 960	15 086	23 746	13 829
昭　通	Zhaotong	42 688	25 711	13 054	24 931	16 479
丽　江	Lijiang	41 537	24 667	27 580	26 589	21 221
普　洱	Pu'er	46 987	18 808	27 993	25 223	17 753
临　沧	Lincang	47 183	16 185	19 796	22 517	18 334
楚　雄	Chuxiong	49 107	20 473	9 999	23 199	16 783
红　河	Honghe	39 794	17 833	20 129	24 642	13 570
文　山	Wenshan	42 205	19 222	12 484	25 353	17 965
西双版纳	Xishuangbanna	52 516	23 043	26 021	26 945	19 207
大　理	Dali	44 824	26 352	32 566	27 822	18 213
德　宏	Dehong	45 491	19 358	12 276	23 888	17 407
怒　江	Nujiang	47 308		18 400	23 436	20 191
迪　庆	Diqing	44 500		11 063	31 917	14 478

4-27 续表3 continued

单位：元/人 (yuan/person)

地 区	Region	居民服务和其他服务业 Services to Households and Other Services	教 育 Education	卫生、社会保障和社会福利业 Health Care, Social Security and Social Welfare	文化、体育和娱乐业 Culture, Sports and Entertainment	公共管理和社会组织 Public Administration and Social Organization
全省合计	**Total**	**19 269**	**29 837**	**25 647**	**23 220**	**31 478**
昆　明	Kunming	17 916	28 729	30 613	22 407	36 357
曲　靖	Qujing	12 169	34 629	24 477	24 073	35 870
玉　溪	Yuxi	28 722	35 811	25 227	27 957	35 239
保　山	Baoshan	21 875	27 253	21 051	22 290	29 799
昭　通	Zhaotong	23 974	29 009	23 580	24 326	25 077
丽　江	Lijiang	19 525	31 505	25 573	24 828	33 046
普　洱	Pu'er	24 792	28 064	22 908	23 522	30 032
临　沧	Lincang	26 167	29 316	23 257	21 969	28 659
楚　雄	Chuxiong	22 574	27 629	26 285	21 452	28 305
红　河	Honghe	18 328	27 368	20 471	21 319	29 647
文　山	Wenshan	21 759	26 267	23 093	23 174	28 931
西双版纳	Xishuangbanna	26 711	31 787	27 531	26 365	32 019
大　理	Dali	29 329	31 121	25 243	23 827	32 122
德　宏	Dehong	12 596	28 082	23 041	21 699	28 448
怒　江	Nujiang		26 945	24 895	21 493	26 118
迪　庆	Diqing		38 754	37 089	33 950	39 902

4-28 各地区城镇集体单位分行业职工平均工资（2009年）

Average Wages of Staff and Workers in Urban Collective-owned Entities by Sector and Region (2009)

单位：元/人 (yuan/person)

地区	Region	合计 Total	农、林、牧、渔业 Farming,Forestry,Animal Husbandry and Fishery	采矿业 Mining	制造业 Manufacturing	电力、燃气及水的生产和供应业 Production and Supply of Electricity,Gas and Water
全省合计	**Total**	**21 407**	**13 539**	**17 785**	**14 797**	**22 117**
昆　明	Kunming	17 960	14 000	11 991	15 834	18 221
曲　靖	Qujing	24 361		14 074	15 794	47 063
玉　溪	Yuxi	15 862		32 958	15 978	28 146
保　山	Baoshan	20 493		16 419	10 734	
昭　通	Zhaotong	25 215			18 058	22 965
丽　江	Lijiang	25 273			12 168	
普　洱	Pu'er	31 394	15 267	24 000	10 330	29 172
临　沧	Lincang	32 069			13 671	18 452
楚　雄	Chuxiong	29 615		21 007	10 938	18 638
红　河	Honghe	22 677	20 188	22 628	10 313	
文　山	Wenshan	25 102		11 450	8 888	8 933
西双版纳	Xishuangbanna	19 846		14 133	19 933	15 669
大　理	Dali	23 480	9 071	9 287	8 881	15 333
德　宏	Dehong	22 560		11 463	16 834	9 500
怒　江	Nujiang	25 472		11 600		
迪　庆	Diqing	26 426		40 000		

4-28 续表1 continued

单位：元/人 (yuan/person)

地区	Region	建筑业 Construction	交通运输、仓储和邮政业 Transportation, Storage and Post	信息传输、计算机服务和软件业 Information Transmission, Computers Service and Software Service	批发和零售业 Wholesale and Retail Trades	住宿和餐饮业 Hotels and Catering Services
全省合计	**Total**	**16 621**	**17 829**	**13 624**	**13 449**	**13 319**
昆　明	Kunming	15 861	19 097	14 209	14 770	14 055
曲　靖	Qujing	19 605	33 443		15 895	15 624
玉　溪	Yuxi	11 119			10 372	11 155
保　山	Baoshan	9 770		13 024	11 065	
昭　通	Zhaotong	16 450	9 867		13 145	
丽　江	Lijiang	22 078	21 153		16 077	14 596
普　洱	Pu'er	14 238			11 775	16 884
临　沧	Lincang	11 733			11 541	12 588
楚　雄	Chuxiong	20 203	12 000		12 631	17 000
红　河	Honghe	18 795	20 667		9 852	9 901
文　山	Wenshan	13 035			9 690	12 692
西双版纳	Xishuangbanna	9 557	25 947		18 448	12 408
大　理	Dali	14 789	20 603		13 125	10 085
德　宏	Dehong	12 700			9 870	8 132
怒　江	Nujiang	25 500			14 167	
迪　庆	Diqing				11 565	

4-28 续表2 continued

单位：元/人 (yuan/person)

地 区	Region	金融业 Banking	房地产业 Real Estate	租赁和商务服务业 Leasing Trade and Business Service	科学研究、技术服务和地质勘查业 Scientific Research, Technology Service and Geological Prospecting	水利、环境和公共设施管理业 Water Conservancy, Admistration of Environment and Public Facilities
全省合计	**Total**	**49 372**	**15 972**	**12 936**	**20 688**	**13 800**
昆 明	Kunming	58 801	15 449	14 414	21 525	12 490
曲 靖	Qujing	50 256		36 697		12 020
玉 溪	Yuxi	33 858		7 219		10 000
保 山	Baoshan	39 998	18 414	12 849		9 500
昭 通	Zhaotong	51 474				
丽 江	Lijiang	52 630		36 667		
普 洱	Pu'er	54 596	6 032	18 808		23 917
临 沧	Lincang	46 089	26 000	15 333	17 633	
楚 雄	Chuxiong	48 195		27 037	19 472	14 601
红 河	Honghe	47 391	12 763	21 641		18 800
文 山	Wenshan	48 098		26 969		
西双版纳	Xishuangbanna	37 402	30 000	17 221		17 255
大 理	Dali	55 250	16 257	14 072	28 923	
德 宏	Dehong	57 578	14 000	7 797	8 757	
怒 江	Nujiang	36 353				
迪 庆	Diqing	41 639		15 955	18 667	

4-28 续表3 continued

单位：元/人 (yuan/person)

地 区	Region	居民服务和其他服务业 Services to Households and Other Services	教 育 Education	卫生、社会保障和社会福利业 Health Care, Social Security and Social Welfare	文化、体育和娱乐业 Culture, Sports and Entertainment	公共管理和社会组织 Public Administration and Social Organization
全省合计	**Total**	**13 995**	**15 829**	**17 538**	**32 240**	**12 703**
昆 明	Kunming	15 756	14 891	13 377	11 024	12 557
曲 靖	Qujing	9 500	29 583	13 197		
玉 溪	Yuxi	17 333	17 631			
保 山	Baoshan			22 185		
昭 通	Zhaotong	11 000				
丽 江	Lijiang		11 833	27 212		
普 洱	Pu'er		19 625		20 333	
临 沧	Lincang	22 000	19 750	8 333		
楚 雄	Chuxiong		23 818	20 058		
红 河	Honghe	10 846		13 845		22 700
文 山	Wenshan		12 095	12 176		
西双版纳	Xishuangbanna	13 878	23 261		37 926	
大 理	Dali	4 269				
德 宏	Dehong			18 521		
怒 江	Nujiang					
迪 庆	Diqing					

4-29 各地区其他单位分行业职工平均工资（2009年）
Average Wages of Staff and Workers in Entities of Other Types of Ownership by Sector and Region (2009)

单位：元／人 (yuan/person)

地区	Region	合计 Total	农、林、牧、渔业 Farming, Forestry, Animal Husbandry and Fishery	采矿业 Mining	制造业 Manufacturing	电力、燃气及水的生产和供应业 Production and Supply of Electricity,Gas and Water
全省合计	**Total**	**21 633**	**14 180**	**22 973**	**20 343**	**36 959**
昆明	Kunming	25 745	18 719	29 161	23 491	39 343
曲靖	Qujing	21 706	13 333	22 865	21 380	54 006
玉溪	Yuxi	19 090	11 214	26 422	18 655	29 913
保山	Baoshan	15 377	22 263	23 655	16 693	31 127
昭通	Zhaotong	17 292		19 270	18 194	23 732
丽江	Lijiang	21 574	10 250	27 531	19 139	36 263
普洱	Pu'er	19 229	13 695	24 723	18 479	33 634
临沧	Lincang	17 320		39 883	16 798	28 769
楚雄	Chuxiong	17 278	13 500	19 651	18 012	26 657
红河	Honghe	16 830	14 028	19 902	15 856	29 587
文山	Wenshan	20 840	12 857	20 976	16 977	39 385
西双版纳	Xishuangbanna	17 475		15 518	15 150	34 940
大理	Dali	18 752	8 522	20 960	19 226	33 422
德宏	Dehong	21 690	8 522	18 424	20 488	47 241
怒江	Nujiang	36 983			44 077	43 915
迪庆	Diqing	30 651	19 688	7 844	17 776	40 501

4-29 续表1 continued

单位：元／人 (yuan/person)

地区	Region	建筑业 Construction	交通运输、仓储和邮政业 Transportation, Storage and Post	信息传输、计算机服务和软件业 Information Transmission, Computers Service and Software Service	批发和零售业 Wholesale and Retail Trades	住宿和餐饮业 Hotels and Catering Services
全省合计	**Total**	**16 737**	**23 809**	**35 950**	**18 404**	**14 785**
昆明	Kunming	19 945	27 849	43 300	18 629	15 274
曲靖	Qujing	14 849	12 934	25 236	17 292	11 913
玉溪	Yuxi	16 136	17 753	31 743	14 607	13 368
保山	Baoshan	12 382	13 676	32 268	15 357	9 073
昭通	Zhaotong	13 133	27 843	22 454	12 623	18 723
丽江	Lijiang	18 574	23 209	17 546	21 869	16 457
普洱	Pu'er	18 491	12 952	28 022	18 056	11 813
临沧	Lincang	9 944	16 357	13 306	16 544	10 624
楚雄	Chuxiong	14 348	21 657	14 723	21 658	16 211
红河	Honghe	15 360	14 349	28 161	13 289	13 336
文山	Wenshan	16 226	20 842	17 652	14 101	13 044
西双版纳	Xishuangbanna	18 781	14 795	19 800	15 902	19 030
大理	Dali	16 109	18 546	30 645	19 014	12 999
德宏	Dehong	15 424	17 366	30 924	17 056	14 689
怒江	Nujiang	8 835	14 744		20 683	15 917
迪庆	Diqing	6 081		16 368	50 556	11 969

4-29 续表2 continued

单位：千元 (1 000 yuan)

地 区	Region	金融业 Banking	房地产业 Real Estate	租赁和商务服务业 Leasing Trade and Business Service	科学研究、技术服务和地质勘查业 Scientific Research, Technology Service and Geological Prospecting	水利、环境和公共设施管理业 Water Conservancy, Admistration of Environment and Public Facilities
全省合计	**Total**	**76 252**	**20 554**	**24 351**	**23 658**	**17 637**
昆 明	Kunming	99 238	22 779	27 303	24 184	20 164
曲 靖	Qujing	32 561	14 116	19 371	18 674	
玉 溪	Yuxi	39 602	18 910	25 667	22 414	29 917
保 山	Baoshan	26 998	17 141	11 540	24 364	15 108
昭 通	Zhaotong	11 605	16 569	20 547		17 962
丽 江	Lijiang	17 941	19 800	17 147	21 771	15 909
普 洱	Pu'er	33 634	14 869	18 874	32 083	
临 沧	Lincang	16 484	15 902	15 591		12 600
楚 雄	Chuxiong	44 789	22 068	14 411	19 636	15 683
红 河	Honghe	36 512	14 487	15 940	9 960	24 000
文 山	Wenshan	17 933	20 239	32 990	17 615	10 605
西双版纳	Xishuangbanna	36 254	22 344	15 766	22 140	20 496
大 理	Dali	37 541	16 725	17 244	17 707	13 314
德 宏	Dehong	32 498	18 272	20 342	21 667	9 769
怒 江	Nujiang	30 968	24 631	18 667		
迪 庆	Diqing	21 124		20 762		16 521

4-29 续表3 continued

单位：千元 (1 000 yuan)

地 区	Region	居民服务和其他服务业 Services to Households and Other Services	教 育 Education	卫生、社会保障和社会福利业 Health Care, Social Security and Social Welfare	文化、体育和娱乐业 Culture, Sports and Entertainment	公共管理和社会组织 Public Administration and Social Organization
全省合计	**Total**	**17 165**	**17 214**	**15 185**	**19 818**	**9 240**
昆 明	Kunming	17 902	17 210	13 765	18 284	9 144
曲 靖	Qujing				25 885	
玉 溪	Yuxi		20 478		26 667	
保 山	Baoshan	22 000				
昭 通	Zhaotong	14 588			28 571	
丽 江	Lijiang	14 385			29 717	
普 洱	Pu'er					
临 沧	Lincang	17 750	9 625		17 676	
楚 雄	Chuxiong		13 500		11 105	
红 河	Honghe	7 714		19 390	21 895	
文 山	Wenshan					
西双版纳	Xishuangbanna	13 756		14 571	22 250	
大 理	Dali	12 065	16 513	10 241	24 788	
德 宏	Dehong	10 836		25 000		25 200
怒 江	Nujiang					
迪 庆	Diqing			15 167	7 211	

主要统计指标解释

经济活动人口 指年龄在16周岁及以上，有劳动能力，参加或要求参加社会经济活动的人口。包括就业人员和失业人员。

就业人员 指年龄在16周岁及以上，从事一定社会劳动并取得劳动报酬或经营收入的人员。这一指标反映了一定时期内全部劳动力资源的实际利用情况，是研究我国基本国情国力的重要指标。

单位就业人员 指在各级国家机关、政党机关、社会团体及企业、事业单位中工作，取得工资或其他形式的劳动报酬的全部人员。包括在岗职工、再就业的离退休人员、民办教师以及在各单位中工作的外方人员和港澳台方人员、兼职人员、借用的外单位人员和第二职业者。不包括离开本单位仍保留劳动关系的职工。各单位的就业人员反映了各单位实际参加生产或工作的全部劳动力。

城镇私营和个体就业人员 城镇私营就业人员指在工商管理部门注册登记，其经营地址设在县城关镇（含县城关镇）以上的私营企业就业人员，包括私营企业投资者和雇工。城镇个体就业人员指在工商管理部门注册登记，并持有城镇户口或在城镇长期居住，经批准从事个体工商经营的就业人员，包括个体经营者和在个体工商户劳动的家庭帮工和雇工。

职工 指在国有、城镇集体、联营、股份制、外商和港、澳、台投资、其他单位及其附属机构工作，并由其支付工资的各类人员。不包括下列人员：(1)乡镇企业就业人员；(2)私营企业就业人员；(3)城镇个体劳动者；(4)离休、退休、退职人员；(5)再就业的离、退休人员；(6)民办教师；(7)在城镇单位中工作的外方及港、澳、台人员；(8)其他按有关规定不列入职工统计范围的人员。(1998年及以后的数据均为在岗职工数据，其他相关指标如职工工资总额，职工平均工资等指标也从1998年按此口径进行了相应调整)。

国有单位 指资产归国家所有的经济组织。包括按《中华人民共和国企业法人登记管理条例》规定登记注册的非公司制的经济组织，以及中央、地方各级国家机关、事业单位和社会团体。

集体单位 指生产资料归集体所有，并按《中华人民共和国企业法人登记管理条例》规定登记注册的经济组织。

其他单位 包括股份合作单位、联营单位、有限责任公司、股份有限公司、港澳台商投资单位以及外商投资单位等其他登记注册类型单位。

在岗职工 指在本单位工作并由单位支付工资的人员，以及有工作岗位，但由于学习、病伤产假等原因暂未工作，仍由单位支付工资的人员。

工资总额 指各单位在一定时期内直接支付给本单位全部职工的劳动报酬总额。工资总额的计算原则应以直接支付给职工的全部劳动报酬为根据。各单位支付给职工的劳动报酬以及其他根据有关规定支付的工资，不论是计入成本的还是不计入成本的，不论是按国家规定列入计征奖金税项目的，还是未列入计征奖金税项目的，不论是以货币形式支付的还是以实物形式支付的，均包括在工资总额内。

平均工资 指企业、事业、机关单位的职工在一定时期内平均每人所得的货币工资额。它表明一定时期职工工资收入的高低程度，是反映职工工资水平的主要指标。计算公式为：

$$\text{平均工资} = \frac{\text{报告期实际支付的全部职工工资总额}}{\text{报告期全部职工平均人数}}$$

平均工资指数 指报告期职工平均工资与基期职工平均工资的比率，是反映不同时期职工货币工资水平变动情况的相对数。计算公式为：

$$\text{平均工资指数} = \frac{\text{报告期职工平均工资}}{\text{基期职工平均工资}} \times 100\%$$

平均实际工资指数 职工平均实际工资指扣除物价变动因素后的职工平均工资。职工平均实际工资指数是反映实际工资变动情况的相对数，表明职工实际工资水平提高或降低的程度。计算公式为：

$$平均实际工资指数 = \frac{报告期职工平均工资指数}{报告期城镇居民消费价格指数} \times 100\%$$

城镇单位就业人员劳动报酬 指各单位在一定时期内直接支付给本单位全部就业人员的劳动报酬总额。包括职工工资总额和其他就业人员劳动报酬总额。

平均劳动报酬 指企业、事业、机关等单位的全部就业人员在一定时期内平均每人所得的货币工资额。计算公式为:

$$平均劳动报酬 = \frac{报告期实际支付的全部就业人员劳动报酬}{报告期全部就业人员平均人数}$$

城镇登记失业人员 指有非农业户口，在一定的劳动年龄内（16周岁至退休年龄），有劳动能力，无业而要求就业，并在当地就业服务机构进行求职登记的人员。

城镇登记失业率 城镇登记失业人员与城镇单位就业人员（扣除使用的农村劳动力、聘用的离退休人员、港澳台及外方人员）、城镇单位中的不在岗职工、城镇私营业主、个体户主、城镇私营企业和个体就业人员、城镇登记失业人员之和的比。计算公式为:

$$城镇登记失业率 = \frac{城镇登记失业人数}{(城镇单位就业人员 - 使用的农村劳动力 - 聘用的离退休人员 - 聘用的港澳台及外方人员) + 不在岗职工 + 城镇私营业主 + 城镇个体户主 + 城镇私营企业及个体就业人员 + 城镇登记失业人数} \times 100\%$$

Explanatory Notes on Principal Statistical Indicators

Economically Active Population refers to the population aged 16 and over who are capable of working, are participating in or willing to participate in economic activities, including employed persons and unemployed persons.

Employed Persons refer to persons aged 16 and over who are engaged in gainful employment and thus receive remuneration payment or earn business income. This indicator reflects the actual utilization of total labour force during a certain period of time and is often used for the research on China's economic situation and national power.

Persons Employed in Various Units refer to all the persons working in government agencies of various levels, political and party organizations, social organizations, enterprises and institutions, and receiving wages or other forms of payment. They include fully-employed staff and workers, re-employed retirees, teachers in the schools run by the local people, foreigners and Chinese compatriots from Hong Kong, Macao, and Taiwan working in various units, part-time employees, employees of other units working temporarily at current posts, and employees holding the second job, but do not include persons who have left their working units while keeping their labour contract (employment relation) unchanged. This indicator reflects the total number of laborers actually engaged in production or other operations in various units.

Persons Employed in Private Enterprises and Self-Employed Individuals in Urban Areas Persons employed in private enterprises refer to the persons employed in the private enterprises which have been registered at the departments of industrial and commercial administration for which the business operation are situated at a county town (i.e. a town where the county government is located), or at urban areas with administrative hierarchy higher than a county town. The self-employed individuals in urban areas refer to persons who hold the certificates of residence in urban areas or have resided in the urban areas for a long time and have been registered at the departments of industrial and commercial administration and approved to be engaged in individual industrial or commercial business, including self-employed persons as well as helpers and hired labourers who work in individual households.

Staff and Workers refer to persons working in, and receive payment from units of state ownership, collective ownership, joint ownership, share holding ownership, foreign ownership, and ownership by entrepreneurs from Hong Kong, Macao, and Taiwan, and other types of ownership and their affiliated units. They do not include 1) persons employed in township enterprises, 2) persons employed in private enterprises, 3) urban self-employed persons, 4) retirees, 5) re-employed retirees, 6) teachers in the schools run by the local people, 7) foreigners and persons from Hong Kong, Macao and Taiwan who work in urban units, and 8) other persons not to be included by relevant regulations. (Data since 1998 refer to fully employed staff and workers. Other related statistics indicators, such as total wage bill and average wage are adjusted since 1998 accordingly).

State-owned Units refer to economic units whose assets are owned by the state, including non-corporation units registered according to Regulation of the People's Republic of China on the Registration of Enterprises and Corporations, state organs, institutions and social organizations at the central-level and local levels.

Collective-owned Units refer to economic units registered according to Regulation of the People's Republic of China on the Registration of Enterprises and Corporations where the means of production are collectively owned.

Units of Other Types of Ownership refer to units registered with other types of ownership, including cooperative units, joint ownership units, limited liability corporations, share holding corporations, units funded by entrepreneurs from Hong Kong, Macao, and Taiwan, and foreign- funded units.

Employed Staff and Workers refer to persons who work in, and receive wages from their working units, including persons who have their work posts but are temporarily absent from work for reasons of study or on sick, injury or maternal leave and still receive wages from their working units.

Total Wage Bill refers to the total remuneration payment to staff and workers in various units during a certain period of time. The calculation of total wage bill is based on the total remuneration payment to the staff and workers. Therefore, all the wages and salaries and other payments to staff and workers are included in the total wage bill regardless of sources, reckoning the cost of production or not, category, listing as items of premium taxation or not, and forms, paying in cash or in kind.

Average Wage refers to the average wage in money terms per person during a certain period of time for staff and workers in enterprises, institutions, and government agencies, which reflects the general level of wage income during a certain period of time and is calculated as follows:

$$\text{Average Wage} = \frac{\text{Total Wage Bill of Staff and Workers at Reference Time}}{\text{Average Number of Staff and Workers at Reference Time}}$$

Average Wage Indices refers to the ratio of average wage of staff and workers at the reference period to that at the base period, which reflects the change of wage of staff and workers at the different period. It is calculated as follows:

$$\text{Average Wage Indices} = \frac{\text{Average Wage of Staff and Workers at Reference Time}}{\text{Average Wage of Staff and Workers at Base Period}} \times 100\%$$

Average Real Wage Indices average real wage of staff and workers refers to the average wage of staff and workers after removing the effects of the price changes and average real wage indices of staff and workers refers to the change of real wage, which reflects the relative increasing or decreasing level of real wage of staff and workers, which is calculated as follows:

$$\text{Average Real Wage Indices} = \frac{\text{Average Wage Indices of Staff and Workers at the Reference Time}}{\text{Urban Consumer Price Indices at Reference Time}} \times 100\%$$

Earning refer to total remuneration payment to all employees in various units in urban areas (did not include urban private units and self-employed individuals) during a certain period of time, including staff and workers and other employees (i.e., reemployed retirees or those who are from Hong Kong, Macao, Taiwan province or other countries).

Average Earning refer to average earning level in money terms per employee in the enterprise, institution and government organ during a certain period of time, it is calculated as follows:

$$\text{Average Earning Of Employees} = \frac{\text{Total Earnings of Employees at Reference Period}}{\text{Average Number of Employees at Reference Period}}$$

Registered Unemployed Persons in Urban Areas refer to the persons with non-agricultural household registration at certain working ages (16 years old to retirement age), who are capable of working, unemployed and willing to work, and have been registered at the local employment service agencies to apply for a job.

Registered Unemployment Rate in Urban Areas refers to the ratio of the number of the registered unemployed persons to the sum of the number of persons employed in various units (minus the employed rural labour force, re-employed retirees, and Hong Kong, Macao, Taiwan or foreign employees), laid-off staff and workers in urban units, owners of private enterprises in urban areas, owners of self-employed individuals in urban areas, employees of private enterprises in urban areas, employee of self-employed individuals in urban areas, and the registered unemployed persons in urban areas. The formula is as follows:

$$\text{Registered unemployment rate in urban areas} = \frac{\text{number of registered urban unemployed persons}}{\begin{array}{c}\text{number of persons employed in urban units - employed rural labour force} \\ \text{re - employed retirees - Hong Kong, Macao, Taiwan or foreign employees} \\ \text{+ laid - off staff and workers + owners of urban private enterprises + owners of} \\ \text{urban self - employed individuals + employees of urban private enterprises + employees of} \\ \text{urban self - employed individuals + registered unemployed persons in urban areas}\end{array}} \text{x}100\%$$

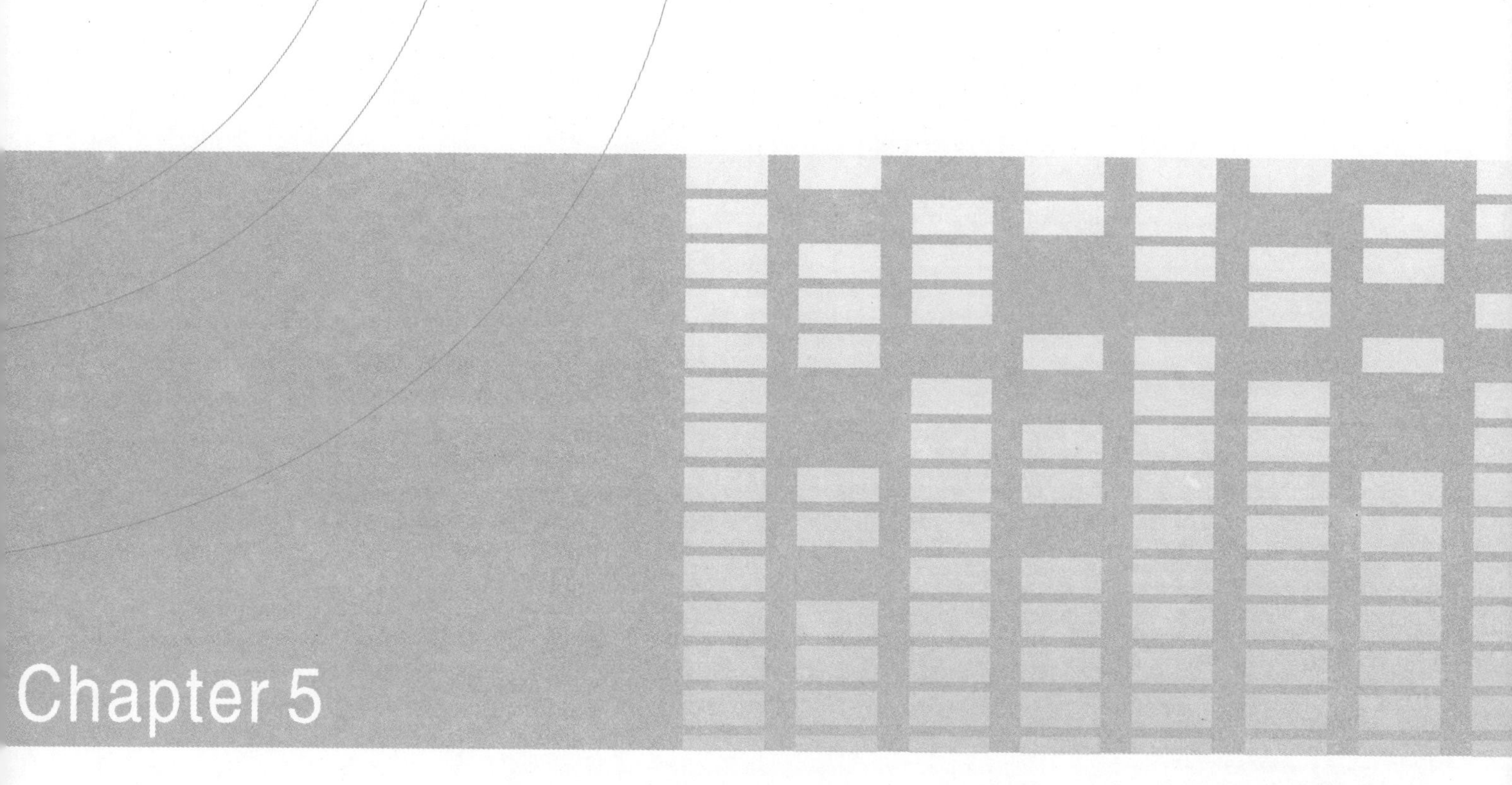

五、固定资产投资

Investment in Fixed Assets

5-1 1978-2009年历年全社会固定资产投资总额

Historic Total Investments in Fixed Assets in the Whole Province (1978-2009)

单位：亿元 (100 million yuan)

年份 Year	全社会固定资产投资 Investment in Fixed Assets	国有经济 State-owned Entities	集体经济 Collective-owned Entities	城镇 Urban	其他经济 Others	个体经济 Self-employed Entities	农村 Rural
1978	15.04	13.43	1.15	0.20		0.46	0.46
1979	16.77	14.45	1.26	0.26		1.07	1.07
1980	20.90	15.95	1.45	0.40		3.50	3.50
1981	18.68	13.99	1.47	0.41		3.22	3.20
1982	24.55	20.25	1.75	0.58		2.55	2.50
1983	24.50	20.23	1.11	0.48		3.15	3.11
1984	32.99	24.13	3.92	1.78		4.94	4.83
1985	46.28	31.99	7.43	3.85		6.85	6.58
1986	49.92	33.91	8.48	4.73		7.53	7.15
1987	54.38	36.09	10.02	5.68		8.27	7.72
1988	67.77	45.61	10.80	5.23		11.35	10.17
1989	67.80	41.72	14.00	6.18		12.08	10.40
1990	75.74	51.22	12.57	5.28		11.96	11.05
1991	98.32	71.19	14.21	5.41		12.92	12.10
1992	140.69	103.93	20.32	7.67		16.44	14.87
1993	251.40	181.38	37.26	10.26	9.81	22.96	19.82
1994	321.73	221.11	38.69	10.58	26.76	35.17	31.56
1995	380.57	262.84	38.55	9.92	39.66	39.52	35.95
1996	448.02	298.67	47.56	13.04	55.34	46.45	41.98
1997	540.50	367.04	51.30	9.54	68.92	53.24	47.40
1998	672.54	483.90	51.21	10.92	77.87	59.56	51.50
1999	717.28	498.35	52.43	11.63	66.13	100.37	45.65
2000	697.94	466.20	47.44	10.39	74.28	110.03	49.75
2001	734.81	490.41	42.44	8.00	73.81	128.16	55.86
2002	828.65	522.34	53.36	9.41	117.10	135.85	56.09
2003	1 021.18	544.48	54.89	11.95	223.89	197.93	65.68
2004	1 330.60	617.34	58.04	14.46	376.44	278.78	72.50
2005	1 755.30	815.27	79.47	16.18	619.98	240.58	63.28
2006	2 220.45	1 067.50	136.81	61.11	639.11	377.03	142.90
2007	2 798.89	1 211.78	193.99	73.01	806.76	586.36	234.12
2008	3 526.60	1 426.95	228.97	70.41	1 118.10	752.58	261.70
2009	4 527.02	2 144.32	111.54	80.50	1 851.44	419.72	386.48

注：2006年国家对全社会固定资产投资口径和计算方法作了调整。

Note:In 2006,the National Bureau of Statistics adjusted the coverage and calculation method for calculating total investment in fixed assets.

5-2 1978-2009年历年全社会固定资产投资构成
Historic Composition of Total Investments in Fixed Assets in the Whole Province (1978-2009)

单位：% (%)

年份 Year	全社会固定资产投资 Investment in Fixed Assets	国有经济 State-owned Entities	集体经济 Collective-owned Entities	城镇 Urban	其他经济 Others	个体经济 Self-employed Entities	农村 Rural
1978	100.0	89.3	7.6	1.3		3.1	3.1
1979	100.0	86.2	7.5	1.6		6.3	6.4
1980	100.0	76.3	6.9	1.9		16.8	16.7
1981	100.0	74.9	7.9	2.2		17.2	17.1
1982	100.0	82.5	7.1	2.4		10.4	10.2
1983	100.0	82.6	4.5	2.0		12.9	12.7
1984	100.0	73.1	11.9	5.4		15.0	14.6
1985	100.0	69.1	16.1	8.3		14.8	14.2
1986	100.0	67.9	17.0	9.5		15.1	14.3
1987	100.0	66.4	18.4	10.4		15.2	14.2
1988	100.0	67.3	15.9	7.7		16.8	15.0
1989	100.0	61.5	20.6	9.1		17.9	15.3
1990	100.0	67.6	16.6	7.0		15.8	14.6
1991	100.0	72.4	14.5	5.5		13.1	12.3
1992	100.0	73.9	14.4	5.5		11.7	10.6
1993	100.0	72.1	14.8	4.1	3.9	9.2	7.9
1994	100.0	68.7	12.1	3.3	8.3	10.9	9.8
1995	100.0	69.1	10.1	2.6	10.4	10.4	9.4
1996	100.0	66.7	10.5	2.9	12.4	10.4	9.4
1997	100.0	67.9	9.5	1.8	12.7	9.9	8.8
1998	100.0	72.0	7.5	1.6	11.6	8.9	7.7
1999	100.0	69.5	7.3	1.6	9.2	14.0	6.4
2000	100.0	66.8	6.8	1.5	10.6	15.8	7.1
2001	100.0	66.7	5.8	1.1	10.0	17.5	7.6
2002	100.0	63.0	6.4	1.1	14.1	16.5	6.8
2003	100.0	53.3	5.4	1.2	21.9	19.4	6.4
2004	100.0	46.4	4.4	1.1	28.3	20.9	5.4
2005	100.0	46.4	4.5	0.9	35.3	13.8	3.6
2006	100.0	48.1	6.2	2.8	28.8	16.9	6.4
2007	100.0	43.3	6.9	2.6	28.8	21.0	8.4
2008	100.0	40.5	6.5	2.0	31.7	21.3	7.4
2009	100.0	47.4	2.5	1.8	40.9	9.3	8.5

5-3 按城乡分的规模以上固定资产投资（2009年）
Investment in Fixed Assets above Designated Size by Rural and Urban Areas (2009)

单位：万元 (10 000 yuan)

类 别	Category	总 计 Total	城镇投资 Urban Invest-ment	农村投资 Rural Invest-ment	房地产开发 Investment in Real Estate Development
总 计	**Total**	**43 360 237**	**33 800 758**	**2 184 913**	**7 374 566**
按登记注册类型分	**Grouped by Registration Status**				
内 资	Domestic Fund	42 131 613	33 081 011	2 173 833	6 876 769
国 有	State-owned	21 443 208	19 630 659	1 170 355	642 194
集 体	Collective-owned	1 115 395	674 870	310 404	130 121
联 营	Joint Ownership	12 693	12 512		181
股份制	Share Holding	3 241 603	2 829 198	91 038	321 367
其 他	Others	16 318 714	9 933 772	602 036	5 782 906
港澳台商投资	Fund from Hong Kong,Macao and Taiwan	658 283	210 537	2 089	445 657
# 合资经营	Joint Venture	229 664	79 393		150 271
合作经营	Collaborative Operation	19 345	18 696	649	
独 资	Solely Foreign-owned	346 859	50 033	1 440	295 386
外商投资	Fund from Overseas	570 341	509 210	8 991	52 140
# 合资经营	Joint Venture	201 435	194 935	6 360	140
合作经营	Collaborative Operation	10 475	9 068	1 407	
独 资	Solely Foreign-owned	147 464	95 464		52 000
按隶属关系分	**Grouped by Jurisdiction of Management**				
中 央	Central Investment	5 840 813	5 612 114	4 375	224 324
地 方	Local Investment	37 519 424	28 188 644	2 180 538	7 150 242
省	Provincial	5 937 951	5 303 652	40 917	593 382
州(市)	Prefectures(Cities)	5 068 060	4 493 414	123 778	450 868
县(区、县级市)	Counties(Regions and Cities at County Level)	10 806 381	9 001 591	1 034 556	770 234
其 他	Others	15 707 032	9 389 987	981 287	5 335 758
按建设性质分	**Grouped by Type of Construction**				
# 新 建	New Construction	24 953 349	23 816 166	1 137 183	
扩 建	Expansion	5 283 885	4 912 768	371 117	
改建和技术改造	Reconstruction and Technical Transformation	4 572 047	3 981 526	590 521	
单纯建造生活设施	Housing	130 589	116 229	14 360	
迁 建	Removal and Reconstruction	407 644	388 271	19 373	
恢 复	Resumption	95 081	54 174	40 907	
单纯购置	Purchase only	543 076	531 624	11 452	

注：规模以上固定资产投资为50万元以上的项目投资和房地产开发投资。
Note:Investment in real estate above designated scale refers to investment in projects and real estate development over 500 thousand yuan .

5-4 按城乡分的固定资产投资情况（2009年）

单位：万元

类　别	Category	总　计 Total
计划总投资	**Total Planned Investment**	**137 374 912**
自开始建设累计完成投资	Completed Investment from Beginning	70 876 035
本年完成投资	Investment Completed This Year	35 985 671
#住宅投资	Residential Buildings	1 484 676
#经济适用房	Economically Affordable Houses	75 436
按构成分	**Investment by Structure**	
建筑工程	Construction	22 224 907
安装工程	Installation	1 603 621
设备工器具购置	Purchase of Equipment and Instruments	5 854 750
#购置旧设备	Purchase of Second-hand Equipments	34 729
#用于更新的设备	Purchase of Equipment to Renew Old Ones	1 234 662
其他费用	Others	6 302 393
#旧建筑物购置费	Purchase of Used Buildings	134 922
#土地购置费	Purchase of Field	1 262 350
本年新增固定资产	**Newly Increased Real Estate**	**16 154 525**
本年施工房屋面积(平方米)	Project under Construction (sq.m)	68 464 163
#住　宅	Residential Building	26 972 454
#经济适用房	Economically Affordable Houses	1 624 394
本年竣工房屋面积(平方米)	Project Completed and Put into Use (sq.m)	25 505 063
#住　宅	Residential Building	12 631 144
#经济适用房	Economically Affordable Houses	131 360
本年竣工房屋价值	Project Completed and Put into Use	2 440 905
#住　宅	Residential Building	977 129
施工项目个数（个）	Number of Projects Under Construction (unit)	24 636
#本年新开工	Started This Year	17 361
本年投产项目个数(个)	Number of Projects Put into Use (unit)	13 859
规划用地面积(平方米)	Land Space Planned (sq.m)	12 460 000 000
本年实际征用和购置土地面积(平方米)	Land Space Purchased and Used This Year (sq.m)	125 694 474
本年实际征用和购置土地成交价款	Value of Land Purchased and Used This Year	1 540 963
本年资金来源合计	**Total Fund of Different Sources**	**39 661 784**
上年末结余资金	Fund Left Last Year	2 009 548
本年资金来源小计	Total Fund of This Year	37 652 236
国家预算内资金	State Budgetary Appropriations	5 364 853
国内贷款	Domestic Loans	9 876 954
债　券	Stock	143 573
利用外资	Overseas Funds	147 740
#外商直接投资	Direct Foreign Investment	76 270
自筹资金	Self-raising Fund	19 531 804
#企事业单位自有资金	Fund of Enterprises	6 381 573
其他资金来源	Other Sources of Funds	2 587 312
本年各项应付款合计	Total of Account Payable	2 728 985
#工程款	for Projects	1 064 197

注：本表不含房地产开发投资和农村私人投资。

Investments in Fixed Assets by Rural and Urban Areas (2009)

(10 000 yuan)

地 方 Local	城 镇 Urban	地 方 Local	农 村 Rural	地 方 Local
101 767 064	**131 820 582**	**96 249 683**	**5 554 330**	**5 517 381**
56 066 853	66 971 993	52 185 486	3 904 042	3 881 367
30 369 182	33 800 758	28 188 644	2 184 913	2 180 538
1 480 933	1 325 589	1 321 846	159 087	159 087
75 436	74 515	74 515	921	921
20 096 425	20 517 317	18 391 149	1 707 590	1 705 276
1 182 630	1 537 507	1 116 912	66 114	65 718
4 011 332	5 686 913	3 844 681	167 837	166 651
34 729	31 908	31 908	2 821	2 821
678 467	1 195 850	640 657	38 812	37 810
5 078 795	6 059 021	4 835 902	243 372	242 893
134 827	133 745	133 650	1 177	1 177
1 253 431	1 242 713	1 233 794	19 637	19 637
15 240 949	**14 073 988**	**13 162 423**	**2 080 537**	**2 078 526**
67 785 485	56 763 536	56 093 045	11 700 627	11 692 440
26 939 535	19 944 231	19 911 312	7 028 223	7 028 223
1 624 394	1 615 864	1 615 864	8 530	8 530
25 355 009	18 094 239	17 946 242	7 410 824	7 408 767
12 613 289	7 495 701	7 477 846	5 135 443	5 135 443
131 360	122 922	122 922	8 438	8 438
2 407 901	2 062 257	2 029 603	378 648	378 298
975 410	783 159	781 440	193 970	193 970
23 141	19 188	17 702	5 448	5 439
17 160	13 001	12 807	4 360	4 353
13 708	10 143	9 998	3 716	3 710
1 781 514 321	11 510 000 000	831 943 660	949 584 866	949 570 661
122 901 648	115 321 180	112 528 354	10 373 294	10 373 294
1 503 577	1 480 208	1 442 822	60 755	60 755
34 332 582	**36 333 750**	**31 010 703**	**3 328 034**	**3 321 879**
1 894 977	1 937 917	1 823 346	71 631	71 631
32 437 605	34 395 833	29 187 357	3 256 403	3 250 248
4 617 579	4 477 482	3 732 568	887 371	885 011
7 151 003	9 646 101	6 920 150	230 853	230 853
126 653	142 976	126 056	597	597
137 740	143 008	133 008	4 732	4 732
76 270	73 179	73 179	3 091	3 091
18 161 325	17 789 436	16 422 154	1 742 368	1 739 171
5 530 840	6 033 010	5 182 561	348 563	348 279
2 243 305	2 196 830	1 853 421	390 482	389 884
2 581 242	2 558 959	2 411 451	170 026	169 791
1 035 096	953 398	924 532	110 799	110 564

Note: Data in this table don't include the investment in real estate development and rural private investment.

5-5 按行业分的固定资产投资（2009年）
Investment in Fixed Assets by Sector (2009)

单位：万元 (10 000 yuan)

类　　别	Category	总　计 Total Investment	城镇投资 Urban Investment	农村投资 Rural Investment
总　　计	**Provincial Total**	**35 985 671**	**33 800 758**	**2 184 913**
农、林、牧、渔业	**Farming, Forestry, Animal Husbandry and Fishery**	**1 970 638**	**1 293 310**	**677 328**
农　业	Farming	400 303	265 330	134 973
林　业	Forestry	236 491	181 458	55 033
畜牧业	Animal Husbandry	174 945	107 097	67 848
渔　业	Fishery	4 580	1 250	3 330
农、林、牧、渔服务业	Services for Farming, Forestry, Animal Husbandry and Fishery	1 154 319	738 175	416 144
采矿业	**Mining**	**1 955 241**	**1 726 125**	**229 116**
煤炭开采和洗选业	Mining and Washing of Coal	760 659	590 001	170 658
石油和天然气开采业	Extraction of Petroleum and Natural Gas	6 705	6 705	
黑色金属矿采选业	Mining and Dressing of Ferrous Metal Ores	301 751	283 442	18 309
有色金属矿采选业	Mining and Dressing of Nonferrous Metals Ores	763 358	732 778	30 580
非金属矿采选业	Mining and Dressing of Nonmetal Ores	114 760	106 059	8 701
其他采矿业	Mining and Dressing of Other Ores	8 008	7 140	868
制造业	**Manufacture**	**5 954 023**	**5 795 183**	**158 840**
农副食品加工业	Processing of Farm and Sideline Food	322 632	296 926	25 706
食品制造业	Manufacture of Food	150 743	140 923	9 820
饮料制造业	Manufacture of Beverage	219 456	208 575	10 881
烟草制品业	Tobacco Products	353 688	345 265	8 423
纺织业	Textile Industry	23 558	20 605	2 953
纺织服装、鞋、帽制造业	Manufacture of Textile Garments, Footwear and Headgear	3 528	3 528	
皮革、毛皮、羽毛(绒)及其制品业	Feather, Furs, Down and Related Products	1 450	1 450	
木材加工及木、竹、藤、棕、草制品业	Timber Processing, Bamboo, Cane, Palm Fiber & Straw Products	43 695	40 981	2 714
家具制造业	Manufacture of Furniture	19 739	19 739	
造纸及纸制品业	Papermaking and Paper Products	142 834	142 641	193
印刷业和记录媒介的复制	Printing and Record Medium Reproduction	49 870	48 240	1 630
文教体育用品制造业	Manufacture of Cultural, Educational and Sports Goods	750	750	
石油加工、炼焦及核燃料加工业	Petroleum Refining, Coking and Nuclear Fuel Processing	320 763	309 877	10 886
化学原料及化学制品制造业	Manufacture of Raw Chemical Materials and Chemica Product:	998 837	993 249	5 588
医药制造业	Manufacture of Medicines	189 379	186 211	3 168
化学纤维制造业	Manufacture of Chemical Fibers			
橡胶制品业	Rubber Products	20 325	20 037	288
塑料制品业	Plastic Products	70 697	69 783	914
非金属矿物制品业	Nonmetal Mineral Products	888 303	847 609	40 694
黑色金属冶炼及压延加工业	Smelting and Pressing of Ferrous Metals	327 904	322 939	4 965
有色金属冶炼及压延加工业	Smelting and Pressing of Nonferrous Metals	915 767	909 752	6 015
金属制品业	Metal Products	95 194	93 368	1 826
通用设备制造业	Manufacture of General Purpose Equipment	127 730	125 484	2 246
专用设备制造业	Manufacture of Special Purpose Equipment	107 321	107 321	
交通运输设备制造业	Manufacture of Transport Equipment	158 039	157 312	727
电气机械及器材制造业	Manufacture of Electrical Machinery and Equipment	134 225	131 793	2 432
通信设备、计算机电子设备制造业及其他	Manufacture of Communication Equipment, Computers and Other Electronic Equipment	44 608	44 608	
仪器仪表及文化、办公用机械制造业	Manufacture of Instruments, Meters and Machinery for Cultural and Office Use	20 006	20 006	
工艺品及其他制造业	Handicraft and Other Manufactures	195 006	178 235	16 771
废弃资源和废旧材料回收加工业	Recycling and Disposal of Waste	7 976	7 976	
电力、燃气及水的生产和供应业	**Production and Supply of Electric,Gas and Water**	**7 306 274**	**7 205 573**	**100 701**
电力、热力的生产和供应业	Production and Supply of Electric Power and Heat Power	7 049 336	6 956 973	92 363
燃气生产和供应业	Production and Supply of Gas	55 791	55 034	757
水的生产和供应业	Production and Supply of Tap Water	201 147	193 566	7 581
建筑业	**Construction**	**33 150**	**32 866**	**284**
房屋和土木工程建筑业	Building and Civil Engineering Construction	24 340	24 056	284
建筑安装业	Construction Installment			
建筑装饰业	Construction Decoration	750	750	
其他建筑业	Other Construction	8 060	8 060	

注：本表不含房地产开发投资和农村私人投资。

Note: Data in this table don't include the investment in real estate development and rural private investment.

5-5 续表 continued

单位：万元 (10 000 yuan)

类 别	Category	总 计 Total Invest-ment	城镇投资 Urban Invest-ment	农村投资 Rural Invest-ment
交通运输、仓储和邮政业	**Transport, Storage and Postal Services**	**5 630 354**	**5 421 824**	**208 530**
铁路运输业	Railway Transport	839 029	838 943	86
道路运输业	Road Transport	3 733 598	3 530 839	202 759
城市公共交通业	Urban Public Traffic	117 918	117 875	43
水上运输业	Waterway Transport	13 552	12 034	1 518
航空运输业	Air Transport	755 030	755 030	
管道运输业	Pipeline Transport	3 100	3 100	
装卸搬运和其他运输服务业	Loading and Unloading and Other Transport Services	4 000	4 000	
仓储业	Storage	155 913	151 789	4 124
邮政业	Postal Services	8 214	8 214	
信息传输、计算机服务和软件业	**Information Transmission, Computer Services and Software**	**633 716**	**627 574**	**6 142**
电信和其他信息传输服务业	Telecommunications and Other Information Transmission Services	625 347	619 205	6 142
计算机服务业	Computer Services	48	48	
软件业	Software	8 321	8 321	
批发和零售业	**Wholesale and Retail Trades**	**1 100 465**	**1 073 900**	**26 565**
批发业	Wholesale Trade	731 300	715 232	16 068
零售业	Retail Trade	369 165	358 668	10 497
住宿和餐饮业	**Hotels and Catering Services**	**397 526**	**393 633**	**3 893**
住宿业	Hotels	363 963	361 804	2 159
餐饮业	Catering Services	33 563	31 829	1 734
金融业	**Finance**	**61 893**	**50 031**	**11 862**
银行业	Banking	61 044	50 031	11 013
证券业	Securities	648		648
保险业	Insurance	201		201
其他金融活动	Other Financial Activities			
房地产业	**Real Estate**	**1 768 886**	**1 607 289**	**161 597**
租赁和商务服务业	**Leasing and Business Services**	**168 040**	**153 425**	**14 615**
租赁业	Leasing Services	120	120	
商务服务业	Business Services	167 920	153 305	14 615
科学研究、技术服务和地质勘查业	**Scientific Research, Technical Services and Geological Prospecting**	**116 657**	**111 212**	**5 445**
研究与试验发展	Research and Experimental Development	67 060	67 060	
专业技术服务业	Special Technical Services	21 727	21 209	518
科技交流和推广服务业	Scientific & Technological Exchange and Promotion Services	11 695	7 576	4 119
地质勘查业	Geological Prospecting	16 175	15 367	808
水利、环境和公共设施管理业	**Management of Water Conservancy,Environment and Public Facilities**	**5 317 059**	**5 006 496**	**310 563**
水利管理业	Management of Water Conservancy	1 062 098	844 738	217 360
环境管理业	Management of Environment	548 408	532 241	16 167
公共设施管理业	Management of Public Facilities	3 706 553	3 629 517	77 036
居民服务和其他服务业	**Services to Households and Other Services**	**88 358**	**84 496**	**3 862**
居民服务业	Services to Households	45 581	43 359	2 222
其他服务业	Other Services	42 777	41 137	1 640
教 育	**Education**	**1 256 532**	**1 181 819**	**74 713**
卫生、社会保障和社会福利业	**Health Care, Social Security and Social Welfare**	**502 420**	**485 343**	**17 077**
卫 生	Health Care	438 396	427 172	11 224
社会保障业	Social Security	40 503	35 827	4 676
社会福利业	Social Welfare	23 521	22 344	1 177
文化、体育和娱乐业	**Culture, Sports and Recreation**	**503 694**	**491 480**	**12 214**
新闻出版业	Publication	3 397	3 237	160
广播、电视、电影和音像业	Radio, Television, Film and Video	31 503	29 147	2 356
文化艺术业	Culture and Arts	107 457	99 910	7 547
体 育	Sports	56 926	56 801	125
娱乐业	Recreation	304 411	302 385	2 026
公共管理和社会组织	**Public Administration and Social Organizations**	**1 220 745**	**1 059 179**	**161 566**
中国共产党机关	Organs of Communist Party of China	5 264	3 895	1 369
国家机构	Government Agencies	958 695	899 515	59 180
人民政协和民主党派	CPPCC and Democratic Parties			
群众团体、社会团体和宗教组织	Mass Organizations, Social Organizations and Religious Organizations	14 772	13 872	900
基层群众自治组织	Self-governing Mass Organizations at the Grass-roots Level	242 014	141 897	100 117
国际组织	**International Organizations**			

5-6 按经济类型分的房地产开发投资情况（2009年）

单位：万元

类　别	Category	总　计 Total	国　有 State-owned Economy
计划总投资	**Intended Investment**	**30 247 589**	**1 951 163**
自开始建设累计完成投资	**Cumulative Investment**	**16 758 991**	**988 021**
本年完成投资	**Investment Completed in Current Year**	**7 374 566**	**642 194**
#土地开发投资额	in Land Development	501 120	35 646
配套工程投资	in Related Projects	327 587	19 589
按构成分	**Grouped by Use of Funds**		
建筑工程	Construction	4 983 287	403 862
安装工程	Installation	314 714	8 773
设备工器具购置	Purchase of Equipment and Instruments	69 937	2 936
其他费用	Others	2 006 628	226 623
#旧建筑物购置费	Purchase of Used Building	164 936	15 845
土地购置费	Purchase of Land	1 324 850	163 643
按工程用途分	**Grouped by Use of Buildings**		
住　宅	Residential Buildings	5 529 587	453 947
#90平方米以下住房	Residential Buildings below 90 sq.m	974 315	56 302
经济适用房	Economically Affordable Housing	196 293	29 724
别墅、高档公寓	Villas and Upper-scale Apartments	629 218	71 050
办公楼	Office Buildings	189 107	16 415
商业营业用房	Buildings for Business	805 186	25 406
其　他	Others	850 686	146 426
本年新增固定资产	**Newly Increased Fixed Assets**	**4 206 198**	**140 368**
本年资金来源合计	**Total Funds of All Sources**	**11 988 999**	**870 464**
上年末结余资金	Fund Left from Last Year	1 983 083	152 640
本年资金来源小计	Fund of All Sources in Currrent Year	10 005 916	717 824
国内贷款	Domestic Loans	1 395 190	78 855
#银行贷款	from Banks	1 284 951	72 855
非银行金融机构贷款	from Other Financial Deparments	110 239	6 000
利用外资	Foreign Investment	3 977	
#外商直接投资	Foreign Direct Investment	3 977	
自筹资金	Self-Raising Funds	2 967 894	284 130
#自有资金	Self-owned Funds	1 673 428	128 475
其他资金来源	Others	5 638 855	354 839
#定金及预付款	Earnest Money and Advance Charge	3 104 729	259 595
个人按揭贷款	Mortgage Loans	2 056 139	71 831
本年各项应付款合计	Account Payable	1 682 196	78 830
#工程款	Payment for Construction	806 940	50 747
本年完成开发土地面积(平方米)	**Space of Land Developed in Current Year (sq.m)**	**8 259 888**	**306 852**
待开发土地面积(平方米)	Space of Land to be Developed (sq.m)	7 987 409	1 503 164
本年购置土地面积(平方米)	Space of Land Purchased in Current Year (sq.m)	12 698 188	1 890 291
本年土地成交价款	Value of Commercial Land	1 028 494	149 053

Investment in Real Estate Development by Registration Status (2009)

(10 000 yuan)

集　体 Collective-owned Economy	私营个体 Private and Individuals	联　营 Joint Ownership Economy	股份制 Share Holding Economy	外　商 Foreign Funded Economy	港澳台 Economy with Funds from Hong Kong,Macao and Taiwan	其　他 Others
399 400	**11 506 598**		**1 162 782**	**1 736 765**	**361 845**	**13 129 036**
217 938	**6 389 286**		**748 603**	**1 252 693**	**126 668**	**7 035 782**
130 121	**2 883 855**	**181**	**321 367**	**445 657**	**52 140**	**2 899 051**
2 798	210 596		5 709	13 210	81	233 080
1 579	163 390		7 423	2 743	14 300	118 563
102 515	1 908 674	158	258 176	275 477	38 970	1 995 455
2 726	109 637		6 379	53 928	8 600	124 671
48	26 192		2 942	13 925		23 894
24 832	839 352	23	53 870	102 327	4 570	755 031
160	81 573		12 528		71	54 759
8 490	609 995	8	33 437	12 142		497 135
111 738	2 198 385	137	246 461	317 913	45 872	2 155 134
7 939	361 666	137	53 964	54 760	10 313	429 234
1 460	40 004		7 139			117 966
1 860	170 030		16 822	24 328	7 278	337 850
45	64 799		7 983	50 546		49 319
10 087	353 515	44	43 877	46 391	6 003	319 863
8 251	267 156		23 046	30 807	265	374 735
18 615	**1 604 023**		**219 831**	**378 373**	**81 930**	**1 763 058**
303 249	**4 615 701**		**384 628**	**834 639**	**151 694**	**4 828 624**
19 256	962 064		39 879	143 417	12 813	653 014
283 993	3 653 637		344 749	691 222	138 881	4 175 610
2 540	469 834		76 963	145 158	700	621 140
2 540	405 719		75 463	145 158	700	582 516
	64 115		1 500			38 624
				3 977		
				3 977		
61 809	1 507 590		89 495	60 563	9 681	954 626
335	960 132		49 785	46 303		488 398
219 644	1 676 213		178 291	481 524	128 500	2 599 844
133 778	878 512		115 403	258 144	62 600	1 396 697
84 179	643 060		55 302	214 909	60 840	926 018
140 197	581 409		83 215	33 838	3 920	760 787
480	291 370		42 882	11 086	7	410 368
32 788	**3 705 090**		**81 009**	**137 368**		**3 996 781**
	2 696 443		431 266	2 233		3 354 303
134 502	4 459 885		81 064	314 002		5 818 444
7 687	472 247		9 212	11 357		378 938

5-7 按经济类型分的房地产开发财务情况（2009年）

单位：万元

类　别	Category	总　计 Total	国　有 State-owned Economy
年初存货	**Inventory at Beginning of Current Year**	**70 769 599**	**6 650 186**
年末资产负债	**Property debt at Year-end**		
流动资产合计	Total Liquid Liabilities	214 277 978	15 441 045
# 存　货	Inventory	92 381 162	7 420 350
固定资产原价	Fixed Asset Value	9 194 162	521 619
累计折旧	Accumulated Depreciation	1 870 706	80 578
# 本年折旧	in Current Year	462 514	13 833
资产总计	Assets	256 681 205	17 019 448
负债总计	Liabilities	207 121 257	14 571 331
所有者权益合计	Owners' Equity	49 559 948	2 448 117
#实收资本	Paid-up Capital	30 393 142	1 939 723
#国家资本	State-owned Capital	1 465 162	1 021 799
集体资本	Collective-owned Capital	1 187 618	914
法人资本	Corporate Capital	16 233 503	865 111
个人资本	Private Capital	9 298 222	51 899
港澳台资本	Capital from Hong Kong,Macao &Taiwan	1 452 696	
外商资本	Foreign Capital	755 941	
损益及分配	**Net Income or Loss and Distribution**		
主营业务收入	Operating Income	53 633 443	3 286 074
#土地转让收入	Revenues from Land Transfer	794 266	3 219
商品房屋销售收入	Revenues from Commercial Housing Sales	50 698 366	2 911 227
房屋出租收入	Housing Rental Income	398 759	8 420
其他收入	Others	1 742 052	363 208
主营业务成本	Main Business Cost	40 909 294	2 842 722
主营业务税金及附加	Main Business Tax & Additional	3 922 471	171 897
主营业务利润	Main Business Profit	8 277 556	254 332
其他业务收入	Other Operating Revenue	625 161	161 540
其他业务利润	Other Operating Profits	489 088	134 765
销售费用	Sales Expenses	1 350 868	39 993
管理费用	Management Expenses	3 795 161	185 071
#税　金	Taxes	246 824	18 305
差旅费	Travelling Expenses Fees	165 897	2 882
工会经费	Labour union expenditure	9 353	1 182
财务费用	Financial Expenses	991 737	28 763
#利息支出	Interests	802 024	24 725
营业利润	Business Profits	3 900 715	154 237
营业外收入	Non-operating Income	208 755	11 414
营业外支出	Non-operating Expenses	196 146	10 359
利润总额	Total Profits	4 736 494	143 813
应缴所得税	Income Tax Payable	1 148 298	20 620
劳动失业、保险费	labor and Insurance	67 867	4 399
住房公积金及住房补贴	Housing Provident Funds	83 256	4 367
工资、福利费	**Wages and Welfare**		
本年应付工资总额	Wages Payable in Current Year	1 897 094	124 453
本年应付福利费总额	Welfare Payable in Current Year	161 814	6 740
全部从业人员年平均人数(人)	**Average Number of Employees Engaged (person)**	**42 288**	**1 897**

Financial Indicators of Real Estate Development by Registration Status (2009)

(10 000 yuan)

集　体 Collective-owned Economy	私营个体 Private and Individuals	联　营 Joint Ownership Economy	股份制 Share Holding Economy	外　商 Foreign Funded Economy	港澳台 Economy with Funds from Hong Kong,Macao and Taiwan	其　他 Others
982 192	**22 296 796**		**3 627 330**	**6 547 165**	**833 859**	**29 832 071**
2 947 556	84 162 579	10 101	8 661 603	15 784 897	3 177 969	84 092 228
1 809 020	35 708 501	9 006	4 295 605	5 656 147	1 337 352	36 145 181
26 263	3 994 909		279 806	1 149 559	116 561	3 105 445
10 054	707 273		88 109	304 529	26 286	653 877
1 320	207 197		15 866	64 389	4 967	154 942
3 026 112	102 757 876	11 001	10 566 065	20 062 688	3 395 852	99 842 163
2 912 418	83 492 686	9 001	9 258 101	15 109 568	2 212 528	79 555 624
113 694	19 265 190	2 000	1 307 964	4 953 120	1 183 324	20 286 539
82 777	10 886 326	2 000	1 267 605	1 972 641	1 191 418	13 050 652
	12 000	600	43 388	41 160		346 215
41 978	201 153		72 868	14 150	100 000	756 555
33 517	5 129 523	600	729 711	710 423	202 041	8 562 577
7 282	5 543 650	800	407 040	115 606	43 240	3 128 705
			14 598	1 088 098	100 000	250 000
				3 204	746 137	6 600
103 905	18 736 487		1 792 783	7 312 315	72 827	22 329 052
	191 897		2 477	90 622		506 051
102 887	18 302 880		1 624 568	6 836 860	47 079	20 872 865
385	86 800		9 505	95 682	24 298	173 669
633	154 910		156 233	289 151	1 450	776 467
58 901	14 206 326		1 327 462	5 185 776	40 823	17 247 284
61 177	1 308 181		125 806	436 548	4 231	1 814 631
- 17 278	3 001 603		326 299	1 641 631	24 589	3 046 380
1 052	109 922		32 019	14 992		305 636
877	89 680		19 810	15 500		228 456
6 364	524 506		54 370	123 566	38 149	563 920
10 462	2 106 828		153 317	224 057	31 733	1 083 693
2 183	87 598		7 882	21 083	1 852	107 921
169	112 673		4 778	6 918	709	37 768
18	3 492		669	941	412	2 639
1 602	474 305		46 255	77 850	10 377	352 585
714	411 134		34 187	52 018	9 737	269 509
- 33 620	214 664		106 654	2 004 060	- 52 486	1 507 206
431	58 662		6 932	4 278	50 942	76 096
735	91 170		10 313	15 655	575	67 339
- 40 825	735 033		87 532	2 232 016	81 799	1 497 126
573	291 604		50 263	327 391	3	457 844
387	33 218		3 242	3 999	153	22 469
112	70 119		1 499	365	318	6 476
10 748	1 131 299	9	64 360	103 114	14 628	448 483
666	93 659	3	5 287	6 125	460	48 874
416	**17 463**	**6**	**1 969**	**3 617**	**234**	**16 686**

5-8 房地产开发企业(单位)施工、销售和空置情况（2009年）

类　别	Category	合　计 Total	住　宅 Residential Buildings
房屋施工面积(平方米)	**Floor Space Under Construction (sq.m)**	**56 397 637**	**46 059 836**
#新开工面积	Newly-started Projects	11 409 618	9 176 226
房屋竣工面积(平方米)	**Floor Space Completed (sq.m)**	**3 895 906**	**3 243 779**
#不可销售面积	Space of Floor not Ready for Sale	67 645	4 551
商品住宅竣工套数(套)	**Number of Commercial Buildings Completed (unit)**		**26 254**
竣工房屋价值（万元)	**Value of Buildings Completed (10 000 yuan)**	**781 970**	**632 999**
出租房屋面积(平方米)	**Floor Space of Buildings to Lease (sq.m)**	**268 885**	**18 425**
商品房销售面积(平方米)	**Floor Space of Commercial Buildings Sold (sq.m)**	**7 976 392**	**7 238 562**
#现房销售面积	Floor Space of Complete Dapartments	1 107 327	899 081
期房销售面积	Floor Space of Forward Delivery Housing	6 869 065	6 339 481
商品房销售额(万元)	**Total Sale of Commercial Buildings (10 000 yuan)**	**2 303 877**	**1 900 538**
#现房销售额	Sale of Complete Dapartments	337 004	238 197
期房销售额	Sale of Forward Delivery Housing	1 966 873	1 662 341
商品住宅销售套数(套)	**Number of Commercial Buildings Sold (unit)**		**55 792**
# 现房销售套数	Complete Dapartments		6 128
期房销售套数	Forward Delivery Housing		49 664
空置面积(平方米)	**Floor Space of Commercial Buildings Unoccupied (sq.m)**	**1 672 567**	**973 982**
#空置1-3年(含1年)	Unoccupied from 1 to 3 Years	961 831	584 676
空置3年及以上	Unoccupied for more than 3 Years	107 908	39 045

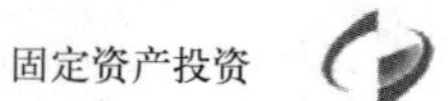

Basic Statistics on Construction,Sale and Vacancy of Buildings Built by Real Estate Enterprises (2009)

#90平方米以下住房 below 90 sq.m	#经济适用房 Economically Affordable Housing	#别墅高档公寓 Villas and Upper-scale Apartments	办公楼 Office Buildings	商业营业用房 Buildings for Business	其他 Others
6 543 966	**1 473 960**	**6 328 181**	**903 751**	**5 803 249**	**3 630 801**
1 015 115	292 153	806 661	194 261	1 215 076	824 055
436 624	**36 330**	**290 746**	**94 046**	**257 363**	**300 718**
240				11 810	51 284
6 807	**421**	**1 236**			
94 097	**7 552**	**57 892**	**25 395**	**68 030**	**55 546**
11 227			**46 315**	**200 729**	**3 416**
967 889	**76 464**	**694 898**	**70 767**	**475 832**	**191 231**
120 207	41 243	177 949	28 870	131 065	48 311
847 682	35 221	516 949	41 897	344 767	142 920
283 684	**15 312**	**268 109**	**39 335**	**301 777**	**62 227**
29 587	8 618	61 791	23 140	61 342	14 325
254 097	6 694	206 318	16 195	240 435	47 902
13 259	**740**	**2 572**			
1 562	453	**520**			
11 697	287	2 052			
218 874	**13 825**	**133 812**	**13 934**	**517 884**	**166 767**
184 710	3 285	90 624	10 465	268 896	97 794
330	8 395	283	929	44 500	23 434

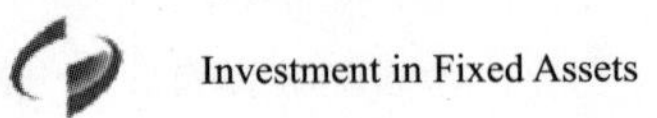

5-9 新增生产能力（2009年）

Newly Increased Production Capacity (2009)

生产能力(或)效益名称	Item	建设规模 Total Construction Size	本年 施工规模 Under Construction This Year	本年 本年新开工 Started This Year	累计新增 Production Newly Increased	本年新增 Newly Increased This Year
原煤开采(万吨/年)	Coal Mining (10 000 tons/year)	2 662	1 715	959	1 851	1 191
洗煤(万吨/年)	Coal Washing (10 000 tons/year)	1 085	950	625	1 010	890
焦炭(万吨/年)	Coke (10 000 tons/year)	866	732	396	441	401
铁矿开采(原矿)(万吨/年)	Iron Ore Mining (10 000 tons/year)	2 880	2 880	493	1 378	1 378
铁矿选矿处理量(万吨/年)	Iron Ore Processing Capacity (10 000 tons/year)	457	445	145	357	345
铁矿石成品矿(万吨/年)	Refined Iron Ore Mine (10 000 tons/year)	459	209	110	405	155
生铁(万吨/年)	Pig Iron (10 000 tons/year)	164	64	49	57	47
粗钢(万吨/年)	Crude Steel (10 000 tons/year)	130	80	50	80	80
钢材(万吨/年)	Rolled Steel (10 000 tons/year)	50 607	50 157	50 117	50 207	50 087
铜冶炼（吨/年）	Copper Smelting (ton/year)	465 340	406 640	351 340	241 840	241 640
氧化铝（吨/年）	Aluminum Oxide (ton/year)	850 000	850 000	850 000		
铝加工（吨/年）	Aluminum Machining (ton/year)	307 000	307 000	307 000	7 000	7 000
发电机组容量(万千瓦)	Installation Capacity of Power Generation (10 000 kw)					
水力发电	Hydro Power Generation	4 371	2 917	1 040	710	579
火力发电	Thermal Power Generation	540	390	120	240	210
其他发电	Others	41	35	21	29	29
输电线路长度(11万伏及以上)(公里)	Length of Transmission Line (over 110kv) (km)	540	448	252	306	250
水泥(万吨/年)	Cement (10 000 tons/year)	2 895	2 805	1 331	1 196	1 125
氮肥（吨/年）	Nitrogen Fertilizers (ton/year)	1 987 800	538 800	475 880	962 800	482 800
磷肥（吨/年）	Phosphate Fertilizers (ton/year)	1 187 620	869 220	809 100	728 100	500 600
钾肥（吨/年）	Potassium Fertilizer (ton/year)	7 000	5 000	5 000	7 000	5 000
塑料树脂及共聚物（吨/年）	Plastics,Colophony and Copolymer (ton/year)	130 000	30 000	30 000	130 000	30 000
合成橡胶(吨/年)	Synthetic Rubber (ton/year)	14 991	13 400	13 400	2 091	500
酒（万吨/年）	Liquor (10 000 tons/year)					
啤酒	Beer	48	48	18	18	18
白酒	Wine	5	3	3	1	1
机制纸浆（万吨/年）	Machine-made Pulp (10 000 tons/year)	19	18	8	8	8
新建公路(公里)	Length of Newly-built Highway (km)	5 211	4 327	3 128	3 019	2 762
# 高速公路	Expressway	384	384	14	78	
一级公路	Class-A Highway	90	57	54	3	
二级公路	Class-B Highway	1 313	1 189	850	651	648
改建公路(公里)	Length of Reconstructed Highway (km)	8 982	8 320	5 411	5 845	5 470
# 高速公路	Expressway	11	11	11	11	
一级公路	Class-A Highway	90	57	54	3	
二级公路	Class-B Highway	1 313	1 189	850	651	648
新建独立公路桥梁（延长米）	Length of Newly-built Bridges (m)	4 906	4 824	3 454	2 689	2 631
新建独立公路桥梁(座)	Number of Newly-built Bridges (set)	45	45	37	24	23
新(扩)建客、货运站(个)	Cargo or Passenger Terminals (unit)	77	77	66	43	43
新(扩)建客、货运站（平方米）	Cargo or Passenger Terminals (sq.m)	800 726	799 320	758 127	94 232	94 232
候机楼（座）	Terminals (unit)	2	2	1	2	1
候机楼（平方米）	Terminals (sq.m)	553 800	553 800	540 000	553 800	13 800
城市自来水供水能力(万吨/日)	Urban Volume of Water Supply (10 000 tons/day)	668	666	302	615	580
城市公共交通车辆购置（辆）	Urban Purchase of Public Transportation Vehicles (unit)	122	122	122	122	122
城市污水处理能力(万吨/日)	Urban Capacity of Sewage Treatment (10 000 tons/day)	116 420	30 571	30 139	30 363	30 069

主要统计指标解释

全社会固定资产投资 是以货币形式表现的在一定时期内全社会建造和购置固定资产的工作量以及与此有关的费用的总称。该指标是反映固定资产投资规模、结构和发展速度的综合性指标，又是观察工程进度和考核投资效果的重要依据。全社会固定资产投资按登记注册类型可分为国有、集体、个体、联营、股份制、外商、港澳台商、其他等。

城镇固定资产投资 指城镇各种登记注册类型的企业、事业、行政单位及个体户进行的计划总投资（或实际需要总投资）50 万元以上的建设项目投资和房地产开发投资。县城及以上区域内发生的投资，县及县以上各级政府及主管部门直接领导、管理的建设项目和企业事业单位的投资均为城镇固定资产投资。

房地产开发投资 指各种登记注册类型的房地产开发公司、商品房建设公司及其他房地产开发法人单位和附属于其他法人单位实际从事房地产开发或经营活动的单位统一开发的包括统代建、拆迁还建的住宅、厂房、仓库、饭店、宾馆、度假村、写字楼、办公楼等房屋建筑物和配套的服务设施，土地开发工程（如：道路、给水、排水、供电、供热、通讯、平整场地等基础设施工程）的投资；不包括单纯的土地交易活动。

农村投资 包括在农村区域范围内进行固定资产投资活动的企业、事业、行政单位及农户投资。

固定资产投资按国民经济行业分 根据建设项目建成投产后的主要产品或主要用途及社会经济活动性质来确定国民经济行业。一般情况下，一个建设项目或一个企业、事业单位只能属于一种国民经济行业。

固定资产投资按隶属关系分 是按建设单位或企业、事业、行政单位的主管上级机关确定的。

1.**中央** 是指中共中央、人大常委会和国务院各部、委、局、总公司以及直属机构直接领导的建设项目和企业、事业、行政单位。这些单位的固定资产投资计划由国务院各部门直接编制和下达，建设中所需物资、主要设备以及建设中的问题都由中央有关部门安排和解决。

2.**地方** 是由省（自治区、直辖市）、地区（州、盟、省辖市）、县（旗、县级市）三级政府及业务主管部门直接领导和管理的建设项目、企业、事业、行政单位。地方项目还包括不隶属以上各级政府及主管部门的建设项目和企业、事业单位，如外商投资企业和无主管部门的企业等。

固定资产投资按建设性质分 根据整个建设项目情况来确定。建设项目的性质一般分为新建、扩建、改建和技术改造、迁建、恢复。房地产开发单位、农村投资、城镇工矿区私人建房投资不划分建设性质。

1.**新建** 一般指从无到有开始建设的企业、事业和行政单位或建设项目。现有企业、事业、行政单位一般不属于新建。但如有的单位原有基础很小，经过建设后新增的固定资产价值超过该企、事业、行政单位原有固定资产价值（原值）三倍以上的也应作为新建。

2.**扩建** 指在厂内或其他地点，为扩大原有产品的生产能力（或效益）或增加新的产品生产能力，而增建主要的生产车间（或主要工程）、分厂、独立的生产线。行政、事业单位在原单位增建业务用房（如学校增建教学用房、医院增建门诊部、病房等）也作为扩建。

现有企、事业单位为扩大原有主要产品生产能力或增加新的产品生产能力，增建一个或几个主要生产车间（或主要工程）、分厂，同时进行一些更新改造工程的，也应作为扩建。

3.**改建和技术改造** 指现有企业、事业单位，对原有设施进行技术改造或更新（包括相应配套的辅助性生产、生活福利设施）的建设项目。现有企业、事业单位为适应市场变化的需要，而改变企业的主要产品种类（如军工企业转产民用品等）的建设项目，应作为改建。原有产品生产作业线由于各工序（车间）之间能力不平衡，为填平补齐充分发挥原有生产能力而增建不增加本企业主要产品设计能力的车间，也应作为改建。技术改造是指企业、事业单位在现有基础上，用先进的技术代替落后的技术，用先进的工艺和装备代替落后的工艺和装备，以改变企业落后的技术经济面貌，实现以内涵为主的扩大再生产，达到提高产品质量、促进产品更新换代、节约能源、降低消耗、扩大生产规模、全面提高社会经济效益的目的。技术改造具体包括以下内容：机器设备和工具的更新改造；生产工艺改革、节约能源和原材料的改造；厂房建筑和公共设施的改造；劳动条件和生产环境的改造等。

固定资产投资按构成分 固定资产投资活动按其工作内容和实现方式分为建筑工程、安装工程，设备、工具、器具购置，其他费用四个部分。

1.**建筑工程** 指各种房屋、建筑物的建造工程，又称建筑工作量。包括各种房屋建造工程；各种用途设备基础和各种工业窑炉的砌筑工程及金属结构工程；为施工而进行的各种准备工作和临时工程以及完工后的清理工作等；铁路、道路的铺设，矿井的开凿及石油管道的架设等；水利工程；防空地下建筑等特殊工程；列入房屋工程预算内的暖气、卫生、通风、照明、煤气等设备的价值及装设油饰工程；列入建筑工程预算内的各种管道（蒸汽、压缩空气、石油、给排水等管道）、电力、电讯电缆导线等的敷设工程；房地产开发单位进行的商品房屋开发建设工程、土地开发工程。

2.**安装工程** 指各种设备、装置的安装工程，又称安装工作量。包括各种需要安装设备的装配和安装，与设备相连的装设工程及附属于被安装设备的其他工程；为测定安装工程质量，对设备进行的试运工作。但不包括被安装设备本身的价值。

3.**设备、工具、器具购置** 指建设单位或企、事业单位购置或自制的，达到固定资产标准的设备、工具、器具的价值。新建单位及扩建单位的新建车间，按照设计或计划要求购置或自制的全部设备、工具、器具，不论是否达到固定资产标准均计入“设备、工具、器具购置”中。

2.**其他费用** 指在固定资产建造和购置过程中发生的，除上述几项内容以外的各种应分摊计入固定资产的费用。

新增固定资产 指报告期内交付使用的固定资产价值。包括报告期内建成投入生产或交付使用的工程投资和达到固定资产标准的设备、工具、器具的投资及有关应摊入的费用。属于增加固定资产价值的其他建设费用，应随同交付使用的工程一并计入新增固定资产。

施工房屋面积 指报告期内施工的全部房屋建筑面积。包括本期新开工的面积和上期开工跨入本期继续施工的房屋面积，以及上期已停建，在本期复工的房屋面积。本期竣工和本期施工后又停缓建的房屋，其建筑面积仍计入本期施工房屋面积中。

房屋新开工面积 指报告期内新开工的全部房屋建筑面积，以单位工程为核算对象。房屋新开工面积指整栋房屋的全部建筑面积，不能分割计算。

竣工房屋面积 指在报告期内房屋建筑按照设计要求已全部完工，达到住人和使用条件，经验收鉴定合格（或达到竣工验收标准），可正式移交使用的各栋房屋建筑面积的总和。

竣工房屋价值 指在报告期内竣工房屋本身的建造价值。竣工房屋价值按房屋设计和预算规定的内容计算。

施工项目 指报告期内进行过建筑或安装施工活动的项目，包括本期新开工的项目和上期开工在本期继续施工的建设项目。凡是报告期内施过工的建设项目，不论施工时间长短，均作为施工项目统计。施工项目个数可以反映一定时期固定资产投资的实际规模，与同期全部建成投产项目个数相比，可以从建设速度的角度反映固定资产投资的效果。

全部建成投产项目 按设计文件规定的全部生产能力（或效益）在报告期内全部建成投产，经验收合格交付使用的建设项目。

新增生产能力 指通过固定资产投资活动而增加的设计能力或工程效益，它是用实物形态表示的固定资产投资的成果。新增生产能力的计算，是以能独立发挥生产能力或效益的单项工程（或项目）为对象。当单项工程（或项目）建成，经有关部门鉴定合格,正式移交投入生产，即可计算新增生产能力。

规划用地面积 指根据经有关部门批准的项目规划，建设项目需要使用的土地面积。

实际征用和购置土地面积 指报告期内通过征用等各种方式获得使用权的土地面积。

实际征用和购置土地成交价款 指报告期内征用和购置土地进行土地使用权交易活动的最终金额。征用和购置的土地成交价款与征用和购置土地面积同口径，目的是正确计算平均土地征用和购置价格。

固定资产投资的资金来源 根据固定资产投资的资金来源不同，分为上年末结余资金和本年资金来源。其中本年资金来源又分为六种:,

1.**国家预算内资金** 分为财政拨款和财政安排的贷款两部分。包括中央财政的基本建设基金（分经营性基金和非经营性基金两部分）、专项支出（如煤代油专项等）、收回再贷、贴息资金，财政安排的挖潜改造和新产品试制支出、城建支出、商业部门简易建筑支出、不发达地区发展基金等资金中用于固定资产投资

的资金；地方财政中由国家统筹安排的资金等。

2.**国内贷款** 指报告期企、事业单位向银行及非银行金融机构借入的用于固定资产投资的各种国内借款。包括银行利用自有资金及吸收的存款发放的贷款、上级主管部门拨入的国内贷款、国家专项贷款（包括煤代油贷款、劳改煤矿专项贷款等），地方财政专项资金安排的贷款、国内储备贷款、周转贷款等。

3.**债券** 是企业（公司）或金融机构通过发行各种债券筹集到的用于固定资产投资的资金。包括由银行代理国家专业投资公司发行的重点企业债券和基本建设债券。

4.**利用外资** 指报告期收到的用于固定资产建造和购置投资的境外资金（包括设备、材料、技术在内）。计算利用外资时，需要折算成人民币，折算中所使用的外汇汇率按现汇计算，即按使用外汇时的汇率计算。

5.**自筹资金** 指固定资产投资单位报告期收到的，由各地区、各部门及企业、事业单位筹集用于固定资产投资的预算外资金，包括中央各部门、各级地方和企业、事业单位的自有资金。

6.**其他资金来源** 指在报告期收到的除以上各种资金之外其他用于固定资产投资的资金。包括社会集资、个人资金、无偿捐赠的资金及其他单位拨入的资金等。

商品房销售面积 指报告期内出售商品房屋的合同总面积（即双方签署的正式买卖合同中所确定的建筑面积）。由现房销售建筑面积和期房销售建筑面积两部分组成。

商品房销售额 指报告期内出售商品房屋的合同总价款（即双方签署的正式买卖合同中所确定的合同总价）。该指标与商品房销售面积同口径，由现房销售额和期房销售额两部分组成。

经济适用房 指根据经济适用房计划安排建设的政策性住宅。“经济”是指房屋建筑造价和销售价格低于一般商品住宅；“适用”是指适合中低收入家庭购买使用。经济适用房主要是由国家统一下达投资计划，房地产公司开发，对外销售；用地一般采用行政划拨或招标投标方式，免收土地出让金；对各种经批准的收费减半征收，开发利润不超过 3%；销售价格实行政府指导价。该指标可以分析房地产投资结构，反映中低收入家庭商品住宅的供求平衡情况。

不可销售面积 指报告期房地产公司竣工的用于拆迁还建的房屋面积；接受委托、定向开发建设，并收取一定的管理费所建设的统建代建房屋竣工面积；竣工的学校、幼儿园、派出所、居委会、商店等公益设施建筑面积。

空置面积 指报告期末已竣工的可供销售或出租的商品房屋建筑面积中，尚未销售或出租的商品房屋建筑面积，包括以前年度竣工和本期竣工的房屋面积，但不包括报告期已竣工的拆迁还建、统建代建、公共配套建筑、房地产公司自用及周转房等不可销售或出租的房屋面积。按照商品房空置时间的长短可以划分为空置一年以下、空置一至三年（含一年）和空置三年以上（含三年）。空置时间在一年以内的为待销商品房；空置时间在一年至三年（含一年）的为滞销商品房；空置时间在三年以上（含三年）的为积压商品房。

按照商品房空置时间的长短可以划分为空置一年以下、空置一至三年（含一年）和空置三年以上（含三年）。空置时间在一年以内的为待销商品房；空置时间在一年至三年（含一年）的为滞销商品房；空置时间在三年以上（含三年）的为积压商品房。

Explanatory Notes on Principal Statistical Indicators

Total Investment in Fixed Assets in the Whole Country refers to the volume of activities in construction and purchases of fixed assets of the whole country and related fees, expressed in monetary terms during the reference period. It is a comprehensive indicator which shows the size, structure and growth of the investment in fixed assets, providing a basis for observing the progress of construction projects and evaluating results of investment. Total investment in fixed assets in the whole country includes, by type of ownership, the investment by State-owned units, collective-owned units, individuals, joint ownership units, share-holding units, as well as investments by entrepreneurs from foreign countries and from Hong Kong, Macao and Taiwan, and by other units.

Urban Investment in Fixed Assets refers to construction projects involving a total planned (or required) investment of 500,000 yuan and over by enterprises of various types of ownership, institutions, administrative units and individuals in urban areas, investment in real estate development. In other words, all investments that take place in county towns and urban areas, investment in construction projects under the direct leadership and management of government agencies at and above county levels and investments by enterprises and institutions at and above county levels are covered in urban investment in fixed assets.

Investment in Real Estate Development refers to investment by real estate development companies, commercialized buildings construction companies and other real estate development units of various types of ownership in the construction of buildings, such as residential buildings, factory buildings, warehouses, hotels, guesthouses, holiday villages, office buildings, and the complementary service facilities and land development projects, such as roads, water supply, water drainage, power supply, heating supply, telecommunications, land leveling and other infrastructural projects. It does not include activities in pure land transactions.

Investment in Rural Areas refers to investment in fixed assets by enterprises, institutions, administrative units and households in rural areas.

Investment in Fixed Assets by Sector The classification of construction projects by sector is determined by the major products or the purpose of the projects when they are put into production or use, and by the nature of their social economic activities. In general, one project or one enterprise or institution can only be classified into one sector.

Investment in Fixed Assets by Jurisdiction of Management refers to the classification of investment by the competent authorities under which investment is made by construction units, enterprises, institutions or administrative units.

1.**Central investment** refers to the investment in projects or by enterprises, institutions or administrative units which are under the direct leadership and management of the State Council and of the national commissions, ministries, agencies and State-owned large corporations. Various ministries and departments of the State Council prepare and implement plans for investment in fixed assets by those departments, and arrange and ensure the supply of materials and key equipment required for the projects.

2.**Local investment** refers to the investment in projects or by enterprises, institutions or administrative units which are under the direct leadership and management of departments under the provincial, prefecture and county governments. Also included are projects by foreign-invested enterprises and enterprises without competent managing authorities.

Investment in Fixed Assets by Type of Construction Construction projects in general can be classified, by the type of construction, into new construction, expansion, reconstruction and technical transformation, moving and restoration. However, investment by type of construction is not applied to investment by real-estate development units, investment in rural areas and private investment in housing construction in urban areas and in industrial and mining areas.

1.**New construction in general** refers to construction projects, which start from scratch, of enterprises, institutions, administrative agencies. Construction in existing enterprises, institutions or agencies is generally not considered as new construction. In case the size of the existing unit is quite small, and the value of newly added fixed assets is more than three times of the original value, the expansion will be considered as new construction.

2.**Expansion** refers to construction of new major production workshop, branch factory or independent production line within a factory or in other locations, for the purpose of increasing the production capacity (or improving efficiency) or adding new production capacity. Newly constructed accommodation for the operation of institutions and administrative organizations (such as newly constructed buildings for teaching in schools, buildings for clinics or wards in hospitals, etc.) are also classified as expansion.

Also included in expansion are investments by existing enterprises or institutions in building major production line(s) or branch factory (ies) along with some work on innovation, for the purpose of expanding the production capacity of original products or producing new products.

3.**Reconstruction and technical transformation** refers to construction projects by existing enterprises or institutions in innovation or technical transformation of the old facilities (including auxiliary production equipment and welfare facilities). Also considered as reconstruction is the construction of new workshops by the existing enterprises or institutions to change the variety of products to meet the market demand (such as the production of civil products by defense industries), or to bring the designed production capacity into full play through a more balanced production process on production lines. Technical transformation refers to replacement of old technology or equipment by new technology or equipment, in order to expand the reproduction through improvement of technology contents in production, to improve product quality, to promote new products, to save energy, to reduce consumption, to expand the production scale and to improve overall social-economic efficiency. Contents of technical transformation include: updating of machinery, equipment and tools; reforming production process by using energy or materials saving technology; construction of factory workshops and transformation of public facilities; improvement of working conditions and environment, etc.

Investment in Fixed Assets by Structure By their contents and the mode of implementation, investment activities are classified into 3 categories, i.e. construction and installation, purchase of equipment and instrument, and other expenses.

1.**Construction (work volume of construction)** refers to the construction of houses and buildings, They include construction of houses; equipment foundations, industrial kilns and stoves, and metal structure work; preparation works and temporary works for project construction, and clearing up works post project construction; pavement of railways and roads, drilling of mines and putting up of oil pipes; construction of water conservancy; construction of underground air-raid shelters and construction of other special projects; value of equipment for heating, sanitation, ventilation, lighting, gas, painting, etc. that are covered by the budget of housing projects; laying out of various pipelines (for steam, compressed air, petroleum, tap water and sewage) and wiring and cabling for electric power and for communications; installation of various machinery and equipment; testing operation for pre-testing the quality of installation projects, and land and other development work conducted by real estate developers for commercialized housing.

2.**Installation (work volume of installation)** refers to the installation of various kinds of equipment and instruments, the installation projects connected with the equipment and other projects attach to the installation equipment; preparing work of the equipment to test the quality of the installation projects. The value of equipment installed is itself not included in the value of installation projects.

3.**Purchase of equipment and instruments** refers to the total value of equipment, tools, and instruments purchased or self-produced which come up to the cut-off point for fixed assets by the construction units or investing enterprises or institutions. Equipment, tools and instruments purchased or self-produced for new workshops by newly established or expanded units are categorized as "purchase of equipment and instruments" no matter whether they come up to the cut-off point for fixed assets.

4.**Other expenses** refer to expenses arising during the construction or purchase of fixed assets other than those mentioned above.

Newly Increased Fixed Assets refer to the newly increased value of fixed assets, constructed or purchased, that have been transferred to the investors. This is an indicator that demonstrates the results of investment in fixed assets in monetary terms, and an important indicator to reflect the speed of construction and to calculate the efficiency of investment.

Floor Space under Construction refers to total floor space of all buildings under construction during the reference period, including floor space of newly started buildings during the reference period, floor space of construction extended from the previous period to the current period, and floor space of construction suspended during the previous period and resumed in the current period. Floor space of construction completed in the current period, and floor space of construction started and then suspended in the current period are also included in the floor space under construction of the current year.

Floor Space of Newly Started refers to the total floor space of buildings of newly started in the reference period and its accounting coverage is the unit construction. It is the total floor space of the whole building and it should be calculated as a whole.

Floor Space Completed refers to the floor space of all buildings completed in the reference period, which has been appraised and accepted (or come up to the designed standards) and has been transferred to owner units.

Value of Floor Space Completed refers to the value of floor space of all buildings completed in the reference period, it is calculated according to the building design and the content of the budget regulation.

Projects under Construction refer to projects with construction and installation activities undertaken in the reference period. All projects that have construction activities undertaken during the reference period are reported as projects under construction irrespective of the length of construction work. The number of projects under construction can reflect the actual size of investment in fixed assets during a given period, and when compared with the number of projects completed and put into use during the same period, it demonstrates the results of investment in fixed assets from the angle of the speed of the construction. Depending on the nature of construction activities, projects under construction can also be classified into projects beginning construction in current year, winding-up projects in current year and stopped or suspended projects in previous years (with resumption of work in current year).

Projects Completed and Put into Use refers to the construction projects which have been completed in accordance with the design documents, have been checked and accepted after relevant examination; and have been formally delivered for use in the reference period.

Newly Increased Production Capacity (or Project Efficiency) refers to the increase in design capacity (or project efficiency) through investment in fixed assets, which reflects the accomplishment of investment in fixed assets in physical form, and its calculating coverage is the single construction(project) which can produce the production capacity and project efficiency independently and has been appraised and accepted (or come up to the designed standards) and has been transferred to use formally when it is completed.

Plan land area for use refers to the land area of the construction projects and the project planning which have been approved by relevant department.

Actual Requisitioning and Purchased Land Area refers to the area of the land obtained by requisition and other ways in the reference period.

Actual Sales Amount of Requisitioning and Purchasing Land refers to the final amount of money spent on requisitioning and purchasing land in the reference period. In order to calculating the average requisitioning land and purchasing price correctly, the coverage of requisitioning and purchasing land area is same as that of actual price of requisitioning and purchasing land,

Sources of Funds for Investment in Fixed Assets are categorized as surplus fund from the year-end of preceding year and source of funds this year ,depending on the sources of investment. Source of funds this year are categorized as follows:

1.**Fund from the State budget consists of budgetary appropriation and loans from the state budget**. More specifically, it includes, from the budget of the central government, capital construction fund (operation fund and non-operational fund), special expenses (e.g. expenses on substituting petroleum with coal), loans from repayment, discount fund, expenses on innovation and trial production of new products, expenses on urban construction, expenses on temporary construction from business departments, development fund for less developed areas, as well as local budgetary fund transferred from the central budget.

2.**Domestic loans** refer to loans of various forms borrowed by investing units from banks and non-bank financial institutions during the reference period for the purpose of investment in fixed assets, including loans issued by banks from their self-owned funds and deposit, loans appropriated by higher authorities, special loans by government, loans arranged by local government from special funds, domestic reserve loan, and working loan.

3.**Bond** refers to the funds raised by enterprises (corporations) or financial institutions through bonds issue and used for the investment in fixed assets, including the key enterprises bond and fundamental construction bond issued by banks deputized for national professional investment corporations.

4.**Foreign investment** refers to foreign funds received during the reference period for the construction and purchase of investment in fixed assets (covering equipment, materials and technology). In calculating the utilization of foreign capital, foreign currencies are converted into Chinese Renminbi applying the current exchange rate when the foreign capitals are actually used.

5.**Self-raised funds** refer to extra-budgetary funds for investment in fixed assets received during the reference period by investing units from central government ministries, local governments, enterprises and institutions, including their self-raised funds.

6.**Others** refer to funds for investment in fixed assets received from sources other than those listed above, including capital raised through issuing bonds by enterprises or financial institutions, funds raised from individuals and through donations, and funds transferred from other units.

Area of Commercialized Housing Sold refers to total contracted area of commercialized housing (i.e. area of floor space as designated in the formal contracts signed by both sides) during the reference time. It constitutes floor space of completed housing and floor space of future housing.

Value of Commercialized Housing Sold refers to the total contracted value (i.e. value of sales/purchase for selling/purchase of commercialized housing as designated in the contract signed by both sides) during the reference time. This indicator has the same coverage as the area of commercialized housing sold, which constitutes floor space of completed housing and floor space of housing yet to be completed.

Economically Affordable Housing refers to housing constructed according to the State Plan for economically affordable housing. The features of houses of this category are low cost of construction and low prices, and therefore are affordable to mid-income and low income households. Economically affordable housing projects are developed by real estate companies under the State Investment Plan, with the land provided through government allocation or tendering procedures. Developers are exempted from land utilization fees and enjoy another 50% exemption of all other legitimate fees, while their profits are limited to less than 3%, and the completed houses are sold under government-guided prices. This indicator helps to analyze the investment structure of the real estate industry and the demand and supply of housing for mid-income and low income households.

Non-Marketable Area refers to the building area used for removal and rebuilding which completed by real estate companies in reference period; completed building area of unified construction and acting construction which constructed by accepting commission, orientating development construction and charging certain management overhead; building area of completed schools, kindergartens, police stations, neighborhood committees, stores and such public utility constructions.

Floor Space of Vacant Building refers to the area of commercialized buildings haven't been sold or rent in the area of completed marketable and rentable commercialized buildings in the reference period, including the completed building area in the former years and in the current period, while excluding the completed removal and rebuilding buildings, unified and deputized construction buildings, public matched installations buildings and area of the buildings for self-use and revolving buildings of the real estate companies which are unmarketable or can't be rented. According to the vacant time, the buildings can be categorized as follows: buildings vacant less than one year, vacant for one to three years (including one year), vacant more than three years (including three years). Buildings vacant less than one year are commercialized buildings ready to sell; buildings vacant for one to three years (including one year) are poor-selling commercialized buildings; buildings vacant more than three years (including three years) are the overstock commercialized buildings .

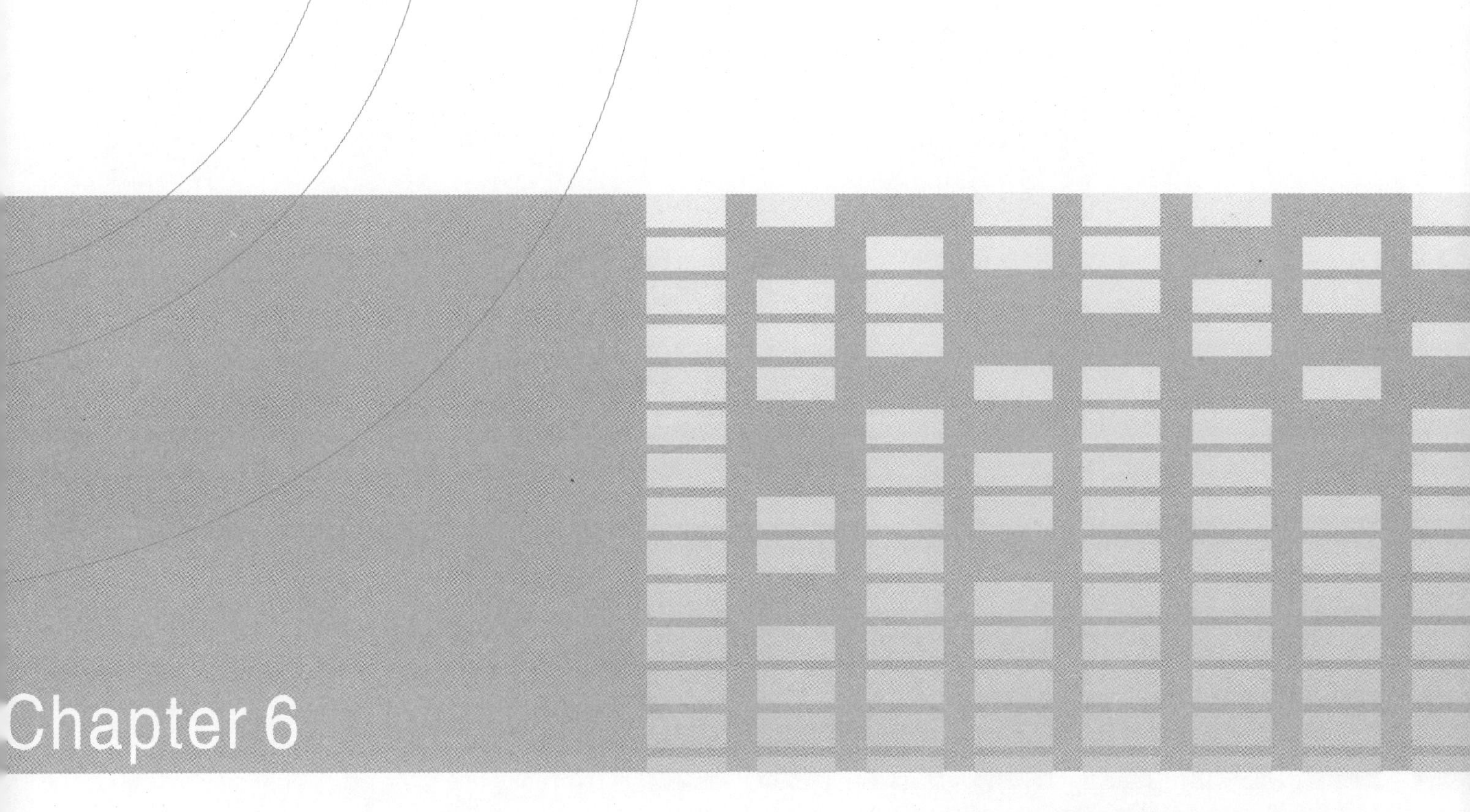

六、对外经济贸易

Foreign Trade and Economic Cooperation

6-1 主要年份年进出口贸易总额
Historic Total Value of Import and Export Trade in Significant Years

单位：万美元 (USD 10 000)

年 份 Year	总 额 Total	出口额 Exports	进口额 Imports	差 额 (出超+、入超-) Balance (Favorable balance(+), Trade Deficit(-))
1980	11 037	9 601	1 436	+8 165
1985	20 953	12 901	8 052	+4 849
1987	34 217	26 226	7 991	+18 235
1988	44 388	34 196	10 192	+24 004
1989	54 768	37 442	17 326	+20 116
1990	54 842	43 449	11 393	+32 056
1991	55 051	40 097	14 954	+25 143
1992	67 056	46 653	20 403	+26 250
1993	84 008	52 291	31 717	+20 574
1994	134 406	91 016	43 390	+47 626
1995	189 609	121 548	68 061	+53 487
1996	192 220	109 631	82 589	+27 042
1997	193 698	117 224	76 474	+40 750
1998	190 329	117 376	72 953	+44 423
1999	165 967	103 443	62 524	+40 919
2000	181 283	117 516	63 767	+53 749
2001	198906	124 412	74 494	+49 918
2002	222635	142 965	79 670	+63 295
2003	266767	167 658	99 109	+68 549
2004	374777	223 882	150 895	+72 987
2005	473822	264 158	209 664	+54 494
2006	623174	339 143	284 031	+55 112
2007	877975	473 612	404 363	+69 249
2008	959936	498 696	461 240	+37 456
2009	801912	451 402	350 510	+100 892

注：本表数字1998年以前为外贸业务数，且不含边境贸易统计数据。1999年起为海关进出口统计数。

Note: The data before 1998 were the statistics of foreign trade and excluded those of border trade. Since 1999,the data refer to the customs import and export statistics.

6-2 主要进出口贸易方式总额（2007-2009年）
Total Value of Main Modes of Import and Export Trade (2007-2009)

单位：万美元 (USD 10 000)

项 目	Item	2007		2008		2009	
		出口 Exports	进口 Imports	出口 Exports	进口 Imports	出口 Exports	进口 Imports
合 计	**Total**	**473 612**	**404 363**	**498 696**	**461 240**	**451 402**	**350 510**
一般贸易	General Trade	345 398	301 525	399 564	375 094	358 545	277 401
赠送物资	Assistance Goods			1 801	52		
来料加工装配贸易	Processing and Assembling Goods from Raw Materials			6 081	4 116		
进料加工贸易	Processing Goods with Imported Materials			29 659	10 969		
边境小额贸易	Frontier Small Value Trade of Small Value	56 774	44 327	57 247	62 864	70 742	55 386
出料加工贸易	Processing Goods with Exported Materials						
易货贸易	Barter						
保税仓库进出口货物	Import and Export Commodities in Bonded Warehouses			1 349	1 259		
对外承包工程出口货物	Expor Commodities for Constructed Projects			2 396			
补偿贸易	Compensation Trade						
外商投资进口设备物资	Imported Equipment and Goods as Foreign				2 795		
其 他	Others			385	169		

6-3 云南省对主要国家及地区出口总额（2008-2009年）
Total Value of Provincial Exports to Major Countries and Regions (2008-2009)

单位：万美元 (USD 10 000)

名　称	Item	2008	2009	2009年比2008年增长(%) Increase Rate in 2009 Over 2008 (%)
亚洲小计	**Asia**	**362 496**	**340 831**	**- 6.0**
阿富汗	Afghanistan			
孟加拉国	Bangladesh	21 731	14 372	- 33.9
文　莱	Brunei	13	25	92.3
缅　甸	Myanmar	72 769	77 506	6.5
柬埔寨	Cambodia	1 684	293	- 82.6
朝鲜民主主义人民共和国	The Democratic People's Republic of Korea	343	110	- 67.9
中国香港	Hong Kong,China	28 274	31 834	12.6
印　度	India	34 829	23 471	- 32.6
印度尼西亚	Indonesia	15 698	14 451	- 8.0
伊　朗	Iran	8 207	5 177	- 36.9
以色列	Israel	369	738	99.2
日　本	Japan	36 661	19 902	- 45.7
约　旦	Jordan	147	144	- 2.2
科威特	Kuwait	74	100	35.4
老　挝	Laos	5 712	7 434	30.1
黎巴嫩	Lebanon	306	217	- 28.9
中国澳门	Macao，China	502	815	62.4
马来西亚	Malaysia	8 174	11 501	40.7
尼泊尔	Nepal		4	
阿　曼	Oman	25	299	1 076.9
巴基斯坦	Pakistan	6 196	767	- 87.6
菲律宾	The Philippines	4 030	4 361	8.2
沙特阿拉伯	Saudi Arabia	1 383	1 397	1.0
新加坡	Singapore	14 995	7 948	- 47.0
韩　国	The Republic of Korea	11 177	8 884	- 20.5
斯里兰卡	Sri Lanka	3 164	811	- 74.4
叙利亚	Syria	264	229	- 13.3
泰　国	Thailand	22 888	20 265	- 15.0
土耳其	Turkey	1 716	756	- 56.0
阿拉伯联合酋长国	The United Arab Emirates	2 054	4 326	110.6
越　南	Vietnam	49 331	66 132	34.1
中国台湾	Taiwan,China	8 488	9 229	8.7
非洲小计	**Africa**	**9 176**	**12 132**	**32.2**
阿尔及利亚	Algeria	189	311	64.7
埃　及	Egypt	2 080	2 600	25.0
埃塞俄比亚	Ethiopia	77	6	- 92.3
肯尼亚	Kenya	979	156	- 84.0
毛里求斯	Mauritius	448	502	12.1
摩洛哥	Morocco	286	678	137.0

6-3 续表1 continued

单位：万美元 (USD 10 000)

名 称	Item	2008	2009	2009年比2008年增长(%) Increase Rate in 2009 Over 2008(%)
尼日尔	Niger		2	
尼日利亚	Nigeria	299	845	183.1
南非(阿扎尼亚)	South Africa (Azania)	1 075	1 431	33.2
多 哥	Togo	956	720	- 24.7
津巴布韦	Zimbabwe		9	
欧洲小计	**Europe**	**64 044**	**52 880**	**- 17.4**
比利时	Belgium	8 240	9 819	19.2
丹 麦	Denmark	333	336	0.8
英 国	The United Kingdom	2 757	3 790	37.5
德 国	Germany	14 486	10 924	- 24.6
法 国	France	3 092	4 216	36.4
爱尔兰	Ireland	251	107	- 57.5
意大利	Italy	11 547	6 961	- 39.7
荷 兰	The Netherlands	12 878	6 002	- 53.4
希 腊	Greece	434	349	- 19.6
葡萄牙	Portugal	592	642	8.6
西班牙	Spain	3 960	5 445	37.5
奥地利	Austria	9	23	155.6
保加利亚	Bulgaria	111	86	- 22.8
芬 兰	Finland	193	104	- 46.4
匈牙利	Hungary	57	33	- 41.9
马耳他	Malta	10	444	4 173.4
挪 威	Norway	44	61	37.9
波 兰	Poland	1 022	710	- 30.6
罗马尼亚	Romania	239	175	- 26.7
瑞 典	Sweden	169	208	22.6
瑞 士	Switzerland	98	180	83.0
拉脱维亚	Latvia	39	11	- 72.4
立陶宛	Lithuania	76	29	- 61.8
俄罗斯联邦	Russia	1 865	1 266	- 32.1
乌克兰	Ukraine	469	660	40.7
南斯拉夫	Yugoslavia			
斯洛文尼亚	Slovenia	71	52	- 27.2
捷 克	Czech	892	49	- 94.5
拉丁美洲小计	**Latin America**	**28 455**	**12 863**	**- 54.8**
阿根廷	Argentina	1 672	904	- 45.9
巴 西	Brazil	20 337	4 921	- 75.8
智 利	Chile	1 270	441	- 65.3
哥伦比亚	Colombia	786	347	- 55.9
多米尼加联邦	The Commonwealth of Dominica			

6-3　续表2　continued

单位：万美元　(USD 10 000)

名　称	Item	2008	2009	2009年比2008年增长(%) Increase Rate in 2009 Over 2008 (%)
古　巴	Cuba	47	18	- 60.6
多米尼加共和国	The Dominican Republic	9	29	215.5
海　地	Haiti	3	4	33.1
墨西哥	Mexico	3 094	3 354	8.4
巴拿马	Panama	261	1 377	426.7
巴拉圭	Paraguay	8	9	5.3
秘　鲁	Peru	368	271	- 26.3
波多黎各	Puerto Rico	8	34	307.3
圣卢西亚岛	Saint Lucia			
萨尔瓦多	El Salvador	4	33	723.1
乌拉圭	Uruguay	40	120	196.7
委内瑞拉	Venezuela	289	233	- 19.3
北美洲小计	**North America**	**25 276**	**25 941**	**2.6**
加拿大	Canada	2 331	2 340	0.4
美　国	The United States	22 838	23 402	2.5
大洋洲小计	**Oceanica**	**9 249**	**6 754**	**- 27.0**
澳大利亚	Australia	8 685	6 198	- 28.6
斐　济	Fiji		16	
新西兰	New Zealand	358	356	- 0.5
巴布亚新几内亚	Papua New Guinea	175	175	- 0.4
合计中：东南亚国家联盟	**Total of ASEAN**	**195 294**	**209 917**	**7.1**
合计中：欧洲联盟	**Total of European Union**	**61 140**	**50 293**	**- 17.7**

6-4　云南省对主要国家及地区进口总额（2008-2009年）
Total Value of Provincial Imports from Major Countries and Regions (2008-2009)

单位：万美元　(USD 10 000)

名　称	Item	2008	2009	2009年比2008年增长(%) Increase Rate in 2009 Over 2008(%)
亚洲小计	**Asia**	**198 925**	**146 615**	**- 26.3**
缅　甸	Myanmar	46 510	45 227	- 2.8
中国香港	Hong Kong,China	994	354	- 64.4
印　度	India	23 728	14 455	- 39.1
印度尼西亚	Indonesia	6 506	20 016	207.7
伊　朗	Iran	18 645	5 421	- 70.9
以色列	Israel	800	942	17.8
日　本	Japan	9 692	7 059	- 27.2
科威特	Kuwait	3 774	384	- 89.8
老　挝	Laos	5 334	8 067	51.3
中国澳门	Macao,China			
马来西亚	Malaysia	3 285	10 556	221.3
菲律宾	The Philippines	386	1 524	294.8

6-4 续表 continued

单位：万美元 (USD 10 000)

名　　称	Item	2008	2009	2009年比2008年增长(%) Increase Rate in 2009 Over 2008 (%)
卡塔尔	Qatar	6 895	1 112	- 83.9
沙特阿拉伯	Saudi Arabia	22 154	4 083	- 81.6
新加坡	Singapore	1 820	3 559	95.5
韩　国	The Republic of Korea	1 433	1 415	- 1.2
泰　国	Thailand	2 087	3 320	59.1
阿拉伯联合酋长国	The United Arab Emirates	16 196	1 033	- 93.6
越　南	Vietnam	15 160	12 868	- 15.1
中国台湾	Taiwan,China	3 887	1 944	- 50.0
非洲小计	**Africa**	**22 222**	**16 667**	**- 25.0**
南非(阿扎尼亚)	South Africa	2 299	7 133	210.3
坦桑尼亚	Tanzania	6 999	1 478	- 78.9
欧洲小计	**Europe**	**54 060**	**67 920**	**25.6**
比利时	Belgium	453	742	63.7
丹　麦	Denmark	360	83	- 77.0
英　国	The United Kingdon	2 720	1 050	- 61.4
德　国	Federal Republic of Germany	18 960	22 505	18.7
法　国	France	1 095	2 913	166.2
爱尔兰	Ireland	89	326	266.5
意大利	Italy	5 937	8 377	41.1
荷　兰	The Netherlands	2 684	3 625	35.1
西班牙	Spain	1 127	4 786	324.5
奥地利	Austria	13 934	15 545	11.5
芬　兰	Finland	326	76	- 76.7
罗马尼亚	Romania	36	118	232.5
瑞　典	Sweden	1 575	1 249	- 20.7
瑞　士	Switzerland	749	2 120	183.8
哈萨克斯坦	Kazakhstan			
俄罗斯联邦	Russia	1 239	995	- 19.8
乌克兰	Ukraine		43	
拉丁美洲小计	**Latin America**	**91 019**	**47 304**	**- 48.1**
阿根廷	Argentina	187	63	- 66.6
巴　西	Brazil	19 408	7 376	- 62.0
智　利	Chile	32 226	8 158	- 74.6
圭亚那	Guyana			
墨西哥	Mexico	9 057	6 738	- 25.6
秘　鲁	Peru	28 759	21 687	- 24.6
北美洲小计	**North America**	**56 989**	**24 897**	**- 56.3**
加拿大	Canada	36 722	5 413	- 85.3
美　国	The United States	20 267	19 484	- 3.9
大洋洲小计	**Oceanica**	**38 026**	**47 108**	**23.9**
澳大利亚	Australia	35 186	47 005	33.6
新西兰	New Zealand	117	103	- 12.1
合计中：东南亚国家联盟	**Total of ASEAN**	**81 088**	**105 212**	**29.8**
合计中：欧洲联盟	**Total of European Union**	**51 824**	**62 264**	**20.1**

6-5 主要年份边境贸易进出口总额（1996-2009年）

Total Value of Imports and Exports of Border Trade in Significant Years (1996-2009)

单位：万美元 (USD 10 000)

年 份 Year	总 额 Total	出口额 Exports	进口额 Imports
1996	13 645	4 537	9 108
1997	7 413	4 201	3 212
1998	13 091	8 902	4 189
1999	28 778	23 183	5 594
2000	35 624	27 803	7 821
2001	34 594	23 010	11 584
2002	36 803	23 095	13 708
2003	41 927	25 278	16 649
2004	52 412	30 875	21 537
2005	65 486	38 558	26 908
2006	77 649	46 538	31 111
2007	101 101	56 774	44 327
2008	120 110	57 247	62 864
2009	126 128	70 742	55 386

6-6 各地区进出口总额（2009年）

Total Value of Imports and Exports by Region (2009)

单位：万美元 (USD 10 000)

地 区	Region	进出口总额 Total Value of Imports and Exports		出口额 Exports		进口额 Imports	
		绝对数 Absolute Figures	比2008年增长(%) Increase Rate Over 2008 (%)	绝对数 Absolute Figures	比2008年增长(%) Increase Rate Over 2008 (%)	绝对数 Absolute Figures	比2008年增长(%) Increase Rate Over 2008 (%)
全省合计	**Total**	**801 912**	**-16.5**	**451 402**	**-9.7**	**350 510**	**- 23.8**
昆 明	Kunming	563 030	-23	296 957	-16.1	266 073	- 29.4
曲 靖	Qujing	15 201	-12.5	6 906	-39.4	8 295	38.5
玉 溪	Yuxi	15 652	-26.6	13 927	-30.9	1 725	47.1
保 山	Baoshan	10 403	-14.8	7 972	-19.0	2 431	2.3
昭 通	Zhaotong	998	41.2	365	-47.8	633	9 388.0
丽 江	Lijiang	8 544	85.8	8 518	87.0	26	- 40.7
普 洱	Pu'er	11 449	48.4	3 995	52.8	7 454	46.2
临 沧	Lincang	6 176	5.5	3 087	49.2	3 089	- 18.4
楚 雄	Chuxiong	6 403	123	5 990	157.2	413	- 24.0
红 河	Honghe	44 152	1.4	29 009	0.2	15 143	3.8
文 山	Wenshan	7 703	-17.3	4 592	8.5	3 111	- 38.8
西双版纳	Xishuangbanna	20 270	19.4	6 563	-8.3	13 707	39.6
大 理	Dali	14 405	58.4	6 233	13.9	8 172	125.7
德 宏	Dehong	76 279	0.5	56 744	23.5	19 535	- 34.9
怒 江	Nujiang	551	-26.1	28	-47.4	523	- 24.5
迪 庆	Diqing	696	33.3	516	-1.1	180	3 972.3

6-7 主要年份利用外资概况
Utilization of Foreign Capital in Significant Years

年份 Year	总计 Total		对外借款 Foreign Borrowings		外商直接投资 Foreign Direct Investment		外商其他日投资 Other Foreign Investment	
	项目(个) Number of Projects (unit)	金额(万美元) Value (USD 10 000)	项目(个) Number of Projects (unit)	金额(万美元) Value (USD 10 000)	项目(个) Number of Projects (unit)	金额(万美元) Value (USD 10 000)	项目(个) Number of Projects (unit)	金额(万美元) Value (USD 10 000)
签订利用外资协议(合同)额 Total Amount of Contracted Foreign Capital								
1985	15	1 751			12	1 478	3	273
1990	16	4 073		3 351	11	245		477
1995	277	70 206	8	32 807	269	37 399		
1999	140	57 874	2	25 280	138	32 594		
2000	110	73 149	4	43 400	106	29 749		
2001	140	29 444			140	29 444		
2002	150	33 298			150	33 298		
2003	167	54 351			167	54 351		
2004	167	31 818			167	31 818		
2005	152	43 623			152	43 623		
2006	204	79 771			204	79 771		
2007	170	96 608			170	96 608		
2008	228	168 576			228	168 576		
2009	190	168 249			190	168 249		
实际利用外资金额 Total Amount of Foreign Capital Actually Used								
1985		163				156		7
1990		1 096		359		260		477
1995		34 479	27	11 979		22 500		
1999		23 765		8 380		15 385		
2000		22 062		9 250		12 812		
2001		20 679		14 222		6 457		
2002		28 362		17 196		11 166		
2003		29 452		12 700		16 752		
2004		21 422		7 270		14 152		
2005		29 247		11 895		17 352		
2006		42 894		12 660		30 234		
2007		55 233		15 780		39 453		
2008		93 618		15 930		77 688		
2009		91 010		-		91 010		

注：从1991年起实际利用外资额中对外借款从国家外汇管理局云南分局取得数字，1990年以前是从中国银行昆明分行取得数字。1994年后对外借款从云南省发改委外经处取得数字。

Note:Since 1991,data of borrowings in the foreign investment actually used have been obtained from Yunnan Branch of State Foreign Exchange Admistration Bureau,Before 1990,they were obtained from Kunming Branch of Bank of China. Since 1994, data of foreign exchange borrowings have been obtained from Foreign Trade Section of Provincial Development and Reform Commission.

6-8 对外签订利用外资协议(合同)额（2007-2009年）
Amount of Foreign Capital Utilized through the Signed Agreements (Contracts) (2007-2009)

项目	Item	2007		2008		2009	
		项目(个) Number of Projects (unit)	金额(万美元) Value (USD 10 000)	项目(个) Number of Projects (unit)	金额(万美元) Value (USD 10 000)	项目(个) Number of Projects (unit)	金额(万美元) Value (USD 10 000)
总计	**Total**	**170**	**96 608**	**228**	**168 576**	**190**	**168 249**
对外借款	Foreign Borrowings	-	-	-	-	-	-
外商直接投资	Foreign Direct Investment	170	96 608	228	168 576	190	168 249
合资经营企业	Joint Ventures	47	14 457	66	54 444	55	61 613
合作经营企业	Cooperative Enterprises	16	12 879	21	24 714	11	37 443
外资企业	Foreign-funded Enterprises	107	68 689	141	89 143	124	69 357
外商投资股份制企业	Foreign-funded Joint Stock Enterprises		583		275		164

6-9 分行业利用外商直接投资情况（2008-2009年）
Utilization of Foreign Direct Investment by Sector (2008-2009)

行业	Sector	协议投资 Contracted Investment 项目（个）Number of Projects (unit)		金额（万美元）Value (USD 10 000)		实际投资金额（万美元）Actual Investment (USD 10 000)	
		2008	2009	2008	2009	2008	2009
总　计	**Total**	**228**	**190**	**168 576**	**168 249**	**77 688**	**91 010**
农、林、牧、渔业	Farming,Forestry,Animal Husbandry and Fishery	29	22	11 314	7 670	7 226	5 237
采矿业	Mining and Quarrying	3	4	4 337	10 324	3 023	929
制造业	Manufacturing	51	26	71 560	37 059	18 089	24 944
电力、煤气及水的生产和供应业	Production and Supply of Electricity,Gas and Water	7	8	10 984	19 604	5 829	13 245
建筑业	Construction	4	14	4 780	49 116	643	11 151
地质勘查、水利管理业	Geological Prospecting and Water Conservancy						
交通运输、仓储及邮电通信业	Transport,Storage,Postal and Telecommunication Services	2	3	574	7 394	356	1 834
批发和零售贸易餐饮业	Wholesale and Retail Trade and Food Services	51	45	3 845	11 382	5 928	9 758
房地产业	Real Estate	5	2	44 249	7 031	19 666	10 496
社会服务业	Social Services	71	62	12 648	17 764	15 338	12 562
卫生体育和社会福利业	Health Care,Sports and Social Welfare						
教育、文化艺术和广播电影电视业	Education,Culture and Arts,Broadcasting,Film and Television						
科学研究和综合技术服务业	Scientific Research and Polytechnic Services	5	4	4 285	905	1 590	854
其他行业	Others						

6-10 实际利用外商直接投资额(按国别或地区分)（2008-2009年）

Actually Utilized Foreign Direct Investment by Country and Region (2008-2009)

单位：万美元 (USD 10 000)

名　称	Item	2008	2009
总　计	**Total**	**77 688**	**91 010**
亚　洲	**Asia**	**35 774**	**54 453**
#中国香港	Hong Kong,China	30 688	45 441
中国澳门	Macao,China	1 272	812
中国台湾	Taiwan,China	848	2 281
菲律宾	The Philippines		956
泰国	Thailand	53	310
新加坡	Singapore	169	3 901
马来西亚	Malaysia	154	141
日本	Japan	881	267
韩国	The Republic of Korea	1 578	273
缅甸	Myanmar		43
非　洲	**Africa**	**10 294**	**4 851**
欧　洲	**Europe**	**2 726**	**2 586**
#德国	Germany	474	1
法国	France	294	130
意大利	Italy	8	49
荷兰	The Netherlands	158	739
英国	The United Kingdom	1 387	1 227
比利时	Belgium		
丹麦	Denmark	20	177
爱尔兰	Ireland		
希腊	Greece		
葡萄牙	Portugal		
西班牙	Spain	226	57
芬兰	Finland		
瑞士	Switzerland	2	90
俄罗斯联邦	Russia	35	
拉丁美洲	**Latin America**	**22 324**	**16 327**
#巴西	Brazil		
维尔京群岛	Virgin Islands	18 064	10 173
开曼群岛	Cayman Islands	2 470	2 100
北美洲	**North America**	**3 633**	**3 068**
#加拿大	Canada	262	285
美国	The United States	3 371	2 783
大洋洲	**Oceanica**	**489**	**709**
#澳大利亚	Australia	26	167
新西兰	New Zealand	3	
其他	**Others**		

6-11 主要年份实际利用外资额

Foreign Investment Actually Utilized in Significant Years

单位：万美元 (USD 10 000)

项　目	Item	1999	2000	2005	2006	2007	2008	2009
总　计	**Total**	**23 765**	**22 062**	**29 247**	**42 894**	**55 233**	**93 618**	**91 010**
对外借款	Foreign Borrowings	8 380	9 250	11 895	12 660	15 780	15 930	
双边政府混合贷款	Mixed Loans from Bilateral Governments	1 007	1 271	4 065	3 880	4 920	9 750	
国际金融组织贷款	Loans from International Financial Organizations	7 273	7 979	7 830	8 780	10 860	6 180	
商业性货款	Commercial Loans							
出口信贷	Export Credit							
外国银行现汇贷款	Loans of Spot Exchange from Foreign Banks							
外商直接投资	Foreign Direct Investment	15 385	12 812	17 352	30 234	39 453	77 688	91 010
合资经营企业	Joint Ventures	11 813	7 204	9 044	21 809	17 100	29 493	36 498
合作经营企业	Cooperative Enterprises	2 061	2 371	2 452	1 793	2 266	2 935	3 643
独资企业	Sole Proprietorship Enterprises	1 511	3 237	5 856	6 322	20 087	45 260	50 763
外商投资股份制企业	Foreign-funded Joint Stock Enterprises				310			106

6-12 各地区利用外商直接投资情况（2008-2009年）
Utilization of Foreign Direct Investment by Region (2008-2009)

地　区	Region	协议投资 Contracted Investment				实际投资金额（万美元） Actual Investment (USD 10 000)	
		项　目(个) Number of Projects (unit)		金　额(万美元) Value(USD 10 000)			
		2008	2009	2008	2009	2008	2009
全省合计	**Total**	**228**	**190**	**168 576**	**168 249**	**77 688**	**91 010**
昆　明	Kunming	142	120	92 078	124 239	43 874	63 199
曲　靖	Qujing	3	6	3 816	566	3 504	3 696
玉　溪	Yuxi	3	2	577	1 342	1 598	1 188
保　山	Baoshan	3		4 662		314	1 852
昭　通	Zhaotong		1		800		300
丽　江	Lijiang	4	6	860	5 264		26
普　洱	Pu'er	2	1	289	82	1 656	241
临　沧	Lincang		3	2 202	7 107	614	2 507
楚　雄	Chuxiong	3	1	8 487	299		193
红　河	Honghe	4	3	744	491	947	1 391
文　山	Wenshan	2	1	157	292		147
西双版纳	Xishuangbanna	4	3	491	564	380	302
大　理	Dali	9	8	8 638	1 509	2 455	1 891
德　宏	Dehong	3	2	3 825	1 709	2 456	1 224
怒　江	Nujiang	2		2 071		34	130
迪　庆	Diqing	7	4	626	3 454	390	617
省　直	Those Directly under Provincal Government	37	29	39 053	20 531	19 466	12 106

6-13 主要年份对外承包工程和劳务合作
Contracted Projects and Labor Cooperation with Foreign Countries in Significant Years

单位：万美元 (USD 10 000)

年份 Year	签订合同的国家和地区(个) Number of Countries or Territories with Contracts Signed	合同份数(份) Number of Contracts(unit)	合同金额 Contracted Value	完成营业额 Value of Business Fulfilled
承包工程 **Contracted Projects**				
1985	3	3	67	684
1990	6	19	681	448
1994		15	10 193	2 086
1995		46	21 971	10 126
1996		25	7 842	12 246
1997		47	7 739	9 054
1998		56	29 624	9 769
1999		120	24 995	12 489
2000		154	27 822	14 951
2001		58	14 400	14 265
2002		102	29 229	21 890
2003		62	30 335	24 152
2004		73	30 729	32 481
2005		120	53 181	38 502
2006		82	60 026	43 130
2007		90	68 260	49 485
2008		82	73 437	59 870
2009		63	92 403	73 755
劳务合作 **Labor Consultation Senice**				
1990		3	5	3
1994		7	271	66
1995		7	220	63
1996		9	195	92
1997		13	1 047	258
1998		11	377	123
1999		14	197	267
2000		8	405	215
2001		9	217	55
2002		2	20	77
2003		2	106	49
2004		2	23	60
2005		1	4	35
2006				38
2007		2	51	176
2008		6	1 498	355
2009		26	618	440
设计咨询 **Design Consultancy**				
1998		16	1 015	109
2000		8	1 813	305
2001		2	876	239
2002		5	142	610
2003		9	336	223
2004		10	852	1 107
2005		11	181	229
2006		3	338	203
2007		6	1 787	367
2008		12	4 546	1 808

注：从2009年起设计咨询并入承包工程统计。
Note:Since 2009, statistics of design consultation had been included in that of construction projects under contract.

主要统计指标解释

进出口总额 指实际进出云南省境内的货物总金额。包括对外贸易实际进出口货物，来料加工装配进出口货物，国家间、联合国及国际组织无偿援助物资和赠送品，华侨、港澳同胞和外籍华人捐赠品，租赁期满归承租人所有的租赁货物，进料加工进出口货物，边境地方贸易及边境地区小额贸易进出口货物（边民互市贸易除外），中外合资企业、中外合作经营企业、外商独资经营企业进出口货物和公用物品，到、离岸价格在规定限额以上的进出口货样和广告品（无商业价值、无使用价值和免费提供出口的除外），从保税仓库提取在中国境内销售的进口货物，以及其他进出口货物。该指标可以观察一个国家在对外贸易方面的总规模。我国规定出口货物按离岸价格统计，进口货物按到岸价格统计。

商品经营单位所在地进、出口额 指所在地海关注册登记的有进出口经营权的企业实际进、出口额。

利用外资 指各级政府、部门、企业和其他经济组织通过对外借款、吸收外商直接投资以及用其他方式筹措的境外现汇、设备、技术等。

对外借款 指通过对外正式签订借款协议，从境外筹措的资金，包括政府贷款、国际金融组织贷款、外国银行商业贷款、出口信贷以及以前还包括对外发行股票。该指标是利用外资的重要部分。

外商直接投资 指外国企业和经济组织或个人（包括华侨、港澳同胞以及云南省在境外注册的企业）按中国有关政策、法规，用现汇、实物、技术等在云南境内开办外商独资企业、与中国境内的企业或经济组织共同举办中外合资经营企业、合作经营企业或合作开发资源的投资（包括外商投资收益的再投资），以及政府有关部门批准的项目投资总额内企业从境外借入的资金。

外商其他投资 指除对外借款和外商直接投资以外的各种利用外资的形式。包括企业在境内外股票市场公开发行的以外币计价的股票（目前主要是在香港证券市场发行的H股和在境内证券市场发行的B股）发行价总额，国际租赁进口设备的应付款，补偿贸易中外商提供的进口设备、技术、物料的价款，加工装配贸易中外商提供的进口设备、物料的价款。

对外承包工程 指各对外承包公司以招标议标承包方式承揽的下列业务：（1）承包国外工程建设项目；（2）承包云南对外经援项目；（3）承包云南驻外机构的工程建设项目；（4）承包云南境内利用外资进行建设的工程项目；（5）与外国承包公司合营或联合承包工程项目时云南公司分包部分；（6）对外承包兼营的房屋开发业务。对外承包工程的营业额是以货币表现的本期内完成的对外承包工程的工作量，包括以前年度签订的合同和本年度新签订的合同在报告期内完成的工作量。

对外劳务合作 指以收取工资的形式向业主或承包商提供技术和劳动服务的活动。云南对外承包公司在境外开办的合营企业，中国公司同时又提供劳务的，其劳务部分也纳入劳务合作统计。劳务合作营业额按报告期内雇主提交的结算数（包括工资、加班费和奖金等）统计。

Explanatory Notes on Principal Statistical Indicators

Total value of Imports and Exports refers to the total value of goods imported into and exported from the boundary of China, including the actual imports and exports through foreign trade, imported and exported goods under the processing and assembling trade gifts and supplies as aid given gratis between governments and by the United Nations and other international organizations, and contributions donated by overseas Chinese, compatriots in Hong Kong and Macao and Chinese with foreign citizenship, leasing commodities owned by leaseholders at the expiration of the lease term, imported and exported goods processed with imported materials, commodities trading in border areas (excluding mutual exchange goods), imported and exported goods and articles for public use of the Sino-foreign joint ventures, cooperative enterprises and wholly foreign-funded enterprises. Imported or exported samples and advertising goods for whose CIF or FOB value are beyond the permitted ceiling (excluding goods of no trading or use value and free commodities for export), imported goods sold in China from bonded warehouses and other imported or exported goods. This indicator can be used to observe the general scale of foreign trade in a country. In accordance with the stipulation of the Chinese government, imp orts are calculated at CIF, while exports are calculated at FOB.

Import and Export Value by Location of operating Establishments refers to actual value of import and export business operated by establishments which have been registered by the local customhouse and are entitled to run import and export business.

Utilization of Foreign Capital refers to spot exchange, equipment and technology raised from abroad, by foreign borrowings, foreign direct investment and other forms undertaken by t he Chinese governments at all levels, various departments, enterprises and other economic entities.

Foreign Borrowings refer to funds raised from abroad through formal borrowing agreements with foreign institutions, including loans of foreign governments, loans of international financial institutions, commercial loans of foreign banks, export credit, and funds raised by Chinese stocks issued abroad (before 1996). It is an import ant part of China's utilization of foreign capital.

Foreign Direct Investment refers to the investments inside China by foreign enterprises and economic organizations or individuals (including overseas Chinese, compatriots from Hong Kong, Macao and Taiwan, and Chinese enterprises registered abroad), following the relevant policies and laws of China, for the establishment of wholly foreign-funded enterprises, Sino-foreign joint ventures and cooperative enterprises or for co-operative exploration of resources with enterprises or economic organizations in Yunnan. It also includes the reinvestment of the foreign entrepreneurs with the profits gained from the original investment and the funds that enterprises borrow from abroad in the total investment of projects, which are approved by the relevant government departments.

Other Foreign Investment refers to all forms of utilization of foreign capital except foreign borrowings and foreign direct investment. It includes the total value of stocks in foreign currencies issued by enterprises at domestic or foreign stock exchanges (now mainly consisting of H shares issued at Hong Kong Security Market and B shares issued at the domestic security markets), rent payable for imported equipment through international leasing arrangement, costs of imported equipment, technology and materials provided by foreign counterparts in compensation trade and processing and assembling trade.

International Contracted Projects refer to projects undertaken by Chinese contractors (contracting companies) through bidding process, including: 1).overseas construction projects financed by foreign investors; 2).overseas projects financed by the Yunnan provincial government through its foreign aid programs; 3).construction projects of Yunnan diplomatic missions, trade offices and other institutions stationed abroad; 4).construction projects in Yunnan financed by foreign investors ; 5).sub-contracted projects undertaken by Yunnan contractors in joint or united contracts with foreign contractor(s); 6).housing development projects. Business

volume of international contracted projects is the work volume of contracted projects completed during the report period,
expressed in monetary terms, including completed work on projects contracted in previous years and the current year.

International Cooperation refers to the supply of technology and labor services to employers or contractors by receiving salaries and wages. Labor services provided by joint ventures of Yunnan international contracting corporations should be included in the statistics of labor co-operation with foreign countries. Business volume of labor cooperation is calculated according to the settled amount (including wages and salaries, overtime pay, bonuses, etc) provided by the employers during the report period.

七、能源
Energy

7-1　主要年份能源生产和消费总量及其构成
Total Production and Consumption of Energy and Their Composition in Significant Years

年　份 Year	能源生产总量 (万吨标准煤) Total Production of Energy (10 000 tons of SCE)	占能源生产总量的比重 (%) Percentage to Total Production (%)		能源消费总量 (万吨标准煤) Total Consumption of Energy (10 000 tons of SCE)	占能源消费总量的比重 (%) Percentage to Total Consumption (%)			
		原　煤 Coal	水　电 Hydro Power		煤　炭 Coal	石　油 Petroleum	天然气 Natural Gas	水　电 Hydro Power
1952	17.50	90.30	9.70	19.00	83.20	7.90		8.90
1957	114.30	96.00	4.00	119.20	92.00	4.10		3.90
1962	224.70	93.50	6.50	256.30	89.30	4.50		6.20
1965	326.10	93.90	6.10	348.70	87.80	6.50		5.70
1970	555.60	91.80	8.20	591.50	86.20	6.10		7.70
1975	861.10	85.60	14.40	920.30	80.10	6.40		13.50
1976	751.20	85.40	14.60	797.00	79.40	6.80		13.80
1977	893.20	86.30	13.70	931.10	79.60	7.30		13.10
1978	1 002.60	84.50	15.50	1 065.90	78.20	7.20		14.60
1979	933.90	82.70	17.30	1 072.20	72.00	7.50	5.40	15.10
1980	841.90	79.60	20.40	946.10	67.00	9.00	5.70	18.30
1981	872.50	77.90	22.10	948.40	65.90	8.60	5.90	19.60
1982	930.20	81.90	18.10	1 020.60	69.70	8.30	4.90	17.10
1983	966.30	83.30	16.70	1 094.70	72.20	8.50	4.60	14.70
1984	1 076.30	81.50	18.50	1 226.30	71.20	8.30	4.20	16.30
1985	1 162.80	80.40	19.60	1 298.33	69.60	8.50	4.40	17.50
1986	1 220.30	79.50	20.50	1 399.07	69.70	8.40	4.10	17.80
1987	1 355.30	91.10	8.90	1 533.22	72.20	8.40	3.50	15.90
1988	1 404.50	83.50	16.50	1 622.52	75.70	6.90	3.10	14.30
1989	1 522.79	81.80	18.20	1 706.87	72.30	8.10	3.20	16.40
1990	1 594.50	79.80	20.20	1 954.18	71.70	7.20	2.80	18.30
1991	1 649.02	75.30	24.70	1 961.92	67.00	8.50	2.80	21.70
1992	1 763.66	77.10	22.90	2 016.61	69.40	8.00	2.70	19.90
1993	1 811.57	76.70	24.30	2 089.80	70.00	8.00	2.70	19.30
1994	2 073.79	71.50	28.50	2 282.80	66.00	7.70	2.50	23.80
1995	2 313.65	69.20	30.80	2 640.55	66.10	6.90	2.20	24.80
1996	2 556.85	68.60	31.40	2 819.43	64.50	6.90	2.50	26.10
1997	2 619.97	71.85	28.15	3 428.98	71.38	6.01	2.01	20.60
1998	2 451.49	71.99	28.01	3 364.49	71.31	6.52	1.76	20.41
1999	2 267.97	67.06	32.94	3 287.97	68.22	7.18	1.88	22.72
2000	2 471.77	64.03	32.11	3 468.33	62.61	7.46	1.81	25.39
2001	2 611.54	65.48	30.53	3 741.03	62.33	10.62	1.72	22.57
2002	3 259.95	67.19	29.41	4 131.31	61.04	11.12	1.51	23.70
2003	3 608.45	64.24	30.78	4 449.97	60.85	11.64	1.53	22.01
2004	4 455.68	68.13	27.04	5 209.81	63.30	11.13	1.34	20.16
2005	5 353.36	68.93	26.61	6 023.97	62.48	11.14	1.35	21.11
2006	6 075.09	75.29	22.42	6 620.57	67.70	11.52	1.09	17.62
2007	6 546.65	73.82	23.70	7 132.63	66.47	12.37	1.02	17.93
2008	7 595.31	68.87	29.48	7 510.82	60.83	12.81	0.93	23.79
2009	7 851.21	68.65	28.59	8 032.06	62.62	12.74	0.75	21.22

注：采用数据为等价热值，2005至2008年数据根据全国第二次经济普查数据修正。

Note:Data used in this table are equivalent caloricity.Data from year 2005 to 2008 are regulated according to that of the Second National Economic Census.

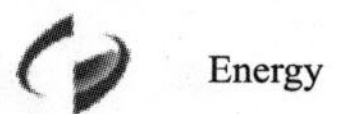

7-2 综合能源平衡表（2009年）

行　　业	Sector	能源总量（万吨标准煤） Total Energy (10 000 tons of SCE)
可供本地区消费的能源量	**Total Energy Available for Consumption**	**8 031.70**
年初库存量	Stock in Early Year	819.00
一次能源生产量	Primary Energy Output	7 851.21
回收能	Recovery of Engery	185.99
调入量(含进口)	Quantity of Fold	1 847.24
进口量	Imports	54.83
我轮.机在外国加油量	Fueling Charge in Foreign Countries of Domestic Motorship Engine	0.54
调出量(含出口)(-)	Quantity of Call-out (-)	-1 886.87
出口量	Exports	- 149.86
外轮.机在我国加油量(-)	Fueling Charge in Foreign Counteries of Foreign Motorship Engine	- 0.54
年末库存量(-)	Stock at Year-end	- 689.83
加工转换投入量(-)	Input in Processing and Transformation (-)	-4 801.94
加工转换产出量(+)	Output in Processing and Transformation (+)	4 549.94
终端能源消费量	**Final Energy Consumpltion**	**7 545.42**
第一产业	Primary Indusrty	215.93
农、林、牧、渔业	Farming,Forestry,Animal Husbandry,Fishery	215.93
第二产业	Secondary Industry	5 513.06
工　业	Industry	5 382.26
建筑业	Construction	130.80
第三产业	Tertiary Industry	971.21
交通运输、仓储及邮电通讯业	Transport、Storage、Post and Telecommunication Services	709.33
批发和零售、住宿餐饮业	Wholesale and Retail Trades、Hotels and Catering Services.	123.99
其　他	Others	137.90
生活消费	Residential Consumption	845.21
城　镇	Urban Areas	446.36
乡　村	Rural Areas	398.85
损失量(-)	**Other Losses(-)**	**- 234.64**
平衡差额	**Balance**	**- 0.36**

注：本表为等价热值。

Balance Sheet of Overall Energy (2009)

原 煤 (万吨) Coal (10 000 tons)	焦 炭 (万吨) Coke (10 000 tons)	石油及石油制品 (万吨) Petroleum and Related Products (10 000 tons)	天然气 (亿立方米) Natural Gas Consumption (100 million cu.m)	电 力 (亿千瓦小时) Electricity Consumption (100 million kwh)
8 521.79	**- 180.22**	**697.68**	**4.53**	**343.12**
755.57	136.96	31.66		
8 921.02		0.05	0.02	625.75
		0.00		
85.38	25.45	710.91	4.51	3.65
				15.28
		0.37		
- 638.11	- 235.83	- 13.79		- 260.14
		- 0.86		- 41.42
		- 0.37		
- 602.07	- 106.80	- 30.29		
-5 456.01	- 1.78	- 0.56		
	1 456.52			548.07
3 065.99	**1 274.55**	**697.31**	**4.52**	**825.79**
223.46	0.38	20.44		9.66
223.46	0.38	20.44		9.66
2 448.98	1 273.77	117.98	4.29	627.49
2 428.93	1 273.77	71.73	4.29	613.36
20.06		46.25		14.12
101.92		491.23	0.05	53.58
18.33		442.66		14.59
51.80		26.36	0.04	14.83
31.79		22.21	0.01	24.15
291.63	0.40	67.65	0.18	135.06
60.94	0.19	33.41	0.18	88.05
230.69	0.21	34.24		47.01
				- 65.40
- 0.20	**- 0.03**	**- 0.19**	**0.00**	**0.00**

Note:Data used in this table are equivalent caloricity.

7-3 当年能源生产弹性系数（1980-2009年）

Elasticity Ratio of Energy Production at Current Year (1980-2009)

年 份 Year	当年能源生产增长(%) Growth Rate of Energy Production at Current Year (%)	当年电力生产增长(%) Growth Rate of Electricity Production at Current Year (%)	当年生产总值增长(%) Growth Rate of Gross Regional Product at Current Year (%)	当年能源生产弹性系数 Elasticity Ratio of Energy Production at Current Year	当年电力生产弹性系数 Elasticity Ratio of Electricity Production at Current Year
1980	-9.85	1.63	8.50	-1.16	0.19
1981	3.63	6.17	7.80	0.47	0.79
1982	6.61	3.96	15.49	0.43	0.26
1983	3.88	-0.63	8.40	0.46	-0.07
1984	11.38	14.00	14.51	0.78	0.97
1985	8.04	7.37	13.00	0.62	0.57
1986	4.94	12.02	4.30	1.15	2.80
1987	11.06	11.61	12.30	0.90	0.94
1988	3.63	8.41	16.00	0.23	0.53
1989	8.42	11.60	5.80	1.45	2.00
1990	4.71	10.22	8.70	0.54	1.17
1991	3.42	11.98	6.60	0.52	1.82
1992	6.95	10.58	10.90	0.64	0.97
1993	2.72	10.48	11.10	0.24	0.94
1994	14.47	18.22	12.20	1.19	1.49
1995	11.57	12.29	11.70	0.99	1.05
1996	10.51	11.05	11.10	0.95	1.00
1997	2.47	-0.20	9.70	0.25	-0.02
1998	-6.43	4.54	8.10	-0.79	0.56
1999	-7.49	12.69	7.30	-1.03	1.74
2000	8.99	6.46	7.50	1.20	0.86
2001	5.65	13.25	6.80	0.83	1.95
2002	24.83	18.76	9.00	2.76	2.08
2003	10.69	11.20	8.80	1.21	1.27
2004	23.48	15.43	11.30	2.08	1.37
2005	20.15	13.89	9.00	2.26	1.56
2006	13.48	20.74	11.60	1.16	1.79
2007	7.76	20.02	12.20	0.64	1.64
2008	16.02	14.93	10.60	1.51	1.41
2009	3.37	12.91	12.10	0.28	1.07

注：2005至2008年数据根据全国第二次经济普查数据修正。

Note: Data from year 2005 to 2008 are regulated according to that of the Second National Economic Census.

7-4 主要年份年平均能源生产弹性系数

Annual Average Elasticity Ratio of Energy Production in Significant Years

（1979年=100） （1979=100）

年 份 Year	能源生产 年平均增长(%) Annual Average Growth Rate of Energy Production (%)	电力生产 年平均增长(%) Annual Average Growth Rate of Electricity Production (%)	生产总值 年平均增长(%) Annual Average Growth Rate of Gross Regional Product (%)	年平均能源 生产弹性系数 Annual Average Elasticity Ratio of Energy Production	年平均电力 生产弹性系数 Annual Average Elasticity Ratio of Electricity Production
1980	-9.86	1.63	8.50	-1.16	0.19
1985	3.72	5.31	11.24	0.33	0.47
1987	4.76	6.90	10.48	0.45	0.66
1988	4.63	7.07	11.08	0.42	0.64
1989	5.01	7.51	10.54	0.48	0.71
1990	4.98	7.76	10.37	0.48	0.75
1991	4.85	8.10	10.05	0.48	0.81
1993	4.84	8.45	10.19	0.48	0.83
1994	5.46	9.07	10.32	0.53	0.88
1995	5.83	9.27	10.40	0.56	0.89
1996	6.10	9.37	10.45	0.58	0.90
1997	5.89	8.82	10.40	0.57	0.85
1998	5.21	8.59	10.28	0.51	0.84
1999	4.53	8.79	10.13	0.45	0.87
2000	4.74	8.68	10.00	0.47	0.87
2001	4.78	8.88	9.86	0.49	0.90
2002	5.58	9.29	9.82	0.57	0.95
2003	5.79	9.37	9.78	0.59	0.96
2004	6.44	9.61	9.84	0.66	0.98
2005	6.95	9.77	9.80	0.71	1.00
2006	7.18	10.16	9.87	0.73	1.03
2007	7.20	10.50	9.95	0.72	1.06
2008	7.49	10.65	9.97	0.75	1.07
2009	7.35	10.72	10.04	0.73	1.07

注：2005至2008年数据根据全国第二次经济普查数据修正。

Note: Data from year 2005 to 2008 are regulated according to that of the Second National Economic Census.

7-5 当年能源消费弹性系数（1980-2009年）

Elasticity Ratio of Energy Production at Current Year (1980-2009)

年 份 Year	当年能源消费增长(%) Growth Rate of Energy Consumption at Current Year (%)	当年电力消费增长(%) Growth Rate of Electricity Consumption at Current Year (%)	当年生产总值增长(%) Growth Rate of Gross Regional Product at Current Year (%)	当年能源消费弹性系数 Elasticity Ratio of Energy Consumption at Current Year	当年电力消费弹性系数 Elasticity Ratio of Electricity Consumption at Current Year
1980	-11.76	5.07	8.50	-1.38	0.60
1981	0.24	3.42	7.80	0.03	0.44
1982	7.61	4.47	15.49	0.49	0.29
1983	7.26	-0.21	8.40	0.86	-0.02
1984	12.02	13.15	14.51	0.83	0.91
1985	5.87	9.05	13.00	0.45	0.70
1986	7.76	17.69	4.30	1.81	4.12
1987	9.59	4.44	12.30	0.78	0.36
1988	5.82	20.80	16.00	0.36	1.30
1989	5.20	4.74	5.80	0.90	0.82
1990	14.49	12.60	8.70	1.67	1.45
1991	0.40	13.26	6.60	0.06	2.01
1992	2.79	9.79	10.90	0.26	0.90
1993	3.63	26.98	11.10	0.33	2.43
1994	9.24	-0.58	12.20	0.76	-0.05
1995	15.67	14.41	11.70	1.34	1.23
1996	6.77	12.82	11.10	0.61	1.16
1997	21.62	4.56	9.70	2.23	0.47
1998	-1.88	2.44	8.10	-0.23	0.30
1999	-2.27	9.75	7.30	-0.31	1.34
2000	5.49	6.93	7.50	0.73	0.92
2001	7.86	9.40	6.80	1.16	1.38
2002	10.43	13.37	9.00	1.16	1.48
2003	7.71	4.15	8.80	0.88	0.47
2004	17.08	15.96	11.30	1.51	1.41
2005	15.63	17.27	8.90	1.74	1.94
2006	9.90	15.86	11.60	0.85	1.37
2007	7.73	15.47	12.20	0.63	1.27
2008	5.30	11.26	10.60	0.50	1.06
2009	6.94	7.44	12.10	0.57	0.62

注：2005至2008年数据根据全国第二次经济普查数据修正。
Note:Data from year 2005 to 2008 are regulated according to that of the Second National Economic Census.

7-6　主要年份年平均能源消费弹性系数

Annual Average Elasticity Ratio of Energy Consumption in Significant Years

(1979年=100)　　(1979=100)

年　份 Year	能源消费 年平均增长(%) Annual Average Growth Rate of Energy Consumption (%)	电力消费 年平均增长(%) Annual Average Growth Rate of Electricity Consumption (%)	生产总值 年平均增长(%) Annual Average Growth Rate of Gross Regional Product (%)	年平均能源 消费弹性系数 Annual Average Elasticity Ratio of Energy Concsumption	年平均电力 消费弹性系数 Annual Average Elasticity Ratio of Electricity Consumption
1980	-11.76	5.07	8.50	-1.38	0.60
1985	3.24	5.74	11.24	0.29	0.51
1987	4.57	7.00	10.48	0.44	0.67
1988	4.71	8.45	11.08	0.43	0.76
1989	4.76	8.07	10.54	0.45	0.77
1990	5.61	8.48	10.37	0.54	0.82
1991	5.16	8.87	10.05	0.51	0.88
1993	4.88	10.14	10.19	0.48	1.00
1994	5.17	9.39	10.32	0.50	0.91
1995	5.79	9.70	10.40	0.56	0.93
1996	5.85	9.88	10.45	0.56	0.95
1997	6.67	9.58	10.40	0.64	0.92
1998	6.20	9.19	10.28	0.60	0.89
1999	5.76	9.22	10.13	0.57	0.91
2000	5.75	9.11	10.00	0.57	0.91
2001	5.84	9.12	9.86	0.59	0.93
2002	6.04	9.30	9.82	0.62	0.95
2003	6.11	9.08	9.78	0.62	0.93
2004	6.53	9.35	9.84	0.66	0.95
2005	6.86	9.64	9.80	0.70	0.98
2006	6.97	9.87	9.87	0.71	1.00
2007	7.00	10.06	9.95	0.70	1.01
2008	6.94	10.10	9.97	0.70	1.01
2009	6.94	10.01	10.04	0.69	1.00

注：2005至2008年数据根据全国第二次经济普查数据修正。

Note:Data from year 2005 to 2008 are regulated according to that of the Second National Economic Census.

7-7 主要年份能源利用经济效益指标（一）
Indicators on Economic Benefits from Energy Utilization in Significant Years (Ⅰ)

(按当年价格计算) (Data below are calculated at current prices)

年份 Year	能源消费量 (万吨标准煤) Total Consumption of Energy (10 000 tons of SCE)	#工业部门消费 Industrial Consumption	万元工业产值耗能 (吨标准煤/万元) Energy Consumption of Industrial Output Value per 10 000 yuan (ton of SCE/10 000 yuan)	万元生产总值耗能 (吨标准煤/万元) Energy Consumption of Gross Regional Product per 10 000 yuan (ton of SCE/10 000 yuan)	吨能创造工业产值(元) Industrial Output Value Created by Energy of One Ton (yuan)	吨能创造生产总值(元) Gross Regional Product Created by Energy of One Ton (yuan)
1949	16.80	9.20				
1952	19.00	11.40	4.99	1.61	2 005.00	6 200.00
1957	119.20	72.70	10.65	5.29	939.00	1 890.00
1962	256.30	166.60	17.72	10.46	564.00	956.00
1965	348.70	226.70	17.17	10.37	582.00	964.00
1970	591.50	390.40	19.19	15.36	521.00	651.00
1975	920.30	607.40	21.74	16.95	460.00	590.00
1976	797.00	494.10	24.45	16.18	409.00	618.00
1977	931.10	605.20	20.14	16.67	496.00	600.00
1978	1 065.9	692.80	19.23	15.44	520.00	648.00
1979	1 072.2	696.90	17.19	13.96	582.00	717.00
1980	946.10	615.50	14.48	11.23	691.00	891.00
1981	948.40	612.60	13.07	10.08	765.00	993.00
1982	1 020.60	668.20	12.21	9.27	819.00	1 079.00
1983	1 094.70	651.30	11.51	9.12	869.00	1 097.00
1984	1 226.30	709.70	10.92	8.79	916.00	1 138.00
1985	1 298.30	761.10	9.53	7.87	1 050.00	1 271.00
1986	1 399.10	875.00	9.52	7.68	1 051.00	1 303.00
1987	1 533.20	937.80	8.43	6.69	1 186.00	1 494.00
1988	1 622.50	991.50	6.63	5.39	1 508.00	1 856.00
1989	1 706.90	1 037.10	5.6	4.7	1 786.00	2 127.00
1990	1 954.80	1 143.60	5.66	4.33	1 766.00	2 311.00
1991	1 961.90	1 143.40	4.98	3.79	2 006.00	2 637.00
1992	2 016.60	1 189.10	4.23	3.26	2 366.00	3 068.00
1993	2 089.80	1 282.00	3.03	2.68	3 302.00	3 729.00
1994	2 282.80	1 402.70	2.41	2.34	4 156.00	4 267.00
1995	2 640.60	1 948.65	2.48	2.19	4 036.38	4 570.00
1996	2 819.40	2 036.82	2.55	1.89	3 926.06	5 291.00
1997	3 429.00	2 429.07	2.77	2.09	3 615.11	4 795.00
1998	3 364.50	2 383.39	2.40	1.88	4 167.15	5 332.00
1999	3 288.00	2 224.42	2.20	1.77	4 536.21	5 644.00
2000	3 468.33	2 346.44	1.48	1.72	6 773.50	5 798.73
2001	3 741.03	2 481.69	1.48	1.75	6 749.88	5 715.83
2002	4 131.31	2 796.86	1.51	1.79	6 616.21	5 598.27
2003	4 449.97	3 132.01	1.44	1.74	6 948.89	5 743.90
2004	5 209.81	3 802.21	1.53	1.69	6 520.08	5 915.57
2005	6 023.97	4 390.68	1.35	1.74	7 401.67	5 746.59
2006	6 620.57	4 883.00	1.19	1.66	8 417.46	6 023.87
2007	7 132.63	5 300.98	1.03	1.49	9 691.24	6 691.11
2008	7 510.82	5 597.96	0.98	1.32	10 251.61	7 578.56
2009	8 032.06	5 868.90	0.94	1.30	10 669.37	7 679.51

注：1.能源综合数据按等价热值计算。
2.生产总值、工业总产值按当年价计算。
3.2005至2008年能源消费量根据全国第二次经济普查数据进行了调整。

Note: a.Comprehensive data of energy were calculated according to equivalent caloricity
b.Total output value and gross value of industrial output were calculated according to the prices of their respective years.
c.The energy consumption volume of year 2005 to 2008 were regulated according to the materials of the second National Economic Census.

7-8　能源利用经济效益指标（二）（2000-2009年）

Indicators on Economic Benefits from Energy Utilization (Ⅱ) (2000-2009)

年　份 Year	能源消费总量（万吨标准煤）Total Consumption of Energy (10 000 tons of SCE)		规模以上工业综合能耗（万吨标准煤）Comprehensive Energy Consumption of the Industrial Enterprises above Designated Size (10 000 tons of SCE)	万元生产总值耗能（吨标准煤/万元）Energy Consumption of Gross Regional Product per 10 000 yuan (tons of SCE/10 000 yuan)		规模以上万元工业增加值能耗（吨标准煤/万元）Energy Consumption per 10 000 yuan of Industrial Added Value above Designated Size (ton of SCE/10 000 yuan)
	等价热值 Equivalent Caloricity	当量热值 Equivalent Heat Value	当量热值 Equivalent Heat Value	按等价热值 Equivalent Caloricity	按当量热值 Equivalent Heat Value	按当量热值 Equivalent Heat Value
			按2000年可比价计算			
2000	3 468.33	2 940.74		1.72	1.46	
2001	3 741.03	3 240.39		1.74	1.51	
2002	4 131.31	3 576.86		1.76	1.53	
2003	4 449.97	3 861.70		1.75	1.52	
2004	5 209.81	4 576.79	3 338.83	1.83	1.61	4.35
2005	6 023.97	5 219.55	3 546.35	1.95	1.69	4.26
			按2005年可比价计算			
2005	6 023.97	5 219.55	3 546.35	1.74	1.51	3.55
2006	6 620.57	5 976.53	4 095.81	1.71	1.55	3.40
2007	7 132.63	6 487.79	4 269.52	1.65	1.50	3.16
2008	7 510.82	6 534.34	4 212.50	1.57	1.37	2.85
2009	8 032.06	7 222.76	4 446.47	1.49	1.34	2.74

注：采用数据为等价热值，2005至2008年数据根据全国第二次经济普查数据修正。

Note:Data used in this table are equivalent caloricity.Data from year 2005 to 2008 are regulated according to that of the Second National Economic Census.

7-9　按部门分能源消费量（1995-2009年）

Total Consumption of Energy by Sector (1995-2009)

单位：万吨标准煤　　(10 000 tons of SCE)

年　份 Year	能源消费总量 Total Consumption of Energy	第一产业 Primary Industry	第二产业 Secondary Industry	工　业 Industry	第三产业 Tertiary Industry	生活消费 Household Consumption
1995	2 640.55	133.38	1 971.39	1 948.65	190.02	345.76
1996	2 819.43	150.90	2 069.64	2 036.82	208.20	390.69
1997	3 428.98	182.86	2 466.80	2 429.07	240.75	538.57
1998	3 364.49	179.42	2 420.41	2 383.39	236.22	528.44
1999	3 287.97	282.40	2 261.68	2 224.42	275.50	468.40
2000	3 468.33	297.89	2 385.74	2 346.44	290.61	494.09
2001	3 741.03	271.83	2 518.84	2 481.69	404.99	545.37
2002	4 131.31	264.90	2 840.50	2 796.86	473.48	552.43
2003	4 449.97	239.17	3 180.70	3 132.01	525.53	504.57
2004	5 209.81	216.33	3 859.73	3 802.21	616.96	516.79
2005	6 023.97	228.12	4 468.59	4 390.68	734.12	593.14
2006	6 620.57	225.14	4 975.84	4 883.00	791.77	627.81
2007	7 132.63	237.90	5 395.98	5 300.98	848.27	650.47
2008	7 510.82	205.26	5 714.25	5 597.96	910.28	681.03
2009	8 032.06	215.93	5 999.71	5 868.90	971.21	845.21

注：采用数据为等价热值，2005至2008年数据根据全国第二次经济普查数据修正。

Note:Data used in this table are equivalent caloricity.Data from year 2005 to 2008 are regulated according to that of the Second National Economic Census.

7-10 主要行业能源消费总量和构成（2005-2009年）

行　　业	Sector	2005 消费量（万吨标准煤） Total Consumption of Energy (10 000 tons of SCE)	2005 构　成（%） Percentage (%)
工　业	**Industry**	**4 390.71**	**100.00**
轻工业	Light Industry	261.57	5.96
重工业	Heavy Industry	4 129.13	94.04
采矿业	Mining	357.79	8.15
煤炭开采和洗选业	Coal Mining and Dressing	204.51	4.66
石油和天然气开采业	Petroleum and Natural Gas Extraction	0.06	0.00
黑色金属矿采选业	Ferrous Metals Mining and Dressing	55.09	1.25
有色金属矿采选业	Nonferrous Metals Mining and Dressing	69.52	1.58
非金属矿采选业	Nonmetal Minerals Mining and Dressing	28.61	0.65
其他采矿业	Other Mining		
制造业	Manufacturing	3 734.80	85.06
农副食品加工业	Agricultural Non-staple Food Processing	101.79	2.32
食品制造业	Food Manufacturing	13.58	0.31
饮料制造业	Beverage Manufacturing	27.43	0.62
烟草制品业	Tobacco Production	32.62	0.74
纺织业	Textile Industry	16.15	0.37
纺织服装、鞋、帽制造业	Textile,Clothing, Footwear Production	0.37	0.01
皮革、毛皮、羽绒及其制品业	Leather, Furs, Down and Related Products	0.25	0.01
木材加工及竹、藤、棕、草制品业	Timber Processing, Bamboo, Cane, Palm Fiber and Straw Products	18.20	0.41
家具制造业	Furniture Manufacturing	0.52	0.01
造纸及纸制品业	Papermaking and Paper Products	40.98	0.93
印刷业	Printing	5.94	0.14
文教体育用品制造业	Cultural, Educational and Sports Goods	0.07	0.00

注：采用数据为等价热值，2005至2008年数据根据全国第二次经济普查数据修正。

Total Consumption of Energy of Main Sectors and Its Composition (2005-2009)

2006		2007		2008		2009	
消费量 (万吨标准煤) Total Consumption of Energy (10 000 tons of SCE)	构 成 (%) Percentage (%)	消费量 (万吨标准煤) Total Consumption of Energy (10 000 tons of SCE)	构 成 (%) Percentage (%)	消费量 (万吨标准煤) Total Consumption of Energy (10 000 tons of SCE)	构 成 (%) Percentage (%)	消费量 (万吨标准煤) Total Consumption of Energy (10 000 tons of SCE)	构 成 (%) Percentage (%)
4 882.98	**100.00**	**5 300.95**	**100.00**	**5 597.99**	**100.00**	**5 868.90**	**100.00**
290.32	5.95	316.22	5.97	306.51	5.48	387.31	6.60
4 592.67	94.05	4 984.73	94.03	5 291.48	94.52	5 481.59	93.40
378.87	7.76	436.80	8.24	530.14	9.47	530.39	9.04
184.41	3.78	198.59	3.75	285.27	5.10	222.90	3.80
0.05	0.00	0.03	0.00			0.01	0.00
57.84	1.18	70.63	1.33	95.07	1.70	104.95	1.79
97.46	2.00	120.54	2.27	100.63	1.80	113.91	1.94
39.11	0.80	47.01	0.89	49.17	0.88	88.62	1.51
0.00	0.00	0.00	0.00	0.00	0.00		
4 113.89	84.25	4 432.17	83.61	4 611.61	82.38	5 023.18	85.59
100.81	2.06	138.88	2.62	100.13	1.79	182.66	3.11
21.05	0.43	18.61	0.35	11.31	0.20	18.63	0.32
28.94	0.59	26.48	0.50	26.76	0.48	35.31	0.60
35.66	0.73	35.05	0.66	33.58	0.60	34.18	0.58
17.34	0.36	11.49	0.22	17.00	0.30	13.59	0.23
0.65	0.01	0.64	0.01	0.93	0.02	1.35	0.02
0.12	0.00	0.02	0.00	0.25	0.00	0.23	0.00
19.52	0.40	15.45	0.29	33.37	0.60	20.11	0.34
0.51	0.01	0.13	0.00	3.75	0.07	4.92	0.08
53.73	1.10	61.36	1.16	61.54	1.10	62.53	1.07
7.03	0.14	3.26	0.06	4.11	0.07	5.13	0.09
0.05	0.00	0.01	0.00	0.17	0.00		

Note:Data used in this table are equivalent caloricity.Data from year 2005 to 2008 are regulated according to that of the Second National Economic Census.

7-10 续表

行业	Sector	2005 消费量(万吨标准煤) Total Consumption of Energy (10 000 tons of SCE)	2005 构成(%) Percentage (%)
石油加工、炼焦及核燃料加工业	Petroleum Processing,Coking and Nuclear Fuel Processing	145.41	3.31
化学原料及化学品制造业	Raw Chemical Materials and Chemical Products	996.86	22.70
医药制造业	Medical and Pharmaceutical Products	11.66	0.27
化学纤维制造业	Chemical Fiber	5.33	0.12
橡胶制品业	Rubber Products	2.24	0.05
塑料制品业	Plastic Products	10.91	0.25
非金属矿物制品业	Nonmetal Mineral Products	591.27	13.47
黑色金属冶炼及压延加工业	Smelting and Pressing of Ferrous Metals	1 104.86	25.16
有色金属冶炼及压延加工业	Smelting and Pressing of Nonferrous Metals	560.59	12.77
金属制品业	Metal Products	6.14	0.14
通用设备制造业	General-purpose Machinery Manufacturing	13.63	0.31
专用设备制造业	Special Purposes Equipment	6.98	0.16
交通运输设备制造业	Transport Equipment	10.09	0.23
电气机械及器材制造业	Electric Equipment and Machinery	3.84	0.09
通信设备、计算机及其他电子设备制造业	Communication Equipment, Computers and Other Electronic Equipment Production	0.30	0.01
仪器仪表、文化办公用机械制造业	Instruments, Meters, Cultural and Clerical Machinery	1.40	0.03
工艺品及其他制造业	Handicraft Articles and Other Goods Production	4.89	0.11
废弃资源和废旧材料回收加工业	Recycling and Disposal of Waste	0.51	0.01
电力、燃气及水生产和供应业	Production and Supply of Electric Power, Gas and Water	298.12	6.79
电力、热力的生产和供应业	Production and Supply of Electric Power and Heat	280.90	6.40
燃气生产和供应业	Gas Production and Supply	12.09	0.28
水的生产和供应业	Water Production and Supply	5.13	0.12
建筑业	**Construction**	**77.91**	
交通运输、仓储及邮电通信业	**Transport, Storage and Post Services**	**570.30**	

注：能源综合消费量按等价热值计算。

continued

2006		2007		2008		2009	
消费量 (万吨标准煤) Total Consumption of Energy (10 000 tons of SCE)	构　成 (%) Percentage (%)	消费量 (万吨标准煤) Total Consumption of Energy (10 000 tons of SCE)	构　成 (%) Percentage (%)	消费量 (万吨标准煤) Total Consumption of Energy (10 000 tons of SCE)	构　成 (%) Percentage (%)	消费量 (万吨标准煤) Total Consumption of Energy (10 000 tons of SCE)	构　成 (%) Percentage (%)
170.61	3.49	147.02	2.77	239.05	4.27	192.05	3.27
1 102.28	22.57	1 143.41	21.57	1 199.93	21.44	1 170.43	19.94
15.00	0.31	11.42	0.22	12.15	0.22	14.72	0.25
6.65	0.14	7.13	0.13	5.63	0.10	6.13	0.10
1.80	0.04	2.00	0.04	2.20	0.04	3.71	0.06
7.54	0.15	6.97	0.13	10.76	0.19	14.28	0.24
709.97	14.54	658.21	12.42	654.47	11.69	895.02	15.25
1 142.28	23.39	1 403.78	26.48	1 433.82	25.61	1 472.20	25.08
636.30	13.03	707.62	13.35	663.17	11.85	760.64	12.96
5.34	0.11	3.09	0.06	20.59	0.37	40.06	0.68
10.20	0.21	9.87	0.19	20.93	0.37	13.72	0.23
5.04	0.10	4.04	0.08	5.17	0.09	7.27	0.12
6.73	0.14	7.44	0.14	8.72	0.16	31.36	0.53
4.12	0.08	3.43	0.06	4.55	0.08	4.95	0.08
0.38	0.01	0.53	0.01	0.63	0.01	0.60	0.01
1.12	0.02	1.36	0.03	1.36	0.02	1.37	0.02
2.77	0.06	1.73	0.03	29.20	0.52	7.93	0.14
0.34	0.01	1.74	0.03	6.38	0.11	8.10	0.14
390.22	7.99	431.98	8.15	456.25	8.15	315.33	5.37
377.88	7.74	397.49	7.50	433.92	7.75	293.71	5.00
7.08	0.14	26.92	0.51	16.60	0.30	15.23	0.26
5.26	0.11	7.57	0.14	5.73	0.10	6.39	0.11
92.84		**95.01**		**116.29**		**130.80**	
627.20		**671.23**		**690.45**		**709.33**	

Note:The energy consumption volume was calculated according to the equivalent caloricity.

7-11 主要行业原煤消费量和构成（2005-2009年）

行　业	Sector	2005	
		消费量 (万吨) Total Consumption of Coal (10 000 tons)	构　成 (%) Percentage (%)
工　业	**Industry**	**5 919.34**	**100.00**
轻工业	Light Industry	216.51	3.66
重工业	Heavy Industry	5 702.83	96.34
采矿业	Mining	1 105.98	18.68
煤炭开采和洗选业	Coal Mining and Dressing	1 062.54	17.95
石油和天然气开采业	Petroleum and Natural Gas Extraction		
黑色金属矿采选业	Ferrous Metals Mining and Dressing	8.80	0.15
有色金属矿采选业	Nonferrous Metals Mining and Dressing	10.03	0.17
非金属矿采选业	Nonmetal Minerals Mining and Dressing	24.61	0.42
其他采矿业	Other Mining		
制造业	Manufacturing	2 950.42	49.84
农副食品加工业	Agricultural Non-staple Food Processing	51.04	0.86
食品制造业	Food Manufacturing	15.70	0.27
饮料制造业	Beverage Manufacturing	21.10	0.36
烟草制品业	Tobacco Production	25.74	0.43
纺织业	Textile Industry	12.53	0.21
纺织服装、鞋、帽制造业	Textile,Clothing, Footwear Production	0.33	0.01
皮革、毛皮、羽绒及其制品业	Leather, Furs, Down and Related Products	0.28	0.00
木材加工及竹、藤、棕、草制品业	Timber Processing, Bamboo, Cane, Palm Fiber and Straw Products	11.47	0.19
家具制造业	Furniture Manufacturing	0.02	0.00
造纸及纸制品业	Papermaking and Paper Products	52.07	0.88
印刷业	Printing	4.10	0.07
文教体育用品制造业	Cultural, Educational and Sports Goods	0.00	0.00

注：2005至2008年数据根据全国第二次经济普查数据修正。

Total Consumption Coal of Main Sectors and Its Composition (2005-2009)

2006		2007		2008		2009	
消费量 (万吨) Total Consumption of Coal (10 000 tons)	构　成 (%) Percentage (%)	消费量 (万吨) Total Consumption of Coal (10 000 tons)	构　成 (%) Percentage (%)	消费量 (万吨) Total Consumption of Coal (10 000 tons)	构　成 (%) Percentage (%)	消费量 (万吨) Total Consumption of Coal (10 000 tons)	构　成 (%) Percentage (%)
6 760.15	**100.00**	**6 893.22**	**100.00**	**7 273.29**	**100.00**	**7 884.94**	**100.00**
232.97	3.45	223.01	3.24	240.62	3.31	259.74	3.29
6 527.17	96.55	6 670.21	96.76	7 032.68	96.69	7 625.19	96.71
1 257.60	18.60	1 397.03	20.27	1 569.77	21.58	1 498.21	19.00
1 210.33	17.90	1 305.56	18.94	1 508.80	20.74	1 409.73	17.88
11.19	0.17	46.51	0.67	12.20	0.17	12.25	0.16
13.00	0.19	12.88	0.19	12.48	0.17	34.18	0.43
23.08	0.34	32.08	0.47	36.29	0.50	42.05	0.53
0.00	0.00	0.00	0.00	0.00	0.00		
2 862.59	42.35	2 476.05	35.92	3 065.01	42.14	3 195.65	40.53
40.16	0.59	56.43	0.82	64.58	0.89	64.44	0.82
19.00	0.28	19.57	0.28	9.61	0.13	14.30	0.18
22.99	0.34	18.74	0.27	26.66	0.37	34.92	0.44
33.65	0.50	23.89	0.35	26.63	0.37	29.49	0.37
13.71	0.20	11.79	0.17	20.18	0.28	15.03	0.19
0.65	0.01	0.65	0.01	0.55	0.01	0.35	0.00
0.07	0.00	0.02	0.00	0.45	0.01	0.02	0.00
12.33	0.18	8.67	0.13	30.76	0.42	5.78	0.07
0.09	0.00	0.07	0.00	0.45	0.01	0.01	0.00
55.97	0.83	63.49	0.92	61.95	0.85	65.38	0.83
4.69	0.07	0.33	0.00	0.51	0.01	0.84	0.01
0.00	0.00						

Note:Data from year 2005 to 2008 are regulated according to that of the Second National Economic Census.

7-11 续表

行　　业	Sector	2005 消费量 (万吨) Total Consumption of Coal (10 000 tons)	构 成 (%) Percentage (%)
石油加工、炼焦及核燃料加工业	Petroleum Processing,Coking and Nuclear Fuel Processing	1 066.20	18.01
化学原料及化学品制造业	Raw Chemical Materials and Chemical Products	550.34	9.30
医药制造业	Medical and Pharmaceutical Products	12.09	0.20
化学纤维制造业	Chemical Fiber	9.47	0.16
橡胶制品业	Rubber Products	1.63	0.03
塑料制品业	Plastic Products	2.19	0.04
非金属矿物制品业	Nonmetal Mineral Products	736.67	12.45
黑色金属冶炼及压延加工业	Smelting and Pressing of Ferrous Metals	232.14	3.92
有色金属冶炼及压延加工业	Smelting and Pressing of Nonferrous Metals	124.74	2.11
金属制品业	Metal Products	1.36	0.02
通用设备制造业	General-purpose Machinery Manufacturing	1.40	0.02
专用设备制造业	Special Purposes Equipment	2.90	0.05
交通运输设备制造业	Transport Equipment	1.82	0.03
电气机械及器材制造业	Electric Equipment and Machinery	0.65	0.01
通信设备、计算机及其他电子设备制造业	Communication Equipment, Computers and Other Electronic Equipment Production		
仪器仪表、文化办公用机械制造业	Instruments, Meters, Cultural and Clerical Machinery	0.30	0.01
工艺品及其他制造业	Handicraft Articles and Other Goods Production	12.04	0.20
废弃资源和废旧材料回收加工业	Recycling and Disposal of Waste	0.10	
电力、燃气及水生产和供应业	Production and Supply of Electric Power, Gas and Water	1 862.94	31.47
电力、热力的生产和供应业	Production and Supply of Electric Power and Heat	1 858.26	31.39
燃气生产和供应业	Gas Production and Supply	4.67	0.08
水的生产和供应业	Water Production and Supply	0.01	
建筑业	**Construction**	**25.28**	
交通运输、仓储及邮电通信业	**Transport, Storage and Post Services**	**27.73**	

continued

2006		2007		2008		2009	
消费量 (万吨) Total Consumption of Coal (10 000 tons)	构　成 (%) Percentage (%)	消费量 (万吨) Total Consumption of Coal (10 000 tons)	构　成 (%) Percentage (%)	消费量 (万吨) Total Consumption of Coal (10 000 tons)	构　成 (%) Percentage (%)	消费量 (万吨) Total Consumption of Coal (10 000 tons)	构　成 (%) Percentage (%)
1 052.38	15.57	609.77	8.85	974.18	13.39	693.88	8.80
526.59	7.79	639.41	9.28	738.65	10.16	773.21	9.81
13.54	0.20	10.25	0.15	12.15	0.17	12.23	0.16
11.39	0.17	10.91	0.16	9.21	0.13	9.35	0.12
1.25	0.02	1.66	0.02	1.90	0.03	2.56	0.03
1.97	0.03	1.04	0.02	1.76	0.02	2.47	0.03
749.72	11.09	695.85	10.09	751.68	10.33	1 072.19	13.60
126.97	1.88	183.46	2.66	193.32	2.66	235.14	2.98
151.63	2.24	107.22	1.56	116.88	1.61	112.52	1.43
1.35	0.02	1.34	0.02	5.70	0.08	20.64	0.26
1.00	0.01	1.64	0.02	3.56	0.05	2.51	0.03
2.61	0.04	0.86	0.01	0.94	0.01	1.70	0.02
1.04	0.02	1.54	0.02	1.55	0.02	1.83	0.02
0.60	0.01	0.43	0.01	0.56	0.01	0.05	0.00
0.17		0.15		0.16		0.17	0.00
17.06	0.25	6.87	0.10	7.69	0.11	13.40	0.17
0.01		0.01		2.81	0.04	11.25	0.14
2 639.95	39.05	3 020.14	43.81	2 638.50	36.28	3 191.08	40.47
2 637.44	39.01	3 015.14	43.74	2 632.39	36.19	3 186.70	40.42
2.41	0.04	5.00	0.07	5.80	0.08	4.38	0.06
0.10				0.31			
25.79		**25.68**		**28.48**		**20.06**	
24.96		**24.96**		**18.75**		**18.33**	

7-12 主要行业焦炭消费量和构成（2005-2009年）

行　　业	Sector	2005 消费量（万吨） Total Consumption of Coke (10 000 tons)	2005 构成（%） Percentage (%)
工　业	**Industry**	**1 218.26**	**100.00**
轻工业	Light Industry	1.47	0.12
重工业	Heavy Industry	1 216.79	99.88
采矿业	Mining	24.98	2.05
煤炭开采和洗选业	Coal Mining and Dressing	10.87	0.89
石油和天然气开采业	Petroleum and Natural Gas Extraction		
黑色金属矿采选业	Ferrous Metals Mining and Dressing	9.52	0.78
有色金属矿采选业	Nonferrous Metals Mining and Dressing	2.58	0.21
非金属矿采选业	Nonmetal Minerals Mining and Dressing	2.01	0.16
其他采矿业	Other Mining		
制造业	Manufacturing	1 192.21	97.86
农副食品加工业	Agricultural Non-staple Food Processing	0.2600	0.0213
食品制造业	Food Manufacturing		
饮料制造业	Beverage Manufacturing	0.6098	0.0501
烟草制品业	Tobacco Production		
纺织业	Textile Industry	0.0100	0.0008
纺织服装、鞋、帽制造业	Textile,Clothing, Footwear Production		
皮革、毛皮、羽绒及其制品业	Leather, Furs, Down and Related Products		
木材加工及竹、藤、棕、草制品业	Timber Processing, Bamboo, Cane, Palm Fiber and Straw Products		
家具制造业	Furniture Manufacturing		
造纸及纸制品业	Papermaking and Paper Products	0.0080	0.0007
印刷业	Printing	0.0100	0.0008

注：2005至2008年数据根据全国第二次经济普查数据修正。

Total Consumption of Coke of Main Sectors and Its Composition (2005-2009)

2006		2007		2008		2009	
消费量 (万吨) Total Consumption of Coke (10 000 tons)	构　成 (%) Percentage (%)	消费量 (万吨) Total Consumption of Coke (10 000 tons)	构　成 (%) Percentage (%)	消费量 (万吨) Total Consumption of Coke (10 000 tons)	构　成 (%) Percentage (%)	消费量 (万吨) Total Consumption of Coke (10 000 tons)	构　成 (%) Percentage (%)
1 246.77	**100.00**	**1 373.49**	**100.00**	**1 327.99**	**100.00**	**1 275.55**	**100.00**
0.11	0.01	0.15	0.01	0.38	0.03	0.98	0.08
1 246.66	99.99	1 373.34	99.99	1 327.61	99.97	1 274.57	99.92
21.34	1.71	17.26	1.26	26.36	1.99	22.20	1.74
9.28	0.74	5.97	0.43	4.89	0.37	0.80	0.06
7.93	0.64	9.70	0.71	19.63	1.48	13.82	1.08
2.32	0.19	1.54	0.11	1.77	0.13	1.58	0.12
1.81	0.15	0.05	0.00	0.07	0.01	6.00	0.47
1 224.07	98.18	1 354.59	98.62	1 300.27	97.91	1 253.16	98.24
0.0799	0.0064	0.1268	0.0092	0.2168	0.0163	0.4558	0.0357
0.0027	0.0002	0.0038	0.0003	0.0400	0.0030	0.2482	0.0195
		0.0049	0.0004	0.0700	0.0053		
						0.0174	0.0014
						0.0001	0.0000

Note:Data from year 2005 to 2008 are regulated according to that of the Second National Economic Census.

7-12 续表

行 业	Sector	2005 消费量(万吨) Total Consumption of Coke (10 000 tons)	2005 构 成(%) Percentage (%)
石油加工、炼焦及核燃料加工业	Petroleum Processing,Coking and Nuclear Fuel Processing	18.99	1.56
化学原料及化学品制造业	Raw Chemical Materials and Chemical Products	273.54	22.45
医药制造业	Medical and Pharmaceutical Products	0.01	0.00
化学纤维制造业	Chemical Fiber		
橡胶制品业	Rubber Products	0.01	0.00
塑料制品业	Plastic Products	0.01	0.00
非金属矿物制品业	Nonmetal Mineral Products	8.64	0.71
黑色金属冶炼及压延加工业	Smelting and Pressing of Ferrous Metals	800.39	65.70
有色金属冶炼及压延加工业	Smelting and Pressing of Nonferrous Metals	80.43	6.60
金属制品业	Metal Products	0.64	0.05
通用设备制造业	General-purpose Machinery Manufacturing	5.07	0.42
专用设备制造业	Special Purposes Equipment	0.56	0.05
交通运输设备制造业	Transport Equipment	1.87	0.15
电气机械及器材制造业	Electric Equipment and Machinery	0.53	0.04
通信设备、计算机及其他电子设备制造业	Communication Equipment, Computers and Other Electronic Equipment Production		
仪器仪表、文化办公用机械制造业	Instruments, Meters, Cultural and Clerical Machinery	0.02	0.00
工艺品及其他制造业	Handicraft Articles and Other Goods Production	0.56	0.05
废弃资源和废旧材料回收加工业	Recycling and Disposal of Waste	0.03	0.00
电力、燃气及水生产和供应业	Production and Supply of Electric Power, Gas and Water	1.07	0.09
电力、热力的生产和供应业	Production and Supply of Electric Power and Heat		
燃气生产和供应业	Gas Production and Supply	1.07	0.09
水的生产和供应业	Water Production and Supply		
建筑业	**Construction**	**1.57**	
交通运输、仓储及邮电通信业	**Transport, Storage and Post Services**	**0.61**	

continued

2006		2007		2008		2009	
消费量 (万吨) Total Consumption of Coke (10 000 tons)	构 成 (%) Percentage (%)	消费量 (万吨) Total Consumption of Coke (10 000 tons)	构 成 (%) Percentage (%)	消费量 (万吨) Total Consumption of Coke (10 000 tons)	构 成 (%) Percentage (%)	消费量 (万吨) Total Consumption of Coke (10 000 tons)	构 成 (%) Percentage (%)
4.92	0.39	5.38	0.39	5.75	0.43	0.11	0.01
292.74	23.48	291.47	21.22	274.35	20.66	233.38	18.30
0.01	0.00					0.00	0.00
0.01	0.00						
0.01	0.00	0.00	0.00	0.02	0.00	0.04	0.00
7.78	0.62	6.95	0.51	3.46	0.26	4.00	0.31
836.57	67.10	980.18	71.36	923.40	69.53	903.27	70.81
75.16	6.03	64.67	4.71	84.10	6.33	82.73	6.49
0.34	0.03	0.38	0.03	0.67	0.05	2.11	0.17
4.57	0.37	3.31	0.24	5.34	0.40	4.17	0.33
0.40	0.03	0.39	0.03	0.38	0.03	0.35	0.03
0.87	0.07	1.24	0.09	2.01	0.15	21.97	1.72
0.57	0.05	0.20	0.01	0.02	0.00	0.02	0.00
0.02	0.00	0.02	0.00				
0.02	0.00	0.01	0.00	0.05	0.00	0.26	0.02
		0.26	0.02	0.40	0.03	0.02	0.00
1.36	0.11	1.64	0.12	1.36	0.10	0.20	0.02
0.21	0.02	0.21	0.02	0.05	0.00	0.04	0.00
1.15	0.09	1.43	0.10	1.31	0.10	0.15	0.01
1.54		**1.54**		**1.62**			
0.64		**0.64**		**0.45**			

7-13 主要行业石油消费量和构成（2005-2009年）

行业	Sector	2005 消费量(万吨) Total Consumption of Petroleum (10 000 tons)	2005 构成(%) Percentage (%)
工业	**Industry**	**36.22**	**100.00**
轻工业	Light Industry	3.99	11.01
重工业	Heavy Industry	32.23	88.99
采矿业	Mining	10.33	28.52
煤炭开采和洗选业	Coal Mining and Dressing	2.06	5.70
石油和天然气开采业	Petroleum and Natural Gas Extraction	0.01	0.03
黑色金属矿采选业	Ferrous Metals Mining and Dressing	3.50	9.67
有色金属矿采选业	Nonferrous Metals Mining and Dressing	2.52	6.94
非金属矿采选业	Nonmetal Minerals Mining and Dressing	2.24	6.18
其他采矿业	Other Mining		
制造业	Manufacturing	22.50	62.13
农副食品加工业	Agricultural Non-staple Food Processing	1.21	3.35
食品制造业	Food Manufacturing	0.91	2.52
饮料制造业	Beverage Manufacturing	0.35	0.97
烟草制品业	Tobacco Production	0.44	1.22
纺织业	Textile Industry	0.11	0.29
纺织服装、鞋、帽制造业	Textile,Clothing, Footwear Production	0.04	0.10
皮革、毛皮、羽绒及其制品业	Leather, Furs, Down and Related Products	0.00	0.01
木材加工及竹、藤、棕、草制品业	Timber Processing, Bamboo, Cane, Palm Fiber and Straw Products	0.19	0.53
家具制造业	Furniture Manufacturing	0.05	0.14
造纸及纸制品业	Papermaking and Paper Products	0.28	0.77
印刷业	Printing	0.21	0.57
文教体育用品制造业	Cultural, Educational and Sports Goods	0.01	0.03

注：2005至2008年数据根据全国第二次经济普查数据修正。

Total Consumption of Petroleum of Main Sectors and Its Composition (2005-2009)

2006		2007		2008		2009	
消费量 (万吨) Total Consumption of Petroleum (10 000 tons)	构　成 (%) Percentage (%)	消费量 (万吨) Total Consumption of Petroleum (10 000 tons)	构　成 (%) Percentage (%)	消费量 (万吨) Total Consumption of Petroleum (10 000 tons)	构　成 (%) Percentage (%)	消费量 (万吨) Total Consumption of Petroleum (10 000 tons)	构　成 (%) Percentage (%)
40.75	**100.00**	**40.83**	**100.00**	**60.80**	**100.00**	**72.29**	**100.00**
4.03	9.88	4.02	9.84	4.82	**7.92**	7.09	9.81
36.72	90.12	36.81	90.16	55.98	92.08	65.19	90.19
10.49	25.74	10.86	26.60	23.88	39.28	29.97	41.46
2.25	5.52	2.26	5.54	5.32	8.75	7.36	10.18
0.01	0.02						
3.49	8.57	2.99	7.32	7.59	12.49	6.13	8.48
2.50	6.14	2.61	6.40	4.62	7.59	5.53	7.65
2.23	5.48	3.00	7.35	6.35	10.45	10.95	15.14
25.50	62.57	25.22	61.76	32.64	53.69	39.47	54.60
1.22	2.99	1.66	4.06	1.55	2.56	1.98	2.73
0.80	1.97	0.81	1.98	0.87	1.43	1.26	1.75
0.47	1.14	0.33	0.81	0.56	0.92	1.04	1.43
0.43	1.05	0.31	0.76	0.31	0.51	0.45	0.63
0.10	0.24	0.04	0.10	0.10	0.17	0.12	0.16
0.03	0.08	0.04	0.09	0.12	0.20	0.25	0.35
0.00	0.01	0.00	0.00				
0.24	0.60	0.14	0.35	0.35	0.58	0.62	0.85
0.04	0.10	0.02	0.06	0.09	0.16	0.21	0.30
0.29	0.71	0.34	0.82	0.42	0.69	0.43	0.60
0.20	0.48	0.13	0.33	0.37	0.61	0.39	0.54
0.01	0.02	0.00	0.00	0.02	0.03		

Note:Data from year 2005 to 2008 are regulated according to that of the Second National Economic Census.

7-13 续表

行　　业	Sector	2005 消费量(万吨) Total Consumption of Petroleum (10 000 tons)	2005 构成(%) Percentage (%)
石油加工、炼焦及核燃料加工业	Petroleum Processing,Coking and Nuclear Fuel Processing	0.65	1.80
化学原料及化学品制造业	Raw Chemical Materials and Chemical Products	2.47	6.83
医药制造业	Medical and Pharmaceutical Products	0.30	0.84
化学纤维制造业	Chemical Fiber	0.01	0.03
橡胶制品业	Rubber Products	0.10	0.29
塑料制品业	Plastic Products	0.39	1.07
非金属矿物制品业	Nonmetal Mineral Products	5.74	15.84
黑色金属冶炼及压延加工业	Smelting and Pressing of Ferrous Metals	1.87	5.17
有色金属冶炼及压延加工业	Smelting and Pressing of Nonferrous Metals	4.82	13.31
金属制品业	Metal Products	0.21	0.57
通用设备制造业	General-purpose Machinery Manufacturing	0.23	0.64
专用设备制造业	Special Purposes Equipment	0.33	0.91
交通运输设备制造业	Transport Equipment	1.14	3.14
电气机械及器材制造业	Electric Equipment and Machinery	0.25	0.69
通信设备、计算机及其他电子设备制造业	Communication Equipment, Computers and Other Electronic Equipment Production	0.01	0.02
仪器仪表、文化办公用机械制造业	Instruments, Meters, Cultural and Clerical Machinery	0.05	0.14
工艺品及其他制造业	Handicraft Articles and Other Goods Production	0.06	0.17
废弃资源和废旧材料回收加工业	Recycling and Disposal of Waste	0.06	0.17
电力、燃气及水生产和供应业	Production and Supply of Electric Power, Gas and Water	3.39	9.35
电力、热力的生产和供应业	Production and Supply of Electric Power and Heat	3.24	8.93
燃气生产和供应业	Gas Production and Supply	0.07	0.19
水的生产和供应业	Water Production and Supply	0.08	0.23
建筑业	**Construction**	**17.86**	
交通运输、仓储及邮电通信业	**Transport, Storage and Post Services**	**337.99**	

continued

2006		2007		2008		2009	
消费量 (万吨) Total Consumption of Petroleum (10 000 tons)	构 成 (%) Percentage (%)	消费量 (万吨) Total Consumption of Petroleum (10 000 tons)	构 成 (%) Percentage (%)	消费量 (万吨) Total Consumption of Petroleum (10 000 tons)	构 成 (%) Percentage (%)	消费量 (万吨) Total Consumption of Petroleum (10 000 tons)	构 成 (%) Percentage (%)
0.80	1.96	0.55	1.34	0.71	1.16	0.53	0.73
2.59	6.35	2.23	5.46	2.78	4.57	2.38	3.30
0.36	0.88	0.31	0.76	0.29	0.49	0.37	0.51
0.02	0.05	0.00	0.01			0.00	0.00
0.11	0.27	0.03	0.06	0.04	0.07	0.11	0.16
0.38	0.94	0.26	0.65	0.45	0.75	0.51	0.71
6.52	16.00	6.44	15.78	9.31	15.32	12.35	17.09
3.19	7.82	2.25	5.50	2.62	4.30	3.09	4.28
5.18	12.72	7.71	18.87	9.11	14.99	9.19	12.71
0.21	0.52	0.16	0.38	0.44	0.73	1.07	1.47
0.23	0.56	0.21	0.51	0.40	0.65	0.37	0.52
0.53	1.29	0.42	1.03	0.47	0.78	0.60	0.83
1.05	2.57	0.57	1.39	0.70	1.16	1.11	1.54
0.30	0.73	0.19	0.45	0.24	0.39	0.27	0.37
0.01	0.03	0.01	0.02	0.02	0.04	0.02	0.03
0.06	0.14	0.02	0.06	0.07	0.11	0.06	0.09
0.06	0.16	0.02	0.06	0.09	0.16	0.59	0.81
0.07	0.17	0.02	0.06	0.11	0.18	0.08	0.12
4.77	11.70	4.75	11.64	4.27	7.03	2.85	3.94
4.60	11.28	4.55	11.13	3.96	6.52	2.61	3.61
0.09	0.21	0.15	0.37	0.21	0.35	0.13	0.19
0.08	0.20	0.06	0.14	0.10	0.16	0.10	0.14
21.23		**20.94**		**35.20**		**46.25**	
384.96		**415.5**		**430.42**		**442.66**	

7-14 主要行业电力消费量和构成（2005-2009年）

行业	Sector	2005	
		消费量（亿千瓦小时）Total Consumption of Electricity (100 million kwh)	构成（%）Percentage (%)
工业	**Industry**	**425.94**	**100.00**
轻工业	Light Industry	22.25	5.22
重工业	Heavy Industry	403.69	94.78
采矿业	Mining	31.68	7.44
煤炭开采和洗选业	Coal Mining and Dressing	7.51	1.76
石油和天然气开采业	Petroleum and Natural Gas Extraction	0.01	0.00
黑色金属矿采选业	Ferrous Metals Mining and Dressing	6.61	1.55
有色金属矿采选业	Nonferrous Metals Mining and Dressing	14.01	3.29
非金属矿采选业	Nonmetal Minerals Mining and Dressing	3.54	0.83
其他采矿业	Other Mining		
制造业	Manufacturing	329.15	77.28
农副食品加工业	Agricultural Non-staple Food Processing	5.53	1.30
食品制造业	Food Manufacturing	0.77	0.18
饮料制造业	Beverage Manufacturing	1.76	0.41
烟草制品业	Tobacco Production	4.45	1.05
纺织业	Textile Industry	2.13	0.50
纺织服装、鞋、帽制造业	Textile,Clothing, Footwear Production	0.04	0.01
皮革、毛皮、羽绒及其制品业	Leather, Furs, Down and Related Products	0.02	0.01
木材加工及竹、藤、棕、草制品业	Timber Processing, Bamboo, Cane, Palm Fiber and Straw Products	2.30	0.54
家具制造业	Furniture Manufacturing	0.10	0.02
造纸及纸制品业	Papermaking and Paper Products	4.70	1.10
印刷业	Printing	0.88	0.21
文教体育用品制造业	Cultural, Educational and Sports Goods	0.01	0.00

注：2005至2008年数据根据全国第二次经济普查数据修正。

Total Consumption of Electricity of Main Sectors and Its Composition (2005-2009)

2006		2007		2008		2009	
消费量 (亿千瓦小时) Total Consumption of Electricity (100 million kwh)	构 成 (%) Percentage (%)	消费量 (亿千瓦小时) Total Consumption of Electricity (100 million kwh)	构 成 (%) Percentage (%)	消费量 (亿千瓦小时) Total Consumption of Electricity (100 million kwh)	构 成 (%) Percentage (%)	消费量 (亿千瓦小时) Total Consumption of Electricity (100 million kwh)	构 成 (%) Percentage (%)
506.91	**100.00**	**589.35**	**100.00**	**650.52**	**100.00**	**678.77**	**100.00**
23.63	4.66	22.85	3.88	35.00	5.38	40.07	5.90
483.27	95.34	566.50	96.12	615.52	94.62	638.69	94.10
41.50	8.19	57.49	9.75	54.48	8.37	64.01	9.43
6.80	1.34	11.52	1.95	12.47	1.92	12.23	1.80
0.01	0.00	0.01	0.00			0.00	0.00
9.28	1.83	11.75	1.99	13.29	2.04	16.02	2.36
19.63	3.87	27.62	4.69	22.84	3.51	23.61	3.48
5.79	1.14	6.59	1.12	5.88	0.90	12.15	1.79
368.42	72.68	423.66	71.89	484.38	74.46	525.21	77.38
6.51	1.28	7.33	1.24	9.01	1.39	17.13	2.52
1.65	0.33	1.04	0.18	1.06	0.16	2.11	0.31
1.30	0.26	1.46	0.25	1.75	0.27	2.77	0.41
4.38	0.86	4.67	0.79	4.60	0.71	4.89	0.72
2.04	0.40	0.99	0.17	1.58	0.24	1.32	0.20
0.05	0.01	0.04	0.01	0.13	0.02	0.22	0.03
0.02	0.00	0.00	0.00			0.06	0.01
2.52	0.50	2.46	0.42	4.25	0.65	4.13	0.61
0.10	0.02	0.01	0.00	0.90	0.14	1.28	0.19
4.72	0.93	4.64	0.79	5.32	0.82	5.73	0.84
0.96	0.19	0.79	0.13	0.91	0.14	1.12	0.17
0.01	0.00	0.00	0.00	0.04	0.01		

Note:Data from year 2005 to 2008 are regulated according to that of the Second National Economic Census.

7-14 续表

行业	Sector	2005 消费量(亿千瓦小时) Total Consumption of Electricity (100 million kwh)	2005 构成(%) Percentage (%)
石油加工、炼焦及核燃料加工业	Petroleum Processing,Coking and Nuclear Fuel Processing	2.78	0.65
化学原料及化学品制造业	Raw Chemical Materials and Chemical Products	92.06	21.61
医药制造业	Medical and Pharmaceutical Products	1.02	0.24
化学纤维制造业	Chemical Fiber	0.56	0.13
橡胶制品业	Rubber Products	0.30	0.07
塑料制品业	Plastic Products	2.07	0.49
非金属矿物制品业	Nonmetal Mineral Products	44.64	10.48
黑色金属冶炼及压延加工业	Smelting and Pressing of Ferrous Metals	57.99	13.61
有色金属冶炼及压延加工业	Smelting and Pressing of Nonferrous Metals	98.75	23.18
金属制品业	Metal Products	0.64	0.15
通用设备制造业	General-purpose Machinery Manufacturing	1.84	0.43
专用设备制造业	Special Purposes Equipment	1.07	0.25
交通运输设备制造业	Transport Equipment	1.40	0.33
电气机械及器材制造业	Electric Equipment and Machinery	0.65	0.15
通信设备、计算机及其他电子设备制造业	Communication Equipment, Computers and Other Electronic Equipment Production	0.06	0.01
仪器仪表、文化办公用机械制造业	Instruments, Meters, Cultural and Clerical Machinery	0.28	0.07
工艺品及其他制造业	Handicraft Articles and Other Goods Production	0.28	0.07
废弃资源和废旧材料回收加工业	Recycling and Disposal of Waste	0.07	0.02
电力、燃气及水生产和供应业	Production and Supply of Electric Power, Gas and Water	65.11	15.29
电力、热力的生产和供应业	Production and Supply of Electric Power and Heat	63.40	14.88
燃气生产和供应业	Gas Production and Supply	0.48	0.11
水的生产和供应业	Water Production and Supply	1.23	0.29
建筑业	**Construction**	**8.99**	
交通运输、仓储及邮电通信业	**Transport, Storage and Post Services**	**15.20**	

continued

2006		2007		2008		2009	
消费量 (亿千瓦小时) Total Consumption of Electricity (100 million kwh)	构 成 (%) Percentage (%)	消费量 (亿千瓦小时) Total Consumption of Electricity (100 million kwh)	构 成 (%) Percentage (%)	消费量 (亿千瓦小时) Total Consumption of Electricity (100 million kwh)	构 成 (%) Percentage (%)	消费量 (亿千瓦小时) Total Consumption of Electricity (100 million kwh)	构 成 (%) Percentage (%)
3.14	0.62	4.54	0.77	7.70	1.18	8.62	1.27
109.57	21.62	111.28	18.88	136.83	21.03	133.74	19.70
1.14	0.23	1.10	0.19	1.31	0.20	1.88	0.28
0.58	0.11	0.59	0.10	0.55	0.08	0.55	0.08
0.19	0.04	0.24	0.04	0.30	0.05	0.58	0.09
1.47	0.29	1.64	0.28	2.54	0.39	3.36	0.50
45.53	8.98	45.37	7.70	59.16	9.09	65.75	9.69
62.00	12.23	76.82	13.04	88.69	13.63	87.66	12.91
116.01	22.89	153.18	25.99	136.91	21.05	167.13	24.62
0.52	0.10	0.44	0.08	4.49	0.69	6.85	1.01
1.24	0.25	1.45	0.25	3.65	0.56	2.02	0.30
0.56	0.11	0.67	0.11	0.98	0.15	1.26	0.19
0.94	0.18	1.14	0.19	1.24	0.19	1.96	0.29
0.71	0.14	0.71	0.12	0.96	0.15	1.16	0.17
0.09	0.02	0.13	0.02	0.15	0.02	0.15	0.02
0.24	0.05	0.33	0.06	0.33	0.05	0.33	0.05
0.17	0.03	0.18	0.03	7.85	1.21	1.01	0.15
0.06	0.01	0.40	0.07	1.20	0.18	0.42	0.06
96.98	19.13	108.20	18.36	111.67	17.17	89.55	13.19
95.18	18.78	105.61	17.92	109.42	16.82	87.04	12.82
0.48	0.09	0.51	0.09	0.74	0.11	0.77	0.11
1.33	0.26	2.08	0.35	1.50	0.23	1.74	0.26
11.10		**12.43**		**12.92**		**14.12**	
12.57		**13.1**		**14.24**		**14.59**	

7-15 全省规模以上工业企业能源消费与库存（2009年）

Total Consumption and Inventory of Energy of Industrial Enterprises with Total Annual Sales Above 5 Million Yuan (2009)

(1979=100)

名　　称	Item	年初库存 Stock in Early Year	消费量 Consumption 合计 Total	消费量 Consumption 工业生产 Industrial Production	消费量 Consumption 非工业生产 Non-industrial Production	年末库存 Stock at Year-end
原　煤 (万吨)	Raw Coal (10 000 tons)	659.83	6 939.84	6 874.22	65.61	490.66
洗精煤(万吨)	Well Washed Coal (10 000 tons)	78.31	1 371.25	1 371.25	0.00	100.64
其他洗煤(万吨)	Other Washed Coal (10 000 tons)	14.10	59.76	59.71	0.04	12.92
煤制品(万吨)	Manufacture of Coal (10 000 tons)	0.96	10.87	10.87	0.00	1.75
#型　煤(万吨)	Coal (10 000 tons)	0.45	0.97	0.97	0.00	0.06
水煤浆(万吨)	Slurry of Coal (10 000 tons)	0.01	0.69	0.69		0.00
煤　粉(万吨)	Powder of Coal (10 000 tons)	0.50	9.21	9.21		1.68
焦　炭(万吨)	Coke (10 000 tons)	91.61	1 174.14	1 170.67	3.47	81.80
其他焦化产品(万吨)	Other Coked Products (10 000 tons)	0.95	24.80	24.80		2.39
焦炉煤气 (亿立方米)	Coal Gas of Coking Furnace (100 million cu.m)		18.38	18.38	0.00	
高炉煤气 (亿立方米)	Coal Gas of Furnace (100 million cu.m)		139.42	139.42		
其他煤气 (亿立方米)	Other Coal Gas (100 million cu.m)		4.91	4.91	0.00	
天然气(亿立方米)	Natural Gas (100 million cu.m)		4.19	4.18	0.01	
液化天然气(万吨)	Liquefied Natural Gas (10 000 tons)					
原　油(万吨)	Raw Oil (10 000 tons)	0.01	0.07	0.07		0.02
汽　油 (万吨)	Gasoline (10 000 tons)	0.26	3.83	1.61	2.22	0.13
煤　油(万吨)	Kerosene (10 000 tons)	0.01	0.16	0.16	0.00	0.01
柴　油(万吨)	Diesel Oil (10 000 tons)	2.03	26.30	21.72	4.58	1.43
燃料油(万吨)	Fuel Oil (10 000 tons)	0.52	5.16	5.03	0.13	0.30
液化石油气 (万吨)	Liquefied Petroleum Gas (10 000 tons)		0.30	0.29	0.00	0.01
炼厂干气(万吨)	Gas of Metallurgical Plant (10 000 tons)					
其他石油制品(万吨)	Other Petroleum Products (10 000 tons)	0.40	4.90	4.90	0.00	0.79
热　力 (万百万千焦)	Heat (10 000 million kilo-joule)		395.47	395.47		
电　力 (亿千瓦小时)	Electricity (100 million kwh)		599.92	589.67	10.25	
其他燃料(万吨标准煤)	Other Fuel (10 000 tons of SCE)		123.16	123.16		0.04

主要统计指标解释

能源生产总量　指一定时期内全国（地区）一次能源生产量的总和。一次能源生产量包括原煤、原油、天然气、水电及其他动力能发电量（如风能、地热能等），不包括生物质能、太阳能等的利用和由一次能源加工转换而成的二次能源产量。能源生产总量是观察全国（地区）能源生产水平、规模、构成和发展速度的总量指标。

能源消费总量　指一定时期内全国（地区）用于生产和生活的各种能源消费量的总和。能源消费总量包括原煤和原油及其制品、天然气、电力的消费量，不包括生物质能和太阳能等的利用。能源消费总量分为三部分，即终端能源消费量、能源加工转换损失量和损失量。它是观察能源消费水平、构成和增长速度的总量指标。

1.**终端能源消费量**　指一定时期内全国（地区）物质生产部门、非物质生产部门和生活消费的各种能源数量,不包括用于加工转换的中间能源消费量、加工转换损失量和损失量。

2.**能源加工转换损失量**　指一定时期内全国（地区）投入加工转换的各种能源数量之和与产出各种能源产品及其他石油制品和其他焦化产品之和的差额。它是观察能源在加工转换过程中损失量变化的指标。

3.**能源损失量**　指一定时期内能源在生产、输送、储存过程中发生的经营管理损失和由于客观原因造成的各种损失量，不包括各种气体能源放空、放散量。

能源生产弹性系数　是研究能源生产量的增长与国民经济增长之间的关系的指标。其计算公式为:

能源生产弹性系数=能源生产总量年平均增长速度/国民经济年平均增长速度

国民经济年平均增长速度,可根据不同的目的或需要,用工农业总产值、生产总值等指标来计算，本资料是采用生产总值指标计算的。

电力生产弹性系数　是研究电力生产量的增长与国民经济增长之间关系的指标。一般来说，电力的发展应当快于国民经济的发展，也就是说电力应超前发展。其计算公式为:

电力生产弹性系统=电力生产量年平均增长速度/国民经济年平均增长速度

能源消费弹性系数　是反映能源消费增长速度与国民经济增长之间比例关系的指标。其计算公式为:

能源消费弹性系数=能源消费年平均增长速度/国民经济年均增长速度

能源节约量　指在满足相等需求，达到相等目标的条件下节约和少用的能源数量。它是评价和考核节约能源工作好坏的重要指标。包括由于提高管理水平和技术水平，使单位产品能耗降低而节约能源的数量，以及由于调整产业结构、产品结构等使产值能耗降低而少用的能源数量。

能源节约率　是反映能源节约程度的综合性指标。能源节约率一般按年计算，如果要研究一个时期内能源节约程度的一般水平，可计算平均能源节约率指标。计算公式为:

能源节约率=(报告期单位能源消费量/基期单位能源消费量－1)×100%

$$\text{年平均节能率} = \left(\sqrt[n]{\text{报告期单位能源消费量/基期单位能源消费源}} - 1\right) \times 100\%$$

公式中：单位能源消费量可以按生产总值、国民收入或工业总产值等计算。

n 为基期与报告期间隔的年份数。

能源加工转换效率　指一定时期内能源经过加工转换后，产出的各种能源产品及其他石油制品和其他焦化产品的数量与同期内投入加工转换的各种能源数量的比率。它是观察能源加工转换装置和生产工艺先进与落后、管理水平高低等的重要指标。

能源折算标准　各种能源由于原始计算单位不同,热值也不一样。因此,必须折算成同一标准计算单位，才能进行汇总、对比和分析。国际上习惯采用两种标准计算单位：一种为标准煤，另一种为标准油。目前我国采用标准煤为能源的计算单位。标准煤亦称煤当量，就是将不同品种、不同含热量的能源按各自不同的含热量折合成为一种标准含量的统一计量单位的能源。各类能源折算标准煤是按 1 公斤标准煤的热值为

7000 千卡进行折算的。

当量热值 当量热值又称理论热值（或实际发热值），是指某种能源一个度量单位本身所含热量。其热值的计算可根据试样在充氧的弹筒中（放有浸没氧弹的水的容器）完全燃烧所放出的热量（用燃烧后水温升高计算出来的）进行实测。

等价热值 是指加工转换产出的某种二次能源与相应投入的一次能源的当量，即获得一个度量单位的某种二次能源所消耗的，以热值表示的一次能源量。也就是消耗一个度量单位的某种二次能源，就等价于消耗了以热值表示的一次能源量。等价热值是个变动值，随着能源加工转换工艺的提高和能源管理工作的加强，转换损失逐渐减少，等价热值会不断降低。等价热值是对二次能源及消耗工质而言，因此一次能源不存在折算问题，因此也无所谓等价热值。

等价热值=二次能源具有的能量÷转换效率

转换效率=二次能源产出标准量÷加工转换投入能源标准量

原材料、能源消费量 指在报告期内实际使用的原材料、能源的数量，包括企业主营活动和附营活动实际使用的数量。消费的核算原则为："谁消费谁统计"，即按使用权来统计。核算方法为当进入第一道生产工序，改变原来的形态或性能、或已实际投入使用，即作消费统计。

原材料、能源库存量 指在报告期期初、期末实际结存的原材料、能源数量。库存的核算原则为"谁支配，谁统计"，即按所有权来统计。核算方法是指企业有权支配动用的某一时点实际结存的原材料、能源的数量。

Explanatory Notes on Principal Statistical Indicators

Total Energy Production Volume refers to the total production volume of primary energy by all energy production enterprises in the country in a given period of time. It is a comprehensive indicator to show the capacity, scale, composition and development of energy production of the country. The production volume of primary energy includes that of coal, crude oil, natural gas, hydro-power and electricity generated by nuclear energy and other means such as wind power and geothermal power, but excludes that of fuels of low calorific value, bio-energy, solar energy and the secondary energy converted from the primary energy.

Total Domestic Energy Consumption refers to the total consumption of energy of various kinds by material production sectors, non-material production sectors and households in the country in a given period of time. It is a comprehensive indicator to show the scale, composition and development of energy consumption. The total energy consumption includes that of coal, crude oil and their products, natural gas and electricity, but excludes that of fuels of low calorific value, bio-energy and solar energy. It can be divided into three parts:

1.***Final energy consumption*** refers to the total energy consumption by material production sectors, non-material production sectors and households in the country (region) in a given period of time, but excludes the consumption in conversion of the primary energy into the secondary energy and the loss in the process of energy conversion.

2.***Loss in the process of energy conversion*** refers to the total input of various kinds of energy for conversion, minus the total output of various kinds of energy in the country in a given period of time. It is an indicator to show the loss that occurs in the process of energy conversion.

3.***Loss of energy*** refers to the total loss of energy during the course of energy transport, distribution and storage and the loss caused by any objective reason in a given period of time. The loss of various kinds of gas due to gas discharges and stocktaking is excluded.

Elasticity Ratio of Energy Production is an indicator to show the relationship between the growth rate of energy production and that of the national economy. The formula is as follows:

Elasticity Ratio of Energy Production = Average Annual Growth Rate of Energy Production/Average Annual Growth Rate of National Economy.

The average annual growth rate of the national economy can be calculated by gross output value of industry and agriculture, gross output value or other indicators, depending upon the purposes or needs. Gross output value is used in calculation of the ratio in this chapter.

Elasticity Ratio of Electricity Production is an indicator to show the relationship between the growth rate of electricity production that of the national economy. The formula is as follows:

Elasticity Ratio of Electricity Production = Average Annual Growth Rate of Electricity Production/Average Annual Growth Rate of National Economy.

Elasticity Ratio of Energy Consumption is an indicator to show the relationship between the growth rate of energy consumption and that of the national economy. The formula is as follows:

Elasticity Ratio of Energy Consumption = Average Annual Growth Rate of Energy Consumption/Average Annual Growth Rate of National Economy.

Quantity of Energy Conservation refers to the quantity of energy saved and less used in a certain period. It is an important indicator to appraise and examine the work of energy conservation. It includes the quantity of energy saved in unit product by improving management level and technology level and the quantity of energy less used due to the adjustment of industrial structure and product structure.

Ratio of Energy Conservation is a comprehensive indicator reflecting the degree of energy conservation.

Ratio of energy conservation is usually calculated annually. The indicator of average ratio of energy conservation can be calculated for the study of the energy conservation in a certain period. The formula is as follows:

Ratio of Energy Conservation = [(Unit Energy Consumption in the Report Period/Unit Energy Consumption in the Base Period) – 1] ×100%

Annual Average Ratio of Energy Conservation = the N-the Root of [(Unit Energy Consumption in the Report Period/Unit Energy Consumption in the Base Period) – 1] ×100%

In which: The unit energy consumption can be calculated according to gross output value, national product or gross industrial output value, etc. The n represents the number of years between base period and report period.

Efficiency of Energy Processing and Conversion refers to the ratio of the total output of energy products of various kinds after processing and conversion to the total input of energy of various kinds for processing and conversion in the same report period. It is an important indicator to show the current conditions of energy processing and conversion equipment, production technique and management.

Energy Conversion Standard Different units are often used to compute different caloric value of various energy sources, so a uniform standard computing unit has to be conversed to summarize, compare and analyze energy. There are two standard computing units practiced internationally: one is standard coal and the other is standard oil. Currently, standard coal is adopted as the computing unit in China for energy calculation, Standard coal also call calorie value equivalent, it refers a uniform standard energy of communistically unit is converted into by differed kinds, different caloric value of various energy .Every kind of energy is converted into standard coal according to one kilogram standard coal quail caloric of 7,000 kilocalories.

Equivalent Caloricity also called theoretic caloricity (or actual calorific value) refers to the heat value contained in one measurement unit of certain energy. The calculation of the heat value is according to the actual measurement of the heat released by complete burning of the test specimen in the cylinder filled with oxygen (container with the oxygen bomb immersed by water).

Equivalent Heat Value refers to certain secondary energy produced by conversion and its equivalent value of corresponding input of the primary energy, which means the quantity of the primary energy expressed by heat value and consumed to obtain one measurement unit of certain secondary energy. It is variation value. With the advancement of the energy conversion technology and the improvement of the energy management, the conversion loss becomes less and less, and the equivalent heat value will reduce gradually. Equivalent heat value is specific to secondary energy and consumed actuating medium, so when it comes into primary energy, there is no equivalent heat value.

Equivalent Heat Value = Energy Content of Secondary Energy ÷ Conversion Efficiency

Conversion Efficiency = Output Standardized Quantity of Secondary Energy ÷ Energy Standardized Quantity Input by Conversion

Consumption of Raw Materials and Energy refers to the quantity of raw materials and energy actually used in the report period. It includes the volume actually used in the main business line and sideline activities of an enterprise. The calculation principle of consumption is: "The one who consumes energy is responsible for conducting statistics on its consumption", i.e., statistics is made according to the use right. The calculation method is that when raw materials or energy enter the first production sequence and the original form or property is changed or they are put into actual use, they are treated as consumption statistics.

Inventory of Raw Materials and Energy refers to the quantity of raw materials and energy actually stored in the beginning and end of the report period. The calculation principle of inventory is: "The one who disposes energy is responsible for conducting statistics on its inventory", i.e., statistics is made according to the ownership. The calculation method refers to the quantity of raw materials and energy actually stored at a certain time that can be disposed by an enterprise.

八、财政、金融和保险

Finance, Banking and Insurance

8-1 1978-2009年历年地方财政一般预算收支额
Local Government General Budgetary Revenue and Expenditure (1978-2009)

单位：亿元 (100 million yuan)

年 份 Year	地方财政一般预算收入 The Local Government Budgetary Revenue	#增值税 Value Added Tax	#营业税 Business Tax	#企业所得税 Enterprise Income Tax	地方财政一般预算支出 The Local Government Budgetary Expenditure	#农业支出 Expenditure for Agriculture	#文教科卫事业费 Expenditure for Culture, Education, Science and Health	#行政管理费 Expenditure for Government Administration	#社会保障补助支出 Expenditure for Social Security
1978	11.76				18.28	2.26	2.73	1.61	
1979	11.41				21.35	2.91	3.17	1.82	
1980	11.64				17.32	2.65	3.79	2.05	
1981	12.69				15.73	2.46	4.30	2.21	
1982	15.66				18.80	3.15	5.14	2.47	
1983	17.17				24.23	3.68	6.55	2.98	
1984	19.73				30.77	4.41	8.15	4.54	
1985	27.41			5.98	36.70	4.18	9.38	4.92	
1986	30.01			4.50	47.31	5.71	11.29	5.75	
1987	37.49			4.78	53.86	6.66	12.59	6.29	
1988	50.53			7.59	64.84	8.39	15.56	6.45	
1989	63.27			9.19	81.89	11.62	18.15	7.50	
1990	77.43			7.21	90.76	13.20	21.32	8.88	
1991	99.78			8.09	110.82	15.91	24.08	10.56	
1992	109.32			5.17	121.59	18.53	28.76	13.86	
1993	204.94			4.99	200.62	23.82	37.36	16.73	
1994	76.70	22.52	11.75	6.72	203.73	25.06	48.91	21.40	
1995	98.35	23.28	15.40	7.87	235.10	28.28	54.06	24.47	
1996	130.01	26.54	21.21	9.42	270.39	32.51	69.04	30.22	
1997	150.42	27.84	25.36	9.70	313.20	33.82	75.01	30.58	
1998	168.23	30.57	29.76	14.47	328.00	34.66	80.50	32.07	2.71
1999	172.67	31.06	33.94	14.95	378.05	36.59	89.86	33.47	7.33
2000	180.75	31.37	36.00	20.17	414.11	39.20	98.70	37.24	15.89
2001	191.28	33.62	36.68	26.29	496.43	45.26	116.70	44.76	26.21
2002	206.76	34.42	41.41	25.78	526.89	46.35	132.37	49.36	25.67
2003	229.00	39.11	45.17	21.50	587.35	48.99	143.99	55.43	42.30
2004	263.36	45.56	56.57	27.78	663.64	71.90	170.60	67.76	33.31
2005	321.65	56.02	67.64	33.35	766.31	73.50	192.06	78.12	29.03
2006	379.97	67.50	89.49	41.30	893.58	83.86	236.16	95.21	34.15
2007	486.71	85.72	112.47	55.71	1135.22	127.60	300.55	187.01	170.48
2008	614.05	99.41	136.63	66.03	1470.24	177.77	392.19	217.12	224.72
2009	698.25	97.53	175.79	65.29	1952.34	267.28	510.84	237.22	304.10

注：1.本表中1994年以来的财政收支及分组口径调整，与历史资料不可比。
2.2006年以前农业支出包括农业支出、林业支出、水利气象支出和农林水利气象部门事业费。
3.2007年以后财政支出科目调整，对应关系为：农业支出对应农林水事务、文教科卫事业费对应文教科卫支出、行政管理费对应一般公共服务、社会保障补助支出对应社会保障和就业。

Note: a.Since 1994,the local government revenue and expenditure and the grouping standard in this table are not comparable with the previous years.
b.Before 2006,the expenditure for agriculture included the spending on agriculture,forestry,water conservancy and meteorology and operating expenses for agriculture,forestry,water conservancy and meteorology.
c.After2007, the local government expenditure category changed,the corresponding relationships are as follows: operating expense for agriculture refers to the expenditure for agriculture,forestry and water conservancy,operating expense for culture,education,science and technology and health care refers to expenditure for culture,education, science and technology and health care,operating expense for government administration refers to the expenditure for public service, operating expense for social security refers to the expenditure for social security and employment.

8-2 地方财政一般预算收入（2008-2009年）

Local Government General Budgetary Revenue (2008-2009)

单位：万元 (10 000 yuan)

类别	Category	2008	2009	2009年比2008年增长 (%) Increase rate in 2009 over 2008 (%)
地方一般预算收入	**Local Government Budgetary Revenue**	**6 140 518**	**6 982 525**	**13.7**
税收收入	**Tax Revenue**	**4 823 882**	**5 481 063**	**13.6**
增值税	Value-added Tax	994 086	975 260	-1.9
营业税	Business Tax	1 366 251	1 757 903	28.7
企业所得税	Enterprise Income Tax	660 305	652 924	-1.1
个人所得税	Personal Income Tax	232 132	256 723	10.6
资源税	Resource Tax	83 064	104 906	26.3
固定资产投资方向调节税	Tax Raised from Adjustment of Real-estate Investment		1 515	
城市维护建设税	Tax on City Maintenance and Construction	507 010	568 138	12.1
房产税	Tax on Real Estates	113 707	141 781	24.7
印花税	Stamp Tax	58 294	63 320	8.6
城镇土地使用税	Holding Tax on Urban and County Land	135 931	130 586	-3.9
土地增值税	Land Value Added Tax	56 689	81 870	44.4
车船税	Tax on Vehicles and Their Registration	34 690	46 263	33.4
耕地占用税	Farmland Occupation Tax	72 705	139 581	92.0
契　税	Contract Tax	252 455	263 607	4.4
烟叶税	Tobacco Leaf Tax	256 541	296 531	15.6
其他税收收入	Others	29	155	434.5
非税收入	**Non-tax Revenue**	**1 316 636**	**1 501 462**	**14.0**
专项收入	Specific Revenue	503 778	421 964	-16.2
行政性收费收入	Income from Administrative Fees	273 649	290 431	6.1
罚没收入	Penalty and Confiscatory Income	250 605	326 847	30.4
国有资本经营收入	Profits of State-owned Enterprises	122 343	130 845	6.9
国有资源(资产)有偿使用收入	Revenue of Compensable Use of State-owned Resources (Assets)	67 053	104 365	55.6
其他收入	Others	99 208	227 010	128.8

8-3 地方财政一般预算支出（2008-2009年）

Local Government General Budgetary Expenditure (2008-2009)

单位：万元 (10 000 yuan)

类别	Item	2008	2009	2009年比2008年增长 (%) Increase rate in 2009 over 2008 (%)
地方一般预算支出	**Local Government Budgetary Expenditure**	**14 702 388**	**19 523 395**	**32.79**
一般公共服务	General Public Service	2 171 232	2 372 188	9.26
公共安全	Public Security	1 065 126	1 345 625	26.33
教　育	Education	2 419 508	3 081 797	27.37
科学技术	Science and Technology	176 695	189 937	7.49
文化体育与传媒	Culture, Sports and Media	279 819	323 772	15.71
社会保障和就业	Social Security and Employment	2 247 201	3 040 988	35.32
医疗卫生	Health	1 045 872	1 512 854	44.65
环境保护	Environment Protection	584 582	821 579	40.54
城乡社区事务	Urban and Rural Community Affairs	675 136	757 760	12.24
农林水事务	Farming, Forestry and Irrigation Affairs	1 777 748	2 672 801	50.35
交通运输	Transport	608 413	1 595 182	162.19
工业商业金融等事务	Industrial,Commercial and Financial Affairs	911 948	785 347	-13.88
其他各项支出	Others	701 934	662 315	-5.64

8-4 各地区财政一般预算收入（2008-2009年）
Local Government General Budgetary Revenue by Region (2008-2009)

单位：万元 (10 000 yuan)

地 区	Region	2008	2009	2009年比2008年增长 (%) Increase rate in 2009 over 2008 (%)
全省合计	**Total**	**6 140 518**	**6 982 525**	**13.7**
昆 明	Kunming	1 749 894	2 016 125	15.2
曲 靖	Qujing	560 137	631 875	12.8
玉 溪	Yuxi	501 621	541 595	8.0
保 山	Baoshan	124 566	158 071	26.9
昭 通	Zhaotong	171 286	207 906	21.4
丽 江	Lijiang	95 235	116 584	22.4
普 洱	Pu'er	136 974	166 000	21.2
临 沧	Lincang	84 865	100 543	18.5
楚 雄	Chuxiong	227 012	255 832	12.7
红 河	Honghe	451 396	520 397	15.3
文 山	Wenshan	154 388	172 888	12.0
西双版纳	Xishuangbanna	72 011	85 990	19.4
大 理	Dali	275 715	315 480	14.4
德 宏	Dehong	88 679	98 345	10.9
怒 江	Nujiang	51 178	46 666	-8.8
迪 庆	Diqing	32 026	43 578	36.1

8-5 各地区地方财政支出（2008-2009年）
Local Government General Budgetary Expenditure by Region (2008-2009)

单位：万元 (10 000 yuan)

地 区	Region	2008	2009	2009年比2008年增长 (%) Increase rate in 2009 over 2008 (%)
全省合计	**Total**	**14 702 388**	**19 523 395**	**32.8**
昆 明	Kunming	2 334 865	2 707 475	16.0
曲 靖	Qujing	1 169 321	1 401 667	19.9
玉 溪	Yuxi	725 275	898 224	23.8
保 山	Baoshan	468 808	620 180	32.3
昭 通	Zhaotong	882 950	1 114 971	26.3
丽 江	Lijiang	367 047	474 537	29.3
普 洱	Pu'er	593 010	854 788	44.1
临 沧	Lincang	491 610	695 355	41.4
楚 雄	Chuxiong	700 427	910 569	30.0
红 河	Honghe	1 073 458	1 376 466	28.2
文 山	Wenshan	667 080	899 434	34.8
西双版纳	Xishuangbanna	256 780	352 445	37.3
大 理	Dali	750 219	1 023 923	36.5
德 宏	Dehong	365 934	488 697	33.5
怒 江	Nujiang	210 626	275 430	30.8
迪 庆	Diqing	235 493	300 894	27.8

8-6 1952-2009年历年金融机构存款年末余额
Historic Deposits of Financial Institutions at Year-end (1952-2009)

单位：万元 (10 000 yuan)

年 份 Year	存款合计 Total Deposits	# 企业存款 Deposits of Enterprises	# 储蓄存款 Savings Deposits
1952	16 423	3 593	2 045
1953	15 433	4 877	2 697
1954	20 252	5 906	3 197
1955	23 338	5 709	3 497
1956	23 700	7 785	4 338
1957	27 848	6 733	5 883
1958	76 785	23 295	10 046
1959	90 163	14 767	10 393
1960	105 577	18 183	11 344
1961	106 863	22 000	9 904
1962	104 741	22 282	8 612
1963	100 622	26 115	9 238
1964	93 541	23 679	11 807
1965	106 406	31 154	14 065
1966	125 356	29 936	16 691
1967	141 816	40 001	17 150
1968	152 788	47 014	19 450
1969	147 098	50 899	18 955
1970	177 442	53 090	18 469
1971	184 128	46 889	19 720
1972	173 588	46 993	21 677
1973	191 708	54 366	23 012
1974	205 317	59 169	25 490
1975	209 447	54 538	26 821
1976	227 145	63 839	27 601
1977	270 381	78 572	29 515
1978	285 145	83 561	32 353
1979	344 785	95 950	39 070
1980	399 489	111 370	54 305
1981	482 462	129 192	72 166
1982	596 111	178 804	123 642
1983	688 135	202 773	161 704
1984	814 491	254 253	222 396
1985	996 681	409 284	298 259
1986	1 285 812	538 007	397 645
1987	1 566 352	549 829	554 604
1988	1 904 060	705 083	638 442
1989	2 182 576	798 854	864 530
1990	2 921 911	1 058 128	1 178 897
1991	3 658 114	1 368 169	1 522 838
1992	4 667 218	1 727 901	1 958 154
1993	5 935 646	2 034 117	2 512 327
1994	8 411 522	3 191 881	3 514 008
1995	11 872 364	4 788 949	5 001 334
1996	15 395 876	6 507 994	6 712 022
1997	18 293 989	8 252 438	8 059 887
1998	20 760 568	9 106 445	9 128 919
1999	22 543 844	9 407 893	10 289 259
2000	24 656 844	10 384 035	11 382 215
2001	27 797 088	10 825 159	12 985 261
2002	31 212 784	11 061 237	15 002 399
2003	37 474 641	13 447 043	17 665 071
2004	44 043 607	16 888 145	20 521 210
2005	51 405 021	17 736 285	24 302 841
2006	61 312 508	20 665 007	28 548 640
2007	71 708 676	25 788 416	30 464 040
2008	84 189 434	28 826 903	37 837 849
2009	111 196 362	39 423 801	46 686 124

注：本表资料1981年及以前为国有商业银行数据，1982年后为全部金融机构数据。

Note:The data in this table are obtained from National Commercial Bank before 1981,while after 1982,all data are obtained from financial institutions.

8-7 1952-2009年历年金融机构贷款年末余额
Historical Loans of Financial Institutions at Year-end (1952-2009)

单位：万元 (10 000 yuan)

年 份 Year	贷款合计 Total Loans	# 工业贷款 Industrial Loans	# 商业贷款 Commercial Loans	# 农业贷款 Agricultural Loans
1952	1 606	287	771	548
1953	9 175	726	6 814	1 635
1954	31 966	1 882	27 877	2 207
1955	44 539	1 880	39 957	2 702
1956	62 244	2 968	52 725	6 551
1957	72 988	3 338	64 165	5 485
1958	128 738	16 243	104 015	8 480
1959	168 101	35 988	126 716	5 397
1960	208 711	54 790	144 419	9 502
1961	165 140	28 463	128 802	7 875
1962	131 616	14 620	109 808	7 088
1963	112 594	8 495	96 194	7 905
1964	108 656	13 167	87 408	8 081
1965	126 666	20 900	95 950	9 816
1966	164 537	31 000	122 616	10 921
1967	155 107	34 385	109 558	11 164
1968	170 801	41 886	117 322	11 593
1969	181 875	44 863	127 523	9 489
1970	211 932	39 600	159 540	12 792
1971	228 952	46 865	173 272	8 815
1972	243 056	50 815	182 378	9 863
1973	248 412	59 768	178 285	10 359
1974	251 365	67 901	170 558	12 906
1975	267 084	76 290	175 782	15 012
1976	265 393	72 152	175 841	17 400
1977	284 711	72 618	191 847	20 246
1978	308 717	72 234	211 563	24 920
1979	314 051	79 207	201 937	32 907
1980	339 246	82 772	210 430	38 325
1981	389 548	80 228	247 671	40 162
1982	441 050	78 614	288 557	44 668
1983	497 416	96 565	305 366	60 219
1984	643 594	144 602	335 145	100 885
1985	968 798	194 937	449 578	116 058
1986	1 288 335	317 923	526 909	160 018
1987	1 579 625	395 083	635 955	196 277
1988	2 017 363	468 760	786 841	245 522
1989	2 337 107	623 772	898 052	260 252
1990	2 753 240	813 119	1 008 009	296 428
1991	3 273 560	954 519	1 160 378	334 206
1992	4 142 107	1 140 174	1 410 687	420 945
1993	5 259 676	1 427 452	1 806 842	499 614
1994	6 846 840	1 797 478	2 359 671	360 850
1995	9 246 652	2 315 234	3 236 407	459 441
1996	11 945 086	3 201 792	4 124 038	606 985
1997	14 969 543	3 690 813	5 030 155	763 298
1998	17 139 721	3 756 140	5 216 936	1 008 528
1999	18 240 410	3 777 645	5 124 717	1 112 435
2000	19 878 301	3 399 585	4 336 597	1 185 182
2001	21 734 512	3 958 147	3 707 721	1 408 783
2002	24 184 769	3 689 183	3 285 317	1 710 208
2003	29 555 721	3 980 706	3 023 246	2 026 232
2004	33 982 873	4 263 667	2 719 592	2 392 710
2005	39 875 767	4 476 856	2 461 884	2 792 151
2006	48 035 098	6 010 140	2 177 200	3 135 967
2007	56 716 646	6 071 439	2 202 354	4 445 567
2008	65 943 329	7 117 655	2 497 334	7 471 836
2009	87 796 277	6 320 390	2 589 961	9 425 673

注：本表资料1981年及以前为国有商业银行数据，1982年后为全部金融机构数据。
Note:The data in this table are from National Commercial Bank before 1981,while after 1982,all data are from financial institutions.

8-8 各地区金融机构存贷款余额（2009年）
Loans and Deposits of Financial Institutions by Region (2009)

单位：亿元 (100 million yuan)

地 区	Region	各项存款 Total Deposits		# 居民储蓄存款 Savings Deposits of Residents		各项贷款 Total Loans	
		余 额 Balance at Year-end	比年初增减(±) Increase Rate over Year Beginning(±)	余 额 Balance at Year-end	比年初增减(±) Increase over Year Beginning(±)	余 额 Balance at Year-end	比年初增减(±) Increase over Year Beginning(±)
全省合计	**Total**	**11 119.64**	**2 698.27**	**4 668.61**	**889.91**	**8 779.63**	**2 184.66**
昆 明	Kunming	5 849.44	1 585.23	1 922.92	399.70	5 450.79	1 440.48
曲 靖	Qujing	835.29	149.02	420.95	68.50	526.30	101.51
玉 溪	Yuxi	699.37	133.76	318.65	52.03	380.46	99.18
保 山	Baoshan	260.37	55.78	155.48	28.81	182.95	41.81
昭 通	Zhaotong	386.18	87.44	187.10	37.06	213.34	49.92
丽 江	Lijiang	218.71	48.17	117.19	23.14	152.62	35.93
普 洱	Pu'er	272.63	59.01	147.47	28.23	190.41	35.18
临 沧	Lincang	195.25	60.31	93.90	19.57	141.23	41.52
楚 雄	Chuxiong	373.12	76.37	189.99	32.57	216.37	58.75
红 河	Honghe	687.00	154.92	378.76	61.75	410.23	90.24
文 山	Wenshan	302.46	62.14	162.51	24.38	231.80	44.61
西双版纳	Xishuangbanna	201.91	44.24	117.66	22.20	120.15	22.48
大 理	Dali	469.98	89.64	262.48	46.32	317.64	68.95
德 宏	Dehong	210.18	48.35	137.25	31.08	131.58	29.36
怒 江	Nujiang	71.61	18.53	27.46	3.84	43.48	6.89
迪 庆	Diqing	86.13	26.33	28.82	5.13	70.28	17.84

8-9 金融机构(不含外资)人民币信贷运行情况（2009年）
Credit Funds of RMB Operation Condition of Financial Institution (Excluding Foreign Institutions) (2009)

单位：万元 (10 000 yuan)

项　目	Item	2009年余额 Balance of 2009 at Year-end	比年初增长（%） Increase Rate over Year Beginning(%)
各项存款	**Deposits in Various Forms**	**111 196 362**	**32.0**
企业存款	Deposits of Enterprises	39 423 801	36.6
活期存款	Current Deposits	30 044 790	43.1
定期存款	Time Deposits	9 379 011	19.4
财政存款	Financial Deposits	3 375 717	40.6
机关团体存款	Deposits of Organs and Organizations	8 278 209	39.5
储蓄存款	Savings Deposits	46 686 124	23.4
活期储蓄	Demand Deposits	22 705 288	30.8
定期储蓄	Time Deposits	23 980 837	17.0
农业存款	Agricultural Deposits	5 816 734	44.7
信托存款	Trust Deposits		
委托存款	Entrust Deposits	310 691	2.6
其他存款	Other Deposits	7 305 087	50.5
各项贷款	**Loans in Various Forms**	**87 796 277**	**33.1**
短期贷款	Short-term Loans	29 244 039	16.8
工业贷款	Industrial Loans	6 320 390	-11.4
商业贷款	Commercial Loans	2 589 961	3.6
建筑业贷款	Loans to Construction Sector	703 090	28.6
农业贷款	Loans to Agricultural Sector	9 425 673	26.0
乡镇企业贷款	Loans to Township Enterprises	6 290	
三资企业贷款	Loans to Enterprises with Foreign Funds	106 761	17.9
私营企业及个体贷款	Loans to Private Enterprises and Individuals	1 057 222	80.9
其他短期贷款	Other Short-term Loans	9 034 652	34.8
# 个人短期消费贷款	Personal Short-term Consumer Loans	948 188	79.1
中长期贷款	Medium & Long-term Loans	55 852 578	46.2
基本建设贷款	Capital Loans	23 761 886	34.1
技术改造贷款	Technical Innovation	311 839	26.6
其他中长期贷款	Other Medium-term and Long-term Loans	31 778 853	57.2
#个人中长期消费贷款	Personal Medium-term and Long-term Consumer Loans	9 297 688	46.0

8-10 金融机构现金收支情况（2009年）

Cash Income and Expenditure Statistics of Financial Institutions (2009)

单位：万元 (10 000 yuan)

项　目	Item	2009年累计 Accumulative Total of 2009	2009年比2008年增长(%) Increase Rate in 2009 over 2008 (%)
收入合计	**Cash Income**	**168 390 609**	**10.1**
商品销售收入	Income from Commodity Sales	12 186 023	0.5
服务业收入	Income from Service Trade	6 746 479	5.2
行政税费收入	Income from Taxes	978 161	-8.2
城乡个体经营收入	Income from Urban and Rural Individual Business	2 809 031	1.6
储蓄存款收入	Income from Savings Deposits	121 559 862	9.4
其他金融性公司收入	Income from Other Financial Institutions	719 927	37.2
居民归还贷款收入	Income from Repayment of Loans by Residents	4 302 217	22.1
汇兑收入	Income from Remittances	1 036 887	42.4
有价证券及其他投资性收入	Income from Securities and Other Investment	154 146	-27.4
其他收入	Other Income	17 897 878	24.5
# 兑换外币收入	Income from Exchange of Foreign Currencies	127 924	84.7
支出合计	**Cash Expenditures**	**169 276 534**	**10.3**
工资性及个人其他支出	Wages and Other Individual Expenditure	8 870 461	6.1
农副产品采购支出	Purchases of Agricultural and Sideline Products	4 461 629	2.1
工矿及其他产品采购支出	Expenditure for Purchases of Industrial , Mineral and Other Products	2 658 987	-10.2
行政企业管理与经营费支出	Government and Enterprise Overhead	4 998 029	9.7
城乡个体经营支出	Expenditure for Individual Business	3 743 574	2.4
储蓄存款支出	Expenditure for Savings Deposits	121 772 192	11.8
其他金融性公司支出	Expenditure for Other Financial Institutions	289 273	-9.9
居民提取贷款支出	Expenditure for Loans from Residents	2 352 055	10.3
汇兑支出	Expenditure for Remittances	393 182	-4.3
有价证券支出	Expenditure for Securities	181 080	-35.9
其他支出	Other Expenditure Exchange	19 556 073	11.8
# 兑换外币支出	Exchange of Foreign Currencies	77 416	-22.3
投放(+)、回笼(-)	**Currency Issues (+) and Cash Withdrawn (-)**	**885 925**	**66.7**

8-11 保险费收入和赔款给付（1997-2009年）
Premium Income and Expenditure for Claim and Payment (1997-2009)

单位：万元 (10 000 yuan)

年 份 Year	保险费收入 Premium Income (10 000 yuan)	赔款及给付支出 Expenditure for Claim and Payment	简单赔付率 (%) Rate of Simple Claim and Payment (%)
1997	315 922	100 653	31.9
1998	345 750	135 959	39.3
1999	374 632	140 335	37.5
2000	397 206	167 096	42.1
2001	426 989	189 657	44.4
2002	554 371	191 772	34.6
2003	737 497	203 526	27.6
2004	742 225	259 132	34.9
2005	810 272	240 123	29.6
2006	952 880	288 950	30.3
2007	1 118 573	477 547	42.7
2008	1 653 916	634 019	38.3
2009	1 800 825	651 156	36.2

8-12 保险业务经济技术指标（2009年）
Economic and Technical Indicators of Insurance Companies (2009)

单位：万元 (10 000 yuan)

项 目	Item	保险金额 Premium	原保险保费收入 Original Insurance Premium Income	各项赔款和给付 Claim and Payment
合　计	**Total**	**485 905 569**	**1 800 824**	**651 156**
财产保险公司	**Property Insurance Companies**	**406 209 399**	**725 898**	**371 782**
企业财产保险	Enterprise Property Insurance	39 975 327	52 780	22 508
家庭财产保险	Family Property Insurance	3 950 535	3 984	2 505
机动车辆保险	Motor Vehicle Insurance	73 028 843	535 210	272 168
工程保险	Engineering Insurance	6 621 234	15 361	5 485
责任保险	Liability Insurance	102 192 352	15 826	5 709
信用保险	Export Credit Insurance	865 964	6 841	- 5
保证保险	Guarantee Insurance	491 771	2 799	1 215
船舶保险	Ship Insurance	16 984	205	110
货物运输保险	Freight Transport	16 302 482	13 873	3 810
特殊风险保险	Special Risk Insurance	4 189 230	3 319	1 671
农业保险	Agricultural Insurance	570 120	31 441	26 240
健康险	Health Insurance	53 387 991	19 253	19 594
意外伤害保险	Accident Injury Insurance	104 612 607	24 980	10 770
其他险	Other Insurance	3 959	26	2
人寿保险公司	**Life Insurance Companies**	**79 696 170**	**1 074 926**	**279 374**
人寿保险	Life Insurance	2 884 931	923 981	219 871
健康保险	Health Insurance	10 644 825	106 056	48 515
意外伤害保险	Personal Accident Injury Insurance	66 166 414	44 889	10 988

8-13 云南省辖区证券市场基本情况（2006-2009年）
Basic Statistics on Securities Markets Under Yunnan Province (2006-2009)

项　　目	Item	2006	2007	2008	2009
上市公司数（家）	Number of Listed Companies (unit)	24	26	27	26
# 发行A股公司数	A Shares	24	26	27	26
发行B股公司数	B Shares				
A、B股均发行公司数	A Shares and B Shares				
境外发行公司数	Overseas-listed Companies	1	1	1	1
境内、外均发行公司数	Companies of Overseas-listed and Domestic	1	1	1	1
ST公司数	ST Listed Companies	2	2	1	1
证券公司数（家）	Number of Securities Companies (unit)	2	2	2	2
证券营业部数（家）	Number of Securities Business Department (unit)	34	35	32	41
证券服务部数（家）	Number of Department for Securities Trading Service (unit)	24	24	25	16
证券投资咨询机构数（家）	Number of Securities Investment Consultative Institutions (unit)	1	1	1	1
证券投资者资金开户数（累计数）（万户）	Number Of Opening Account of Securities Investors (10 000 households)	37.7	57.2	63.6	87.7
上市公司当年境内募集资金总额（扣除发行费）（亿元）	Total Volume of Domestic Raise Capital by Listed Companies in current year (100 million yuan)	18.47	90.12	60.00	84.26
首次公开发行	IPO	6.76	5.87	1.90	
配股	Share Right Issued				17.11
增发	Adding the Share Issue	11.71	67.95	58.10	39.56
可转债及公司债	Transferable Loans		16.30		27.59
市价总值（亿元）	Total Market Value (100 million yuan)	714.35	3 510.34	1 116.61	2 606.85
证券经营机构证券累计成交量（总成交）（亿元）	Trading Volume of Securities Managerial (100 million yuan)	1 457.86	7 418.91	5 187.28	9 853.01

主要统计指标解释

财政收入 指国家财政参与社会产品分配所取得的收入，是实现国家职能的财力保证。

地方财政一般预算收入 是指按照一定的形式和程序，由地方各级财政部门组织并纳入地方财政一般预算管理的各项收入。主要包括:

1.**税收收入**：包括国内增值税、营业税、企业所得税、个人所得税、资源税、城市维护建设税、各银行总行、各保险公司总公司集中交纳的部分、房产税、印花税、城镇土地使用税、土地增值税、车船税、耕地占用税、契税、烟叶税等。

2.**非税收入**：包括专项收入、行政事业性收费、罚没收入、国有资本经营收入、国有资源（资产）有偿使用收入和其他收入。

财政支出 指国家财政将筹集起来的资金进行分配使用，以满足经济建设和各项事业的需要。

地方财政一般预算支出 是指地方各级财政部门对所集中的预算收入有计划地分配和使用而安排的支出。主要包括:

1.**一般公共服务**：指政府提供基本公共管理与服务的支出，包括人大事务、政协事务、政府办公厅（室）及相关机构事务、发展与改革事务、统计信息事务、财政事务、税收事务、审计事务、海关事务、人力资源事务、纪检监察事务、人口与计划生育事务、商贸事务、知识产权事务、工商行政管理事务、国土资源事务、海洋管理事务、测绘事务、地震事务、气象事务、民族事务、宗教事务、港澳台侨事务、档案事务、共产党事务、民主党派事务及工商联事务、群众团体事务、彩票事务等。

2.**公共安全**：指政府维护社会公共安全方面的支出，包括武装警察、公安、国家安全、检察、法院、司法行政、监狱、劳教、国家保密、缉私警察等。

3.**教育**：指政府教育事务支出，包括教育行政管理、学前教育、小学教育、初中教育、普通高中教育、普通高等教育、初等职业教育、中专教育、技校教育、职业高中教育、高等职业教育、广播电视教育、留学生教育、特殊教育、干部继续教育、教育机关服务等。

4.**科学技术**：指用于科学技术方面的支出，包括科学技术管理事务、基础研究、应用研究、技术研究与开发、科技条件与服务、社会科学、科学技术普及、科技交流与合作等。

5.**文化教育与传媒**：指政府在文化、文物、体育、广播影视、新闻出版等方面的支出。

6.**社会保障和就业**：指政府在社会保障与就业方面的支出，包括社会保障和就业管理事务、民政管理事务、财政对社会保险基金的补助、补充全国社会保障基金、行政事业单位离退休、企业改革补助、就业补助、抚恤、退役安置、社会福利、残疾人事业、城市居民最低生活保障、其他城镇社会救济、农村社会救济、自然灾害生活救助、红十字事务等。

7.**医疗卫生**：指政府医疗卫生方面的支出，包括医疗卫生管理事务支出、医疗服务支出、医疗保障支出、疾病预防控制支出、卫生监督支出、妇幼保健支出、农村卫生支出等。

8.**环境保护**：指政府环境保护支出，包括环境保护管理事务支出、环境监测与监察支出、污染治理支出、自然生态保护支出、天然林保护工程支出、退耕还林支出、风沙荒漠治理支出、退牧还草支出、已垦草原退耕还草、能源节约利用、污染减排、可再生能源和资源综合利用等支出。

9.**城乡社区事务**：指政府城乡社区事务支出，包括城乡社区管理事务支出、城乡社区规划与管理支出、城乡社区公共设施支出、城乡社区住宅支出、城乡社区环境卫生支出、建设市场管理与监督支出等。

10.**农林水事务**：指政府农林水事务支出，包括农业支出、林业支出、水利支出、扶贫支出、农业综合开发支出等。

11.**交通运输**：指政府交通运输和邮政业方面的支出，包括公路运输支出、水路运输支出、铁路运输支出、民用航空运输支出、邮政业支出等。

12.**工业商业金融等事务**：指政府对工业、商业及金融等方面的支出，包括采掘业支出、制造业支出、建筑业支出、工业和信息产业监管支出、国有资产监管支出、商业流通事务支出、金融业监管支出、旅游业管理与服务支出等。

存款 指企业、机关、团体或居民根据资金必须收回的原则,把货币资金存入银行或其他信贷机构保管并取得一定利息的一种信贷活动形式。根据存款对象的不同可划分为企业存款、财政存款、机关团体存款、城乡储蓄存款、农业存款、委托及信托存款、其他类等。

贷款 指银行或其他信贷机构根据资金必须归还的原则，按一定利率，为企业、个人等提供资金的一种信用活动形式。我国银行贷款分为短期贷款、委托及信托类贷款、其他类贷款等。

保险金额 指保险人承担赔偿或者给付保险金责任的最高限额。

保费 指投保人为取得保险人在约定范围内所承担赔偿责任而支付给保险人的费用。

赔款 指保险人根据保险公司合同的规定，向被保险人支付的赔偿保险责任损失的金额。

Explanatory Notes on Principal Statistical Indicators

Government Revenue refers to income for the government finance through participating in the distribution of social products. It is the financial guarantee to ensure government functioning.

Local Government Budgetary Revenue refers to incomes which were organized and managed by the financial departments of local governments at all levels according to certain forms and procedures.

The contents of the local government budgetary revenue include the following main items:

1.**Tax revenues,** including domestic value added tax (VAT), domestic consumption tax, VAT and consumption tax from imports, VAT and consumption tax rebate for exports, business tax, corporate income tax, individual income tax, resource tax, city maintenance and construct tax, house property tax, stamp tax, urban land use tax, land appreciation tax, tax on vehicles and boat operation, ship tonnage tax, vehicle purchase tax, tariffs, farm land occupation tax, deed tax, and tobacco leaf tax, etc.

2.**Non-tax revenue**, including special program receipts, charge of administrative and institutional units, penalty receipts and others non-tax receipts.

Government Expenditure refers to the distribution and use of the funds which the government finance has raised, so as to meet the needs of economic construction and various causes.

Local Government Budgetary Expenditure refers to the planned distribution and use of the raised budgetary revenue by the financial departments of local government at all levels.

It includes the following main items

1.**Expenditure for general public services: It** refers to the spending on the basic public management and services which provided by governments, including the expense on affairs of People's Congress, affairs of People's Political Consultative Conference, affairs of government general office and relative institutions, affairs of development and reform, affairs of statistics, affairs of finance, affairs of taxation, affairs of audit, affairs of customs, affairs of human resources and social security, affairs of discipline inspection and supervision, affairs of population and family planning, affairs of commerce and trade, affairs of intellectual property, affairs of administration for industry and commerce, affairs of land and resources, affairs of oceanic administration, affairs of surveying and mapping, affairs of earthquake, ethnic affairs, religious affairs, affairs of Hong Kong, Macao, Taiwan, and Overseas Chinese, affairs of archives administration, affairs of Chinese Communist Party, affairs of democratic parties and federation of industry and commerce, affairs of mass organization, and affairs of lottery, etc.

2.**Expenditure for public security: It** refers to the spending of government on maintaining social and public security, including the expense on armed police force, public security, state security, prosecution, courts, justice, prison, labour education and rehabilitation, protection of state secrecy, anti-smuggling police, etc.

3.**Expenditure for education: It** refers to the spending of government on education, including the expense on the administration of education, pre-primary education, primary education, secondary education, high school education, regular higher education, primary vocational education, secondary vocational education, technical school education, vocational high school education and higher vocational education, radio and television education, student abroad education, special education, on the job training of cadres, education authorities services, etc.

4.**Expenditure for science and technology: It** refers to the spending of government on science and technology (S&T), including the expense on the administration of S&T, basic research, applied research, research and development, conditions and services of S&T, popularization of social science, science and technology, exchanges and cooperation of S&T, etc.

5.**Expenditure for culture, sport and media: It** refers to the spending of government on culture, cultural heritage, sports, radio, film, television, press and publication, etc.

6.**Expenditure for social safety net and employment effort: It** refers to the spending of government on social safety net and employment, including the expense on administration of social safety net and employment, civil affairs, budgetary subsidy on the social insurance funds, subsidy on National Social Security Fund, retirees of administrative units and institutions, subsidy on enterprise reform, subsidy on employment effort, pension, placement of ex-serviceman, social welfare, the handicapped undertakings, the system of cost of living allowances for urban residents, other urban social relief, rural social relief, living relief of natural disasters, affairs of Red Cross Society, etc.

7.**Expenditure for medical and health care: It** refers to the spending of government on medical and health care, including the expense on administration of medical and health care, medical services, health care, disease prevention and control, health inspection and supervision, women and children's health, rural health care, etc.

8.**Expenditure for environment protection: It** refers to the spending of government on environment protection, including the expense on administration of environment protection, environment monitoring and supervision, pollution control, natural ecology protection, project of virgin forests protection, reforesting farmland, controlling the sources of dust storms, returning pastureland to grassland, returning pastureland to grassland, returning cultivated land to grassland, energy conservation, emissions reduction, comprehensive utilization of renewable energy and resources, etc.

9.**Expenditure for urban and rural community affairs: It** refers to the spending of government on urban and rural community affairs, including the expense on administration of urban and rural community, planning and management of urban and rural community, public facilities of urban and rural community, housing of urban and rural community, sanitation of urban and rural community, management and supervision on the construction market, etc.

10.**Expenditure for agriculture, forestry and water conservancy: It** refers to the spending of government on agriculture, forestry and water conservancy, including the expense on agriculture, forestry, water conservancy, poverty alleviation, comprehensive agricultural development, etc.

11.**Expenditure for transportation: It** refers to the spending of government on transportation and postal services, including the expense on road transportation, waterway transportation, railway transportation, civil aviation transportation, and postal services.

12.**Expenditure for industry, commerce and banking: It** refers to the spending of government on industry, commerce and banking, including the expense on mining, manufacturing, construction, industry and information technology supervision and administration, State-owned assets supervision and administration, commerce and circulation affairs, financial intermediation supervision and administration, tourism administration and service, etc.

Deposit is a form of credit by which enterprises, institutions, organizations or households can put money into banks and other credit institutions for safekeeping and interest earning under the principle of free withdrawal. According to different depositors, deposits are divided into enterprise deposits, treasury deposits, deposits of government agencies and organizations, capital construction deposits, savings deposits, rural saving deposits, entrusted deposits and other deposits.

Loan is a form of credit by which banks and other credit institutions provide funds at certain interest rate to enterprises and individuals in the light of the principle of unconditional repayment. Loans from Chinese banks include short-term loans, trust and entrust loans and other kinds of loans.

Amount Insured refers to the maximum amount that the insurant will get for the claim of the case insured.

Premium is the fee paid by the insurant to the insurer to obtain the obligation of compensation from the insurance within the agreed terms.

Settled Claim is the compensation paid by the insurer to the insurant in accordance with the insurance contract.

九、价格指数

Price Indices

9-1 各种价格指数
Price Indices

(上年=100) (preceding year=100)

年份 Year	居民消费价格指数 Consumer Price Index	城市居民消费价格指数 Urban Household	农村居民消费价格指数 Rural Household	商品零售价格指数 Retail Price Index	工业品出厂价格指数 Producer Price Index for Manufactured Goods	原材料、燃料、动力购进价格指数 Purchasing Price Index for Raw Material, Fuel and Power	固定资产投资价格指数 Price Index for Investment in Fixed Assets
1978	100.2	100.0	100.3	100.1			
1980	104.7	108.1	103.7	105.7			
1985	108.2	111.9	105.7	108.0			
1990	102.8	101.6	103.4	102.1			
1991	103.1	103.8	102.7	103.7	106.3	108.2	112.1
1992	108.9	110.4	108.8	107.7	103.8	111.9	117.6
1993	121.3	118.8	123.3	118.9	125.0	138.1	135.4
1994	119.2	117.3	119.9	115.8	116.7	110.3	107.8
1995	121.3	120.3	121.8	118.1	110.2	113.2	104.0
1996	108.7	108.2	108.8	106.6	101.3	111.3	104.3
1997	104.3	104.6	103.9	102.3	100.7	103.1	105.4
1998	101.7	102.4	101.1	99.2	96.9	100.7	101.8
1999	99.7	98.8	100.7	98.3	98.2	98.8	100.7
2000	97.9	97.6	98.4	97.6	101.2	101.5	101.6
2001	99.1	98.1	100.6	98.4	99.9	99.4	101.0
2002	99.8	99.3	100.5	98.1	98.2	97.6	100.0
2003	101.2	101.3	101.0	99.9	101.4	102.7	102.2
2004	106.0	106.1	105.9	104.7	108.8	109.6	108.0
2005	101.4	101.7	101.0	100.1	104.5	106.5	104.6
2006	101.9	101.9	101.8	100.8	104.6	107.6	101.8
2007	105.9	105.9	105.9	104.4	105.7	108.2	104.2
2008	105.7	105.4	106.0	106.1	105.8	111.6	107.4
2009	100.4	100.5	100.2	100.1	91.5	95.0	98.1

9-2 1978-2009年历年居民消费价格总指数

General Consumer Price Indices over the Years (1978-2009)

年　份 Year	以1978年为100 1978=100	以1980年为100 1980=100	以1985年为100 1985=100	以1990年为100 1990=100	以1995年为100 1995=100	以上年为100 Preceding Year=100
1978	100.0					100.2
1979	101.1					101.1
1980	105.9	100.0				104.7
1981	107.1	101.2				101.2
1982	109.1	103.0				101.8
1983	110.1	104.1				101.0
1984	112.2	105.8				101.9
1985	121.4	114.4	100.0			108.2
1986	128.8	121.4	106.1			106.1
1987	137.9	129.9	113.0			107.0
1988	165.2	155.6	135.4			119.8
1989	195.9	184.6	160.6			118.6
1990	201.4	189.7	165.1	100.0		102.8
1991	207.6	195.6	170.2	103.1		103.1
1992	226.1	213.0	185.4	112.3		108.9
1993	274.2	258.4	224.8	136.2		121.3
1994	326.9	308.0	268.0	162.3		119.2
1995	396.5	372.1	325.1	196.9	100.0	121.3
1996	431.0	404.5	353.4	214.0	108.7	108.7
1997	449.6	420.9	368.6	223.3	113.1	104.3
1998	457.2	428.0	374.8	227.0	115.3	101.7
1999	455.8	426.8	373.7	226.4	115.0	99.7
2000	446.3	417.8	365.9	221.6	112.5	97.9
2001	444.5	414.0	362.6	219.6	111.5	99.1
2002	443.6	413.2	361.9	219.2	111.3	99.8
2003	448.9	418.2	366.2	221.8	112.6	101.2
2004	475.9	443.3	388.2	235.1	119.4	106.0
2005	482.5	449.5	393.6	238.4	121.1	101.4
2006	491.7	458.0	401.1	242.9	123.4	101.9
2007	520.7	485.0	424.7	257.3	130.7	105.9
2008	550.4	512.7	449.0	271.9	138.1	105.7
2009	552.6	514.7	450.7	273.0	138.6	100.4

9-3 1978-2009年历年城市居民消费价格总指数

General Urban Consumer Price Indices over the Years (1978-2009)

年 份 Year	以1952年为100 1952=100	以1978年为100 1978=100	以1980年为100 1980=100	以1990年为100 1990=100	以1995年为100 1995=100	以上年为100 Preceding Year=100
1978	112.7	100.0				100.0
1979	113.6	100.8				100.8
1980	122.8	109.0				108.1
1981	123.8	109.8	100.8			100.8
1982	125.9	111.7	102.5			101.7
1983	126.6	112.4	103.1			100.6
1984	129.9	115.3	105.8			102.6
1985	145.4	129.0	118.4			111.9
1986	152.4	135.2	124.1			104.8
1987	163.7	145.2	133.3			107.4
1988	198.2	175.9	161.4			121.1
1989	233.7	207.3	190.3			117.9
1990	237.4	210.6	193.3	100.0		101.6
1991	246.4	218.7	200.7	103.8		103.8
1992	272.1	241.4	221.5	114.6		110.4
1993	323.2	286.8	263.2	136.1		118.8
1994	379.1	336.4	308.7	159.7		117.3
1995	456.1	404.7	371.4	192.1	100.0	120.3
1996	493.5	438.3	401.8	207.9	108.2	108.2
1997	516.2	458.0	420.3	217.4	113.2	104.6
1998	528.6	469.0	430.4	222.6	115.9	102.4
1999	522.2	463.4	425.2	220.0	114.5	98.8
2000	509.7	452.2	415.0	214.7	111.8	97.6
2001	500.0	443.7	407.2	210.6	109.6	98.1
2002	496.5	440.5	404.3	209.1	108.9	99.3
2003	502.9	446.3	409.6	211.9	110.3	101.3
2004	533.6	473.5	434.5	224.8	117.0	106.1
2005	542.7	481.5	441.9	228.6	119.0	101.7
2006	553.0	490.7	450.3	232.9	121.3	101.9
2007	585.6	519.6	476.9	246.7	128.4	105.9
2008	617.3	547.7	502.6	260.0	135.3	105.4
2009	620.5	550.5	505.2	261.4	136.0	100.5

9-4 1978-2009年历年农村居民消费价格总指数
General Rural Consumer Price Indices over the Years (1978-2009)

年 份 Year	以1978年为100 1978=100	以1980年为100 1980=100	以1985年为100 1985=100	以1990年为100 1990=100	以1995年为100 1995=100	以上年为100 Preceding Year=100
1978	100.0					100.3
1979	101.2					101.2
1980	104.9	100.0				103.7
1981	106.3	101.3				101.3
1982	108.2	103.1				101.8
1983	109.4	104.3				101.1
1984	110.9	105.7				101.4
1985	117.3	111.7	100.0			105.7
1986	124.8	118.9	106.4			106.4
1987	133.0	126.7	113.4			106.6
1988	158.0	150.6	134.7			118.8
1989	188.0	179.2	160.3			119.0
1990	194.4	185.3	165.8	100.0		103.4
1991	199.7	190.3	170.3	102.7		102.7
1992	217.3	207.0	185.3	111.7		108.8
1993	267.9	255.3	228.4	137.8		123.3
1994	321.2	306.0	273.9	165.2		119.9
1995	391.2	372.8	333.6	201.2	100.0	121.8
1996	425.6	405.6	362.9	218.9	108.8	108.8
1997	442.2	421.4	377.1	227.4	113.0	103.9
1998	447.1	426.0	381.2	229.9	114.3	101.1
1999	450.2	429.0	383.9	231.6	115.1	100.7
2000	443.0	422.1	377.8	227.9	113.2	98.4
2001	445.7	424.7	380.0	229.2	113.9	100.6
2002	447.9	426.8	381.9	230.4	114.5	100.5
2003	452.4	431.1	385.8	232.7	115.6	101.0
2004	479.1	456.5	408.5	246.4	122.5	105.9
2005	483.9	461.1	412.6	248.9	123.7	101.0
2006	492.6	469.4	420.0	253.3	125.9	101.8
2007	521.6	497.0	444.8	268.3	133.3	105.9
2008	552.9	526.9	471.5	284.4	141.3	106.0
2009	554.2	528.0	472.6	285.0	141.7	100.2

9-5 1978-2009年历年商品零售价格总指数

General Retail Price Indices over the Years (1978-2009)

年 份 Year	以1952年为100 1952=100	以1978年为100 1978=100	以1980年为100 1980=100	以1990年为100 1990=100	以1995年为100 1995=100	以上年为100 Preceding Year=100
1978	106.8	100.0				100.1
1979	107.5	100.7				100.7
1980	113.6	106.4	100.0			105.7
1981	115.0	107.7	101.2			101.2
1982	117.2	109.8	103.1			101.9
1983	118.4	110.9	104.2			101.0
1984	121.6	113.9	107.0			102.7
1985	131.3	123.0	115.5			108.0
1986	137.9	129.2	121.4			105.0
1987	147.0	137.7	129.4			106.6
1988	175.8	164.7	154.7			119.6
1989	209.7	196.5	184.6			119.3
1990	214.2	200.6	188.5	100.0		102.1
1991	222.1	208.0	195.4	103.7		103.7
1992	239.2	224.1	210.5	111.7		107.7
1993	284.4	266.4	250.3	132.8		118.9
1994	329.3	308.5	289.8	153.8		115.8
1995	388.9	364.3	342.2	181.6	100.0	118.1
1996	414.6	388.2	364.8	193.6	106.6	106.6
1997	424.1	397.3	373.2	198.0	109.1	102.3
1998	420.7	394.1	370.2	196.5	108.2	99.2
1999	413.6	387.4	363.9	193.1	106.3	98.3
2000	403.6	378.1	355.2	188.5	103.8	97.6
2001	397.2	372.1	349.5	185.5	102.1	98.4
2002	389.6	365.0	342.9	181.9	100.2	98.1
2003	389.3	364.6	342.5	181.8	100.1	99.9
2004	407.5	381.8	358.6	190.3	104.8	104.7
2005	408.0	382.2	359.0	190.5	104.9	100.1
2006	411.2	385.2	361.9	192.0	105.7	100.8
2007	429.3	402.2	377.8	200.5	110.4	104.4
2008	455.5	426.7	400.8	212.7	117.1	106.1
2009	456.0	427.2	401.3	213.0	117.3	100.1

注:本表已根据现行价格调查统计制度予以调整,均不包括农业生产资料部分。
Note:The data in this form have been adjusted according to current statistical system of price survey.Means of agricultural production are excluded.

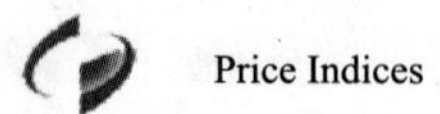

9-6 1978-2009年历年农业生产资料价格总指数

General Price Indices of Means of Agricultural Production over the Years (1978-2009)

年 份 Year	以1978年为100 1978=100	以1980年为100 1980=100	以1985年为100 1985=100	以1990年为100 1990=100	以1995年为100 1995=100	以上年为100 Preceding Year=100
1978	100.0					100.0
1979	98.3					98.3
1980	97.5	100.0				99.0
1981	99.4	102.0				102.0
1982	101.7	104.4				102.4
1983	104.6	107.4				102.8
1984	110.7	113.8				106.0
1985	115.1	118.1	100.0			103.8
1986	117.8	121.0	102.4			102.4
1987	124.3	127.7	108.1			105.5
1988	141.6	145.4	123.1			113.9
1989	170.5	175.1	148.2			120.4
1990	176.5	181.2	153.4	100.0		103.5
1991	193.0	198.2	167.8	109.4		109.4
1992	203.1	208.6	176.5	115.1		105.2
1993	246.5	253.2	214.3	139.7		121.4
1994	282.5	290.1	245.6	160.1		114.6
1995	354.6	364.1	308.2	200.9	100.0	125.5
1996	401.7	412.6	349.2	227.7	113.3	113.3
1997	411.4	422.5	357.6	233.1	116.0	102.4
1998	397.0	407.7	345.1	225.0	112.0	96.5
1999	391.8	402.4	340.6	222.1	110.5	98.7
2000	387.5	398.0	336.8	219.6	109.3	98.9
2001	374.3	384.4	325.4	212.1	105.6	96.6
2002	375.8	386.0	326.7	213.0	106.0	100.4
2003	383.0	393.3	332.9	217.0	108.0	101.9
2004	407.1	418.1	353.9	230.7	114.8	106.3
2005	431.1	442.7	374.8	244.3	121.6	105.9
2006	443.2	455.1	385.3	251.2	125.0	102.8
2007	474.2	487.0	412.2	268.7	133.7	107.0
2008	552.9	567.8	480.6	313.4	155.9	116.6
2009	549.1	563.9	477.3	311.2	154.9	99.3

9-7 居民消费价格分类指数（2009年）

Consumer Price Indices by Category (2009)

(上年=100) (preceding year=100)

类别	Category	全省 Provincial	城市 Urban	农村 Rural
居民消费价格指数	**Consumer Price Index**	**100.4**	**100.5**	**100.2**
非食品价格指数	Non-food Price Index	99.7	100.1	99.2
服务项目价格指数	Services Price Index	99.5	99.3	99.9
扣除鲜菜鲜果总指数	General Index Discounting Fresh Vegetables and Fresh Fruit	99.3	99.4	99.1
消费品价格指数	Consumer Goods Price Index	100.6	100.8	100.3
食　品	**Food**	**101.6**	**101.2**	**102.1**
粮　食	Grain	104.1	104.4	103.9
淀　粉	Starches	103.3	103.1	103.4
干豆类及豆制品	Dried Beans and Bean Products	102.9	100.6	105.4
油　脂	Oil or Fat	80.5	75.4	84.7
肉禽及其制品	Meal, Poultry and Their Products	90.4	90.2	90.6
食用畜肉及副产品	Animal Meat and Products	85.0	85.1	84.9
禽	Poultry	98.8	97.2	101.2
加工肉禽	Processing Products of Meal and Poultry	102.7	104.1	100.8
蛋	Eggs	100.7	100.6	100.9
水产品	Aquatic Products	99.5	97.6	103.2
鱼	Fishes	98.0	95.4	102.6
其他水产品	Other Aquatic Products	104.7	104.4	105.8
菜	Vegetables	119.4	118.6	120.1
调味品	Flavoring	100.7	100.5	100.9
糖	Carbohydrate	101.0	101.4	100.6
茶及饮料	Tea and Beverages	101.0	100.5	101.7
茶　叶	Tea	98.7	98.1	99.5
饮　料	Beverages	102.6	102.0	103.3
干鲜瓜果	Dried and Fresh Melons and Fruits	111.1	111.6	110.3
糕点饼干	Cake and Biscuit	104.1	104.9	102.7
液体乳及乳制品	Milk and Its Products	102.7	103.6	100.7
在外用膳食品	Outward Dinner	102.3	101.2	104.9
其他食品	Other Foods	103.1	104.7	101.6

9-7 续表1 continued

(上年=100) (preceding year=100)

类 别	Category	全 省 Provincial	城 市 Urban	农 村 Rural
烟酒及用品	**Tobacco, Liquor and Articles**	**100.1**	**100.3**	**100.0**
烟 草	Tobacco	99.7	99.7	99.7
酒	Liquor	101.9	103.0	101.3
吸烟饮酒用品	Articles for Smoking and Drinking	97.8	100.4	95.7
衣 着	**Clothing**	**98.1**	**98.5**	**97.5**
服 装	Garments	98.0	98.9	96.4
男式服装	Men's Clothing	96.3	97.5	94.2
女式服装	Women's Clothing	97.9	98.8	96.3
儿童服装	Children's Clothing	101.2	102.3	100.0
衣着材料	Clothing Material	100.5	100.7	100.5
鞋袜帽	Footwear and Hats	97.6	96.5	98.6
鞋	Shoes	97.2	95.9	98.4
袜 子	Socks	99.6	100.5	98.8
帽 子	Hats	99.6	97.3	100.9
衣着加工服务费	Clothing Processing Services	107.0	116.3	102.1
家庭设备用品及维修服务	**Household Facilities, Articles and Services**	**100.3**	**100.1**	**100.6**
耐用消费品	Durable Consumer Goods	98.2	98.6	97.8
家 具	Furniture	99.4	100.0	98.7
家庭设备	Household Facilities	97.3	97.6	96.9
室内装饰品	Interior Decorations	99.4	101.2	98.7
床上用品	Bed Articles	100.5	101.8	98.9
家庭日用杂品	Grocery for Daily Use	101.2	99.6	102.8
家庭服务及加工维修服务	Household Service and Processing and Upkeep	107.9	106.1	110.0
医疗保健和个人用品	**Health Care and Personal Articles**	**101.5**	**101.5**	**101.3**
医疗保健	Health Care	102.5	102.9	101.8
医疗器具及用品	Medical Instrument and Articles	100.5	99.9	101.1
中药材及中成药	Traditional Chinese Medicinal Materials and Medicines	106.2	108.5	100.7
西 药	Western Medicine	101.5	100.5	103.4
保健器具及用品	Health Care Appliances and Articles	101.9	101.9	101.9
医疗保健服务	Health Care Services	99.9	99.8	100.1

9-7 续表2 continued

(上年=100) (preceding year=100)

类 别	Category	全 省 Provincial	城 市 Urban	农 村 Rural
个人用品及服务	Personal Articles and Services	98.4	97.3	100.1
化妆美容用品	Makeup Beauty Products	100.5	101.2	99.2
清洁化妆用品	Sanitation Articles	100.3	102.7	97.6
个人饰品	Personal Decorations	95.9	93.4	99.4
个人服务	Personal Services	97.0	92.8	104.1
交通和通信	**Transportation and Communication**	**97.4**	**97.6**	**97.1**
交 通	Transportation	98.6	98.5	98.7
交通工具	Transportation Facility	97.7	98.0	97.3
车用燃料及零配件	Fuels and Parts	90.8	90.1	91.7
车辆使用及维修	Using and Upkeep	101.8	101.9	101.6
市区公共交通	City Public Traffic	100.6	100.0	101.6
城市间交通	Intercity Traffic	103.4	103.4	103.4
通 信	Communication	96.2	96.7	95.2
通信工具	Communication Facility	84.6	81.6	88.2
通信服务	Communication Service	99.2	99.9	97.8
娱乐教育文化用品及服务	**Recreation, Education and Culture Articles and Services**	**98.8**	**97.9**	**100.2**
文娱用耐用消费品及服务	Durable Consumer Goods for Cultural and Recreational Use and Services	91.8	91.3	92.5
教 育	Education	102.4	102.4	102.5
教材及参考书	Teaching Materials and Reference Books	107.1	109.1	105.1
学杂托幼费	Tuition and Child Care	101.0	100.7	101.7
文化娱乐类	Cultural and Recreational Articles	102.5	102.6	102.2
文化娱乐用品	Culture and Recreation	101.3	100.9	101.9
书报杂志	Books, Newspapers and Magazines	105.2	109.1	101.8
文娱费	Expenditure of Culture and Recreation	101.5	100.8	103.1
旅 游	Touring and Outgoing	94.9	92.4	103.0
居 住	**Residence**	**101.9**	**104.7**	**98.4**
建房及装修材料	Building and Building Decoration Materials	101.9	104.4	100.1
租 房	Renting	101.3	102.9	99.8
自有住房	Private Housing	93.6	98.5	86.5
水、电、燃料	Water, Electricity and Fuels	104.9	107.0	100.9

9-8 商品零售价格分类指数（2009年）
Retail Indices by Category (2009)

(上年=100) (preceding year=100)

类 别	Category	全省 Provincial	城市 Urban	农村 Rural
商品零售价格总指数	**Retail Index**	**100.1**	**99.9**	**100.4**
食 品	**Food**	**101.5**	**100.5**	**102.6**
粮 食	Grain	103.9	104.2	103.7
淀 粉	Starches	104.9	110.3	101.9
干豆类及豆制品	Beans and Bean Products	103.2	100.1	106.1
油 脂	Oil or Fat	82.0	74.5	86.1
肉禽及其制品	Meal, Poultry and Their Products	90.5	90.0	91.1
食用畜肉及副产品	Animal Meat and Products	85.7	85.5	85.9
禽	Poultry	97.4	96.4	98.9
肉禽加工制品	Processing Products of Meal and Poultry	102.7	103.5	101.9
蛋	Eggs	100.5	101.3	100.0
水产品	Aquatic Products	99.5	97.5	103.3
鱼	Fishes	97.8	95.1	102.0
其他水产品	Other Aquatic Products	103.6	102.2	108.8
菜	Vegetables	120.8	117.7	124.2
调味品	Flavoring	100.2	99.7	100.5
糖	Carbohydrate	101.4	101.0	101.8
干鲜瓜果	Dried and Fresh Melons and Fruits	112.7	113.6	111.9
糕点饼干面包	Cake and Biscuit	103.8	105.0	102.4
液体乳及乳制品	Milk and Its Products	102.3	103.3	100.1
在外用膳食品	Outward Dinner	101.9	100.7	103.9
其他食品	Other Foods	102.2	103.0	101.7
饮料、烟酒	**Beverages,Tobacco and Liquor**	**100.9**	**100.8**	**100.9**
茶及饮料	Tea and Beverages	101.0	101.4	100.6
茶 叶	Tea	98.9	100.3	97.8
饮 料	Beverages	102.2	101.9	102.7
烟 草	Tobacco	100.3	99.8	100.7
酒	Liquor	101.7	102.9	101.2
服装、鞋帽类	**Garments,Footwear and Hats**	**98.6**	**98.9**	**98.3**
服 装	Garments	98.8	99.7	97.8
男式服装	Men's Clothing	97.5	98.1	96.8
女式服装	Women's Clothing	98.5	99.8	96.6
儿童服装	Children's Clothing	101.9	102.7	101.2
鞋袜帽	Footwear and Hats	97.7	96.0	99.0
鞋	Shoes	96.9	95.2	98.3
袜 子	Socks	100.4	99.7	100.9
帽 子	Hats	101.2	100.6	101.4
其 他	Others	103.4	106.5	99.9
纺织品	**Textiles**	**100.5**	**101.4**	**100.0**
衣着材料	Clothing Material	101.5	100.2	102.2
床上用品	Bed Articles	100.0	102.0	98.7

9-8 续表 continued

(上年=100) (preceding year=100)

类　别	Category	全　省 Provincial	城 市 Urban	农 村 Rural
家用电器及音像器材	**Household Appliances, Music and Video Equipment**	**94.4**	**93.8**	**95.6**
家庭设备	Household Facilities	98.0	98.0	98.1
文娱用耐用消费品	Durable Consumer Goods for Cultural and Recreational Use	90.0	89.0	92.1
音像器材	Music and Video Equipment	99.6	99.7	99.4
文化办公用品	**Cultural and Office Appliances**	**98.6**	**97.8**	**99.9**
日用品	**Articles for Daily Use**	**102.2**	**101.9**	**102.4**
日用百货	General Merchandise for Daily Use	99.9	98.4	101.2
日用杂品	Grocery for Daily Use	100.8	100.8	100.8
洗涤用品	Washing Products	105.0	104.6	105.7
其它日用品	Other Articles for Daily Use	100.7	101.3	100.1
体育娱乐用品	**Sports and Recreation Articles**	**98.7**	**98.3**	**99.1**
体育用品	Sports Articles	101.2	101.6	100.9
娱乐用品	Recreation Articles	96.9	96.9	97.1
交通、通信用品	**Transportation and Communication Articles**	**95.1**	**95.0**	**95.4**
交通运输机械	Transport machinery	98.5	98.8	97.8
通信器材	Communication Equipment	89.8	88.1	92.5
家　具	**Furniture**	**99.6**	**99.9**	**99.1**
化妆品	**Cosmetics**	**98.7**	**97.9**	**100.3**
金银珠宝	**Gold, Silver and Jewelry**	**94.2**	**91.7**	**97.0**
中西药品及医疗保健用品	**Traditional Chinese and Western Medicines and Health Care Articles**	**102.5**	**102.8**	**102.0**
医疗器具及用品	Medical Apparatus and Articles	101.1	100.0	102.0
中药材及中成药	Traditional Chinese Medicinal Materials and Medicines	104.2	106.7	100.5
西　药	Western Medicines	101.5	100.4	102.9
保健品及器具	Health Care Appliances and Articles	102.4	102.4	102.3
书报杂志及电子出版物	**Books, Newspapers, Magazines and Electronic Publications**	**105.4**	**107.0**	**103.3**
教材及参考书	Teaching Materials and Reference Books	108.1	109.4	106.2
书报杂志	Books, Newspapers and Magazines	105.5	108.7	101.8
电子音像制品	Electronic Audio-visual Products	98.9	98.5	99.7
燃　料	**Fuels**	**100.7**	**102.4**	**98.2**
煤炭及制品	Coal and Products	106.7	103.4	107.0
石油及制品	Petroleum and Products	99.0	102.3	90.9
建筑材料及五金电料	**Building Materials and Hardware**	**99.4**	**101.9**	**97.6**
建筑装潢材料	Building Decoration Materials	99.2	102.2	96.7
五金电料	Hardware	100.3	100.1	100.4

9-9 工业品出厂价格指数（2003-2009年）
Ex-factory Price Indices of Industrial Products (2003-2009)

（上年=100 ） (preceding year=100)

类　别	Category	2003	2004	2005	2006	2007	2008	2009
全部工业品	**Total Industrial Products**	**101.4**	**108.8**	**104.5**	**104.6**	**105.7**	**105.8**	**91.5**
轻工业	Light Industry	98.6	101.5	101.2	102.5	100.1	101.9	99.7
以农产品为原料	Agricultural Products as Raw Materials	98.5	101.3	100.9	102.0	100.3	101.5	99.2
以非农产品为原料	Non-agricultural Products as Raw Materials	98.7	102.0	102.3	104.7	99.4	103.7	101.2
重工业	Heavy Industry	105.5	117.4	107.4	106.1	109.9	108.1	87.6
采　掘	Mining	104.4	126.2	120.9	112.3	113.0	106.1	87.3
原　料	Raw Materials	106.7	119.2	106.6	109.3	112.3	104.3	87.6
加　工	Processing	103.3	111.9	105.6	97.8	104.2	117.8	87.7
生产资料	Means of Production	104.1	115.2	106.8	105.9	108.6	107.8	88.9
采　掘	Mining	104.8	127.4	120.9	111.6	112.9	108.3	87.5
原　料	Raw Materials	106.4	118.5	106.6	109.4	112.1	103.5	87.7
加　工	Processing	101.4	109.4	104.8	99.9	102.8	114.3	91.1
生活资料	Consumer Goods	98.6	100.7	100.6	102.0	100.1	101.0	99.5
食　品	Food	98.6	101.0	100.8	102.2	100.3	101.0	99.5
衣　着	Clothing	100.2	100.7	101.3	103.7	99.6	103.6	101.0
一般日用品	Articles for Daily Use	98.4	96.9	98.5	99.9	98.2	101.0	99.1
耐用消费品	Durable Consumer Goods	102.2	102.9	102.8	99.9	104.0	102.8	97.7

主要统计指标解释

物价指数 是反映两个时期商品或服务项目价格变化和平均升降程度的相对数,通常用百分比表示。

居民消费价格指数 是反映一定时期内城乡居民所购买的生活消费品价格和服务项目价格变动趋势和程度的相对数，是对城市居民消费价格指数和农村居民消费价格指数进行综合汇总计算的结果。该指数可以观察和分析消费品的零售价格和服务项目价格变动对城乡居民实际生活费支出的影响程度。

城市居民消费价格指数 是反映一定时期内城市居民家庭所购买的生活消费品价格和服务项目价格变动趋势和程度的相对数。该指数可以观察和分析消费品的零售价格和服务项目价格变动对城镇职工货币工资的影响，作为研究职工生活和确定工资政策的依据。

农村居民消费价格指数 是反映一定时期内农村居民家庭所购买的生活消费品价格和服务项目价格变动趋势和程度的相对数。该指数可以观察农村消费品的零售价格和服务项目价格变动对农村居民生活消费支出的影响，直接反映农村居民生活水平的实际变化情况，为分析和研究农村居民生活问题提供依据。

商品零售价格指数 是反映一定时期内城乡商品零售价格变动趋势和程度的相对数。商品零售价格的变动直接影响到城乡居民的生活支出和国家的财政收入，影响居民购买力和市场供需的平衡，影响到消费与积累的比例关系。因此，该指数可以从一个侧面对上述经济活动进行观察和分析。

农业生产资料价格指数 指反映一定时期内农业生产资料价格变动趋势和程度的相对数。其编制目的是了解农业生产中物质资料投入价格的变动状况，服务于国民经济核算。1994 年以前，农业生产资料价格指数仅仅是商品零售价格指数的一个类别，此后，从商品零售价格指数中分离出来，单独编制。

农产品生产价格指数 是反映一定时期内，农产品生产者出售农产品价格水平变动趋势及幅度的相对数。该指数可以客观反映全国农产品生产价格水平和结构变动情况，满足农业与国民经济核算需要。其中某代表品生产价格指数是通过对全部有出售该产品行为的调查单位的个体指数进行几何平均求得的，类价格指数是通过对其所属的类（或代表品）的价格指数进行加权平均求得的。季度累计价格指数的计算方法与分季指数的计算方法相同。

工业品出厂价格指数 是反映一定时期内全部工业产品出厂价格总水平的变动趋势和程度的相对数，包括工业企业售给本企业以外所有单位的各种产品和直接售给居民用于生活消费的产品。该指数可以观察出厂价格变动对工业总产值及增加值的影响。

原材料、燃料和动力购进价格指数 是反映工业企业作为生产投入，而从物资交易市场和能源、原材料生产企业购买原材料、燃料和动力产品时，所支付的价格水平变动趋势和程度的统计指标，是扣除工业企业物质消耗成本中的价格变动影响的重要依据。

目前，我国编制的原材料、燃料和动力购进价格指数所调查的产品包括燃料动力、黑色金属、有色金属、化工、建材等九大类的近 1800 种产品。

固定资产投资价格指数 是反映一定时期内固定资产投资品及取费项目的价格变动趋势和程度的相对数。固定资产投资额是由建筑安装工程投资完成额、设备工器具购置投资完成额和其他费用投资完成额三部分组成的。编制固定资产投资价格指数应首先分别编制上述三部分投资的价格指数，然后采用加权算术平均法求出固定资产投资价格总指数。

该指数可以准确地反映固定资产投资中涉及的各类投资品和取费项目价格变动趋势和变动幅度，消除按现价计算的固定资产投资指标中的价格变动因素，真实地反映固定资产投资的规模、速度、结构和效益，为国家科学地制定、检查固定资产投资计划并提高宏观调控水平，为完善国民经济核算体系提供科学的、可靠的依据。

房地产价格指数 是反映一定时期内房地产价格变动趋势和程度的相对数，包括房屋销售价格指数、房屋租赁价格指数、土地交易价格指数和物业管理价格指数。这四套指数的计算方法相似，均采用由下到上逐级汇总的方法。

Explanatory Notes on Principal Statistical Indicators

Price Indices refer to the relative figures that reflect the trend and degree of changes in commodity or service prices between two different periods, which are usally expressed by percentage.

Consumer Price Indices reflect the trend and degree of changes in prices of consumer goods and services purchased by urban and rural households during a given period. They are obtained by combining Consumer Price Indices of Urban Household and Consumer Price Indices of Rural Household. The Indices enable the observation and analysis of the degree of impact of the changes in the prices of retailed goods and services on the actual living expenses of urban and rural residents.

Consumer Price Indices of Urban Household reflect the trend and degree of changes in prices of consumer goods and services purchased by urban households during a given period. It can be used to observe and analyze the impact of price changes in consumer goods and services on wages (in monetary terms) of urban staff and workers, and provide a basis for research on the livelihood of staff and workers and policy-making concerning wages.

Consumer Price Indices of Rural Household reflect the trend and degree of changes in prices of consumer goods and services purchased by rural households during a given period. It can be used to observe the impact of change in retail prices of consumer goods and service prices in rural areas on living expenditure of rural households, and to show the changes in the living standard of rural households. It provides a basis for analysis and research on the condition of life in rural areas.

Retail Price Indices reflect the trend and degree of change in retail prices of commodities during a given period. The change in retail prices of commodities directly affect the living expenses of urban and rural residents, government revenue, purchasing power of residents and the equilibrium of market supply and demand, and the ratio of consumption to accumulation. Therefore, the retail price indices are useful from an oblique perspective for observing and analyzing the changes of the above economic activities.

Price Indices for Means of Agricultural Production reflect the trend and degree of changes in the prices of the means of agricultural production during a given period. Compilation of these indices helps to understand the changes in prices of input into agricultural production and facilitate the compilation of national accounts statistics. Before 1994, price indices for means of agricultural production were a sub-category in the retail price indices for commodities, and it has been compiled separately since 1994.

Producer Prices Indices for Farm Products reflect the trend and degree of changes in producers' prices received by farmers when they sell farm products during a given period. These indices depict the change in the level and structure of producer prices for farm products of the country and meet the needs of agricultural statistics and national accounts statistics. The producer price index for a given product is calculated as the geometrical mean of individual indices for all surveyed units which sell such product, and the indices for a product category is obtained as the weighted mean of price indices for all products in the category. Method for calculating accumulative quarterly indices is the same as for calculating the individual quarterly indices.

Producer Price Indices for Manufactured Goods reflect the trend and degree of changes in general ex-factory prices of all manufactured goods during a given period, including sales of manufactured goods by an industrial enterprise to all units outside the enterprise, as well as sales of consumer goods to residents. It can be used to analyze the impact of ex-factory prices on gross output value and value-added of the industrial sector.

Purchasing Price Indices for Raw Materials, Fuels and Power reflect changes in the level and degree of prices paid by industrial enterprises when they purchase production input such as raw materials, fuels and power from the market or from other energy or raw materials producing enterprises. These indices provide an important basis for measuring the material consumption of industrial enterprises after removing the influence of price changes.

At present, close to 1,800 products in 9 categories, including fuels and power, ferrous metals, non-ferrous metals, chemicals, building materials, are covered in China for the survey to produce indices for purchasing prices of raw materials, fuels and power.

Price Indices for Investment in Fixed Assets reflect the trend and degree of changes in prices of investment goods and projects in fixed assets during a given period. The investment in fixed assets consists of three components, namely the investment in construction and installation, the investment in purchases of equipment and instrument, and the investment in other items. Price indices for investment in fixed assets are calculated as the weighted arithmetic mean of the price indices for the three components of investment in fixed assets.

Removing the factor of price change in the aggregates of investment at current prices, this indicator shows the changes in the prices of commodities and fees involved in the investment of fixed assets, and can be used to observe the actual size, growth, structure, and efficiency of investment in fixed assets and provides reliable and scientific data for government planning, management, decision-making, and further improving the current national accounting system.

Price Indices for Real Estate reflect the trend and degree of changes in prices of real estate during a given period, including sale price indices for houses, price indices for renting houses, price indices for land transactions and price indices for management of properties. The methods for the compilation of these four sets of indices are similar in that they all use the bottom-up approach under which data are reported from lower level to higher level.

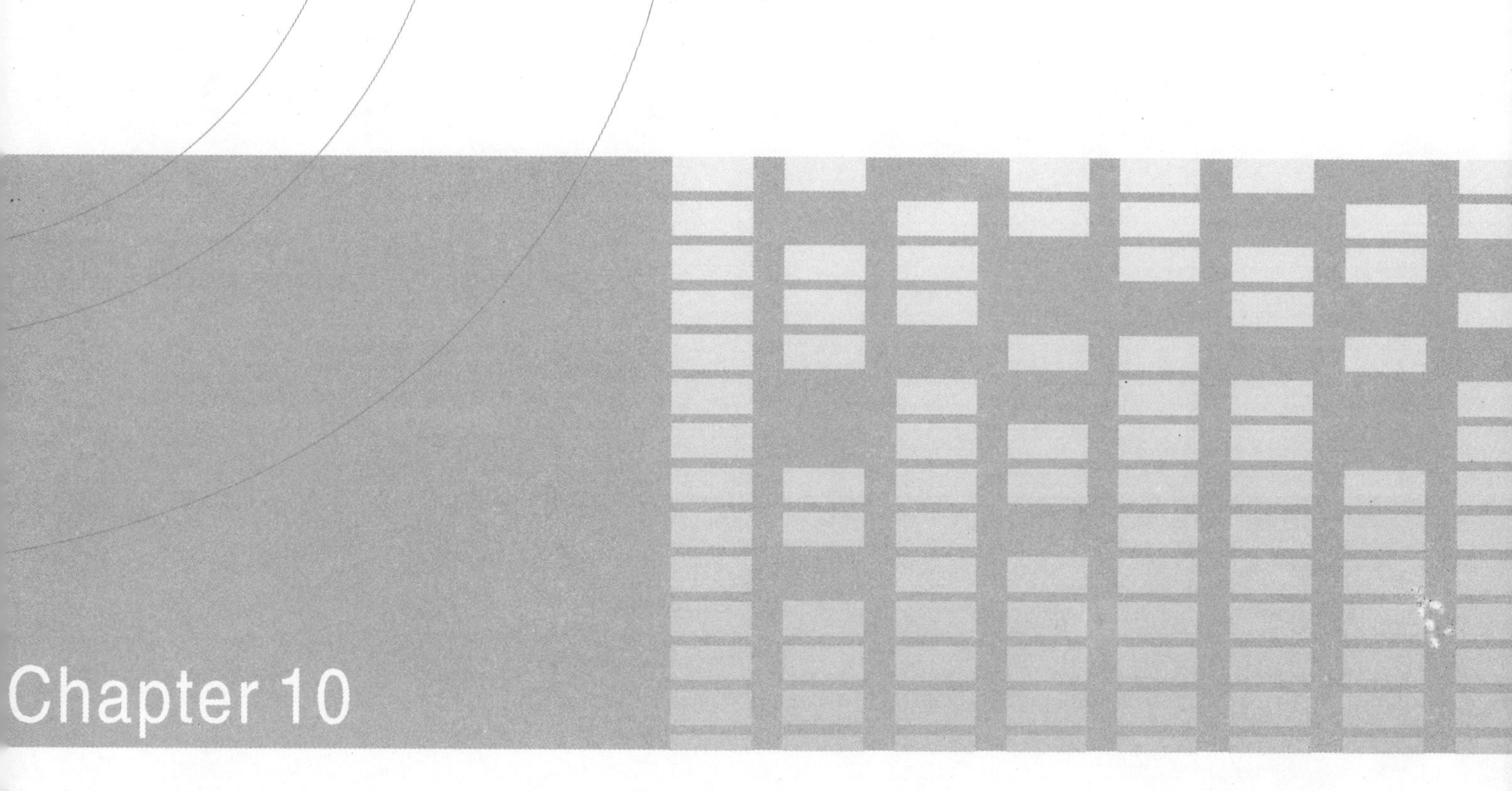

十、人民生活

People's Livelihood

10-1 1960-2009年历年城镇居民家庭基本情况
Historic Statistics on Livelihood of Urban Households (1960-2009)

年 份 Year	平均每户家庭人口(人) Average Household Size (person)	平均每户就业人口(人) Average Number of Employed Persons per Household (person)	平均每户就业面(%) Percentage of Employment per Household (%)	负担人数(人) Number of Persons Supported by Each Employee(person)	人均年可支配收入(元) Per Capita Annual Disposable Income (yuan)	人均年消费性支出(元) Per Capita Annual Living Expenditures (yuan)	#食 品 On Food
1960	4.32	1.62	37.60	2.67	252.82	238.33	143.00
1965	4.19	1.62	38.60	2.59	261.95	240.69	143.32
1966	4.66	1.78	38.20	2.62	259.39	234.43	140.43
1967	4.69	1.79	38.10	2.62	260.55	228.33	136.62
1968	4.68	1.78	38.00	2.63	277.69	260.98	161.33
1969	4.66	1.77	38.00	2.63	281.47	263.12	167.04
1970	4.65	1.79	38.40	2.60	298.93	266.46	165.76
1971	4.63	1.78	38.50	2.60	291.02	268.77	167.02
1972	4.60	1.77	38.50	2.60	294.77	272.25	169.01
1973	4.58	1.77	38.60	2.59	297.08	275.98	171.14
1974	4.55	1.76	38.60	2.59	297.81	277.68	172.01
1975	4.53	1.75	38.70	2.59	300.29	282.53	174.62
1976	4.50	1.76	39.10	2.56	298.01	284.39	175.59
1977	4.48	1.80	40.10	2.49	296.28	283.89	175.10
1978	4.45	2.15	48.30	2.07	327.70	303.12	190.94
1979	4.39	2.16	49.30	2.03	362.40	342.60	214.56
1980	4.34	2.14	49.40	2.03	420.45	380.64	236.66
1981	4.28	2.20	51.40	1.95	446.41	411.57	247.19
1982	4.24	2.27	53.50	1.87	492.51	455.92	273.26
1983	4.21	2.29	54.40	1.83	532.54	480.13	285.94
1984	4.13	2.27	55.00	1.82	608.23	527.27	311.02
1985	3.85	2.03	52.70	1.89	752.29	703.56	360.39
1986	3.80	2.03	53.40	1.88	871.75	813.92	423.93
1987	3.77	2.01	53.30	1.88	989.37	883.52	481.85
1988	3.69	1.92	52.00	1.93	1 156.49	1 143.29	553.70
1989	3.67	1.92	52.30	1.91	1 305.15	1 140.71	621.33
1990	3.57	1.93	54.10	1.85	1 514.81	1 272.09	679.18
1991	3.48	1.91	54.90	1.82	1 703.16	1 428.28	763.42
1992	3.37	1.91	56.70	1.76	2 061.74	1 704.15	861.60
1993	3.30	1.87	56.70	1.76	2 639.07	2 186.29	1 066.99
1994	3.20	1.83	57.10	1.75	3 433.97	2 843.69	1 441.93
1995	3.17	1.84	57.80	1.73	4 064.93	3 448.27	1 808.71
1996	3.13	1.86	59.40	1.68	4 977.95	4 007.48	1 971.54
1997	3.12	1.88	60.30	1.66	5 558.29	4 537.08	2 109.53
1998	3.05	1.83	60.00	1.67	6 042.78	5 032.67	2 222.58
1999	3.05	1.80	59.00	1.69	6 178.68	4 941.26	2 194.25
2000	3.12	1.77	56.70	1.76	6 324.64	5 185.31	2 091.70
2001	3.04	1.60	52.60	1.90	6 797.71	5 252.60	2 105.66
2002	3.00	1.56	52.00	1.92	7 240.62	5 828.06	2 423.43
2003	2.99	1.55	51.84	1.93	7 643.57	6 023.56	2 506.62
2004	2.96	1.41	47.64	2.10	8 870.88	6 837.01	2 895.60
2005	2.96	1.33	44.93	2.23	9 265.90	6 996.90	2 997.06
2006	2.95	1.37	46.44	2.16	10 069.89	7 379.81	3 102.46
2007	2.88	1.39	48.26	2.07	11 496.11	7 921.83	3 562.33
2008	2.87	1.40	48.78	2.05	13 250.22	9 076.61	4 272.29
2009	2.85	1.40	49.12	2.04	14 423.93	10 201.81	4 460.58

注：2002年以后可支配收入按新口径计算。
Note:The data of disposable income after 2002 are calculated according to new standards.

10-2 城镇居民家庭平均每人全年现金收支（2009年）

单位：元

类　别	Category	总　计 Total	最低收入户 Lowest Income Household
家庭总收入	**Total Income**	**15 680.27**	**5 152.73**
# 可支配收入	Disposable Income	14 423.93	4 607.44
家庭总支出	**Total Expenditure**	**13 802.91**	**5 623.16**
消费性支出	Consumption Expenditure	10 201.81	4 835.56
食　品	Food	4 460.58	2 541.94
衣　着	Clothing	1 102.14	418.51
居　住	Residence	943.67	397.77
家庭设备用品及服务	Household Appliances and Services	393.22	105.19
医疗保健	Health care and Medical Services	708.78	347.07
交通和通信	Transport and Communications	1 587.19	808.14
教育文化娱乐服务	Recreation,Education and Cultural Services	798.69	192.73
其他商品和服务	Miscellaneous Goods and Services	207.53	24.20

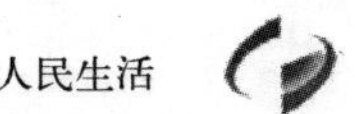

Per Capita Cash Income and Expenditure of Urban Households (2009)

(yuan)

低收入户 Low Income Household	中等偏下收入户 Lower Middle Income Household	中等收入户 Middle Income Household	中等偏上收入户 Upper Middle Income Household	高收入户 High Income Household	最高收入户 Highest Income Household
7 888.69	**10 577.44**	**14 683.08**	**19 658.97**	**25 645.26**	**37 837.96**
7 070.21	9 737.84	13 548.89	18 113.65	23 688.47	34 985.65
7 553.93	**9 394.36**	**12 659.16**	**15 798.33**	**22 151.35**	**35 265.48**
5 801.83	7 564.79	9 850.91	11 624.59	14 814.24	23 800.79
3 183.68	3 852.84	4 646.92	4 958.53	6 370.08	7 085.10
571.10	797.46	1 138.63	1 379.64	1 749.36	2 232.04
579.16	657.71	794.30	1 102.65	1 118.78	2 786.10
210.23	224.78	406.54	479.62	560.19	1 099.36
395.56	543.72	721.03	822.56	1 185.12	1 318.44
493.19	783.91	1 188.13	1 654.58	2 199.75	6 476.17
319.88	554.07	785.16	988.09	1 185.50	2 186.55
49.03	150.29	170.20	238.93	445.46	617.02

10-3 城镇居民家庭平均每人全年消费性支出（2009年）

单位：元

类　别	Category	总　计 Total	最低收入户 Lowest Income Household
消费性支出	**Consumption Expenditure**	**10 201.81**	**4 835.56**
食　品	**Food**	**4 460.58**	**2 541.94**
#粮　食	Grain	306.39	297.57
油脂类	Oil or Fat	57.85	49.15
肉　类	Meat	627.67	423.95
禽　类	Poultries	194.41	111.42
水产品类	Aquatic Products	120.81	79.06
蔬菜类	Vegetables	522.17	440.91
#鲜　菜	Fresh Vegetables	501.05	430.02
糖烟酒饮料类	Carbohydrate,Tobacco,Liquor and Beverages	613.07	271.55
干鲜瓜果类	Dried and Fresh Melons and Fruits	283.83	149.68
糕点、奶及奶制品	Cake,Milk and Its Products	156.94	42.98
饮食服务	**Catering Services**	1 337.20	500.34
衣　着	**Clothing**	**1 102.14**	**418.51**
#服　装	Garments	782.14	291.34
衣着材料	Clothing Material	9.35	4.79
居　住	**Residence**	**943.67**	**397.77**

Per Capita Consumption Expenditure in Urban Areas (2009)

(yuan)

低收入户 Low Income Household	中等偏下收入户 Lower Middle Income Household	中等收入户 Middle Income Household	中等偏上收入户 Upper Middle Income Household	高收入户 High Income Household	最高收入户 Highest Income Household
5 801.83	**7 564.79**	**9 850.91**	**11 624.59**	**14 814.24**	**23 800.79**
3 183.68	**3 852.84**	**4 646.92**	**4 958.53**	**6 370.08**	**7 085.10**
309.96	284.47	313.25	313.16	335.29	306.80
58.06	52.77	56.79	55.00	65.33	84.71
525.69	594.67	663.11	678.80	788.23	790.77
159.43	183.32	204.83	212.64	254.46	266.53
95.30	114.40	126.23	128.04	151.85	174.11
481.06	494.43	550.61	522.04	608.16	617.80
462.44	476.13	526.91	502.53	577.16	583.12
386.05	526.93	600.50	679.84	995.63	1 137.49
188.03	235.64	311.30	334.27	405.42	432.93
83.10	138.09	183.18	169.04	266.02	278.52
709.75	1 016.43	1 384.91	1 601.80	2 176.62	2 680.70
571.10	**797.46**	**1 138.63**	**1 379.64**	**1 749.36**	**2 232.04**
388.70	557.12	813.81	966.28	1 270.61	1 625.53
4.04	4.79	13.55	10.91	16.12	14.80
579.16	**657.71**	**794.30**	**1 102.65**	**1 118.78**	**2 786.10**

10-3 续表

单位：元

类　别	Category	总　计 Total	最低收入户 Lowest Income Household
家庭设备用品及服务	**Household Facilities,Articles and Services**	**393.22**	**105.19**
# 耐用消费品	Durable Consumer Goods	194.40	34.88
医疗保健	**Health Care and Personal Articles**	**708.78**	**347.07**
# 药品费	Drugs Charges	338.47	162.97
医疗费	Medical Charges	263.28	166.02
交通和通信	**Transportation and Communication**	**1 587.19**	**808.14**
交　通	Transportation	1 028.76	550.77
通　信	Communication	558.43	257.38
教育文化娱乐服务	**Education, Culture and Recreation Articles**	**798.69**	**192.73**
文化娱乐用品	Culture and Recreation Articles	213.45	23.28
文化娱乐服务	Culture and Recreation Services	306.34	51.94
教　育	Education	278.90	117.51
# 教育费用	Education Costs	262.82	108.90
其他商品和服务	**Miscellanecus Commodities and Services**	**207.53**	**24.20**
其他商品	Miscellaneous Commodities	141.14	15.88
服　务	Services	66.39	8.32

continued

(yuan)

低收入户 Low Income Household	中等偏下收入户 Lower Middle Income Household	中等收入户 Middle Income Household	中等偏上收入户 Upper Middle Income Household	高收入户 High Income Household	最高收入户 Highest Income Household
210.23	**224.78**	**406.54**	**479.62**	**560.19**	**1 099.36**
100.28	89.25	178.15	272.37	254.14	620.83
395.56	**543.72**	**721.03**	**822.56**	**1 185.12**	**1 318.44**
244.41	286.61	387.67	371.88	386.81	624.15
117.17	206.55	248.65	329.50	568.39	317.90
493.19	**783.91**	**1 188.13**	**1 654.58**	**2 199.75**	**6 476.17**
142.65	348.32	578.80	972.65	1 428.11	5 494.22
350.54	435.59	609.33	681.92	771.64	981.95
319.88	**554.07**	**785.16**	**988.09**	**1 185.50**	**2 186.55**
68.16	150.02	214.83	240.28	259.24	753.45
85.90	212.20	230.92	451.17	520.03	845.09
165.83	191.85	339.41	296.64	406.23	588.02
155.54	180.92	314.65	274.89	385.85	577.55
49.03	**150.29**	**170.20**	**238.93**	**445.46**	**617.02**
35.44	101.61	117.32	171.90	245.75	452.86
13.59	48.68	52.88	67.03	199.72	164.16

10-4 城镇居民家庭年末耐用消费品平均每百户拥有量（2009年）

类　别	Category	总 计 Total	最低收入户 Lowest Income Household
摩托车（辆）	Motorcycles (unit)	32.24	19.54
助力车（辆）	Motorbikes (unit)	15.60	12.54
家用汽车（辆）	Automobiles(unit)	14.88	4.54
洗衣机（台）	Washing Machines (unit)	92.00	82.34
电冰箱（台）	Refrigerators (unit)	82.91	70.50
彩色电视机（台）	Color TV Sets (unit)	122.36	106.78
家用电脑 （台）	Computers (unit)	46.52	19.68
组合音响（套）	Hi-Fi Stereo Component System (set)	39.91	22.03
摄像机（架）	Pickup Cameras (unit)	5.24	0.98
照相机（架）	Cameras (unit)	37.22	11.52
钢　琴（架）	Pianos (unit)	2.30	
微波炉（台）	Microwave Ovens (unit)	50.54	29.93
空调器（台）	Air Conditioner (unit)	1.50	
淋浴热水器(台)	Water Heaters (unit)	89.03	69.93
消毒碗柜（台）	Sterilized Cabinet (unit)	14.90	5.14
洗碗机（台）	Dishwasher (unit)	0.59	
健身器材（套）	Body Building Equipment (set)	3.76	1.02
固定电话（部）	Fixed-line Phones (unit)	60.55	54.47
移动电话（部）	Mobile Phones (unit)	185.99	140.85

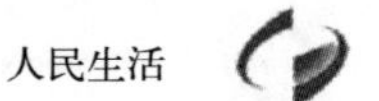

Number of Major Durable Consumer Goods Owned by Per 100 Urban Households at Year-end (2009)

低收入户 Low Income Household	中等偏下收入户 Lower Middle Income Household	中等收入户 Middle Income Household	中等偏上收入户 Upper Middle Income Household	高收入户 High Income Household	最高收入户 Highest Income Household
33.22	30.95	30.79	39.53	36.30	31.04
12.77	17.26	17.35	16.13	16.35	13.58
3.38	6.89	15.57	17.78	21.51	38.60
78.67	90.18	94.19	96.73	99.26	98.55
64.80	78.25	89.58	89.24	91.56	89.64
113.00	117.55	117.96	128.44	139.21	136.73
22.46	34.07	47.46	58.23	66.75	77.24
22.42	43.60	44.37	42.49	45.64	50.77
0.80	2.99	4.65	6.71	12.45	9.53
17.11	32.12	36.04	43.32	59.05	62.81
	0.90	2.68	4.02	5.00	2.87
28.47	41.11	52.24	62.16	65.82	70.83
0.87	2.15	1.36	2.25	0.87	1.85
76.50	87.19	88.16	95.87	100.51	102.01
8.69	8.15	15.22	20.60	22.02	24.89
0.36	0.58	0.20	0.61	0.81	1.89
0.67	6.43	0.96	6.04	3.46	5.81
56.97	55.21	62.50	62.47	66.53	67.07
159.87	182.58	186.69	203.90	205.11	210.48

10-5 主要年份农民家庭生活基本情况
Basic Statistics on Rural Household Livelihood in Significant Years

年 份 Year	平均每户常住人口(人) Number of Permanent Residents per Household (person)	平均每户整半劳动力(人) Number of Able-bodied and Semi-able-bodied Laborers per Household (person)	平均每个劳动力负担人口(人) Average Number of Dependents of Each Laborer (person)	平均每人全年纯收入(元) Per Capita Annual Net Income (yuan)	平均每人全年生活消费支出(元) Per Capita Annual Living Expenditures (yuan)	#食 品 For Food	平均每人年末居住面积(平方米) Per Capita Living Space at Year-end (sq.m)
1962	4.76	2.36	2.01	92.12	84.20	55.30	8.50
1965	4.88	2.51	2.00	101.00	90.70	64.40	7.71
1975	6.15	2.83	2.18	110.14	105.00	71.60	8.35
1978	6.28	3.03	2.10	130.60	113.40	84.00	7.69
1980	5.98	2.90	2.06	147.70	122.63	86.21	8.96
1985	5.83	3.31	1.76	325.74	267.01	177.91	14.92
1986	5.76	3.22	1.79	338.14	304.99	205.19	15.45
1987	5.68	3.20	1.77	364.57	325.65	217.26	15.86
1988	5.58	3.19	1.75	427.72	389.20	240.49	16.31
1989	5.50	3.20	1.72	477.89	436.18	269.18	16.56
1990	5.42	3.16	1.72	489.75	453.03	274.73	16.96
1991	5.20	3.02	1.72	572.58	501.36	315.10	18.02
1992	5.18	3.05	1.70	617.98	536.06	324.96	18.07
1993	5.10	3.11	1.64	674.79	625.19	382.60	20.12
1994	5.01	3.07	1.62	802.95	764.91	458.43	18.68
1995	4.94	3.12	1.59	1 010.97	981.10	602.92	19.78
1996	4.90	3.15	1.56	1 229.28	1 209.16	743.33	19.80
1997	4.82	3.10	1.55	1 375.50	1 318.07	818.51	20.42
1998	4.68	3.05	1.53	1 387.25	1 312.31	801.99	20.64
1999	4.59	2.96	1.55	1 437.63	1 269.33	815.67	21.37
2000	4.56	2.85	1.60	1 478.60	1 270.83	749.22	22.18
2001	4.49	2.83	1.59	1 533.76	1 422.85	811.71	22.42
2002	4.48	2.87	1.57	1 608.77	1 381.54	772.61	23.72
2003	4.45	2.85	1.56	1 697.12	1 405.70	744.58	23.45
2004	4.41	2.88	1.53	1 864.19	1 569.98	847.24	23.53
2005	4.33	2.79	1.56	2 041.79	1 789.00	975.72	25.24
2006	4.35	2.85	1.53	2 250.46	2 195.64	1 071.13	25.79
2007	4.32	2.85	1.52	2 634.09	2 637.18	1 226.69	26.73
2008	4.32	2.86	1.51	3 102.60	2 990.61	1 483.16	27.44
2009	4.30	2.87	1.50	3 369.34	2 924.85	1 410.00	28.67

10-6 农村住户家庭基本情况（2005-2009年）
Basic Condition of Rural Households (2005-2009)

单位：户/百户 (household/100 households)

类　别	Category	2005	2006	2007	2008	2009
调查户数（户）	**Number of Households Surveyed (household)**	**2 400**	**2 400**	**2 400**	**2 400**	**2 400**
调查户从业类型	Business Types of Households Surveyed					
(按总收入比重计算)	(calculated according to the proportion of total income)					
农业户	Households Engaged in Agriculture	35.33	33.63	35.54	35.00	37.33
农业兼业户	Households Engaged in Agriculture and Other Sectors	56.13	53.00	51.63	53.17	47.17
非农业兼业户	Households Engaged in Non-agriculture and Other Sectors	7.88	12.00	11.38	10.42	13.33
非农业户	Households Engaged in Non-agriculture	0.67	1.38	1.46	1.42	2.17
调查户从业类型	Business Types of Households Surveyed					
(按从业劳动力比重计算)	(calculated according to the proportion of business labour force)					
农业户	Households Engaged in Agriculture	78.63	76.33	75.04	72.29	62.29
农业兼业户	Households Engaged in Agriculture and Other Sectors	9.46	10.00	9.42	10.92	14.50
非农业兼业户	Households Engaged in Non-agriculture and Other Sectors	10.08	11.54	12.83	13.54	18.58
非农业户	Households Engaged in Non-agriculture	1.83	2.13	2.71	3.25	4.63
家庭结构	Household Structure					
单身或夫妇	Single and Couples	3.79	4.42	4.50	4.88	4.83
夫妇与一个孩子	Couples with One Child	14.67	14.00	14.79	14.08	13.96
夫妇与两个孩子	Couples with Two Children	35.67	34.88	34.00	34.00	34.04
夫妇与三个以上孩子	Couples with Three Children and More	9.88	9.29	8.54	7.71	7.71
单亲与孩子	Single-parent with Children	1.96	1.96	2.67	3.25	3.46
三代同堂	Three Generations Living under One Roof	30.50	31.83	31.75	32.83	32.33
其　他	Others	3.54	3.63	3.75	3.25	3.67
参加专业性合作经济组织的户数	Number of Participating in Professional Cooperative Economic Organizations	1.08	1.79	0.83		0.46
参加新型农村合作医疗的户数	Number of Households Participating in the New Type of Rural Cooperative Medical Care	39.50	56.79	94.54	97.46	98.29
领取最低生活保障的户数	Number of Households Receiving the Minimum Livelihood Guarantee	0.67	0.67	8.75	12.88	16.67

10-7 农村住户居住情况（2005-2009年）
Living Condition of Rural Households (2005-2009)

类 别	Category	2005	2006	2007	2008	2009
期末住房情况	**Housing Condition at Term-end**					
住房面积（平方米/人）	Housing Area (sq.m/person)	25	26	27	27	29
住房价值（元/平方米）	Housing Value (yuan/sq.m)	4 531	4 883	5 742	6 419	7 793
住房类型（平方米/人）	Houging Type (sq.m/person)					
楼房面积	Apartment Area	11	12	13	13	14
砖瓦平房面积	Brick Bungalow Area	3	3	4	4	4
其 他	Other Types	11	10	9	10	11
住房结构（平米/人）	Housing Structure (sq.m/person)					
钢筋混凝土结构面积	Reinforced Concrete Structure	4	5	6	6	8
砖木结构面积	Brick and Wood Structure	5	5	5	6	6
其 他	Other Structures	17	16	16	15	15
期内新建(购)住房情况	**Condition of Newly Building (Buying) Housing in the Term**					
新建(购)住房面积（平方米/人）	Area of Newly Building(Buying) Housing (sq.m/person)	0	1	1	1	1
新建(购)住房价值（元/平方米）	Value of Newly Building(Buying) Housing (yuan/sq.m)	77	281	591	536	1 053
新建(购)住房类型（平方米/人）	Type of Newly Building(Buying) Housing (sq.m/person)					
楼房面积	Apartment Area	0	1	1	1	1
砖瓦平房面积	Brick Bungalow Area	0	0	0	0	0
其 他	Other Types	0	0	0	0	0
新建(购)住房结构（平方米/人）	Structure of Newly Building Housing (sq.m/person)					
钢筋混凝土结构面积	Reinforced Concrete Structure	0	1	1	1	1
砖木结构面积	Brick and Wood Structure	0	0	0	0	0
其 他	Other Structures	0	0	0	0	0
居住条件（户/百户）	**Living Condition (household/100 households)**					
住房卫生设备使用情况	Condition of Health Equipment					
使用水冲式厕所的户数	Having Flushing Toilet	2	2	2	4	6
使用旱厕的户数	Having Old Toilet	70	71	71	72	71
无厕所的户数	No Toilet	28	26	26	24	23
取暖设备使用情况	Condition of Heating Equipment					
#使用空调的户数	Having Air Conditioner	0			0	0
使用暖气的户数	Having Heater	1	0	0	0	
使用火炕的户数	Having Kang	50	47	34	30	29
无取暖设备的户数	No Heating Equipment	49	53	49	48	48
炊事使用的主要能源	Major Source of Cooking					
使用液化气的户数	Liquid Natural Gas	2	2	8	5	5
使用煤炭的户数	Coal	29	29	24	22	22
使用柴草的户数	Fuelwood	57	57	52	51	50
使用电的户数	Electricity	3	3	5	10	12
使用其他燃料的户数	Other Fuels	9	10	11	13	11
饮用水来源情况	Source of Drinking Water					
饮用自来水的户数	Tap Water	55	56	55	57	62
饮用深井水的户数	Deep Well Water	4	7	7	8	7
饮用浅井水的户数	Shallow Well Water	15	11	13	12	10
住宅外道路路面状况	Condition of Road Near Residential					
水泥或柏油路面的户数	Cement or Asphalt	17	21	27	31	36
沙石或石板等硬质路面的户数	Stone, Sand and Gravel or Other Hard Materials	17	16	12	13	15
其他路面的户数	Other Materials	67	63	61	56	49

10-8 农村住户人均总收入与总支出（2006-2009年）

Per Capita Total Income and Expenditure of Rural Households (2006-2009)

单位：元 (yuan)

类　别	Category	2006	2007	2008	2009
总收入	**Total Income**	**3 594**	**4 215**	**4 889**	**5 105**
工资性收入	Income from Wages and Salaries	442	522	617	685
在非企业组织中劳动得到收入	Incomes from Working in the Non-business Organizations	75	77	88	92
在本乡地域内劳动得到收入	Incomes from Working inside the Village	287	356	409	453
#在企业中劳动得到收入	Incomes from Working in Enterprises	52	55	48	60
外出从业得到收入	Income from Working Somewhere Away from Home	80	88	121	140
家庭经营收入	Income from Household Operations	2 952	3 459	3 908	3 975
第一产业收入	Income from Primary Industry	2 656	3 157	3 567	3 610
农业收入	Income from Farming	1 635	1 920	2 070	2 276
农产品收入	Farming Products	1 617	1 899	2 050	2 257
农业服务性收入	Income from Agricultural Services	18	20	20	19
林业收入	Income from Forestry	251	265	246	267
林业产品收入	Forestry Products	248	264	244	265
林业服务性收入	Income from Forestry Services	3	2	2	2
牧业收入	Income from Animal Husbandry	765	966	1 239	1 057
牧业产品收入	Animal Husbandry Products	760	962	1 232	1 048
牧业服务性收入	Animal Husbandry Services	5	4	6	9
渔业收入	Income from Fishery	5	6	12	10
渔业产品收入	Fishery Products	5	6	12	10
渔业服务性收入	Fishery Services				
第二产业收入	Income from Secondary Industry	51	51	58	75
工业收入	Industry	33	28	28	36
工业产品收入	Industrial Products	31	24	24	26
工业服务性收入	Industrial Services	3	4	4	9
建筑业收入	Construction	18	23	31	39
建筑业产品收入	Construction Products	3	3	3	3
建筑业服务性收入	Construction Services	14	20	28	36
第三产业收入	Income from Tertiary Industry	246	251	283	290
其他产品收入	Other Products	3	3	2	2
第三产业服务性收入	Tertiary Industry Services	243	249	281	288
交通、运输、邮电业收入	Transport,Storage and Post	87	97	131	137
批零贸易业、饮食业收入	Wholesale,Retail and Catering Trades	100	111	106	102
社会服务业收入	Social Services	9	10	10	9
文教卫生业收入	Culture,Education and Health	4	4	8	13
其他行业收入	Other Sectors	42	26	26	26
财产性收入	Income from Properties	82	86	110	128
#利　息	Interest	1	2	2	3
集体分配股息和红利	Divident and Bonus Distributed by Mass	14	22	26	32
其他股息和红利	Other Divident and Bonus	1		1	4
租金(包括农业机械)	Rent(including Agricultural Machinery)	8	20	25	31
土地征用补偿收入	Compensation for Land Acquisition	21	22	31	36
转让承包土地经营权收入	Land Management Rights Transfer	17	9	13	14
转移性收入	Income from Transfers	117	148	254	318
#家庭非常住人口寄回和带回收入	Sent back by Non-permanent Resident	16	16	18	21
城市亲友赠送收入	Presentation from Relatives and Friends in Rural Area	3	3	3	4
农村亲友赠送收入	Presentation from Relatives and Friends in Urban Area	26	34	37	44

10-8 续表 continued

单位：元 (yuan)

类 别	Category	2006	2007	2008	2009
总支出	**Total Expenditure**	**3 687**	**4 400**	**4 923**	**4 856**
家庭经营费用支出	Expenditure for Household Operations	1 208	1 424	1 612	1 547
第一产业生产费用支出	Primary Industry	1 085	1 301	1 476	1 403
农业生产费用支出	Expenditure for Farming Production	545	633	641	683
林业生产费用支出	Expenditure for Forestry Production	64	58	22	17
牧业生产费用支出	Expenditure for Animal Husbandry Production	473	607	805	697
渔业生产费用支出	Expenditure for Fishery Production	3	3	8	6
第二产业生产费用支出	Secondary Industry	24	19	21	38
工业生产费用支出	Expenditure for Industry Production	23	17	14	22
建筑业生产费用支出	Expenditure for Construction Production	1	1	7	17
第三产业生产费用支出	Tertiary Industry	98	104	114	106
交通运输邮电业生产费用支出	Production of Transport,Storage and Post	42	49	72	61
批零贸易餐饮业生产费用支出	Production of Wholesale,Retail and Catering Trade	37	46	34	30
社会服务业生产费用支出	Production of Social Services	2	2	1	1
文教卫生业生产费用支出	Production of Culture,Education and Health	2	1	3	7
其他行业生产费用支出	Production of Other Secotrs	15	7	4	7
购置生产性固定资产支出	Expenditure for Purchase of Productive Fixed Assets	153	172	158	183
建、造生产性固定资产雇工支出	Expenditure for Building of Productive Fixed Assets	2	2	3	3
税费支出	Expenditure for Taxes and Fees	4	3	3	4
生活消费支出	Expense on Household Consumption	2 196	2 637	2 991	2 925
#服务性支出	Expenditure for Services	538	661	636	685
食品消费支出	Food	1 071	1 227	1 483	1 410
衣着消费支出	Clothing	94	113	120	137
居住消费支出	Residence	436	586	626	497
家庭设备、用品消费支出	Household Appliances and Goods	84	107	119	148
交通和通讯消费支出	Transport and Communications	157	217	248	313
文化教育、娱乐消费支出	Recreation,Education and Culture	178	182	169	178
医疗保健消费支出	Health care	138	168	182	198
其他商品和服务消费支出	Other Goods and Services	38	38	44	45
财产性支出	Expenditure for Properties	15	19	9	17
#宅基地有偿使用费	Paid Use of Land	6	2	1	2
承包其他农户转让费	Contract on Other Farmers Transfer	9	11	6	12
转移性支出	Expenditure for Transfers	109	142	148	177
#寄给带给家庭非常住人口	Sent to Non-permanent Resident	23	34	30	46
赠送农村亲友	Presentation to Relatives and Friends in Rural Area	62	72	74	90
赠送城市亲友	Presentation to Relatives and Friends in Urban Area	2	2	1	2

10-9 农村住户人均纯收入（2006-2009年）
Per Capita Net Income of Rural Households (2006-2009)

单位：元 (yuan)

类 别	Category	2006	2007	2008	2009
全年纯收入	**Net Income**	**2 250**	**2 634**	**3 103**	**3 369**
工资性收入	**Income from Wages and Salaries**	**442**	**522**	**617**	**685**
在非企业组织中劳动得到收入	Incomes from Working in the Non-business Organizations	75	77	88	92
在本乡地域内劳动得到收入	Incomes from Working inside the Village	287	356	409	453
#在企业中劳动得到收入	Incomes from Working in Enterprises	52	55	48	60
外出从业得到收入	Income from Working Somewhere away from Home	80	88	121	140
家庭经营纯收入	**Net Income from Household Operations**	**1 632**	**1 910**	**2 157**	**2 279**
第一产业纯收入	Net Income from Primary Industry	1 476	1 753	1 975	2 084
农业收入	Net Income from Farming	1 028	1 222	1 355	1 514
林业收入	Net Income from Forestry	187	207	223	249
牧业收入	Net Income from Animal Husbandry	260	322	394	317
渔业收入	Net Income from Fishery	1	3	4	4
非农产业纯收入	Net Income from Non-agricultural Industries	155	157	181	195
第二产业纯收入	Net Income from Secondary Industry	26	31	36	35
工业收入	Industry	9	9	13	13
建筑业收入	Construction	17	22	24	23
第三产业纯收入	Net Income from Tertiary Industry	130	126	145	159
交通、运输、邮电业收入	Transport,Storage and Post	29	30	37	54
批零贸易业、饮食业收入	Wholesale , Retail and Catering Trades	63	64	70	70
社会服务业收入	Social Services	7	8	8	8
文教卫生业收入	Culture, Education and Health	2	3	5	6
其他行业收入	Other Sectors	29	22	24	21
财产性纯收入	**Net Income from Properties**	**82**	**86**	**110**	**128**
#利 息	Interest	1	2	2	3
集体分配股息和红利	Divident and Bonus Distributed by Mass	14	22	26	32
其他股息和红利	Other Divident and Bonus	1		1	4
租金(包括农业机械)	Rent(including Agricultural Machinery)	8	20	25	31
土地征用补偿收入	Compensation for Land Acquisition	21	22	31	36
转让承包土地经营权收入	Land Management Rights Transfer	17	9	13	14
转移性纯收入	**Net Income from Transfers**	**95**	**116**	**219**	**278**
#家庭非常住人口寄回和带回	Sent back by Non-permanent Resident	16	16	18	21
城市亲友赠送	Presentation from Relatives and Friends in Rural Area	3	3	3	4
离退休金、养老金	Old-age Pensions	9	10	21	25
城市亲友支付赡养费	Alimony Relatives and Friends in Urban Area		2		1
农村亲友支付赡养费	Alimony Relatives and Friends in Rural Area	1	2	2	1
救济金	Relief	1	2	2	4
抚恤金	Pensions	1		4	2
报销医疗费	Reimbursement for Medical Expenses	2	6	11	15
无偿扶贫或扶持款	Free of Help Sustain	7	7	10	15

10-10 农村住户人均现金收支情况（2006-2009年）

Per Capita Cash Income and Expenditure of Rural Households (2006-2009)

单位：元 (yuan)

类 别	Category	2006	2007	2008	2009
期内现金收入	**Cash Income in the Term**	**2 665**	**3 191**	**3 692**	**3 876**
工资性收入	Income from Wages and Salaries	442	522	614	684
在非企业组织中劳动得到收入	Incomes from Working in the Non-business Organizations	75	77	87	92
在本乡地域内劳动得到收入	Incomes from Working inside the Village	287	356	407	453
#在企业中劳动得到收入	Incomes from Working in Enterprises	52	55	47	60
外出从业得到收入	Income from Working Somewhere away from Home	80	88	120	139
家庭经营现金收入	Cash Income from Household Operations	2 039	2 446	2 722	2 754
第一产业现金收入	Cash Income from Primary Industry	1 743	2 145	2 381	2 390
农业现金收入	Cash Income from Farming	967	1 194	1 250	1 339
林业现金收入	Cash Income from Forestry	241	241	236	256
牧业现金收入	Cash Income from Animal Husbandry	530	706	890	786
渔业现金收入	Cash Income from Fishery	5	4	5	9
第二产业现金收入	Cash Income from Secondary Industry	51	51	58	75
工业收入	Industry	33	28	28	36
建筑业收入	Construction	18	23	31	39
第三产业现金收入	Cash Income from Tertiary Industry	245	250	282	290
出售其他产品收入	Other Products	3	3	2	2
第三产业服务性现金收入	Tertiary Industry Services	242	247	280	288
交通、运输、邮电业收入	Transport,Storage and Post	87	97	131	137
批零贸易业、饮食业收入	Wholesale , Retail and Catering Trades	100	111	106	102
社会服务业收入	Social Services	9	10	10	9
文教卫生业收入	Culture , Education and Health	4	4	8	13
其他行业收入	Other Sectors	41	25	25	26
财产性收入	Income from Properties	68	80	107	128
#利 息	Interest	1	2	2	3
集体分配股息和红利	Divident and Bonus Distributed by Mass	14	22	26	32
其他股息和红利	Other Divident and Bonus	1		1	4
租金(包括农业机械)	Rent(including Agricultural Machinery)	8	20	25	31
土地征用补偿收入	Compensation for Land Acquisition	21	22	31	36
转让承包土地经营权收入	Land Management Rights Transfer	17	9	13	14
转移性收入	Income from Transfers	116	142	249	309
#家庭非常住人口寄回和带回	Sent back by Non-permanent Resident	16	16	18	21
城市亲友赠送	Presentation from Relatives and Friends in Rural Area	3	3	3	3
离退休金、养老金	Old-age Pensions	9	10	21	25
城市亲友支付赡养费	Alimony Relatives and Friends in Urban Area		2		1
农村亲友支付赡养费	Alimony Relatives and Friends in Rural Area	1	2	2	1
救济金	Relief	1	2	2	4
抚恤金	Pensions	1		4	2
报销医疗费	Reimbursement for Medical Expenses	2	6	11	15
无偿扶贫或扶持款	Free of Help Sustain	7	7	10	15

10-10 续表1 continued

单位：元 (yuan)

类 别	Category	2006	2007	2008	2009
借贷性现金收入	**Lending Cash Proceeds**	**555**	**587**	**689**	**907**
银行、信用社贷款	Loans from Banks and Credit Union	138	117	148	204
借入款	Borrowing	227	192	242	252
收回借出款	Repayment	46	80	66	66
取回存款	Recovered Deposits	141	195	230	382
兑换债券(本金)	Converted bonds				
出售股票	Shares Sales				
兑换其他有价证券(本金)	Converted Other securities				
收回其他投资款	Recovered Other Investments	1			
其 他	Others	3	3	2	3
期内现金支出	**Cash Expenditure in the Term**	**2 764**	**3 338**	**3 737**	**3 781**
生产费用支出	Expenditure of Production Costs	1 038	1 193	1 370	1 369
家庭经营费用支出	Expenditure for Household Operations	884	1 018	1 209	1 183
第一产业生产费用支出	Primary Industry	765	897	1 074	1 040
农业生产费用支出	Expenditure for Farming Production	463	508	546	612
林业生产费用支出	Expenditure for Forestry Production	55	55	16	14
牧业生产费用支出	Expenditure for Animal Husbandry Production	243	331	503	407
渔业生产费用支出	Expenditure for Fishery Production	3	3	8	6
第二产业生产费用支出	Secondary Industry	24	19	21	38
工业生产费用支出	Expenditure for Industry Production	23	17	14	22
建筑业生产费用支出	Expenditure for Construction Production	1	1	7	17
第三产业生产费用支出	Tertiary Industry	95	103	114	105
交通运输邮电业生产费用支出	Production of Transport,Storage and Post	42	49	72	61
批零贸易餐饮业生产费用支出	Production of Wholesale, Retail and Catering Trades	37	45	34	30
社会服务业生产费用支出	Production of Social Services	2	2	1	1
文教卫生业生产费用支出	Production of Culture, Education and Health	2	1	3	7
其他行业生产费用支出	Production of Other Secotrs	12	6	4	7
购置生产性固定资产支出	Expenditure for Purchase of Productive Fixed Assets	153	172	158	183
建、造生产性固定资产雇工支出	Expenditure for Building of Productive Fixed Assets	2	2	3	3
税费支出	Expenditure for Taxes and Fees	4	2	3	4
生活消费支出	Expense on Household Consumption	1 597	1 982	2 209	2 218
#服务性支出	Expenditure for Services	538	661	636	685
食品消费支出	Food	531	619	735	741
衣 着	Clothing	94	113	120	137
居 住	Residence	378	539	593	458
家庭设备、用品及服务	Household Appliances and Goods	84	107	119	148
交通和通讯	Transport and Communications	157	217	248	313
文化教育、娱乐用品及服务	Recreation,Education,Culture and Services	178	182	169	178
医疗保健	Health Care	138	168	182	198
其他商品和服务	Other Goods and Services	38	38	44	45

10-10 续表2 continued

单位：元 (yuan)

类　别	Category	2006	2007	2008	2009
财产性支出	Expenditure for Properties	15	19	9	17
宅基地有偿使用费	Paid Use of Land	6	2	1	2
承包其他农户转让	Contract on Other Farmers Transfer	9	11	6	12
其　他	Others	1	6	1	3
转移性支出	Expenditure for Transfers	109	141	146	174
#寄给带给家庭非常住人口现金	Sent to Non-permanent Resident	23	34	30	46
赠送农村亲友	Presentation to Relatives and Friends in Rural Area	62	72	73	88
赠送城市亲友	Presentation to Relatives and Friends in Urban Area	1	2	1	1
交纳医疗保险	Medical Insurance	4	5	14	12
赡养费	Alimony	2	3	2	2
捐　赠	Donation	1	0	3	1
罚款、赔款	Fine and Compensation	3	1	7	4
储蓄、借贷性支出	**Savings and Loan Expenditure**	**409**	**500**	**530**	**836**
归还银行、信用社	Repayment to Bank and Credit Union	69	82	96	94
借出款	Lending Money	32	24	35	68
归还借款	Repayment	131	127	138	151
存　款	Deposits	164	261	258	505
购债券	Purchase of Notes				
购买储蓄性保险	Purchase of Savings Insurance	2	2	1	6
购买股票	Purchase of Stock	5		0	0
其　他	Others	7	4	2	12
期末金融资产余额	**Balance of Financial Assets at Term-end**	**1 041**	**1 578**	**1 862**	**2 270**
手存现金	Cash in Hand	424	586	703	826
存款余额	Deposits	617	983	1 154	1 441
债券价值款	Bonds		7	2	
股票价值金	Stock	0			2
其他金融资产价值	Other Financial Assets		2	3	1
期末债务余额	**Debt at Term-end**	**345**	**390**	**448**	**533**
银行、信用社贷款	Bank and Credit Union Loan	172	192	225	312
个人借(欠)款	Individual Borrowing	168	188	206	211
其　他	Others	5	9	17	11

10-11 农村住户人均消费支出（2006-2009年）
Per Capita Consumption Expenditure of Rural Households (2006-2009)

单位：元 (yuan)

类 别	Category	2006	2007	2008	2009
生活消费支出	**Expense on Household Consumption**	**2 196**	**2 637**	**2 991**	**2 925**
#服务性支出	Expenditure for Services	538	661	636	685
食品消费支出	**Food**	**1 071**	**1 227**	**1 483**	**1 410**
食品消费品支出	Consumer Foods	969	1 110	1 350	1 265
谷 物	Cereal	272	266	305	310
薯 类	Tubers	6	8	8	8
豆 类	Beans	10	10	15	14
食用油	Edible Oil	25	36	54	34
蔬菜及制品	Vegetable and Products	85	95	134	155
肉、禽、蛋、奶及制品	Meat,Poultry,Egg,Milk and Their Products	352	438	551	443
水产品及制品	Aquatic Products	12	16	19	19
烟、酒	Tobacco and Liquor	110	127	139	149
茶叶、饮料	Tea and Beverages	12	15	15	17
其他类食品	Other Foods	83	99	111	117
食品消费服务性支出	Services for Foods Consumption	103	117	133	145
在外饮食	Outward Dinner	96	112	128	139
食品加工费	Foods Processing	5	5	5	5
其他服务性支出	Other Services	1	1	0	1
衣着消费支出	**Clothing**	**94**	**113**	**120**	**137**
衣着消费品支出	Consumer Clothing	93	112	119	137
服 装	Garments	64	76	80	92
服装材料	Clothing Material	1	1	1	2
鞋 类	Footwear	26	31	35	39
其 他	Others	3	3	3	4
衣着消费服务性支出	Services for Clothing Consumption	0	1	0	0
衣着加工费	Clothing Proceeding Services	0	0	0	0
其他服务性支出	Other Services	0	0	0	0
居住消费支出	**Residence**	**436**	**586**	**626**	**497**
居住消费品支出	Consumer Residence	327	412	501	361
建筑生活用房材料	Construction Materials	192	253	211	185
维修生活用房材料	Repair Materials	18	29	30	30
装修生活用房材料	Decoration Materials	10	24	40	46
生活用房	Household Housing	13	31	152	25
生活用燃料	Household Fuels	95	75	70	76
居住消费服务性支出	Services for Residence	109	174	125	136
建筑、维修生活用房雇工工资	Wages for Housing Construction and Repair	68	79	69	67
房 租	Rent	1	1	1	2
生活用水	Household Water	2	2	2	3
生活用电	Household Electricity	26	72	37	44
清洁费、卫生费	Cleaning and Sanitation Costs	0	0	0	0
其他服务性支出	Other Services	12	21	15	19

10-11 续表1 continued

单位: 元 (yuan)

类 别	Category	2006	2007	2008	2009
家庭设备、用品消费支出	**Household Appliances and Goods**	**84**	**107**	**119**	**148**
家庭设备用品消费品支出	Consumer Household Appliances	81	104	116	144
日用品	Goods for Daily Use	34	40	45	49
床上用品	Bed Articles	8	8	10	12
室内装饰品	Interior Decorations	2	3	2	3
家俱类	Furniture	19	28	33	44
机电设备	Electrical Equipment	19	26	25	36
家庭设备用品服务性消费支出	Services for Household Appliances	3	3	3	4
家庭设备修理费	Charges for Household Appliances Repair	1	1	1	1
日杂用品加工修理费	Charges for Grocery Processing and Repair	1	1	1	1
家政服务费	Charges for Household Services	0	0	0	0
其他服务性支出	Other Services	1	1	1	2
交通和通讯消费支出	**Transport and Communications**	**157**	**217**	**248**	**313**
交通和通讯用品支出	Transport and Communications Goods	81	125	149	202
交通工具	Transportation Facility	38	73	90	139
交通工具用燃料	Fuels for Transportation Facility	15	18	26	31
交通工具用零配件	Parts of Transportation Facility	3	3	2	3
通讯工具	Communication Facility	24	31	30	29
通讯工具用零配件	Parts of Communication Facility	0	0	0	0
交通和通讯服务消费支出	Transport and Communications Services	76	92	99	111
交通消费服务支出	Services for Transport	38	46	45	48
交通客运费	Passenger Traffic Charges	26	31	29	28
生活物品货运费	Freight Charges for Living Goods	3	3	2	3
交通工具修理费	Charges for Transportation Facility Repair	7	8	9	10
其他服务性支出	Other Services	3	4	5	7
通讯消费服务支出	Services for Communications	38	46	54	63
邮寄费	Mailing Costs	0	0	0	0
通讯费	Communication Charges	36	45	53	63
通讯工具修理费	Charges for Communication Facility Repair	1	0	0	0
其 他	Others	1	1	0	0
文化教育、娱乐消费支出	**Recreation,Education and Cultural**	**178**	**182**	**169**	**178**
文化教育、娱乐用品消费支出	Culture,Education and Recreation Appliances	39	43	40	44
文教、娱乐用机电消费品	Electrical Consumer Goods for Culture, Education and Recreation	25	26	23	28
书、报、杂志	Books,Newspapers and Magazines	6	7	5	4
纸张、文具	Paper and Stationery	3	3	4	4
音像制品	Audio-visual Products	1	1	1	0
电脑软件	Software	0		0	
体育用品	Sport Goods	0	0	0	0
计算机零配件及耗材	Computer Parts and Materials	0			
鲜 花	Flower	0	0	0	0
娱乐用品	Recreation Goods	2	3	3	3
其他用品	Other Goods	3	3	4	5

10-11 续表2 continued

单位：元 (yuan)

类　　别	Category	2006	2007	2008	2009
教育服务消费支出	Education Services	128	128	117	114
托儿费	Child-care Fee	1	1	1	2
幼儿园赞助费	Sponsor Fee for Kindergarten	0	0	1	0
学杂费	Tuition Fee	97	97	79	71
入学赞助费	Sponsor Fee for School Entrance	1	0	0	0
私立学校就读费	Student Fee for Private Schools Entrance	1	1	0	1
成人培训费	Adult Training Expenses	6	7	6	11
教育设备修理费	Repair Charges for Education Equipment	0		0	0
其他服务性支出	Other Services	21	22	30	29
文化、体育、娱乐服务消费支出	Services for Culture,Sports and Recreation	11	11	12	20
旅　游	Tourism	5	5	6	13
休闲娱乐费	Recreation Costs	2	3	2	2
文化、体育、娱乐用品修理费	Repair Charges for Culture,Sports and Recreation Goods	0	0	0	0
其他服务性支出	Other Services	4	3	4	4
医疗保健消费支出	**Health care**	**138**	**168**	**182**	**198**
医疗保健用品	Health Care Appliances	50	52	57	60
医疗卫生用品	Medical Appliances	49	52	57	59
药　品	Medicine	49	52	56	58
医疗卫生器械	Medical Equipment	0	0	0	0
其他医疗卫生用品	Other Medical Appliances	0	0	0	0
保健用品	Health Appliances	1	0	1	1
药品类保健品	Drugs Health Products	0	0	0	0
保健器材	Health Equipment	0	0	0	1
医疗保健服务消费支出	Health Care Services	88	115	125	137
医疗费	Medical Charges	87	115	124	136
医疗设备修理费	Repair Charges for Medical Equipment	0	0	0	0
保健费	Health Charges	1	0	0	1
保健设备修理费	Repair Charges for Health Equipment	0	0		0
其他服务性支出	Other Services	0	0	1	0
其他商品和服务消费支出	**Other Goods and Services**	**38**	**38**	**44**	**45**
其他商品支出	Other Goods	17	18	22	26
首　饰	Jewelry	3	3	2	3
手　表	Watch	0	0	0	1
化妆品	Cosmetics	1	1	2	2
迷信、宗教用品	Religious Appliances	3	4	5	7
其　他	Others	9	10	13	14
其他消费服务支出	Other Services	21	20	22	18
旅馆住宿费	Hotel Accommodations	1	1	1	2
美容美发	Beauty Salons	1	1	1	1
殡殓费	Funeral Expenses	8	6	9	6
生活消费借贷利息	Loan Interest of Household Consumption	1	1	1	2
其他服务性支出	Other Services	10	11	10	8

10-12 农村住户年末主要耐用消费品平均每百户拥有量（2006-2009年）
Number of Major Durable Consumer Goods Owned by Per 100 Rural Households at Year-end (2006-2009)

单位：台/百户 (unit/100 households)

类　别	Category	2006	2007	2008	2009
洗衣机	Washing Machine	24.67	30.29	33.71	37.21
电冰箱	Refrigerator	7.50	8.38	9.75	12.33
空调机	Air Conditioner	0.04	0.08	0.17	0.25
抽油烟机	Lampblack Exhauster	1.08	1.42	1.67	2.92
吸尘器	Vacuam Cleaner		0.29	0.25	0.25
微波炉	Microwave Oven	2.00	2.33	2.96	3.79
热水器	Water Heater	12.67	19.71	22.58	29.50
#太阳能热水器	Solar Water Heater		11.88	14.67	21.96
自行车（辆/百户）	Bicycle	30.88	28.50	27.67	27.29
#电动自行车	Motorbikes		0.96	1.79	2.42
摩托车	Motorcycle	22.96	27.29	33.29	38.83
汽　车（生活用）	Automobile	0.75	0.71	0.83	1.67
固定电话机（部/百户）	Phone	29.92	30.88	29.88	29.54
移动电话（部/百户）	Cell Phone	47.13	69.83	91.17	115.25
#接入互联网的（部/百户）	Access to the Internet	4.25	3.71	3.83	5.38
彩色电视机	Color TV Set	77.54	84.13	88.96	92.33
#接入有线电视网的	Access to Cable TV Network	29.29	29.83	31.67	33.96
黑白电视机	Black/White TV Set	12.92	7.63	6.83	4.21
#接入有线电视网的	Access to Cable TV Network	3.83	1.54	1.17	0.54
摄像机	Pickup Camera	0.58	0.08	0.17	0.04
影碟机	Video Disc Player	46.17	49.04	53.79	53.92
照相机（架/百户）	Camera	2.17	2.50	1.96	2.42
家用计算机	Computer	0.42	0.63	0.83	1.21
#接入互联网的	Access to the Internet	0.04	0.08	0.17	0.33
中高档乐器（件/百户）	Medium and Top Grade Music Instruments	0.08	0.17	0.08	0.17

10-13 农村住户人均食品消费数量（2006-2009年）

Per Capita Food Consumption of Rural Households (2006-2009)

单位：千克 (kg)

类别	Category	2006	2007	2008	2009
粮食消费量	**Grain Consumption**	**202.51**	**183.07**	**190.37**	**190.80**
谷物消费量	Cereal	194.42	174.56	181.62	182.90
#小 麦	Wheat	11.70	9.10	10.80	9.88
稻 谷	Rice	148.58	135.62	145.27	148.63
玉 米	Corn	30.20	25.88	21.74	20.49
薯类消费量	Tubers	3.54	4.12	3.34	3.02
豆类消费量	Beans	4.56	4.39	5.41	4.88
油脂类消费量	**Oil Consumption**	**3.21**	**3.07**	**3.59**	**2.77**
植物油	Vegetable Oil	2.01	1.32	1.52	1.45
动物油	Animal Fat	1.21	1.75	2.07	1.32
烟叶消费量	**Tobacco Consumption**	**0.34**	**0.43**	**0.38**	**0.30**
豆制品	**Bean Products**	**1.53**	**1.58**	**1.50**	**1.56**
蔬菜及菜制品消费量	**Consumption of Vegetable and Products**	**93.32**	**86.44**	**97.84**	**105.65**
瓜 类	**Melons**	**0.66**	**0.76**	**2.33**	**1.85**
水果类	**Fruits**	**12.33**	**11.61**	**10.00**	**9.96**
消费茶叶	**Tea Consumption**	**0.50**	**0.59**	**0.55**	**0.62**
坚果消费量	**Nuts Consumption**	**1.19**	**1.27**	**1.19**	**0.87**
肉禽及其制品	**Meat,Poultry and Products**	**34.75**	**33.04**	**33.49**	**32.91**
猪 肉	Pork	30.18	28.26	27.10	27.34
牛 肉	Beef	0.63	0.70	0.64	0.39
羊 肉	Mutton	0.24	0.19	0.21	0.22
家 禽	Poultry	3.01	3.23	4.87	4.38
其他肉禽及制品	Other Meat,Poultry and Products	0.68	0.67	0.67	0.57
蛋类及蛋制品	**Eggs and Products**	**1.86**	**1.87**	**2.41**	**2.27**
奶和奶制品	**Milk and Products**	**0.21**	**0.25**	**0.29**	**0.40**
水产品	**Aquatic Products**	**1.31**	**1.58**	**1.72**	**1.61**
鱼 类	Fish	1.26	1.50	1.65	1.53
虾、贝、蟹类	Shrimp,Shellfish and Crab	0.01	0.02	0.02	0.02
藻 类	Algae	0.01	0.01	0.00	0.00
其 他	Others	0.03	0.04	0.05	0.05
食 糖	**Sugar**	**1.12**	**1.13**	**1.22**	**1.02**
酒	**Liquor**	**7.52**	**7.52**	**7.38**	**7.51**
#白 酒	White Spirit	5.13	4.77	4.70	4.43
啤 酒	Beer	2.23	2.60	2.57	2.99
果 酒	Wine	0.06	0.05	0.03	0.03

10-14 农村住户人均粮食收支情况（2006-2009年）

Per Capita Grain Income and Expenditure of Rural Households (2006-2009)

单位：千克 (kg)

类 别	Category	2006	2007	2008	2009
期内粮食收入合计	**Grain Income in the Term**	**591.21**	**583.48**	**587.13**	**617.80**
家庭经营生产粮食	Grain of Household Operations	509.85	509.94	502.34	527.36
谷 物	Cereal	460.96	462.34	449.41	477.11
#小 麦	Wheat	41.38	39.40	29.95	26.94
水 稻	Rice	176.30	169.44	160.44	171.17
玉 米	Corn	229.28	236.34	239.47	264.19
薯 类	Tubers	28.52	26.70	32.29	28.32
豆 类	Beans	20.36	20.90	20.64	21.93
购入粮食	Purchase of Grain	80.35	72.34	83.82	88.38
谷 物	Cereal	78.85	71.18	82.30	87.37
#小 麦	Wheat	2.44	2.22	3.14	3.00
水 稻	Rice	37.93	36.83	40.81	40.25
玉 米	Corn	33.65	28.55	33.73	39.79
薯 类	Tubers	0.45	0.35	0.33	0.36
豆 类	Beans	1.05	0.81	1.19	0.65
借入粮食	Loan of Grain	0.12		0.01	0.07
收回借出粮	Grain Repaid	0.05		0.17	0.85
其他粮食收入	Other Grain Income	0.83	1.20	0.79	1.14
期内粮食支出合计	**Grain Expenditure in the Term**	**548.65**	**519.07**	**517.68**	**520.74**
主食用粮	Grain as Staple	202.51	183.07	190.37	190.80
谷 物	Cereal	194.42	174.56	181.62	182.90
#小 麦	Wheat	11.70	9.10	10.80	9.88
水 稻	Rice	148.58	135.62	145.27	148.63
玉 米	Corn	30.20	25.88	21.74	20.49
薯 类	Tubers	3.54	4.12	3.34	3.02
豆 类	Beans	4.56	4.39	5.41	4.88
其他生活用粮	Other Living Grain		0.85	0.05	
出售粮食	Sale of Grain	130.29	125.61	115.78	107.93
谷 物	Cereal	112.81	109.94	99.91	94.50
#小 麦	Wheat	12.81	13.13	5.73	4.60
水 稻	Rice	44.07	38.20	38.51	36.83
玉 米	Corn	53.22	55.92	52.92	51.59
薯 类	Tubers	7.85	6.66	7.57	6.15
豆 类	Beans	9.63	9.01	8.30	7.29
种子用粮食	Grain as Seeds	13.29	13.03	12.01	9.05
饲料用粮食	Grain as Feed	201.34	195.75	199.10	211.64
借出粮食	Creditor of Grain	0.05	0.01	0.03	
归还借粮	Grain Returned	0.80		0.04	0.18
其他粮食支出	Other Grain Expenditure	0.36	0.75	0.30	1.14
期末粮食结存实际调查数	**Balance of Grain Surveyed at Term-end**	**394.36**	**371.15**	**413.45**	**426.70**
谷 物	Cereal	366.57	342.74	380.32	391.81
#小 麦	Wheat	8.71	10.52	8.12	6.21
水 稻	Rice	158.85	141.14	161.50	157.72
玉 米	Corn	195.17	185.65	205.15	222.64
薯 类	Tubers	23.57	22.56	26.25	27.63
豆 类	Beans	4.23	5.85	6.89	7.26

10-15 农村住户人口与劳动力情况（2006-2009年）
Population and Employment of Rural Households (2006-2009)

单位：人 (person)

类 别	Category	2006	2007	2008	2009
农村住户人口状况	**Population of Rural Households**				
家庭常住人口	Number of Permanent Residents	10 449	10 371	10 361	10 316
常住人口与户主关系	Relationship between the Permanent Residents and the Head of the Household				
户 主	the Head of the Household	2 400	2 400	2 393	2 398
配 偶	Spouses	2 280	2 255	2 243	2 237
子 女	Children	4 345	4 296	4 286	4 212
孙子女	Grandchildren	423	471	526	583
父 母	Parents	811	771	741	708
祖父母	Grandparents	41	27	21	24
兄弟姐妹	Brothers and Sisters	130	119	115	119
其他亲属	Other Relatives	17	32	36	35
非亲属	Unrelated				
家庭常住人口年龄状况	Age of Permanent Residents				
6岁及以下	6 Year-old and Under	803	754	729	694
7-15岁	Between 7 and 15 Year-old	1 499	1 463	1 439	1 397
16-18岁	Between 16 and 18 Year-old	684	623	576	506
19-22岁	Between 19 and 22 Year-old	870	904	927	891
23-25岁	Between 23 and 25 Year-old	497	494	534	578
26-30岁	Between 26 and 30 Year-old	822	772	732	719
31-40岁	Between 31 and 40 Year-old	1 764	1 721	1 698	1 680
41-50岁	Between 41 and 50 Year-old	1 606	1 683	1 699	1 749
51-60岁	Between 51 and 60 Year-old	1 019	1 051	1 104	1 145
61岁及以上	61 Year-old and above	885	906	923	957
在校学生人数	Students Enrollment	2 005	1 953	1 922	1 907
#7-15岁以下在校学生人数	Between 7 and 15 Year-old	1 431	1 398	1 394	1 357
7-15岁非在校学生人数	Non-school Students Between 7 and 15 Year-old	68	65	45	40
参加养老保险的人数	People Participated in Endowment Insurance	173	97	95	
参加医疗保险的人数	People Participated in Medical Insuarance	5 659	9 915	10 117	
农村住户劳动力素质状况	**Labor Force Quality of Rural Households**				
整半劳动力数	Number of Full/Semi Labour Force	6 833	6 831	6 866	6 890
#男劳动力人数	Number of Male Labour Force	3 600	3 612	3 652	3 659
整劳动力人数	Number of Full Labour Force	5 245	5 236	5 200	5 127
受过专业培训的人数	Number of Professionally Trained				
年龄状况	Age of Labor Force				
16-20岁	Between 16 and 20 Year-old	743	676	635	531
21-25岁	Between 21 and 25 Year-old	836	874	923	954
26-30岁	Between 26 and 30 Year-old	820	767	724	711
31-35岁	Between 31 and 35 Year-old	836	856	847	841
36-40岁	Between 36 and 40 Year-old	924	861	843	835
41-45岁	Between 41 and 45 Year-old	979	1 045	1 014	968
45-50岁	Between 45 and 50 Year-old	620	631	678	768
51岁及以上	51 Year-old and above	1 075	1 121	1 202	1 282

10-15 续表 continued

单位：人 (person)

类 别	Category	2006	2007	2008	2009
文化程度	Education of Labor Force				
不识字或识字很少	Can Not Read or Read Very Little	880	912	905	851
小学程度	Primary School	2 791	2 721	2 605	2 586
初中程度	Junior High School	2 719	2 739	2 840	2 868
高中程度	Senior High School	342	331	364	398
中 专	Secondary School	77	98	110	130
大专及以上	Junior College and over	24	30	42	57
农村住户劳动力就业情况	**Employment of Rural Labor Force**				
就业劳动力人数	Number of Employed Labor Force	6 819	6 825	6 859	6 866
#男劳动力人数	Male Labor Force	3 594	3 611	3 650	3 655
整劳动力人数	Full Labor Force	5 236	5 233	5 196	5 115
受专业培训的人数	Professionally Trained	986	1 362	1 383	
就业地点	Place of Employment				
乡 内	in the Village	6 465	6 371	6 342	6 055
县内乡外	in the County but outside the Village	46	54	66	156
省内县外	in the Province but outside the County	184	184	207	364
国内省外	in China but outside the Province	121	212	243	286
国 外	Abroad	3	4	1	5
行业分布	Sector Employment				
一产业就业劳动力	Primary Industry	6 041	5 950	5 892	5 541
#农 业	Farming	6 001	5 898	5 857	5 500
林 业	Forestry	16	11	11	14
牧 业	Animal Husbandry	22	39	24	23
渔 业	Fishery	2	2		4
非农产业就业劳动力	Non-agricultural Industries	778	875	967	1 325
二产业就业劳动力	Secondary Industry	297	346	372	540
采矿业	Mining and Quarrying	52	38	33	49
制造业	Manufacturing	135	169	173	195
电力煤气及水的生产供应业	Electricity, Gas & Water Production and Supply	8	15	6	18
建筑业	Construction	102	124	160	278
三产业就业劳动力	Tertiary Industry	481	529	595	785
交通运输仓储及邮电通讯业	Transport,Storage and Post	55	70	63	98
批发和零售贸易	Wholesale and Retail Trades	45	60	64	88
住宿和餐饮业	Hotels and Catering Services	63	72	91	111
居民服务和其他服务业	Services to Households and Other Services	92	128	149	192
教 育	Education	22	16	11	21
卫生、社会保障和社会福利业	Health,Social Security and Social Welfare	17	11	12	28
文化、体育和娱乐业	Culture,Sports and Entertainment	4	3	6	24
其 他	Others	183	169	199	223
年内从事各种行业时间（月）	Time Engaged in Various Sectors in the Year (month)	66 477	65 672	66 340	65 766
从事农业的时间	Engaged in Agriculture	54 525	52 975	52 483	49 115
从事非农产业的时间	Engaged in Non-agriculture	11 952	12 696	13 857	16 651

10-16 农村住户农业生产结构及生产技术应用情况（2006-2009年）
Agricultural Production Structure and Technology Application of Rural Households (2006-2009)

单位：亩/人 (mu/person)

类 别	Category	2006	2007	2008	2009
土地经营情况	**Land Operation**				
期内增加的经营土地面积	Added Land Area Operated in the Term	0.12	0.07	0.08	0.08
#耕 地	Farmland	0.06	0.04	0.04	0.06
期内减少的经营土地面积	Reduce Land Area Operated in the Term	0.05	0.02	0.04	0.03
#耕 地	Farmland	0.04	0.02	0.03	0.02
期末实际经营的土地面积	Actually Land Area Operated at Term-end	2.25	2.30	2.40	2.63
耕 地	Farmland	1.45	1.45	1.43	1.49
#有效灌溉面积	Effective Irrigation Area	0.49	0.47	0.47	0.48
山 地	Mountain Land	0.56	0.61	0.71	0.82
园 地	Garden Land	0.23	0.23	0.26	0.30
牧草地	Grassland	0.01	0.01	0.01	0.01
养殖水面	Culture Surface	0.00	0.00	0.00	0.00
土地种植情况	**Land Cultivation**				
粮食播种面积	Acreage of Grain	1.75	1.95	1.65	1.67
#小麦播种面积	Acreage of Wheat	0.21	0.19	0.19	0.15
水稻播种面积	Acreage of Rice	0.46	0.69	0.37	0.38
玉米播种面积	Acreage of Corn	0.69	0.69	0.71	0.77
豆类播种面积	Acreage of Beans	0.13	0.16	0.15	0.15
薯类播种面积	Acreage of Tubers	0.14	0.13	0.15	0.14
经济作物播种面积	Acreage of Economic Crops				0.72
#棉花播种面积	Acreage of Cotton				
油料播种面积	Acreage of Oil	0.10	0.10	0.09	0.10
蔬菜播种面积	Acreage of Vegetables	0.60	0.24	0.52	0.24
瓜类播种面积	Acreage of Melons	0.01	0.01	0.01	0.01
农业生产技术应用情况	**Agricultural Technology Application**				
优质粮食品种播种面积	Acreage of Quality Grain Varieties	0.10	0.05		
优质小麦面积	Acreage of Quality Wheat	0.02	0.01		
优质水稻面积	Acreage of Quality Rice	0.03	0.02		
优质玉米面积	Acreage of Quality Corn	0.05	0.02		
机耕面积	Mechanical Cultivation Area	0.14	0.16	0.18	0.20
抛秧面积	Throwing Seedling Area	0.00	0.01	0.01	0.00
机播面积	Mechanical Seeding Area	0.01	0.00		
机收面积	Mechanical Harvesting Area	0.02	0.02	0.01	0.02
机电灌溉面积	Mechanical Irrigation Area	0.02	0.03	0.03	0.03
薄膜覆盖面积	Films Coverage Area	0.21	0.17	0.21	0.23
温室面积	Greenhouse Area	0.00	0.00	0.00	0.00

10-17 农村住户农业生产情况（2006-2009年）
Agricultural Production of Rural Households (2006-2009)

类　别	Category	2006	2007	2008	2009
农　业	**Farming**				
谷物产量（公斤/人）	Cereal Output (kg/person)	460.96	462.34	449.41	477.11
#粮食产量	Ordinary Wheat	231.68	226.00	209.94	212.92
玉米产量	Ordinary Corn	229.28	236.34	239.47	264.19
薯类产量（公斤/人）	Tubers Output (kg/person)	28.52	26.70	32.29	28.32
豆类产量（公斤/人）	Beans Output (kg/person)	20.36	20.90	20.64	21.93
棉花产量（公斤/人）	Cotton Output (kg/person)				
油料产量（公斤/人）	Oil Output (kg/person)	17.74	17.61	14.45	14.88
蔬菜产量（公斤/人）	Vegetable Output (kg/person)	241.43	272.99	274.12	275.35
水果类产量（公斤/人）	Fruit Output (kg/person)	36.49	34.99	33.50	32.75
林　业	**Forestry**	**64.60**	**28.96**	**28.04**	**48.08**
核桃产量（公斤/人）	Walnut Output (kg/person)	3.16	4.38	2.60	2.69
木　材（立米/人）	Wood (cu.m/person)	0.04	0.04	0.03	0.05
树　苗（株/人）	Sapling (stem/person)	33.38	11.29	8.17	20.50
牧　业	**Animal Husbandry**	**107.97**	**101.14**	**122.12**	**127.27**
畜禽肉产量(出售、自宰)（公斤/人）	**Output of Livestock and Poultry (kg/person)**	65.29	60.05	61.05	61.63
畜肉产量	Output of Livestock Meat	58.98	55.59	52.52	55.41
#肉猪头数(头/人)	Pig (head/person)	0.66	0.61	0.58	0.58
肉猪肉产量	Pork	56.49	52.85	50.20	53.73
菜羊只数（只/人）	Sheep (head/person)	0.05	0.03	0.02	0.01
菜羊肉产量	Mutton	0.90	0.66	0.50	0.27
肉牛头数（头/人）	Cattle (head/person)	0.01	0.01	0.01	0.01
肉牛肉产量	Beef	1.55	2.02	1.56	1.29
家禽肉产量	Output of Poultry Meat	6.32	4.45	8.53	6.22
#鸡只数（只/人）	Chicken (head/person)	3.03	2.05	3.88	2.98
鸡的肉产量	Chicken Meat	6.01	4.06	8.21	5.95
蛋类产量（公斤/人）	Eggs Output (kg/person)	6.79	6.08	6.53	7.47
奶类产量（公斤/人）	Milk Outout (kg/person)	14.37	14.09	14.70	13.59
渔　业	**Fishery**				
鱼类产量	Fishes output	0.56	0.59	1.37	

10-18 农村居民出售农产品情况（2006-2009年）
Agricultural Product Sales of Rural Households (2006-2009)

类　　别	Category	2006	2007	2008	2009
农　业（元/人）	**Farming (yuan/person)**	**948.84**	**1 173.97**	**1 229.92**	**1 320.09**
谷物数量　(千克/人)	Cereal Amount (kg/person)	112.81	109.94	99.91	94.50
金　额（元/人）	Sum (yuan/person)	155.63	166.92	182.29	171.01
#出售小麦数量（千克/人）	Amount of Wheat (kg/person)	12.81	13.13	5.73	4.60
出售小麦金额（元/人）	Sum of Wheat (yuan/person)	15.23	18.36	10.10	8.32
出售玉米数量（千克/人）	Amount of Corn (kg/person)	53.22	55.92	52.92	51.59
出售玉米金额（元/人）	Sum of Corn (yuan/person)	63.49	75.34	87.90	84.78
出售薯类数量（千克/人）	Amount of Tubers (kg/person)	7.85	6.66	7.57	6.15
出售薯类金额（元/人）	Sum of Tubers (yuan/person)	22.58	20.28	29.59	25.71
出售豆类数量（千克/人）	Amount of Beans (kg/person)	9.63	9.01	8.30	7.29
出售豆类金额（元/人）	Sum of Beans (yuan/person)	26.17	25.85	26.33	25.29
出售棉花数量（千克/人）	Amount of Cotton (kg/person)			0.00	
出售棉花金额（元/人）	Sum of Cotton (yuan/person)			0.35	
出售油料数量（千克/人）	Amount of Oil (kg/person)	13.35	13.54	8.64	11.24
出售油料金额（元/人）	Sum of Oil (yuan/person)	30.63	47.86	46.45	43.46
出售蔬菜数量（千克/人）	Amount of Vegetables (kg/person)	143.40	171.16	180.71	167.40
出售蔬菜金额（元/人）	Sum of Vegetables (yuan/person)	186.08	235.61	260.99	296.86
出售瓜类数量（千克/人）	Amount of Melons (kg/person)	7.92	10.96	7.22	3.55
出售瓜类金额（元/人）	Sum of Melons (yuan/person)	6.90	9.46	6.49	6.39
出售园林水果数量（千克/人）	Amount of Fruits (kg/person)	26.38	27.16	29.01	27.80
出售园林水果金额（元/人）	Sum of Fruits (yuan/person)	31.20	38.53	46.00	56.75
林　业（元/人）	**Forestry (yuan/person)**	**238.38**	**239.55**	**234.32**	**254.42**
#出售采集林产品金额（元/人）	Sum of Forestry Products (yuan/person)	214.21	217.92	209.45	220.69
出售竹木金额（元/人）	Sum of Bamboo (yuan/person)	11.00	9.63	9.01	11.47
出售育种、育苗金额（元/人）	Sum of Breeding Nursery (yuan/person)	7.01	6.33	5.71	7.82
牧　业（元/人）	**Animal Husbandry (yuan/person)**	**524.96**	**701.57**	**883.93**	**776.95**
#出售肉猪及猪肉总重量（千克/人）	Amount of Pigs and Meat (kg/person)	36.70	34.38	31.93	34.43
出售肉猪及猪肉总金额（元/人）	Sum of Pigs and Meat (yuan/person)	310.20	431.54	516.00	459.22
出售菜羊及羊肉总重量（千克/人）	Amount of Sheep and Mutton (kg/person)	0.90	0.52	0.39	0.29
出售菜羊及羊肉总金额（元/人）	Sum of Sheep and Mutton (yuan/person)	11.28	8.24	8.43	6.25
出售家禽总重量（千克/人）	Amount of Livestock (kg/person)	2.92	2.36	4.55	2.61
出售家禽总金额（元/人）	Sum of Livestock (yuan/person)	27.77	31.40	37.96	39.77
出售蛋类的数量（千克/人）	Amount of Eggs (kg/person)	5.65	4.92	4.86	6.25
出售蛋类的金额（元/人）	Sum of Eggs (yuan/person)	30.96	32.78	33.97	41.63
渔　业（元/人）	**Fishery (yuan/person)**	**4.75**	**3.95**	**5.44**	**8.86**
#出售水产品金额（元/人）	Sum of Aquatic Products (yuan/person)	4.52	3.80	5.43	8.07

10-19 各地区农村居民主要指标（2009年）
Principal Indicators of Rural Households by Region (2009)

地区	Region	调查户数（户） Number of Households Surveyed (household)	常住人口（人） Number of Permanent Residents (person)	整半劳动力数(人) Number of Full Semi Labour Force (person)	整半劳动力（人） Among Number of Full Semi Labour Force (person)					
					文盲或半文盲 Illiterate and Semiliterate	小学程度 Primary School	初中程度 Junior Secondary School	高中程度 Senior Secondary School	中专 Secondary School	大专及以上 Junior College and over
全省合计	**Total**	**2 400**	**10 316**	**6 890**	**851**	**2 586**	**2 868**	**398**	**130**	**57**
昆明	Kunming	1 187	4 476	3 087	205	854	1 599	259	99	71
曲靖	Qujing	2 915	11 268	7 344	1 095	2 398	2 967	637	161	82
玉溪	Yuxi	676	2 703	966	78	343	440	82	17	5
保山	Baoshan	580	2 544	1 622	148	567	801	83	16	7
昭通	Zhaotong	1 210	5 419	3 686	620	1 723	1 139	150	35	19
丽江	Lijiang	463	1 950	1 337	299	548	408	55	12	15
普洱	Pu'er	1 000	4 374	3 040	362	1 334	1 145	141	47	11
临沧	Lincang	1 000	4 479	3 120	505	1 491	968	108	36	12
楚雄	Chuxiong	2 150	9 061	6 304	595	2 257	3 001	303	90	58
红河	Honghe	1 050	4 568	3 081	510	1 049	1 213	210	76	23
文山	Wenshan	800	3 508	2 427	398	966	946	91	19	7
西双版纳	Xishuangbanna	172	868	612	76	284	223	15	10	4
大理	Dali	500	2 151	1 479	100	491	772	81	23	12
德宏	Dehong	508	2 363	1 659	227	684	640	73	20	15
怒江	Nujiang	400	1 719	1 123	353	393	344	19	14	
迪庆	Diqing	300	1 378	914	206	434	220	36	9	9

10-19 续表1 continued

单位：元/人 (yuan/person)

地区	Region	全年总收入 Total Income	工资性收入 Income from Wages and Salaries	#在企业中劳动得到收入 Earning Money by Working at Enterprises	#外出从业得到收入 Earning Money by Working outside	家庭经营收入 Income from Household Operations	财产性收入 Income from Properties	转移性收入 Income from Transfers
全省合计	**Total**	**5 105.30**	**684.95**	**59.62**	**139.78**	**3 975.15**	**127.52**	**317.68**
昆明	Kunming	7 961.35	1 427.89	278.45	118.57	5 271.90	807.65	453.91
曲靖	Qujing	5 221.40	1 134.08	388.43	229.01	3 788.47	70.10	228.75
玉溪	Yuxi	7 729.98	1 183.04	462.07	127.89	6 043.53	165.57	337.83
保山	Baoshan	5 087.10	930.09	36.23	322.73	3 803.52	63.19	290.30
昭通	Zhaotong	3 285.37	984.54	44.37	392.71	1 978.05	30.42	292.36
丽江	Lijiang	3 722.57	816.25	179.46	87.23	2 638.91	75.46	191.95
普洱	Pu'er	4 641.04	523.14	16.40	54.26	3 641.63	115.27	361.01
临沧	Lincang	3 976.10	716.35	7.06	152.73	2 905.59	51.76	302.40
楚雄	Chuxiong	5 419.57	737.65	79.03	220.30	4 413.01	53.54	215.38
红河	Honghe	5 674.96	931.69	169.08	48.15	4 417.85	82.40	243.02
文山	Wenshan	3 314.94	651.12	3.15	224.92	2 392.34	57.58	213.90
西双版纳	Xishuangbanna	6 265.74	291.07	1.84	28.39	5 312.45	253.97	408.25
大理	Dali	5 490.79	805.79	59.54	156.26	4 326.88	94.72	263.39
德宏	Dehong	4 317.25	359.25	9.08	26.87	3 692.81	30.06	235.13
怒江	Nujiang	2 366.01	382.46	13.51	21.17	1 513.73	89.14	380.67
迪庆	Diqing	3 479.87	1 009.50	31.24	142.69	2 007.40	18.93	444.03

10-19 续表2 continued

单位: 元/人 (yuan/person)

地区	Region	全年纯收入 Net Income	工资性纯收入 Net Income from Wages and Salaries	家庭经营纯收入 Net Income from Household Operations	财产性纯收入 Net Income from Properties	转移性纯收入 Net Income from Transfers	现金纯收入 Cash Net Income
全省合计	**Total**	**3 369.34**	**684.95**	**2 279.02**	**127.52**	**277.85**	**2 582.46**
昆 明	Kunming	5 080.06	1 427.89	2 460.04	807.65	384.47	4 830.63
曲 靖	Qujing	3 666.02	1 134.08	2 249.98	70.10	211.85	2 725.19
玉 溪	Yuxi	5 118.82	1 183.04	3 465.11	165.57	305.10	4 508.71
保 山	Baoshan	3 119.96	930.09	1 843.45	63.19	283.23	2 426.76
昭 通	Zhaotong	2 445.35	984.54	1 171.02	30.42	259.37	1 849.45
丽 江	Lijiang	2 845.06	816.25	1 772.18	75.46	181.17	2 237.01
普 洱	Pu'er	2 954.16	523.14	1 992.06	115.27	323.70	2 099.71
临 沧	Lincang	2 729.71	716.35	1 676.17	51.76	285.42	2 049.72
楚 雄	Chuxiong	3 511.29	737.65	2 519.86	53.54	200.24	2 569.73
红 河	Honghe	3 262.55	931.69	2 037.88	82.40	210.57	2 676.54
文 山	Wenshan	2 378.62	651.12	1 468.87	57.58	201.04	1 604.56
西双版纳	Xishuangbanna	3 750.23	291.07	2 819.12	253.97	386.07	2 803.51
大 理	Dali	3 482.79	805.79	2 334.39	94.72	247.89	2 884.47
德 宏	Dehong	2 830.87	359.25	2 204.48	30.06	237.09	1 878.38
怒 江	Nujiang	1 708.47	382.46	883.26	89.14	353.61	1 269.04
迪 庆	Diqing	2 935.85	1 009.50	1 479.55	18.93	427.87	2 256.14

10-19 续表3 continued

单位: 元/人 (yuan/person)

地区	Region	全年总支出 Total Expenditure	家庭经营费用支出 Expenditure for Household Operations	购置生产性固定资产支出 Expenditure for Purchase of Productive Fixed Assets	建造生产性固定资产雇工支出 Expenditure for Building of Productive Fixed Assets	税费支出 Expenditure for Taxes and Fees	生活消费支出 Expense on Household Consumption	财产性支出 Expenditure for Properties	转移性支出 Expenditure for Transfers
全省合计	**Total**	**4 855.51**	**1 547.36**	**183.05**	**2.76**	**3.63**	**2 924.85**	**17.28**	**176.60**
昆 明	Kunming	8 360.61	2 599.46	240.36	3.49	11.51	5 035.24	49.26	421.29
曲 靖	Qujing	4 267.49	1 345.25	82.88	6.72	0.95	2 673.90	5.08	152.72
玉 溪	Yuxi	7 582.86	2 381.56	251.09	8.65	3.51	4 550.58	69.40	318.08
保 山	Baoshan	5 055.75	1 794.94	115.51	1.57	5.11	2 982.35	9.69	146.57
昭 通	Zhaotong	2 975.13	747.88	60.00	4.15	0.96	2 048.41	3.09	110.63
丽 江	Lijiang	2 831.94	648.02	137.42	0.57	0.14	2 026.94		18.85
普 洱	Pu'er	4 087.00	1 511.82	167.19	9.82	1.50	2 329.85	12.66	54.17
临 沧	Lincang	2 943.80	1 131.98	64.56	3.27	4.66	1 684.17	3.18	51.98
楚 雄	Chuxiong	5 158.69	1 685.68	193.66	2.91	7.64	3 110.72	13.54	144.54
红 河	Honghe	5 243.21	2 233.05	132.41	0.94	1.06	2 640.14	50.20	185.40
文 山	Wenshan	2 832.76	824.20	77.99	0.06	4.66	1 879.57	6.93	39.35
西双版纳	Xishuangbanna	5 940.90	2 283.03	116.23	24.19	13.29	3 411.07	19.38	73.71
大 理	Dali	5 293.49	1 836.88	212.63	2.52	3.30	2 966.27	64.44	207.45
德 宏	Dehong	4 054.98	1 334.90	131.59	8.59	3.42	2 441.68	11.88	122.91
怒 江	Nujiang	2 252.16	556.85	62.90		0.06	1 541.97	5.99	84.40
迪 庆	Diqing	2 467.73	400.47	92.97	2.90		1 946.38		25.00

10-19 续表4 continued

单位：元/人 (yuan/person)

地　区	Region	全年生活消费总支出 Total Expense on Household Consumption	食品消费支出 Food	衣着消费支出 Clothing	居住消费支出 Residence	家庭设备、用品消费支出 Household Appliances and Services
全省合计	**Total**	**2 924.85**	**1 410.00**	**137.19**	**496.66**	**147.80**
昆　明	Kunming	5 035.24	1 648.63	275.98	1 251.54	305.15
曲　靖	Qujing	2 673.90	1 188.08	177.71	443.97	119.29
玉　溪	Yuxi	4 550.58	1 736.01	236.62	921.80	275.07
保　山	Baoshan	2 982.35	1 438.09	114.02	640.35	138.11
昭　通	Zhaotong	2 048.41	1 068.53	101.13	407.22	102.77
丽　江	Lijiang	2 026.94	1 009.20	117.86	278.45	89.53
普　洱	Pu'er	2 329.85	1 368.86	74.41	275.35	101.65
临　沧	Lincang	1 684.17	963.92	71.06	207.65	70.85
楚　雄	Chuxiong	3 110.72	1 531.90	105.16	580.57	114.40
红　河	Honghe	2 640.14	1 288.14	112.27	424.77	139.29
文　山	Wenshan	1 879.57	1 070.49	82.41	283.54	76.61
西双版纳	Xishuangbanna	3 411.07	1 469.85	146.36	580.40	122.34
大　理	Dali	2 966.27	1 161.35	146.53	737.12	147.09
德　宏	Dehong	2 441.68	1 215.20	102.99	450.35	104.51
怒　江	Nujiang	1 541.97	980.22	92.50	159.06	62.43
迪　庆	Diqing	1 946.38	992.93	140.78	232.83	88.88

10-19 续表5 continued

单位：元/人 (yuan/person)

地　区	Region	交通和通讯消费支出 Transport and Communications	文化教育、娱乐消费支出 Recreation,Education and Cultural Services	医疗保健保障支出 Health Care and Medical Services	其他商品和服务消费支出 Other Goods and Services
全省合计	**Total**	**313.26**	**177.66**	**197.55**	**44.73**
昆　明	Kunming	549.68	496.95	418.90	88.41
曲　靖	Qujing	235.81	276.59	193.47	38.96
玉　溪	Yuxi	476.12	355.04	441.69	108.24
保　山	Baoshan	276.67	136.93	193.31	44.87
昭　通	Zhaotong	152.36	92.24	99.69	24.48
丽　江	Lijiang	155.33	206.15	148.08	22.35
普　洱	Pu'er	226.98	101.49	142.16	38.94
临　沧	Lincang	170.74	72.44	102.52	24.98
楚　雄	Chuxiong	281.80	201.78	271.28	23.83
红　河	Honghe	254.36	225.88	165.93	29.50
文　山	Wenshan	166.06	83.64	94.03	22.79
西双版纳	Xishuangbanna	638.22	161.76	260.80	31.34
大　理	Dali	254.81	216.94	267.05	35.37
德　宏	Dehong	246.54	114.04	163.27	44.78
怒　江	Nujiang	83.91	81.05	66.80	15.99
迪　庆	Diqing	153.46	171.29	145.43	20.79

主要统计指标解释

一、城镇住户

城镇家庭人口 指居住在一起，经济上合在一起共同生活的家庭成员。凡计算为家庭人口的成员其全部收支都包括在本家庭中。

城镇就业面 指就业人口占家庭人口的百分比。

城镇就业者负担人数 指家庭人口与就业人口之比。

城镇家庭总收入 指家庭成员得到的工薪收入、经营净收入、财产性收入、转移性收入之和，不包括出售财物收入和借贷收入。

城镇家庭可支配收入 指家庭成员得到可用于最终消费支出和其他非义务性支出以及储蓄的总和，即居民家庭可以用来自由支配的收入。它是家庭总收入扣除交纳的个人所得税、个人交纳的社会保障支出以及记账补贴后的收入。计算公式为:

可支配收入=家庭总收入-交纳个人所得税-个人交纳的社会保障支出-记账补贴

城镇家庭总支出 指除借贷支出以外的全部家庭支出。包括消费性支出、购房建房支出、转移性支出、财产性支出、社会保障支出。

城镇家庭消费性支出 指家庭用于日常生活的支出，包括食品、衣着、居住、家庭设备用品及服务、医疗保健、交通和通信、娱乐教育文化服务、其他商品和服务等八大类支出。

城镇家庭服务性消费支出 指家庭用于支付社会提供的各种非商品性服务费用。

城镇家庭收入分组方法 是将所有调查户按户人均可支配收入由低到高排队, 按 10%, 10%, 20%, 20%, 20%, 10%, 10%的比例依次分成: 最低收入户、低收入户、中等偏下收入户、中等收入户、中等偏上收入户、高收入户、最高收入户等七组。总体中最低 5%的户为困难户。

恩格尔系数 指食物支出金额在消费性总支出金额中所占的比例。计算公式为:

$$\text{恩格尔系数} = \frac{\text{食品支出金额}}{\text{消费性总支出金额}} \times 100\%$$

二、农村住户

农村住户 指农村常住户。农村常住户指长期（一年以上）居住在乡镇（不包括城关镇）行政管理区域内的住户，以及长期居住在城关镇所辖行政村范围内的农村住户。户口不在本地而在本地居住一年及以上的住户也包括在本地农村常住户范围内；有本地户口，但举家外出谋生一年以上的住户，无论是否保留承包耕地都不包括在本地农村住户范围内。

常住人口 指全年经常在家或在家居住 6 个月以上，而且经济和生活与本户连成一体的人口。外出从业人员在外居住时间虽然在 6 个月以上，但收入主要带回家中，经济与本户连为一体，仍视为家庭常住人口；在家居住，生活和本户连成一体的国家职工、退休人员也为家庭常住人口。但是现役军人、中专及以上（走读生除外）的在校学生、以及常年在外（不包括探亲、看病等）且已有稳定的职业与居住场所的外出从业人员，不算家庭常住人口。家庭常住人口主要作为计算农村住户平均每人收入、消费和积累水平及分析家庭人口状况的依据。

整、半劳动力 整劳动力指男子 18 周岁到 50 周岁，女子 18 周岁到 45 周岁；半劳动力指男子 16 周岁到 17 周岁，51 周岁到 60 周岁；女子 16 周岁到 17 周岁，46 周岁到 55 周岁，同时具有劳动能力的人。虽然在劳动年龄之内，但已丧失劳动能力的人，不应算为劳动力；超过劳动年龄，但能经常参加劳动，计入半劳动力数内。常住人口中的职工，若这些职工为劳动力，就包括在本户的整半劳动力中。

总收入 指调查期内农村住户和住户成员从各种来源渠道得到的收入总和。按收入的性质划分为工资性收入、家庭经营收入、财产性收入和转移性收入。

工资性收入 指农村住户成员受雇于单位或个人，靠出卖劳动而获得的收入。

家庭经营收入 指农村住户以家庭为生产经营单位进行生产筹划和管理而获得的收入。农村住户家庭经营活动按行业划分为农业、林业、牧业、渔业、工业、建筑业、交通运输业邮电业、批发和零售贸易餐饮业、社会服务业、文教卫生业和其他家庭经营。

财产性收入 指金融资产或有形非生产性资产的所有者向其他机构单位提供资金或将有形非生产性资产供其支配，作为回报而从中获得的收入。

转移性收入 指农村住户和住户成员无须付出任何对应物而获得的货物、服务、资金或资产所有权等，不包括无偿提供的用于固定资本形成的资金。一般情况下，是指农村住户在二次分配中的所有收入。

现金收入 指农村住户和住户成员在调查期内得到以现金形态表现的收入。按来源分成工资性收入、家庭经营现金收入、财产性收入、转移性收入。

纯收入 指农村住户当年从各个来源得到的总收入相应地扣除所发生的费用后的收入总和。计算方法:

纯收入=总收入-税费支出-家庭经营费用支出-生产性固定资产折旧-赠送农村内部亲友支出

纯收入主要用于再生产投入和当年生活消费支出，也可用于储蓄和各种非义务性支出。“农民人均纯收入”按人口平均的纯收入水平，反映的是一个地区或一个农户农村居民的平均收入水平。

总支出 指农村住户用于生产、生活和再分配的全部支出。家庭经营费用支出、购置生产性固定资产支出、生产性固定资产折旧、税费支出、生活消费支出、财产性支出和转移性支出。

Explanatory Notes on Principal Statistical Indicators

I. Urban Households

Population of Urban Households refers to members of households living and sharing economically together in the urban areas. All the income and expenditure of all the members of such households are included in the income and expenditure of the household.

Proportion of Urban Employment refers to the proportion of employed population to the population of urban households.

Number of Dependents per Urban Employee refers to the ratio between number of persons in an urban household and the number of employed persons.

Total Income of Urban Households refers to the sum of wage and salary; net business income; income from properties; and income from transfers of members of the households. Income from selling of properties and income from borrowing are not included.

Disposable Income of Urban Households refers to the actual income at the disposal of members of the households which can be used for final consumption, other non-compulsory expenditure and savings. This equals to total income minus income tax, personal contribution to social security and subsidy for keeping diaries in being a sample household. The following formula is used:

Disposable income = total household income - income tax - personal contribution to social security - subsidy for keeping diaries for a sampled household

Total Expenditure of Urban Households refers to all expenditure of households except expenditure on lending. It includes expenditure on consumption; on purchasing or building houses; on transfers; on properties; and on social security.

Consumption Expenditure of Urban Households refers to total expenditure of households for consumption in daily life, including expenditure on the eight categories of food; clothing; housing; household appliances and services; health care and medical services; transport and communications; recreation, education and cultural services; and miscellaneous goods and services.

Expenditure of Urban Households on Consumption of Services refers to expenditure of households on various kinds of non-commercial services provided by society.

Urban Households by Income Group All households in the sample are grouped, by per capita disposable income of the household, into groups of lowest income, low income, lower middle income, middle income, upper middle income, high income and highest income, each group consisting of 10%, 10%, 20%, 20%, 20%, 10% and 10% of all households respectively. The lowest 5% of households are also referred to as poor households.

Engel's Coefficient refers to the percentage of expenditure on food in the total consumption expenditure, using the following formula:

$$\text{Engels Coefficient} = \frac{\text{expenditure on food}}{\text{total consumption expenditure}} \times 100\%$$

II. Rural Household

Rural Households refer to usual resident households in rural areas. Usual resident households in rural areas are households residing on a long term basis(for more than one year) in the areas under the administration of township governments (not including county towns), and in the areas under the administration of villages in county towns. Households residing in the current addresses for over one year with their household registration in other places are still considered as resident households of the locality. For households with their household registration in one place but all members of the households having moved away to make a living in another place for over one year, they will not be included in the rural households of the area where they are registered, irrespective of whether they still keep their contracted land.

Usual Resident Population refers to persons staying at home regularly or for over 6 months during a year and integrated with the household economically and in terms of living.. Members of the household staying away from the household for over 6 months but keeping a close economic relation with the household by sending the majority of income to the household are regarded as usual resident of the household. Government staff and workers or retirees living as close members of the household are also considered as usual resident. However, servicemen, students of secondary technical schools or schools of higher education and persons with stable jobs and residence outside the household (excluding those visiting relatives or seeking medical service) are not included as resident population of the household. Resident population is used in calculating income, consumption, accumulation on per capita basis of rural households and in analyzing composition of rural households.

Full/Semi Labour Force Full labour force refers to persons capable of work, aged 18-50 for males and 18-45 for females. Semi labour force refers to persons capable of work, aged 16-17 and 51-60 for males and 16-17 and 46-55 for females. Persons at their working ages but not capable of work are not to be included as labour force. Persons not at working ages but participating regularly in work are included in semi labour force. For staff and workers who are usual residents, are included as full or semi labour force of the household if they are in the labour force.

Total Income refers to the sum of income earned from various sources by the rural households and their members during the reference period, and is classified as income from wages and salaries, income from household operations, income from properties and income from transfers.

Income from Wages and Salaries refers to income from labour earned by the members of rural households employed by other units or individuals.

Income from Household Operations refers to income by the rural households as units of production and operation. Operations by rural households are classified according to their economic activities namely agriculture, forestry, animal husbandry, fishery, manufacturing, construction, transportation, post and telecommunications, wholesale, retail and catering, social service, culture, education, health, and other household operations.

Income from Properties refers to the income received as returns by owners of financial assets or tangible non-productive assets by providing capitals or tangible non-productive assets to other institutional units.

Income from Transfers refers to the receipt by rural households and their members of goods, services, capital or rights of assets without giving or repaying accordingly, excluding capital provided to them for the formation of fixed assets. In general, it refers to all income received by rural households through redistribution.

Cash Income refers to income received by rural households and their members in the form of cash during the reference period. It is classified, by source of income, into income from wages and salaries, cash income from household operations, income from properties and income from transfers.

Net Income refers to the total income of rural households from all sources minus all corresponding expenses. The formula for calculation is as follows:

Net income = total income - taxes and fees paid - household operation expenses - taxes and fees depreciation of fixed assets for production - gifts to non-rural relatives

Net income is mainly used as input for reinvestment in production and as consumption expenditure of the year, and also used for savings and non-compulsory expenses of various forms. "Per capita net income of farmers" is the level of net income averaged by population, reflecting the average income level of rural households in a given area.

Total Expenditure refers to total expenses of rural households on production, consumption and redistribution, including expenditure on household operations. purchase of productive fixed assets; depreciation of productive fixed assets; taxes and fees; expenses on household consumption; expenses on properties; and expenses on transfers.

十一、自然资源和环境
Natural Resources and Environment

11-1 人口和自然资源（2009年）

Population and Natural Resources (2009)

指　标	Item	2009
全省年底人口总数（万人）	Total Population (year-end) (10 000 persons)	4 571.00
人口密度（人/平方公里）	Population Density (person/sq .km)	116.02
全省土地面积（万平方公里）	Total Land Area (10 000 sq .km)	39.40
民族自治地方土地面积（万平方公里）	Autonomous Area of Nationalities (10 000 sq.km)	27.67
全省年末耕地总资源（万公顷）(2008年)	Total Cultivated Land Resources at Year-end (10 000 hectares)(2008)	607.78
#常用耕地面积（万公顷）	Area of Cultivated Land in Common Use (10 000 hectares)	420.29
牧草地面积（万公顷）(2007年)	Area of Grassland (10 000 hectares)(2008)	78.23
全省森林面积（万公顷）	Forest Area (10 000 hectares)	1 817.73
全省活立木总蓄积量（亿立方米）	Standing Stock Volume (100 million cu.m)	15.54
全省水面面积（万公顷）(2008年)	Water Area (10 000 hectares)(2008)	27.90
全省水能资源理论蕴藏量（万千瓦）	Hydropower Resources by Theoretic (10 000 kw)	10 439.00
全省水资源总量（亿立方米）	Total of Water Resources (100 million cu.m)	1 577.00
全省铁矿保有资源储量（亿吨）	Ensured Reserves of Iron Ore (100 million tons)	35.67
全省煤矿保有资源储量（亿吨）	Ensured Reserves of Coal Ores (100 million tons)	289.84
全省磷矿石保有资源储量（亿吨）	Ensured Reserves of Phosphate Ores (100 million tons)	42.40

注：森林资源有关数据为2007年云南省第五次森林资源连续清查数据。
Note: Data of forest resource are the reviewing data of the 5th provincial continuous forest resource census in 2007.

11-2 土地状况

Land Characteristics

项　目	Item	面　积 Area	占总面积(%) Proportion to Total Area (%)
按地形分类(万平方公里)	**By Topographic Feature (10 000 sq.km)**		
山　地	Mountains	约 33.1	84.0
高　原	Plateaus	约 3.9	10.0
盆　地	Basins	约 2.4	6.0
按特征分类(万公顷)	**By Land Use (10 000 hectares)**		
常用耕地面积	Cultivated Land Area	420.02	10.6
森　林	Forest	1 501.50	38.0
疏林地、灌木林	Sparse Forest and Shrubbery	660.00	16.8
荒山草坡地	Undeveloped Land on the Slope	565.11	9.7
水面面积	Water Area	28.00	0.7
其　他	Others	953.00	24.2

11-3 主要山峰高程
Height of Major Mountain Peaks

名　　称	Mountain Range	标 高（米）Height of Mountain Peak (m)	所属地、州、市	Region
高黎贡山	Gaoligong Mountains	3 374	保　山	Baoshan
碧罗雪山	Biluo Snow Mountains	4 141	怒　江	Nujiang
梅里雪山（卡格博峰）	Meili Snow Mountains (Kagebo Peak)	6 740	迪　庆	Diqing
玉龙雪山（扇子陡峰）	Yulong Snow Mountains (Shanzi Peak)	5 596	丽　江	Lijiang
点苍山（马龙峰）	Diancang Mountains (Malong Peak)	4 122	大　理	Dali
大雪山	Daxue Mountains	3 504	临　沧	Lincang
无量山	Wuliang Mountains	3 291	大理、普洱	Dali, Pu'er
哀牢山	Ailao Mountains	2 940	普洱、玉溪、红河	Pu'er,Yuxi, Honghe
五莲峰	Wulian Mountains	2 561	昭　通	Zhaotong
拱王山	Gongwang Mountains	3 677	昆　明	Kunming
梁王山	Liangwang Mountains	2 833	曲　靖	Qujing

注：全省最低点为河口县境内的南溪河与元江汇合处，海拔76.4米。
Note: The minimum height is that of 76.4 meters of the confluence of the Nanxi River and the Yuanjiang River in Hekou county.

11-4 主要河流情况
Major Rivers

名　　称	River	境内河长（公里）Internal Length (km)	集水面积（平方公里）Catchments Area (sq.km)
大 盈 江	Daying River	196	5 859
瑞 丽 江	Ruili River	370	9 743
怒　　江	Nu River	618	33 366
澜 沧 江	Lancang River	1 227	88 574
金 沙 江	Jinsha River	1 560	105 614
元　　江	Yuan River	680	37 455
南 盘 江	Nanpan River	677	43 342

11-5 主要湖泊情况
Major Lakes

名　　称	Lake	所属水系 River System	湖面面积（平方公里）Lake Area (sq · km)	最大水深（米）Maximum Depth(m)	平均水深（米）Average Depth(m)	平均水位（米）Average Water Level (m)	总容水量（亿立方米）Water Volume (100 million cu.m)
滇　池	Dianchi Lake	金沙江 Jinsha River	306.3	8	5	1 885	15.70
洱　海	Erhai Lake	澜沧江 Lancang River	250.0	23	10.5	1 974	30.00
抚仙湖	Fuxian Lake	南盘江 Nanpan River	212.0	151.5	87	1 720	185.00
阳宗海	Yangzonghai Lake	南盘江 Nanpan River	31.0	30	20	1 770	6.02
星云湖	Xingyun Lake	南盘江 Nanpan River	39.0	12	9	1 723	2.30
程　海	Chenghai Lake	金沙江 Jinsha River	78.8	36.9	15	1 503	27.00
泸沽湖	Lugu Lake	金沙江 Jinsha River	51.8	73.2	40	2 685	20.72
异龙湖	Yilong Lake	泸　江 Lu River	31.0	6.6	2.8	1 413	1.27
杞麓湖	Qilu Lake	南盘江 Nanpan River	37.3	6.8	4	1 792	1.68

11-6 各县市土地、气温、降水量（2009年）

Land Characteristics, Temperature and Precipitation of Cities, Counties and Prefectures (2009)

地 区	Region	土地面积（平方公里）Land Area (sq.km)	牧草地面积（千公顷）Area of Grazing Land (1000 hectares)	年平均气温（℃）Annual Average Temperature (℃)	年降水量（毫米）Annual Precipitation (mm)
全省合计	**Total**	**394 139**	**782.30**	**17.4**	**835.3**
昆 明 市	**Kunming**	**21 582**	**44.85**	**16.8**	**603.9**
五华区	Wuhua				
盘龙区	Panlong	} 2 190		} 16.6	565.8
官渡区	Guandu		1.27		
西山区	Xishan		0.03		
东川区	Dongchuan	1 674	21.45	20.7	428.4
呈贡县	Chenggong	541	0.00	16.4	550.9
晋宁县	Jinning	1 391	3.62	15.8	608.3
富民县	Fumin	1 030	0.12	16.8	557.8
宜良县	Yiliang	1 880	7.23	17.7	531.1
石林县	Shilin	1 777	0.35	17.5	569.7
嵩明县	Songming	1 442	0.91	15.6	672.2
禄劝县	Luquan	4 378	0.00	16.4	621.7
寻甸县	Xundian	3 966	9.85	16.0	826.6
安宁市	Anning	1 313	0.01	16.3	824.2
曲 靖 市	**Qujing**	**29 855**	**40.87**	**15.1**	**739.7**
麒麟区	Qilin	1 442	7.10	16.0	679.0
马龙县	Malong	1 751	1.59	14.7	636.2
陆良县	Luliang	2 096	8.96	15.7	650.1
师宗县	Shizong	2 858	2.61	15.0	628.9
罗平县	Luoping	3 116	0.81	15.9	1 042.5
富源县	Fuyuan	3 348	2.53	15.1	783.5
会泽县	Huize	6 077	3.72	14.1	623.4
沾益县	Zhanyi	2 910	12.78	15.4	758.0
宣威市	Xuanwei	6 257	0.77	14.4	855.8
玉 溪 市	**Yuxi**	**15 285**	**0.22**	**18.0**	**672.8**
红塔区	Hongta	1 004		16.9	628.4
江川县	Jiangchuan	850		17.0	719.7
澄江县	Chengjiang	773	0.16	17.2	691.3
通海县	Tonghai	721	0.00	16.5	590.7
华宁县	Huaning	1 313		17.5	838.1
易门县	Yimen	1 571		17.4	564.7
峨山县	Eshan	1 972	0.05	17.1	608.8
新平县	Xinping	4 223		18.1	735.7
元江县	Yuanjiang	2 858		24.6	677.4

注：本表土地面积为过去清查数，牧草地面积为2007年数。

Note: Figures of land are obtained from the previous surveys,figures of grazing land area are that of 2007.

11-6 续表1 continued

地　区	Region	土地面积 (平方公里) Land Area (sq.km)	牧草地面积 (千公顷) Area of Grazing Land (1000 hectares)	年平均气温 (℃) Annual Average Temperature (℃)	年降水量 (毫米) Annual Precipitation (mm)
保 山 市	**Baoshan**	**19 637**	**39.61**	**16.4**	**1 041.8**
隆阳区	Longyang	5 011	4.69	17.0	663.3
施甸县	Shidian	2 009	11.91	18.3	720.0
腾冲县	Tengchong	5 845	1.91	16.1	1 185.1
龙陵县	Longling	2 884	20.93	15.1	1 623.3
昌宁县	Changning	3 888	0.17	15.6	1 017.1
昭 通 市	**Zhaotong**	**23 021**	**117.84**	**16.1**	**740.1**
昭阳区	Zhaoyang	2 240	21.54	12.7	557.2
鲁甸县	Ludian	1 519	18.27	12.8	856.0
巧家县	Qiaojia	3 245	54.15	21.5	764.2
盐津县	Yanjin	2 096		18.0	971.4
大关县	Daguan	1 802	0.27	15.2	779.7
永善县	Yongshan	2 833	21.88	17.4	583.4
绥江县	Suijiang	882	0.01	18.4	717.3
镇雄县	Zhenxiong	3 785	1.32	12.6	578.7
彝良县	Yiliang	2 884	0.17	17.7	535.4
威信县	Weixin	1 416	0.23	14.3	1 057.8
水富县	Shuifu	319			
丽 江 市	**Lijiang**	**21 219**	**26.48**	**15.1**	**821.1**
古城区	Gucheng	1255		13.9	821.8
玉龙县	Yulong	6393	19.72	13.9	821.8
永胜县	Yongsheng	5 099	1.25	14.3	863.8
华坪县	Huaping	2 266		20.1	787.5
宁蒗县	Ninglang	6 206	5.52	13.1	810.5
普 洱 市	**Pu'er**	**45 385**	**22.86**	**19.7**	**1 355.3**
思茅区	Simao	4 093	7.01	19.6	1 515.6
宁洱县	Ning'er	3 670	0.58	19.1	1 306.2
墨江县	Mojiang	5 459	1.00	18.4	1 226.6
景东县	Jingdong	4 532		19.1	908.9
景谷县	Jinggu	7 777		21.0	1 056.7
镇沅县	Zhenyuan	4 223	0.02	19.9	979.4
江城县	Jiangcheng	3 476	13.94	19.4	1 917.0
孟连县	Menglian	1 957	0.02	20.2	1 345.5
澜沧县	Lancang	8 807	0.24	20.2	1 482.9
西盟县	Ximeng	1 391	0.03	19.7	1 813.7
临 沧 市	**Lincang**	**24 469**	**3.91**	**19.2**	**1 055.2**
临翔区	Linxiang	2 652	0.04	18.4	917.8
凤庆县	Fengqing	3 451	0.03	17.5	984.4
云　县	Yunxian	3 760		20.8	619.8
永德县	Yongde	3 296	0.21	18.3	922.6
镇康县	Zhenkang	2 642	2.24	20.0	1 472.6
双江县	Shuangjiang	2 292	1.02	20.1	873.8
耿马县	Gengma	3 837	0.22	19.9	990.8
沧源县	Cangyuan	2 539	0.16	18.2	1 660.0

11-6 续表2 Continued

地 区	Region	土地面积 (平方公里) Land Area (sq.km)	牧草地面积 (千公顷) Area of Grazing Land (1 000 hectares)	年平均气温 (℃) Annual Average Temperature (℃)	年降水量 (毫米) Annual Precipitation (mm)
楚 雄 州	**Chuxiong**	**29 258**	**3.33**	**17.0**	**612.5**
楚雄市	Chuxiong	4 482	0.32	17.2	619.1
双柏县	Shuangbo	4 045	0.00	16.0	596.1
牟定县	Mouding	1 494	0.04	16.9	660.5
南华县	Nanhua	2 343	1.02	15.0	518.8
姚安县	Yao'an	1 803		16.3	614.9
大姚县	Dayao	4 146	1.78	16.4	476.5
永仁县	Yongren	2 189		17.9	635.4
元谋县	Yuanmou	1 803	0.01	22.0	597.4
武定县	Wuding	3 322	0.14	15.7	715.7
禄丰县	Lufeng	3 631	0.02	16.8	690.6
红 河 州	**Honghe**	**32 931**	**6.20**	**19.4**	**952.8**
个旧市	Gejiu	1 597	0.00	16.9	828.6
开远市	Kaiyuan	2 009	0.92	20.7	586.0
蒙自县	Mengzi	2 228	0.44	20.1	671.6
屏边县	Pingbian	1 906	0.00	16.9	1 344.8
建水县	Jianshui	3 940	0.71	19.7	547.7
石屏县	Shiping	3 090	0.03	18.5	651.3
弥勒县	Mile	4 004	0.00	18.0	617.5
泸西县	Luxi	1 674		15.7	585.3
元阳县	Yuanyang	2 292	0.62	24.8	649.6
红河县	Honghe	2 034		21.3	542.7
金平县	Jinping	3 677	0.04	18.6	2 071.4
绿春县	Luchun	3 167	3.43	17.6	1 717.7
河口县	Hekou	1 313		23.9	1 572.7
文 山 州	**Wenshan**	**32 239**	**19.46**	**18.1**	**778.7**
文山县	Wenshan	3 064		19.4	684.7
砚山县	Yangshan	3 888	0.24	16.9	705.5
西畴县	Xichou	1 545		16.5	974.2
麻栗坡县	Malipo	2 395	0.76	18.4	875.3
马关县	Maguang	2 755		17.8	734.5
丘北县	Qiubei	5 150	11.54	17.5	731.8
广南县	Guangnan	7 983	0.24	17.9	760.8
富宁县	Funing	5 459	6.68	20.7	763.0
西双版纳州	**Xishuangbanna**	**19 124.50**	**1.22**	**8.1**	**421.2**
景洪市	Jinghong	7 133	0.81	22.9	1 036.1

11-6 续表3 continued

地 区	Region	土地面积（平方公里） Land Area (sq.km)	牧草地面积（千公顷） Area of Grazing Land (1000 hectares)	年平均气温（℃） Annual Average Temperature (℃)	年降水量（毫米） Annual Precipitation (mm)
勐海县	Menghai	5 511	0.33	19.7	1 108.8
勐腊县	Mengla	7 056	0.08	22.2	1 224.5
大 理 州	**Dali**	**29 459**	**62.90**	**16.5**	**679.5**
大理市	Dali	1 468	0.27	16.1	1 049.0
漾濞县	yangbi	1 957	0.26	17.0	898.6
祥云县	Xiangyun	2 498	12.50	15.9	653.0
宾川县	Binchuan	2 627	39.89	18.9	464.5
弥渡县	Midu	1 571	0.14	17.7	571.2
南涧县	Nanjian	1 802		19.4	555.0
巍山县	Weishan	2 266	0.75	16.7	582.3
永平县	Yongping	2 884	1.50	16.2	677.6
云龙县	Yunlong	4 712	0.10	16.9	549.3
洱源县	Eryuan	2 961	0.02	14.9	576.5
剑川县	Jianchuan	2 318	7.47	13.2	652.6
鹤庆县	Heqing	2 395		14.7	924.7
德 宏 州	**Dehong**	**11 526**	**4.94**	**20.1**	**1 206.4**
瑞丽市	Ruili	1 020	0.02	21.2	1 282.5
潞西市	Luxi	2 987		20.4	1 331.4
梁河县	Lianghe	1 159	3.05	18.6	1 002.7
盈江县	Yingjiang	4 429	1.87	20.6	1 199.8
陇川县	Longchuan	1 931		19.7	1 215.5
怒 江 州	**Nujiang**	**14 703**	**9.74**	**16.7**	**720.6**
泸水县	Lushui	2 938	0.32	21.1	622.4
福贡县	Fugong	2 804		18.1	85.8
贡山县	Gongshan	4 506	7.74	15.7	1 319.4
兰坪县	Lanping	4 455	1.68	11.9	854.7
迪 庆 州	**Diqing**	**23 870**	**377.88**	**9.1**	**464.8**
香格里拉县	Shangri-La	11 613	263.23	7.5	606.6
德钦县	Deqing	7 596	99.52	7.1	521.4
维西县	Weixi	4 661	15.13	12.8	731.2

11-7 各地区土地利用情况
Land Use by Region

单位：百公顷 (100 hectares)

地 区	Region	土地调查面积 Area under Land Survey	农用地 Land for Agriculture Use	#园地 Garden Land	#牧草地 Land Grazing and Pasture	建设用地 Land for Construction	居民点及工矿用地 Land for Inhabitation, Mining and Manufacturing	交通用地 Land for Transport Facilities	水利设施用地 Land for Water Conservancy Facilities
全省合计	**Total**	**5 747 912**	**4 763 937**	**126 232**	**117 280**	**122 389**	**94 231**	**15 024**	**13 134**
昆 明	Kunming	315 182	246 258	6 233	6 728	17 163	13 755	2 235	1 173
曲 靖	Qujing	433 562	352 684	5 666	6 071	16 043	12 196	1 594	2 253
玉 溪	Yuxi	224 180	190 214	4 303	32	5 859	4 444	823	591
保 山	Baoshan	285 997	250 108	5 646	5 937	6 998	5 766	748	484
昭 通	Zhaotong	336 453	290 566	5 383	17 675	8 588	6 835	1 101	651
丽 江	Lijiang	308 235	252 308	2 305	3 972	3 730	2 970	474	286
普 洱	Pu'er	665 205	591 115	19 801	3 429	7 730	5 679	944	1 108
临 沧	Lincang	354 380	299 246	18 310	586	6 333	5 109	701	523
楚 雄	Chuxiong	426 723	351 991	4 390	499	8 893	5 807	1 378	1 708
红 河	Honghe	482 717	363 684	8 726	929	11 221	8 484	1 335	1 402
文 山	Wenshan	471 072	356 845	4 611	2 919	9 045	7 117	1 098	830
西双版纳	Xishuangbanna	284 918	246 725	26 645	183	2 928	2 237	443	248
大 理	Dali	424 532	349 238	8 970	9 435	10 447	8 062	1 293	1 092
德 宏	Dehong	167 606	146 172	3 928	741	4 580	3 459	417	704
怒 江	Nujiang	218 969	176 834	505	1 461	1 445	1 196	180	69
迪 庆	Diqing	348 419	299 949	809	56 682	1 387	1 114	261	12
接边（川）	Area Adjoin Sichuan Province	- 238							

注：本表为2008年数。
Note:Number of this table are that of 2008.

11-8 各地区自然湿地面积
Area of Natural Wetlands by Region

地 区	Region	自然湿地面积（千公顷） Area of Natural Wetlands (1 000 hectares)	河 流 Rivers	湖 泊 Lakes	沼 泽 Marshland	占国土面积比重(%) Proportion to Total Territory Area (%)
全省合计	**Total**	**343.90**	**159.50**	**175.40**	**9.00**	**0.8**
昆 明	Kunming	50.00	3.00	47.00		2.3
曲 靖	Qujing	12.50	8.00	4.00	0.50	0.4
玉 溪	Yuxi	48.00	8.50	39.50		3.1
保 山	Baoshan	7.00	6.50	0.50		0.4
昭 通	Zhaotong	22.30	17.80	1.50	3.00	1.0
丽 江	Lijiang	25.70	9.90	14.80	1.00	1.2
普 洱	Pu'er	27.10	27.10			0.6
临 沧	Lincang	11.30	11.30			0.5
楚 雄	Chuxiong	23.90	14.50	9.40		0.4
红 河	Honghe	19.30	7.00	12.30		0.6
文 山	Wenshan	9.40	1.00	8.40		0.3
西双版纳	Xishuangbanna	7.90	7.90			0.4
大 理	Dali	49.60	15.00	33.60	1.00	1.7
德 宏	Dehong	11.90	10.90		1.00	1.0
怒 江	Nujiang	6.50	5.50	0.50	0.50	0.4
迪 庆	Diqing	11.50	5.60	3.90	2.00	0.5

注：本表数据为2006年云南省林业调查规划院卫星判图数据。
Note:Numbers of 2006 in this table are obtained from the satellite photos taken by Yunnan Forestry Investigation and Planning Institute.

11-9 各地区造林面积情况
Area of Afforestation by Region

单位：百公顷 (100 hectare)

年 份 Year / 地 区 Region	造林总面积 Total Area of Afforestation	按造林方式分 By Approach: 人工造林 Manual Planting	飞机播种 Airplane Planting	按林种用途分 By Function of Forest: 用材林 Timber Forests	经济林 By-product Forests	防护林 Protection Forests	薪炭林 Fuel Forests	特种用途林 Forests for Special Purpose
2000	4 306.45	3 309.14	997.31	1 444.07	1 380.45	1 406.70	56.32	18.91
2001	3 350.36	2 798.16	552.20	892.36	1 045.29	1 382.20	21.68	8.83
2002	4 022.93	3 078.71	944.22	682.36	743.00	2 552.82	33.93	10.82
2003	4 951.35	4 314.26	637.09	837.37	909.62	3 184.92	10.10	9.34
2004	2 281.84	1 742.65	539.19	310.16	310.03	1 495.71	161.72	4.22
2005	2 079.23	1 635.98	443.25	348.47	392.70	1 324.75	13.31	
2006	1 579.94	1 361.57	218.37	301.87	917.76	357.11	0.27	3.00
2007	3 192.23	2 641.92		379.68	1 816.81	980.08	0.67	14.99
2008	5 661.35	5 077.33		415.75	4 080.78	1 154.82	0.67	9.33
2009	713 478	605 993		87 995	481 500	142 097	623	1 263
昆 明 Kunming	14 333	9 000		359	5 014	8 960		
曲 靖 Qujing	118 174	94 420		22 773	76 428	18 973		
玉 溪 Yuxi	20 759	18 426			13 113	7 459	187	
保 山 Baoshan	33 695	33 695		5 012	26 682	2 001		
昭 通 Zhaotong	72 315	63 347		7 737	43 927	20 651		
丽 江 Lijiang	55 763	53 573		667	44 345	10 101		650
普 洱 Pu'er	24 637	23 637		5 385	13 667	5 311	274	
临 沧 Lincang	42 160	42 160		3 459	38 701			
楚 雄 Chuxiong	60 199	39 533		10 298	43 534	6 320	47	
红 河 Honghe	65 789	60 132		8 086	45 781	11 922		
文 山 Wenshan	19 015	13 742		317	6 916	11 601	115	66
西双版纳 Xishuangbanna	6 634	6 634		1 699	4 935			
大 理 Dali	103 931	88 287		2 230	81 357	19 797		547
德 宏 Dehong	31 187	31 187		19 973	11 214			
怒 江 Nujiang	21 887	18 553			18 553	3 334		
迪 庆 Diqing	23 000	9 667			7 333	15 667		

11-10 水资源情况
Water Resources

年份 Year / 地区 Region		水资源总量（亿立方米）Total Amount of Water Resources (100 million cu.m)	地表水资源量 Surface Water Resources	地下水资源与地表水资源重复量 Duplicated Measurement Between Surface Water and Groundwater
2000		2 447.55	2 447.55	772.60
2001		2 561.94	2 561.94	808.50
2002		2 308.87	2 308.87	763.60
2003		1 699.36	1 699.36	592.20
2004		2 106.30	2 106.30	719.80
2005		1 846.43	1 846.43	660.30
2006		1 712.00	1 712.00	615.00
2007		2 256.00	2 256.00	794.60
2008		2 314.49	2 314.49	801.60
2009		1576.6	1576.6	582.64
昆　明	Kunming	38.58	38.58	15.95
曲　靖	Qujing	69.39	69.39	22.78
玉　溪	Yuxi	26.55	26.55	9.77
保　山	Baoshan	101.88	101.88	38.87
昭　通	Zhaotong	85.77	85.77	36.56
丽　江	Lijiang	66.96	66.96	23.67
普　洱	Pu'er	240.87	240.87	97.17
临　沧	Lincang	125.81	125.81	44.03
楚　雄	Chuxiong	31.58	31.58	10.55
红　河	Honghe	158.06	158.06	55.50
文　山	Wenshan	110.50	110.50	35.22
西双版纳	Xishuangbanna	79.08	79.08	40.33
大　理	Dali	76.10	76.10	26.86
德　宏	Dehong	104.58	104.58	41.55
怒　江	Nujiang	163.35	163.35	46.03
迪　庆	Diqing	97.54	97.54	37.79

11-11 各地水资源及供、用水情况（2009年）
Water Resource and Tap Water Supply and Use by Region (2009)

单位：万立方米 (10 000 cu.m)

地区	Region	水资源总量 Total Amount of Water Resources	供水总量 Total Volume of Water Supply	用水总量 Total Volume of Water Use	农业 For Agriculture Use	工业 For Productive Use	生活 For Residential Use	生态 For Environment Use
全省	**Total**	**15 765 984**	**1 526 387**	**1 526 387**	**1 087 706**	**234 202**	**172 928**	**31 552**
昆明	Kunming	385 800	211 372	211 372	82 232	78 172	33 924	17 044
曲靖	Qujing	693 947	142 776	142 776	95 194	24 014	21 788	1 780
玉溪	Yuxi	265 520	93 866	93 866	50 677	27 864	9 180	6 145
保山	Baoshan	1 018 811	92 489	92 489	74 330	10 563	7 368	228
昭通	Zhaotong	857 726	77 573	77 573	54 390	10 235	12 587	361
丽江	Lijiang	669 580	59 142	59 142	49 827	4 003	5 063	250
普洱	Pu'er	2 408 697	113 548	113 548	92 753	9 827	10 005	963
临沧	Lincang	1 258 100	97 421	97 421	84 066	5 362	7 382	611
楚雄	Chuxiong	315 800	108 962	108 962	90 801	7 286	10 257	618
红河	Honghe	1 580 600	163 691	163 691	117 500	26 364	18 279	1 548
文山	Wenshan	1 105 000	69 537	69 537	54 029	4 795	10 465	248
西双版纳	Xishuangbanna	790 800	65 510	65 510	57 155	3 351	4 794	210
大理	Dali	760 954	127 175	127 175	99 293	12 751	13 901	1 230
德宏	Dehong	1 045 800	72 545	72 545	59 876	7 199	5 263	207
怒江	Nujiang	1 633 487	17 480	17 480	15 039	1 123	1 261	57
迪庆	Diqing	975 362	13 300	13 300	10 543	1 295	1 411	52

11-12 各地区城市人口和建设用地情况（2009年）
Basic Statistics on Urban Population and Land Use for Construction by Region (2009)

地区	Region	城区人口（万人） Number of Urban Population (10 000 persons)	城区面积（平方公里） City Area (sq.km)	建成区面积 Of Which: Developed Area	绿化覆盖面积（公顷） Coverage Area of Greenery and Plants (sq.km)	建成区面积 Of Which: Developed Area	人均公园绿地面积(平方米) Per Capita Public Park Area (sq.km)	建成区绿化覆盖率 (%) Percentage of Coverage by Greenery and Plants in Developed Area (%)
全省	**Total**	**1 012.80**	**3 422.58**	**1 283.38**	**46 240.00**	**37 748.00**	**7.67**	**29.4**
昆明	Kunming	290.55	1 117.47	364.06	14 829.00	13 899.00	8.12	38.2
曲靖	Qujing	133.91	149.03	149.03	6 177.00	5 594.00	9.00	37.5
玉溪	Yuxi	43.57	116.49	56.90	2 656.00	1 647.00	9.14	29.0
保山	Baoshan	38.50	95.10	49.51	1 719.00	1 678.00	9.36	33.9
昭通	Zhaotong	72.71	156.53	74.53	1 716.00	1 102.00	1.86	14.8
丽江	Lijiang	20.36	43.10	31.68	807.00	799.00	13.55	25.2
普洱	Pu'er	46.03	111.15	60.70	1 390.00	1 231.00	9.59	20.3
临沧	Lincang	49.62	98.15	46.11	1 451.00	959.00	2.65	20.8
楚雄	Chuxiong	54.58	195.88	77.74	3 328.00	2 399.00	11.09	30.9
红河	Honghe	89.17	189.52	116.47	6 496.00	3 338.00	8.96	28.7
文山	Wenshan	48.62	110.98	58.29	936.00	812.00	5.79	13.9
西双版纳	Xishuangbanna	16.51	197.93	27.93	1 100.00	1 092.00	12.14	39.1
大理	Dali	67.02	671.91	85.04	1 878.00	1 807.00	4.80	21.3
德宏	Dehong	27.15	107.19	52.42	1 574.00	1 231.00	6.42	23.5
怒江	Nujiang	6.72	27.43	22.39	136.00	130.00	2.28	5.8
迪庆	Diqing	7.78	34.72	10.58	47.00	30.00	1.42	2.8

11-13 “三废”治理项目完成情况（2007-2009年）
Completion of "Three Wastes" Disposal (2007-2009)

指　　标	Item	2007	2008	2009
汇总工业企业数(个)	**Number of Industrial Enterprises (unit)**	**317**	**292**	**252**
污染治理项目本年投资来源合计（万元）	**Total of Investment in Pollution Dispoal in the Year (10 000 yuan)**	**86 423**	**102 677**	**94 880**
按使用分（万元）	**By Use (10 000 yuan)**			
治理废水	Disposal of Waste Water	21 511	26 847	14 808
治理废气	Disposal of Waste Gas	51 766	46 429	63 769
治理固体废物	Disposal of Solid Wastes	7 501	21 630	13 399
治理噪声	Disposal of Noise Pollution	284	289	424
治理其他	Disposal of Other Pollution	5 361	7 482	2 481
本年施工项目总数(个)	**Number of Projects Under Consumption (unit)**	**461**	**451**	**398**
治理废水	Disposal of Waste Water	129	99	128
治理废气	Disposal of Waste Gas	275	279	211
治理固体废物	Disposal of Solid Wastes	29	33	22
治理噪声	Disposal of Noise Pollution	8	4	10
治理其他	Disposal of Other Pollution	20	36	27
当年竣工项目数(个)	**Number of Projects Completed (unit)**	**425**	**416**	**381**
治理废水	Disposal of Waste Water	116	88	122
治理废气	Disposal of Waste Gas	257	261	203
治理固体废物	Disposal of Solid Wastes	25	30	22
治理噪声	Disposal of Noise Pollution	8	4	10
治理其他	Disposal of Other Pollution	19	33	24
当年竣工项目新增设计处理能力	**Newly Added Design Capacity of Projects Completed**			
治理废水(吨／日)	Disposal of Waste Water (ton/day)	298 625	270 090	48 507
治理废气(万标立方米／时)	Disposal of Waste Gas (10 000cu.m/h)	321	633	1 370
治理固体废物(吨／日)	Disposal of Solid Wastes (ton/day)	4 178	9 867	15 900

注：1.治理类型中的“治理废气”包括燃料燃烧废气和生产工艺废气的治理。
2.治理类型中的“治理其他”包括：(1)电磁辐射治理；(2)放射性治理；(3)其他治理(包括搬迁)。

Note: a. Disposal of waste gas refers to that of waste gas emitted fuel pluring and industrial production.
b. Disposal of other pollution refers to that of electromagnetic radiation,combustion and others(including relocation).

11-14 各地区废水、废气、固体废物排放情况

Waste Water, Waste Gas and Solid Waste Discharged By Region

单位：万吨 (10 000 tons)

年份 Year 地区 Region	废水排放总量 Total Volume of Waste Water Discharged	生活污水排放量 Consumption Waste Water Discharged	化学需氧量(COD)排放量 COD Discharge	生活污水中COD排放量 COD Discharge from Consumption Waste Water	二氧化硫(SO_2)排放量 Volume of Sulphur Dioxide Emission	工业SO_2排放量 Volume of Industry Sulphur Dioxide Emission	工业SO_2排放达标量 Volume of Indusry Sulphur Dioxide Emision Meeting Discharge Standards	工业固体废物排放量 Volume of Industrial Solid Wastes Discharged	工业固体废物处置率(%) Ratio of Industrial Solid Wastes Utilized
2000	675 27.15	324 10.00	29.71	11.97	38.59	32.39		5 30.40	4.9
2001	641 52.34	314 39.00	30.89	16.64	35.75	29.44	10.20	2 95.80	15.9
2002	662 71.02	325 75.00	30.10	18.07	36.41	29.31	11.48	2 31.81	10.5
2003	681 80.80	335 26.00	28.52	19.24	45.26	38.07	14.52	1 21.67	21.4
2004	783 02.56	399 01.00	29.02	19.26	47.75	39.99	18.19	55.10	22.3
2005	752 02.45	422 74.00	28.47	17.78	52.19	42.89	18.76	70.66	35.1
2006	804 78.36	461 92.41	29.37	18.80	55.10	45.62	30.91	99.56	33.7
2007	837 58.94	484 06.66	29.00	19.21	53.37	44.54	34.50	82.66	33.0
2008	838 64.57	508 69.04	28.05	18.86	50.17	41.99	38.41	39.42	30.8
2009	87590.64	55215.43	27.31	18.78	49.93	41.78	40.12	60.65	29.69
昆明 Kunming	297 20.72	254 64.29	2.26	1.93	9.33	8.83	8.82	9.70	55.3
曲靖 Qujing	84 66.47	53 69.00	3.35	2.84	11.27	10.51	10.31		20.1
玉溪 Yuxi	38 58.81	19 79.47	1.30	0.90	1.76	1.15	1.09	0.20	49.1
保山 Baoshan	61 09.27	24 00.24	2.52	1.03	0.95	0.82	0.70	1.24	0.2
昭通 Zhaotong	31 38.88	26 76.00	1.87	1.59	3.76	0.93	0.84	0.12	53.0
丽江 Lijiang	8 91.23	7 34.75	0.72	0.53	0.69	0.42	0.42		4.8
普洱 Pu'er	41 40.43	15 55.83	1.33	1.09	1.19	0.96	0.96	0.20	5.5
临沧 Lincang	29 88.88	8 25.63	2.38	1.16	0.36	0.32	0.32		2.0
楚雄 Chuxiong	37 16.16	26 83.33	1.24	1.13	1.78	1.18	0.99	0.08	12.7
红河 Honghe	64 90.10	34 36.49	2.83	2.11	14.86	14.28	14.05		9.9
文山 Wenshan	49 38.75	29 35.04	1.74	1.24	1.64	0.89	0.69	0.35	10.7
西双版纳 Xishuangbanna	38 67.55	20 45.07	2.16	0.89	0.10	0.07	0.05	0.32	
大理 Dali	22 71.74	15 71.47	1.04	0.91	1.77	1.02	0.77	13.23	3.4
德宏 Dehong	55 41.50	7 51.20	1.84	0.72	0.32	0.27	0.06	0.01	12.5
怒江 Nujiang	11 18.01	5 47.88	0.51	0.48	0.12	0.10	0.04	34.25	1.2
迪庆 Diqing	3 32.13	2 39.73	0.24	0.22	0.03	0.02		0.95	2.6

11-15 各地区工业废水排放及处理情况（2009年）
Discharge and Disposal of Industrial Waste Water by Region (2009)

地区	Region	工业用水总量（万吨）Total Consumption of Water for Industrial Use (10 000 tons)	工业用水重复利用率（%）Recycling Rate of Water for Industrial Use (%)	工业废水排放总量（万吨）Total Volume of Industrial Waste Water Discharged (10 000 tons)	工业废水排放达标量（万吨）Volume of Industrial Waste Water Meeting Discharge Standards (10 000 tons)	工业废水排放达标率（%）Ratio of Treated Industrial Waste Water Meeting Discharge Standard (%)
全省合计	**Total**	**798 600**	**91**	**32 375**	**29 991**	**92.6**
昆　明	Kunming	237 653	95	4 256	4 249	99.8
曲　靖	Qujing	258 951	94	3 097	2 998	96.8
玉　溪	Yuxi	25 205	85	1 879	1 843	98.1
保　山	Baoshan	7 126	42	3 709	3 523	95.0
昭　通	Zhaotong	3 432	46	463	421	90.9
丽　江	Lijiang	2 278	80	156	153	97.9
普　洱	Pu'er	6 703	45	2 585	2 549	98.6
临　沧	Lincang	5 248	52	2 163	2 042	94.4
楚　雄	Chuxiong	45 176	94	1 033	936	90.6
红　河	Honghe	180 597	95	3 054	2 997	98.2
文　山	Wenshan	8 913	66	2 004	1 937	96.7
西双版纳	Xishuangbanna	3 021	37	1 822	1 588	87.1
大　理	Dali	3 541	68	700	526	75.1
德　宏	Dehong	8 780	37	4 790	3 776	78.8
怒　江	Nujiang	1 416	37	570	393	69.0
迪　庆	Diqing	559	45	92	59	63.6

注：1.工业用新鲜水量68201.34万吨；2.工业重复用水量730398.36万吨；3.汇总工业企业2043个。

Note: a.Total Consumption of fresh water for industrial use is 682.01 million tons;
b. Volume of Recycled Water for Industrial Use is 7303.98 million tons;
c. Total Number of industrial enterprises is 2043.

11-16 各地区工业废气排放及处理能力情况（2009年）
Emission and Disposal Capacity of Industrial Waste Gas by Region (2009)

地区	Region	工业废气处理设施数（套）Number of Facilities for Disposal of Industrial Waste Gas (set)	工业废气治理设施处理能力（万标立方米/时）Capacity of Facilities for Disposal of Industrial Waste Gas (10 000 cu.m/h)	工业废气排放总量（万标立方米）Total Volume of Industrial Waste Gas Emitted (10 000 cu.m)	燃料燃烧 from Process of Fuel Burning	生产工艺 from Process of Production
全省合计	**Total**	**5 432**	**18 013**	**94 838 008**	**47 581 216**	**47 256 792**
昆　明	Kunming	1 407	5 088	23 097 612	8 321 658	14 775 954
曲　靖	Qujing	769	4 526	29 698 978	20 991 644	8 707 334
玉　溪	Yuxi	879	1 417	6 994 050	3 061 145	3 932 905
保　山	Baoshan	192	523	1 968 538	943 639	1 024 899
昭　通	Zhaotong	155	316	2 758 107	1 471 464	1 286 643
丽　江	Lijiang	48	60	763 433	189 533	573 900
普　洱	Pu'er	147	374	1 113 553	761 555	351 998
临　沧	Lincang	123	293	660 538	545 889	114 649
楚　雄	Chuxiong	251	950	4 750 523	1 263 982	3 486 541
红　河	Honghe	573	2 326	12 030 919	5 871 415	6 159 504
文　山	Wenshan	195	541	3 798 824	1 603 518	2 195 306
西双版纳	Xishuangbanna	84	62	250 367	222 222	28 145
大　理	Dali	446	903	4 675 786	1 290 317	3 385 469
德　宏	Dehong	122	542	1 479 819	858 997	620 822
怒　江	Nujiang	31	93	447 852	184 195	263 657
迪　庆	Diqing	10		349 109	43	349 066

11-17 各地区工业固体废物排放及处理利用情况（2009年）
Discharge, Disposal and Recycling of Industrial Solid Wastes by Region (2009)

地 区	Region	工业固体废物产生量(万吨) Volume of Industrial Solid Wastes Produced (10 000 tons)	工业固体废物综合利用量(万吨) Volume of Industrial Solid Wastes Utilized (10 000 tons)	工业固体废物综合利用率(%) Rate of Industrial Solid Wastes Utilized (%)	工业固体废物贮存量(万吨) Volume of Industrial Solid Wastes Stored (10 000 tons)
全省合计	**Total**	**8 673**	**4 265**	**49**	**2 002**
昆 明	Kunming	2 161	862	40	95
曲 靖	Qujing	1 598	807	50	494
玉 溪	Yuxi	1 521	779	51	66
保 山	Baoshan	186	116	62	68
昭 通	Zhaotong	66	28	42	3
丽 江	Lijiang	80	64	75	18
普 洱	Pu'er	103	83	80	15
临 沧	Lincang	150	147	98	
楚 雄	Chuxiong	419	327	76	83
红 河	Honghe	1 343	574	42	701
文 山	Wenshan	393	240	61	111
西双版纳	Xishuangbanna	52	35	68	17
大 理	Dali	164	100	61	45
德 宏	Dehong	95	75	78	9
怒 江	Nujiang	315	16	5	262
迪 庆	Diqing	27	11	41	14

11-17 续表 continued

地 区	Region	工业固体废物处置量(万吨) Volume of Industrial Solid Wastes Disposal (10 000 tons)	其中：处置往年贮存量(万吨) Of Which: Volume of Previously Stored Industrial Solid Wastes Disposal (10 000 tons)	工业固体废物排放量(万吨) Volume of Industrial Solid Wastes Discharged (10 000 tons)	"三废"综合利用产品产值(万元) Output Value of Products Made from Waste Gas, Waste Water and Solid Wastes (10 000 yuan)
全省合计	**Total**	**2 615**	**138**	**61**	**604 415**
昆 明	Kunming	1 194		10	201 834
曲 靖	Qujing	321			95 389
玉 溪	Yuxi	799	107		41 895
保 山	Baoshan			1	7 295
昭 通	Zhaotong	35			3 131
丽 江	Lijiang	4	1		23 513
普 洱	Pu'er	5.70			17 858
临 沧	Lincang	3			10 083
楚 雄	Chuxiong	57	30		52 504
红 河	Honghe	132			82 077
文 山	Wenshan	42			25 354
西双版纳	Xishuangbanna				333
大 理	Dali	6		13	34 431
德 宏	Dehong	12			5 202
怒 江	Nujiang	4		34	1 077
迪 庆	Diqing	1		1	2 440

11-18 各地区城市污水排放和处理情况（2009年）
Discharge and Disposal of City Sewage by Region (2009)

地区	Region	城市污水排放量（万立方米）Total Volume of City Sewage Discharged (10 000 cu.m)	污水处理总量（万立方米）Total Volume of Sewage Disposal (10 000 cu.m)	污水厂污水处理量 Volume of Sewage Disposal by Sewage Disposal Plants	污水再生利用量（万立方米）Volume of Utilized by Sewage regenerated (10 000 cu.m)	城市污水处理率(%) Ratio of City Sewage Disposal (%)	污水处理厂集中处理率(%) Ratio of Centralized Disposal by Sewage Disposal Plants (%)
全省	**Total**	**68 874**	**46 155**	**39 762**	**980**	**67.0**	**57.7**
昆明	Kunming	30 022	26 783	23 718	663	89.2	79.0
曲靖	Qujing	8 253	5 645	2 935	65	68.4	35.6
玉溪	Yuxi	3 579	2 454	2 454		68.6	68.6
保山	Baoshan	2 366	720	360		30.4	15.2
昭通	Zhaotong	3 354	1 000	1 000	179	29.8	29.8
丽江	Lijiang	1 408	726	726	3	51.6	51.6
普洱	Pu'er	2 317	531	273		22.9	11.8
临沧	Lincang	1 328					
楚雄	Chuxiong	2 699	1 515	1 515		56.1	56.1
红河	Honghe	4 963	2 442	2 442	65	49.2	49.2
文山	Wenshan	2 143	848	848		39.6	39.6
西双版纳	Xishuangbanna	1 461	680	680		46.5	46.5
大理	Dali	3 320	2 218	2 218	5	66.8	66.8
德宏	Dehong	1 224	509	509		41.6	41.6
怒江	Nujiang	130					
迪庆	Diqing	307	84	84		27.4	27.4

11-19 主要城市空气质量指标（2009年）
Ambient Air Quality in Major Cities (2009)

单位：毫克/立方米 (milligram/cu.m)

城市	City and Town	可吸入颗粒物 (PM_{10}) Particulate Matters	二氧化硫 (SO_2) Sulphur Dioxide	二氧化氮 (NO_2) Nitrogen Dioxide	空气质量达到及好于二级的天数(天) Days of Air Quality Equal to or above Grade Ⅱ	主要污染物指标 Main Pollution Indicators	空气综合污染指数 Index of Wastes Air Pollution
昆明市	Kunming	0.067	0.041	0.046	365		1.9
曲靖市	Qujing	0.080	0.048	0.027	363		1.9
玉溪市	Yuxi	0.085	0.058	0.019	363		2.1
保山市	Baoshan	0.051	0.027	0.017	363		1.2
昭通市	Zhaotong	0.028	0.072	0.025	345	二氧化硫	1.8
丽江市	Lijiang	0.046	0.005	0.017	365		0.8
普洱市	Pu'er	0.047	0.016	0.018	365		1.0
临沧市	Lincang	0.056	0.014	0.004	365		0.8
楚雄市	Chuxiong	0.039	0.046	0.013	365		1.3
个旧市	Gejiu	0.058	0.091	0.016	353	二氧化硫	2.3
开远市	Kaiyuan	0.077	0.006	0.011	-	可吸入颗粒物	1.0
蒙自县	Mengzi	0.054	0.035	0.012	364		1.3
河口县	Hekou	0.084	0.005	0.020	-		1.2
文山县	Wenshan	0.049	0.007	0.012	365		0.8
景洪市	Jinghong	0.033	0.020	0.014	365		0.8
大理市	Dali	0.033	0.024	0.010	365		0.9
潞西市	Luxi	0.063	0.010	0.010	358		0.9
六库镇	Liuku	0.041	0.010	0.007	365		0.7
香格里拉县	Shangri-la	0.036	0.019	0.012	365		0.8

注：空气质量监测城市19个，其中符合空气环境质量一级标准城市2个，符合空气环境质量二级标准城市16个，符合空气环境质量三级标准城市1个。

Note: 19 cities are air quality monitoring cities, 2 of them have attained the Grade Ⅰ standard for air quality,16 cities have attained the Grade II standard for air quality,1 of them has attained the Grade Ⅲ standard for air quality.

11-20　主要城市区域环境噪声声源构成情况（2009年）

Composition of Environmental Noise Source By Major Cities and Towns (2009)

单位：分贝　　　　(dB)

城　市	City and Town	等效声级 Average Equivalent Sound Level of Environmentalt Noise	交通噪声 Average Equivalent Sound Level of Traffic Noise	工业噪声 Average Equivalent Sound Level of Industrial Noise	施工噪声 Average Equivalent Sound Level of Construction Noise	生活噪声 Average Equivalent Sound Level of Residental Noise	其　他 Others
全　省	**Total**	**52.7**	**54.5**	**53.2**	**54.4**	**51.9**	**51.8**
昆明市	Kunming	52.7	55.1	52.6	61.1	50.8	49.6
曲靖市	Qujing	47.2	49.3	47.2	51.2	46.4	46.3
玉溪市	Yuxi	46.3	49.4	49.4	50.9	48.9	47.6
保山市	Baoshan	53.9	56.4	56.0	58.8	52.4	54.5
昭通市	Zhaotong	48.4	48.4	46.6	49.7	48.7	
普洱市	Pu'er	56.0	56.7	-	60.7	54.9	58.4
楚雄市	Chuxiong	51.8	54.7	55.2	51.4	50.7	
个旧市	Gejiu	55.2	59.5	56.4	54.9	52.1	50.1
开远市	Kaiyuan	57.8	59.2	62.1	54.0	56.7	55.8
景洪市	Jinghong	51.8	52.1	54.6	43.7	51.3	52.1
大理市	Dali	53.3	54.6	52.0	53.3	52.3	
潞西市	Luxi	51.8	48.4	48.5	48.7	54.0	
文山县	Wenshan	58.8	64.2	58.3	69.2	55.5	

注：统计范围是州、市所在地监测城市。
Note:Statistical coverage is the monitored cities of prefectures and cities.

11-21　各地区农村改水、改厕投资情况（2009年）

Investment in the Water Supplier and Toilets Facilities Renovation in Rural Areas by Region (2009)

单位：万元　　　　(10 000 yuan)

地　区	Region	农村改水 Water Supplier Renovation in Rural Areas: 农村改水投入 Investment in Water Supplier Renovation in Rural Areas	国　家 State Investment	集　体 Collective Investment	个　人 Individual Investment	农村改厕 Toilets Facilities Renovation in Rural Areas: 农村改厕投入 Investment in Toilets Facilities Renovation in Rural Areas	国　家 State Investment	集　体 Collective Investment	个　人 Individual Investment
全　省	**Total**	**61 656.91**	**50 449.54**	**3 962.76**	**7 244.61**	**22 342.03**	**11 988.19**	**1 311.47**	**9 042.37**
昆　明	Kunming	6 152.71	5 190.30	636.06	326.35	2 617.55	1 347.29	434.14	836.12
曲　靖	Qujing	3 569.20	3 042.70	179.40	347.10	2 581.06	1 503.40	88.38	989.28
玉　溪	Yuxi	3 510.91	2 886.21	297.78	326.92	3 097.61	1 521.04	283.60	1 292.97
保　山	Baoshan	4 890.50	3 945.00	121.80	823.70	692.86	333.50	18.00	341.36
昭　通	Zhaotong	13 082.88	11 045.58	10.00	2 027.30	2 714.11	1 782.30		931.81
丽　江	Lijiang	1 029.57	986.11		43.46	631.65	297.70	1.25	332.70
普　洱	Pu'er	2 472.42	2 285.04	43.95	143.43	1 013.27	499.56	4.00	509.71
临　沧	Lincang	2 516.06	1 967.06	209.50	339.50	1 086.86	554.20	46.76	485.90
楚　雄	Chuxiong	6 014.79	4 786.45	320.20	908.14	2 065.47	1 091.79	49.28	924.40
红　河	Honghe	1 352.80	1 105.00	247.80		747.00	602.00	145.00	
文　山	Wenshan	3 229.29	2 699.43	341.00	188.86	1 355.57	759.22	41.00	555.35
西双版纳	Xishuangbanna	1 150.11	1 066.91	1.00	82.20	401.75	74.36	2.00	325.39
大　理	Dali	8 451.19	6 032.24	1 393.10	1 025.85	2 564.66	1 184.35	186.16	1 194.15
德　宏	Dehong	2 647.60	1 847.70	146.10	653.80	420.90	140.77	11.90	268.23
怒　江	Nujiang	1 060.03	1 044.96	15.07		268.71	233.71		35.00
迪　庆	Diqing	526.85	518.85		8.00	83.00	63.00		20.00

11-22 各地区农村改水、改厕情况（2009年）

Basic Statistics on Water Supplier and Toilets Facilities Renovation in Rural Areas by Region (2009)

地 区	Region	农村改水（万人） Number of Rural Persons Benefited from Water Supplier Renovation in Rural Areas(10 000 persons)				农村改厕（万户） Number of Rural Households Benefited from Toilets Facilities Renovation in Rural Areas(10 000 Households)				
		农村总人口 Rural Population	累计已改水受益人口 Accumulative Number of Rural Persons Benefited from Water Supplier Renovation	自来水 Tap Water	手压机井 Manual Pumped Well	农 村总户数 Total Number of Rural Households	累计使用卫生厕所户数 Number of Rural Households Using Sanitation Lavatories by Accumulative	卫生厕所普及率(%) Percentage of Rural Households with Access to Sanitation Lavatories	无害化卫生厕所普及率(%) Percentage of Rural Households with Access to Innocuouslize Sanitation Lavatories	累计使用卫生公厕户数 Number of Rural Households Using Sanitation Lavatories by Accumulative
全 省	**Total**	**3 684.52**	**3 014.06**	**2 269.44**	**101.68**	**898.62**	**482.94**	**53.74**	**26.71**	**118.61**
昆 明	Kunming	314.54	279.62	252.32	6.91	86.82	55.20	63.58	32.27	15.39
曲 靖	Qujing	505.90	484.40	301.42	20.91	128.01	79.30	61.95	26.61	8.23
玉 溪	Yuxi	177.45	162.36	161.66		46.50	27.71	59.59	45.89	7.78
保 山	Baoshan	221.89	163.77	126.34	1.24	57.07	29.35	51.43	10.02	0.26
昭 通	Zhaotong	488.85	326.83	192.02	31.17	113.30	55.48	48.97	25.14	9.18
丽 江	Lijiang	113.66	95.68	79.51	12.44	27.32	14.32	52.43	35.92	2.42
普 洱	Pu'er	213.76	165.76	153.50	0.03	49.31	24.89	50.49	24.14	3.90
临 沧	Lincang	215.08	174.17	143.78	8.31	46.85	25.63	54.72.	20.24	1.58
楚 雄	Chuxiong	225.70	191.50	136.09	0.96	56.84	37.29	65.60	28.75	18.44
红 河	Honghe	342.40	288.95	216.77	8.50	84.60	46.93	55.48	34.18	34.10
文 山	Wenshan	312.41	268.11	142.25	1.53	73.10	36.01	49.27	24.59	5.20
西双版纳	Xishuangbanna	83.04	66.72	61.41	5.30	18.46	3.43	18.60	17.24	7.10
大 理	Dali	303.46	209.83	171.04	2.86	72.59	36.06	49.67	27.01	2.52
德 宏	Dehong	86.47	77.44	74.05	1.52	18.67	7.07	37.86	16.38	1.45
怒 江	Nujiang	50.36	37.76	37.76		12.62	1.44	11.42	9.96	0.86
迪 庆	Diqing	29.55	21.16	19.52		6.57	2.82	42.92	12.79	0.18

主要统计指标解释

自然资源 指人类可以直接从自然界获得，并用于生产和生活的物质资源。自然资源一般可以分为可再生资源和非再生资源两大类。可再生资源指在较短时间内可以再生、可以循环利用的资源，包括土地资源、水资源、气候资源、生物资源和海洋资源等。非再生资源指在使用后不能再生的资源，包括矿产资源和地热能源。

土地资源 土地指陆地的表层部分，它主要由岩石、岩石的风化物和土壤构成。土地资源按利用类型可以分为农用地、建筑用地和未利用地。农用地包括耕地、园地、林地、牧草地和水面。建筑用地包括居民点及工矿用地、交通用地和水利设施用地。未利用地指农用地和建筑用地以外的土地，包括滩涂、荒漠、戈壁、冰川和石山等。

耕地面积 指经过开垦用以种植农作物并经常进行耕耘的土地面积。包括种有作物的土地面积、休闲地、新开荒地和抛荒未满三年的土地面积。

林业用地面积 指生长乔木、竹类、灌木、沿海红树林等林木的土地面积，包括有林地、灌木林、疏林地、未成林造林地、迹地、苗圃等。

牧草地面积 指牧区和农区用于放牧牲畜或割草，植被覆盖度在5%以上的草原、草坡、草山等面积。包括天然的和人工种植或改良的草地面积。

森林资源 指森林、林木、林地以及依托森林、林木、林地生存的野生动物、植物和微生物。林木指树木和竹子。森林指以乔木为主体的植物群落，是集生的乔木及与共同作用的植物、动物、微生物和土壤、气候等的总体。

森林面积 指由乔木树种构成，郁闭度 0.2 以上（含 0.2）的林地或冠幅宽度 10 米以上的林带的面积，即有林地面积。森林面积包括天然起源和人工起源的针叶林面积、阔叶林面积、针阔混交林面积和竹林面积，不包括灌木林地面积和疏林地面积。

森林覆盖率 指一个国家或地区森林面积占土地总面积的百分比。森林覆盖率是反映森林资源的丰富程度和生态平衡状况的重要指标。在计算森林覆盖率时，森林面积包括郁闭度 0.2 以上的乔木林地面积和竹林地面积，国家特别规定的灌木林地面积、农田林网以及“四旁”(村旁、路旁、水旁、宅旁)林木的覆盖面积。计算公式为:

$$\text{森林覆盖率}(\%)=\frac{\text{森林面积}}{\text{土地总面积}}\times 100\%$$

活立木总蓄积量 指一定范围内土地上全部树木蓄积的总量，包括森林蓄积、疏林蓄积、散生木蓄积和“四旁”树蓄积。

森林蓄积量 指一定森林面积上存在着的林木树干部分的总材积。它是反映一个国家或地区森林资源总规模和水平的基本指标之一，也是反映森林资源的丰富程度、衡量森林生态环境优劣的重要依据。

气候 指地球与大气之间长期能量交换与质量交换所形成的一种自然环境状态，它是多种因素综合作用的结果。气候既是人类生活和生产的环境要素之一，又是供给人类生活和生产的重要资源。气温、降水、湿度等气象要素的多年平均值是用来描述一个地区气候状况的主要参数，而各种气象要素某年、某月的平均值（或总量）则可以反映出该时期天气气候状况的重要特征。

气温 指空气的温度，我国一般以摄氏度（℃）为单位表示。气象观测的温度表是放在离地面约 1.5 米处，通风良好的百叶箱里测量的，因此，通常说的气温指的是离地面 1.5 米处百叶箱中的温度。其统计计算方法为:

月平均气温是将全月各日的平均气温相加，除以该月的天数而得。

年平均气温是将 12 个月的月平均气温累加后除以 12 而得。

降水量 指从天空降落到地面的液态或固态（经融化后）水，未经蒸发、渗透、流失而在地面上积聚的深度。其统计计算方法为:

月降水量是将全月各日的降水量累加而得。

年降水量是将12个月的月降水量累加而得。

土地调查面积 指行政区域内的土地调查总面积，包括农用地、建设用地和未利用地。

农用地 指直接用于农业生产的土地，包括耕地、园地、林地、牧草地及其他农用地。

湿地 指天然或人工、长久或暂时性的沼泽地、泥炭地或水域地带，包括静止或流动、淡水、半咸水、咸水体，低潮时水深不超过6米的水域以及海岸地带地区的珊瑚滩和海草床、滩涂、红树林、河口、河流、淡水沼泽、沼泽森林、湖泊、盐沼及盐湖。

造林总面积 指报告期内在荒山、荒地、沙丘、退耕地等一切可以造林的土地上，采用人工播种、飞机播种、植苗造林、分植造林等方法新植成片乔木林和灌木林，经过检查验收符合《造林技术规程》要求的单位面积株数，并按《中华人民共和国森林法实施条例》规定，成活率达85%以上（含85%，年降雨量在400毫米以下且无浇灌条件的地区造林成活率达70%以上）的总面积。“四旁”植树如一侧在四行以上，连片面积0.066公顷（一亩）以上，应统计在造林面积内。造林面积，通常按所有制（国有、国有集体合作、集体和个人）、造林方式（人工、飞机播种）、主要林种用途（用材林、经济林、防护林、薪炭林、特种用途林）分组进行统计。

人工造林 指在宜林荒山荒地、宜林沙荒地、无立木林地、疏林地和退耕地等其他宜林地上通过播种、植苗和分植来提高森林植被覆被率的技术措施。

飞机播种 通过飞机播种，为宜林荒山荒地、宜林沙荒地、其他宜林地、疏林地补充适量的种源，并辅以适当的人工措施，在自然力的作用下使其形成森林或灌草植被，提高森林植被覆被率的技术措施。

用材林 指以生产木材为主要目的的森林和林木，包括以生产竹材为主要目的的竹林。

经济林 指以生产果品，食用油料、饮料、调料，工业原料和药材为主要目的的林木。经济林是人们为了取得林木的果实、叶片、皮层、胶液等产品作为工业原料或者供食用所营造的林木，如油茶、油桐、核桃、樟树、花椒、茶、桑、果等。

防护林 指以防护为主要目的的森林、林木和灌木丛。包括水源涵养林，水土保持林，防风固沙林，农田、牧场防护林，护岸林，护路林等。

薪炭林 指以生产燃料为主要目的的林木。

特种用途林 指以国防、环境保护、科学实验等为主要目的的森林和林木。包括国防林、实验林、母树林、环境保护林、风景林，名胜古迹和革命纪念地的林木，自然保护区的森林。

水资源总量 指评价区内降水形成的地表和地下产水总量，即地表产流量与降水入渗补给地下水量之和，不包括过境水量。

地表水资源量 指评价区内河流、湖泊、冰川等地表水体中可以逐年更新的动态水量，即当地天然河川径流量。

地下水资源量 指评价区内降水和地表水对饱水岩土层的补给量，包括降水入渗补给量和河道、湖库、渠系、渠灌田间等地表水体的入渗补给量。

地表水与地下水资源重复量 指地表水和地下水相互转化的部分，即天然河川径流量中的地下水排泄量和地下水补给量中来源于地表水的入渗补给量。

供水总量 指各种水源工程为用户提供的包括输水损失在内的毛供水量之和，不包括海水直接利用量。

用水总量 指分配给各类用户的包括输水损失在内的毛用水量之和，不包括海水直接利用量。

农业用水 指农田灌溉用水、林果地灌溉用水、草地灌溉用水和鱼塘补水。

工业用水 指工矿企业在生产过程中用于制造、加工、冷却、空调、净化、洗涤等方面的用水，按新水取用量计，不包括企业内部的重复利用水量。

生活用水 包括城镇生活用水和农村生活用水。城镇生活用水由居民用水和公共用水（含第三产业及建筑业等用水）组成；农村生活用水除居民生活用水外，还包括牲畜用水在内。

生态用水 仅包括人为措施供给的城镇环境用水和部分河湖、湿地补水，而不包括降水、径流自然满足的水量。

工业废水排放量 指经过企业厂区所有排放口排到企业外部的工业废水量。包括生产废水、外排的直接冷却水、超标排放的矿井地下水和与工业废水混排的厂区生活污水，不包括外排的间接冷却水（清污不分流的间接冷却水应计算在内）。

工业废水排放达标量 指报告期内废水中各项污染物指标都达到国家或地方排放标准的外排工业废水量，包括未经处理外排达标的，经废水处理设施处理后达标排放的，以及经污水处理厂处理后达标排放的。

工业废水排放达标率 指工业废水排放达标量占工业废水排放量的百分率，计算公式为：

$$工业废水排放达标率=\frac{工业废水排放达标量}{工业废水排放量}\times 100\%$$

化学需氧量(COD) 指用化学氧化剂氧化水中有机污染物时所需的氧量。COD值越高，表示水中有机污染物污染越重。

生活污水中化学需氧量(COD)排放量 指城镇居民每年排放的生活污水中的COD的量。用人均系数法测算。测算公式为：

$$\begin{matrix}城镇生活污水\\中COD排放量\end{matrix}=\begin{matrix}城镇生活污水中\\COD产生系数\end{matrix}\times\begin{matrix}市镇非\\农业人口\end{matrix}\times 365$$

工业废气排放量 指报告期内企业厂区内燃料燃烧和生产工艺过程中产生的各种排入大气的含有污染物的气体的总量，以标准状态(273K，101325Pa)计算。测算公式为：

$$\begin{matrix}工业废气\\排放量\end{matrix}=\begin{matrix}燃料燃烧过程\\中废气排放量\end{matrix}+\begin{matrix}生产工艺过程\\中废气排放量\end{matrix}$$

二氧化硫排放量 指报告期内工业SO_2排放量与生活SO_2排放量之和。

工业SO_2排放量 指报告期内企业在燃料燃烧和生产工艺过程中排入大气的SO_2总量，计算公式为：

$$\begin{matrix}工业SO_2\\排放量\end{matrix}=\begin{matrix}燃料燃烧过程\\中SO_2排放量\end{matrix}+\begin{matrix}生产工艺过程\\中SO_2排放量\end{matrix}$$

工业SO_2排放达标量 指排入大气的达到排放标准的工业二氧化硫量。

工业SO_2排放达标率 指工业SO_2排放达标量占工业SO_2排放量的百分率。计算公式为：

$$工业SO_2排放达标率=\frac{工业SO_2排放达标量}{工业SO_2排放量}\times 100\%$$

工业固体废物产生量 指报告期内企业在生产过程中产生的固体状、半固体状和高浓度液体状废弃物的总量，包括危险废物、冶炼废渣、粉煤灰、炉渣、煤矸石、尾矿、放射性废物和其他废物等；不包括矿山开采的剥离废石和掘进废石（煤矸石和呈酸性或碱性的废石除外）。酸性或碱性废石指采掘的废石其流经水、雨淋水的pH值小于4或pH值大于10.5者。

工业固体废物排放量 指报告期内企业将所产生的固体废物排到固体废物污染防治设施、场所以外的数量，不包括矿山开采的剥离废石和掘进废石（煤矸石和呈酸性或碱性的废石除外）。

工业固体废物综合利用量 指报告期内企业通过回收、加工、循环、交换等方式，从固体废物中提取或者使其转化为可以利用的资源、能源和其他原材料的固体废物量（包括当年利用往年的工业固体废物贮存量），如用作农业肥料、生产建筑材料、筑路等。综合利用量由原产生固体废物的单位统计。

工业固体废物综合利用率 指工业固体废物综合利用量占工业固体废物产生量（包括综合利用往年贮存量）的百分率。计算公式为：

$$\begin{matrix}工业固体废物\\综合利用率\end{matrix}=\frac{\begin{matrix}工业固体废物\\综合利用量\end{matrix}}{\begin{matrix}工业固体废物产生量+\\综合利用往年贮存量\end{matrix}}\times 100\%$$

工业固体废物贮存量 指报告期内企业以综合利用或处置为目的，将固体废物暂时贮存或堆存在专设的贮存设施或专设的集中堆存场所内的数量。专设的固体废物贮存场所或贮存设施必须有防扩散、防流失、防渗漏、防止污染大气、水体的措施。

工业固体废物处置量 指报告期内企业将固体废物焚烧或者最终置于符合环境保护规定要求的场所，

并不再回取的工业固体废物量（包括当年处置往年的工业固体废物贮存量）。处置方式有填埋（其中危险废物应安全填埋）、焚烧、专业贮存场(库)封场处理、深层灌注、回填矿井及海洋处置（经海洋管理部门同意投海处置）等。

“三废”综合利用产品产值 指报告期内利用“三废”作为主要原料生产的产品价值（现行价）；已经销售或准备销售的应计算产品价值，留作生产自用的不应计算产品价值。

城区面积 城区面积包括：（1）街道办事处所辖地域；（2）城市公共设施、居住设施和市政公用设施等连接到的其他镇（乡）地域；（3）常住人口在3000人以上独立的工矿区、开发区、科研单位、大专院校等特殊区域。

城市建成区面积 指城市行政区内实际已成片开发建设、市政公用设施和公共设施基本具备的区域。对于核心城市来说，它包括核心区域和多个分散区域；对于一城多镇的城市来说，它包括若干个连片开发起来的区域。一般是指建成区外轮廓线所能包括的地区，也就是这个城市实际建设用地所达到的范围。

城区人口 指划定的城区范围的人口数。按公安部门的户籍统计为准。

城市污水排放量 指城市生活污水、工业废水的排放总量，包括从排水管道和排水沟（渠）排出的污水量。

城市污水处理量 指城市污水处理厂和处理装置实际处理的污水量。包括物理处理量、生物处理量和化学处理量。

城市污水集中处理率 指城市污水处理厂处理的污水量与城市污水排放总量的比率。计算公式：

$$城市污水处理率=\frac{城市污水处理厂污水处理量}{城市污水排放总量}\times100\%$$

人均公园绿地面积 指报告期末区域内城市人口平均每人拥有的公园绿地面积。人口数采用年底人口数。其中公园绿地指城市中向公众开放的、以游憩为主要功能，有一定的游憩设施和服务设施，同时兼有健全生态、美化景观、防灾减灾等综合作用的绿化用地。计算公式为：

$$人均公园绿地面积=\frac{公园绿地面积}{城市人口数}\times100\%$$

建成区绿化覆盖率 指报告期末建成区内绿化覆盖面积与建成区面积的比率。计算公式为：

$$建成区绿化覆盖率=\frac{建成区内绿化覆盖面积}{建成区面积}\times100\%$$

其中，绿化覆盖面积指城市中的乔木、灌木、草坪等所有植被的垂直投影面积。包括公共绿地、居住区绿地、单位附属绿地、防护绿地、生产绿地、道路绿地、风景林地的绿化种植覆盖面积、屋顶绿化覆盖面积以及零散树木的覆盖面积。乔木树冠下重叠的灌木和草本植物不能重复计算。

农村改水受益率 指农村累计已改水受益人口占农村人口总数的百分比。其中，改水受益人口指通过改善饮用水的水质，改善供水方式，如管道式集中供水（自来水）、分布式改水（手压机井、改良大口井）而受益的累计农村人口。农村人口总数采用爱卫会统计数据。注意不要和“农村饮用自来水人口比重”混淆。统计范围为全国县及城市下辖农村（不包括城市市区）。计算公式为：

$$农村改水受益率=\frac{农村累计已改水受益人口数}{农村人口总数}\times100\%$$

农村自来水普及率 指农村饮用自来水人口数占农村人口总数的百分比。计算公式为：

$$农村自来水普及率=\frac{农村饮用自来水人口数}{农村人口总数}\times100\%$$

农村卫生厕所普及率 指使用各种类型卫生厕所的农户数占农村总户数的百分比。其中，农村卫生厕所包括三格化粪池式、双瓮漏斗式、三联沼气池式、粪尿分集式、完整下水道水冲式和其他类型的厕所，以及粪便及时清理并进行高温堆肥无害化处理的非水冲式厕所。农村总户数指县城以下农村农户总数。计算公式为：

$$农村卫生厕所普及率=\frac{使用卫生厕所农户数}{农村总户数}\times100\%$$

Explanatory Notes on Principal Statistical Indicators

Natural Resources refer to material resources that could be obtained from the nature by human being and used for production and living. Natural resources in general can be classified as renewable resources and non-renewable resources. Renewable resources refer to resources that could be renewed and recycled during a relatively short period of time, including land resource, water resource, climate resource, biology resource and marine resource. Non-renewable resources include resources that could not be renewed, such as minerals and geothermal resource.

Land Resource Land refers to the surface of the earth, consisting of mainly rocks and its weathering and earth. Land resource can be classified, by its utilization, as land for agriculture, land for construction and unused land. Land for agriculture includes cultivated land, plantation land, forestland, grassland and waters. Land for construction includes land for residential purpose, for manufacturing and mining, for transportation and for water-conservancy projects. Unused land refers to land other than land for agriculture and construction, including beaches, deserts, Gobi, glaciers and rock mountains.

Area of Cultivated Land refers to area of land reclaimed for the regular cultivation of various farm crops, including crop-cover land, fallow, newly reclaimed land and land laid idle for less than 3 years.

Area of Afforested Land refers to area for land for trees bamboo, bushes and mangrove, including forest-covered land, bush-covered land, sparse forest land, land planned for afforestation and nurseries of young trees.

Area of Pasture refers to area of grassland, grass-slopes and grass-covered hills with a vegetation-covering rate of over 5% that are used for animal husbandry or harvesting of grass. It includes natural, cultivated and improved grassland areas.

Forest Resource refers to forests, trees, forestland and wild animals, plants and microorganism that live on forest and trees. Trees include trees and bamboo. Forest refers to the population of clusters of trees and other plants, animals and microorganism as well as the earth and climate that have interactions with the trees.

Forest Area refers to the area of forest where trees and bamboo grow with canopy density above 0.2, including land of natural woods and planted woods, but excluding bush land and thin forest land. It reflects the total areas of afforestation.

Forest Coverage Rate refers to the ratio of area of afforested land to total land area. It is a very important indicator that reflects the status of abundance of forest resource and balance of the ecosystem. Forest area includes the area of trees and bamboo grow with canopy density above 0.2, the area of shrubby tree according to regulations of the government, the area of forest land inside farm land and the area of trees planted by the side of villages, farm houses and along roads and rivers. The formula for calculating forest coverage rate is as follows:

$$\text{Forestry coverage rate (\%)} = \frac{\text{Area of Afforested Land}}{\text{Area of Total Land}} \times 100\%$$

Total Standing Stock Volume refers to the total stock volume of trees growing in land, including trees in forest, trees in sparse forest, scattered trees and trees planted by the side of villages, farm houses and along roads and rivers.

Stock Volume of Forest refers to total stock volume of wood growing in forest area, which shows the total size and level of forest resources of a country or a region. It is also an important indicator illustrating the richness of forest resource and the status of forest ecological environment.

Climate refers to the natural environment status formed by the long-term exchange of energy and mass between the earth and the atmosphere, and is the result of interaction of many factors. Climate is both one of the environment factors and also the important resources for living and production activities of the human being. The average values across several years of meteorological factors such as temperature, rainfall and humidity are used as important parameters to describe the climate of a region, while the average values(or total values) of a given year or month of meteorological factors reflect the key characteristics of climate for the period of time.

Temperature refers to the air temperature. China uses centigrade as the unit. The thermometry used for weather observation is put in a breezy shutter, which is 1.5 meters high from the ground. Therefore, the commonly used temperature refers to the temperature in the breezy shutter 1.5 meters away from the ground. The calculation method is as follows:

Monthly average temperature is the summation of average daily temperature of one month divided by the actual days of that particular month.

Annual average temperature is the summation of monthly average of a year divided by 12 months.

Volume of Precipitation refers to the deepness of liquid state or solid state (thawed) water falling from the sky to the ground that has not been evaporated, infiltrated or run off. The calculation method is as follows:

Monthly precipitation is the summation of daily precipitation of a month.

Annual precipitation is the summation of 12 months precipitation of a year.

Land for Agriculture Use refers to land directly used for agriculture production, including land for cultivation, gardening, forests, herbage and other agriculture activities.

Wetlands refer to marshland and peat bog, whether natural or man-made, permanent or temporary; water covered areas, whether stagnant or flowing, with fresh or semi-fresh or salty water that is less than 6 meters deep at low tide; as well as coral beach, weed beach, mud beach, mangrove, river outlet, rivers, fresh-water marshland, marshland forests, lakes, salty bog and salt lakes along the coastal areas.

Total Area of Afforestation refers to the total area of land suitable for afforestation, including barren hills, idle land, sand dunes, "grain for green" land, on which acres of arbores or bushes are planted through manual planting, airplane planting, plant seedlings, etc. in accordance with the required density standards of the Technical Procedures of Afforestation, and with a survival rate of over 85% in line with the Implementing Rules of the Forest Law of the People's Republic of China (or a survival rate of 75% in areas with less that 400 mm of annual rainfall and without irrigation facilities). Included in this category are trees planted alone the roadsides, riversides, or next to houses that occupy an area over 0.066 hectares, or where more than 4 lines of trees are planted. Total area of afforestation is further classified by ownership (state-owned, state-collective, collective or private), by approach of planting (manual, airplane), and by type of forests (timber, by-products, protection, fuel, special use, etc.).

Area of Man-made Forests refer to the area of stable growing forests, planted manually or by airplanes, with a survival rate of 80% or higher of the designed number of trees per hectare, or with a canopy density of 0.20 - or above after 3-5 years of manual planting or 5-7 years of airplane planting.

Timber Forests refer to forests which are mainly for the production of timber, including bamboo groves planted to harvest bamboos.

By-product Forests refer to forests that mainly produce fruits, nuts, edible oil, beverages, indigents, raw materials and medicine materials. By-product forests are planted to harvest the fruits, leaves, bark or liquid of trees, and consume them as food or raw materials for the manufacturing industry, such as tea-oil trees, tung oil trees, walnut trees, camphor trees, tea bushes, mulberry trees, fruit trees, etc.

Protection Forests refer to forests, trees and bushes planted mainly for protection or preservation purpose, including water resource conservation forests, water and soil conservation forests, windbreak and dune-fixing forests, farmland and pasture protection forests, riverside protection forests, roadside protection forests, etc.

Fuel Forests refer to forests planted mainly for fuels.

Forests for Special Purpose refer to forests planted mainly for national defense, environment protection or scientific experiments, including national defense forests, experimental forests, mother-tree forests, environment protection forests, scenery forests, trees in historical or scenic spots, roadside in natural reserves.

Total Water Resources refers to total volume of water resources measured as run-off for surface water from rainfall and recharge for groundwater in a given area, excluding transit water.

Surface Water Resources refers to total renewable resources which exist in rivers, lakes, glaciers and other collectors from rainfall and are measured as run-off of rivers.

Groundwater Resources refers to replenishment of aquifers with rainfall and surface water.

Duplicated Measurement between Surface Water and Groundwater refers to mutual exchange between surface water and groundwater, i.e. run-off of rivers includes some depletion into groundwater while groundwater includes some replenishment from surface water.

Water Supply refers to gross water supply by supply systems from sources to consumers, including losses during distribution.

Water Use refers to gross water use distributed to users, including loss during transportation, broken down into use by agriculture, industry, living consumption and ecological protection.

Water Use by Agriculture includes uses of water by irrigation of farming fields and by forestry, animal husbandry and fishing. Water use by forestry, animal husbandry and fishery includes irrigation of forestry and orchards, irrigation of grassland and replenishment of fishing farms.

Water Use by Industry refers to new withdrawals of water, excluding reuse of water within enterprises.

Water Use by Living Consumption includes use of water for living consumption in both urban and rural areas. Urban water use by living consumption is composed of household use and public use (including services, commerce, restaurants, cargo transportation, posts, telecommunications and construction). Rural water use by living consumption includes both households and animals.

Water Use by Ecological Protection includes replenishment of rivers and lakes and use for urban environment.

Waste Water Discharged by Industry refers to the volume of waste water discharged by industrial enterprises through all their outlets, including waste water from production process, directly cooled water, groundwater from mining wells which does not meet discharge standards and sewage from households mixed with waste water produced by industrial activities, but excluding indirectly cooled water discharged (It should be included if the discharge is not separated from waste water).

Industrial Waste Water Meeting Discharge Standards refers to volume of industrial waste water discharge which, with or without treatment, reaches national or local standards with regard to all pollutants.

Ratio of Industrial Waste Water Meeting Discharge Standards refers to percentage of industrial waste water meeting discharge standards over total industrial waste water discharge. It is calculated as:

$$\begin{matrix}\text{Ratio of industrial waste water}\\\text{meeting discharge standards}\end{matrix} = \frac{\begin{matrix}\text{industrial waste water}\\\text{meeting discharge standards}\end{matrix}}{\begin{matrix}\text{total industrial waste}\\\text{water discharge}\end{matrix}}$$

Chemical Oxygen Demand (COD) refers to the amount of oxygen required when chemical oxidants are used to oxidize organic pollutants in water. A higher value of COD corresponds to more serious pollution by organic pollutants.

Volume of Chemical Oxygen Demand (COD) Generated by Urban Non-industrial Waster Water refers to chemical oxygen demand generated through the annual discharge of non-industrial waste water by urban households. It is estimated as:

$$\begin{matrix}\text{Volume of chemical oxygen}\\\text{demand (cod) generated}\\\text{by urban non-industrial}\\\text{waster water}\end{matrix} = \begin{matrix}\text{Coefficient of COD}\\\text{generated through urban}\\\text{non-industrial waste water}\end{matrix} \times \begin{matrix}\text{urban}\\\text{non-agricultural}\\\text{population}\end{matrix} \times 365$$

Industrial Waste Air Emission refers to the discharge into atmosphere of waste air containing pollutants generated from fuel burning and production processes in enterprises within a given period of time. It is calculated at standard status (273K, 101325Pa) as:

$$\begin{matrix}\text{Industrial waste}\\\text{air emission}\end{matrix} = \begin{matrix}\text{emission through}\\\text{fuel burning}\end{matrix} + \begin{matrix}\text{emission through}\\\text{production process}\end{matrix}$$

SO_2 Emission is calculated on the basis of consumption of coal by households and industrial activities.

SO_2 Emission through Industrial Activities refers to volume of sulphur dioxide emission from fuel burning and production process by enterprises during a given period of time. It is calculated as:

$$\text{SO}_2 \text{ emission through industrial activities} = \text{SO}_2 \text{ emission from fuel burning} + \text{SO}_2 \text{ emission from production process}$$

SO_2 Emission through Industrial Activities Meeting Discharge Standards refers to volume of sulphur dioxide emission from fuel burning and production process by enterprises during a given period of time meeting discharge standards

Ratio of SO_2 Emission through Industrial Activities Meeting Discharge Standards refers to percentage of sulphur dioxide emission from fuel burning and production process by enterprises meeting discharge standards over total volume of sulphur dioxide emission from fuel burning and production process by enterprises during a given period of time.

It is estimated as:

Ratio of SO_2 emission through industrial activities meeting discharge Standards= SO_2 emission through industrial activities meeting discharge standards÷SO_2 emission through industrial activities.

Industrial Solid Wastes Produced refers to total volume of solid, semi-solid and high concentration liquid residues produced by industrial enterprises from production process in a given period of time, including hazardous wastes, slag, coal ash, gangue, tailings, radioactive residues and other wastes, but excluding stones stripped or dug out in mining - gangue and acid or alkaline stones not included (a stone is acid or alkaline according to the pH value of the water being below 4 or above 10.5 when the stone is in, or soaked by water).

Industrial Solid Wastes Discharged refers to the volume of industrial solid wastes discharged by producing enterprises to disposal facilities or to other sites. The wastes exclude stones stripped or dug from mining (gangue and acid or alkaline waste stones not included).

Industrial Solid Wastes Utilized refers to volume of solid wastes from which useful materials can be extracted or which can be converted into usable resources, energy or other materials by means of reclamation, processing, recycling and exchange (including utilizing in the year the stocks of industrial solid wastes of the previous year). Examples of such utilizations include fertilizers, building materials and road materials. The information shall be collected by the producing units of the wastes.

Ratio of Utilization of Industrial Solid Wastes refers to the percentage of industrial solid wastes utilized over industrial solid wastes produced (including stocks of the previous years). It is calculated as:

$$\text{Rate of utilization of industrial solid wastes} = \frac{\text{volume of industrial solid wastes utilized}}{\text{industrial solid wastes produced} + \text{stock of previous years}} \times 100\%$$

Stock of Industrial Solid Wastes refers to the volume of solid wastes placed in special facilities or special sites for purposes of utilization or disposal. The sites or facilities should take measures against dispersion, loss, seepage, and air and water contamination.

Industrial Solid Wastes Disposed refers to the quantity of industrial solid wastes which are burnt or placed ultimately in the sites meeting the requirements for environmental protection and not salvaged or recycled (including disposition in the year of those wastes of previous years). The disposition includes landfill (Safe landfills should be conducted for hazardous wastes), incineration, containment spaces, deep underground disposal, backfill in mining pits and disposal at sea.

Output Value of Products Made from Waste Gas, Waste Water and Solid Wastes refers to the current value of products with waste gas, waste water and solid wastes as main materials of production. Products sold and ready to sell shall be included while those produced for own use shall not be included.

Urban Area includes 1)Area under Sub-District Offices 2)The area of other towns(villages) connected by urban public infrastructure, accommodations and municipal public infrastructure. 3)Independent industrial and mining areas, development areas, scientific research institutions, institutes of higher education and such special areas with a permanent residents above 3000 persons.

Urban Completed Areas refers to the areas of the districts which have been developed aggregately and with municipal public infrastructure and public infrastructure. For the core cities, it includes the core areas and many scattered areas. For a city with many towns, it included several districts which were developed into one district. Generally, it refers to all districts which can be covered by the outline of the developed areas, which is the size of actual land for construction of the city.

Urban District Population refers to the population of the defined urban districts. It is based on the household register statistics of the public security departments.

Urban Sewage Discharge refers to volume of the domestic sewage and industrial sewage, which includes the sewage discharged from the drainage pipe and drainage channel(ditch).

Treatment Rate of Urban Sewage refers to the percentage of sewage volume disposed by the sewage treatment plants over the urban sewage discharge volume. It is calculated as:

Treatment Rate of Urban Sewage= sewage volume disposed by the sewage treatment plants ÷ urban sewage discharge volume×100%.

Per Capita Public Green Land Area refers to the public green area enjoyed by every urban resident in the end of the report period. The number of the population is the population at the year-end. The public green land refers to the green spaces opening to the public with certain recreation and service facilities and whose main function is providing recreation areas, at the same time, their comprehensive functions include improving ecological environment, beautifying scenery and preventing disasters.

It is calculated as:

Per capita public green land area= public green area ÷ urban population×100%

Ratio of Green Covered Area in Completed Area refers to percentage of the green coverage in the urban completed area over the urban completed area in the end of the report period.

It is calculated as:

Ratio of Green Covered Area in Completed Area= green coverage in the urban completed area ÷ urban completed area×100%

In which, the green coverage refer to the vertical shadow of all vegetation such as trees, shrubs and lawn. It includes the green coverage, roof greenery coverage and scattered trees of the public green area, residential quarter green area, units attached green area, green area for environmental protection, green space attached to urban road and square and scenic forest land.

The overlapping of the bushes and herbaceous plants under the trees crown can't be calculated repeatedly.

Ratio of Beneficial Population of Water Renovation in Rural Areas refers to the percentage of the beneficial population of the water renovation in the rural areas over the rural population. In which, the beneficial population of the water renovation in the rural areas refers to the accumulated rural population benefits from the quality renovation of the drinking water, renovation of ways for supplying water such as tubular central water supply (tap water), distributed water supply (manual pumped wells and improved open wells).The population in the rural areas is based on the statistics of the Patriotic Health Committee. Don't confuse it with rate of the population drinking tap water in the rural areas. The statistical coverage is the rural areas under the county and city in the whole country (excluding the urban districts).

It is calculated as:

Ratio of Beneficial population of water renovation in rural areas= the beneficial population of the water renovation in the rural areas ÷ the rural population×100%

Ratio of Access to tap water in rural areas refers to the percentage of the population drinking the tap water in rural areas over the rural population. It is calculated as:

Ratio of Access to tap water in rural areas=the population drinking the tap water in rural areas ÷ the rural population×100%

Dissemination Ratio of the Sanitation Toilets in Rural Areas refers to the percentage of the number of rural families using all types of sanitation toilets over number of the rural families. In which, the sanitation toilets in rural areas include the toilets with three lattices cesspool, funnel toilets with two urns, triad marsh gas tank toilets, toilets with separate collection of the excrement and urine, flushing toilets with integrated sewer and other types of toilets and the non-flushing toilets which can clean the excrement and urine in time and can disposed them with high temperature compost harmlessly. The number of rural families refers to the number of the rural families under the county towns.

It is calculated as:

Dissemination ratio of the sanitation toilets in rural areas=number of rural families using all types of sanitation toilets ÷number of rural families ×100%.

十二、农业

Agriculture

12-1 云南省农村和农业生产基本情况（2005-2009年）
Basic Statistics on Rural Areas and Agriculture Production (2005-2009)

指 标	Item	2005	2006	2007	2008	2009
农村基层组织情况（个）	**Rural Grass-roots Units (unit)**					
乡镇个数	Number of Townships and Towns	1 296	1 207	1 201	1 206	1 188
#镇个数	Number of Towns	459	474	479	476	492
村委会个数	Number of Villagers' Committees	12940	13080	13120	13099	13034
乡村户数及人口	**Number of Rural Households and Population**					
乡村户数（万户）	Number of Rural Households(10 000 households)	877	867	900	915	928
乡村人口数（万人）	Rural Population (10 000 persons)	3 568	3 594	3 620	3 640	3 671
乡村就业人员（万人）	**Number of Rural Employed Persons (10 000 persons)**	**2 051**	**2 074**	**2 097**	**2 113**	**2 137**
按性别分	**Grouped by Sex**					
男	Male (10 000 persons)	1 069	1 081	1 093	1 099	1 117
女	Female (10 000 persons)	982	993	1 004	1 014	1 021
按行业分	**Grouped by Sector**					
农、林、牧、渔	Farming, Forestry, Animal Husbandry and Fishery	1 690	1 677	1 664	1 659	1 658
工 业	Industry	59	64	69	72	75
建筑业	Construction	63	70	76	81	88
交通运输、仓储和邮政业	Employed Persons of Transport,Storage and Post Service	39	41	42	44	47
批发与零售业	Employed Persons of Wholesale and Retail Trade	38	39	40	42	44
其 他	Others	162	183	206	188	197

注：1.乡村总人口是按1984年前的老口径统计，故本表的数字大于人口篇乡村总人口数。乡镇个数中不包括城关镇、街道办事处。
2.“交通运输、仓储和邮政业就业人员”2003年以前统计口径为“交通运输和邮电通讯业就业人员”；“批发与零售业就业人员”2003年以前统计口径为“批发、零售、餐饮、金融、保险就业人员”。

Note: a. The total rural population is calculated accolding to original standards before 1984, so the data in this table are larger than the rural population in chapter on population. since 2001,the data of townships and towns have not included those of urban towns.
b.The employed persons of transport, storage and post service have calculated including the telecommunication service and unincorporated the stoarge before 2003;employed persons of wholesale trade, retail trade refers to the employed persons of wholesale trade, retail trade,food services,banking and insurance trades.

12-2 1978-2009年历年主要农业机械拥有量
Historic Number of Major Agricultural Machinery Owned (1978-2009)

年 份 Year	农业机械总动力(万千瓦) Total Power of Agricultural Machinery (10 000 kw)	农用大中型拖拉机(台/万瓦特) Large and Medium-sized Agricultural Tractors (unit/10 000watt)	农用小型及手扶拖拉机(台/万瓦特) Small and Walking Agricultural Tractors (unit/10 000watt)	大中型拖拉机机引农具(部) Farm Tools Towed by Large and Medium Sized Tractors (unit)	小型拖拉机机引农具(部) Farm Tools Towed by Small Tractors (unit)	农用水泵(台) Water Pumps for Agricultural Use (unit)	联合收割机(台) Combine Harvesters (unit)	机动脱粒机(台) Power-driver Shellers (unit)
1978	243	14 361	25 215	22 270	18 714	17 060	215	41 930
1979	292	16 653	31 253	21 910	24 229	21 204	201	50 714
1980	295	17 234	33 431	21 097	29 575	22 052	184	53 612
1981	328	16 756	34 168	20 593	31 092	22 398	156	52 785
1982	335	16 543	37 970	18 621	28 803	21 897	170	48 427
1983	369	18 199	49 015	17 592	33 454	26 572	93	42 221
1984	407	18 412	61 069	14 718	31 957	27 942	68	39 662
1985	439	17 741	73 783	12 813	29 461	28 235	53	33 846
1986	475	19 128	86 213	10 999	40 029	32 350	53	31 304
1987	513	17 770/69 233	90 624/147 455	10 562	35 291	34 537	42	31 737
1988	579	17 546/68 551	115 683/102 743	10 194	39 064	37 119	60	37 391
1989	612	16 751/66 798	128 064/114 026	9 747	44 077	42 230	124	33 922
1990	649	16 247/63 947	141 277/126 223	9 362	53 981	44 576	120	36 611
1991	710	15 545/61 877	159 914/143 005	9 002	64 497	47 674	154	41 412
1992	754	13 937/55 850	172 167/153 600	8 572	63 994	50 128	125	45 947
1993	788	11 659/48 429	184 159/165 611	7 632	75 443	51 899	197	50 470
1994	850	10 543/44 183	198 661/179 880	6 698	79 977	44 576	126	54 434
1995	906	9 568/39 503	216 192/196 864	6 568	89 717	57 005	134	59 234
1996	1 003	8 425/35 650	260 296/240 400	3 520	65 226	54 105	101	80 071
1997	1 104	8 488/36 090	291 619/279 950	3 438	74 725	58 895	171	96 999
1998	1 177	10 092/38 920	314 089/30 516	3 633	81 655	62 017	257	102 181
1999	1 255	15 557/49 860	304 434/298 310	8 187	138 973	78 781	360	92 391
2000	1 301	38 331/101 623	300 694/299 355	8 138	150 317	88 845	450	111 029
2001	1 398	52 600/137 465	304 826/299 849	8 805	157 866	90 256	484	115 710
2002	1 460	66 954/176 880	299 060/303 928	10 319	164 603	94 928	483	115 791
2003	1 543	86 347/230 980	305 106/307 144	9 051	171 968	101 904	652	112 380
2004	1 608	91 483/250 820	304 830/310 377	9 002	166 610	110 143	817	115 708
2005	1 666	44 978/121 380	274 764/307 360	11 545	180 819	117 705	1 150	123 967
2006	1 755	48 635/128 300	278 764/281 250	12 331	188 251	127 210	1 570	148 155
2007	1 862	75 097/181 000	286 790/328 120	15 078	202 281	147 306	2 168	176 746
2008	2 014	175 087/378 934	295 727/311 676	19 081	222 962	170 899	2 537	218 036
2009	2 159	208 981/446 299	321 202/338 581	27 853	257 875	205 544	3 016	243 051

12-3 各地区农村基本情况及农业生产条件（2009年）

Basic Conditions of Rural Areas and Agricultural Production by Region (2009)

地 区 Region	乡镇个数(个) Number of Townships and Towns (unit)	镇个数(个) Number of Towns (unit)	村委会个数(个) Number of Villagers' Commitees (unit)	自来水受益村数(个) Villages with Tap Water Supply (unit)	通汽车村数(个) Villages with Highway (unit)	通电话村数(个) Villages with Telephone Service (unit)	农村用电量(万千瓦时) Rural Consumption of Electricity (10 000 kwh)	乡村办电站/装机容量(个/万瓦特) Number of Power Stations Owned by Villages and Their Installed Capacity (10 000 w)
全省合计 Total	**1 188**	**492**	**13 034**	**12 112**	**12 865**	**12 704**	**544 102**	**362/33 363**
昆 明 Kunming	73	49	1 171	1 145	1 168	1 165	77 820	28/3 692
曲 靖 Qujing	99	57	1 527	1 390	1 523	1 460	68 590	15/652
玉 溪 Yuxi	64	37	669	659	668	668	97 576	10/190
保 山 Baoshan	72	24	883	859	883	882	24 971	45/4 061
昭 通 Zhaotong	130	45	1 178	1 001	1 170	1 164	38 189	96/8 626
丽 江 Lijiang	55	8	450	386	449	440	10 568	38/3 243
普 洱 Pu'er	·94	21	993	980	890	877	18 006	17/222
临 沧 Lincang	68	25	897	889	895	884	11 648	5/300
楚 雄 Chuxiong	93	43	1 046	1 023	1 042	1 045	31 829	6/1 340
红 河 Honghe	117	41	1 179	1 044	1 176	1 115	57 826	13/582
文 山 Wenshan	94	35	947	771	947	932	31 359	11/1 647
西双版纳 Xishuangbanna	31	18	219	219	219	215	7 247	1/15
大 理 Dali	98	56	1 097	1 000	1 067	1 095	49 882	56/4 744
德 宏 Dehong	45	18	336	328	336	324	5 856	
怒 江 Nujiang	29	9	258	258	249	258	4 145	11/4 553
迪 庆 Diqing	26	6	184	160	183	180	8 590	10/98

12-4 水库库容量（2008-2009年）

Storage Capacity of Reservoirs (2008-2009)

指 标	Item	水 库（座） Number of Reservoirs (unit)		水库库容量（亿立方米） Reservoir Capacity (100 million cu.m)		2009年比2008年增长 (%) Increase Rate in 2009 Over 2008 (%)	
		2008	2009	2008	2009	水 库 Number of Reservoirs	水库库容量 Capacity of Reservoirs
合 计	**Total**	**5 474**	**5 514**	**106.98**	**108.3**	**0.73**	**1.23**
大型水库	Large Reservoirs	6	6	21.63	21.63		
中型水库	Medium Sized Reservoirs	178	183	50.94	52.01	2.81	2.10
小型水库	Small Reservoirs	5 290	5 325	34.42	34.67	0.66	0.73

12-5 各地区农业水利情况（2009年）

Basic Conditions of Water Conservancy by Region (2009)

单位：千公顷 (1 000 hectares)

地 区	Region	水库座数 (座) Number of Reservoirs (unit)	水库总库容 (万立方米) Capacity of Reservoirs (10 000 cu.m)	农田水利情况 Irrigation and Water Conservancy		
				有效灌溉面积 Irrigated Area	旱涝保收面积 Area with Stable Yields Despite Drought or Waterlogging	机电排灌面积 Mechenical and Electric Irrigation and Drainage Area
全省合计	**Total**	**5 514**	**1 083 025**	**1 562.07**	**924.75**	**183.86**
昆 明	Kunming	806	260 419	129.93	87.86	42.31
曲 靖	Qujing	664	167 723	178.76	112.98	25.88
玉 溪	Yuxi	561	70 134	81.65	57.41	17.76
保 山	Baoshan	260	42 861	108.45	78.45	6.80
昭 通	Zhaotong	171	58 514	117.58	52.05	4.61
丽 江	Lijiang	131	30 722	67.25	35.58	8.43
普 洱	Pu'er	288	51 629	114.31	62.40	0.85
临 沧	Lincang	220	29 094	85.46	46.66	1.94
楚 雄	Chuxiong	1 056	107 473	117.71	80.05	9.90
红 河	Honghe	422	96 623	172.50	91.27	31.48
文 山	Wenshan	227	45 847	104.34	56.30	5.19
西双版纳	Xishuangbanna	178	31 385	46.31	27.51	0.08
大 理	Dali	431	67 748	142.70	79.82	26.33
德 宏	Dehong	67	20 886	61.06	33.82	0.34
怒 江	Nujiang	19	338	15.09	10.77	
迪 庆	Diqing	13	1 630	18.96	11.82	1.96

12-6 各地区农用化肥及农用薄膜施用量（2009年）

Quantity of Chemical Fertilizers and Chemical Film Used for Farming by Region (2009)

单位：吨 (ton)

地 区	Region	化肥施用量合计 Consumption of Chemical Fertilizer	氮 肥 Nitrogenous Fertilizer	磷 肥 Phosphate Fertilizer	钾 肥 Potash Fertilizer	复合肥 Compound Fertilizer	农用塑料薄膜使用量 Plastic Film	地膜使用量 Mulching Film	农药使用量 Compound Fertilizer
全省合计	**Total**	**1 713 871**	**926 566**	**254 465**	**161 279**	**371 561**	**81 354**	**63 491**	**42 567**
昆 明	Kunming	166 604	90 799	32 915	11 812	31 078	14 559	9 734	4 109
曲 靖	Qujing	254 509	128 536	40 859	22 979	62 135	19 351	16 995	5 265
玉 溪	Yuxi	81 324	49 387	10 827	15 976	5 134	6 927	5 015	3 697
保 山	Baoshan	104 832	59 532	13 962	14 908	16 430	3 956	3 493	3 838
昭 通	Zhaotong	128 077	79 668	18 250	12 432	17 726	5 797	4 785	1 342
丽 江	Lijiang	72 730	34 735	19 187	5 237	13 571	2 452	2 081	1 042
普 洱	Pu'er	60 220	43 020	5 532	4 249	7 419	2 267	1 281	2 598
临 沧	Lincang	132 401	50 038	6 075	6 103	70 185	1 225	1 067	1 735
楚 雄	Chuxiong	124 752	74 761	22 684	4 450	22 857	5 634	4 390	2 881
红 河	Honghe	192 161	99 677	31 735	19 082	41 667	8 791	5 839	5 815
文 山	Wenshan	128 768	79 227	18 143	12 023	19 375	2 373	2 059	1 914
西双版纳	Xishuangbanna	35 307	18 211	2 973	9 598	4 525	391	391	3 195
大 理	Dali	158 318	68 910	23 695	17 187	48 526	5 370	4 319	3 598
德 宏	Dehong	59 440	41 897	5 995	4 668	6 880	1 268	1 174	1 276
怒 江	Nujiang	5 391	3 505	653	130	1 104	361	291	81
迪 庆	Diqing	7 085	4 663	980	445	997	632	577	181

注：化肥施用量按折纯计算。

Note: Consumption of chemical fertilizers is calculated according to the volume of effective component of the chemical fertilizers.

12-7 1978-2009年历年农、林、牧、渔业总产值

Historic Total Output Value of Farming，Forestry, Animal Husbandry and Fishery (1978-2009)

(按当年价格计算) (at current prices)

单位：亿元 (100 million yuan)

年 份 Year	合 计 Total	农 业 Farming	林 业 Forestry	牧 业 Animal Husbandry	渔 业 Fishery	农、林、牧、渔服务业 Services in Support of Agriculture,Forestry, Animal Husbandry and Fishery
1978	40.02	28.58	2.48	7.08	0.08	1.80
1979	44.71	31.03	3.17	8.27	0.09	2.15
1980	48.20	33.02	2.94	10.22	0.19	1.83
1981	55.20	38.32	3.77	10.74	0.20	2.17
1982	61.84	41.90	3.87	12.79	0.21	3.07
1983	65.68	42.30	4.73	13.84	0.24	4.57
1984	77.36	48.78	5.97	15.79	0.27	6.55
1985	88.88	52.02	7.90	20.33	0.40	8.23
1986	96.01	51.80	7.40	26.14	0.71	9.96
1987	111.25	61.75	8.85	29.42	0.95	10.28
1988	135.39	76.11	10.05	37.01	1.56	10.66
1989	152.68	84.30	12.97	41.68	1.93	11.80
1990	211.72	119.63	18.27	54.01	1.39	18.42
1991	222.93	130.67	18.69	55.68	1.37	16.52
1992	250.35	146.70	22.84	61.54	2.02	17.25
1993	281.21	179.39	25.39	72.89	3.54	
1994	356.78	228.99	30.41	92.13	5.25	
1995	474.46	299.48	40.53	127.19	7.26	
1996	567.51	369.36	43.21	146.03	8.91	
1997	612.01	397.09	40.40	163.93	10.59	
1998	620.02	381.26	41.77	184.83	12.16	
1999	642.48	394.96	45.60	188.82	13.10	
2000	680.86	416.36	49.75	201.49	13.26	
2001	703.53	431.31	47.21	210.63	14.38	
2002	737.55	445.35	53.52	223.49	15.19	
2002(新口径)	743.75	414.89	59.27	223.49	15.19	
2003	799.33	433.91	73.17	242.53	16.56	
2004	965.22	516.92	86.40	305.42	19.14	
2005	1 068.58	559.32	105.53	339.68	22.97	
2006	1 209.76	630.19	142.59	362.89	26.30	
2007	1 414.79	707.15	156.27	459.63	35.73	56.00
2008	1 641.46	790.87	183.60	570.01	38.12	58.86
2009	1 706.19	850.65	196.13	557.76	41.96	59.69

注：1．“农林牧渔服务业”1992年及以前年份为“副业”。

2．从2003年开始，按新国民经济行业分类标准，农业总产值中取消“农民家庭兼营的商品性工业”；“木材采运”改为全社会口径；增加“农林牧渔服务业”。“农林牧渔服务业”包含在“农业总产值”中(下同)。

Note: a. Services in Support of farming，forestry,animal husbandry and fishery was called sideline production before 1992.

b. According to the new standards for the classification of National Economy,subsidiary commercial industry operated by farmers has been deleted from the output value of agriculture since 2003. The Statitcal Coverage of logging and transport of timber has been changed to the whole society. Services in support of farming, forestry,animal husbandry and fishery are added.Services of farming, forestry,animal husbandry and fishery are included in the output value of agriculture (The same as below).

12-8 1978-2009年历年农、林、牧、渔业总产值指数
Indices of Historic Gross Output Value of Farming，Forestry, Animal Husbandry and Fishery (1978-2009)

(以1952年为100) (1952=100)

年 份 Year	合 计 Total	农 业 Farming	林 业 Forestry	牧 业 Animal Husbandry	渔 业 Fishery	农、林、牧、渔服务业 Services in Support of Agriculture,Forestry, Animal Husbandry and Fishery
1978	249.2	233.0	13 119.8	410.2	1 296.6	103.5
1979	235.2	213.5	14 288.8	404.3	1 619.3	103.9
1980	251.2	231.3	14 938.3	418.3	1 759.0	104.9
1981	273.6	255.7	16 118.2	439.9	1 886.9	105.7
1982	302.9	274.1	16 885.3	525.0	1 946.7	150.0
1983	319.7	274.8	19 622.1	568.2	2 225.7	222.2
1984	368.3	303.7	25 504.0	645.6	2 500.9	321.5
1985	391.8	308.2	29 241.5	700.0	3 058.1	404.4
1986	382.6	288.0	25 449.1	717.4	3 599.1	489.3
1987	406.0	315.8	24 428.5	738.9	4 402.0	504.9
1988	432.8	339.7	25 935.5	781.7	5 771.3	524.1
1989	445.3	346.4	27 366.2	821.8	5 091.1	530.0
1990	474.5	366.1	29 995.2	882.9	5 318.0	566.6
1991	501.1	398.6	30 756.4	929.5	5 702.4	514.0
1992	523.0	416.5	33 893.6	968.5	6 181.4	503.7
1993	538.8	422.1	40 280.4	991.9	7 462.5	479.0
1994	555.4	426.3	42 959.2	1 050.2	9 256.1	
1995	591.2	457.0	43 946.1	1 112.7	11 177.8	
1996	634.9	490.8	46 714.7	1 195.0	13 223.3	
1997	686.9	530.1	49 941.7	1 303.4	14 728.1	
1998	718.1	533.2	52 506.4	1 467.9	18 282.1	
1999	753.7	555.6	53 943.5	1 571.6	20 274.7	
2000	802.7	589.3	56 155.9	1 705.5	20 850.3	
2001	831.5	611.7	54 154.9	1 800.6	22 289.4	
2002	870.0	633.3	59 030.7	1 892.0	24 368.0	
2003	927.8	663.1	67 532.6	2 027.4	25 600.1	105.1
2004	990.7	703.8	70 033.8	2 204.5	28 027.2	116.6
2005	1 059.1	734.0	76 196.7	2 431.6	31 222.3	121.1
2006	1 148.5	791.1	86 271.6	2 610.6	36 558.9	132.5
2007	1 232.3	844.1	94 553.7	2 767.3	44 309.4	146.7
2008	1 329.7	899.8	105 521.9	3 016.3	47 278.1	152.1
2009	1 407.2	938.0	112 529.3	3 255.4	52 293.3	153.9

注：1.本表按可比价格计算。
2."农林牧渔业"1993年及以前年份为"副业"。
3.农林牧渔服务业产值指数从2003年开始计算，为新农业发展速度口径。

Note: a. The data in this table are calculated at comparable prices.
b.Farming，forestry,animal husbandry and fishery in 1993 and years before 1993 were called sideline production.
c.The indices of services in support of agriculture,forestry,animal husbandry and fishery has been calculated according the new calculating coverage of agriculture developing speed since 2003.

12-9　农、林、牧、渔业总产值（2008-2009年）
Gross Output Value of Farming, Forestry, Animal Husbandry and Fishery (2008-2009)

单位：亿元　　(100 million yuan)

项　　目	Item	按当年价格 At Current Prices	
		2008	2009
农、林、牧、渔业总产值	**Gross Output Value of Farming, Forestry, Animal Husbandry and Fishery**	**1 641.46**	**1 706.19**
农业产值	**Gross Output Value of Farming**	**790.87**	**850.65**
谷物及其他作物	Cereals and Other Crops	513.70	527.77
#谷物	Corn Cereals	224.59	237.01
薯类	Tubers	42.87	44.72
油料	Oil-bering Crops	17.79	15.05
豆类	Beans and Peas	26.48	26.48
糖料	Sugar Crops	44.90	40.51
烟草	Tobacco	124.38	128.36
蔬菜园艺作物	Vegetables and Horticultural Crops	185.75	206.52
水果、坚果、饮料和香料作物	Fruits，Nuts, Beverages and Spiceberry Crops	79.06	77.92
中药材	Traditional Chinese Medicinal Materials	12.36	38.45
林业产值	**Gross Output Value of Animal Husbandry**	**183.60**	**196.13**
林木的培育和种植	Cultivation of Forest Trees	29.38	29.78
竹木采运	Logging and Transport of Timber and Bamboo	42.23	52.79
林产品	Forest Products	111.99	113.56
牧业产值	**Gross Output Value of Animal Husbandry**	**570.01**	**557.76**
牲畜饲养产值	Livestock Raising	85.50	115.23
生猪产值	Hogs	407.55	368.95
家禽产值	Poultry	69.54	65.03
狩猎和捕捉动物	Hunting	0.06	0.09
其他畜牧业	Others	7.35	8.46
渔业产值	**Gross Output Value of Fishery**	**38.12**	**41.96**
农、林、牧、渔业服务业产值	**Output Value of Services in Support of Farming, Forestry，Animal Husbandry and Fishery**	**58.86**	**59.69**

12-10 各地区农、林、牧、渔业总产值（2009年）
Gross Output Value of Farming, Forestry, Animal Husbandry and Fishery by Region (2009)

(按当年价格计算) (at current prices)
单位：万元 (10 000 yuan)

地区	Region	合计 Total	农业 Farming	林业 Forestry	牧业 Animal Husbandry	渔业 Fishery	农、林、牧、渔服务业 Services in Support of Agriculture,Forestry, Animal Husbandry and Fishery
全省合计	**Total**	**17 061 881**	**8 506 548**	**1 961 264**	**5 577 552**	**419 611**	**596 906**
昆明	Kunming	1 909 556	1 018 509	63 405	718 545	44 930	64 167
曲靖	Qujing	2 835 455	1 249 769	93 222	1 396 117	57 658	38 689
玉溪	Yuxi	1 081 379	603 642	32 635	412 144	17 612	15 346
保山	Baoshan	1 140 798	531 415	165 283	400 191	22 093	21 816
昭通	Zhaotong	1 090 782	491 327	50 619	520 739	3 411	24 686
丽江	Lijiang	405 350	188 089	26 879	161 481	16 747	12 154
普洱	Pu'er	984 862	441 695	254 062	242 086	24 628	22 391
临沧	Lincang	1 042 205	573 679	132 498	302 340	10 396	23 292
楚雄	Chuxiong	1 379 894	632 484	100 786	496 720	19 751	130 153
红河	Honghe	1 656 832	810 590	105 888	664 128	49 216	27 010
文山	Wenshan	1 116 290	571 320	53 294	456 453	15 751	19 472
西双版纳	Xishuangbanna	656 308	229 902	343 103	52 538	16 223	14 542
大理	Dali	1 765 977	820 867	154 119	702 849	41 107	47 035
德宏	Dehong	515 304	301 352	61 770	119 009	17 433	15 740
怒江	Nujiang	95 437	38 884	13 127	35 847	163	7 416
迪庆	Diqing	109 781	50 117	14 651	33 286	2 001	9 726

注：由于省，州(市)农业总产值实行分级核算，故各州(市)加总不等于全省总数(下同)。
Note:Total agricultural output value is not the value calculated by plusing the agricultural output value of each prefecture(city) because the agricultural output value of the province and prefecture(city) are accounted at different levels.(Same as below).

12-11 各地区农、林、牧、渔业总产值指数（2009年）
Indices of Gross Output Value of Agriculture, Forestry, Animal Husbandry and Fishery by Region (2009)

(以上年为100) (preceding year= 100)
单位：% (%)

地区	Region	合计 Total	农业 Farming	林业 Forestry	牧业 Animal Husbandry	渔业 Fishery	农、林、牧、渔服务业 Services in Support of Agriculture,Forestry, Animal Husbandry and Fishery
全省合计	**Total**	**105.8**	**104.2**	**106.6**	**107.9**	**110.6**	**101.2**
昆明	Kunming	107.2	107.5	100.7	107.2	107.1	111.2
曲靖	Qujing	110.3	101.1	111.2	118.8	115.3	105.1
玉溪	Yuxi	106.7	105.7	106.8	108.5	101.8	103.2
保山	Baoshan	110.2	107.0	116.4	112.5	106.0	104.3
昭通	Zhaotong	107.4	104.0	101.8	111.4	115.0	98.1
丽江	Lijiang	108.0	108.1	104.6	110.3	98.2	98.8
普洱	Pu'er	108.5	108.0	109.5	107.1	122.5	108.6
临沧	Lincang	107.7	105.0	104.2	114.8	110.8	105.3
楚雄	Chuxiong	107.2	105.8	111.0	107.0	106.5	112.5
红河	Honghe	107.5	99.0	121.0	116.3	112.7	105.4
文山	Wenshan	107.7	102.9	125.1	111.6	119.0	108.0
西双版纳	Xishuangbanna	111.6	111.2	115.2	94.8	111.8	100.6
大理	Dali	110.3	109.3	113.3	109.5	109.4	138.4
德宏	Dehong	109.5	108.4	113.0	110.1	109.9	112.1
怒江	Nujiang	105.6	102.5	108.3	109.4	116.2	100.6
迪庆	Diqing	105.7	100.7	109.1	111.8	104.4	105.4

注：本表按可比价格计算。
Note : The data in the table are calculated at comparable prices.

12-12 各地区农、林、牧、渔业总产值构成（2009年）
Composition of Gross Output Value of Farming, Forestry, Animal Husbandry and Fishery by Region (2009)

(按当年价格计算) (at current prices)

单位：% (%)

地 区	Region	合 计 Total	农 业 Farming	林 业 Forestry	牧 业 Animal Husbandry	渔 业 Fishery	农、林、牧、渔服务业 Services in Support of Agriculture,Forestry, Animal Husbandry and Fishery
全省合计	**Total**	**100.0**	**49.8**	**11.5**	**32.7**	**2.5**	**3.5**
昆 明	Kunming	100.0	53.3	3.3	37.6	2.4	3.4
曲 靖	Qujing	100.0	44.1	3.3	49.2	2.0	1.4
玉 溪	Yuxi	100.0	55.8	3.0	38.1	1.6	1.4
保 山	Baoshan	100.0	46.6	14.5	35.1	1.9	1.9
昭 通	Zhaotong	100.0	45.0	4.6	47.7	0.3	2.3
丽 江	Lijiang	100.0	46.4	6.6	39.8	4.1	3.0
普 洱	Pu'er	100.0	44.8	25.8	24.6	2.5	2.3
临 沧	Lincang	100.0	55.0	12.7	29.0	1.0	2.2
楚 雄	Chuxiong	100.0	45.8	7.3	36.0	1.4	9.4
红 河	Honghe	100.0	48.9	6.4	40.1	3.0	1.6
文 山	Wenshan	100.0	51.2	4.8	40.9	1.4	1.7
西双版纳	Xishuangbanna	100.0	35.0	52.3	8.0	2.5	2.2
大 理	Dali	100.0	46.5	8.7	39.8	2.3	2.7
德 宏	Dehong	100.0	58.5	12.0	23.1	3.4	3.1
怒 江	Nujiang	100.0	40.7	13.8	37.6	0.2	7.8
迪 庆	Diqing	100.0	45.7	13.3	30.3	1.8	8.9

12-13 各地区农、林、牧、渔业增加值（2009年）
Added Value of Farming, Forestry, Animal Husbandry and Fishery by Region (2009)

(按当年价格计算) (at current prices)

单位：万元 (10 000 yuan)

地 区	Region	合 计 Total	农 业 Farming	林 业 Forestry	牧 业 Animal Husbandry	渔 业 Fishery	农、林、牧、渔服务业 Services in Support of Agriculture, Forestry, Animal Husbandry and Fishery
全省合计	**Total**	**10 675 041**	**5 699 387**	**1 382 691**	**3 112 274**	**253 865**	**226 824**
昆 明	Kunming	1 149 246	649 472	44 155	395 584	25 126	34 909
曲 靖	Qujing	1 600 564	732 286	52 309	753 883	34 573	27 513
玉 溪	Yuxi	627 443	404 457	20 069	180 821	12 140	9 956
保 山	Baoshan	722 938	331 738	118 189	244 018	14 639	14 354
昭 通	Zhaotong	728 869	354 924	41 175	313 783	2 532	16 455
丽 江	Lijiang	230 015	107 457	16 979	88 095	10 189	7 295
普 洱	Pu'er	643 708	293 063	180 026	140 048	14 993	15 578
临 沧	Lincang	631 879	360 100	84 028	166 097	5 794	15 860
楚 雄	Chuxiong	816 613	388 404	62 595	274 981	11 715	78 918
红 河	Honghe	976 223	504 965	67 245	357 512	30 574	15 927
文 山	Wenshan	706 936	360 237	37 337	286 311	10 779	12 272
西双版纳	Xishuangbanna	406 910	130 752	225 235	28 680	10 726	11 517
大 理	Dali	997 682	472 811	101 835	370 342	23 252	29 442
德 宏	Dehong	330 910	187 032	51 854	72 054	11 039	8 931
怒 江	Nujiang	59 231	24 624	9 523	21 179	108	3 797
迪 庆	Diqing	69 091	30 228	13 181	16 284	1 367	8 031

注：从2003年开始，农林牧渔业增加值为新口径核算数。

Note:The data of added value of farming, forestry, animal husbandry and fishery have been calculated according to the new standards since 2003.

12-14 各地区农、林、牧、渔业中间消耗（2009年）
Intermediate Consumption of Farming, Forestry, Animal Husbandry and Fishery by Region (2009)

(按当年价格计算) (at current prices)
单位：万元 (10 000 yuan)

地 区	Region	合 计 Total	农 业 Farming	林 业 Forestry	牧 业 Animal Husbandry	渔 业 Fishery	农、林、牧、渔服务业 Services in Support of Agriculture, Forestry, Animal Husbandry and Fishery
全省合计	**Total**	**6 386 840**	**2 807 161**	**578 573**	**2 465 278**	**165 746**	**370 082**
昆 明	Kunming	760 310	369 037	19 250	322 961	19 804	29 258
曲 靖	Qujing	1234 891	517 483	40 913	642 234	23 085	11 176
玉 溪	Yuxi	453 936	199 185	12 566	231 323	5 472	5 390
保 山	Baoshan	417 860	199 677	47 094	156 173	7 454	7 462
昭 通	Zhaotong	361 913	136 403	9 444	206 956	879	8 231
丽 江	Lijiang	175 335	80 632	9 900	73 386	6 558	4 859
普 洱	Pu'er	341 154	148 632	74 036	102 038	9 635	6 813
临 沧	Lincang	410 326	213 579	48 470	136 243	4 602	7 432
楚 雄	Chuxiong	563 281	244 080	38 191	221 739	8 036	51 235
红 河	Honghe	680 609	305 625	38 643	306 616	18 642	11 083
文 山	Wenshan	409 354	211 083	15 957	170 142	4 972	7 200
西双版纳	Xishuangbanna	249 398	99 150	117 868	23 858	5 497	3 025
大 理	Dali	768 295	348 056	52 284	332 507	17 855	17 593
德 宏	Dehong	184 394	114 320	9 916	46 955	6 394	6 809
怒 江	Nujiang	36 206	14 260	3 604	14 668	55	3 619
迪 庆	Diqing	40 690	19 889	1 470	17 002	634	1 695

12-15 各地区农、林、牧、渔业中间消耗、增加值占总产值比重（2009年）
Proportion of Intermediate Consumption and Added Value of Farming, Forestry, Animal Husbandry and Fishery to Gross Output Value by Region (2009)

(按当年价格计算) (at current prices)
单位：万元 (10 000 yuan)

地 区	Region	农、林、牧、渔业总产值 Gross Output Value of Farming, Forestry, Animal Husbandry and Fishery	农、林、牧、渔业中间消耗 Intermediate Consumption of Farming, Forestry, Animal Husbandry and Fishery	农、林、牧、渔业增加值 Added Value of Farming,Forestry, Animal Husbandry and Fishery	占农、林、牧、渔业总产值比重(%) Proportion to Gross Output Value (%)	
					中间消耗 Intermediate Consumption	增加值 Added Value
全省合计	**Total**	**17 061 881**	**6 386 840**	**10 675 041**	**37.4**	**62.6**
昆 明	Kunming	1 909 556	760 310	1 149 246	39.8	60.2
曲 靖	Qujing	2 835 455	1 234 891	1 600 564	43.6	56.4
玉 溪	Yuxi	1 081 379	453 936	627 443	42.0	58.0
保 山	Baoshan	1 140 798	417 860	722 938	36.6	63.4
昭 通	Zhaotong	1 090 782	361 913	728 869	33.2	66.8
丽 江	Lijiang	405 350	175 335	230 015	43.3	56.7
普 洱	Pu'er	984 862	341 154	643 708	34.6	65.4
临 沧	Lincang	1 042 205	410 326	631 879	39.4	60.6
楚 雄	Chuxiong	1 379 894	563 281	816 613	40.8	59.2
红 河	Honghe	1 656 832	680 609	976 223	41.1	58.9
文 山	Wenshan	1 116 290	409 354	706 936	36.7	63.3
西双版纳	Xishuangbanna	656 308	249 398	406 910	38.0	62.0
大 理	Dali	1 765 977	768 295	997 682	43.5	56.5
德 宏	Dehong	515 304	184 394	330 910	35.8	64.2
怒 江	Nujiang	95 437	36 206	59 231	37.9	62.1
迪 庆	Diqing	109 781	40 690	69 091	37.1	62.9

12-16　主要年份主要农产品产量
Output of Major Farm Products in Significant Years

单位：万吨　　(10 000 tons)

年份 Year	粮食 Grain	#稻谷 Rice	#小麦 Wheat	#玉米 Corn	#豆类 Beans	#大豆 Soybeans	#薯类 Tubers	油料 Oil-bearing Crops	#花生 Peanuts	#油菜籽 Rapeseeds	烟叶 Tobacco	#烤烟 Flue-cured Tobacco
1952	450.70	255.75	19.60	101.65		7.25	18.80	3.37	0.82	2.10		0.57
1957	583.20	325.50	29.60	119.75		8.70	33.85	8.01	2.46	4.07		2.82
1962	534.50	273.55	27.10	125.85		7.75	35.25	3.53	1.07	2.05		2.55
1965	586.95	304.75	31.85	145.85		7.50	29.30	8.75	2.75	5.75		4.65
1970	698.45	396.65	36.65	171.25		8.35	36.00	4.77	2.01	2.68		3.25
1975	798.90	400.00	60.32	207.25		9.60	43.30	6.97	1.80	5.08		9.72
1978	864.05	411.60	85.95	233.10		9.70	48.65	5.51	2.05	3.18		12.26
1980	865.55	387.60	78.55	225.05		7.05	53.60	6.48	1.83	4.18		10.32
1985	935.00	482.95	61.90	248.75		9.60	63.00	11.81	3.60	7.17		41.00
1990	1 061.21	509.44	106.79	280.56		10.12	67.51	13.31	2.93	9.65	44.70	43.60
1995	1 188.91	515.77	138.50	341.83		13.13	79.48	19.58	4.33	14.29	76.83	76.07
1996	1 246.30	535.15	145.39	365.03		12.02	82.72	18.81	4.32	13.61	90.19	88.39
1997	1 271.90	533.77	166.14	365.63		12.54	85.10	17.43	3.82	12.80	110.16	109.28
1998	1 319.50	540.86	152.22	420.72		12.95	87.58	17.46	4.55	11.95	57.29	56.37
1999	1 399.25	534.34	153.47	463.44		13.43	98.86	20.62	4.78	14.54	62.66	60.95
2000	1 467.80	536.29	151.19	473.30		13.99	145.46	26.98	5.35	19.11	65.57	64.61
2001	1 486.30	595.87	137.88	477.30		15.97	148.96	27.66	5.40	20.42	61.47	60.08
2002	1 424.74	543.20	134.11	461.50		15.89	153.88	27.52	5.37	20.52	71.80	66.15
2003	1 471.01	635.89	124.35	399.93		14.81	172.29	29.70	5.34	22.75	65.49	63.68
2004	1 509.50	639.40	121.67	425.66		20.62	191.39	33.41	5.59	26.23	70.75	69.24
2005	1 514.93	646.34	106.86	449.31		17.39	193.60	36.22	5.75	29.02	79.09	77.22
2006	1 457.60	612.90	93.00	478.00	93.80	10.90	157.40	39.01	5.80	31.57	77.73	75.78
2007	1 460.70	589.70	91.20	498.60	80.10	17.90	162.20	36.65	6.11	29.07	79.12	76.68
2008	1 518.59	621.01	83.05	529.55	112.12	26.16	169.76	40.38	6.70	32.10	86.38	83.97
2009	1 576.92	636.23	92.30	542.67	123.65	29.41	175.65	50.16	7.13	41.41	91.69	88.03

12-16　续表　continued

单位：万吨　　(10 000 tons)

年份 Year	糖料 Sugar Crops	#甘蔗 Sugar cane	茶叶 Tea	水果 Fruits	猪牛羊肉 Pork, Beef and Mutton	禽蛋 Poultry Eggs	水产品 Aquatic Products	麻类 Fiber Crops	棉花 Cotton
1952	30.13	30.13	0.36						
1957	66.60	66.60	0.84	6.07			0.50		
1962	42.25	42.25	0.63				0.75		
1965	107.35	107.35	0.89		24.58		0.80		
1970	88.32	88.32	1.05	8.78			0.92		
1975	133.31	133.31	1.64	12.93	28.56		1.40		
1978	160.04	160.01	1.78	11.62	29.23		1.12		
1980	184.59	184.45	1.78	11.63	30.91		1.52		
1985	480.13	479.77	3.11	21.18	56.82	3.90	2.65		
1990	662.32	661.88	4.48	31.97	74.74	4.90	4.60	0.22	0.04
1995	1 056.31	1 055.92	6.40	55.71	120.45	6.85	8.44	0.22	0.07
1996	1 143.36	1 143.08	6.82	59.01	133.37	7.41	10.20	0.30	0.06
1997	1 435.18	1 434.92	7.08	66.02	148.95	8.51	11.89	0.23	0.07
1998	1 598.09	1 597.71	7.75	68.07	166.21	8.70	13.84	0.22	0.08
1999	1 526.89	1 526.53	7.51	73.83	180.35	9.83	15.53	0.21	0.06
2000	1 420.61	1 420.29	7.94	76.95	191.51	10.63	16.62	0.19	0.05
2001	1 481.49	1 481.10	8.07	79.29	203.84	11.80	18.02	0.49	0.05
2002	1 733.66	1 733.36	8.36	85.63	218.74	13.16	19.26	2.33	0.04
2003	1 695.24	1 694.96	8.59	96.53	234.53	14.39	20.43	4.49	0.03
2004	1 688.80	1 688.49	9.51	115.52	257.10	16.49	22.05	13.66	0.03
2005	1 415.89	1 415.50	11.59	136.63	277.32	20.35	23.85	14.10	0.02
2006	1 679.06	1 678.73	13.82	162.56	296.13	20.54	29.24	5.88	0.02
2007	1 938.81	1 938.67	16.99	202.37	238.60	18.00	33.39	2.42	0.03
2008	1 898.88	1 898.75	17.15	266.18	257.18	19.41	39.37	2.28	0.04
2009	1 761.42	1 761.31	18.29	303.85	270.88	20.75	43.06	1.84	0.04

注：1.1991年起粮食总产量为抽样调查数，2001年起分品种粮食为抽样调查数，由国家统计局云南调查总队提供。
2.2006-2007年粮食产量、猪、牛、羊肉产量为农业普查衔接数，2008年起为抽样调查数，由国家统计局云南调查总队提供。

Note: a.Since 1991, the data of total output of grain are numbers of sample surveys.Since 2001,grain data by variety are numbers of sample surveys, which are provided by NBS Survey Office in Yunnan.
b.The data of grain output and output of pork,beef and mutton are linked up with the agricultural census from 2006 to 2007, and since 2008, they are numbers of sample surveys and are provided by NBS Survey Office in Yunnan.

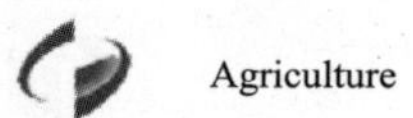

12-17 1978-2009年历年大小春粮食面积和产量
Historic Sown Areas and Yields of Grain Harvested in Early and Late Spring (1978-2009)

年 份 Year	粮食总计(万吨) Total Yield of Grain (10 000 tons)	小 春 Late Spring		大 春 Early Spring	
		面积(万亩) Area(10 000 mu)	粮食产量(万吨) Grain Yield(10 000 tons)	面积(万亩) Area(10 000 mu)	粮食产量(万吨) Grain Yield(10 000 tons)
1978	864.05	1 578.92	134.79	3 937.87	729.26
1979	792.90	1 557.12	107.27	3 973.99	685.63
1980	865.55	1 409.80	126.64	3 979.23	738.91
1981	917.10	1 323.67	124.01	3 986.30	793.09
1982	945.90	1 240.77	111.59	3 970.09	834.31
1983	954.35	1 272.87	140.28	3 933.34	814.07
1984	1 005.00	1 281.50	135.28	3 880.56	869.72
1985	935.00	1 268.20	109.23	3 709.57	825.77
1986	870.00	1 266.33	75.48	3 733.04	794.52
1987	934.84	1 288.10	133.89	3 758.63	800.95
1988	940.72	1 392.94	138.49	3 733.81	802.23
1989	998.41	1 467.68	132.19	3 822.92	866.22
1990	1 061.21	1 543.05	170.02	3 890.39	891.19
1991	1 093.00	1 566.19	184.25	3 862.21	908.75
1992	1 070.40	1 584.30	196.00	3 788.70	874.40
1993	1 085.24	1 598.05	211.24	3 692.51	874.00
1994	1 146.47	1 704.37	201.36	3 798.90	945.11
1995	1 188.91	1 690.28	228.18	3 773.79	960.73
1996	1 246.30		234.30		1 012.00
1997	1 271.90		254.70		1 017.20
1998	1 319.50		240.15		1 079.35
1999	1 399.25	1 951.28	234.49	4 111.83	1 164.76
2000	1 467.80	1 897.13	241.00	4 090.38	1 226.80
2001	1 486.30	1 995.02	233.86	4 513.53	1 252.44
2002	1 424.74	1 827.33	240.85	4 413.54	1 183.89
2003	1 471.01	1 791.71	244.55	4 310.89	1 226.46
2004	1 509.50	1 765.11	236.32	4 472.60	1 273.18
2005	1 514.93	1 783.40	222.31	4 597.50	1 292.62
2006	1 457.60	1 658.25	220.60	4 374.90	1 237.00
2007	1 460.70	1 645.80	223.40	4 345.95	1 237.30
2008	1 518.59	1 652.60	207.58	4 491.30	1 311.01
2009	1 576.92	1 692.50	236.47	4 607.70	1 340.45

12-18 各地区主要农作物播种面积（2009年）

Total Sown Areas of Major Farm Crops by Region (2009)

单位：公顷 (hectare)

地 区	Region	总播种面积 Total Sown Area	粮食播种面积 Sown Area of Grain Crops	#稻谷 Rice	#小麦 Wheat	#玉米 Corn	#豆类 Beans	#薯类 Tubers
全省合计	**Total**	**6 041 567**	**4 200 133**	**1 039 800**	**432 400**	**1 354 200**	**581 920**	**612 333**
昆 明	Kunming	408 449	255 310	42 628	32 938	63 440	45 247	33 539
曲 靖	Qujing	960 880	572 170	57 581	33 203	171 563	61 782	171 637
玉 溪	Yuxi	241 350	95 406	25 767	15 785	32 231	10 385	4 574
保 山	Baoshan	358 193	225 397	63 415	15 775	70 175	28 613	18 267
昭 通	Zhaotong	666 634	480 752	28 046	50 809	199 360	39 451	143 780
丽 江	Lijiang	160 650	127 883	20 052	19 495	33 190	26 982	15 658
普 洱	Pu'er	411 722	301 163	91 607	26 135	116 375	39 859	12 747
临 沧	Lincang	412 755	258 971	51 778	38 384	95 671	39 895	16 172
楚 雄	Chuxiong	320 291	209 155	62 110	32 830	43 696	42 925	6 033
红 河	Honghe	553 545	339 762	94 651	37 679	105 004	44 087	25 892
文 山	Wenshan	683 334	434 467	67 357	48 207	142 210	95 496	56 543
西双版纳	Xishuangbanna	116 989	84 257	44 295	93	36 004	2 457	1 070
大 理	Dali	371 898	263 268	65 596	15 343	69 381	48 209	15 178
德 宏	Dehong	219 420	121 649	56 807	7 036	41 771	6 316	9 362
怒 江	Nujiang	91 204	74 433	6 516	7 846	25 729	15 887	9 547
迪 庆	Diqing	57 033	46 583	2 879	10 001	16 496	5 935	3 939

12-18 续表 continued

单位：公顷 (hectare)

地 区	Region	油料播种面积 Oil-bearing Crops	#花生 Peanuts	#油菜籽 Rapeseeds	甘蔗 Sugarcane	烤烟播种面积 Flue-cured Tobacco	蔬菜播种面积 Vegetables and Melon	其他作物 Other Farm Crops
全省合计	**Total**	**317 272**	**48 942**	**253 602**	**296 179**	**387 443**	**622 864**	**429 678**
昆 明	Kunming	10 309	775	8 896	49	41 073	66 960	32 849
曲 靖	Qujing	59 181	1 170	56 914	24	84 407	105 098	130 689
玉 溪	Yuxi	24 190	747	23 063	20 689	46 010	49 268	4 829
保 山	Baoshan	32 489	693	31 620	34 627	25 368	22 491	10 265
昭 通	Zhaotong	26 699	5 061	21 172	2 005	28 636	71 664	52 712
丽 江	Lijiang	6 057	816	4 857	1 330	8 319	8 291	4 980
普 洱	Pu'er	14 706	9 171	5 405	33 487	15 135	23 321	20 921
临 沧	Lincang	10 718	2 185	8 038	95 146	9 000	17 715	12 110
楚 雄	Chuxiong	20 611	1 157	18 272	368	35 976	46 504	6 223
红 河	Honghe	22 681	9 141	12 807	23 165	36 574	81 882	41 485
文 山	Wenshan	49 564	14 751	27 255	17 211	23 863	62 660	89 174
西双版纳	Xishuangbanna	1 900	1 857	10	14 252		10 380	1 410
大 理	Dali	18 138	592	17 171	2 948	33 005	36 386	11 376
德 宏	Dehong	14 218	635	13 303	49 464	77	11 735	5 251
怒 江	Nujiang	3 757	191	2 861	1 414		7 074	1 489
迪 庆	Diqing	2 054		1 958			1 428	3 915

注：2001年起全省粮食播种面积为抽样调查数。

Note: Since 2001 the data from sample surveys have been used for the total sown area of grain crops in the whole province.

12-19 茶叶、水果生产情况（2007-2009年）
Planting Areas and Output of Tea and Fruits (2007-2009)

单位：公顷、吨 (hectare, ton)

指标	Item	2007		2008		2009	
		面积 Area	产量 Output	面积 Area	产量 Output	面积 Area	产量 Output
茶叶	**Tea**	**302 882**	**169 866**	**335 708**	**171 535**	**354 585**	**182 948**
#红毛茶	Black Tea		8 827		17 078		19 421
绿毛茶	Green Tea		159 849		152 757		161 253
紧压茶	Brick Tea		36		31		14
水果(全口径)	**Fruits**	**265 065**	**2 023 728**	**289 027**	**2 661 799**	**327 161**	**3 427 427**
香蕉	Bananas	36 199	540 046	50 867	948 455	58 490	1 155 919
苹果	Apples	31 122	234 855	29 945	267 954	30 480	269 289
柑橘	Citrus	32 075	280 769	32 941	327 196	34 103	383 120
梨	Pears	43 391	240 519	46 856	286 850	48 310	278 681
葡萄	Grapes	6 989	93 800	7 919	128 449	9 596	167 090
菠萝	Pineapples	3 760	24 892	4 141	28 912	4 260	36 494
瓜果	Melon and Fruit	22 236	495 969	18 290	472 585	17 758	388 946
#西瓜	Watermelon	18 847	426 195	14 853	393 246	14 007	313 610

12-20 热带、亚热带作物面积和产量（2008-2009年）
Areas and Output of Tropical and Subtropical Crops (2008-2009)

单位：公顷、吨 (hectare, ton)

指标	Item	年末实有面积 Real Area at Year-end		收获面积 Harvest Area		总产量 Total Output	
		2008	2009	2008	2009	2008	2009
橡胶	Rubber	435 770	461 357	173 515	184 570	257 180	298 414
咖啡	Coffee	24 250	36 590	16 152	22 442	32 888	70 203
香料作物(折香料油)	Perfume Plants (perfume oil)	4 503	4 791	3 785	3 401	960	1 119
胡椒	Pepper	1 554	892	515	537	733	735
砂仁	Fructus Amomis	7 478	7 699	5 989	5 979	1 308	1 414

12-21 各地区营林生产情况
Forestry Production by Region

单位：千公顷 (1 000 hectares)

年份 Year / 地区 Region		造林面积 Afforested Area	迹地更新面积 Area of Reforested Slash	幼林抚育作业面积 Area of Cultivating Young Growth	成林抚育面积 Area of Cultivating Maturc Forest	零星(四旁)植树(万株) Area of Planting Trees Around(10 000 trees)	育苗面积(公顷) Area of Growing Seedings (hectares)	本年新育苗面积(公顷) (hectares)
2000		430.65	151.79	150.58	181.38	13 433	1 886	
2001		335.04	8.44	115.92	67.67	13 151	2 642	
2002		402.29	17.99	95.89	56.38	11 226	2 579	
2003		495.14	21.87	92.48	31.18	11 972	3 303	
2004		259.26	13.03	87.14	30.19	10 990	3 098	
2005		210.98	13.21	80.26	16.54	11 687	3 748	
2006		158.75	10.68	82.19	61.10	10 112	2 040	
2007		319.23	10.29	63.96	39.60	8 650	1 911	
2008		566.14	10.37	74.94	24.16	8 891	3 627	
2009		713.49	5.02	21.55	38.41	9 166	4 332	3090
昆 明	Kunming	14.33				1 482	801	459
曲 靖	Qujing	118.17	0.07	13.42	8.42	1 854	450	227
玉 溪	Yuxi	20.76			1.14	118	115	67
保 山	Baoshan	33.70		0.03	1.96	329	162	135
昭 通	Zhaotong	72.32		1.24		1 012	389	348
丽 江	Lijiang	55.76		0.13		194	151	16
普 洱	Pu'er	24.64	4.95		20.50	356	236	156
临 沧	Lincang	42.16				374	230	230
楚 雄	Chuxiong	60.20		3.06		1 709	197	132
红 河	Honghe	65.79				318	412	206
文 山	Wenshan	19.02		2.53	0.80	377	589	533
西双版纳	Xishuangbanna	6.63		0.67		121	76	76
大 理	Dali	103.93		0.47	0.95	656	267	267
德 宏	Dehong	31.19			4.64	151	199	195
怒 江	Nujiang	21.89				60	40	40
迪 庆	Diqing	23.00				55	18	3

12-22 各地区主要林产品产量（2009年）

Output of Major Forest Products by Region (2009)

单位：百公斤 (100 kg)

地 区	Region	橡 胶 Rubber	松 脂 Pine Resin	油桐籽 Tung-oil Seeds	油茶籽 Rapeseeds	核 桃 Walnuts	板 栗 Chestnuts	紫 胶 Shellac
全省合计	**Total**	**2 984 144**	**1 258 823**	**166 112**	**63 595**	**1 692 040**	**357 668**	**23 725**
昆 明	Kunming		677	200	68	19 347	132 318	
曲 靖	Qujing		252	10 841	700	82 953	26 915	85
玉 溪	Yuxi		59 793			21 359	31 771	101
保 山	Baoshan		1 015	2 451	1 026	238 724	21 340	1 135
昭 通	Zhaotong			26 354	19	65 300	8 889	
丽 江	Lijiang		2 846	2 323		66 896	5 094	
普 洱	Pu'er	266 279	1 040 467	653	18	50 870	5 470	7 891
临 沧	Lincang	193 702	55 448	2 913	1 008	328 277	4 038	4 462
楚 雄	Chuxiong		57 464	586	239	193 394	74 605	
红 河	Honghe	164 457	570	396		26 764	7 824	9 799
文 山	Wenshan	9 246	1 768	105 230	59 268	11 675	9 882	
西双版纳	Xishuangbanna	2 289 566	23 360			9	3 627	33
大 理	Dali		4 499	4 747		465 266	16 514	80
德 宏	Dehong	60 894	8 364	2 194	1 249	11 955	2 993	139
怒 江	Nujiang		2 300	7 176		44 939	3 061	
迪 庆	Diqing			48		64 312	4 132	

12-23 主要年份畜牧业生产情况

Basic Conditions of Animal Husbandry Production in Significant Years

指 标	Item	2005	2006	2007	2008	2009
牲畜年末头数	**Number of Livestock (at year-end)**					
大牲畜（万头）	Large Livestock (10 000 heads)	937.58	892.65	903.07	883.57	742.57
牛	Cattle and Buffaloes	760.16	713.00	725.67	706.43	
马	Horses	78.26	78.77	75.48	75.30	
驴	Donkeys	33.27	34.01	33.97	34.19	
骡	Mules	65.89	66.87	67.95	67.65	
猪（万头）	Hogs (10 000 heads)	2 585.07	2 365.01	2 457.60	2 669.03	2 736.17
羊（万只）	Goats and Sheep (10 000 heads)	912.15	793.50	825.82	843.27	877.59
畜禽产品产量	**Output of Livestock and Poultry Products**					
肉类总产量（万吨）	Total Output of Meat (10 000 tons)	300.04	300.40	266.10	288.28	304.59
猪 肉	Pork	244.96	235.90	203.60	219.58	230.82
牛 肉	Beef	21.99	22.90	24.80	26.12	27.99
羊 肉	Mutton	10.37	9.30	10.20	11.47	12.07
其他畜禽产品产量	**Output of Other Livestock and Poultry Products**					
牛 奶（万吨）	Milk (10 000 tons)	30.91	36.40	42.30	44.67	48.38
山羊毛（吨）	Goat Wool (ton)	63	101	76	86	104
绵羊毛（吨）	Sheep Wool (ton)	1 959	1 999	3 862	1 489	1 744
禽 蛋（万吨）	Poultry Eggs (10 000 tons)	19.00	16.90	18.00	19.41	20.75
蚕 茧（吨）	Silkworm Cocoons (ton)	19 226	23 677	29 637	28 386	26 595

注：2006-2007年畜牧业主要产品数据为第二次农业普查修正数据，2008年起为抽样调查数。

Note: From 2006 to 2007, the data of animal husbandry production is corrected by The Census of Agriculture, and the data of 2008 are on the basis of sample survey.

12-24 各地区畜产品产量（2009年）

Output of Livestock Products by Region (2009)

单位：吨 (ton)

地 区	Region	猪、牛、羊肉产量 Output of Pork, Beef and Mutton	#猪 肉 Pork	#牛 肉 Beef	#羊 肉 Mutton	奶 类 Milk	#牛 奶 Cow Milk	绵羊毛 Sheep Wool	禽 蛋 Eggs	蜂 蜜 Honey
全省合计	**Total**	**2 708 817**	**2 308 235**	**279 878**	**120 704**	**575 586**	**483 753**	**1 744**	**207 547**	**6 903**
昆 明	Kunming	345 659	303 273	27 698	14 688	104 047	93 554	229	66 290	529
曲 靖	Qujing	1 190 375	1 088 948	67 035	34 392	16 503	7 030	322	34 654	1 803
玉 溪	Yuxi	195 297	171 905	17 630	5 762	2 754	2 454	5	64 793	181
保 山	Baoshan	252 143	224 873	21 261	6 009	6 299	6 299	12	11 951	663
昭 通	Zhaotong	338 624	312 910	19 280	6 434	646	646	682	16 794	173
丽 江	Lijiang	82 677	65 019	11 020	6 638	4 808	4 760	137	3 495	169
普 洱	Pu'er	113 598	100 131	10 931	2 536	291	291		5 266	502
临 沧	Lincang	152 770	132 591	15 472	4 707	1 032	1 032		3 810	205
楚 雄	Chuxiong	276 658	218 362	43 004	15 292	2 367	2 367	22	7 162	884
红 河	Honghe	475 814	444 305	24 650	6 859	24 031	20 280	34	39 883	406
文 山	Wenshan	337 305	291 797	40 058	5 450	157	157		9 676	227
西双版纳	Xishuangbanna	25 163	20 747	4 336	80				1 310	44
大 理	Dali	379 634	300 747	53 123	25 764	395 659	394 090	201	38 438	718
德 宏	Dehong	63 902	56 159	6 794	949	3 025	3 025		3 838	161
怒 江	Nujiang	28 730	22 776	2 791	3 163	51	51	35	896	147
迪 庆	Diqing	20 991	16 094	3 812	1 085	13 916	13 916	65	891	91

注：各地州市数据为全面统计数,全省合计为抽样调查数。

Note: The data of the prefectures and cities are overall statistics.The data of the whole province are on the basis of sample survey.

12-25 各地区水产品产量及养殖面积（2009年）

Output of Aquatic Products and Aquaculture Areas by Region (2009)

单位：吨，公顷 (ton,hectare)

地 区	Region	水产品产量 Output of Aquatic Products	养殖产量 Artificially Cultured	捕捞产量 Naturally Grown	鱼 类 Fish	虾 蟹 类 Shrimps, Prawns and Crabs	贝 类 Shellfish	其 他 Others	水产养殖面积 Aquiculture Area
全省合计	**Total**	**430 650**	**394 393**	**36 257**	**423 340**	**5 773**	**749**	**788**	**108 030**
昆 明	Kunming	43 934	36 464	7 470	41 508	2 426			11 686
曲 靖	Qujing	71 980	66 227	5 753	71 619	353		8	16 061
玉 溪	Yuxi	14 435	12 481	1 954	14 333	101		1	10 642
保 山	Baoshan	22 707	21 799	908	22 701	6			3 370
昭 通	Zhaotong	11 243	10 229	1 014	11 241	2			4 162
丽 江	Lijiang	10 733	8 398	2 335	10 258			475	3 952
普 洱	Pu'er	33 867	32 993	874	33 572	101	175	19	7 505
临 沧	Lincang	18 492	16 287	2 205	18 223	40	160	69	3 107
楚 雄	Chuxiong	17 124	16 898	226	17 124				8 862
红 河	Honghe	51 185	50 935	250	50 870	295	18	2	13 267
文 山	Wenshan	31 680	28 727	2 953	31 295	248	93	44	9 658
西双版纳	Xishuangbanna	30 439	29 300	1 139	30 350	76		13	4 105
大 理	Dali	49 002	40 658	8 344	46 967	2 025	10		8 301
德 宏	Dehong	21 101	20 350	751	20 551	100	293	157	2 835
怒 江	Nujiang	463	452	11	463				55
迪 庆	Diqing	2 265	2 195	70	2 265				462

12-26 各地区主要蔬菜产品产量（2009年）
Output of Major Vegetable Products by Region (2009)

单位：吨 (ton)

地　区	Region	蔬菜产量 Yield of Vegetable	叶菜类 Foliage Vegetables	瓜菜类 Melon Vegetables	块根块茎类 Root and Stem Vegetables	茄果菜类 Eggplant Vegetables	葱蒜类 Onion and Garlic Vegetables
全省合计	**Total**	**12 382 437**	**5 313 089**	**828 455**	**2 350 757**	**1 339 181**	**983 410**
昆　明	Kunming	1 922 162	1 095 936	123 966	190 533	141 936	129 935
曲　靖	Qujing	1 954 649	719 535	60 355	695 234	219 810	70 546
玉　溪	Yuxi	1 316 571	466 537	74 885	297 008	82 483	140 316
保　山	Baoshan	399 387	123 638	37 712	39 620	113 156	17 367
昭　通	Zhaotong	1 005 252	587 974	62 070	203 131	75 769	31 645
丽　江	Lijiang	211 044	80 285	12 922	12 690	29 236	46 559
楚　雄	Chuxiong	1 197 394	498 966	57 412	275 949	144 661	42 888
红　河	Honghe	1 781 902	725 685	134 820	324 439	278 085	94 303
文　山	Wenshan	641 210	392 811	70 828	63 024	33 755	17 499
普　洱	Pu'er	280 238	117 193	56 184	38 506	32 968	11 413
西双版纳	Xishuangbanna	92 135	9 271	18 142	2 848	50 956	2 277
大　理	Dali	999 980	267 510	40 663	89 289	90 626	348 582
德　宏	Dehong	135 245	64 061	17 835	13 333	8 734	6 710
怒　江	Nujiang	70 250	22 072	8 461	30 197	3 821	2 236
迪　庆	Diqing	21 781	10 276	2 817	3 082	1 651	2 382
临　沧	Lincang	353 239	131 339	49 383	71 874	31 535	18 755

12-27 各地区特种作物生产情况（2009年）
Output of Special Crops by Region (2009)

地　区	Region	鲜切花 (万枝) Fresh Cut Flowers (10 000 branches)	盆栽观赏植物 (盆) Potted Ornamental Plants (pot)	药　材 (百公斤) Medicinal Materials (100 kg)	食用菌 (百公斤) Edible Mushrooms (100 kg)
全省合计	**Total**	**560 216**	**296 524 500**	**1 178 664**	**359 123**
昆　明	Kunming	430 596	87 057 600	42 991	11 457
曲　靖	Qujing	29 375	6 090 000	351 740	131 410
玉　溪	Yuxi	63 835	6 251 800	6 526	5 251
保　山	Baoshan	521	133 731 500	11 848	21 684
昭　通	Zhaotong	211	6 104 500	69 221	6 984
丽　江	Lijiang	1 017	669 100	100 310	801
普　洱	Pu'er	232	5 060 300	21 065	3 356
临　沧	Lincang	218	1 502 000	80 862	8 226
楚　雄	Chuxiong	21 448	1 462 000	31 665	64 388
红　河	Honghe	8 321	14 295 700	211 237	10 304
文　山	Wenshan	389	666 300	36 423	12 561
西双版纳	Xishuangbanna	774			12 790
大　理	Dali	2 653	19 998 500	100 117	41 279
德　宏	Dehong	75	709 100	53 906	27 920
怒　江	Nujiang		750 000	1 165	556
迪　庆	Diqing	552	12 176 100	59 588	156

主要统计指标解释

农、林、牧、渔业总产值 指以货币形式表现的农林渔业全部产品总量和对农、林、牧、渔业生产活动进行的各种支持性服务活动的价值。它反映了一定时期（通常指一年）农、林、牧、渔业生产及其服务的总成果和总规模。

1957 年以前的农业总产值包括了厩肥和农民自给性手工业（如农民自制衣服、鞋、袜，自己从事粮食初步加工等)。1958 年及以后的农业总产值，林业中增加了村及村以下竹木采伐产值；牧业中取消了厩肥产值；副业中取消了农民自给性手工业产值，增加了村及村以下的工业产值；渔业中增加了机械化捕鱼产值。1980 年及以后农业总产值，在副业中增加了农民商品性家庭手工业的产值。从 1984 年起村及村以下办工业产值划归工业。1993 年取消副业产值，农业总产值改为农、林、牧、渔业总产值。原副业产值的采集野生植物和农民家庭兼营商品性工业划归农业产值；捕猎野兽野禽划归牧业产值。2003 年开始，增加农林牧渔服务业产值，同时取消农民家庭兼营商品性工业，竹木采运由村及村以下扩大到全社会口径。

农、林、牧、渔业中间消耗 指各种经济类型的农业生产单位和农户在农业生产经营过程中投入（或消耗）的各种物质产品和劳务价值的总和。包括中间物质消耗和中间劳务消耗两个部份。计入中间消耗必须具备以下两个条件：一是与总产出相对应的生产过程中消耗的物质产品和劳务活动；二是本期投入并一次性消耗的不属于固定资产的非耐用品。

农、林、牧、渔业增加值 指农、林、牧、渔及农林牧渔服务业生产货物或提供服务活动而增加的价值。增加值的计算方法有两种，一是生产法：**农、林、牧、渔业增加值=农、林、牧、渔业总产出-农、林、牧、渔业中间消耗**；二是分配法：**农、林、牧、渔业增加值=固定资产折旧+劳动者报酬+生产税净额（生产税-生产补贴）+营业盈余**。

自来水受益村数 包括取水、净水、输配水三部分组成的自来水供给的，或由取水和输配水两部分的符合饮用卫生标准的简易自来水年末实际受益的村委会个数。

通汽车村数 指拥有乡级以上公路通过，并通达客运或货运汽车的村委会个数。

粮食产量 指全社会的产量。包括国营农场等全民所有制经营的、集体统一经营的和农民家庭经营的粮食产量，还包括工矿企业家属办的农场和其他生产单位的产量。粮食除包括稻谷、小麦、玉米、高粱、谷子及其他杂粮外，还包括薯类和大豆。其产量计算方法,豆类按去豆荚后的干豆计算；薯类（包括甘薯和马铃薯,不包括芋头和木薯）1963 年以前按每 4 公斤鲜薯折 1 公斤粮食计算，从 1964 年以后按 5 公斤鲜薯折 1 公斤粮食计算。其他粮食一律按脱粒后的原粮计算。

谷物 指稻谷、小麦、玉米、谷子、高粱和其他谷物，不包括薯类和豆类。其他谷物指除稻谷、小麦、玉谷、高粱以外的一些子实主要用作粮食的作物，包括大麦、元麦（青稞）、莜麦、荞麦、糜子等。

油料产量 指全部油料作物的生产量。包括花生、油菜籽、芝麻、向日葵子、胡麻子（亚麻子）和其他油料。不包括大豆、木本油料和野生油料。花生以带壳干花生计算。

水产品产量 指人工养殖的水产品天然生长的水产品的捕捞量。包括海水的鱼类、虾蟹类、贝类和藻类以及淡水的鱼类、虾蟹类、贝类，不包括淡水水生植物。

猪、牛、羊产量 指当年的猪、牛、羊的肉产量。即屠宰后除去头、蹄、下水后带骨肉（即胴体重）的重量。

期初(末)畜禽存栏头(只)数 指报告期初(末)农村各种合作经济组织和国营农场、农民个人、机关、团体、学校、工矿企业、部队等单位以及城镇居民饲养的大牲畜、猪、羊、家禽等畜禽的存栏数。数据上报方式及数据调整情况同猪、牛、羊肉产量。

灌溉面积 指有效灌溉面积，即具有一定的水源，地块比较平整，灌溉工程或设备已经配套，在一般年景下当年能够正常灌溉的耕地面积。

迹地更新面积 在新、旧采伐迹地和火烧迹地上，进行人工更新或人工促进天然更新的面积（包括乔木林和灌木林）称迹地更新面积。迹地更新面积不包括未经人工措施的天然更新面积以及补植面积。

农作物播种面积 指实际播种或移植有农作物的面积。凡是实际种植有农作物的面积，不论种植在耕地上还是种植在非耕地上，均包括在农作物播种面积中。在播种季节基本结束后，因遭灾而重新改种和补种的农作物面积，也包括在内。它是反映我国耕地面积利用情况的一个重要指标。目前，农作物播种面积主要包括粮食、棉花、油料、糖料、麻类、烟叶、蔬菜和瓜类、药材和其他农作物九大类。

农用化肥施用量 指本年内实际用于农业生产的化肥数量，包括氮肥、磷肥、钾肥和复合肥。化肥施用量要求按折纯量计算数量。折纯量是指把氮肥、磷肥、钾肥分别按含氮、含五氧化二磷、含氧化钾的百分之百成分进行折算后的数量。复合肥按其所含主要成分折算。公式为:

折纯量=实物量×某种化肥有效成份含量的百分比

农业机械总动力 指主要用于农、林、牧、渔业的各种动力机械的动力总和。包括耕作机械、排灌机械、收获机械、农用运输机械、植物保护机械、牧业机械、林业机械、渔业机械和其他农业机械（内燃机按引擎马力折成瓦（特）计算、电动机按功率折成瓦（特）计算)。不包括专门用于乡、镇、村、组办工业、基本建设、非农业运输、科学试验和教学等非农业生产方面用的动力机械与作业机械。这个指标的统计数据主要来源于农机部门。

Explanatory Notes on Principal Statistical Indicators

Gross Output Value of Farming, Forestry, Animal Husbandry and Fishery refers to the total value of products of farming, forestry, animal husbandry and fishery and the value of support services for production of farming, forestry, animal husbandry and fishery, which reflects the total scale and result of agricultural production and services during a given period (generally one year).

The gross agricultural output value before 1957 included output value of barnyard manure and farmers' self-supporting handicraft industry (e.g., self-made clothing, shoes, socks, initial grain processing, etc.). Since 1958, output value of felling timber and bamboo by villages and organizations has been included in below village that of forestry; output value of barnyard manure has been excluded from that of animal husbandry; output value of farmers' self-supporting handicraft industry has been excluded from that of sideline production, while output value of industries run by villages and organizations had been included in it; output value of mechanized fishing has been included in that of fishery. Since 1980, output value of farmers' commercial household handicraft industry has been added to that of sideline production. Since 1984, output value of industries run by villages or organizations below village has been classified into that of industry. Since 1993, output value of sideline production has been cancelled and gross agricultural output value has been changed to gross output value of farming, forestry, animal husbandry and fishery; output value of wild plants gathering and commercial industry run by rural households has been incorporated to agricultural output value; output value of animal and bird hunting has been classified into that of animal husbandry. Since 2003, output value of services of farming, forestry, animal husbandry and fishery has been added while farmers' commercial household industry has been cancelled, and transporting and felling timber and bamboo by villages and organizations below village has been expanded to all levels.

Intermediate Consumption of Farming, Forestry, Animal Husbandry and Fishery refers to the total value of material products and labor input (or consumed) by various agricultural production entities and rural households in the process of agricultural production and operation. It is composed of intermediate material consumption and intermediate labor consumption. Items calculated into intermediate consumption should satisfy the following two conditions: first, they are material products and labor consumed in the process of production against total output; second, they are is non-durable goods that do not belong to fixed assets but input and consumed up one time in the present phase.

Added Value of Farming, Forestry, Animal Husbandry and Fishery refers to the added Value produced by manufacturing goods or supplying service in farming, forestry, animal husbandry, fishery and service in support of farming,forestry, animal husbandry, fishery .There are two methods to calculate value added: one is the method of production: added value of farming, forestry, animal husbandry and fishery = total output of farming, forestry, animal husbandry and fishery - intermediate consumption of farming, forestry, animal husbandry and fishery; the other is the method of distribution: added value of farming, forestry, animal husbandry and fishery = depreciation of fixed assets - remuneration of laborers + net production tax (production tax — production subsidy) + business surplus.

Number of Villages Benefiting from Tap Water Supply refers to the number of villages practically enjoying tap water supply composed of water intakes, water treatment and water conveyance and distribution or up-to-standard potable water supply composed of water intakes and water conveyance and distribution at the year-end.

Number of Villages Accessible to Motor Vehicle refers to the number of villages with town-level road passing through and transport service.

Grain Yield refers to the total yield in the whole country including grain produced by state farms, collective entities, rural households, industrial enterprises and mines. Grain includes rice, wheat, maize, sorghum, millet and other cereals as well as tubers and soybeans. Output of beans refers to dry beans without pods. Output of tubers (sweet potatoes and potatoes, not including taros and cassava) was converted into that of grain at the ratio 4:1, i.e. 4 kilograms of fresh tubers was equivalent to 1 kilogram of grain up to 1963. Since 1964 the ratio for conversion has been 5:1. Tubers supplied as vegetables (such as potatoes) in cities and suburbs are calculated as fresh vegetables and their output is not included in the output of grain. Other kinds of grain are calculated as husked grain.

Cereals refer to rice, wheat, maize millet, sorghum and other kinds of grain, but tubers and beans are not included. Other kinds of grain refer to some crops whose seeds are mainly used for food such as barley, highland barley, naked oats, buckwheat, broom corn millet, etc.

Output of Oil-bearing Crops refers to the total production of oil-bearing crops of various kinds, including peanuts (dry, in shell), rapeseeds, sesame, sunflower seeds, flax seeds, and other oil-bearing crops. Soybeans, oil-bearing woody plants, and wild oil-bearing crops are not included.

Output of Aquatic Products refers to catches of both artificially cultured and naturally grown aquatic products, including fish, shrimps, crabs and shellfish in sea and inland water as well as seaweed. Freshwater plants are not included.

Output of Pork, Beef, and Mutton refers to the weight of the meat of slaughtered hogs, cattle, sheep and goats with head, feet, and offal taken away.

Number of Livestock or Poultry in Stock at Beginning (or End) of Period refers to the total number of large animals, pigs, sheep, fowls, etc. raised by rural cooperative organizations, State farms, rural individuals, government agencies, schools, industrial and mining enterprises, army, and urban residents at the beginning (or end) of the reference period. Data reporting system and data adjustment are the same as that in the output of pork, beef and mutton.

Irrigated Area refers to area under effective irrigation, i.e., area of cultivated land which is relatively level and has water source and complete sets of irrigation facilities to lift and move adequate water for irrigation purpose under normal conditions.

Reforested area refers to the area created by artificial reforestation or artificial measures promoting regeneration (including arbor and shrubbery forests) in new and old cut-over areas and burned areas. Reforested area excludes natural forest regeneration area and reinforcement planting area.

Sown Area of Crops refers to area of land sown or transplanted with crops regardless of being in cultivated area or non-cultivated area. Area of land re-sown due to natural disasters is also included. This is an important indicator that can reflect the utilization condition of the cultivated land in China. At present, the sown area of crops mainly include the following 9 categories of crops: grain, cotton, oil-bearing crops, sugar crops, flax crops, tobacco, vegetables and melons, medicinal materials and other farm crops.

Consumption of Chemical Fertilizers in Agriculture refers to the quantity of chemical fertilizers applied in agriculture in the year, including nitrogenous fertilizer, phosphate fertilizer, potash fertilizer, and compound fertilizer. The consumption of chemical fertilizers is calculated in terms of volume of effective components by means of converting the gross weight of the respective fertilizers into weight containing effective component (e.g. nitrogen content in nitrogenous fertilizer, phosphorous pentoxide contents in phosphate fertilizer, and potassium oxide contents in potash fertilizer). Compound fertilizer is converted in regard to its major components. The formula is:

Volume of effective component= physical quantity× effective component of certain chemical fertilizer (%)

Total Power of Agricultural Machinery refers to total mechanical power of machinery used in agriculture, forestry, animal husbandry and fishery, including machinery for ploughing, irrigation and drainage, harvesting, transport, plant protection, animal husbandry, forestry and fishery and other agricultural machineries. (For the power of internal combustion engines, it is converted from its horsepower into watts while for electric motors the output power is converted into watts.) Machinery employed for non-agricultural purposes, such as the machines used in township-run and village-run industry, construction, non-agricultural transport, scientific experiments and teaching, are not included. Data are mainly from agricultural machinery agencies.

十三、工业
Industry

13-1 1978-2009年工业总产值及其指数

年 份 Year	工业总产值 (万元) Gross Industrial Output Value (10 000 yuan)	轻工业总产值 Gross Output Value of Light Industry	重工业总产值 Gross Output Value of Heavy Industry	工业总产值指数 (1952年=100) Indices of Gross Industrial Output Value (1952=100)
1978	554 322	238 358	315 964	3 123.7
1979	623 838	262 636	361 202	3 378.6
1980	653 515	295 389	358 126	3 459.9
1981	725 435	351 836	373 599	3 725.9
1982	836 026	412 997	423 029	4 175.0
1983	951 128	473 662	477 466	4 691.4
1984	1 122 748	551 269	571 479	5 420.4
1985	1 362 584	659 277	703 307	6 261.4
1986	1 470 176	677 101	793 075	6 789.1
1987	1 818 450	855 253	963 197	7 921.6
1988	2 446 267	1 216 368	1 229 899	9 347.9
1989	3 049 109	1 546 107	1 503 002	9 981.1
1990	3 452 587	1 811 436	1 641 151	10 869.9
1991	3 936 266	2 038 510	1 897 756	11 937.7
1992	4 770 707	2 408 461	2 362 246	13 904.3
1993	6 900 767	3 332 846	3 567 921	16 097.9
1994	9 487 088	5 146 859	4 340 229	19 101.2
1995	12 300 076	6 565 984	5 734 092	22 624.4
1996	12 913 798	6 955 577	5 958 221	25 747.2
1997	14 401 096	7 511 543	6 889 553	28 204.6
1998	15 032 348	7 747 162	7 285 186	29 568.7
1999	15 610 824	7 938 783	7 672 041	32 082.0
2000	15 893 615	8 027 044	7 866 571	34 680.6
2001	16 751 061	8 637 582	8 113 479	37 118.0
2002	18 504 623	9 542 729	8 961 894	40 643.9
2003	21 763 983	10 147 043	11 616 940	46 667.3
2004	24 790 725	9 172 079	15 618 646	53 807.4
2005	32 498 373	11 204 660	21 293 713	63 008.5
2006	41 102 462	12 696 331	28 406 131	76 870.4
2007	51 373 000	18 301 640	33 071 360	90 860.8
2008	57 388 126	14 477 999	42 910 127	108 923.9
2009	62 617 473	19 308 801	43 308 672	123 452.8

注：本表总产值按当年价格计算，指数按可比价格计算。

Gross Industrial Output Value and Its Indices over the Years (1978-2009)

轻工业总产值 Gross Output Value of Light Industry	重工业总产值 Gross Output Value of Heavy Industry	占全部工业总产值的比重(%) Share in Gross Industrial Output Value(%) 轻工业 Light Industry	重工业 Heavy Industry
2 033.0	4 876.8	43.0	57.0
2 153.3	5 357.0	42.1	57.9
2 366.3	5 194.7	45.2	54.8
2 782.1	5 171.4	48.5	51.5
3 171.4	5 699.9	49.4	50.6
3 596.9	6 346.6	49.8	50.2
4 097.6	7 435.1	49.1	50.9
4 819.9	8 436.9	48.4	51.6
5 347.3	8 963.4	46.1	53.9
6 368.8	10 261.3	47.0	53.0
7 669.9	11 873.5	49.7	50.3
8 140.1	12 752.8	50.7	49.3
9 093.4	13 540.5	52.5	47.5
9 780.0	15 169.0	51.8	48.2
11 407.0	17 644.9	50.5	49.5
13 154.8	20 503.4	48.3	51.7
15 955.5	23 828.9	54.3	45.7
18 827.5	28 332.6	53.4	46.6
21 029.5	32 843.1	53.9	46.1
22 178.0	37 276.1	52.2	47.8
23 086.3	39 327.4	51.5	48.5
24 803.2	43 056.1	50.9	49.1
26 167.4	47 533.9	50.5	49.5
26 925.7	52 577.3	51.6	48.4
28 515.9	59 095.9	51.6	48.4
30 211. 5	71 837. 6	46.6	53.4
32 537. 8	87 785. 5	37.0	63.0
35 036. 7	108 274. 6	34.5	65.5
39 030. 9	138 266. 7	30.9	69.1
46 134. 5	162 325. 1	35.6	64.4
54 314. 2	196 056. 3	25.2	74.8
64 154.8	218 535. 5	30.8	69.2

Note:Data of gross output value in this table are calculated at current prices,while indices are calculated at comparable prices.

13-2 规模以上工业增加值（2004-2009年）

单位：万元

类　别	Sector	2004 工业增加值 Industrial Added Value	2004 比上年增长(%) Increase over 2003(%)
总　计	**Total**	**8 812 761**	**16.6**
轻工业	Light Industry	5 041 915	10.8
重工业	Heavy Industry	3 770 847	26.4
煤炭开采和洗选业	Mining and Washing of Coal	150 006	19.1
石油和天然气开采业	Extraction of Petroleum and Natural Gas	338	-31.6
黑色金属矿采选业	Mining and Processing of Ferrous Metal Ores	83 162	283.0
有色金属矿采选业	Mining and Processing of Non-Ferrous Metal Ores	148 805	20.2
非金属矿采选业	Mining and Processing of Nonmetal Ores	46 527	47.3
其他矿采选业	Mining of Other Ores		
农副食品加工业	Processing of Food from Agricultural Products	242 918	39.3
食品制造业	Manufacture of Foods	32 568	44.8
饮料制造业	Manufacture of Beverages	79 834	29.3
烟草制品业	Manufacture of Tobacco	4 156 501	8.5
纺织业	Manufacture of Textile	18 242	108.1
纺织服装、鞋、帽制造业	Manufacture of Textile Wearing Apparel,Footware and Caps	1 710	3.2
皮革、毛皮、羽毛(绒)及其制品业	Manufacture of Leather, Fur, Feather and Related Products	729	-51.3
木材加工及木、竹、藤、棕、草制品业	Processing of Timber, Manufacture of Wood,Bamboo, Rattan, Palm and Straw Products	28 769	24.7
家具制造业	Manufacture of Furniture	1 525	110.9
造纸及纸制品业	Manufacture of Paper and Paper Products	102 578	21.4
印刷业和记录媒介的复制	Printing, Reproduction of Recording Media	125 193	18.7
文教体育用品制造业	Manufacture of Articles for Culture, Education and Sport Activities	111	35.6
石油加工、炼焦及核燃料加工业	Processing of Petroleum, Coking, Processing of Nuclear Fuel	44 777	24.4
化学原料及化学制品制造业	Manufacture of Raw Chemical Materials and Chemical Products	513 273	22.8
医药制造业	Manufacture of Medicines	180 317	13.8
化学纤维制造业	Manufacture of Chemical Fibers	16 516	-1.6
橡胶制品业	Manufacture of Rubber	3 219	18.2
塑料制品业	Manufacture of Plastics	27 370	-11.6
非金属矿物制品业	Manufacture of Non-metallic Mineral Products	202 873	27.5
黑色金属冶炼及压延加工业	Smelting and Pressing of Ferrous Metals	580 867	37.2
有色金属冶炼及压延加工业	Smelting and Pressing of Non-ferrous Metals	565 343	22.5
金属制品业	Manufacture of Metal Products	22 591	-5.5
通用设备制造业	Manufacture of General Purpose Machinery	48 964	39.5
专用设备制造业	Manufacture of Special Purpose Machinery	67 179	8.5
交通运输设备制造业	Manufacture of Transport Equipment	108 619	70.3
电气机械及器材制造业	Manufacture of Electrical Machinery and Equipment	53 908	25.1
通信设备、计算机及其他电子设备制造	Manufacture of Communication Equipment, Computers and Other Electronic Equipment	28 875	39.4
仪器仪表及文化、办公用机械制造业	Manufacture of Measuring Instruments and Machinery for Cultural Activity and Office Work	13 105	-14.5
工艺品及其他制造业	Manufacture of Artwork and Other Manufacturing	11 269	-44.0
废弃资源和废旧材料回收加工业	Recycling and Disposal of Waste	13 395	
电力、热力的生产和供应业	Production and Supply of Electric Power and Heat Power	1 030 417	22.0
燃气生产和供应业	Production and Supply of Gas	15 380	49.1
水的生产和供应业	Production and Supply of Water	44 990	12.2

注：本表绝对数按当年价格计算，增幅按可比价计算。

Added Value of Industry Above Designated (2004-2009)

(10 000 yuan)

2005		2006		2007		2008		2009	
工业增加值 Industrial Added Value	比上年增长(%) Increase over 2004(%)	工业增加值 Industrial Added Value	比上年增长(%) Increase over 2005(%)	工业增加值 Industrial Added Value	比上年增长(%) Increase over 2006(%)	工业增加值 Industrial Added Value	比上年增长(%) Increase over 2007(%)	工业增加值 Industrial Added Value	比上年增长(%) Increase over 2008(%)
9 988 313	**8.4**	**12 403 607**	**17.8**	**14 943 794**	**17.5**	**18 036 219**	**12.6**	**19 043 828**	**11.2**
5 371 599	5.8	5 985 083	9.6	6 910 774	17.9	8 186 050	14.2	8 846 640	13.0
4 616 715	11.8	6 418 524	27.1	8 033 020	16.5	9 850 169	11.3	10 197 188	9.8
201 989	18.7	237 586	2.4	307 751	5.1	789 325	35.2	933 886	3.1
104	18.3	157	22.0	284	-16.1	307	-48.8	108	-58.3
72 149	-18.6	79 545	35.8	181 835	37.6	313 061	33.6	325 033	10.5
273 503	23.2	485 686	64.0	652 043	18.5	564 201	6.2	499 035	7.4
79 330	26.1	131 131	59.9	142 050	12.5	201 955	20.9	238 804	7.3
227 182	-2.9	267 014	8.3	377 872	20.0	377 506	14.5	462 414	15.4
25 540	-7.4	32 756	11.5	58 386	27.4	78 033	17.4	95 035	14.0
111 085	26.1	161 992	29.0	278 931	44.9	240 983	-4.2	282 242	15.3
4 404 146	6.1	4 832 026	9.2	5 398 892	17.7	6 593 867	15.3	6 898 161	11.4
18 329	13.9	20 567	-3.3	24 684	12.5	28 748	21.6	25 900	-14.9
1 307	-26.6	2 645	38.6	3 590	34.3	4 106	-0.1	3 151	-9.7
- 106	-41.7	- 29	-71.5	- 34	-65.7	306	17.7	262	-12.9
30 992	-14.5	34 700	-3.8	44 251	5.2	39 419	7.7	45 420	12.8
523	-41.5	116	52.0	688	-24.8	2 372	13.0	2 212	-8.0
113 848	-10.6	111 354	-5.4	124 025	17.6	130 208	7.6	146 930	15.7
132 838	3.5	151 045	13.5	165 071	15.0	162 762	-2.8	188 585	14.6
106	-2.1	87	-19.2			184	0.5		-100.0
106 636	42.7	161 670	14.2	306 959	47.4	574 937	35.5	505 859	0.9
653 108	19.0	811 210	22.0	864 892	18.6	1 257 976	19.3	1 148 615	5.4
210 789	9.4	243 610	13.5	314 789	24.0	397 603	18.9	469 740	17.2
37 184	118.7	41 957	9.8	37 943	4.8	40 032	1.5	43 931	2.6
4 481	6.8	5 969	9.2	7 095	11.0	8 127	4.2	27 972	-0.9
30 948	-13.6	35 553	9.6	42 629	6.5	71 611	40.8	80 374	14.7
248 134	-2.2	362 496	24.8	397 307	5.1	403 685	11.8	525 125	20.7
567 361	-1.8	585 051	13.0	766 163	33.0	1 109 761	8.0	977 601	9.1
717 198	12.8	1 432 672	49.5	1 995 357	7.0	1 775 357	-4.7	1 527 368	3.6
20 033	36.6	25 114	14.4	37 965	10.5	41 601	12.1	104 033	76.7
64 892	12.0	83 716	24.5	155 802	40.9	179 943	9.4	171 535	-7.7
81 280	5.6	104 191	13.1	129 167	19.2	124 263	5.1	163 569	15.2
135 344	8.7	141 278	9.3	175 622	18.7	231 176	29.6	345 960	50.4
68 250	8.5	84 656	25.9	92 604	8.9	113 160	22.3	124 110	12.8
22 574	14.7	24 374	8.8	36 416	18.4	37 507	26.0	37 064	6.4
11 909	-12.1	11 408	12.0	18 025	4.6	22 940	7.7	27 783	10.0
14 147	39.4	13 323	-5.6	16 742	11.9	16 185	14.6	95 929	567.6
8 963	-33.1	7 153	-24.0	1 847	-68.8	3 784	69.4	3 978	35.1
1 240 738	16.6	1 608 542	24.1	1 721 363	15.9	2 033 105	12.1	2 423 612	16.6
4 702	-9.1	2 258	-6.7	8 624	107.2	7 742	21.4	24 238	122.1
46 779	9.4	69 030	18.3	56 169	2.4	58 383	3.7	68 255	15.8

Note:Absolute figures in this table are calculated at current prices and rates of increase are calculated at comparable prices.

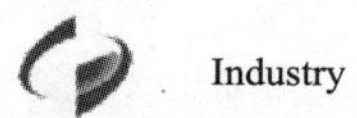

13-3 规模以上工业发展指数（2000-2009年）

(按可比价格计算，2000年=100)

类 别	Category	2000	2001
总 计	**Total**	**100.0**	**105.6**
轻工业	Light Industry	100.0	98.6
重工业	Heavy Industry	100.0	111.3
煤炭开采和洗选业	Mining and Washing of Coal	100.0	110.0
石油和天然气开采业	Extraction of Petroleum and Natural Gas	100.0	102.0
黑色金属矿采选业	Mining and Processing of Ferrous Metal Ores	100.0	136.6
有色金属矿采选业	Mining and Processing of Non-Ferrous Metal Ores	100.0	104.5
非金属矿采选业	Mining and Processing of Nonmetal Ores	100.0	103.2
农副食品加工业	Processing of Food from Agricultural Products	100.0	86.9
食品制造业	Manufacture of Foods	100.0	129.8
饮料制造业	Manufacture of Beverages	100.0	110.6
烟草制品业	Manufacture of Tobacco	100.0	101.3
纺织业	Manufacture of Textile	100.0	93.9
纺织服装、鞋、帽制造业	Manufacture of Textile Wearing Apparel,Footware and Caps	100.0	109.3
皮革、毛皮、羽毛(绒)及其制品业	Manufacture of Leather, Fur, Feather and Related Products	100.0	109.4
木材加工及木、竹、藤、棕、草制品业	Processing of Timber, Manufacture of Wood, Bamboo, Rattan, Palm and Straw Products	100.0	104.5
家具制造业	Manufacture of Furniture	100.0	51.0
造纸及纸制品业	Manufacture of Paper and Paper Products	100.0	94.1
印刷业和记录媒介的复制	Printing, Reproduction of Recording Media	100.0	109.1
文教体育用品制造业	Manufacture of Articles for Culture, Education and Sport Activities	100.0	113.7
石油加工、炼焦及核燃料加工业	Processing of Petroleum, Coking, Processing of Nuclear Fuel	100.0	135.7
化学原料及化学制品制造业	Manufacture of Raw Chemical Materials and Chemical Produc	100.0	117.7
医药制造业	Manufacture of Medicines	100.0	126.8
化学纤维制造业	Manufacture of Chemical Fibers	100.0	100.0
橡胶制品业	Manufacture of Rubber	100.0	62.4
塑料制品业	Manufacture of Plastics	100.0	100.0
非金属矿物制品业	Manufacture of Non-metallic Mineral Products	100.0	97.9
黑色金属冶炼及压延加工业	Smelting and Pressing of Ferrous Metals	100.0	105.9
有色金属冶炼及压延加工业	Smelting and Pressing of Non-ferrous Metals	100.0	112.6
金属制品业	Manufacture of Metal Products	100.0	94.7
通用设备制造业	Manufacture of General Purpose Machinery	100.0	123.0
专用设备制造业	Manufacture of Special Purpose Machinery	100.0	104.5
交通运输设备制造业	Manufacture of Transport Equipment	100.0	118.1
电气机械及器材制造业	Manufacture of Electrical Machinery and Equipment	100.0	112.5
通信设备、计算机及其他电子设备制造	Manufacture of Communication Equipment, Computers and Other Electronic Equipment	100.0	110.2
仪器仪表及文化、办公用机械制造业	Manufacture of Measuring Instruments and Machinery for Cultural Activity and Office Work	100.0	176.5
工艺品及其他制造业	Manufacture of Artwork and Other Manufacturing	100.0	83.3
废弃资源和废旧材料回收加工业	Recycling and Disposal of Waste	100.0	104.5
电力、热力的生产和供应业	Production and Supply of Electric Power and Heat Power	100.0	110.8
燃气生产和供应业	Production and Supply of Gas	100.0	112.5
水的生产和供应业	Production and Supply of Water	100.0	103.2
昆 明	Kunming	100.0	105.6
曲 靖	Qujing	100.0	111.8
玉 溪	Yuxi	100.0	95.8
保 山	Baoshan	100.0	103.4
昭 通	Zhaotong	100.0	88.6
丽 江	Lijiang	100.0	94.8
普 洱	Pu'er	100.0	99.6
临 沧	Lincang	100.0	94.5
楚 雄	Chuxiong	100.0	114.2
红 河	Honghe	100.0	108.3
文 山	Wenshan	100.0	112.9
西双版纳	Xishuangbanna	100.0	92.9
大 理	Dali	100.0	106.2
德 宏	Dehong	100.0	82.0
怒 江	Nujiang	100.0	96.7
迪 庆	Diqing	100.0	125.8

Development Indices of Industry above Designated by Sector (2000-2009)

(calculated at comparable prices,and year 2000=100)

2002	2003	2004	2005	2006	2007	2008	2009
114.2	**124.5**	**145.2**	**157.5**	**185.5**	**217.9**	**245.4**	**272.9**
103.0	112.0	124.1	131.3	143.9	169.7	193.7	218.9
126.0	138.1	174.6	195.1	248.0	289.0	321.6	353.1
121.0	135.1	160.9	191.0	195.6	205.4	277.7	286.3
255.6	226.5	154.9	183.3	223.6	187.5	96.1	40.1
194.3	138.8	531.8	432.7	587.5	808.1	1 079.2	1 192.6
101.1	111.0	133.3	164.3	269.4	319.4	339.1	364.2
116.2	115.0	169.3	213.5	341.5	384.3	464.7	498.6
103.2	187.4	260.9	253.4	274.4	329.1	376.9	435.0
150.4	273.7	396.4	367.0	409.1	521.1	611.5	697.1
123.7	163.2	211.1	266.2	343.5	497.6	476.6	549.5
100.2	103.2	112.0	118.7	129.6	152.6	175.8	195.9
89.2	99.8	207.6	236.4	228.6	257.1	312.7	266.1
75.4	86.7	89.4	65.7	91.0	122.3	122.2	110.3
62.7	22.2	10.8	6.3	1.8	0.6	0.7	0.6
108.1	132.5	165.3	141.4	136.0	143.0	154.0	173.7
32.5	44.2	93.2	54.5	82.8	62.3	70.4	64.7
113.6	114.1	138.5	123.8	117.1	137.8	148.2	171.5
125.7	137.1	162.7	168.3	191.1	219.8	213.6	244.8
126.5	132.3	179.4	175.6	141.8	141.8	142.5	
151.3	258.2	321.3	458.4	523.5	771.7	1 045.2	1 054.6
142.4	161.9	198.9	236.7	288.7	342.4	408.4	430.5
140.7	143.8	163.6	179.0	203.2	251.9	299.4	350.9
100.0	97.9	96.3	210.7	231.4	242.6	246.3	252.7
49.7	52.2	61.7	65.9	71.9	79.9	83.2	82.5
118.9	136.2	120.5	104.1	114.1	121.4	171.0	196.1
111.2	162.1	206.6	202.1	252.2	264.9	296.1	357.3
134.0	167.4	229.6	225.5	254.8	338.9	366.1	399.4
138.3	173.3	212.3	239.5	358.0	383.0	365.2	378.3
111.7	75.3	71.2	97.3	111.3	123.0	137.9	243.7
157.0	77.9	108.7	121.7	151.4	213.4	233.5	215.5
133.5	150.8	163.6	172.7	195.4	233.0	244.7	281.9
124.7	244.2	415.7	451.8	493.9	586.1	759.8	1 142.8
122.4	123.6	154.6	167.7	211.2	230.1	281.3	317.3
118.1	103.2	143.8	165.0	179.6	212.7	268.0	285.1
170.0	161.1	137.8	121.1	135.6	141.9	152.9	168.1
91.1	111.1	62.2	86.7	81.9	91.6	104.9	700.4
111.5	111.5	111.5	74.6	56.7	17.7	30.0	40.5
123.2	155.4	189.6	221.2	274.4	318.1	356.6	415.8
115.7	341.4	508.8	462.8	432.0	895.1	1 087.0	2 414.1
119.9	119.8	134.3	147.0	173.8	178.0	184.7	213.9
113.4	122.9	146.8	166.2	195.1	229.6	259.5	285.7
126.3	134.2	150.8	177.0	226.4	260.2	294.3	331.6
96.1	105.8	115.1	118.1	139.9	167.2	195.0	217.4
113.2	125.2	154.5	196.9	279.2	331.9	374.1	470.6
103.8	108.7	152.9	172.7	208.5	242.3	257.3	286.4
110.7	145.9	167.5	167.9	240.4	300.7	363.9	426.5
111.3	127.2	152.7	182.4	223.2	289.7	374.3	442.4
104.4	115.7	122.6	129.0	150.8	186.1	231.0	237.2
129.7	135.7	145.9	175.5	195.7	234.2	267.2	294.0
119.6	130.8	146.1	154.3	178.7	199.6	218.1	240.2
141.8	161.9	183.0	242.5	311.3	401.0	465.5	552.1
99.6	125.2	206.9	255.8	412.5	567.7	571.6	641.4
125.1	145.0	184.6	207.7	256.4	312.1	354.5	412.0
96.4	133.1	146.9	101.2	148.5	198.2	205.6	270.1
126.9	155.3	173.5	259.8	752.5	809.7	820.2	883.4
144.2	159.7	282.9	405.7	438.5	479.8	512.9	606.7

13-4 规模以上工业企业主要经济指标

单位：万元

年 份 类 别	Year Item	企业单位数（个） Number of Enterprises (unit)	#亏损企业 Lossmaking Enterprises
1998		2 516	1 092
1999		2 212	973
2000		2 124	862
2001		2 031	853
2002		2 072	911
2003		1 995	846
2004		2 407	856
2005		2 362	829
2006		2 601	813
2007		2 698	744
2008		3 320	1 056
2009		3 489	1 036
按登记注册类型分	**Grouped by Registration Status**		
内资企业	Domestic Funded Enterprises	3 260	980
国有企业	State-owned Enterprises	230	74
集体企业	Collective-owned Enterprises	125	45
股份合作企业	Share Holding Enterprises	47	13
联营企业	Joint Ownership Enterprises	8	2
有限责任公司	Limited Liability Corporations	797	243
股份有限公司	Share-holding Corporations Limited	144	33
私营企业	Private Enterprises	1 892	564
其他企业	Other Enterprises	17	6
港、澳、台商投资企业	Enterprises with Funds from Hong Kong, Macao and Taiwan	104	24
外商投资企业	Foreign Funded Enterprises	125	32
在总计中:亏损企业	Of which:Lossmaking Enterprises	1 036	1 036
在总计中:国有控股企业	Of which:State-holding Enterprises	551	167
按轻重工业分	**Grouped by Light & Heavy Industries**		
轻工业	Light Industry	980	237
重工业	Heavy Industry	2 509	799
按企业规模分	**Grouped by Size of Enterprises**		
大型企业	Large Enterprises	37	3
中型企业	Medium-sized Enterprises	512	110
小型企业	Small Enterprises	2 940	923

Main Economic Indicators of Industrial Enterprises above Designated Size

(10 000 yuan)

工 业 总产值 Gross Industrial Output Value	工业销 售产值 Industrial Sale Output Value	# 出 口 交货值 Delivery Value of Exports	资产合计 Total Assets	产成品 Finished Goods
10 172 914	9 936 363		20 778 218	781 207
10 028 762	9 905 697		21 551 085	858 958
10 633 561	10 504 500		23 102 178	756 051
11 573 977	11 413 110		25 850 556	801 679
13 206 190	13 074 310		27 221 422	828 614
15 571 712	15 471 383		30 334 981	1 310 066
20 939 812	20 618 436	940 392	35 671 655	1 165 410
25 962 139	25 774 730	896 297	39 643 245	1 467 223
33 930 873	33 382 239	1 157 628	48 089 769	1 862 094
42 982 861	42 256 643	1 592 639	58 341 157	2 191 272
51 445 816	48 968 478	1 160 282	71 851 100	2 596 413
51 782 090	49 629 880	991 399	76 748 797	2 660 828
48 438 164	46 346 406	851 651	72 169 407	2 486 592
7 970 004	7 715 055	103 477	13 477 494	307 922
641 455	608 308	1 499	542 282	34 277
133 698	130 708	623	218 560	23 358
111 448	113 200		909 500	3 184
19 398 674	18 864 577	321 665	31 326 920	863 108
7 875 292	7 526 632	169 573	12 416 091	433 283
12 148 930	11 244 847	254 816	13 164 134	814 264
158 663	143 079		114 424	7 196
1 225 696	1 206 334	51 829	1 404 513	68 603
2 118 231	2 077 140	87 919	3 174 878	105 633
7 637 946	7 062 100	305 763	12 746 859	610 218
30 173 464	29 503 239	482 206	50 421 648	1 231 773
15 394 919	14 810 538	347 641	19 132 588	749 531
36 387 172	34 819 343	643 758	57 616 210	1 911 297
17 659 377	17 452 695	200 257	25 564 014	576 077
21 118 300	20 027 726	459 147	29 914 652	1 079 025
13 004 413	12 149 460	331 995	21 270 131	1 005 726

13-4 续表1

单位：万元

年 份 类 别	Year Item	负债合计 Total Liabilities	主营业务收入 Revenue from Principal Business
1998		11 828 334	9 994 264
1999		11 874 464	9 791 463
2000		12 806 247	10 589 075
2001		13 995 638	11 613 844
2002		14 751 401	13 132 933
2003		16 648 624	15 373 687
2004		18 786 048	20 524 596
2005		20 684 193	25 697 106
2006		26 381 415	33 575 283
2007		31 736 637	43 066 145
2008		41 683 592	49 611 166
2009		43 824 813	49 680 832
按登记注册类型分	**Grouped by Registration Status**		
内资企业	Domestic Funded Enterprises	41 431 506	46 386 367
国有企业	State-owned Enterprises	8 266 194	7 775 742
集体企业	Collective-owned Enterprises	374 386	631 215
股份合作企业	Share Holding Enterprises	126 363	126 139
联营企业	Joint Ownership Enterprises	852 826	92 539
有限责任公司	Limited Liability Corporations	16 610 327	18 809 268
股份有限公司	Share-holding Corporations Limited	6 954 040	7 598 733
私营企业	Private Enterprises	8 177 024	11 205 768
其他企业	Other Enterprises	70 348	146 963
港、澳、台商投资企业	Enterprises with Funds from Hong Kong, Macao and Taiwan	680 139	1 216 505
外商投资企业	Foreign Funded Enterprises	1 713 168	2 077 961
在总计中:亏损企业	Of which:Lossmaking Enterprises	9 469 153	7 235 096
在总计中:国有控股企业	Of which:State-holding Enterprises	27 315 009	29 509 150
按轻重工业分	**Grouped by Light & Heavy Industries**		
轻工业	Light Industry	6 386 477	14 521 254
重工业	Heavy Industry	37 438 336	35 159 578
按企业规模分	**Grouped by Size of Enterprises**		
大型企业	Large Enterprises	11 207 874	17 561 973
中型企业	Medium-sized Enterprises	18 844 228	19 847 771
小型企业	Small Enterprises	13 772 712	12 271 088

continued

(10 000 yuan)

# 主营业务税金及附加 Taxes and Other Charges on Principal Business	营业费用 Operating Expenses	管理费用 Administration Expenses	利润总额 Total Profits	亏损企业亏损总额 Total Losses of Lossmaking Enterprises	利税总额 Total Pre-tax Profits	本年应交增值税 Value Added Tax Payable	年末从业人数（人） Employed Persons at Year-end (person)
1 712 459	225 687	808 162	684 767	374 010	3 237 498	840 272	897 744
1 732 768	238 104	845 837	531 974	367 054	3 094 136	829 394	813 168
1 748 610	265 753	861 186	697 503	231 473	3 331 326	885 213	770 691
1 710 296	363 990	940 897	821 910	201 483	3 473 976	941 770	709 589
1 924 838	520 034	1 029 531	731 600	300 391	3 714 744	1 058 305	685 865
2 070 774	573 657	1 195 511	1 080 567	294 428	4 390 337	1 238 997	663 570
2 270 780	648 616	1 443 599	2 154 727	246 253	5 937 609	1 512 102	655 790
2 456 190	762 827	1 542 145	2 279 128	311 829	6 512 156	1 776 838	688 321
2 782 393	907 037	1 792 647	3 101 754	327 830	8 068 615	2 184 467	715 526
3 271 079	1 084 512	2 088 791	3 886 105	282 098	9 961 303	2 804 119	820 608
3 895 054	1 336 617	2 751 734	3 101 443	996 666	10 055 226	3 058 729	843 449
4 423 643	1 500 096	2 820 950	3 602 465	597 709	10 941 773	2 915 665	858 033
4 393 054	1 333 881	2 638 598	3 282 321	563 487	10 423 678	2 748 303	805 920
688 927	188 686	523 012	387 450	90 038	1 604 077	527 700	104 618
4 177	15 825	31 076	46 906	8 403	78 920	27 838	23 072
1 792	2 765	10 220	6 290	2 176	16 298	8 216	6 363
738	926	1 268	- 4 649	6 580	8 625	12 535	1 028
3 559 021	479 150	1 106 811	1 680 221	179 202	6 625 533	1 386 291	277 179
43 084	314 150	409 407	323 011	115 548	651 831	285 736	95 698
94 009	327 940	547 195	838 699	160 469	1 424 006	491 298	295 476
1 306	4 438	9 610	4 393	1 071	14 387	8 689	2 486
4 585	44 253	66 498	138 112	12 772	204 927	62 229	21 310
26 004	121 963	115 855	182 031	21 450	313 168	105 133	30 803
37 536	2 063 073	486 886	- 597 709	597 709	- 276 791	283 382	206 377
4 268 221	782 236	1 766 253	1 973 966	321 291	8 251 405	2 009 218	347 946
4 175 705	722 517	943 700	1 715 804	57 682	7 263 346	1 371 836	200 466
247 938	777 579	1 877 251	1 886 660	540 028	3 678 427	1 543 829	657 567
3 736 635	363 834	979 366	1 455 891	55 194	6 510 854	1 318 328	168 389
581 257	733 528	1 135 003	1 339 521	270 078	2 940 303	1 019 525	341 821
105 751	402 734	706 582	807 053	272 438	1 490 616	577 813	347 823

13-4 续表2

单位：万元

类 别	Item	企业单位数(个) Number of Enterprises (unit)	#亏损企业 Lossmaking Enterprises
按行业大类分	**Grouped by Industry sectors**		
采矿业	Mining	661	185
煤炭开采和洗选业	Coal Mining and Dressing	451	104
石油和天然气开采业	Petroleum & Natural Gas Extraction		
黑色金属矿采选业	Mining & Dressing of Ferrous Metals	62	23
有色金属矿采选业	Mining and Processing of Non-Ferrous Metal Ores	104	44
非金属矿采选业	Mining and Processing of Nonmetal Ores	44	14
其他采矿业	Mining of Other Ores		
制造业	Manufacturing Industry	2 438	739
农副食品加工业	Processing of Food from Agricultural Products	288	53
食品制造业	Manufacture of Foods	87	22
饮料制造业	Manufacture of Beverages	150	53
烟草制品业	Manufacture of Tobacco	21	
纺织业	Manufacture of Textile	26	11
纺织服装、鞋、帽制造业	Manufacture of Textile Wearing Apparel,Footware and Caps	7	3
皮革、毛皮、羽毛(绒)及其制品业	Manufacture of Leather, Fur, Feather and Related Products	1	
木材加工及木、竹、藤、棕、草制品业	Processing of Timber, Manufacture of Wood, Bamboo, Rattan, Palm and Straw Products	54	27
家具制造业	Manufacture of Furniture	6	
造纸及纸制品业	Manufacture of Paper and Paper Products	85	24
印刷业和记录媒介的复制	Printing, Reproduction of Recording Media	67	7
文教体育用品制造业	Manufacture of Articles for Culture, Education and Sport Activities		
石油加工、炼焦及核燃料加工业	Processing of Petroleum, Coking, Processing of Nuclear Fuel	42	18
化学原料及化学制品制造业	Manufacture of Raw Chemical Materials and Chemical Products	301	107
医药制造业	Manufacture of Medicines	100	19
化学纤维制造业	Manufacture of Chemical Fibers	1	
橡胶制品业	Manufacture of Rubber	9	3
塑料制品业	Manufacture of Plastics	89	13
非金属矿物制品业	Manufacture of Non-metallic Mineral Products	338	143
黑色金属冶炼及压延加工业	Smelting and Pressing of Ferrous Metals	126	53
有色金属冶炼及压延加工业	Smelting and Pressing of Non-ferrous Metals	208	91
金属制品业	Manufacture of Metal Products	74	8
通用设备制造业	Manufacture of General Purpose Machinery	101	34
专用设备制造业	Manufacture of Special Purpose Machinery	57	13
交通运输设备制造业	Manufacture of Transport Equipment	50	14
电气机械及器材制造业	Manufacture of Electrical Machinery and Equipment	73	14
通信设备、计算机及其他电子设备制造业	Manufacture of Communication Equipment, Computers and Other Electronic Equipment	14	4
仪器仪表及文化、办公用机械制造业	Manufacture of Measuring Instruments and Machinery for Cultural Activity and Office Work	30	1
工艺品及其他制造业	Manufacture of Artwork and Other Manufacturing	24	3
废弃资源和废旧材料回收加工业	Recycling and Disposal of Waste	9	1
电力、燃气及水的生产和供应业	Production and Supply of Electricity Gas and Water	390	112
电力、热力的生产和供应业	Production and Supply of Electric Power and Heat Power	351	90
燃气生产和供应业	Production and Supply of Gas	4	1
水的生产和供应业	Production and Supply of Water	35	21

continued

(10 000 yuan)

工 业 总产值 Gross Industrial Output Value	工业销售产值 Industrial Sale Output Value	# 出口交货值 Delivery Value of Exports	资产合计 Total Assets	产成品 Finished Goods
4 291 454	3 954 275	1 534	8 461 228	248 248
1 810 976	1 781 639	1 481	2 602 283	50 975
973 525	832 822		2 450 588	85 581
961 542	856 475	53	2 440 998	75 723
545 412	483 338		967 359	35 970
41 062 643	39 288 589	989 842	49 286 955	2 399 659
2 091 728	1 980 078	106 858	1 944 792	102 647
452 419	433 037	55 803	375 139	35 489
793 751	697 356	20 449	1 183 015	136 519
9 052 321	8 938 613	76 182	11 106 740	249 077
93 853	91 721	26 623	268 714	18 527
21 881	22 556		45 420	8 582
631	631		1 240	197
207 517	187 200	6 937	360 904	25 950
8 469	7 728		15 692	1 204
474 321	429 663		659 778	51 329
490 597	470 654		621 955	38 871
1 555 496	1 513 081		1 792 464	64 030
4 707 262	4 379 276	321 897	6 503 635	285 130
1 201 352	1 068 642	35 485	1 579 424	63 198
121 928	119 390		90 885	3 986
30 381	31 772	33	20 204	3 756
356 526	347 950		278 623	36 888
1 870 791	1 820 373	2 361	3 202 595	123 702
5 782 134	5 638 193	6 606	4 664 577	162 411
7 594 672	7 154 374	191 818	9 914 937	584 183
470 017	447 850	13 086	458 428	49 138
501 863	493 083	11 181	567 635	72 886
545 545	537 070	36 474	714 909	57 415
1 475 962	1 372 350	13 467	1 387 432	90 022
736 051	698 094	30 774	836 817	99 214
128 739	125 713	5 749	294 446	10 796
144 402	143 995	21 609	244 939	10 584
137 017	124 414	5 416	126 540	9 437
15 019	13 735	1 036	25 077	4 494
6 427 994	6 387 016	24	19 000 614	12 921
6 088 346	6 050 391	24	18 112 825	3 066
197 068	197 006		241 031	7 113
142 580	139 619		646 758	2 742

13-4 续表3

单位：万元

类 别	Sector	负债合计 Total Liabilities
按行业大类分	**Grouped by Industry sectors**	
采矿业	Mining	4 268 284
煤炭开采和洗选业	Coal Mining and Dressing	1 483 684
石油和天然气开采业	Petroleum & Natural Gas Extraction	
黑色金属矿采选业	Mining & Dressing of Ferrous Metals	1 124 177
有色金属矿采选业	Mining and Processing of Non-Ferrous Metal Ores	1 239 539
非金属矿采选业	Mining and Processing of Nonmetal Ores	420 885
其他采矿业	Mining of Other Ores	
制造业	Manufacturing Industry	25 671 990
农副食品加工业	Processing of Food from Agricultural Products	1 220 502
食品制造业	Manufacture of Foods	199 190
饮料制造业	Manufacture of Beverages	668 920
烟草制品业	Manufacture of Tobacco	2 143 965
纺织业	Manufacture of Textile	177 834
纺织服装、鞋、帽制造业	Manufacture of Textile Wearing Apparel,Footware and Caps	29 417
皮革、毛皮、羽毛(绒)及其制品业	Manufacture of Leather, Fur, Feather and Related Products	1 023
木材加工及木、竹、藤、棕、草制品业	Processing of Timber, Manufacture of Wood, Bamboo, Rattan, Palm and Straw Products	226 424
家具制造业	Manufacture of Furniture	12 303
造纸及纸制品业	Manufacture of Paper and Paper Products	364 987
印刷业和记录媒介的复制	Printing, Reproduction of Recording Media	261 477
文教体育用品制造业	Manufacture of Articles for Culture, Education and Sport Activities	
石油加工、炼焦及核燃料加工业	Processing of Petroleum, Coking, Processing of Nuclear Fuel	1 169 185
化学原料及化学制品制造业	Manufacture of Raw Chemical Materials and Chemical Products	4 126 574
医药制造业	Manufacture of Medicines	692 178
化学纤维制造业	Manufacture of Chemical Fibers	14 290
橡胶制品业	Manufacture of Rubber	15 251
塑料制品业	Manufacture of Plastics	150 668
非金属矿物制品业	Manufacture of Non-metallic Mineral Products	2 053 496
黑色金属冶炼及压延加工业	Smelting and Pressing of Ferrous Metals	2 862 801
有色金属冶炼及压延加工业	Smelting and Pressing of Non-ferrous Metals	6 623 180
金属制品业	Manufacture of Metal Products	334 955
通用设备制造业	Manufacture of General Purpose Machinery	323 932
专用设备制造业	Manufacture of Special Purpose Machinery	540 557
交通运输设备制造业	Manufacture of Transport Equipment	711 343
电气机械及器材制造业	Manufacture of Electrical Machinery and Equipment	542 395
通信设备、计算机及其他电子设备制造业	Manufacture of Communication Equipment, Computers and Other Electronic Equipment	96 099
仪器仪表及文化、办公用机械制造业	Manufacture of Measuring Instruments and Machinery for Cultural Activity and Office Work	56 666
工艺品及其他制造业	Manufacture of Artwork and Other Manufacturing	40 614
废弃资源和废旧材料回收加工业	Recycling and Disposal of Waste	11 763
电力、燃气及水的生产和供应业	Production and Supply of Electricity Gas and Water	13 884 539
电力、热力的生产和供应业	Production and Supply of Electric Power and Heat Power	13 435 839
燃气生产和供应业	Production and Supply of Gas	170 129
水的生产和供应业	Production and Supply of Water	278 572

continued

(10 000 yuan)

主营业务收入 Revenue from Principal Business	# 主营业务税金及附加 Taxes and Other Charges on Principal Business	营业费用 Operating Expenses	管理费用 Administration Expenses	利润总额 Total Profit	亏损企业亏损总额 Total Losses of Loss making Enterprises	利税总额 Total Pre-tax Profit	本年应交增值税 Value Added Tax Payable	年末从业人员(人) Employed Persons at Year-end (person)
4 022 930	108 137	181 446	450 441	518 803	57 532	990 917	363 977	180 729
1 805 455	46 804	70 525	203 563	223 848	26 022	459 266	188 614	118 229
836 713	18 565	64 305	83 987	126 635	8 768	203 781	58 581	18 901
839 439	15 874	18 990	100 986	97 044	20 519	186 012	73 094	31 472
541 323	26 895	27 625	61 906	71 275	2 222	141 858	43 688	12 127
39 293 650	4 258 294	1 234 000	2 072 884	2 787 005	462 726	9 193 225	2 147 926	597 019
2 020 314	11 414	77 698	105 482	122 247	11 902	207 419	73 759	47 589
420 973	2 044	38 474	19 498	34 743	3 640	49 724	12 937	13 930
723 702	17 718	63 563	42 168	70 830	14 544	120 099	31 551	23 160
8 636 601	4 110 440	228 510	558 694	1 106 523		6 290 658	1 073 695	37 805
91 387	226	1 414	7 638	- 2 727	4 559	259	2 760	11 192
23 842	83	995	888	696	162	1 140	361	1 145
539		9	91	12		24	12	68
183 786	1 225	6 602	13 463	- 4 916	13 507	9 083	12 775	11 963
7 158	58	241	583	888		1 157	211	823
416 302	1 457	17 081	30 424	41 882	4 070	63 921	20 581	14 178
464 600	1 435	7 482	39 724	95 084	556	125 490	28 971	11 753
1 473 802	5 052	16 638	34 023	70 132	12 243	129 675	54 491	15 941
4 407 016	17 729	173 444	278 295	65 132	218 319	177 608	94 746	73 866
1 049 995	7 864	259 271	87 808	170 411	5 476	271 266	92 991	19 626
119 390		156	3 163	31 424		39 316	7 893	334
29 583	113	583	1 371	29	409	1 541	1 399	1 638
352 542	763	9 535	19 427	18 728	1 094	29 692	10 201	8 468
1 767 296	14 125	51 951	106 851	92 704	48 108	218 538	111 710	59 236
5 967 901	16 191	56 911	138 953	219 350	45 447	425 902	190 361	54 830
7 131 125	32 600	104 826	315 087	314 462	61 285	559 529	212 467	108 990
461 653	2 552	9 432	26 479	32 277	487	42 859	8 030	9 650
484 269	1 954	21 082	41 025	36 490	3 585	60 414	21 971	15 476
608 006	3 527	12 987	50 692	32 749	4 797	54 726	18 450	15 100
1 339 556	3 617	32 480	62 556	136 176	3 319	167 306	27 513	18 262
704 956	2 716	31 725	46 804	54 183	1 660	80 191	23 291	11 524
130 471	529	5 137	13 850	13 387	2 653	16 526	2 611	2 173
135 752	337	3 083	19 400	12 022	260	15 690	3 331	3 990
126 407	2 432	2 520	7 400	20 082	408	30 505	7 990	4 015
14 725	96	170	1 047	2 003	236	2 967	868	294
6 364 253	57 212	84 650	297 625	296 658	77 452	757 631	403 761	80 285
6 014 325	36 965	68 963	268 980	294 431	64 994	719 999	388 603	73 014
213 827	1 323	1 954	11 832	- 3 260	5 258	6 572	8 508	2 648
136 100	18 923	13 733	16 813	5 487	7 200	31 060	6 650	4 623

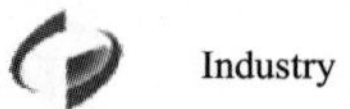

13-5 规模以上工业企业主要财务分析指标（2009年）

类 别	Item	综合经济效益指数(%) Composite Economic Performance Index (%)
总 计	**Total**	**233.8**
按登记注册类型分	**Grouped by Registration Status**	
内资企业	Domestic Funded	234.1
国有企业	State-owned	274.5
中央企业	Central Enterprises	551.7
地方企业	Local Enterprises	172.2
集体企业	Collective-owned	150.7
股份合作企业	Share Holding Enterprises	102.4
联营企业	Joint Ownership Enterprises	426.0
国有联营企业	State-owned Joint Ownership Enterprises	1 656.7
集体联营企业	Collective-owned Joint Ownership Enterprises	146.3
国有与集体联营企业	State-owned and Collective-owned Joint Ownership Enterprises	65.8
其他联营企业	Other Joint Ownership Enterprises	227.2
有限责任公司	Limited Liability Corporations	339.3
国有独资公司	State-owned sole-funded company	798.3
其他有限责任公司	Other Limited Liability Corporations	162.4
股份有限公司	Share-holding Corporations Limited	191.0
私营企业	Private Enterprises	152.6
私营独资企业	Private sole-funded Enterprises	171.3
私营合作企业	Private Partnership Enterprises	125.9
私营有限责任公司	Private Limited Liability Enterprises	147.1
私营股份有限公司	Private Share Holding Corporations	208.4
其他企业	Other Enterprises	185.0
港、澳、台商投资企业	Enterprises with Funds from Hong Kong, Macao and Taiwan	221.0
合资经营企业(港或澳、台资)	Joint-venture Enterprises (Hong Kong, Macao or Taiwan)	231.9
合作经营企业(港或澳、台资)	Cooperatives Enterprise (Hong Kong, Macao or Taiwan)	158.7
港澳台商独资经营企业	Enterprises with Funds only from Hong Kong, Macao and Taiwan	175.2
港澳台商投资股份有限公司	Share-holding Corporations Ltd.With Funds from Hong Kong, Macao and Taiwan	491.1
外商投资企业	Foreign Funded Enterprises	235.0
中外合资经营企业	Sino-foreign Joint Venture	258.0
中外合作经营企业	Sino-foreign Cooperative Enterprises	214.8
外资企业	Foreign Owned Enterprises	173.3
外商投资股份有限公司	Share-holding Corporations Ltd.with Foreign Investment	323.7
在总计中:亏损企业	Of which:Lossmaking Enterprises	- 25.8
在总计中:国有控股企业	Of which:State-holding Enterprises	342.1
在总计中:农村工业	Of which:Rural Industry	145.8
按轻重工业分	**Grouped by Light & Heavy Industries**	
轻工业	Of which:Light Industry	475.4
重工业	Heavy Industry	161.5
按企业规模分	**Grouped by Size of Enterprises**	
大型企业	Grouped by Size of Enterprises:Large Enterprises	499.1
中型企业	Medium-sized Enterprises	233.5
小型企业	Small Enterprises	163.2

Main Financial Analysis Indicators of Industry above Designated (2009)

总资产贡献率(%) Ratio of Total Assets to Industrial Output Value (%)	资本保值增值率(%) Capital Maintenance and Increment Ratio (%)	资产负债率(%) Assets Liability Ratio (%)	流动资产周转率(%) Ratio of Turnover of Working Capitals (%)	成本费用利润率(%) Ratio of Profits to Cost (%)	全员劳动生产率(元/人) Overall Labor Productivity (yuan/person)	产品销售率(%) Proportion of Products Sold (%)
15.9	**108.5**	**57.1**	**1.6**	**8.5**	**192 961**	**95.8**
16.1	108.0	57.4	1.6	8.4	194 396	95.7
13.9	126.7	61.3	2.1	5.6	271 821	96.8
16.2	135.7	61.6	2.4	7.8	701 713	97.6
11.0	116.9	61.1	1.9	3.3	132 420	95.9
14.5	114.7	69.0	3.0	8.0	43 324	94.8
8.6	122.6	57.8	1.1	5.2	23 436	97.8
9.6	346.1	93.8	4.2	- 4.8	533 052	101.6
9.3	927.2	94.5	5.6	- 8.0	2 433 934	102.7
17.6	30.8	64.7	2.1	16.8		108.0
7.9	101.8	75.8	1.5	1.0		83.7
27.0	127.5	16.8	2.3	26.1		99.3
21.6	99.2	53.0	1.4	12.2	330 606	97.3
42.3	104.8	33.4	1.3	20.5	973 653	99.1
7.7	91.6	68.1	1.6	7.8	112 096	95.5
7.0	110.0	56.0	1.4	4.4	178 143	95.6
13.0	115.8	62.1	1.6	8.1	70 181	92.6
19.4	118.0	60.4	1.4	13.1	51 652	96.2
17.0	118.1	58.2	1.9	6.4	17 612	96.7
11.6	117.7	62.1	1.6	7.1	70 735	92.1
12.8	94.3	66.6	1.9	9.8	155 646	89.1
19.3	238.4	61.5	3.0	3.1	85 807	90.2
16.8	118.0	48.4	1.6	12.8	139 014	98.4
16.9	118.3	47.9	1.6	12.8	157 544	99.2
17.4	97.7	49.6	1.8	8.2	73 306	60.2
13.3	116.4	52.4	1.5	12.6	77 397	100.9
72.6	141.8	22.3	5.6	16.7	317 845	97.0
11.7	114.2	54.0	1.7	9.7	196 460	98.1
11.0	111.8	55.6	1.8	8.9	240 758	99.4
12.0	154.2	46.7	2.3	10.3	141 267	93.6
12.6	131.4	54.3	1.7	8.9	93 170	96.3
16.4	98.2	37.6	1.3	19.3	280 065	92.2
- 0.1	0.2	77.5	2.3	- 17.8		89.8
17.9	106.8	54.2	1.5	8.4	366 962	97.8
14.8	121.1	51.9	1.5	11.3	34 190	85.2
39.6	109.2	33.4	1.3	19.8	452 278	96.2
8.0	108.0	65.0	1.7	5.6	116 606	95.7
35.5	239.2	43.8	1.4	11.7	523 674	98.8
15.0	202.3	63.0	1.8	7.3	180 378	94.8
13.1	327.5	64.8	1.5	7.0	50 279	93.4

13-5 续表

类 别	Sector	综合经济效益指数 (%) Composite Economic Performance Index (%)
按行业大类分	**Grouped by Industry sectors**	
采矿业	Mining	174.8
煤炭开采和洗选业	Coal Mining and Dressing	176.0
石油和天然气开采业	Petroleum & Natural Gas Extraction	
黑色金属矿采选业	Mining & Dressing of Ferrous Metals	210.5
有色金属矿采选业	Mining and Processing of Non-Ferrous Metal Ores	174.2
非金属矿采选业	Mining and Processing of Nonmetal Ores	235.9
其他采矿业	Mining of Other Ores	43.3
制造业	Manufacturing Industry	264.1
农副食品加工业	Processing of Food from Agricultural Products	157.2
食品制造业	Manufacture of Foods	170.9
饮料制造业	Manufacture of Beverages	165.7
烟草制品业	Manufacture of Tobacco	1 637.4
纺织业	Manufacture of Textile	50.3
纺织服装、鞋、帽制造业	Manufacture of Textile Wearing Apparel,Footware and Caps	89.7
皮革、毛皮、羽毛(绒)及其制品业	Manufacture of Leather, Fur, Feather and Related Products	63.8
木材加工及木、竹、藤、棕、草制品业	Processing of Timber, Manufacture of Wood, Bamboo, Rattan, Palm and Straw Products	65.0
家具制造业	Manufacture of Furniture	333.6
造纸及纸制品业	Manufacture of Paper and Paper Products	168.7
印刷业和记录媒介的复制	Printing, Reproduction of Recording Media	277.5
文教体育用品制造业	Manufacture of Articles for Culture, Education and Sport Activities	43.3
石油加工、炼焦及核燃料加工业	Processing of Petroleum, Coking, Processing of Nuclear Fuel	181.3
化学原料及化学制品制造业	Manufacture of Raw Chemical Materials and Chemical Products	132.7
医药制造业	Manufacture of Medicines	267.2
化学纤维制造业	Manufacture of Chemical Fibers	1 144.4
橡胶制品业	Manufacture of Rubber	101.0
塑料制品业	Manufacture of Plastics	148.4
非金属矿物制品业	Manufacture of Non-metallic Mineral Products	133.5
黑色金属冶炼及压延加工业	Smelting and Pressing of Ferrous Metals	187.2
有色金属冶炼及压延加工业	Smelting and Pressing of Non-ferrous Metals	173.8
金属制品业	Manufacture of Metal Products	161.0
通用设备制造业	Manufacture of General Purpose Machinery	154.5
专用设备制造业	Manufacture of Special Purpose Machinery	139.5
交通运输设备制造业	Manufacture of Transport Equipment	229.8
电气机械及器材制造业	Manufacture of Electrical Machinery and Equipment	178.1
通信设备、计算机及其他电子设备制造业	Manufacture of Communication Equipment, Computers and Other Electronic Equipment	192.7
仪器仪表及文化、办公用机械制造业	Manufacture of Measuring Instruments and Machinery for Cultural Activity and Office Work	145.8
工艺品及其他制造业	Manufacture of Artwork and Other Manufacturing	216.9
废弃资源和废旧材料回收加工业	Recycling and Disposal of Waste	181.7
电力、燃气及水的生产和供应业	Production and Supply of Electricity Gas and Water	221.2
电力、热力的生产和供应业	Production and Supply of Electric Power and Heat Power	226.9
燃气生产和供应业	Production and Supply of Gas	168.8
水的生产和供应业	Production and Supply of Water	162.4

continued

总资产贡献率 (%) Ratio of Total Assets to Industrial Output Value (%)	资本保值增值率 (%) Capital Maintenance and Increment Ratio (%)	资产负债率 (%) Assets Liability Ratio (%)	流动资产周转率 (%) Ratio of Turnover of Working Capitals (%)	成本费用利润率 (%) Ratio of Profits to Cost (%)	全员劳动生产率 (元/人) Overall Labor Productivity (yuan/person)	产品销售率 (%) Proportion of Products Sold (%)
13.3	105.1	50.5	1.1	14.9	73 872	92.1
19.6	113.9	57.0	1.4	14.9	48 155	98.4
9.9	97.2	45.9	0.8	16.7	139 764	85.6
9.0	115.7	50.8	0.8	13.0	100 875	89.1
15.8	90.8	43.5	1.4	15.3	162 935	88.6
	100.0					
20.7	111.8	52.1	1.5	8.6	227 865	95.7
13.5	119.4	62.8	2.1	6.4	77 686	94.7
15.9	140.7	53.1	2.3	8.9	67 479	95.7
12.0	117.3	56.5	1.1	11.2	83 920	87.9
57.2	107.1	19.3	1.3	32.8	2 234 940	98.7
0.7	123.1	66.2	0.9	- 2.9	17 683	97.7
4.2	134.5	64.8	0.7	3.0	34 513	103.1
2.8	47.4	82.5	0.7	2.4	29 441	100.0
4.0	88.2	62.7	1.0	- 2.5	36 300	90.2
11.0	1 710.1	78.4	0.7	13.5	14 559	91.3
11.6	109.7	55.3	1.3	10.8	90 178	90.6
21.2	108.9	42.0	1.3	25.7	146 272	95.9
	100.0					
9.8	112.7	65.2	1.9	5.0	143 635	97.3
4.5	109.8	63.5	1.7	1.5	104 603	93.0
18.5	112.7	43.8	1.2	18.8	183 634	89.0
43.8	102.3	15.7	1.7	36.0	1 437 027	97.9
9.4	125.1	75.5	2.0	0.1	41 633	104.6
12.4	112.7	54.1	2.1	5.6	71 680	97.6
9.0	124.0	64.1	1.5	5.5	66 798	97.3
10.1	109.1	61.4	2.9	3.8	142 350	97.5
7.8	117.2	66.8	1.4	4.6	147 833	94.2
13.5	159.8	73.1	1.4	7.2	86 962	95.3
11.1	110.7	57.1	1.4	8.1	81 631	98.3
9.0	113.5	75.6	1.3	5.6	87 849	98.5
13.3	117.1	51.3	1.5	11.0	179 009	93.0
11.3	131.7	64.8	1.1	8.3	121 723	94.8
6.1	123.7	32.6	0.8	11.4	147 219	97.7
6.6	104.8	23.1	1.1	8.6	83 767	99.7
29.3	150.7	32.1	1.5	20.9	40 085	90.8
14.8	140.1	46.9	0.9	15.8	70 983	91.5
5.6	97.7	73.1	2.8	4.8	215 875	99.4
5.7	96.5	74.2	2.9	5.0	222 567	99.4
3.9	164.1	70.6	2.9	- 1.5	154 669	100.0
6.1	105.5	43.1	0.9	4.7	139 644	97.9

13-6 各地区规模以上工业企业主要经济指标（2009年）

Main Economic Indicators of Industry above Designated (2009)

单位：万元 (10 000 yuan)

地 区	Region	企业单位数（个） Number of Enterprises (unit)	大型企业 Large Enterprises	中型企业 Medium-sized Enterprises	小型企业 Small Enterprises	亏损企业数（个） Number of Loss making Enterprises (unit)	工业总产值（万元） Gross Industrial Output Value (10 000 yuan)
全省合计	**Total**	**3 489**	**37**	**512**	**2 940**	**1 036**	**51 782 090**
昆 明	Kunming	1 127	11	127	989	301	18 408 257
曲 靖	Qujing	459	7	94	358	154	8 127 125
玉 溪	Yuxi	342	3	64	275	105	7 517 119
保 山	Baoshan	130	1	14	115	38	835 207
昭 通	Zhaotong	267	2	17	248	52	1 631 282
丽 江	Lijiang	75		10	65	13	517 933
普 洱	Pu'er	115		19	96	50	788 362
临 沧	Lincang	79		23	56	33	544 796
楚 雄	Chuxiong	182	2	21	159	39	2 399 034
红 河	Honghe	205	6	46	153	79	5 743 943
文 山	Wenshan	133	1	21	111	33	1 501 396
西双版纳	Xishuangbanna	62		7	55	28	307 665
大 理	Dali	190	2	35	153	62	2 478 203
德 宏	Dehong	85	1	8	76	34	515 669
怒 江	Nujiang	15	1	1	13	8	244 812
迪 庆	Diqing	22		4	18	7	192 487

13-6 续表1 cntinued

单位：万元 (10 000 yuan)

地 区	Region	国有工业 State-owned Enterprises	集体工业 Collective-owned Enterprises	股份合作企业 Share Holding Enterprises	联营企业 Joint Ownership Enterprises	有限责任公司 Limited Liability Corporations	股份有限公司 Share-holding Corporations Limited
全省合计	**Total**	**7970 004**	**641 455**	**133 698**	**111 448**	**19398 674**	**7875 292**
昆 明	Kunming	2581 721	167 378	32 216	8 371	5576 615	5245 624
曲 靖	Qujing	1608 173	77 788	1 914		3260 761	691 209
玉 溪	Yuxi	312 374	340 125	11 996	4 055	4346 897	177 436
保 山	Baoshan	26 456		11 260		246 466	175 888
昭 通	Zhaotong	586 344	3 246	3 810	3 440	173 871	196 905
丽 江	Lijiang	9 193	4 402	16 210		87 670	108 851
普 洱	Pu'er	63 387	2 806	1 665	86 855	212 068	112 081
临 沧	Lincang	23 252		944	811	187 296	40 933
楚 雄	Chuxiong	779 739	10 978	14 504		437 101	32 601
红 河	Honghe	1075 828	20 325	726	7 916	3079 887	513 251
文 山	Wenshan	233 967		8 436		262 361	383 053
西双版纳	Xishuangbanna	65 260	791	3 633		89 432	14 405
大 理	Dali	493 326	4 344	18 607		989 333	115 719
德 宏	Dehong	35 178	4 047			216 832	22 595
怒 江	Nujiang	46 840		6 845		172 993	2 525
迪 庆	Diqing	28 967	5 226	932		30 292	42 215

13-6 续表2 cntinued

单位：万元 (10 000 yuan)

地 区	Region	私营企业 Private Enterprises	其他企业 Other Enterprises	港澳台商投资企业 Enterprises with Funds from Hong Kong, Macao and Taiwan	外商投资企业 Foreign Funded Enterprises	工业销售产值（当年价） Sales Value of Industry (at current price)	#出口交货值 Delivery Value of Exports
全省合计	**Total**	**12148 930**	**158 663**	**1225 696**	**2118 231**	**49629 880**	**991 399**
昆 明	Kunming	2894 620	59 839	630 100	1211 772	17786 015	491 569
曲 靖	Qujing	2101 757	1 310	35 573	348 641	7901 325	123 729
玉 溪	Yuxi	2106 189	608	119 281	98 158	7332 150	69 096
保 山	Baoshan	300 522		41 644	32 970	731 244	42 390
昭 通	Zhaotong	582 912	30 646	50 108		1609 295	2 460
丽 江	Lijiang	264 532			27 075	490 113	12 974
普 洱	Pu'er	248 899		12 788	47 814	727 133	2 983
临 沧	Lincang	199 595	62 059	25 477	4 429	502 524	6 620
楚 雄	Chuxiong	1014 149	1 165	76 783	32 015	2333 014	18 271
红 河	Honghe	919 197		28 056	98 757	5265 177	156 111
文 山	Wenshan	610 273	2 272	1 034		1335 904	8 346
西双版纳	Xishuangbanna	110 264		23 881		257 930	62
大 理	Dali	624 240	765	87 107	144 762	2371 639	49 047
德 宏	Dehong	129 015		93 863	14 140	521 995	3 060
怒 江	Nujiang	13 075			2 535	270 988	
迪 庆	Diqing	29 693			55 162	164 636	4 680

13-6 续表3 Continued

单位：万元 (10 000 yuan)

地 区	Region	资产合计 Total Assets	产成品 Finished Goods	流动资产年平均余额 Annual Average Balance of Working Capitals	固定资产净值年平均余额 Annual Average Balance of Net Value of Fixed Assets	负债合计 Total Liabilities
全省合计	**Total**	**76 748 797**	**2 660 828**	**31 652 287**	**27 098 910**	**43 824 813**
昆 明	Kunming	24 411 233	1 056 840	11 607 783	6 913 328	13 700 520
曲 靖	Qujing	11 359 237	226 178	4 397 194	4 586 907	6 980 822
玉 溪	Yuxi	8 855 478	281 124	4 271 206	2 159 638	3 372 068
保 山	Baoshan	1 962 488	77 749	632 178	696 226	1 273 635
昭 通	Zhaotong	3 556 874	41 351	1 355 755	1 151 060	1 859 723
丽 江	Lijiang	888 981	23 938	319 239	364 665	546 573
普 洱	Pu'er	2 810 414	60 774	585 264	1 585 972	2 120 538
临 沧	Lincang	1 110 222	58 916	384 539	494 818	708 512
楚 雄	Chuxiong	3 328 406	109 121	1 493 271	1 059 269	1 646 834
红 河	Honghe	8 746 547	395 057	3 694 788	3 642 648	5 512 195
文 山	Wenshan	2 433 520	130 496	799 394	1 095 820	1 492 100
西双版纳	Xishuangbanna	616 755	36 274	275 665	199 096	336 967
大 理	Dali	2 958 642	126 985	1 181 765	1 150 715	1 597 572
德 宏	Dehong	1 777 831	15 992	317 325	1 057 462	1 296 092
怒 江	Nujiang	692 903	6 633	208 066	321 440	439 346
迪 庆	Diqing	491 956	13 402	119 643	293 910	364 075

13-6 续表4 cntinued

单位：万元

地区	Region	主营业务收入 Revenue from Principal Business	# 主营业务税金及附加 Taxes and Other Charge on Principal Business	营业费用 Operating Expenses	管理费用 Administration Expenses
全省合计	**Total**	**49 680 832**	**4 423 643**	**1 500 096**	**2 820 950**
昆　明	Kunming	18 084 179	1 045 626	685 307	928 478
曲　靖	Qujing	7 896 081	640 066	151 744	412 178
玉　溪	Yuxi	7 217 711	1 463 828	185 168	394 106
保　山	Baoshan	675 933	9 345	34 975	56 163
昭　通	Zhaotong	1 568 039	224 743	56 677	138 107
丽　江	Lijiang	466 488	9 745	19 958	35 121
普　洱	Pu'er	660 570	5 786	21 418	52 005
临　沧	Lincang	516 630	5 629	22 230	54 635
楚　雄	Chuxiong	2 275 780	288 188	50 552	125 050
红　河	Honghe	5 340 957	533 615	105 392	320 033
文　山	Wenshan	1 355 485	14 987	45 636	86 417
西双版纳	Xishuangbanna	262 475	3 621	26 201	30 313
大　理	Dali	2 353 110	169 978	67 929	121 196
德　宏	Dehong	528 767	3 202	13 655	29 930
怒　江	Nujiang	269 316	2 346	7 040	26 503
迪　庆	Diqing	180 511	2 661	6 215	10 494

13-6 续表5 Continued

单位：万元　　(10 000 yuan)

地区	Region	利润总额 Total Profit	亏损企业亏损总额 Total Losses of Loss making Enterprises	利税总额 Total Pre-tax Profits	本年应交增值税 Value Added Tax Payable	年末从业人数（人） Employed Persons at Year-end (person)
全省合计	**Total**	**3 602 465**	**597 709**	**10 941 773**	**2 915 665**	**858 033**
昆　明	Kunming	1 114 781	227 895	2 981 052	820 645	237 940
曲　靖	Qujing	507 104	105 166	1 614 702	467 532	154 719
玉　溪	Yuxi	615 546	28 307	2 597 874	518 500	81 817
保　山	Baoshan	57 941	11 435	115 703	48 417	26 715
昭　通	Zhaotong	170 919	14 082	530 392	134 730	46 758
丽　江	Lijiang	46 973	2 728	87 336	30 618	16 336
普　洱	Pu'er	25 721	26 399	84 694	53 187	24 723
临　沧	Lincang	20 031	16 696	58 313	32 653	17 616
楚　雄	Chuxiong	184 365	9 367	619 005	146 452	42 141
红　河	Honghe	324 666	65 058	1 194 847	336 567	99 218
文　山	Wenshan	212 143	11 766	340 073	112 943	25 758
西双版纳	Xishuangbanna	35 380	9 275	60 285	21 284	10 210
大　理	Dali	236 651	23 391	519 105	112 476	47 160
德　宏	Dehong	21 700	31 613	62 333	37 432	15 075
怒　江	Nujiang	17 935	4 710	48 169	27 887	6 318
迪　庆	Diqing	3 144	9 823	17 049	11 244	3 784

13-7 各地区规模以上工业主要财务分析指标（2009年）

Main Financial Analysis Indicators of Industry above Designated by Region (2009)

地 区	Region	综合经济效益指数 (%) Composite Economic Performance Index (%)	总资产贡献率 (%) Ratio of Total Assets to Industrial Output Value (%)	资本保值增值率 (%) Capital Maintenance and Increment Ratio (%)	资产负债率 (%) Assets-Liability Ratio (%)	流动资产周转率 (%) Ratio of Turnover of Working Capitals (%)	成本费用利润率 (%) Ratio of Profits to Cost (%)	全员劳动生产率（元/人） Overall Labor Productivity (yuan/person)	产品销售率 (%) Proportion of Products Sold (%)
全省合计	**Total**	**233.8**	**15.9**	**108.5**	**57.1**	**1.6**	**8.5**	**192 961**	**95.8**
昆 明	Kunming	228.4	12.5	95.1	56.1	1.6	6.9	207 992	96.6
曲 靖	Qujing	210.8	17.5	146.8	61.5	1.8	7.5	144 988	97.2
玉 溪	Yuxi	405.1	30.1	102.9	38.1	1.7	12.0	408 716	97.5
保 山	Baoshan	140.5	8.0	107.0	64.9	1.1	9.5	69 892	87.6
昭 通	Zhaotong	220.0	18.0	153.2	52.3	1.2	14.2	124 436	98.7
丽 江	Lijiang	181.4	12.4	132.6	61.5	1.5	11.1	99 008	94.6
普 洱	Pu'er	140.3	5.4	110.1	75.5	1.1	3.9	114 847	92.2
临 沧	Lincang	131.2	7.4	116.7	63.8	1.3	3.9	83 306	92.2
楚 雄	Chuxiong	253.9	21.0	112.8	49.5	1.5	10.1	200 115	97.3
红 河	Honghe	243.5	16.0	106.4	63.0	1.5	7.2	222 084	91.7
文 山	Wenshan	270.7	15.7	94.0	61.3	1.7	18.3	197 336	89.0
西双版纳	Xishuangbanna	161.9	11.2	98.4	54.6	1.0	14.1	68 974	83.8
大 理	Dali	249.9	19.6	112.0	54.0	2.0	11.9	179 576	95.7
德 宏	Dehong	126.1	6.0	128.2	72.9	1.7	4.3	71 256	101.2
怒 江	Nujiang	174.6	9.4	99.1	63.4	1.3	7.1	129 148	110.7
迪 庆	Diqing	105.3	6.3	89.9	74.0	1.5	1.9	66 374	85.5

13-8 主要工业产品产量（2009年）

Output of Major Industrial Products (2009)

单位：万吨 (10 000 tons)

名　称	Item	生产量 Output
原　煤	Coal	8 921.02
洗精煤	Washed Coal	826.25
焦　炭	Coke	1 456.52
#机 焦	Machine-made Coke	436.91
发电量（亿千瓦小时）	Electricity (100 million kwh)	1 173.82
#水 电	Thermal Power	625.75
火 电	Hydro Power	548.07
铁矿石原矿量	Ironstone in Original Iron Ores	2 257.02
锰矿石成品矿	Manganese Ore	105.66
铜选矿产品含铜量	Copper Content of Copper Dressing Products	21.49
铅选矿产品含铅量	Lead Content of Lead Dressing Products	12.89
锌选矿产品含锌量	Zinc Content of Zinc Dressing Products	62.26
锡选矿产品含锡量	Stannum Content of Stannum Dressing Products	5.47
钨精矿折含量(吨)	tungsten ores & concentrates (ton)	3 551.60
硫铁矿（折S 35%）	Pyrite Ore(converted into 35% sulphur)	38.37
磷矿石（折P_2O_3 30%）	Rock Phosphate (converted into 30% P_2O_3)	2 134.32
生　铁	Pig Iron	1 294.30
粗　钢	Crude Steel	1 049.05
钢　材	Rolled Steel	973.30
中小型型钢	Medium and Small Rolled Steel	12.42
棒　材	Steel Bar	155.90
钢　筋	Corrugated Steel Bar	354.20
盘　条（线材）	Wire Rod	284.60
中　板	Medium Steel Plate	11.21
铁合金（吨）	Ferroalloy	730 235.82
十种有色金属（吨）	Ten Kinds of Nonferrous Metals	2 157 985.47
# 铜	Copper	298 556.32
原 铝	Primary Aluminum	607 544.00
铅	Lead	360 756.15
锌	Zinc	790 600.00
锡	Stannum	74 679.00
锑	Stibium	22 898.00
硫　酸（折100%）	Sulfuric Acid(converted into 100% SO_2)	939.20
烧　碱（折100%)(吨)	Caustic soda (converted into 100% sodium hydroxide)(ton)	205 594.00
电　石（折合量)(吨)	Calcium Carbide(ton)	605 432.08
三聚磷酸钠（吨）	Sodium tripolyphosphate (ton)	112 626.00
黄　磷（吨）	Yellow Phosphorus(ton)	432 752.34
纯　碱（吨）	Soda ash(ton)	140 877.90
塑　料（吨）	Plastic (ton)	343 090.94
合成氨	Synthetic ammonia	168.18
化　肥(折100%)	Chemical Fertilizer(converted into 100% nitrogen,phosphorus and kalium)	356.73
#氮　肥	Nitrogen Fertilizer	147.55
磷　肥	Phosphate fertilizer	209.18
化学农药（吨）	Chemical Pesticide	1 325.00
农用簿膜（吨）	Agriculture Plastic Film (ton)	46 322.61
小型拖拉机（台）	Agricultural Transport Machinery(units)	31 953.00
配混合饲料	Mingled Forage	145.18
复烤烟叶(吨)	Flue-cured Tobacco(ton)	396 859.25
卷　烟（亿支）	Cigarettes(100 million pieces)	3 457.90
成品糖	Sugar of Finished Product	223.91
发酵酒精（折96度)(千升)	Fermenting Alcohol (kiloliter)	208 640.17
精制茶叶（吨）	Refined Tea (ton)	98 328.97

13-8 续表 continued

单位：万吨 (10 000 tons)

名 称	Item	生产量
原 盐	Salt	89.19
饮料酒（千升）	Liquor (kiloliter)	732 281.51
#白 酒（折65度）	White Spirit (converted into 65% alcoholicity)	235 294.01
啤 酒	Beer	481 696.57
葡萄酒	Wine	6 529.52
软饮料	Soft Drinks	166.29
罐 头（吨）	Canned Food (ton)	24 195.00
乳制品（吨）	Milk Products (ton)	289 258.46
糖 果（吨）	Candy(ton)	10 258.18
化学纤维（吨）	Chemical Fiber(ton)	36 258.00
纱（吨）	Yarn (ton)	6 729.23
布（万米）	Cloth (10 000 m)	364.95
#纯棉布	Cotton Cloth	364.95
印染布（万米）	Printed Fabric (10 000 m)	2 197.00
丝（吨）	Silk (ton)	2 236.67
丝织品（万米）	Silk Products (10 000 m)	30.10
服 装（万件）	Garments (10 000 pieces)	734.97
塑料制品（吨）	Plastic Products (ton)	343 090.94
自来水生产量（万立方米）	tap water output (10 000 cu.m)	64 624.63
合成洗涤剂（吨）	Synthetic Detergents (ton)	11 204.00
肥 皂(吨)	Soap (ton)	1 827.00
日用精铝制品（吨）	Refined Aluminium Products for Daily Use (ton)	9 827.90
日用陶瓷器（万件）	Ceramics for Daily Use (10 000 units)	18 191.22
日用玻璃制品（吨）	Glass Products for Daily Use (ton)	137 552.00
干电池（万只）	Dry Battery(10 000 units)	367.00
皮 鞋（万双）	Leather Shoe (10 000 pairs)	75.76
纸 浆（吨）	paper pulp (ton)	206 369.72
机制纸及纸板（吨）	Machine-made Paper and Cardboard (ton)	460 231.37
大 米	Rice	104.69
小麦粉	wheat flour	23.90
食用植物油（吨）	Edible Vegetable Oil (ton)	196 335.34
水 泥	Cement	5 046.45
平板玻璃（万重量箱）	Plate Glass (10 000 weight boxes)	501.49
大理石板材（万平方米）	Marble Building Block (10 000 sq.m)	474.70
商品混凝土（万立方米）	Concrete (10 000 cu.m)	512.51
人造板（立方米）	Manmade Plates (10 000 cu.m)	1215 115.05
复合地板（万平方米）	Engineered Floor(10 000 cu.m)	287.83
松 香（吨）	Rosin(ton)	129 318.09
矿山设备（吨）	Mining Equipment(ton)	20 195.00
金属轧制设备（吨）	Metal Shaping Equipment (ton)	3 281.00
起重设备（吨）	lifting equipment (ton)	4 664.50
发电设备（千瓦）	Power Equipment (kw.)	861 580.00
交流电动机（万千瓦）	Alternating Current Motor (10 000 kw.)	150.52
变压器（万千伏安）	Transformer (10 000 KVA)	1 996.07
工业锅炉（蒸发量吨）	Industrial Boilers (evaporation ton)	208.00
金属切削机床（台）	Metal-cutting Machine Tools (unit)	20 394.00
汽 车（辆）	Motor Vehicles (unit)	72 692.00
#轿 车	Cars	15.00
内燃机（万千瓦）	Internal Combustion Engines (10 000 kw)	1 695.74
电力电缆（公里）	Electric Power Cable (km)	241 338.00
轴 承（万套）	Bearing (10 000 units)	195.44
阀 门（吨）	valve(ton)	1 541.00
打印机（台）	Printers (unit)	81 331.00
单色印刷（万令）	single-color printing (10 000 reams)	175.20
轻 革（万平方米）	Light Leather (10 000 sq.m.)	0.99
油 漆（吨）	oil paint (ton)	16 957.30
化学医药（吨）	Chemical Medicine (ton)	2 242.66
中成药（吨）	Chinese Traditional Patent Medicine (ton)	17 825.66
轮胎外胎（万条）	Outer Tyre (10 000 units)	447.14

主要统计指标解释

工业 我国的工业包括以下四个方面的生产活动:

1.对自然资源的开采，如：采矿、晒盐等，但不包括禽兽捕猎、水产捕捞和森林采伐。

2.对农副产品的加工、再加工，如：粮油加工、食品加工、缫丝、纺织、制革等。

3.对采掘品的加工、再加工，炼铁、炼钢、轧钢、化工生产、石油加工、机械制造、木材加工等，以及电力、水、燃气的生产和供应等。

4.对工业品的修理、翻新，如：机器设备的修理、交通运输工具（包括小卧车）的修理等。

1984 年以前农村的村及村以下办工业归属农业，1984 年及以后划归工业。

独立核算法人工业企业和工业活动单位 工业统计调查单位分为两类: 独立核算法人工业企业和工业活动单位。

独立核算法人工业企业 是指从事工业生产经营活动的单位。应同时具备以下条件:

1.依法成立,有自己的名称，组织机构和场所，能够承担民事责任。

2.独立拥有和使用资产，承担负债，有权与其他单位签订合同。

3.独立核算盈亏，并能够编制资产负债表。

工业活动单位 是指在一个场所从事一种或主要从事一种工业生产活动的经济单位。一般应同时具备以下三个条件:

1.具有一个场所，从事一种或主要从事一种工业活动。

2.单独组织工业生产、经营或业务活动。

3.单独核算收入和支出。

国有经济（全民所有制工业） 是指生产资料归国家所有的一种经济类型。包括中央和地方各级国家机关,事业单位和社会团体使用国有资产和使用自有资金投资举办的工业企业。1957 年以前的公私合营和私营工业,后均改造为国营工业，这部分工业资料不单独列时，均包括在国有经济内。

集体经济 是指生产资料归公民、集体所有的一种经济类型，包括城乡所有使用集体投资举办的工业企业,以及部分个人通过集体自愿放弃所有权并依法经工商行政管理机关认定为集体所有制的工业企业。

私营经济 是指生产资料归公民私人所有，以雇佣劳动力为基础的一种经济类型，包括私营独资企业,私营合伙企业和私营有限责任公司。

个体经济 是指生产资料归劳动者个人所有，以个体劳动为基础，劳动成果归劳动者个人占有和支配的一种经济类型。

“三资工业” 包括外商投资经济和港、澳、台投资经济。

其他经济 指除国有经济、集体经济和私营、个体经济以外的其他经济，包括联营经济、股份制经济、外商投资经济、港、澳、台投资经济等。

轻工业 指提供生活消费品和制作手工工具的工业，是为满足人们吃、穿、用需要的工业。按其所使用的原料不同，可分为两大类:

1.以农产品为原料的轻工业 是指直接或间接以农产品为基本原料的轻工业。主要包括食品制造、饮料制造、烟草加工、纺织、缝纫、皮革和毛皮制作、造纸以及印刷等工业。

2.以非农产品为原料的轻工业 是指以工业品为原料的轻工业,主要包括文教体育用品、化学药品制造、合成纤维制造、日用化学制品、日用玻璃制品、日用金属制品、手工工具制造、医疗器械制造、文化和办公用机械制造等工业。

重工业 指生产生产资料的工业，是为国民经济各部门提供物质技术基础的工业。按其生产和产品用途，可分为下列三大类:

1.**采掘工业** 是指对自然资源的开采，包括石油开采、煤炭开采、金属矿开采和非金属矿开采等工业;

2.**原材料工业**　是指提供国民经济各部门使用的原料、动力和燃料的工业。包括金属冶炼及加工、炼焦及焦炭化学、化工原料、水泥、人造板以及电力、石油和煤炭加工等工业；

3.**加工工业**　是指对原材料进行加工制造的工业。包括装备国民经济各部门的机械设备制造工业、金属结构、水泥制品等工业，以及为农业提供的生产资料和化肥、农药等工业。

根据上述划分原则，修理业中修理作业对象是重工业的划为重工业，反之划为轻工业。

大、中、小型企业　从 2003 年年报开始企业规模的划分标准，执行《统计上大中小型企业划分办法（暂行）》的规定，按照企业资产总计、主营业务收入、从业人员平均人数的大小，将企业划分为大型、中型和小型。

工业总产值　是以货币表现的工业企业在一定时间内生产的工业产品总量，它反映工业生产的总规模和总水平。它包括：在本企业内不再进行加工，经检验、包装入库的成品价值、对外加工费收入、自制半成品、在制品期末期初差额价值。工业总产值采用“工厂法”计算，即以工业企业作为一个整体，按企业工业生产活动的最终成果计算，企业内部不允许重复计算，不能把企业内部各个车间（分厂）生产的成果相加。但在企业之间、行业之间、地区之间存在重复计算。

轻重工业总产值的划分也是按“工厂法”计算的，即一个工业企业在正常情况下生产的主要产品的性质属于轻工业，则该企业的全部总产值作为轻工业总产值；一个工业企业生产的主要产品的性质属于重工业，则该企业的全部总产值作为重工业总产值。

工业总产值新规定的主要修订内容　自 1992 年起，国务院决定以国内生产总值作为衡量国民经济发展的总量指标，以工业增加值作为衡量工业经济的总量指标，淡化工业总产值指标的作用。但工业增加值指标的计算仍然要以工业总产值为基础。为使工业总产值的计算口径与工业中间投入的计算相配套，减少计算难度，保证工业增加值计算的准确性，在第三次全国工业普查方案中，针对工业总产值计算原规定的缺陷，对其作了下列四个方面的修订：

1.凡用自备原材料生产的产品，不论其加工的繁简程度如何，一律按全价，即工业总产值包括自备原材料的价值。

2.凡承接来料加工生产的产品，加工企业一律按财务上结算的加工费计算工业总产值，即不包括定货者来料的价值。

3.自制半成品、在制品期末期初差额价值，原则上应计入工业总产值，不再按生产周期是六个月以上还是六个月以下来区分是否计入工业总产值。

4.现价工业总产值一律采用不含销项税额的价格计算。

工业总产值计算新规定与原规定的区别主要包括以下两点：

1.计算口径不同

（1）全价与加工费的计算原则不同：新规定凡用自备原材料生产的产品，不论其加工的繁简程度如何，一律按加工费计算工业总产值。原规定则根据加工的繁简程度，有一些特殊规定，即对某些来料加工，允许按全价计算工业总产值，对某些自备原材料生产的产品，只允许按加工费计算总产值。

（2）自制半成品、在制品期末、期初差额价值计算规定不同：新规定要求原则上将自制半成品在制品期末期初差额价值计入工业总产值，并明确，如果会计的产品成本核算计算了这部分价值，工业总产值中也相应包括，否则可不包括；原规定，凡生产周期在六个月以上的产品，在计算工业总产值时应包括这部分差额价值，否则，可不包括这部分价值。

2.计算价格不同

按新规定计算的工业总产值按不含销项税额的价格计算；原规定则按含销项税额的价格计算。按 1990 年不变价格计算的工业总产值则不涉及计算价格扣除增值税的问题。

有关工业总产值计算的新规定详见《第三次全国工业普查实施方案》。

工业增加值　是指工业企业在一定时期内以货币表现的工业生产活动的最终成果。

工业企业主要财务指标

1.**固定资产原价(原值)**：指企业在建造、购置、安装、改建、扩建、技术改造某项固定资产时所支出的全部货币总额。一般包括买价、包装费、运杂费和安装费等。

2.**固定资产净值**：指固定资产原价减去历年所提折旧额的净额。

3.**流动资产平均余额** 流动资产是指可以在一年或者超过一年的一个营业周期内变现或者耗用的资产，包括现金及各种存款、短期投资、存货等；流动资产平均余额指全部流动资产报告期平均余额。计算公式为:

流动资产月平均余额=月初、月末流动资产余额之和 ÷ 2

流动资产季平均余额=季内各月流动资产平均余额之和 ÷ 3

流动资产年平均余额=1 至 12 月各月流动资产平均余额之和 ÷ 12

工业企业主要经济效益指标

1. **全员劳动生产率** 指根据产品的价值量指标的平均每一职工在单位时间内的产品生产量。目前我国的全员劳动生产率是用工业总产值或工业增加值除以同一时期全部职工的平均人数来计算的。计算公式为:

全员劳动生产率=工业总产值/全部职工平均人数 × 12/累计月份

或=工业增加值/全部职工平均人数 × 12/累计月份

2.**工业产品销售率** 指报告期工业销售产值与同期全部工业总产值之比，反映工业产品生产已实现销售的程度。计算公式为:

工业产品销售率（%）=报告期现价工业销售产值/报告期现价工业总产值 × 100%

3.**工业资产利税率** 指报告期已实现的利税总额与同期的资产（流动资产和固定资产净值）之比，反映企业资金运用的经济效益。计算公式为:

工业资产利税率(%)=报告期止累计实现利税总额/报告期平均流动资产+固定资产净值平均余额 × 12/累计月数 × 100%

4.**工业增加值率** 指报告期工业增加值与同期工业总产值之比，反映降低中间消耗的经济效益。计算公式为:

工业增加值率（%）=报告期工业增加值/（报告期现价工业总产值（新规定）+报告期销项税额）× 100%

5.**工业成本费用利润率** 指报告期实现利润总额与成本费用之比，反映降低成本的经济效益。计算公式为:

工业成本费用利润率（%）=报告期实现利润总额/报告期成本费用总额 × 100%

成本费用是产品销售成本、产品销售费用、管理费用、财务费用之和

6.**流动资产周转率** 指一定时期内流动资产完成的周转次数,反映流动资产的周转速度。计算公式为:

流动资产周转率=报告期止累计产品销售收入/报告期平均流动资产 × 12/累计月数

7.**资产负债率** 又称债务比率，该比率反映在企业资产总额中有多少资产是通过借债而得到的。是反映企业长期偿债能力的指标之一，也可以用于衡量企业利用债权人提供资金进行经营活动的能力以及企业在清算时保护债权人利益的程度。计算公式为:

资产负债率=负债总额 ÷ 资产总额 × 100%

8.**总资产贡献率** 是反映全部资产的获利能力，是企业管理水平和经营业绩的集中体现。计算公式为:

总资产贡献率（%）=利润总额＋利息支出/平均资产总额 × 12/累计月数 × 100%

平均资产总额为资产总计期初、期末之和的算术平均值。即:

平均资产总额=（期初资产总额＋期末资产总额）÷ 2

9.资本保值增值率 反映企业资产的变动状况，是企业发展能力的集中体现。计算公式为:

资产保值增值率（%）= 期末所有者权益/期初所有者权益 × 100%

Explanatory Notes on Principal Statistical Indicators

Industry refers to the material production sector which is engaged in the following four aspects:

1. extraction of natural resources, such as mining, salt production, but not including hunting, fishing and logging;

2. processing and reprocessing of farm and sideline produces, such as rice husking, food processing, flour milling, wine making, oil pressing, cotton ginning, silk reeling, spinning and weaving, and leather making;

3. manufacturing of extracted products, such as steel making, iron smelting, chemicals manufacturing, petroleum processing, machine building, timber processing; water and gas production and electricity generation and supply;

4.repairing and renovating of industrial products, such as the repairing of machinery, equipment and means of transport (including cars) etc..

Prior to 1984, the rural industry run by villages and cooperative organizations under village was classified into agriculture. Since 1984, it has been grouped into industry.

Corporate Industrial Enterprises with Independent Accounting System and Industrial Activity Entities Units of industrial statistics and inquiry are classified into two categories:corporate industrial enterprises with independent accounting system and industrial activity entities.

Corporate Industrial Enterprises with Independent Accounting System refer to enterprises engaging in industrial production activities, which meet the following requirements:

1. Established legally, having their own names, organizations, location, and being able to take civil liability;

2. Legally possessing and having the right to their assets independently, to assume liabilities, and to sign contracts with other entities;

3. Being able to calculate profit and loss independently and prepare their own balance sheets.

Industrial Activity Entities refer to the economic entities located in one single place and engaged entirely or primarily in one kind of industrial activity. Which generally meet the following requirements:

1. Having regular location and entirely or mainly engaging in one kind of industrial activity;

2. Operating and managing their industrial production activities independently;

3. Having independent accounting system for income and expenditures.

State-owned Enterprises (Whole People Owned Industry) refers to a type of industrial enterprises where the means of production are owned by the state. It includes the industrial enterprises run by the central and local state agencies at all levels and by institutions and social groups in using state-owned assets and self-owned funds. Joint state-private industries and private industries, which existed before 1957, have been transformed into state industries. Statistics on these enterprises has been included in the state-owned industries since 1957 when separation of data was no longer necessary.

Collective-owned Enterprises refers to a type of industrial enterprises where the means of production are owned collectively, including urban and rural enterprises invested by collectives and some enterprises which were formerly owned privately but have been registered in industrial and commercial administration agencies as collective entities through raising funds from the public.

Private Enterprises refers to a type of economic entities where the means of production are owned privately and employed labor force is taken as their basis. It includes private solely-funded enterprises, private partnership enterprises and private limited liability companies.

Individual Enterprises refers to a type of economic entities where the means of production are owned by individual laborer, individual labor is taken as their basis and labor fruits are owned by individual laborer.

Other Enterprises refers to other enterprises excluding state-owned, collective-owned, private-owned and individual enterprises. It includes joint ownership enterprises, joint stock enterprises, foreign funded enterprises, and enterprises funded by Hong Kong, Macao and Taiwan, etc.

Light Industry refers to the industry that produces consumer goods and hand tools, satisfying people's need of eating, clothing and using. It consists of two categories, depending on the materials used:

1. Industries using farm products as raw materials. These are branches of light industry which directly or indirectly use farm products as basic raw materials, including food and beverages production, tobacco processing, textile, clothing, fur and leather making, paper making, printing, etc.;

2. Industries using non-farm products as raw materials. These are branches of light industry which use manufactured goods as raw materials, including the manufacture of cultural, educational articles and sports goods, chemicals, synthetic fiber, chemical products for daily use, glass products for daily use, metal products for daily use, hand tools, medical apparatus and instruments, and cultural and clerical machinery.

Heavy Industry refers to the industry, which produces capital goods, and provides various sectors of the national economy with necessary material and technical basis. It consists of the following three branches according to the purpose of production or the use of products:

1. **Mining, quarrying and logging industry** refers to the industry that extracts natural resources, including extraction of petroleum, coal, metal and non-metal ores and logging;

2. **Raw materials industry** refers to the industry that provides various sectors of the national economy with raw materials, fuels and power. It includes smelting and processing of metals, coking and coke chemistry, chemical materials and building materials such as cement, plywood, and power, petroleum refining and coal dressing;

3. **Manufacturing industry** refers to the industry that processes raw materials. It includes machine building industry which equips sectors of the national economy, industries of metal structure and cement products, industries producing means of agricultural production, such as chemical fertilizers and pesticides.

According to the above principle of classification, repairing trades which are engaged primarily in repairing products of heavy industry are classified into heavy industry while those engaged in repairing products of light industry are classified into light industry.

Large-scale, Medium-scale and Small-scale Enterprises Enterprises are classified into three categories: large-scale, medium-scale and small-scale enterprises according to their total assets, annual sales revenue of products and average number of employed persons. The regulations of Methods of Classification of Enterprises by Scale in Statistics have been carried out as the standards of classification since 2003.

Gross Industry Output Value is the total volume of industrial products produced during a given period in monetary terms, which reflects the total achievements and overall scale of industrial production. It includes value of finished products, which are not to be further processed in the enterprises and have been inspected, packed and put in storage, income from external processing, and differential value of self-made semi-finished products and products in process at the end and beginning of the report period. The gross industrial output value is calculated by the "factory method", i.e. an industrial enterprise is treated as the basic amounting unit in calculating the gross industrial output value; no double calculations are to be made within the same enterprise, e.g. the output value of the different workshops (branch factories) of an enterprises should not be added, however, this method does not exclude the possibility of double counting among different enterprises, industries and regions.

Output value of light and heavy industries is also classified by the "factory" method, i.e. if the major products of an industrial enterprise belongs to light industry products, the gross output value of that enterprise is classified wholly into light industry; the same principle applies to heavy industry.

Explanation: differences between the new regulations and the original ones for calculation of gross industrial output value (main points) Since 1992 the State Council has decided to adopt gross domestic product as the total amount index to measure development of the national economy, to adopt added value of industry as the total amount index to measure industrial economy and to downplay the function of the index of gross industrial output value. But the calculation of industrial added value is still based on gross industrial output value. In order to coordinate the principles of calculation of gross industrial output value and of calculation of industrial intermediate input, to reduce the difficulty of calculation and to ensure the accuracy of industrial added value, the revision was made in the following four aspects to counter the defects in the original regulations for the calculation of gross industrial output value in the Third National Industrial General Survey Scheme:

1. Products produced with self-prepared raw material are calculated at all-round price in reporting the gross industrial output value, irrespective complexity of simplicity of production, i.e., the gross industrial output value includes the value of self-prepared raw material.

2. Products processed with supplied materials are calculated, according to processing charges financially settled in reporting the gross industrial output value, i.e., the gross industrial output value excludes the value of orders' material.

3. Differential value of self-made semi-finished products and product in process at the end and beginning of the report period should be calculated into the gross industrial output value in principle and the old method in which inclusion or exclusion of the differential value is determined by whether the production cycle is over or below six months is not applied.

4. Current gross industrial output value is all calculated at price without sales tax.

There are two main differences between the new regulations and the original one for calculation of gross industrial output value:

1 Difference in principle of calculation

1).Different principles of calculation for all-round price and processing charge: according to the new regulations, the product produced with self-prepared raw material is calculated at all-round price in reporting the gross industrial output value, no matter how complex or simple its processing is. Under the original regulations, the use of all-round price or processing charge in calculation the complexity or simplicity of processing, i.e., for some products processed with supplied materials gross industrial output value was calculated at all-round price and for some products produced with self-prepared materials, gross industrial output value was calculated only according to the processing charge.

2).Different principles of calculating the differential value of self-made semi-finished products and product in process at the end and beginning of the report period: according to the new regulations, the differential value (of self-made semi-product and product in progress at the beginning and end of period) is calculated into gross industrial output value in principle and it is made clear that if the value is included in product cost, it should be included in gross industrial output value accordingly, otherwise it can not be included. Under the original regulations, for the product with the production cycle over six months, gross industrial output value should include the differential value, otherwise it can not be included.

2. Difference in calculation price

Gross industrial output value is calculated at price without sales tax under the new regulations, while at price with sales tax under the original regulations. The gross industrial output value calculated at fixed price in 1990 does not involve the question of whether value added tax is deducted from calculation price.

The details of the new regulations for calculation of gross industrial output value can refer to the Third National Industrial General Survey Scheme.

Added Value of Industry refers to the final results of industrial production of industrial enterprises in monetary terms during the report period.

Principal Finance Indicators of Industrial Enterprises

1. **Original Value of Fixed Assets** refers to the value of payment made by enterprises, in building, purchase, installation, reconstruction, expansion, and technical transformation of a particular item of fixed assets, which includes expenses on purchase, package, transportation, and installation, etc.

2. **Net value of fixed assets** refers to the balance of the original value of fixed assets minus the amount of accumulated depreciation.

3. **Average balance of current assets:** current assets refer to the assets which can be liquidated or consumed within an operating cycle of one year or over one year, including cash and various deposits, short-term investment, inventory, etc.; average balance of current assets refers to the average balance of all the current assets in the report period. The formulae are as follows:

Monthly Average Balance of Current Assets = Sum of Balance of Current Assets at Beginning and End of Month ÷2

Quarterly Average Balance of Current Assets = Sum of Balance of Current Assets in Each Month of Quarter ÷3

Annual Average Balance of Current Assets = Sum of Balance of Current Assets in Each Month from January to December ÷12

Principal Indicators on Economic Performances of Industrial Enterprises

1. **Overall Labor Productivity** refers to the average output per employed person of industrial enterprises in unit time in value terms. At present, gross industrial output value or added value of industry and average number of staff and workers of an industrial enterprise in a given period are used to calculate overall labor productivity. The formula used is as follows:

Overall Labor Productivity = Gross Industrial Output Value/Average Number of Staff and Workers × 12/Aunmulated Months or = Added Value of Industry/Average Number of Staff and Workers × 12/Aunmulated Months

2. **Ratio of Sales to Gross Output Value** refers to the ratio of industrial sales value in the report period to gross industrial output value in the same period, which reflects the linkage between the industrial production and the realized sales. The formula is as follows:

Ratio of Sales to Gross Output Value = (Industrial Sales Value at Current Price in the Report Period/Gross Industrial Output Value at Current Price in the Report Period) × 100%

3. **Ratio of Profits and Tax to Assets** refers to the ratio of total realized profits and tax in the report period to assets (net value of current assets and fixed assets) in the same period, which reflects the economic efficiency of fund utilization. The formula is as follows:

Ratio of Profits and Tax to Assets (%) = [Total Accumulated Profit and Tax by the End of Report Period/(Average Current Assets in the Report Period + Average Balance of Net Value of Fixed Assets)] × 12/Accumulated Months × 100%

4. **Value-added Rate of Industry** refers to the ratio of added value of industry in the report period to gross output value in the same period, which reflects the economic efficiency of reduction in intermediate input and is calculated as follows:

Value-added Rate of Industry (%) = (Added Value of Industry in the Report Period/Gross Industrial Output Value at Current Price) in the Report Period + Sales Tax in the Report Period) × 100%

5. **Ratio of Profits to Total Costs and Expenses** refers to the ratio of profits realized in the report period to the total costs and expenses in the same period, which reflects the economic efficiency of cost reduction. It is calculated as follows:

Ratio of Profits to Total Costs and Expenses (%) = (Total Profits Realized in the Report Period/Total Costs and Expenses in the Report Period) × 100%

Costs and expenses are the sum of product sales cost, product sales expenses and financial expenses.

6. **Turnover Rate of Current Assets** refers to the number of times of turnover of current assets in a given period of time, which reflects the speed of the turnover of current assets. It is calculated as follows:

Turnover Rate of Current Assets (%) = (Accumulated Sales Revenue of Products by the End of Report Period/Average Current Assets in the Report Period) × 12/Accumulated Months

7. **Ratio of Debts to Assets** reflects the proportion of assets obtained by borrowing in the total assets of an enterprise. It is one of the indicators reflecting the debt repaying capability of an enterprise in the long run and can also be used to measure the operating capability of an enterprise with the capital from creditors and the degree to which an enterprise can protect the interest of creditor during liquidation. The formula is as follows:

Ratio of Debts to Assets (%) = (Total Debts/Total Assets) × 100%

8. **Contribution Rate of Total Assets** reflects the profit-making capability of all assets and it is a key indicator manifesting the performance and management level of an enterprise. The formula is as follows:

Contribution Rate of Total Assets (%) = [(Total Profits and Tax + Interest Payment)/Total Average Assets] × 12/Accumulated Months × 100%

Total average assets refer to the arithmetic average value of total assets at the beginning and end of period, i.e. Total Average Assets = (Total Assets at the Beginning of Period + Total Assets at the End of Period)÷2.

9. **Rate of Asset Hedge and Increment** reflects the variation of assets of an enterprise and manifests the development capability of an enterprise. The formula is as follows:

Rate of Asset Hedge and Increment (%) = (Owner's Equity at the End of Period/ Owner's Equity at the Beginning of Period) × 100%

十四、建筑业

Construction

14-1 主要年份建筑施工企业个数和人数及施工产值

Number of Construction Enterprises, Employed Persons and Their Output Value in Significant Years

年　份 Year	总　计 Total	国有建筑施工企业 State-owned Construction Enterprises	集体建筑施工企业 Collective-owned Construction Enterprises	其　他 Others
施工企业个数(个) Number of Enterprises (unit)				
1985	2 522	144	2 378	
1990	3 010	123	2 887	
1995	2 657	140	2 517	6
2000	1 564	201	854	509
2001	1 583	190	713	680
2002	1 317	152	440	725
2003	1 231	129	330	772
2004	1 663	122	325	1 216
2005	1 648	111	258	1 279
2006	1 796	110	243	1 443
2007	1 903	107	232	1 564
2008	2 150	105	230	1 815
2009	2 117	100	212	1 805
施工企业人数(人) Number of Employed Persons (person)				
1985	466 428	166 963	299 465	
1990	476 111	160 500	315 611	
1995	646 528	181 237	463 892	1 399
2000	535 519	158 817	253 806	122 896
2001	555 784	141 518	223 031	191 235
2002	517 674	124 543	170 328	222 803
2003	573 651	153 486	135 960	284 205
2004	502 976	105 600	102 822	294 554
2005	553 068	94 660	86 334	372 074
2006	633 161	105 271	90 092	437 798
2007	647 721	116 372	74 208	457 141
2008	658 106	114 925	68 590	474 591
2009	709 901	134 406	60 466	515 029
建筑业总产值(万元) Gross Output Value (10 000 yuan)				
1985	212 751	102 616	110 135	
1990	366 810	185 895	180 915	
1995	1 812 155	737 385	1 071 367	3 403
2000	3 113 352	1 305 512	1 088 314	719 526
2001	3 455 135	1 278 259	1 004 570	1 172 306
2002	3 582 375	1 218 833	777 624	1 585 918
2003	3 969 692	1 322 335	682 398	1 964 959
2004	4 485 045	1 363 090	664 112	2 457 843
2005	5 395 877	1 389 621	580 259	3 425 996
2006	6 728 819	1 839 452	637 809	4 251 558
2007	7 633 192	2 058 647	641 227	4 933 318
2008	9 075 827	2 275 422	714 718	6 085 687
2009	11 968 605	3 042 829	778 393	8 147 383

注：1996年起各种经济类型的，具有资质等级证书的建筑企业均纳入国家统计；集体企业中的农村集体1996年的数据为测算数,以前年度为省乡镇企业局统计数。

Note: Since 1996, the state statistical coverage has included the construction enterprises of various types of ownership with credentials. The figures of rural collective-owned enterprises in 1996 in this table are estimated figures, while before 1996, they were included in the statistical coverage of the provincial bureau of township and town enterprises.

14-2 总承包专业承包建筑施工企业生产情况（2009年）

类　别	Category	企业个数（个）Number of Enterprises (unit)	建筑业总产值（万元）Gross Output Value of Construction (10 000 yuan)
总　计	**Total**	**2 117**	**11 968 605**
按企业控股情况分	**Grouped by Share Holding**	**2 117**	**11 968 605**
国有控股	State-controlled	138	4 612 945
集体控股	Collective-controlled	285	1 445 631
私人控股	Private-controlled	1 655	5 698 561
按国民经济行业分	**Grouped by Sector**	**2 117**	**11 968 605**
房屋和土木工程建筑业	Building and Civil Engineering Construction	1 390	10 791 397
建筑安装业	Construction Installation	299	793 752
建筑装饰业	Construction Decoration	345	180 425
其他建筑业	Others	83	203 031
按企业资质等级分	**Grouped by Qualification Criteria**	**2 117**	**11 968 605**
施工总承包	Construction Contract	1 291	10 771 654
特　级	Special Grade	8	1 022 922
一　级	First Grade	57	4 077 869
二　级	Second Grade	387	3 495 028
专业承包	Professional Contract	785	1 187 977
一　级	First Grade	51	344 402
二　级	Second Grade	280	419 362
劳务分包	Labor Subcontract	40	6 401
按地区分	**Grouped by Region**	**2 117**	**11 968 605**
昆　明	Kunming	992	7 942 400
曲　靖	Qujing	182	749 084
玉　溪	Yuxi	152	387 221
保　山	Baoshan	47	242 035
昭　通	Zhaotong	69	185 907
丽　江	Lijiang	54	165 055
普　洱	Pu'er	81	279 126
临　沧	Lincang	50	175 421
楚　雄	Chuxiong	115	431 919
红　河	Honghe	133	601 534
文　山	Wenshan	38	160 069
西双版纳	Xishuangbanna	27	81 355
大　理	Dali	126	399 634
德　宏	Dehong	34	130 207
怒　江	Nujiang	5	8 238
迪　庆	Diqing	12	29 400

Construction Situation of Construction Enterprises of General Contractors and Professional Contractors (2009)

建筑业总产值 Gross Output Value of Construction		竣工产值 (万元) Value of Construction Completed (10 000 yuan)	房屋建筑施工面积 (万平方米) Floor Space under Construction (10 000 sq.m)		房屋建筑竣工面积 (万平方米) Floor Space Completed (10 000 sq.m)	房屋建筑面积竣工率 (%) Ratio of Floor Space Completed (%)
建筑工程产值 Output Value of Construction Projects	安装工程产值 Output Value of Installation Projects			本年新开工面积 Newly Started Building Area in This Year		
10 257 249	**1 025 228**	**7 433 074**	**4 190.63**	**5 793.63**	**3 771.23**	**48.68**
10 257 249	**1 025 228**	**7 433 074**	**4 190.63**	**5 793.63**	**3 771.23**	**48.68**
4 060 276	353 168	2 238 609	1 148.98	2 116.12	899.99	38.56
1 166 614	182 713	894 362	581.98	676.64	523.10	53.86
4 899 043	419 143	4 204 777	2 408.35	2 963.72	2 329.04	53.34
10 257 249	**1 025 228**	**7 433 074**	**4 190.63**	**5 793.63**	**3 771.23**	**48.68**
9 709 740	488 439	6 575 844	4 115.31	5 766.22	3 720.47	48.69
237 301	525 186	548 871	67.67	20.30	43.63	44.78
152 982	6 488	140 555	4.46	3.93	3.96	63.57
157 226	5 115	167 804	3.19	3.18	3.18	90.50
10 257 249	**1 025 228**	**7 433 074**	**4 190.63**	**5 793.63**	**3 771.23**	**48.68**
9 639 885	548 889	6 547 460	4 103.86	5 690.76	3 689.21	48.52
972 686	23 142	413 697	143.72	297.95	136.88	43.93
3 597 560	295 232	2 126 245	1 578.42	2 563.91	1 104.63	37.28
3 150 819	127 806	2 436 589	1 415.42	1 832.54	1 499.33	56.61
614 904	476 339	883 511	84.60	100.38	80.56	56.80
243 793	88 685	256 480	28.25	52.68	34.63	57.65
230 094	169 211	302 198	20.31	7.35	21.38	74.10
10 257 249	**1 025 228**	**7 433 074**	**4 190.63**	**5 793.63**	**3 771.23**	**48.68**
6 768 550	811 340	4 602 471	2 337.45	3 540.17	1 942.68	44.46
630 848	47 735	531 088	412.91	451.49	399.09	53.53
351 453	12 418	350 343	220.32	309.93	286.55	64.60
225 500	250	176 082	97.65	130.12	113.38	68.84
162 090	14 359	103 671	90.86	91.67	87.51	68.02
147 420	7 995	113 203	64.72	73.29	62.87	63.26
241 705	24 234	174 907	104.72	147.08	84.31	45.61
153 555	10 181	122 301	38.95	64.67	49.07	56.18
370 099	14 011	338 160	186.01	222.95	195.78	69.47
493 881	50 847	391 497	288.26	367.05	242.24	46.16
146 342	3 828	90 965	110.71	66.30	90.10	32.95
74 877	3 375	34 399	58.03	88.06	26.82	27.27
353 115	19 099	284 605	137.86	224.08	138.33	53.50
106 975	3 301	87 564	33.65	12.57	36.61	58.56
4 387	600	7 876	1.90	4.20	4.40	100.00
26 453	1 655	23 943	6.63		11.50	56.41

14-2 续表

类别	Category	施工 Construction 自有机械设备净值(万元) Net Value of Machinery and Equipment Owned (10 000 yuan)	施工 Construction 自有机械设备总台数(万台) Number of Machinery and Equipment Owned (10 000 unit)
总计	**Total**	**681 768**	**15.01**
按企业控股情况分	**Grouped by Share Holding**	**681 768**	**15.01**
国有控股	State-controlled	150 005	2.32
集体控股	Collective-controlled	89 631	2.89
私人控股	Private-controlled	433 917	9.67
按国民经济行业分	**Grouped by Sector**	**681 768**	**15.01**
房屋和土木工程建筑业	Building and Civil Engineering Construction	634 089	13.75
建筑安装业	Construction Installation	26 712	0.74
建筑装饰业	Construction Decoration	4 245	0.23
其他建筑业	Others	16 722	0.28
按企业资质等级分	**Grouped by Qualification Criteria**	**681 768**	**15.01**
施工总承包	Construction Contract	620 801	13.83
特级	Special Grade	43 514	0.52
一级	First Grade	116 765	2.01
二级	Second Grade	286 142	6.31
专业承包	Professional Contract	60 967	1.18
一级	First Grade	15 487	0.39
二级	Second Grade	20 633	0.35
劳务分包	Labor Subcontract		
按地区分	**Grouped by Region**	**681 768**	**15.01**
昆明	Kunming	319 569	15.01
曲靖	Qujing	104 262	5.23
玉溪	Yuxi	47 513	1.53
保山	Baoshan	29 442	1.38
昭通	Zhaotong	16 797	1.39
丽江	Lijiang	12 908	0.42
普洱	Pu'er	14 728	0.18
临沧	Lincang	10 894	0.28
楚雄	Chuxiong	32 576	0.46
红河	Honghe	31 669	1.23
文山	Wenshan	442	1.09
西双版纳	Xishuangbanna	576	0.09
大理	Dali	41 791	0.00
德宏	Dehong	12 954	1.30
怒江	Nujiang	3 032	0.38
迪庆	Diqing	2 615	0.02

continued

机械设备 Machinery and Equipment			计算建筑业劳动生产率的平均人数（人）Average Persons of calculating the Labor Productivity (person)	年末从业人数（人）Number of Employed Persons at Year-end (person)	全员劳动生产率（元/人）Overall Labor Productivity of Construction Enterprises (yuan/per)
自有机械设备总功率（万千瓦）Total Power of Machinery and Equipment Owned (10 000kw)	技术装备率（元/人）Value of Machinery Per Laborer (yuan/per)	动力装备率（千瓦/人）Power of Machinery Per Laborer (kw/per)			
291.30	**9 604**	**4.10**	**709 901**	**684 248**	**168 595**
291.30	**9 604**	**4.10**	**709 901**	**684 248**	**168 595**
76.18	7 603	3.86	197 295	177 405	233 810
43.50	8 067	3.92	111 104	112 147	130 115
168.18	11 101	4.30	390 865	385 992	145 794
291.30	**9 604**	**4.10**	**709 901**	**684 248**	**168 595**
270.41	9 805	4.18	646 696	633 085	166 870
13.45	7 520	3.79	35 521	30 734	223 460
2.04	2 299	1.10	18 465	12 898	97 712
5.39	18 138	5.85	9 219	7 531	220 231
291.30	**9 604**	**4.10**	**709 901**	**684 248**	**168 595**
266.64	9 700	4.17	639 989	624 044	168 310
20.76	15 306	7.30	28 429	35 799	359 816
70.69	5 837	3.53	200 047	172 544	203 846
94.13	11 989	3.94	238 668	240 502	146 439
24.65	8 902	3.60	68 489	58 614	173 455
8.71	8 598	4.84	18 011	14 507	191 218
7.46	8 063	2.92	25 589	18 178	163 884
			1 144	1 301	55 948
291.30	**9 604**	**4.10**	**709 901**	**684 248**	**168 595**
291.30	7 700	3.64	415 033	369 883	191 368
151.12	20 388	4.46	51 140	58 561	146 477
22.80	16 296	4.97	29 157	28 818	132 806
14.49	8 870	3.59	33 192	34 319	72 920
11.92	10 113	8.10	16 609	16 512	111 931
13.45	11 037	3.41	11 695	10 933	141 133
3.99	6 860	3.05	21 469	19 400	130 013
6.55	9 303	6.31	11 710	13 111	149 805
7.38	11 723	5.26	27 787	37 313	155 439
14.61	8 884	5.58	35 645	35 070	168 757
19.88	436	0.41	10 124	11 139	158 108
0.42	1 178	0.37	4 888	5 253	166 438
0.18	13 488	6.15	30 983	33 669	128 985
19.06	18 312	7.00	7 074	6 697	184 065
4.95	43 569	1.67	696	871	118 366
0.12	9 688	1.40	2 699	2 699	108 930

14-3 总承包专业承包建筑施工企业财务状况（2009年）

单位：万元

类别	Item	资产合计 Total Assets	固定资产 Fixed Assets	负债合计 Total Liabilities	流动负债 Liquid Liabilities	所有者权益 Owners' Equity
总计	**Total**	**11 432 253**	**1 985 883**	**7 314 748**	**6 728 149**	**4 117 505**
按企业控股情况分	**Grouped by Share Holding**	11 432 253	1 985 883	7 314 748	6 728 149	4 117 505
国有控股	State-controlled	3 947 608	430 644	3 082 518	2 783 628	865 091
集体控股	Collective-controlled	1 251 270	300 853	711 048	666 414	540 222
私人控股	Private-controlled	6 026 687	1 222 494	3 386 227	3 143 851	2 640 461
按国民经济行业分	**by Sector**	**11 432 253**	**1 985 883**	**7 314 748**	**6 728 149**	**4 117 505**
房屋和土木工程建筑业	Building and Civil Engineering Construction	9 928 343	1 790 901	6 424 896	5 892 892	3 503 447
建筑安装业	Construction Installation	1 035 961	121 033	651 412	618 512	384 549
建筑装饰业	Construction Decoration	339 701	43 773	165 773	147 633	173 928
其他建筑业	Others	128 249	30 176	72 668	69 113	55 581
按企业资质等级分	**by Qualification Criteria**	**11 432 253**	**1 985 883**	**7 314 748**	**6 728 149**	**4 117 505**
施工总承包	Construction Contract	9 863 927	1 757 823	6 436 122	5 916 983	3 427 806
特级	Special Grade	980 236	136 031	802 689	713 594	177 547
一级	First Grade	3 719 186	292 533	3 011 801	2 831 820	707 385
二级	Second Grade	3 034 837	744 454	1 610 262	1 456 340	1 424 574
专业承包	Professional Contract	1 567 596	227 675	878 611	811 150	688 985
一级	First Grade	289 318	32 164	184 626	161 778	104 693
二级	Second Grade	581 522	79 186	303 018	282 934	278 504
劳务分包	Labor Subcontract					
按地区分	**by Region**	**11 432 253**	**1 985 883**	**7 314 748**	**6 728 149**	**4 117 505**
昆明	Kunming	7 607 498	987 473	5 357 865	4 925 973	2 249 633
曲靖	Qujing	783 715	249 108	350 371	313 508	433 344
玉溪	Yuxi	366 045	110 962	149 409	126 808	216 636
保山	Baoshan	175 196	57 864	67 627	65 612	107 570
昭通	Zhaotong	187 351	57 207	76 029	68 710	111 323
丽江	Lijiang	156 186	35 459	78 614	72 534	77 572
普洱	Pu'er	264 259	53 133	167 350	163 770	96 909
临沧	Lincang	100 021	37 709	33 671	25 796	66 350
楚雄	Chuxiong	285 742	88 099	117 305	111 926	168 436
红河	Honghe	547 128	128 595	315 791	302 257	231 337
文山	Wenshan	136 366	37 398	71 059	64 200	65 307
西双版纳	Xishuangbanna	62 883	13 310	39 305	38 375	23 578
大理	Dali	593 564	81 565	403 077	368 002	190 487
德宏	Dehong	121 931	34 200	68 640	62 838	53 291
怒江	Nujiang	4 843	3 513	207	207	4 635
迪庆	Diqing	39 527	10 288	18 429	17 633	21 098

Financial Situation of Construction Enterprises of General Contractors and Professional Contractors (2009)

(10 000 yuan)

实收资本 Paid-in Capitals	工程结算收入 Revenue of Project Settlement Accounts	工程结算成本 Cost of Project Settlement Accounts	工程结算税金及附加 Taxes and Extra Charges on Project Settlement Accounts	工程结算利润 Profits of Project Settlement Accounts	其他业务收入 Revenue from Other Businesses	其他业务利润 Profits from Other Businesses	经营费用 Operation Expenses	管理费用 Management Expenses	税金 Tax	财务费用 Financial Expenses
3 046 088	**10 577 875**	**9 298 938**	**351 540**	**821 993**	**136 931**	**52 729**	**105 406**	**407 077**	**18 485**	**68 680**
3 046 088	10 577 875	9 298 938	351 540	821 993	136 931	52 729	105 406	407 077	18 485	68 680
612 366	4 408 786	3 956 059	128 158	296 508	45 936	13 154	28 061	172 246	3 714	19 956
378 013	1 274 242	1 119 654	46 148	91 730	28 150	11 470	16 711	44 421	2 713	8 255
2 000 320	4 709 075	4 063 111	171 631	414 857	57 758	24 745	59 476	179 376	11 073	39 019
3 046 088	**10 577 875**	**9 298 938**	**351 540**	**821 993**	**136 931**	**52 729**	**105 406**	**407 077**	**18 485**	**68 680**
2 525 757	9 512 587	8 395 804	316 772	706 941	103 004	41 407	93 070	334 574	15 262	63 117
316 115	739 104	628 842	22 461	80 795	28 095	10 113	7 005	48 126	2 433	4 089
153 819	177 470	145 213	7 455	21 456	2 576	742	3 346	14 510	474	1 314
50 397	148 715	129 079	4 852	12 800	3 256	467	1 985	9 867	317	161
3 046 088	**10 577 875**	**9 298 938**	**351 540**	**821 993**	**136 931**	**52 729**	**105 406**	**407 077**	**18 485**	**68 680**
2 502 830	9 506 620	8 408 498	315 840	694 062	99 134	37 179	88 220	334 285	15 853	61 244
108 858	1 115 529	1 004 619	31 507	79 208	6 716	1 623	195	33 763	338	8 743
495 358	3 744 795	3 405 987	112 424	199 398	32 362	9 338	26 987	124 997	4 040	22 382
1 031 665	2 833 664	2 452 398	98 051	247 525	28 808	12 609	35 690	104 240	6 005	17 018
542 658	1 069 154	888 652	35 631	127 788	37 797	15 549	17 083	72 706	2 628	7 436
93 828	291 158	255 248	9 668	24 306	1 200	308	1 936	16 664	375	1 335
210 735	374 185	307 925	12 473	48 177	18 430	7 792	5 610	26 637	931	3 134
3 046 088	**10 577 875**	**9 298 938**	**351 540**	**821 993**	**136 931**	**52 729**	**105 406**	**407 077**	**18 485**	**68 680**
1 612 597	7 202 477	6 423 066	223 372	498 272	90 807	33 398	57 767	276 292	9 204	43 898
326 208	643 654	547 770	23 649	59 467	10 420	2 000	12 768	25 583	2 146	4 535
171 130	346 409	302 549	12 914	25 378	3 075	2 051	5 569	12 709	539	2 411
85 581	207 712	177 955	10 498	15 567	115	62	3 691	7 774	310	1 815
90 578	164 862	140 063	6 973	16 614	791	751	1 212	9 944	204	1 304
70 739	146 603	130 465	7 270	7 432	23	9	1 437	3 361	429	914
83 173	213 834	183 810	7 831	19 800	882	672	2 394	5 979	634	1 722
49 725	147 504	123 929	5 892	14 858	1 488	467	2 826	4 132	241	578
133 265	342 493	297 253	11 878	26 878	3 019	1 707	6 484	10 277	1 579	1 460
153 891	490 651	430 678	18 349	37 283	5 851	3 223	4 342	19 206	1 598	2 901
45 945	139 451	84 510	3 164	50 682	2 280	584	1 096	3 429	257	1 151
20 874	52 419	45 995	2 067	3 023	1 694	321	1 335	1 855	38	51
143 819	370 612	318 956	13 156	35 964	16 050	7 195	2 536	22 778	1 014	5 054
38 850	77 238	66 197	3 027	6 624	397	249	1 390	2 643	139	651
4 109	7 876	6 439	264	1 038			134	175	42	51
15 604	24 081	19 303	1 236	3 114	41	40	428	940	113	184

14-3 续表 continued

单位：万元 (10 000 yuan)

类别	Item	利润总额 Total Profits	应交所得税 Value-added Tax Payale	企业总收入 Total Revenue	上缴税金 Tax Payment	产值利税率(%) Ratio of Profits & Taxes to Output Value (%)	资产利税率(%) Ratio of Profits and Taxes to Assets (%)
总计	**Total**	**385 090**	**74 993**	**10 714 843**	**445 018**	**6.3**	**6.6**
按企业控股情况分	**Grouped by Share Holding**	**385 090**	**74 993**	**10 714 843**	**445 018**	**6.3**	**6.6**
国有控股	State-controlled	114 774	24 282	4 454 722	156 155	5.3	6.2
集体控股	Collective-controlled	50 177	8 643	1 302 392	57 504	6.9	7.9
私人控股	Private-controlled	210 476	40 468	4 766 871	223 172	6.9	6.5
按国民经济行业分	**by Sector**	**385 090**	**74 993**	**10 714 843**	**445 018**	**6.3**	**6.6**
房屋和土木工程建筑业	Building and Civil Engineering Construction	336 933	65 988	9 615 591	398 022	6.2	6.7
建筑安装业	Construction Installation	38 351	6 691	767 199	31 585	8.0	6.1
建筑装饰业	Construction Decoration	6 707	1 279	180 045	9 208	8.1	4.3
其他建筑业	Others	3 100	1 035	152 008	6 204	4.1	6.4
按企业资质等级分	**by Qualification Criteria**	**385 090**	**74 993**	**10 714 843**	**445 018**	**6.3**	**6.6**
施工总承包	Construction Contract	320 989	65 130	9 605 753	396 823	6.1	6.6
特级	Special Grade	38 794	5 308	1 122 245	37 153	6.9	7.2
一级	First Grade	66 172	18 053	3 777 157	134 516	4.5	4.9
二级	Second Grade	120 580	24 809	2 862 471	128 865	6.4	7.4
专业承包	Professional Contract	64 044	9 863	1 106 988	48 122	8.6	6.5
一级	First Grade	6 507	1 446	292 357	11 489	4.8	5.7
二级	Second Grade	25 375	4 549	392 615	17 953	9.2	6.7
劳务分包	Labor Subcontract						
按地区分	**by Region**	**385 090**	**74 993**	**10 714 843**	**445 018**	**6.3**	**6.6**
昆明	Kunming	227 430	46 878	7 293 321	279 454	5.8	6.1
曲靖	Qujing	31 623	5 579	654 073	31 373	7.7	7.3
玉溪	Yuxi	11 219	2 135	349 483	15 587	6.4	6.7
保山	Baoshan	5 826	1 026	207 827	11 834	6.9	9.5
昭通	Zhaotong	5 916	520	165 653	7 697	7.0	7.0
丽江	Lijiang	3 499	887	146 626	8 586	6.8	7.2
普洱	Pu'er	13 383	1 191	214 716	9 655	7.8	8.3
临沧	Lincang	10 842	811	148 992	6 943	9.7	17.0
楚雄	Chuxiong	16 418	2 799	345 511	16 256	6.9	10.5
红河	Honghe	18 395	3 338	496 502	23 285	6.4	7.0
文山	Wenshan	21 995	5 768	141 731	9 189	15.9	18.6
西双版纳	Xishuangbanna	843	196	54 114	2 301	3.6	4.7
大理	Dali	14 116	3 343	386 662	17 512	7.1	4.8
德宏	Dehong	3 273	505	77 635	3 672	4.9	5.3
怒江	Nujiang	166	12	7 876	318	5.7	9.8
迪庆	Diqing	148	6	24 122	1 356	5.1	3.8

主要统计指标解释

建筑施工企业 指从事房屋、构筑物和设备安装生产活动的独立施工单位,分为建筑安装企业和自营施工单位两种组织形式。建筑安装企业是指行政有独立组织，经济上实行独立核算的企业。一般称为建筑公司、安装公司、工程公司、工程局(处)等。自营施工单位是指附属于现有生产企业、事业内部或行政单位的,为建造和修理本单位固定资产而自行组织的，同时具备下述条件:

1.对内独立核算。

2.有固定组织和施工队伍。

3.全年施工期在半年以上。

建筑业总产值（自行完成施工产值） 指建筑施工企业在一定时期内所完成的以货币表现的生产总量。是反映全部生产规模、水平和成果的综合指标。

房屋建筑施工面积 指在报告期内施工的全部房屋建筑面积，包括本期新开工的房屋面积、上期施工跨入本期继续施工的房屋面积、上期停缓建在本期恢复施工的房屋面积、本期竣工的房屋面积及本期施工后又停缓建的房屋面积。

房屋建筑竣工面积 指在报告期内房屋建筑按照设计要求全部完工，达到了住人和使用条件，经验收鉴定合格，正式移交使用单位的房屋建筑面积。

自有机械设备年末总台数 指归本企业所有，属于本企业固定资产的生产性机械设备年末总台数。包括施工机械、生产设备、运输设备以及其他设备。

自有机械设备年末总功率 指本企业自有施工机械、生产设备、运输设备以及其他设备等列为在册固定资产的生产性机械设备年末总功率，按设定能力或查定能力计算。包括机械本身的动力和为该机械服务的单独动力设备，如电动机等。计算单位用千瓦，动力换算可按 1 马力=0.735 千瓦折合成瓦数。电焊机、变压器、锅炉不计算动力。

企业总收入 指与企业生产经营直接有关的各项收入，包括工程结算收入与其他业务收入。

利润总额 指建筑施工企业在一定时期内实现的利润。

工程结算收入 指企业承包工程实现的工程价款结算收入，以及向发包单位收取的除工程价款以外的按规定列作营业收入的各种款项，如临时设施费、劳动保险费、施工机械调迁费等以及向发包单位收取的各种索赔款。

工程结算利润 指已结算工程实现的利润，如亏损以“一”号表示。计算公式为:

工程结算利润=工程结算收入－工程结算成本－工程结算税金及附加

建筑业增加值 指建筑企业在报告期内以货币表现的建筑生产经营活动的最终成果。

产值利润率 是指报告期内企业实现的利润总额占同期建筑业总产值的百分比。

Explanatory Notes on Principal Statistical Indicators

Statistical Entities in Construction refers to corporate enterprises engaged in construction of buildings and structures and equipment installation. A corporate construction enterprise should meet the following requirements:

1.Being established in line with relevant legal provisions, having its full mane, organization and location and capable of taking civil liability.

2.Iindependently possessing and using its assets and bearing its liabilities, and being entitled to sign contracts with other entities.

3.Keeping independent accounts of its profits and losses and capable of preparing its balance sheet.

Gross Output Value of Construction (Output Value of Self-completed Projects) refers to the total volume of construction products, expressed in monetary terms and completed by construction and installation enterprises during a given period of time. It is a comprehensive indicator reflecting the whole production scale, level and fruits.

Floor Space of Buildings Under Construction refers to the floor space of buildings under construction during the report period, including newly started buildings, buildings started in the preceding period and continued during the current period, and buildings suspended in the preceding period but restarted in the current period, buildings completed during the current period, and buildings under construction and then suspended during the current period.

Floor Space of Buildings Completed refers to the floor space of buildings that are completed in the report period in accordance with the requirements of the design, up to the standard of putting them into use, and have been checked and accepted by concerned departments as qualified ones.

Total Number of Machinery and Equipment Owned at Year-end refers to the number of machines and equipment owned by enterprises, and listed as their fixed assets by the end of the year, including machinery and equipment for construction, production and transportation.

Total Power of Machinery and Equipment Owned at Year-end refers to the total power of machinery and equipment for construction, production and transportation owned by enterprises, and listed as their fixed assets by the end of the year, which is calculated on the basis of the designed or verified capacity, covering the power of machinery and equipment and separate power equipment serving them (such as electric motors), but excluding welders, transformers and boilers. The unit used for the calculation of power is kilowatt, with horsepower converted to kilowatt by 1 horsepower = 0.735 kilowatt.

Total Revenue of Enterprises refers to the sum of income from production and operation of enterprises, including income from settlement of projects and other operating income.

Total Profits refer to the profits made by construction enterprises in a certain period of time.

Income from Settlement of Projects refers to income received by construction enterprises from contracted projects through settlement, and other payments from entities which contract the projects out as operating income according to the relevant regulations except costs of the projects, such as expenses on temporary facilities, labor insurance premium, costs of moving construction equipment, and various claims.

Profit from Settlement of Projects refers to the profit made through settled projects. If there is a loss, it is expressed with the sign "-". It is calculated with the following formula:

Profit from Settlement of Projects = Income from Settlement of Projects – Settlement Costs – Taxes and Surcharges on Settlement.

Added Value of Construction refers to the final results of production and operation of construction enterprises in monetary terms in the report period.

Ratio of Profit to Output Value refers to the ratio of the total profits to the gross output value of construction in the report period.

十五、运输邮电

Transport, Post and Telecommunication Services

15-1 主要年份年末运输线路长度
Length of Transport Routes at Year-end in Significant Years

单位：公里 (km)

年份 Year	铁路营业里程 Length of Railways in Operation	公路通车里程 Total Length of Highways	内河航道里程 Length of Navigable Inland Waterways	民用航空航线里程 Length of Civil Aviation Routes	国际航线 International Lines
1978	1 705	41 816	2 809	1 009	
1980	1 682	44 149	1 006	1 009	
1985	1 679	49 541	1 042	22 720	1 318
1988	1 626	52 534	1 072	23 682	3 071
1989	1 694	54 732	1 072	22 682	3 071
1990	1 695	56 536	1 130	26 639	3 065
1991	1 684	58 123	1 130	30 773	3 114
1992	1 651	60 045	1 130	47 322	4 147
1993	1 644	63 086	1 130	45 132	6 964
1994	1 642	65 578	1 324	64 220	9 464
1995	1 644	68 236	1 324	51 638	9 464
1996	1 644	70 279	1 324	70 610	6 693
1997	2 023	73 821	1 324	89 781	6 693
1998	1 991	76 957	1 324	128 685	16 256
1999	2 015	102 405	1 530	133 105	33 672
2000	2 015	163 604	1 580	119 702	20 356
2001	2 015	163 953	1 824	135 114	20 744
2002	2 016	164 852	1 824	148 114	29 063
2003	1 984	166 133	1 810	145 498	20 907
2004	1 925	167 050	2 549	137 800	24 348
2005	1 925	194 495	2 764	135 448	24 413
2006	1 925	198 496	2 764	136 785	22 437
2007	1 924	200 333	2 764	129 879	26 251
2008	1 924	203 753	2 764	112 120	14 713
2009	1 924	206 028	2 764	152 041	23 875

15-2 各地区公路运输线路长度（2009年底）
Length of Highways at Year-end by Region (2009)

单位：公里 (km)

地区	Region	公路通车里程 Total Length of Highways	按公路等级分 Expressway and Class I to IV Highway: 合计 Total	#二级 Second Class	#三级 Third Class	#四级 Fourth Class	等外公路 Highway Below Class IV
全省合计	**Total**	**206 028**	**138 150**	**4 973**	**9 518**	**120 519**	**67 878**
昆明	Kunming	16 127	12 106	716	599	10 313	4 020
曲靖	Qujing	20 312	16 453	305	1 005	14 659	3 859
玉溪	Yuxi	16 435	15 982	291	1 006	14 367	453
保山	Baoshan	11 633	8 156	386	382	7 233	3 476
昭通	Zhaotong	14 600	7 244	314	210	6 584	7 356
丽江	Lijiang	6 092	3 813	240	498	3 061	2 279
普洱	Pu'er	19 104	10 724	153	835	9 601	8 380
临沧	Lincang	13 844	7 935	448	214	7 250	5 909
楚雄	Chuxiong	16 912	7 507	185	707	6 314	9 405
红河	Honghe	19 336	14 393	392	1 285	12 340	4 943
文山	Wenshan	13 240	9 943	110	1 302	8 228	3 298
西双版纳	Xishuangbanna	6 270	4 519	247	26	4 130	1 751
大理	Dali	16 792	9 690	542	1 049	7 802	7 102
德宏	Dehong	6 976	4 250	441	214	3 594	2 726
怒江	Nujiang	3 727	1 862	33	129	1 700	1 865
迪庆	Diqing	4 628	3 573	170	57	3 343	1 056

15-3 铁路里程和机车拥有量（2005-2009年）

Length of Railways and Number of Railway Locomotives Owned (2005-2009)

指　　标	Item	2005	2006	2007	2008	2009
铁路里程	**Length of Railways in Operation**					
正线延长里程(公里)	Length of Railways in Trunk Line (km)	2 041.60	2 071.20	2 172.10	2 170.60	2 136.30
营业里程(公里)	Length of Railways in Operation (km)	1 925.00	1 925.00	1 923.70	1 923.70	1 923.70
准　轨(公里)	Standard Tracks (km)	1 264.20	1 264.20	1 262.90	1 262.90	1 262.90
米　轨(公里)	Meter Tracks (km)	660.80	660.80	660.80	660.80	660.80
内燃机车牵引里程(公里)	Length of Diesel Engine Routes (km)	842.30	842.30	857.90	857.90	857.90
占营业里程比重(%)	As Percentage of Railways in Operation (%)	43.76	43.76	44.60	44.60	44.60
半自动闭塞里程(公里)	Semi-automatic Blocking Length (km)	1 914.20	1 914.20	1 781.20	1 781.20	1 785.10
占营业里程比重(%)	As Percentage of Railways in Operation (%)	73.7	73.7	92.6	92.6	92.8
无缝线路里程(公里)	Length of Continuous Welded Rail (km)	518.7	704.6	946.6	973.6	1191.5
占营业里程比重(%)	As Percentage of Railways in Operation (%)	25.4	34.02	43.6	50.6	61.9
有电气集中的车站(个)	Number of Stations with Electric Interlocking (unit)	133	133	132	132	130
占正式营业线路车站比重(%)	As Percentage of Railways Stations in Operation (%)	100	100	67.0	67.0	70.7
营业线路主要车站(个)	Railways Station of in Operation (unit)	203	202	196	196	184
铁路机车拥有量	Number of Railway Locomotives			388	381	391
内燃机车(台)	Diesel Locomotives (unit)	168	171	171	164	174
电力机车(台)	Electric Locomotives (unit)	225	233	217	217	217

15-4 铁路客货车拥有量（2008-2009年）

Number of Railway Passenger Coaches and Freight Cars Owned (2008-2009)

指　　标	Item	2008	#准　轨 Standard Tracks	2009	#准　轨 Standard Tracks
客车合计(辆)	**Passenger Coaches (coach)**	**1 013**	**977**	**1003**	**978**
软卧车	Soft Berth Coaches	82	78	78	78
硬卧车	Hard berth Coaches	430	424	424	424
硬座车	Hard Seat Coaches	387	367	379	367
餐　车	Dining Cars	59	57	57	57
行李邮政车	Luggage and Post Cars	1			
其　他	Others	54	51	65	52
货车合计(辆)	**Freight Cars (coach)**	**1 484**		**1283**	
按车型分	Grouped by Type of Car				
棚　车	Covered Cars	316		205	
敞　车	Open cars	964		894	
平　车	Flat Cars	100		80	
罐　车	Tank Cars	94		94	
其　他	Others	10		10	
按载重量分	Grouped by Capacity of Car				
30吨及以下	30 Tons and Under	1 484		1283	
货车总载重(万吨)	Total Loading Capacity of Freight Cars (10 000 tons)	4.5		3.8	
平均每辆车载重量(吨)	Average Marked Loading Capacity Per Car (ton)	30.0		30	

15-5 各地区民用车辆拥有量（2009年）
Number of Civil Motor Vehicles Owned by Region (2009)

单位：辆 (unit)

地区	Region	总计 Total	营运 Operation	非营运 Non-operation	总计中：Of Total 进口 Import	个人 Private-owned	新注册 New Registration
全省合计	**Total**	**6 255 176**	**611 086**	**5 266 602**	**87 891**	**5 780 611**	**990 000**
昆明	Kunming	1 159 002	114 993	998 476	32 771	988 697	182 396
曲靖	Qujing	661 492	98 065	537 679	6 787	618 557	104 367
玉溪	Yuxi	513 885	55 668	419 811	5 547	482 470	74 315
保山	Baoshan	375 789	29 799	319 357	2 587	367 512	62 318
昭通	Zhaotong	309 122	30 631	270 565	1 938	294 589	65 533
丽江	Lijiang	123 551	17 990	89 420	1 262	112 682	19 999
普洱	Pu'er	431 604	36 893	364 219	5 220	412 395	65 270
临沧	Lincang	265 535	17 425	209 688	1 473	255 541	44 821
楚雄	Chuxiong	333 779	28 047	280 245	1 864	314 981	67 170
红河	Honghe	552 048	68 830	459 625	7 255	493 621	85 663
文山	Wenshan	398 478	24 961	358 173	2 953	373 251	73 506
西双版纳	Xishuangbanna	293 902	12 533	268 299	5 517	281 492	28 065
大理	Dali	452 396	39 669	383 427	3 162	424 628	75 776
德宏	Dehong	302 074	15 577	259 208	7 868	290 348	31 079
怒江	Nujiang	31 091	4 664	23 265	701	26 310	4 178
迪庆	Diqing	51 428	15 341	25 145	986	43 537	5 544

注：营运和非营运中不含拖拉机。
Note:The number of operation and non-operation civil motor vehicles excludes the number of tractors.

15-5 续表1 continued

单位：辆 (unit)

地区	Region	汽车合计 Total	轿车 Car	载客汽车 Passenger Vehicles	大型 Large-scale	中型 Medium	小型 Small-scale	微型 Miniature
全省合计	**Total**	**1 986 026**	**734 890**	**1 333 836**	**19 205**	**33 162**	**1 126 607**	**154 862**
昆明	Kunming	706 971	366 999	595 815	8 216	10 543	507 781	69 275
曲靖	Qujing	223 753	70 913	138 220	1 863	2 374	116 923	17 060
玉溪	Yuxi	160 525	56 583	92 410	1 007	1 722	73 966	15 715
保山	Baoshan	64 333	16 583	35 182	366	1 404	30 264	3 148
昭通	Zhaotong	81 811	20 565	49 424	772	1 162	38 469	9 021
丽江	Lijiang	48 456	13 829	28 988	615	1 136	24 151	3 086
普洱	Pu'er	83 908	17 324	39 172	526	1 441	34 193	3 012
临沧	Lincang	39 960	13 077	23 991	262	674	21 379	1 676
楚雄	Chuxiong	67 753	19 435	40 709	588	1 555	33 088	5 478
红河	Honghe	163 722	42 447	91 779	1 534	2 783	79 118	8 344
文山	Wenshan	72 530	22 004	42 997	653	1 596	36 882	3 866
西双版纳	Xishuangbanna	53 252	17 399	31 801	746	1 601	27 252	2 202
大理	Dali	116 123	32 850	69 176	1 256	3 142	58 103	6 675
德宏	Dehong	54 120	15 993	29 694	209	943	24 807	3 735
怒江	Nujiang	15 024	2 953	9 338	123	405	8 229	581
迪庆	Diqing	33 785	5 936	15 140	469	681	12 002	1 988

15-5 续表2 continued

单位：辆 (unit)

地区	Region	载货汽车 Trucks	重型 Heavy	中型 Medium	轻型 Light	微型 Miniature
全省合计	**Total**	**545 549**	**67 749**	**158 905**	**314 757**	**4 138**
昆明	Kunming	101 646	13 759	21 458	65 982	447
曲靖	Qujing	71 884	12 189	23 241	36 076	378
玉溪	Yuxi	62 912	8 760	20 254	33 480	418
保山	Baoshan	24 787	3 350	9 070	12 327	40
昭通	Zhaotong	28 888	4 529	6 405	17 654	300
丽江	Lijiang	15 835	980	6 061	8 507	287
普洱	Pu'er	29 538	1 423	9 279	18 756	80
临沧	Lincang	11 659	1 075	2 385	8 137	62
楚雄	Chuxiong	19 286	1 976	5 788	11 210	312
红河	Honghe	53 153	6 834	17 569	28 679	71
文山	Wenshan	26 754	2 003	7 573	16 716	462
西双版纳	Xishuangbanna	19 903	571	3 694	15 597	41
大理	Dali	40 356	4 872	13 522	21 843	119
德宏	Dehong	17 736	1 421	4 369	11 106	840
怒江	Nujiang	4 869	203	1 702	2 785	179
迪庆	Diqing	16 343	3 804	6 535	5 902	102

15-5 续表3 continued

单位：辆 (unit)

地区	Region	其他汽车 Others	三轮 Three-wheel	低速货车 Four-wheel	摩托车 Motors	普通 Common	轻便 Convenient
全省合计	**Total**	**106 641**	**4 904**	**90 155**	**3 888 647**	**3 776 451**	**112 196**
昆明	Kunming	9 510	1 853	3 045	405 571	388 215	17 356
曲靖	Qujing	13 649	656	11 935	411 898	404 578	7 320
玉溪	Yuxi	5 203	171	3 887	314 151	284 147	30 004
保山	Baoshan	4 364	249	3 799	284 688	280 345	4 343
昭通	Zhaotong	3 499	520	2 723	219 344	216 924	2 420
丽江	Lijiang	3 633	181	3 357	58 950	58 081	869
普洱	Pu'er	15 198	72	14 983	317 166	305 973	11 193
临沧	Lincang	4 310	21	4 133	187 140	185 275	1 865
楚雄	Chuxiong	7 758	297	6 797	240 430	230 252	10 178
红河	Honghe	18 790	445	17 002	364 458	356 036	8 422
文山	Wenshan	2 779	150	2 346	310 566	308 102	2 464
西双版纳	Xishuangbanna	1 548	20	1 380	227 562	222 378	5 184
大理	Dali	6 591	223	5 415	306 597	298 964	7 633
德宏	Dehong	6 690	35	6 464	220 653	218 079	2 574
怒江	Nujiang	817	10	744	12 904	12 709	195
迪庆	Diqing	2 302	1	2 145	6 569	6 393	176

15-5 续表4 continued

单位：辆 (unit)

地 区	Region	拖拉机 Tractors	大 中 型 Large and Medium	小型方向盘式 Small Steering Wheel	挂 车 Trailers	其他类 Others	机动车驾驶员 Number of Motor Drivers	汽车驾驶员 Automobile Drivers
全省合计	**Total**	**377 488**	**214 835**	**85 185**	**2 915**	**100**	**6 495 611**	**3 784 575**
昆 明	Kunming	45 533	20 756	11 540	869	58	1 484 851	1 256 442
曲 靖	Qujing	25 748	14 140	9 246	93		770 996	480 028
玉 溪	Yuxi	38 406	10 240	21 282	800	3	450 729	258 707
保 山	Baoshan	26 633	24 126	630	134	1	347 915	127 964
昭 通	Zhaotong	7 926	3 727	3 932	41		317 589	168 729
丽 江	Lijiang	16 141	6 273	7 855	4		119 504	78 814
普 洱	Pu'er	30 492	17 716	800	38		390 319	148 707
临 沧	Lincang	38 422	23 017	1 750	13		278 924	94 142
楚 雄	Chuxiong	25 487	13 746	7 998	108	1	353 542	163 573
红 河	Honghe	23 593	18 072	5 282	273	2	514 945	314 153
文 山	Wenshan	15 344	11 989	2 912	38		426 022	143 178
西双版纳	Xishuangbanna	13 070	5 694	5 193	15	3	233 683	127 088
大 理	Dali	29 300	27 243	1 865	344	32	444 568	241 883
德 宏	Dehong	27 289	10 341	1 890	12		272 568	108 958
怒 江	Nujiang	3 162	3 082	77	1		40 527	31 066
迪 庆	Diqing	10 942	4 673	2 933	132		48 929	41 143

15-6 各地区私人车辆拥有量（2009年）
Number of Private Motor Vehicles by Region (2009)

单位：辆 (unit)

地 区	Region	总 计 Total	载客汽车 Passenger Vehicles	载货汽车 Trucks	拖拉机 Tractors	摩托车 Motors
全省合计	**Total**	**5 779 900**	**1 024 467**	**412 643**	**377 488**	**3 868 716**
昆 明	Kunming	988 692	462 852	76 639	45 533	397 601
曲 靖	Qujing	618 538	111 516	58 984	25 748	409 556
玉 溪	Yuxi	482 470	75 884	49 890	38 406	313 584
保 山	Baoshan	367 308	28 975	23 100	26 633	284 307
昭 通	Zhaotong	294 589	39 154	25 471	7 926	218 743
丽 江	Lijiang	112 664	22 012	12 677	16 141	58 476
普 洱	Pu'er	412 395	27 239	23 688	30 492	316 061
临 沧	Lincang	255 497	15 785	10 482	38 422	186 705
楚 雄	Chuxiong	314 981	29 394	12 782	25 487	240 170
红 河	Honghe	493 576	64 718	24 932	23 593	363 231
文 山	Wenshan	373 251	31 624	14 858	15 344	309 233
西双版纳	Xishuangbanna	281 404	24 048	16 151	13 070	226 728
大 理	Dali	424 561	53 116	30 545	29 300	305 768
德 宏	Dehong	290 127	21 416	15 502	27 289	219 425
怒 江	Nujiang	26 310	5 632	3 996	3 162	12 804
迪 庆	Diqing	43 537	11 102	12 946	10 942	6 324

15-7 民用运输船舶年末实有数（2007-2009年）

Number of Civil Transport Vessels at Year-end (2007-2009)

指标	Item	2007 合计 Total	2007 #个体 Individual	2008 合计 Total	2008 #个体 Individual	2009 合计 Total	2009 #个体 Individual
机动船总计	**Total Motor Vessels**						
艘数（艘）	Number (unit)	1 088	922	843	638	848	562
净载重量（吨位）	Dead Weight Tonnage (ton)	66 017	35 797	57 346	37 580	65 549	38 870
载客量（客位）	Passenger Capacity (seat)	23 796	18 354	13 439	10 248	16 521	10 765
功率（千瓦）	Drawing Power (kw)	87 226	45 280	71 649	40 485	77 655	41 147
客船	Passenger Boat						
艘数（艘）	Number (unit)	727	660	538	416	545	316
载客量（客位）	Passenger Capacity (seat)	20 388	15 396	10 253	7 562	13 318	7 562
功率（千瓦）	Drawing Power (kw)	32 238	25 022	19 420	14 398	22 466	14 398
客货船	Passenger Boat and Cargo Vessel						
艘数（艘）	Number (unit)	162	154	136	112	136	136
净载重量（吨位）	Dead Weight Tonnage (ton)	2 348	1 848	1 011	812	668	668
载客量（客位）	Passenger Capacity (seat)	3 408	2 958	3 186	2 686	3 203	3 203
功率（千瓦）	Drawing Power (kw)	7 817	5 835	5 678	4 256	4 918	4 918
货船	Cargo Vessel						
艘数（艘）	Number (unit)	197	106	167	108	165	108
净载重量（吨位）	Dead Weight Tonnage (ton)	55 619	27 389	54 803	35 642	57 040	37 076
功率（千瓦）	Drawing Power (kw)	46 774	14 026	46 155	21 435	49 875	21 435
拖船	Tugboat						
艘数（艘）	Number (unit)	2	2	2	2	2	2
功率（千瓦）	Drawing Power (kw)	397	397	396	396	396	396
驳船	Barge						
艘数（艘）	Number (unit)	110	110	2	2	2	2
净载重量（吨位）	Dead Weight Tonnage (ton)	952	952	164	164	164	164

15-8 内河、湖泊主要港口码头泊位数（2009年）

Number of Berths in Major Ports of Inland Rivers and Lakes (2009)

名称	Name	旅客吞吐量（万人） Volume of Passenger Traffic (10 000 persons)	出港量 Export Volume	货物吞吐量（万吨） Volume of Freight Handled (10 000 tons)	出港量 Export Volume	生产用码头 Quay Line For Productive Use: 码头长度（米） Length of Quay Line (m)	泊位数（个） Number of Berths (unit)	最大靠泊能力（吨级） The Greatest Capacity (tons)
全省合计	**Total**	**919**	**460**	**340**	**253**	**9 060**	**192**	**500**
昆明	Kunming	134	67	24	12	1 767	72	300
曲靖	Qujing	130	65			1 310	10	200
玉溪	Yuxi	4	2			214	5	300
昭通	Zhaotong			181	169	900	17	500
丽江	Lijiang	24	12			400	2	300
普洱	Pu'er	42	21	20	10	890	17	300
临沧	Lincang	52	26	22	11	706	16	50
楚雄	Chuxiong	72	36	36	18	385	8	
文山	Wenshan	76	38			330	8	
西双版纳	Xishuangbanna	20	10	39	24	773	5	300
大理	Dali	247	124	4	2	1 135	24	300

15-9 主要年份客运量

Passenger Traffic in Significant Years

单位：万人 (10 000 persons)

年 份 Year	总 计 Total	铁 路 Railways	公 路 Highways	水 运 Waterways	民用航空 Civil Aviation
1978	3 941.0	1 267.0	2 534.0	31.0	8.9
1980	5 250.0	1 528.0	3 612.0	93.0	17.2
1985	9 393.0	1 509.0	7 735.0	126.0	23.0
1987	10 091.0	1 351.0	8 552.0	149.0	39.0
1988	10 551.0	1 444.0	8 864.0	211.0	32.0
1989	10 389.0	1 320.0	8 928.0	110.0	31.0
1990	10 702.0	1 016.0	9 475.0	177.0	34.0
1991	11 078.0	1 006.0	9 880.0	142.0	50.0
1992	10 565.0	1 086.0	9 277.0	119.0	83.0
1993	11 063.0	1 250.0	9 528.0	158.0	127.0
1994	25 163.0	1 359.0	23 518.0	141.0	145.8
1995	21 697.0	1 257.0	20 095.0	134.0	211.0
1996	23 904.0	1 119.0	22 397.1	135.2	253.0
1997	25 003.7	1 129.5	23 437.9	148.0	288.3
1998	29 863.0	1 295.0	28 048.0	189.0	331.1
1999	32 962.2	1 494.8	30 796.0	236.0	435.4
2000	33 704.0	1 531.6	31 586.0	241.0	345.0
2001	39 984.4	1 424.4	37 909.0	271.0	380.0
2002	38 879.6	1 391.6	36 726.0	369.0	393.0
2003	35 156.0	1 360.5	33 039.0	382.0	377.0
2004	38 902.0	1 524.0	36 502.0	412.0	464.0
2005	41 079.0	1 574.0	38 509.0	501.0	495.0
2006	43 844.0	1 840.0	40 861.0	544.0	599.1
2007	46 290.2	2 105.9	42 913.0	599.0	672.3
2008	34 827.4	2 432.0	31 157.0	639.0	599.4
2009	36 590.3	2 435.9	32 775.0	658.0	721.4

注：1、公路客运量1993年前为运输系统统计数，1994年起为全社会统计数。
2、2008年公路客运量为全国专项调查数，与2007年口径不一致。
3、铁路客运量从2008年起调整口径。

Note: a. Before 1993,the data of highways passenger traffic were transportation system data, and since 1994, whole society statistics.
b.The data of highways passenger traffic of 2008 were the data of national special survey and the coverage is different from that of 2007.
c. The coverage of the railways passenger traffic statistics has been changed since 2008.

15-10 主要年份旅客周转量

Passenger-kilometers in Significant Years

单位：亿人公里 (100 million persons-km)

年 份 Year	总 计 Total	铁 路 Railways	公 路 Highways	水 运 Waterways	民用航空 Civil Aviation
1978	24.25	9.92	13.89	0.12	0.32
1980	33.74	12.86	20.30	0.26	0.32
1985	72.84	19.56	52.53	0.32	0.43
1987	88.41	23.20	59.92	0.55	4.74
1988	93.46	23.91	64.81	0.57	4.17
1989	94.01	21.92	67.66	0.42	4.01
1990	87.67	17.22	65.77	0.46	4.22
1991	95.86	17.95	71.83	0.37	5.72
1992	99.98	20.29	69.89	0.34	9.46
1993	111.90	22.86	73.38	0.37	15.29
1994	146.87	24.41	101.77	0.33	20.36
1995	137.93	23.03	93.10	0.35	21.45
1996	149.94	20.57	102.40	0.37	26.61
1997	172.37	22.73	119.47	0.38	29.78
1998	189.85	24.76	131.80	0.58	32.71
1999	237.99	32.82	164.20	0.64	40.34
2000	237.94	31.35	171.20	0.78	34.57
2001	304.20	31.79	232.76	0.82	38.83
2002	281.60	30.50	210.10	0.90	40.10
2003	263.45	30.07	192.87	0.88	39.60
2004	317.76	37.30	227.21	0.91	52.34
2005	331.60	41.04	233.12	1.05	56.39
2006	362.40	47.22	247.71	1.17	66.30
2007	393.40	52.63	265.80	1.21	73.76
2008	411.89	66.61	272.98	1.54	70.76
2009	448.45	63.37	302.22	1.55	81.31

注：1.公路旅客周转量1993年前为运输系统统计数，1994年起为全社会统计数。
2.2008年公路旅客周转量为全国专项调查数，与2007年口径不一致。
3.铁路旅客周转量从2008年起调整口径。

Note: a. Before 1993,the data of highways passenger-kilometers were transportation system data, and since 1994, whole society statistics.
b.The data of highways passenger-kilometers of 2008 were the data of national special survey and the coverage is different from that of 2007.
c. The coverage of the railways passenger traffic statistics has been changed since 2008.

15-11 主要年份货运量
Freight Traffic in Significant Years

单位：万吨 (10 000 tons)

年 份 Year	总 计 Total	铁 路 Railways	公 路 Highways	水 运 Waterways	民用航空 Civil Aviation
1978	4 994	1 929	2 972	93	0.16
1980	4 758	2 106	2 587	65	0.22
1985	20 044	2 022	17 970	52	0.40
1987	21 583	2 308	19 184	91	0.50
1988	22 990	2 421	20 477	91	0.60
1989	30 822	2 541	28 189	91	1.00
1990	38 327	2 567	35 656	104	0.43
1991	30 834	2 577	28 165	91	0.63
1992	42 752	2 658	39 988	105	1.00
1993	35 704	2 718	32 869	115	1.84
1994	37 860	2 769	34 921	168	2.00
1995	38 400	2 829	35 446	123	2.40
1996	42 852	2 896	39 728	245	3.50
1997	46 782	2 904	43 716	157	5.60
1998	48 448	3 100	45 199	141	7.27
1999	50 781	3 287	47 368	118	7.75
2000	52 452	3 521	48 789	134	7.82
2001	53 199	3 859	49 189	142	8.63
2002	55 014	4 312	50 549	146	6.70
2003	58 664	4 634	53 864	160	6.10
2004	59 636	5 082	54 326	221	7.50
2005	62 246	5 300	56 702	236	7.93
2006	66 412	5 542	60 614	247	8.56
2007	71 829	6 021	65 537	262	8.74
2008	45 570	6 104	39 119	339	7.56
2009	47 455	5 945	40 765	345	7.74

注：1.公路货运量从1984年起为国家统计局统一口径的全社会运量数。
2.2008年公路货运量为全国专项调查数，与2007年口径不一致。
3.铁路货运量从2008年起调整口径。
4.货运量总计从2009年起包括管道运输。

Note: a. Since 1984, the approach in computation of freight-traffic of highways has been included in total social count according to National Bureau of Statistics of China .
b.The data of highways freight traffic of 2008 were the data of national special survey and the coverage is different from that of 2007.
c.The coverage of the railways passenger traffic statistics has been changed since 2008.
d.Since 2009,data of shipments quantity have included that of pipeline transport.

15-12 主要年份货物周转量

Freight Ton-kilometers in Significant Years

单位：亿吨公里 (100 million tons-km)

年份 Year	总计 Total	铁路 Railways	公路 Highways	水运 Waterways	民用航空 Civil Aviation
1978	62.34	43.52	18.57	0.24	0.01
1980	68.76	50.59	17.84	0.32	0.01
1985	154.11	64.83	88.73	0.50	0.05
1987	195.89	79.77	115.35	0.69	0.08
1988	208.05	82.78	124.44	0.75	0.08
1989	225.21	88.00	136.10	1.04	0.07
1990	260.67	93.91	166.10	0.59	0.07
1991	233.12	96.07	136.42	0.55	0.08
1992	275.85	100.92	173.92	0.88	0.13
1993	241.61	106.23	134.06	1.08	0.24
1994	295.08	107.86	185.99	0.98	0.26
1995	307.71	114.24	192.10	1.06	0.31
1996	352.44	122.24	228.53	1.23	0.44
1997	384.94	129.00	253.96	1.21	0.76
1998	416.18	141.08	273.12	0.96	1.02
1999	443.09	152.64	288.14	0.92	1.11
2000	479.52	180.76	296.65	0.98	1.13
2001	517.31	196.58	318.49	0.99	1.25
2002	551.20	215.80	333.20	1.20	1.00
2003	595.88	235.79	357.64	1.54	0.90
2004	628.39	260.01	365.08	2.12	1.18
2005	656.49	270.37	381.96	2.93	1.23
2006	692.21	277.21	409.46	4.22	1.32
2007	770.96	314.23	450.83	4.59	1.31
2008	811.15	336.20	468.63	5.16	1.16
2009	904.27	340.95	496.14	5.42	1.16

注：1.公路货物周转量从1984年起为国家统计局统一口径的全社会数。
2.2008年公路货物周转量为全国专项调查数，与2007年口径不一致。
3.铁路货物周转量从2008年起调整口径。
4.货物周转量总计从2009年起包括管道运输。

Note: a. Since 1984, the approach in computation of freight-kilometers of highways has been included in total social count according to National Bureau of Statistics of China .
b.The data of highways freight ton-kilometers of 2008 were the data of national special survey and the coverage is different from that of 2007.
c.The coverage of the railways passenger traffic statistics has been changed since 2008.
d.Since 2009,data of shipments quantity have included that of pipeline transport.

15-13 主要年份货物运输平均运距
Average Transport Distance of Freight in Significant Years

单位：公里 (km)

年 份 Year	平均运距 Average Transport Distance of Freight	铁 路 Railways	公 路 Highways	水 运 Waterways	民用航空 Civil Aviation
1978	124.8	225.6	62.5	25.8	625.0
1980	144.5	240.2	69.0	49.2	454.5
1985	194.0	320.6	88.6	96.2	1 250.0
1986	204.7	312.9	100.7	82.8	1 200.0
1987	237.5	345.6	119.7	75.8	1 600.0
1988	178.2	341.9	71.5	82.4	1 333.3
1989	73.1	346.3	48.3	114.0	1 444.1
1990	68.0	365.8	46.6	57.0	1 595.3
1991	75.6	372.8	48.4	60.4	1 269.8
1992	64.5	379.7	43.5	84.3	1 256.7
1993	67.7	390.0	40.8	93.9	1 304.3
1994	77.9	389.5	53.3	58.3	1 300.0
1995	80.1	403.8	54.2	86.2	1 291.7
1996	82.3	422.1	57.5	54.7	1 257.1
1997	82.3	444.2	58.1	77.2	1 358.2
1998	85.9	455.0	60.4	68.1	1 483.0
1999	87.3	464.4	60.8	78.0	1 793.5
2000	91.4	513.4	60.8	73.1	1 445.0
2001	97.2	509.4	64.7	69.7	1 448.4
2002	100.2	500.5	65.9	82.2	1 515.1
2003	101.6	508.8	66.4	96.3	1 475.4
2004	105.4	512.0	67.2	95.9	1 573.3
2005	105.5	510.1	67.4	124.2	1 551.1
2006	104.2	500.2	67.6	170.9	1 542.1
2007	107.3	521.9	68.8	175.2	1 498.9
2008	178.0	550.8	119.8	152.2	1 534.4
2009	190.6	573.5	121.7	157.1	1 498.7

15-14 主要年份旅客运输平均运距
Average Transport Distance of Passengers in Significant Years

单位：公里 (km)

年 份 Year	平均运距 Average Transport Distance of Passengers	铁 路 Railways	公 路 Highways	水 运 Waterways	民用航空 Civil Aviation
1978	61.5	78.3	54.8	38.7	359.6
1980	64.3	84.2	56.2	28.0	186.0
1985	77.5	129.6	67.9	25.4	487.0
1986	78.1	151.7	64.3	36.4	1 174.2
1987	87.6	171.7	70.1	36.9	1 215.4
1988	88.6	165.6	73.1	27.0	1 303.1
1989	86.4	166.1	72.6	31.4	1 292.7
1990	81.9	169.5	69.4	25.9	1 240.4
1991	86.5	178.4	72.7	26.1	1 144.0
1992	88.4	186.9	75.3	28.6	1 139.4
1993	101.1	182.9	77.0	23.4	1 203.9
1994	116.4	179.6	73.6	23.4	1 396.4
1995	63.6	183.2	46.3	26.1	1 016.6
1996	62.7	183.8	45.7	27.4	1 051.8
1997	68.9	201.3	51.0	25.9	1 032.9
1998	63.6	191.3	47.0	30.7	987.9
1999	72.2	219.5	53.3	27.1	926.5
2000	70.6	204.7	54.2	32.4	1 002.0
2001	90.3	223.2	61.4	30.3	1 021.8
2002	72.4	219.2	57.2	24.3	1 019.1
2003	74.9	221.0	58.4	23.0	1 050.4
2004	82.0	244.0	62.0	22.0	1 128.0
2005	80.7	260.7	60.5	21.0	1 139.2
2006	82.7	256.6	60.6	21.5	1 106.7
2007	85.0	249.9	61.9	20.2	1 097.1
2008	118.3	273.9	87.6	24.1	1 180.5
2009	122.6	260.2	92.2	23.6	1 127.1

15-15 铁路货物运输量（2007-2009年）
Railway Freight Traffic (2007-2009)

(按货类分) (by category of cargo)

品种	Item	2008 货运量(万吨) Freight Traffic (10 000 tons)	2008 货物周转量(百万吨公里) Freight Ton-kilometers (1 000 000 tons-km)	2008 平均运距(公里) Average Transport Distance (km)	2009 货运量(万吨) Freight Traffic (10 000 tons)	2009 货物周转量(百万吨公里) Freight Ton-kilometers (1 000 000 tons-km)	2009 平均运距(公里) Average Transport Distance (km)
合　计	**Total**	**10 824**	**33 620**	**311**	**11 067**	**34 095**	**308**
煤	Coal	2 448	4 722	193	2 402	4 513	188
焦　炭	Coke	214	509	238	237	490	207
石　油	Petroleum	419	1 443	344	496	1 661	335
钢铁及有色金属	Steel and Nonferrous metal	1 533	5 377	351	1 476	5 098	345
金属矿石	Metal Ores	1 259	4 962	394	1 316	5 149	391
非金属矿石	Nonmetal Materials	226	878	388	170	777	456
磷矿石	Phosphate Mineral	451	1 447	321	421	1 367	325
矿建材料	Mineral Building Materials	301	1 147	381	341	1 190	349
水　泥	Cement	57	166	292	83	262	317
木　材	Timber	119	383	321	119	377	317
化肥农药	Chemical Fertilizers and pesticide	936	3 065	327	1 082	3 520	325
粮　食	Grain	364	1 052	289	269	784	291
棉　花	Cotton	2	6	335	1	4	358
盐	Salt	52	158	304	53	177	332
农副土特产品	Farm Crops	67	219	329	57	163	286
鲜活易腐货物	Goods of Live Animal and Putrescence	72	241	333	38	122	319
	Others	2 304	7 844	340	2 506	8 441	337

注：2008年调整口径。
Note: The coverage was adjusted in 2008.

15-16 公路部门货物运输量（2008-2009年）
Highway Freight Traffic (2008-2009)

(按货类分) (by category of cargo)

品种	Item	2008 货运量(万吨) Freight Traffic (10 000 tons)	2008 货物周转量(万吨公里) Freight Ton-kilometers (10 000 tons-km)	2008 平均运距(公里) Average Transport Distance (km)	2009 货运量(万吨) Freight Traffic (10 000 tons)	2009 货物周转量(万吨公里) Freight Ton-kilometers (10 000 tons-km)	2009 平均运距(公里) Average Transport Distance (km)
合　计	**Total**	**39 119**	**4 686 340**	**119.8**	**40 765**	**4 961 416**	**121.71**
煤炭及制品	Coal and Coal Products	6 404	736 692	115.0	6 116	799 139	130.66
石油、天然气及制品	Petroleum,Natrual gas and Products	841	157 461	187.2	1 031	215 325	208.85
钢　铁	Steel	2 073	303 206	146.3	1 826	276 961	151.68
金属矿石	Metal Ores	2 730	335 541	122.9	2 469	317 607	128.64
非金属矿石	Nonmetal Materials	2 633	124 467	47.3	2 098	152 388	72.63
磷矿石	Phosphate Mineral				614	51 710	84.22
矿物性建筑材料	Mineral Building Materials	4 025	157 266	39.1	5 364	240 616	44.86
水　泥	Cement	3 032	221 195	73.0	3 419	435 375	127.34
木　材	Timber	880	193 545	219.9	625	120 450	192.72
化肥农药	Chemical Fertilizers and pesticide	1 201	175 737	146.3	1 186	120 009	101.19
粮　食	Grain	1 131	155 566	137.5	1 079	101 319	93.90
盐	Salt	176	23 069	131.1	213	74 980	352.02
日用工业品	Daily Use Industrial Products				382	125 872	329.51
其　他	Others	13 993	2 102 595	150.3	14 957	1 981 375	132.47

15-17 民用航空运输基本情况（2005-2009年）
Principal Indicators of Civil Aviation (2005-2009)

指　标	Item	2005	2006	2007	2008	2009
旅客发运量（人）	Passenger Traffic (person)	4 951 118	5 991 257	6 722 979	5 994 371	7 213 854
国际航线（人）	International Routes (person)	150 654	155 259	199 311	196 929	250 516
国内航线（人）	Domestic Routes (person)	4 762 918	5 772 253	6 523 668	5 797 442	6 963 338
地区航线（人）	Regional Routes (person)	37 546	63 745	79 424	63 682	86 703
货邮发运量（吨）	Freight Traffic (ton)	79 252	85 574	87 442	75 587	77 421
国际航线（吨）	International Routes (ton)	1 322	1 658	1 669	1 293	1 437
国内航线（吨）	Domestic Routes (ton)	77 704	83 474	85 773	74 294	75 984
地区航线（吨）	Regional Routes (ton)	226	442	533	477	247
旅客周转量（万人公里）	Passenger-tons (10 000 persons-km)	563 853	663 031	737 649	707 592	813 108
货邮周转量（万吨公里）	Freight Ton-kilometers (10 000 tons-km)	12 290	13 175	13 063	11 619	11 566
总周转量（万吨公里）	Total Air Traffic Ton-kilometers (10 000 tons-km)	62 492	72 250	78 708	74 674	83 957
起飞架次（架次）	Number of Flying Aircrafts (number)	54 590	65 774	73 408	68 444	78 730
飞行里程（万公里）	Distance of Flying (10 000 km)	5 549	6 549	7 029	7 001	7 845
飞行小时（小时）	Hours of Flying (hour)	90 656	107 942	120 616	122 379	133 992
飞行生产率（吨公里/小时）	Productivity of Flying (ton-km/h)	6 893	6 756	6 525	6 102	6 266
正班载运率（%）	Carry Rate of Aircrafts (%)	74.2	77.2	79.4	77.8	75.8
正班客座率（%）	Utilization Rate of Seats (%)	71.5	74.5	77.3	76.0	76.3

15-18 电信业务基本情况（2000-2009年）
Basic Conditions of Telecommunication Services (2000-2009)

年份 Year	电信业务总量（亿元） Business Volume of Telecommunication Services (100 million yuan)	移动短信业务量（亿条） Short Message Services (100 million messages)	移动电话年末用户（万户） Number of Mobile Telephone Subscribers at Year-end (10 000 subscribers)	固定电话年末用户（万户） Number of Fixed Telephone Subscribers at Year-end (10 000 subscribers)	城市电话用户 Number of Urban Fixed Telephone Subscribers	农村电话用户 Number of Rural Fixed Telephone Subscribers
2000	82.43		200.90	288.90	221.90	67.00
2001	93.40		338.50	359.90	276.20	83.70
2002	118.50	10.70	502.30	437.20	357.40	79.60
2003	151.45	24.90	628.40	483.20	226.50	114.90
2004	200.80	33.00	732.40	547.20	232.30	121.40
2005	253.60	55.90	898.80	597.70	444.00	153.80
2006	327.70	77.90	1 068.90	644.20	441.70	202.60
2007	458.30	134.00	1 346.40	628.70	237.90	210.00
2008	594.28	169.80	1 635.90	616.30	248.60	221.00
2009	655.25	222.06	1 936.38	583.12	267.29	205.38

15-19 主要年份邮政业务基本情况
Basic Conditions of Postal Services in Significant Year

年份 地区	Year Region	营业网点(处) Number of Postal Offices (unit)	信筒信箱(个) Number of Postal Boxes (unit)	邮路总长度(公里) Length of Postal Routes (km)	汽车邮路 Highway Routes	铁路邮路 Railway Routes	农村投递路线(公里) Rural Delivery Routes (km)	邮政业务总量(亿元) Business Volume of Postal Services (100 million yuan)	函件(万件) Number of Letters (10 000 pcs)	报刊期发数(万份) Issue of Newspaper and Magazines (10 000 copies)
1978		1 698	2 359	260 761	25 494	5 101			5 571.57	224.08
1980		1 680	3 929	255 779	27 241	4 812			7 023.68	364.22
1985		1 684	4 647	50 015	29 261	5 395	180 490		9 496.54	639.24
1990		1 696	4 500	56 408	31 299	5 398	171 312		8 957.46	471.20
1991		1 691	4 599	55 001	31 846	5 103	171 377	1.00	9 378.72	597.30
1992		1 721	4 738	57 089	32 393	5 103	171 174	1.20	10 319.95	529.04
1993		1 711	4 558	57 361	32 348	5 106	171 023	1.50	12 658.39	532.64
1994		1 741	4 736	63 974	33 459	5 106	168 109	2.05	15 534.33	522.96
1995		1 779	4 786	65 564	34 948	5 106	170 883	2.17	16 024.08	484.57
1996		1 812	4 785	124 454	37 023	5 106	168 907	2.44	14 951.09	507.35
1997		1 894	4 696	125 504	37 685	5 099	168 414	2.64	14 467.20	596.55
1998		1 944	4 735	126 567	39 606	5 099	166 333	2.74	12 558.42	457.75
1999		1 912	4 763	127 612	41 593	5 104	166 673	3.00	10 798.30	640.20
2000		1 930	4 436	129 808	44 420	4 638	166 900	3.21	10 001.50	421.30
2001		1 893	4 538	135 276	51 427	4 666	164 655	7.60	8 876.10	459.20
2002		1 884	4 471	136 537	53 013	4 666	164 277	8.30	12 344.10	410.80
2003		1 891	4 487	136 365	52 855	4 638	165 196	8.52	9 969.30	328.90
2004		1 895	4 292	140 483	58 347	4 666	163 756	8.18	8 386.70	339.10
2005		1 879	4 013	145 971	66 382	4 666	165 455	8.60	7 957.40	317.60
2006		1 853	3 857	146 171	66 777	4 638	160 478	9.92	7 299.80	342.80
2007		1 794	3 936	168 727	67 477	10 375	161 377	11.10	6 695.60	264.50
2008		1 789	3 266	175 670	71 103	13 403	160 898	12.71	7 442.82	279.69
2009		1 736	3 315	172 714	70 151	13 533	159 859	14.74	6 516.11	305.00
昆明	Kunming	287	387	119 794	20 352	13 394	11 923	3.61	3 268.21	119.75
曲靖	Qujing	146	220	4 313	3 812	139	17 293	1.28	375.35	23.57
玉溪	Yuxi	73	356	2 839	2 830		8 412	0.76	318.14	14.75
保山	Baoshan	81	204	3 589	3 542		10 210	0.56	195.72	11.69
昭通	Zhaotong	136	168	3 981	3 320		13 901	0.82	96.26	13.39
丽江	Lijiang	62	215	2 472	2 082		5 625	0.47	209.02	6.80
普洱	Pu'er	122	263	5 255	5 241		11 423	0.68	165.23	12.50
临沧	Lincang	91	117	3 627	3 565		10 641	0.42	128.82	7.59
楚雄	Chuxiong	132	269	5 632	4 957		16 646	0.57	213.71	15.23
红河	Honghe	179	363	5 677	5 197		15 474	1.33	426.52	22.04
文山	Wenshan	124	213	4 254	4 104		15 024	0.93	121.23	14.74
西双版纳	Xishuangbanna	48	80	1 931	1 903		1 263	0.58	671.92	8.76
大理	Dali	126	272	4 918	4 894		12 128	0.96	206.36	17.00
德宏	Dehong	68	96	1 930	1 930		4 265	0.41	73.49	8.08
怒江	Nujiang	30	53	779	699		3 115	0.11	22.21	5.74
迪庆	Diqing	31	39	1 723	1 723		2 516	0.12	23.90	3.37

注：1.邮路总长度1980年及以前是邮路及农村投递线路总长度之和。
2.营业网点不含代办点，1998年及以前年份的为邮电支局所(已剔除独立的电信局所)。
3.1990年及以前年份没有单独核算邮政业务量。

Note: a.Length of postal routes included the length of postal routes and rural delivery route in and before 1981.
b.Number of postal offices excluded the number of post sub-stations, while in and before 1998,the number of postal offics referred to postal and telcommunication offices (has excluded the independent telcommunication offices)
c.In and before 1990,the business volume of postal services was not calculated independently.

主要统计指标解释

铁路营业里程 又称营业长度（包括正式营业和临时营业里程），指办理客货运输业务的铁路正线总长度。凡是全线或部分建成双线及以上的线路，以第一线的实际长度计算；复线、站线、段管线、岔线和特殊用途线以及不计算运费的联络线都不计算营业里程。该指标可以反映铁路运输业基础设施的发展水平，也是计算客货周转量、运输密度和机车车辆运用效率等指标的基础资料。

公路里程 指在一定时期内实际达到《公路工程[WTBZ]技术标准 JTJ01-88》规定的等级公路，并经公路主管部门正式验收交付使用的公路里程数。包括大中城市的郊区公路以及通过小城镇街道部分的公路里程和桥梁、渡口的长度，不包括大中城市的街道、厂矿、林区生产用道和农业生产用道的里程。两条或多条公路共同经由同一路段，只计算一次，不得重复计算里程长度。该指标可以反映公路建设的发展规模，也是计算运输网密度等指标的基础资料。

内河航道里程 也称内河通航里程，指在一定时期内，能通航运输船舶及排筏的天然河流、湖泊水库、运河及通航渠道的长度。包括全年季节性通航累计三个月以上的航道，不包括仅供零散流放竹、木排的河道。该指标可以反映内河水运网的规模、水平和发展情况。

民用航空航线里程 指统计期间内全部民用航空航线的航线总长度。航线长度指民用航空航线的计费距离。计算航线里程可按重复和不重复两种方法，前者是指各航线长度相加的总和；后者则要扣除各航线之间相同航段重复计算的部分。

货(客)运量 指在一定时期内，各种运输工具实际运送的货物（旅客）数量。该指标是反映运输业为国民经济和人民生活服务的数量指标，也是制订和检查运输生产计划、研究运输发展规模和速度的重要指标。货运按吨计算，客运按人计算。货物不论运输距离长短、货物类别，均按实际重量统计。旅客不论行程远近或票价多少，均按一人一次客运量统计；半价票、小孩票也按一人统计。

货物（旅客）周转量 指在一定时期内，由各种运输工具运送的货物（旅客）数量与其相应运输距离的乘积之总和。该指标可以反映运输业生产的总成果，也是编制和检查运输生产计划，计算运输效率、劳动生产率以及核算运输单位成本的主要基础资料。计算货物周转量通常按发出站与到达站之间的最短距离，也就是计费距离计算。计算公式为：

货物（旅客）周转量=Σ（货物（旅客）运输量×运输距离）

邮电业务总量 指以货币形式表示的邮电企业为社会提供各类邮电服务的总数量，是用于观察邮电业务发展变化总趋势的综合性总量指标。分别按邮政业务总量和电信业务总量统计。邮电业务总量是以各类业务的实物量分别乘以相应的不变单价，得出各类业务的货币量再加总求得。

移动电话用户 指在电信运营企业营业网点办理开户登记手续，通过移动电话交换机进入移动电话网，占用移动电话号码的各类电话用户。包括 GSM 数字移动电话用户、CDMA 数字移动电话用户和电信运营企业发行的报告期末已激活充值的能异地漫游的各种智能卡用户。

固定电话用户 指在电信运营企业营业网点办理开户登记手续并已接入固定电话网上的全部电话用户。包括普通电话用户、公用电话用户、窄带综合业务数字网（N—ISDN）用户、智能网专用接入终端用户等。按行政区划分为城市电话用户和农村电话用户。

城市电话用户 指直辖市、省辖市、地级市、县级市的市区、市郊区及县城范围内接入局用交换机的电话用户。包括分布在农村地区县团级以上建制的独立工矿区、林区、驻军等电话用户。

农村电话用户 指县城关区以下的集镇和农村接入局用交换机的电话用户。

Explanatory Notes on Principal Statistical Indicators

Length of Railways in Operation refers to the total length of the trunk line under passenger and freight transportation (including both full operation and temporary operation). The calculation is based on the actual length of the first line even if this line has a full or partial double track or more tracks, excluding double tracks, station sidings, tracks under the charge of stations, branch lines, special purpose lines and the non payable connecting lines. The length of railways in operation is an important indicator to show the development of the infrastructure for the railway transport, and also the essential data to calculate volume of passenger freight transport, traffic density and utilization efficiency of the locomotives and carriages.

Length of Highways refers to the length of highways which are built in conformity with the grades specified by the highway engineering standard formulated by the Ministry of Communications, and have been formally checked and accepted by the departments of highways and put into use. The length of highways includes that of the suburb highways at large and medium sized cities, highways passing through streets at small cities and towns, and also the length of bridges and ferries. It does not include the length of streets in big and medium sized cities and highways built for the production purpose at factories, mines, forest areas and agricultural areas. If two or more highways go the same section of the way, the length of the section is only calculated for once and no duplication is allowed. The length of highways is an important indicator to show the development of the highway construction and to provide essential information to calculate the transport network density.

Length of Navigable Inland Waterways it is an indicator reflecting the size and development of inland water network, it refers to the length of the natural rivers, lakes, reservoirs, canals, and ditches open to navigation during a given period, which enables the transport by ships and rafts. It includes the channels open to navigation for over an accumulative 3 months in a year, yet this does not include the river courses, which are only used to float odd logs and bamboo rafts. This indicator can reflect the scale, level and development situation of the inland waterway network.

Length of Civil Aviation Routes refers to the length of all routes for regular civil aviation flights, which is used to account the freight, during the period of statistics. There are usually two ways to calculate the route length: duplicated calculation and non-duplicated calculation, the former is the sum of length of all civil aviation routes, and latter should deduct the duplication length of same route among all routes.

Freight (Passenger) Traffic refers to the volume of freight (passenger) transported with various means. The freight (passenger) traffic provides a quantitative measure to show how the transport industry serves the national economy and people, and is also an important indicator for planning the transport industry and for studying the development scale and speed of the transport industry. Freight transport is calculated in tons and passenger traffic is calculated in the number of persons. Despite the type of freight and traveling distance, the freight transport is calculated in the actual weight of the goods, and despite the traveling distance and ticket price, the passenger traffic

is calculated by the principle that one person can be counted only once in one travel. The passengers who travel with a half price ticket or a child ticket is also calculated as one person.

Freight Ton-kilometres (Passenger-kilometres) refer to the sum of the products of the volume of transported cargo (passengers) multiplying by the transport distance. It is an important indicator to reflect the achievement of transportation industry. Normally, the shortest distance between the departure station and the destination station (i.e., the payable distance) is the basis to calculate the freight ton-kilometers. This is an important indicator to show the total results of the transport industry, to prepare and examine the transport plan and to measure the efficiency, the labour productivity and the unit cost of transport. The formula is as follows:

$$\begin{matrix}\text{Freight ton-kilometres}\\\text{(passenger-kilometres)}\end{matrix}=\sum\begin{matrix}\text{freight}\\\text{(passenger)traffic}\end{matrix}\times\begin{matrix}\text{distance of}\\\text{transportation}\end{matrix}$$

Business Volume of Post and Telecommunications refers to the total amount of post and telecommunication services, expressed in value terms, provided by the post and telecommunications departments for the society. This indicator reflects the overall results of development of postal and telecommunication services. It can be classified as postal services and telecommunication services. Business Volume of Post and Telecommunications is the sum of all services in kind multiplying with the unit price(constant price) to get the total business value.

Mobile Telephone Subscribers refer to the persons who have gone through registration procedures in the operation points of enterprises engaged in telecommunications and are hence connected with the mobile telephone communication network through the mobile telephone switchboards and occupy mobile phone numbers. Included are GSM digital mobile phone subscribers and CDMA digital mobile phone subscribers and subscribers to intelligent phone cards with roaming facility issued by telecommunications enterprises and which have been subscribed to and achieved at the end of the reference period.

Local telephone Subscribers refer to all subscribers who have gone through registration procedures in the operation points of enterprises engaged in telecommunication and are hence connected to the local telecommunication service providers through fixed line network .Included are general subscribers, public telephone subscribers, N-ISDN subscribers and intelligent network terminal subscribers. They are also classified in terms of administrative districts as urban telephone subscribers and rural telephone subscribers according to location.

Urban Telephone Subscribers refer to number of telephone subscribers, located at municipalities, cities under the jurisdiction of province, cities at prefecture level, downtown and suburb of city at county level town and county towns (including country towns where county government located, and towns of county level according to the administrative organizational system), that are connected to the public line telephone network, including rural mineral area, forest area, military area.

Rural Telephone Subscribers refer to telephone subscribers, located at counties (towns) and villages outside the range of cities according to administrative jurisdiction.

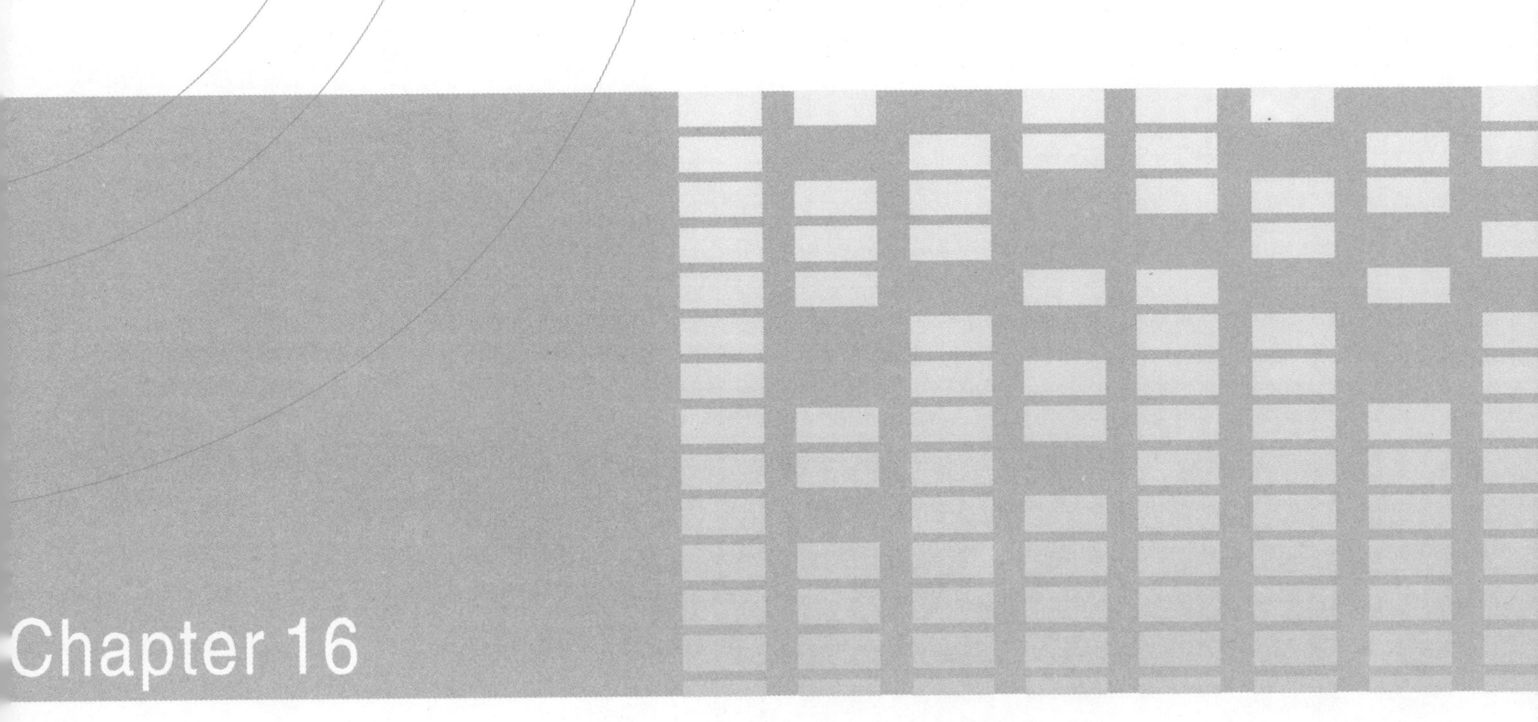

十六、批发和零售业

Wholesale and Retail Trades

16-1　主要年份流通业基本情况

Basic Statistics on Circulation of Commodities in Significant Years

类　别	Category	2005	2006	2007	2008	2009
全省限额以上法人企业（个）	**Corporate Enterprises Above Designated Size (unit)**	**1 699**	**1 763**	**1 671**	**2 004**	**2 017**
批发和零售业	Wholesale and Retail Trades	1 121	1 145	1 070	1 518	1 512
住宿业	Hotels	501	534	518	359	373
餐饮业	Catering Services	77	84	83	127	132
全省限额以上企业从业人员（人）	**Employed Persons in Enterprises Above Designated Size (person)**	**114 627**	**177 403**	**194 831**	**201 244**	**216 383**
批发和零售业	Wholesale and Retail Trades	104 087	117 982	134 555	140 368	147 160
住宿业	Hotels	46 414	47 234	48 171	46 676	52 153
餐饮业	Catering Services	10 540	12 187	12 105	14 200	17 070
全省批发和零售业（万元）	**Wholesale and Retail Trade (10 000 yuan)**					
商品购进总额	Total Purchases	18 941 809	20 239 147	21 848 437	27 278 834	26 623 843
商品销售总额	Total Sales	28 674 631	32 435 048	34 268 420	46 992 238	48 472 695
商品库存总额	Total Inventory	2 653 376	3 307 054	3 301 892	4 697 399	5 628 745
全省社会消费品零售总额(万元)	**Total Retail Sales of Consumer Goods (10 000 yuan)**	**10 412 856**	**12 047 538**	**14 225 692**	**17 647 385**	**20 510 638**
按销售单位所在地分	**Grouped by Location of Marketing Establishments**					
市	City	5 682 997	6 597 452	7 868 177	9 855 304	11 545 713
县	County	2 408 861	2 790 770	3 247 084	4 014 821	4 681 681
县以下	Under County Level	2 320 997	2 659 316	3 110 431	3 777 260	4 283 244
按行业分	**Grouped by Sector**					
批发和零售业	Wholesale and Retail Trades	8 296 197	9 631 611	10 939 781	13 517 741	15 558 516
住宿和餐饮业	Hotels and Catering Services	1 565 350	1 812 279	2 368 703	3 067 647	3 814 283
制造业	Manufacturing					
农业生产者	Farm Producers					
其　他	Others	551 309	603 648	917 207	1 061 997	1 137 839
按经济成分分	**Grouped by Type of Economic Ownership**					
公有制经济	Public Ownership Economy	1 889 299	2 077 192	2 488 861	3 059 286	3 352 403
#国有经济	Of Which: State-owned Economy	1 175 769	1 334 965	1 659 757	1 983 689	2 236 159
非公有制经济	Non-public Ownership Economy	8 523 557	9 970 346	11 736 830	14 588 099	17 158 235
#私有经济	Of Which: Private Ownership Economy	6 646 152	7 729 337	9 873 509	12 072 336	14 407 168

注：1. 1998年后批发和零售业购进总额和库存总额仅为限额以上批发和零售业数。
　　2. 2008年数据为第二次经济普查数据，统计口径与非普查年份有差异；2009年购销存数据包括达到限额标准的个体户。
　　3. 限额以上住宿业的统计口径，2008年为年主营业务收入200万元以上的企业，2007年及以前的为评为星级的住宿企业。
　　4. 2005-2008年零售额相关数据根据2008年第二次经济普查结果有所调整。

Note: a. Data of total purchases and inventory of wholesale and retail trades after 1998 only refer to that of the wholesale and retail trades above designated size.
b. Data of 2008 are that of the Second Economic Census,and the statistical coverage of 2008 differs from that of years without census. Buying,selling and stocking data of 2009 include that of individual-employed people up to limited standards.
c. The calculating standard of business of star-rated hotels in 2008 are enterprises of revenue from principal business above 2 million Yuan, while in 2007, the star-rated hotels.
d.Relevant data of retail sales from year 2005 to 2008 have been adjusted according to the Second Economic Census held in 2008.

16-2 1978-2009年历年社会消费品零售总额
Historical Total Retail Sales of Consumer Goods (1978-2009)

单位：万元 (10 000 yuan)

年份 Year	社会消费品零售总额 Total Retail Sales of Consumer Goods	市 City	县 County	县以下 Under County Level	按行业分 Grouped by Sector: 批发零售贸易业 Wholesale and Retail Trades	住宿餐饮业 Hotels and Catering Services	其他行业 Others
1978	283 811	69 328	118 118	96 365			
1979	326 009	84 874	118 769	122 366			
1980	379 641	107 937	135 611	136 093			
1985	844 463	315 367	228 414	300 682			
1986	919 066	303 496	277 269	338 301			
1987	1 025 522	339 423	318 213	367 886			
1988	1 355 679	462 446	428 875	464 358			
1989	1 421 534	499 802	441 239	480 493			
1990	1 455 944	524 397	451 364	480 183			
1991	1 637 515	598 973	518 323	520 219			
1992	2 045 994	809 999	630 477	605 518			
1993	2 619 032	1 176 212	775 789	667 031			
1994	3 049 700	1 420 495	867 316	761 889			
1995	3 695 537	1 722 962	1 051 772	920 803			
1996	4 141 796	1 920 664	1 169 422	1 051 710			
1997	4 670 654	2 275 987	1 256 470	1 138 197			
1998	5 000 868	2 562 627	1 262 706	1 175 535			
1999	5 389 506	2 833 712	1 296 732	1 259 062	4 630 655	617 778	141 073
2000	5 831 702	3 092 810	1 390 824	1 348 068	4 935 311	748 688	147 704
2001	6 407 957	3 434 096	1 502 413	1 471 448	5 338 230	901 006	168 721
2002	7 112 500	3 846 051	1 657 612	1 608 837	5 855 717	1 066 086	190 697
2003	7 824 580	4 252 620	1 804 852	1 767 108	6 354 201	1 246 322	224 057
2004	9 153 100	4 989 624	2 112 366	2 051 110	7 320 700	1 345 500	486 900
2005	10 412 856	5 682 997	2 408 861	2 320 997	8 296 197	1 565 350	551 309
2006	12 047 538	6 597 452	2 790 770	2 659 316	9 631 611	1 812 279	603 648
2007	14 225 692	7 868 177	3 247 084	3 110 431	10 939 781	2 368 703	917 207
2008	17 647 385	9 855 304	4 014 821	3 777 260	13 517 741	3 067 647	1 061 997
2009	20 510 638	11 545 713	4 681 681	4 283 244	15 558 516	3 814 283	1 137 839

注：2005-2008年零售额相关数据根据2008年第二次经济普查结果有所调整。
Note:Relevant data of retail sales from 2005 to 2008 have been adjusted according to the Second Economic Census held in 2008.

16-3 各地区社会消费品零售总额（2009年）
Total Retail Sales of Consumer Goods by Region (2009)

单位：万元 (10 000 yuan)

地区	Region	社会消费品零售总额 Total Retail Sales of Consumer Goods	按销售单位所在地分 Grouped by Location of Marketing Establishments			按行业分 Grouped by Sector	
			市 City	县 County	县以下 Under County Level	批发零售贸易业 Wholesale and Retail Trades	住宿餐饮业 Hotels and Catering Services
全省合计	**Total**	**20 510 638**	**11 545 713**	**4 681 681**	**4 283 244**	**15 558 516**	**3 814 283**
昆明	Kunming	8 646 103	7 592 170	437 898	616 035	7 074 519	1 373 042
曲靖	Qujing	1 900 429	634 797	531 728	733 905	1 477 482	314 666
玉溪	Yuxi	1 154 467	460 499	350 650	343 318	898 302	221 354
保山	Baoshan	696 680	271 746	199 926	225 008	556 521	113 097
昭通	Zhaotong	878 468	320 992	291 965	265 511	716 322	86 426
丽江	Lijiang	366 090	168 017	110 961	87 112	261 483	97 138
普洱	Pu'er	611 583	180 514	276 015	155 054	488 990	112 787
临沧	Lincang	594 016	115 560	242 484	235 973	370 256	118 351
楚雄	Chuxiong	1 097 377	404 512	335 137	357 728	871 310	134 083
红河	Honghe	1 272 460	362 520	543 784	366 157	944 708	239 981
文山	Wenshan	1 187 598		651 992	535 606	916 927	232 382
西双版纳	Xishuangbanna	415 401	205 974	98 736	110 691	304 370	67 074
大理	Dali	1 204 265	378 599	354 736	470 930	964 129	197 263
德宏	Dehong	460 131	207 670	107 821	144 640	375 244	76 074
怒江	Nujiang	125 815		81 276	44 539	90 898	14 114
迪庆	Diqing	169 496		101 282	68 214	94 922	23 596

注：分地区不等于全省合计数。
Note: The sum of the data of various regions is not equal to the provincial total.

16-3 续表 continued

单位：万元 (10 000 yuan)

地区	Region	按经济成分分 Grouped by Type of Ownership			
		公有制经济 Public Ownership Economy	国有经济 Of Which: State-owned Economy	非公有制经济 Non-public Ownership Economy	私有经济 Of Which: Private Ownership Economy
全省合计	**Total**	**3 352 403**	**2 236 159**	**17 158 235**	**14 407 168**
昆明	Kunming	1 453 470	886 630	7 192 634	5 242 580
曲靖	Qujing	376 037	211 015	1 524 392	1 273 803
玉溪	Yuxi	199 345	77 457	955 122	890 035
保山	Baoshan	120 895	104 762	575 785	501 291
昭通	Zhaotong	203 707	194 562	674 761	636 083
丽江	Lijiang	43 472	12 689	322 618	287 075
普洱	Pu'er	59 197	36 067	552 386	546 847
临沧	Lincang	51 334	14 750	542 682	383 783
楚雄	Chuxiong	125 717	92 888	971 660	902 812
红河	Honghe	345 921	173 066	926 539	802 359
文山	Wenshan	149 260	80 079	1 038 338	1 017 518
西双版纳	Xishuangbanna	59 312	42 729	356 089	336 442
大理	Dali	201 474	164 280	1 002 791	949 877
德宏	Dehong	33 678	17 920	426 452	396 933
怒江	Nujiang	20 333	4 805	105 482	56 220
迪庆	Diqing	50 884	31 266	118 612	58 614

16-4 限额以上批发和零售业商品购进、销售、库存总额（2009年）

单位：万元

类别	Category	法人企业数（个）Number of Corporate Enterprises (unit)	产业活动单位数（个）Number of Industrial Activity Entities (unit)
总　计	**Total**	**1 512**	**115**
批发业	**Wholesale Trade**	**824**	**46**
按登记注册类型分	**Grouped by Status of Registration**		
内资企业	Domestic-funded Enterprises	811	46
国有企业	State-owned Enterprises	68	3
集体企业	Collective-owned Enterprises	24	3
服份合作企业	Joint Stock Cooperative Enterprises	11	
联营企业	Joint Ownership Enterprises	5	
有限责任公司	Limited Liability Companies	179	28
股份有限公司	Incorporated Corporations	38	6
私营企业	Private Enterprises	480	6
其他企业	Other Enterprises	6	
港澳台商投资企业	Enterprises Invested by Hong Kong, Macao and Taiwan	8	
外商投资企业	Foreign-funded Enterprises	5	
按国民经济行业分	**Grouped by Sector**		
农畜产品批发业	Wholesale of Farm and Livestock Products	27	5
食品、饮料及烟草制品批发业	Wholesale of Food, Beverages and Tobaccos	100	6
米、面制品及食用油批发业	Wholesale of Rice, Flour and Edible Oil	30	
饮料及茶叶批发	Wholesale of Beverages and Tea	17	
烟草制品批发业	Wholesale of Tobaccos	19	1
纺织、服装及日用品批发业	Wholesale of Textiles, Garments and Daily Consumer Articles	18	
文化、体育用品及器材批发业	Wholesale of Culture, Sports Appliances and Equipments	11	
医药及医疗器材批发业	Wholesale of Medicines and Medical Appliances	73	1
矿产品、建材及化工产品批发业	Wholesale of Mineral Products, Building Materials and Chemical Products	435	27
煤炭及制品批发业	Wholesale of Coal and Related Products	37	
石油及制品批发业	Wholesale of Petrolem and Related Products	35	3
金属及金属矿批发业	Wholesale of Metal Materials	185	8
建材批发业	Wholesale of Building Materials	31	
化肥批发业	Wholesale of Chemical Fertilizer	61	16
其他化工产品批发	Wholesale of Other Chemical Products	76	
机械设备、五金交电及电子产品批发业	Wholesale of Machinery, Hardware and Electronic Products	126	4
汽车、摩托车及零配件批发业	Wholesale of Motor Vehicles, Motorcycles and Parts	27	2
家用电器批发业	Wholesale of Household Electrical Appliances	11	
计算机、软件及辅助设备批发业	Wholesale of Computer, Software and Assistant Appliances	19	
其他机械设备及电子产品批发	Wholesale of Machinery and Electronic Products	42	1
贸易经纪与代理	Trade Broker and Agency	1	
其他批发业	Other Wholesale Trades	33	3

注：表中的产业活动单位数为非同业产业活动单位数，与往年的口径不同。

Total Purchases, Sales and Inventory of Enterprises above Designated Size in Wholesale and Retail Trades (2009)

(10 000 yuan)

从业人员数（人）Number of Employed Persons (persons)	购进总额 Total Purchases		销售总额 Total Sales				年末库存总额 Inventory at Year-end	年末零售营业面积（平方米）Retail Operational Area at Year-end (sq.m)
		进口 Imports	合计 Total	批发 Wholesale	出口 Outputs	零售 Retail		
147 160	**26 623 843**	**631 354**	**33 105 270**	**26 114 816**	**780 770**	**6 990 453**	**5 628 745**	**3 890 657**
73 808	**21 328 556**	**437 985**	**26 334 468**	**25 520 061**	**780 206**	**814 407**	**4 748 368**	**186 431**
72 415	21 039 396	437 985	26 083 906	25 284 952	772 902	798 954	4 672 639	179 986
32 589	7 894 102	213 367	10 384 185	10 268 575	213 254	115 610	1 651 977	19 292
635	116 984	6 002	128 504	123 025	819	5 479	10 077	7 875
219	37 995		47 730	42 997	3 873	4 733	2 934	2 600
161	157 716		158 948	158 948			10 888	
13 161	5 847 104	70 893	6 388 566	6 331 667	69 256	56 899	2 091 506	69 877
7 766	938 919	6 162	2 424 634	2 011 524	102 751	413 109	85 049	800
17 653	6 017 547	141 560	6 520 178	6 321 146	382 274	199 032	818 219	78 892
231	29 029		31 160	27 069	675	4 092	1 987	650
1 037	215 307		177 737	162 795	3 006	14 942	72 669	2 916
356	73 854		72 826	72 314	4 299	512	3 060	3 529
3 419	1 854 520	25 441	1 909 491	1 902 169	4 434	7 323	1 554 190	700
31 214	6 037 823	16 250	8 548 913	8 521 625	198 921	27 288	1 740 818	79 217
1 919	225 864		262 070	253 983		8 087	142 730	37 289
2 852	151 709		555 362	554 207	721	1 155	121 217	31 938
25 033	5 144 933	2 848	7 199 075	7 188 900	154 811	10 175	1 403 257	9 990
551	103 061	167	162 395	162 395	77 435		5 795	
885	214 721	2 035	238 227	195 094		43 133	111 739	182
7 869	1 325 805	5 431	1 419 932	1 371 362	23 477	48 571	125 299	25 725
21 361	8 562 599	378 577	10 633 423	9 993 070	241 950	640 353	819 072	44 751
1 173	517 461	1 249	548 729	543 321		5 408	158 114	
8 270	1 023 747	1 821	2 704 141	2 162 936	30 696	541 204	82 326	4 408
5 153	4 241 722	294 412	4 427 440	4 423 393	23 176	4 048	334 670	16 100
616	667 807	19 409	671 308	613 175	4 645	58 132	89 310	320
2 664	1 039 128	27 093	1 174 761	1 144 932	59 520	29 829	66 378	15 109
3 219	1 013 286	32 774	1 038 063	1 037 032	112 413	1 031	80 849	6 152
6 777	1 944 358	9 285	2 065 107	2 017 382	206 952	47 725	255 465	28 079
1 364	457 492		476 795	447 711	10 434	29 084	35 593	7 427
1 265	391 210		445 937	445 937	12 185		53 434	751
791	271 444		190 953	183 677		7 276	93 979	1 821
1 951	574 801	8 214	674 362	674 283	116 839	79	55 111	5 103
85	692	256	553	553			559	
1 647	1 284 977	544	1 356 426	1 356 413	27 037	14	135 431	7 777

Note:Number of industrial activity entities refers to that of industrial activity entities of different industries in this table,and the coverage is different from that of fromer years.

16-4 续表

单位：万元

类　别	Category	法人企业数（个）Number of Corporate Enterprises (unit)	产业活动单位数（个）Number of Industrial Activity Entities (unit)
零售业	**Retail Trade**	**688**	**69**
按登记注册类型分	**Grouped by Status of Registration**		
内资企业	Domestic Funded Enterprises	669	61
国有企业	State-owned Enterprises	58	10
集体企业	Collective-owned Enterprises	16	1
股份合作企业	Joint Stock Cooperative Enterprises	17	1
联营企业	Joint Ownership Enterprises	1	
有限责任公司	Limited Liability Companies	166	11
股份有限公司	Incorporated Corporations	26	1
私营企业	Private Enterprises	384	30
其他企业	Other Enterprises	1	7
港澳台商投资企业	Enterprises Invested by Hong Kong, Macao and Taiwan	9	1
外商投资企业	Foreign-funded Enterprises	10	1
按国民经济行业分	**Grouped by Sector**		
综合零售业	Integrated Retail	120	17
百货零售业	Retail of General Merchandise	37	9
超级市场零售业	Retail of Supermarkets	64	6
食品、饮料及烟草制品专门零售业	Retail of Food, Beverages and Tobaccos	44	11
纺织、服装及日用品专门零售业	Retail of Textiles, Garments and Daily Consumer Articles	10	2
服装零售业	Retail of Garments	8	1
文化、体育用品及器材专门零售业	Retail of Culture, Sports Appliances and Equipments	45	5
图书零售业	Retail of Books	35	5
医药及医疗器材专门零售业	Retail of Medicines and Medical Equipments	36	20
药品零售业	Retail of Medicines	34	20
汽车、摩托车、燃料及零配件专门零售业	Retail of Motor Vehicles, Motorcycles,Fuel and Parts	324	11
汽车零售业	Retail of Motor Vehicles	243	7
摩托车及零配件零售	Retail of Motorcycle and Parts	34	
机动车燃料零售业	Retail of Fuel of Motor Vehicles	40	2
家用电器及电子产品专门零售业	Special Retail of Household Electric Appliances and Electronic Products	79	1
家用电器零售业	Retail of Household Electric Appliances	21	1
计算机、软件及辅助设备零售业	Retail of Computer, Software and Assistant Appliances	46	
通讯设备零售业	Retail of Communication Equipments	11	
五金、家具及室内装修材料专门零售业	Special Retail of Hardware, Furniture and Decoration Materials	6	
无店铺及其他零售业	Non-shop and Other Retails	24	2
其他未列明的零售	Other Retail Trades not Listed Here	15	2

continued

(10 000 yuan)

从业人员数（人）Number of Employed Persons (persons)	购进总额 Total Purchases	进口 Imports	销售总额 Total Sales 合计 Total	批发 Wholesale	出口 Outputs	零售 Retail	年末库存总额 Inventory at Year-end	年末零售营业面积（平方米）Retail Operational Area at Year-end (sq.m)
73 352	**5 295 288**	**193 368**	**6 770 802**	**594 755**	**564**	**6 176 046**	**880 377**	**3 704 226**
65 649	4 597 413	96 168	5 954 320	558 632	564	5 395 688	789 906	3 283 363
6 721	483 248		499 865	72 806		427 059	87 521	208 281
627	35 091		38 346	2 536		35 810	2 127	43 272
677	68 508		70 762	15 104	158	55 658	7 559	61 494
81	12 922		14 303			14 303	222	550
23 077	1 517 131	43 745	1 844 546	123 003		1 721 544	327 059	946 442
3 976	286 545		923 433	87 857		835 576	26 240	364 541
30 347	2 181 912	52 424	2 549 865	257 326	406	2 292 540	337 030	1 656 933
143	12 056		13 200			13 200	2 147	1 850
1 854	290 012	55 483	339 966	35 154		304 813	37 829	78 019
5 400	403 330	41 718	472 172	763		471 409	51 748	334 730
23 143	887 722	817	1 186 997	43 645		1 143 352	131 762	1 145 716
6 550	339 743	817	532 183	24 560		507 623	49 763	423 367
15 424	481 834		581 462	5 211		576 251	71 900	593 400
4 442	157 763	5 882	181 187	17 419		163 770	36 829	76 527
1 778	62 997		86 291	18 744		67 547	26 757	62 931
1 659	60 384		84 359	18 744		65 616	22 367	58 651
7 462	240 070		239 072	32 771		206 301	68 664	214 881
4 623	144 554		149 258	12 723		136 535	38 663	178 524
12 800	221 458		314 709	60 552	167	254 157	41 405	267 530
12 762	220 208		313 221	59 724	167	253 498	40 731	261 340
17 879	3 297 716	145 769	4 189 834	359 017	243	3 830 818	492 582	1 621 763
11 158	2 431 411	145 769	2 698 091	157 333		2 540 758	396 550	1 115 223
762	46 475		47 186	4 654	243	42 532	10 866	20 136
5 533	669 010		1 295 781	191 064		1 104 716	80 249	461 419
4 440	322 531		447 937	56 229		391 708	53 312	206 820
2 037	150 881		253 597	12 672		240 925	24 413	175 751
1 904	128 398		149 512	42 537		106 974	21 963	15 501
481	40 851		42 623	92		42 531	6 935	15 429
264	14 287		17 776	3 856		13 920	3 828	40 314
1 144	90 744	40 901	106 999	2 525	153	104 474	25 238	67 744
839	83 077	40 901	95 335	123		95 211	24 334	49 651

16-5 各地区限额以上批发和零售业商品购进、销售、库存总额（2009年）

单位：万元

地 区	Region	法人企业数（个） Number of Corporate Enterprises (unit)	产业活动单位数(个) Number of Industrial Activity Entities (unit)
全省合计	**Total**	**1 512**	**115**
昆 明	Kunming	726	51
曲 靖	Qujing	64	
玉 溪	Yuxi	116	13
保 山	Baoshan	41	
昭 通	Zhaotong	56	
丽 江	Lijiang	30	10
普 洱	Pu'er	37	5
临 沧	Lincang	19	1
楚 雄	Chuxiong	52	6
红 河	Honghe	88	7
文 山	Wenshan	41	11
西双版纳	Xishuangbanna	56	1
大 理	Dali	75	8
德 宏	Dehong	95	2
怒 江	Nujiang	6	
迪 庆	Diqing	10	

注：表中的产业活动单位数为非同业产业活动单位个数。

 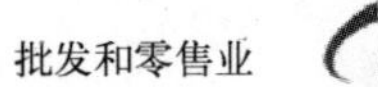

Total Purchases, Sales and Inventory of Enterprises above Designated Size in Wholesale and Retail Trades by Region (2009)

(10 000yuan)

从业人员数 (人) Number of Employed Persons (persons)	购进总额 Total Purchases	销售总额 Total Sales	年末库存总额 Inventory at Year-end	年末零售营业面积 (平方米) Retail Operational Area at Year-end (sq.m)
147 160	**26 623 843**	**33 105 270**	**5 628 745**	**3 890 657**
70 596	16 102 785	19 217 897	1 907 823	2 216 279
7 791	1 251 806	1 976 702	646 345	164 874
9 392	3 308 699	3 547 956	1 691 891	221 184
4 462	391 553	524 473	114 851	146 869
4 963	690 638	821 607	153 456	71 270
2 792	607 280	722 390	125 582	60 568
4 243	387 755	486 682	69 507	98 065
3 514	290 576	284 134	50 831	28 196
4 567	535 655	907 397	186 068	105 002
14 473	710 531	1 097 385	192 814	308 009
4 270	447 278	554 455	117 435	94 811
3 874	273 000	341 441	42 733	104 535
7 148	908 154	1 366 403	159 899	162 160
2 311	581 414	646 119	53 114	42 905
428	4 548	48 810	2 759	2 902
2 336	132 173	561 419	113 640	63 028

Note:Number of industrial activity entities refers to that of industrial activity entities of different industries in this table.

16-6 限额以上批发和零售业商品分类销售额（2008-2009年）
Total Sales of Enterprises above Designated Size in Wholesale and Retail Trades by Category of Commodities (2008-2009)

单位：万元 (10 000 yuan)

类 别	Category	销售合计 Sales		批 发 Wholesale Trade		零 售 Retail Trade	
		2008	2009	2008	2009	2008	2009
总 计	**Total**	**33 459 905**	**30 407 157**	**27 518 588**	**24 119 827**	**5 941 317**	**6 287 330**
食品、饮料、烟酒类	Food,Beverages,Tobacco and Liquor	5 568 471	6 137 256	5 066 866	5 587 302	501 604	549 954
粮油类	Grain and Oil	515 086	503 787	337 402	327 644	177 684	176 142
肉禽蛋类	Meat,Poultry and Eggs	71 248	80 548	20 704	18 222	50 544	62 327
其他食品类	Other Foodstuffs	518 336	711 605	400 728	559 372	117 608	152 234
饮料类	Beverages	118 662	114 472	79 850	58 412	38 812	56 060
烟酒类	Tobacco and Liquor	4 345 138	4 726 844	4 228 183	4 623 652	116 956	103 192
服装、鞋帽、针、纺织品类	Clothing, Footwerw, Headgear, Kaitting and Textiles	499 556	461 059	101 964	61 861	397 592	399 198
服装类	Clothing	296 730	291 708	33 284	8 458	263 446	283 251
鞋帽类	Footwear and Headgear	122 337	95 046	15 788	5 486	106 550	89 560
针、纺织品类	Knitting and Textile	80 489	74 304	52 892	47 917	27 597	26 388
化妆品类	Cosmetics	108 608	109 942	22 406	15 612	86 202	94 330
金银珠宝类	Gold,Silver and Jewelry	185 162	181 866	87 839	78 170	97 323	103 696
日用品类	Articles for Daily Use	152 807	202 953	44 452	65 774	108 355	137 180
洗涤用品类	Washing Articles	55 922	75 524	4 139	3 497	51 783	72 027
儿童玩具类	Children Toys	8 106	10 353	2	68	8 104	10 285
五金、电料类	Hardware and Electrical Materials	106 233	69 331	90 400	54 544	15 833	14 788
体育、娱乐用品类	Sports and Recreation Articles	22 547	17 793	4 983	1 720	17 564	16 073
书报杂志类	Newspapers and Magazines	241 632	227 514	111 538	104 329	130 095	123 186
电子出版物及音像制品类	E-journals and Audio-visual Products	21 191	11 556	10 943	4 571	10 247	6 986

注：2008年数据为第二次经济普查数据，其统计口径与平常年份有差异。

Note:Data of 2008 are that of the Second Economic Census,and the statistical coverage of 2008 differs from that of years without census.

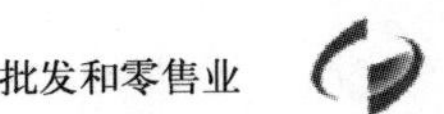

16-6 续表 continued

单位：万元 (10 000 yuan)

类　别	Category	销售合计 Sales		批　发 Wholesale Trade		零　售 Retail Trade	
		2008	2009	2008	2009	2008	2009
家用电器和音像器材类	Household Appliances and Audio-visual Equipment	1 010 213	941 128	701 072	560 353	309 141	380 775
中西药品类	Traditional Chinese and Western Medicines	1 516 671	1 653 133	1 231 683	1 265 405	284 988	387 728
西药	Western Medicine	1 237 239	1 401 820	1 001 457	1 084 824	235 782	316 996
中草药及中成药	Herban Medicine and Traditional Chinese Medicines Products	208 546	188 747	189 204	135 961	19 341	52 786
文化办公用品类	Cultural Goods and Office Stationary	341 571	336 702	217 949	215 923	123 622	120 779
家具类	Furniture	13 200	11 565	2 905	242	10 295	11 323
通讯器材类	Communication Equipment	210 381	199 294	120 341	74 990	90 041	124 303
煤炭及制品类	Coal and Related Products	957 828	512 886	953 674	510 130	4 154	2 756
木材及制品类	Timber and Related Products	40 432	38 056	40 432	37 810		246
石油及制品类	Petroleum and Related Products	4 115 923	3 831 642	2 475 294	2 570 641	1 640 629	1 261 001
化工材料及制品类	Chemical Industrial Materials and Related Products	2 913 642	1 783 481	2 909 875	1 735 544	3 767	47 937
化肥类	Fertilizer	1 281 074	643 605	1 281 074	636 048		7 557
金属材料类	Metal Materials	7 017 423	4 023 997	7 017 423	4 023 886		110
建筑及装潢材料类	Building and Decoration Materials	571 740	476 602	530 660	465 754	41 081	10 848
机电产品及设备类	Mechanical and Electric Products and Equipment	892 111	856 673	842 918	804 079	49 193	52 593
农机类	Agricultural Machinary	31 198	45 703	31 198	44 995		709
汽车类	Automobiles	2 294 448	2 773 833	405 704	415 048	1 888 744	2 358 785
种子饲料类	Seeds and Forage	70 442	72 684	70 442	70 166		2 519
棉麻类	Cotton and Hemp	14 153	8 066	13 536	7 765	617	300
其他类	Others	4 573 521	5 468 146	4 443 289	5 388 210	130 232	79 936

16-7 限额以上批发和零售业企业财务状况（2009年）

单位：万元

类　别	Category	企业数（个） Number of Enterprises (unit)
总　计	**Total**	**1 512**
批发业	**Wholesale Trade**	**824**
# 国有及国有控股	Of Which: State-owned and State-holding	126
按登记注册类型分	**Grouped by Status of Registration**	
内　资	Domestic Funded Enterprises	811
国　有	State-owned	68
集　体	Collective-owned	24
股份合作	Cooperative	11
联营企业	Joint Ownership	5
有限责任公司	Limited Liability Corporations	179
股份有限公司	Share-holding Corporations Ltd.	38
私营企业	Private-funded Enterprises	480
其　他	Others	6
港澳台商投资企业	Enterprises with Funds from Hong Kong,Macao and Taiwan	8
外商投资企业	Share-holding Corporations Ltd. with Foreign Investment	5
按国民经济行业分	**Grouped by Sector**	
农畜产品批发业	Wholesale of Farm and Livestock Products	27
食品、饮料及烟草制品批发业	Wholesale of Food, Beverages and Tobaccos	100
米、面制品及食用油批发业	Wholesale of Rice, Flour and Edible Oil	30
饮料及茶叶批发	Wholesale of Beverages and Tea	17
烟草制品批发业	Wholesale of Tobaccos	19
纺织、服装及日用品批发业	Wholesale of Textiles, Garments and Daily Consumer Articles	18
文化、体育用品及器材批发业	Wholesale of Culture, Sports Appliances and Equipments	11
医药及医疗器材批发业	Wholesale of Medicines and Medical Appliances	73
矿产品、建材及化工产品批发业	Wholesale of Mineral Products, Building Materials and Chemical Products	435
煤炭及制品批发业	Wholesale of Coal and Related Products	37
石油及制品批发业	Wholesale of Petrolem and Related Products	35
金属及金属矿批发业	Wholesale of Metal Materials	185
建材批发业	Wholesale of Building Materials	31
化肥批发业	Wholesale of Chemical Fertilizer	61
其他化工产品批发	Wholesale of Other Chemical Products	76
机械设备、五金交电及电子产品批发业	Wholesale of Machinery, Hardware and Electronic Products	126
汽车、摩托车及零配件批发业	Wholesale of Motor Vehicles, Motorcycles and Parts	27
家用电器批发业	Wholesale of Household Electrical Appliances	11
计算机、软件及辅助设备批发业	Wholesale of Computer, Software and Assistant Appliances	19
其他机械设备及电子产品批发	Wholesale of Machinery and Electronic Products	42
贸易经纪与代理	Trade Broker and Agency	1
其他批发业	Other Wholesale Trades	33

Financial Indicators of Enterprises above Designated Size of Wholesales and Retail Trades (2009)

(10 000 yuan)

年末资产负债 Assets and Liabilities at Year-end					
流动资产合计 Total Working Capitals	固定资产原价 Original Value of Fixed Assets	本年折旧 Depreciation in the Year	资产合计 Total Assests	负债合计 Total Liabilities	所有者权益合计 Total Owners' Equities
14 890 881	**3 095 957**	**178 552**	**19 357 412**	**12 134 741**	**7 222 671**
12 619 129	**2 220 273**	**135 203**	**15 944 069**	**9 854 824**	**6 089 245**
7 783 934	1 791 647	108 603	10 280 178	5 335 686	4 944 492
12 556 886	2 211 370	133 509	15 869 558	9 801 987	6 067 571
4 936 732	1 328 322	86 018	6 051 391	2 664 163	3 387 229
31 092	8 882	242	40 430	33 445	6 985
8 753	4 077	185	13 597	8 454	5 143
41 853	2 172	110	46 908	31 667	15 240
4 139 385	286 412	14 912	5 446 077	3 788 040	1 658 037
379 488	373 638	18 715	843 449	418 795	424 654
3 012 437	206 836	13 227	3 419 079	2 851 915	567 164
7 148	1 030	99	8 627	5 508	3 120
44 797	7 686	1 564	56 174	39 207	16 966
17 446	1 217	131	18 338	13 630	4 708
1 776 334	71 250	3 287	1 818 663	1 680 641	138 023
4 689 626	1 213 121	80 754	5 717 627	2 434 070	3 283 557
218 038	47 325	1 911	303 990	234 447	69 543
298 215	11 563	5 833	349 255	182 155	167 100
3 936 309	1 119 884	71 992	4 784 387	1 783 640	3 000 747
73 509	4 235	151	77 829	49 687	28 142
180 822	68 068	1 855	279 712	135 874	143 838
489 984	51 382	4 465	577 210	421 181	156 029
4 073 060	684 952	37 057	5 897 740	4 017 770	1 879 970
242 235	22 453	2 186	293 035	248 804	44 230
183 034	428 164	21 739	668 303	225 690	442 613
2 338 205	100 450	5 991	3 353 535	2 198 726	1 154 809
362 826	20 209	878	431 900	413 000	18 900
430 352	46 827	1 767	484 328	407 238	77 090
490 311	61 914	4 189	633 447	496 753	136 694
960 070	48 926	3 800	1 121 536	901 455	220 081
162 964	10 642	982	194 408	150 874	43 534
113 954	2 490	103	116 995	106 264	10 731
52 245	1 309	91	58 012	45 238	12 775
576 863	31 290	2 299	693 657	557 193	136 465
1 258	1 422	60	6 938	7 366	- 428
374 465	76 917	3 774	446 814	206 782	240 032

16-7 续表1

单位：万元

类　别	Category	营业收入合计 Total Business Revenue
总　计	**Total**	**30 202 427**
批发业	**Wholesale Trade**	**23 935 423**
# 国有及国有控股	Of Which: State-owned and State-holding	14 294 319
按登记注册类型分	**Grouped by Status of Registration**	
内　资	Domestic Funded Enterprises	23 695 214
国　有	State-owned	9 796 710
集　体	Collective-owned	106 498
股份合作	Cooperative	44 624
联营企业	Joint Ownership	149 270
有限责任公司	Limited Liability Corporations	5 572 197
股份有限公司	Share-holding Corporations Ltd.	2 219 689
私营企业	Private-funded Enterprises	5 774 752
其　他	Others	31 473
港澳台商投资企业	Enterprises with Funds from Hong Kong,Macao and Taiwan	173 498
外商投资企业	Share-holding Corporations Ltd. with Foreign Investment	66 711
按国民经济行业分	**Grouped by Sector**	
农畜产品批发业	Wholesale of Farm and Livestock Products	1 646 491
食品、饮料及烟草制品批发业	Wholesale of Food, Beverages and Tobaccos	7 880 214
米、面制品及食用油批发业	Wholesale of Rice, Flour and Edible Oil	262 389
饮料及茶叶批发	Wholesale of Beverages and Tea	351 690
烟草制品批发业	Wholesale of Tobaccos	6 792 981
纺织、服装及日用品批发业	Wholesale of Textiles, Garments and Daily Consumer Articles	158 768
文化、体育用品及器材批发业	Wholesale of Culture, Sports Appliances and Equipments	203 871
医药及医疗器材批发业	Wholesale of Medicines and Medical Appliances	1 243 009
矿产品、建材及化工产品批发业	Wholesale of Mineral Products, Building Materials and Chemical Products	9 685 687
煤炭及制品批发业	Wholesale of Coal and Related Products	499 934
石油及制品批发业	Wholesale of Petrolem and Related Products	2 438 551
金属及金属矿批发业	Wholesale of Metal Materials	3 902 998
建材批发业	Wholesale of Building Materials	636 323
化肥批发业	Wholesale of Chemical Fertilizer	1 150 019
其他机械设备及电子产品批发	Wholesale of Other Chemical Products	988 217
机械设备、五金交电及电子产品批发业	Wholesale of Machinery, Hardware and Electronic Products	1 893 903
汽车、摩托车及零配件批发业	Wholesale of Motor Vehicles, Motorcycles and Parts	419 453
家用电器批发业	Wholesale of Household Electrical Appliances	407 425
计算机、软件及辅助设备批发业	Wholesale of Computer, Software and Assistant Appliances	177 428
其他机械设备及电子产品批发	Wholesale of Machinery and Electronic Products	640 902
贸易经纪与代理	Trade Broker and Agency	553
其他批发业	Other Wholesale Trades	1 222 927

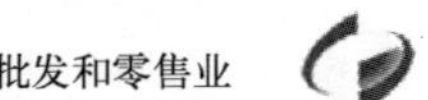

continued

(10 000 yuan)

损益及分配 Losses,Profits and Distribution						
# 主营业务收入 Revenue from Principal Business	主营业务成本 Cost of Principal Business	主营业务税金及附加 Taxes and Other Charges on Principal Business	主营业务利润 Profits from Principal Business	营业费用 Expenses on Business	管理费用 Expenses on Management	财务费用 Expenses on Finance
29 833 432	**26 483 038**	**145 834**	**3 207 735**	**1 259 093**	**712 424**	**71 395**
23 643 766	**20 993 783**	**130 851**	**2 533 367**	**900 770**	**534 754**	**37 141**
14 061 927	12 038 674	107 416	1 933 318	593 707	392 656	- 11 567
23 404 106	20 781 378	130 737	2 506 226	885 965	528 160	36 371
9 589 298	7 806 611	104 493	1 674 202	446 433	314 325	- 17 664
106 032	100 908	191	4 736	3 168	2 196	509
44 588	39 444	54	2 805	1 365	942	169
148 593	143 127	58	5 409	1 928	1 237	352
5 531 801	5 172 604	12 949	345 927	188 666	95 269	17 312
2 190 839	2 043 716	2 751	165 509	88 612	39 490	7 416
5 761 583	5 445 939	10 200	305 338	154 346	74 093	28 208
31 371	29 029	42	2 300	1 448	608	69
173 036	152 181	1	20 854	11 121	5 522	461
66 624	60 224	113	6 286	3 684	1 073	309
1 638 629	1 584 599	755	53 274	31 500	13 056	1 263
7 667 470	5 854 806	104 429	1 703 902	448 535	299 252	- 18 980
257 665	249 174	85	8 383	8 891	7 737	4 826
344 915	249 414	3 753	91 743	34 839	8 407	506
6 593 600	4 904 172	100 211	1 585 248	395 624	278 949	- 26 884
157 980	111 880	797	45 303	30 933	1 463	93
202 104	144 177	865	57 062	14 242	13 473	3 587
1 241 485	1 146 219	1 485	93 779	54 851	22 703	3 041
9 635 219	9 219 190	17 882	416 968	256 895	126 713	42 610
497 807	480 966	726	16 115	13 684	7 269	3 979
2 420 573	2 257 340	5 239	179 468	99 756	32 217	5 334
3 885 080	3 760 949	4 749	119 278	71 225	49 045	17 294
634 571	613 001	464	21 106	7 103	5 632	5 998
1 145 860	1 114 770	1 060	27 384	33 888	13 501	3 570
982 522	927 734	5 513	49 373	28 262	17 208	6 146
1 883 611	1 775 964	2 192	105 455	52 474	36 844	4 930
417 760	396 669	515	20 575	12 508	5 569	763
407 122	382 762	297	24 063	7 780	4 537	- 17
175 413	169 645	179	5 589	2 723	2 102	534
635 333	591 552	979	42 802	21 233	22 024	3 272
553	598		- 46	- 5	240	- 21
1 216 715	1 156 351	2 445	57 670	11 344	21 010	618

16-7 续表2

单位：万元

类 别	Category	营业利润 Profits from Business
总 计	**Total**	**1 312 928**
批发业	**Wholesale Trade**	**1 153 585**
# 国有及国有控股	Of Which: State-owned and State-holding	1 029 001
按登记注册类型分	**Grouped by Status of Registration**	
内 资	Domestic Funded Enterprises	1 148 325
国 有	State-owned	960 387
集 体	Collective-owned	- 765
股份合作	Cooperative	754
联营企业	Joint Ownership	2 522
有限责任公司	Limited Liability Corporations	89 448
股份有限公司	Share-holding Corporations Ltd.	38 965
私营企业	Private-funded Enterprises	56 763
其 他	Others	251
港澳台商投资企业	Enterprises with Funds from Hong Kong,Macao and Taiwan	3 953
外商投资企业	Share-holding Corporations Ltd. with Foreign Investment	1 307
按国民经济行业分	**Grouped by Sector**	
农畜产品批发业	Wholesale of Farm and Livestock Products	9 904
食品、饮料及烟草制品批发业	Wholesale of Food, Beverages and Tobaccos	1 003 496
米、面制品及食用油批发业	Wholesale of Rice, Flour and Edible Oil	- 9 395
饮料及茶叶批发	Wholesale of Beverages and Tea	48 904
烟草制品批发业	Wholesale of Tobaccos	959 293
纺织、服装及日用品批发业	Wholesale of Textiles, Garments and Daily Consumer Articles	13 404
文化、体育用品及器材批发业	Wholesale of Culture, Sports Appliances and Equipments	26 675
医药及医疗器材批发业	Wholesale of Medicines and Medical Appliances	14 559
矿产品、建材及化工产品批发业	Wholesale of Mineral Products, Building Materials and Chemical Products	33 386
煤炭及制品批发业	Wholesale of Coal and Related Products	- 7 628
石油及制品批发业	Wholesale of Petrolem and Related Products	45 450
金属及金属矿批发业	Wholesale of Metal Materials	12 892
建材批发业	Wholesale of Building Materials	3 201
化肥批发业	Wholesale of Chemical Fertilizer	- 19 166
其他机械设备及电子产品批发	Wholesale of Other Chemical Products	- 1 410
机械设备、五金交电及电子产品批发业	Wholesale of Machinery, Hardware and Electronic Products	22 561
汽车、摩托车及零配件批发业	Wholesale of Motor Vehicles, Motorcycles and Parts	3 339
家用电器批发业	Wholesale of Household Electrical Appliances	11 875
计算机、软件及辅助设备批发业	Wholesale of Computer, Software and Assistant Appliances	721
其他机械设备及电子产品批发	Wholesale of Machinery and Electronic Products	4 798
贸易经纪与代理	Trade Broker and Agency	- 260
其他批发业	Other Wholesale Trades	29 861

continued

(10 000 yuan)

损益及分配 Losses,Profits and Distribution				工资、福利、增值税 Wages,Welfare and Value Added Tax		
利润总额 Total Profits	应交所得税 Income Tax Payable	劳动、失业保险费 Charges on Labor and Unemployment Insurance	住房公积金和住房补贴 Housing Accumulation Fund and Housing Subsidies	本年应付工资总额 Total Wages Payable	本年应付福利费总额 Total Welfare Payable	本年应交增值税 Value Added Tax Payable
1 550 412	**389 267**	**12 880**	**32 900**	**491 437**	**29 156**	**633 731**
1 385 273	**358 762**	**10 898**	**29 454**	**339 988**	**22 012**	**472 226**
1 216 695	325 405	9 627	27 002	250 237	17 882	344 657
1 379 531	357 754	10 763	29 362	335 234	21 846	465 121
1 147 342	313 402	9 116	24 434	221 800	14 808	319 541
141	30	17	75	983	45	1 696
750	235	6	8	503	33	510
2 504	505	46	36	506	38	- 34
112 569	21 787	864	3 254	55 047	3 671	60 868
43 097	9 615	476	1 271	16 917	1 760	21 490
72 908	12 062	235	281	38 761	1 437	60 602
221	119	3	2	718	54	449
4 039	700	130	85	3 853	145	6 049
1 703	308	4	8	901	21	1 057
11 327	1 033	21	860	8 809	272	4 077
1 128 270	258 430	8 919	23 165	222 359	13 318	313 204
1 907	205	138	291	4 519	299	17
48 835	726	17	37	10 789	422	16 375
1 072 283	256 341	8 721	22 738	203 525	12 535	294 271
13 713	2 159	7	7	1 155	370	7 868
30 798	6 208	36	145	6 090	19	4 080
21 111	4 555	110	306	17 909	1 107	23 650
116 736	72 564	1 200	3 112	52 941	4 581	75 093
- 7 339	532	26	151	4 520	171	4 083
40 307	8 805	324	1 330	15 636	1 303	21 365
18 164	4 813	296	875	16 340	1 993	21 936
3 950	1 909	39	60	1 696	71	7 628
57 723	53 961	395	400	6 563	591	11 422
4 827	2 201	95	244	7 264	401	6 713
27 900	5 110	420	614	22 169	1 286	20 200
3 491	920	123	88	3 647	456	4 197
12 361	1 687	119	40	4 395	107	3 236
760	150	12	30	1 310	176	875
9 281	1 878	35	417	9 350	504	7 678
- 244		4	3	184		
35 661	8 704	180	1 244	8 372	1 059	24 057

16-7 续表3

单位：万元

类别	Category	企业数 (个) Number of Enterprises (unit)
零售业	**Retail Trade**	**688**
# 国有及国有控股	Of Which: State-owned and State-holding	88
按登记注册类型分	**Grouped by Status of Registration**	
内　资	Domestic Funded Enterprises	669
国　有	State-owned	58
集　体	Collective-owned	16
股份合作	Cooperative	17
联营企业	Joint Ownership	1
有限责任公司	Limited Liability Corporations	166
股份有限公司	Share-holding Corporations Ltd.	26
私营企业	Private-funded Enterprises	384
其　他	Others	1
港澳台商投资企业	Enterprises with Funds from Hong Kong,Macao and Taiwan	9
外商投资企业	Share-holding Corporations Ltd. with Foreign Investment	10
按国民经济行业分	**Grouped by Sector**	
综合零售业	Integrated Retail	120
百货零售业	Retail of General Merchandise	37
超级市场零售业	Retail of Supermarkets	64
食品、饮料及烟草制品专门零售业	Retail of Food, Beverages and Tobaccos	44
纺织、服装及日用品专门零售业	Retail of Textiles, Garments and Daily Consumer Articles	10
服装零售业	Retail of Garments	8
文化、体育用品及器材专门零售业	Retail of Culture, Sports Appliances and Equipments	45
图书零售业	Retail of Books	35
医药及医疗器材专门零售业	Retail of Medicines and Medical Equipments	36
药品零售业	Retail of Medicines	34
汽车、摩托车、燃料及零配件专门零售业	Retail of Motor Vehicles, Motorcycles,Fuel and Parts	324
汽车零售业	Retail of Motor Vehicles	243
摩托车及零配件零售业	Retail of Motorcycle and Parts	34
机动车燃料零售业	Retail of Fuel of Motor Vehicles	40
家用电器及电子产品专门零售业	Special Retail of Household Electric Appliances and Electronic Products	79
家用电器零售业	Retail of Household Electric Appliances	21
计算机、软件及辅助设备零售业	Retail of Computer, Software and Assistant Appliances	46
通讯设备零售业	Retail of Communication Equipments	11
五金、家具及室内装修材料专门零售业	Special Retail of Hardware, Furniture and Decoration Materials	6
无店铺及其他零售业	Non-shop and Other Retails	24
其他未列明的零售业	Other Retail Trades not Listed Here	15

continued

(10 000 yuan)

年末资产负债 Assets and Liabilities at Year-end					
流动资产合计 Total Working Capitals	固定资产原价 Original Value of Fixed Assets	本年折旧 Depreciation in the Year	资产合计 Total Assests	负债合计 Total Liabilities	所有者权益合计 Total Owners' Equities
2 271 751	**875 684**	**43 349**	**3 413 343**	**2 279 917**	**1 133 426**
204 770	331 075	15 122	610 379	245 568	364 811
1 959 214	793 537	36 744	3 017 336	2 026 222	991 115
83 577	90 651	4 884	205 437	112 234	93 202
10 722	4 477	107	15 652	10 953	4 699
9 085	9 006	196	19 931	14 412	5 519
2 355	169	28	2 743	2 204	539
767 412	252 360	10 885	1 118 739	780 353	338 386
89 200	217 695	9 586	358 664	120 676	237 988
994 956	218 266	11 051	1 293 353	983 191	310 162
1 906	913	6	2 819	2 199	620
168 332	13 947	1 594	192 047	113 610	78 438
144 206	68 201	5 011	203 960	140 086	63 874
462 693	239 566	12 025	757 187	530 927	226 260
253 764	107 342	3 866	384 548	289 835	94 712
182 831	91 908	6 945	268 544	185 793	82 751
79 571	34 230	1 312	124 311	74 808	49 504
59 742	26 077	1 674	95 682	54 748	40 934
55 335	25 497	1 639	90 867	49 573	41 294
188 998	85 172	3 943	256 839	151 575	105 264
77 411	54 021	2 550	119 678	80 528	39 150
115 879	23 053	1 583	149 134	95 968	53 166
114 999	22 896	1 570	147 914	94 961	52 952
1 153 394	439 434	21 590	1 781 579	1 203 737	577 842
971 864	127 057	7 996	1 209 172	970 594	238 577
19 870	3 019	72	23 253	15 981	7 272
100 794	307 304	13 045	485 510	156 353	329 156
143 795	11 328	665	159 790	102 555	57 235
93 246	5 851	152	101 648	63 651	37 997
34 697	3 417	319	40 591	25 459	15 132
14 463	1 955	195	16 136	12 381	3 756
11 420	2 018	80	13 979	8 007	5 972
56 259	14 806	476	74 841	57 592	17 249
46 743	9 425	278	54 385	43 597	10 788

16-7 续表4

单位：万元

类别	Category	营业收入合计 Total Business Revenue
零售业	**Retail Trade**	**6 267 004**
# 国有及国有控股	Of Which: State-owned and State-holding	1 431 663
按登记注册类型分	**Grouped by Status of Registration**	
内　资	Domestic Funded Enterprises	5 559 376
国　有	State-owned	445 596
集　体	Collective-owned	36 362
股份合作	Cooperative	56 883
联营企业	Joint Ownership	14 359
有限责任公司	Limited Liability Corporations	1 743 735
股份有限公司	Share-holding Corporations Ltd.	918 168
私营企业	Private-funded Enterprises	2 333 530
其　他	Others	10 741
港澳台商投资企业	Enterprises with Funds from Hong Kong,Macao and Taiwan	267 480
外商投资企业	Share-holding Corporations Ltd. with Foreign Investment	440 149
按国民经济行业分	**Grouped by Sector**	
综合零售业	Integrated Retail	1 039 433
百货零售业	Retail of General Merchandise	449 103
超级市场零售业	Retail of Supermarkets	532 607
食品、饮料及烟草制品专门零售业	Retail of Food, Beverages and Tobaccos	164 147
纺织、服装及日用品专门零售业	Retail of Textiles, Garments and Daily Consumer Articles	71 283
服装零售业	Retail of Garments	70 058
文化、体育用品及器材专门零售业	Retail of Culture, Sports Appliances and Equipments	216 167
图书零售业	Retail of Books	135 805
医药及医疗器材专门零售业	Retail of Medicines and Medical Equipments	289 456
药品零售业	Retail of Medicines	288 070
汽车、摩托车、燃料及零配件专门零售业	Retail of Motor Vehicles, Motorcycles,Fuel and Parts	3 973 794
汽车零售业	Retail of Motor Vehicles	2 526 778
摩托车及零配件零售业	Retail of Motorcycle and Parts	46 168
机动车燃料零售业	Retail of Fuel of Motor Vehicles	1 256 980
家用电器及电子产品专门零售业	Special Retail of Household Electric Appliances and Electronic Products	398 290
家用电器零售业	Retail of Household Electric Appliances	220 678
计算机、软件及辅助设备零售业	Retail of Computer, Software and Assistant Appliances	137 822
通讯设备零售业	Retail of Communication Equipments	37 905
五金、家具及室内装修材料专门零售业	Special Retail of Hardware, Furniture and Decoration Materials	18 037
无店铺及其他零售业	Non-shop and Other Retails	96 396
其他未列明的零售业	Other Retail Trades not Listed Here	84 596

continued

(10 000 yuan)

损益及分配 Losses,Profits and Distribution						
# 主营业务收入 Revenue from Principal Business	主营业务成本 Cost of Principal Business	主营业务税金及附加 Taxes and Other Charges on Principal Business	主营业务利润 Profits from Principal Business	营业费用 Expenses on Business	管理费用 Expenses on Management	财务费用 Expenses on Finance
6 189 666	**5 489 255**	**14 983**	**674 368**	**358 323**	**177 670**	**34 253**
1 420 835	1 242 359	2 479	168 568	95 107	33 106	3 777
5 498 013	4 912 287	13 972	560 694	294 755	155 852	31 807
440 542	384 686	1 312	54 079	29 136	12 494	1 604
36 046	33 129	133	4 297	2 173	1 673	132
56 509	52 132	100	3 744	2 067	2 326	246
14 303	13 249	35	1 019	548	182	81
1 720 783	1 508 099	5 728	206 822	91 059	64 654	14 141
913 428	810 172	789	95 103	54 250	14 822	1 841
2 305 672	2 100 609	5 866	195 119	115 522	59 242	13 714
10 730	10 211	8	511		459	48
263 703	225 037	245	38 422	16 707	8 306	716
427 950	351 932	766	75 252	46 862	13 511	1 731
1 009 949	842 178	3 666	164 766	84 358	53 167	5 060
435 003	361 441	1 813	70 971	22 366	30 713	3 161
519 069	432 333	1 619	84 749	57 034	18 135	1 216
160 049	131 666	856	27 599	17 169	8 938	1 973
70 602	54 446	298	15 858	13 272	2 543	1 683
69 390	53 376	294	15 720	12 801	2 507	1 673
210 424	158 583	1 259	50 073	18 897	21 593	3 181
131 382	96 390	485	33 997	14 283	15 617	396
286 326	208 214	1 457	76 065	50 952	15 121	1 399
284 942	207 314	1 455	75 855	50 941	14 898	1 387
3 953 885	3 647 871	5 439	289 909	141 169	62 642	18 274
2 515 331	2 356 675	4 081	151 173	66 029	40 939	14 633
46 068	41 774	258	4 035	2 281	971	344
1 249 129	1 110 503	1 016	130 344	70 974	18 398	2 952
385 022	351 892	1 048	32 083	24 448	8 156	680
211 769	189 401	502	21 866	17 759	3 856	256
135 234	126 350	270	8 614	5 462	2 945	356
36 135	34 483	150	1 502	1 228	1 309	69
17 777	14 274	66	3 437	2 825	852	34
95 631	80 132	892	14 578	5 233	4 656	1 969
84 006	70 897	827	12 253	3 821	3 824	1 839

16-7　续表5

单位：万元

类　别	Category	营业利润 Profits from Business
零售业	**Retail Trade**	**159 343**
# 国有及国有控股	Of Which: State-owned and State-holding	31 146
按登记注册类型分	**Grouped by Status of Registration**	
内　资	Domestic Funded Enterprises	117 942
国　有	State-owned	2 565
集　体	Collective-owned	1 982
股份合作	Cooperative	- 741
联营企业	Joint Ownership	243
有限责任公司	Limited Liability Corporations	58 702
股份有限公司	Share-holding Corporations Ltd.	25 277
私营企业	Private-funded Enterprises	29 910
其　他	Others	4
港澳台商投资企业	Enterprises with Funds from Hong Kong,Macao and Taiwan	16 293
外商投资企业	Share-holding Corporations Ltd. with Foreign Investment	25 108
按国民经济行业分	**Grouped by Sector**	
综合零售业	Integrated Retail	51 403
百货零售业	Retail of General Merchandise	25 228
超级市场零售业	Retail of Supermarkets	22 721
食品、饮料及烟草制品专门零售业	Retail of Food, Beverages and Tobaccos	2 023
纺织、服装及日用品专门零售业	Retail of Textiles, Garments and Daily Consumer Articles	- 992
服装零售业	Retail of Garments	- 626
文化、体育用品及器材专门零售业	Retail of Culture, Sports Appliances and Equipments	11 415
图书零售业	Retail of Books	7 595
医药及医疗器材专门零售业	Retail of Medicines and Medical Equipments	11 948
药品零售业	Retail of Medicines	11 932
汽车、摩托车、燃料及零配件专门零售业	Retail of Motor Vehicles, Motorcycles,Fuel and Parts	70 898
汽车零售业	Retail of Motor Vehicles	40 914
摩托车及零配件零售业	Retail of Motorcycle and Parts	530
机动车燃料零售业	Retail of Fuel of Motor Vehicles	29 184
家用电器及电子产品专门零售业	Special Retail of Household Electric Appliances and Electronic Products	9 259
家用电器零售业	Retail of Household Electric Appliances	7 110
计算机、软件及辅助设备零售业	Retail of Computer, Software and Assistant Appliances	1 953
通讯设备零售业	Retail of Communication Equipments	142
五金、家具及室内装修材料专门零售业	Special Retail of Hardware, Furniture and Decoration Materials	- 47
无店铺及其他零售业	Non-shop and Other Retails	3 436
其他未列明的零售业	Other Retail Trades not Listed Here	3 311

continued

(10 000 yuan)

损益及分配 Losses,Profits and Distribution				工资、福利、增值税 Wages,Welfare and Value Added Tax		
利润总额 Total Profits	应交所得税 Income Tax Payable	劳动、失业保险费 Charges on Labor and Unemployment Insurance	住房公积金和住房补贴 Housing Accumulation Fund and Housing Subsidies	本年应付工资总额 Total Wages Payable	本年应付福利费总额 Total Welfare Payable	本年应交增值税 Value Added Tax Payable
165 140	**30 505**	**1 982**	**3 446**	**151 449**	**7 144**	**161 504**
29 534	5 959	668	1 481	33 414	1 643	24 454
119 679	23 245	1 590	2 618	133 714	6 578	140 141
3 457	852	523	862	15 760	797	6 527
1 575	459	15	37	1 315	63	798
276	45	20	12	791	88	280
240				289	20	287
60 465	10 715	445	1 112	48 413	2 594	65 216
22 224	4 553	55	334	11 615	676	23 741
31 426	6 621	528	255	55 325	2 340	43 285
15		3	7	206		8
19 397	3 310	100	76	5 728	48	5 940
26 063	3 950	293	751	12 007	519	15 423
58 330	10 317	307	1 091	37 584	2 076	48 543
30 905	5 770	94	265	14 101	1 016	33 831
23 731	3 725	180	765	21 426	921	13 552
5 025	1 004	198	554	11 130	311	2 249
- 971	394	94	21	4 449	50	1 151
- 605	388	94	21	4 334	50	1 132
9 219	1 053	554	859	16 984	1 173	14 006
5 176	774	197	835	12 315	783	11 642
11 653	1 816	285	41	24 804	318	11 410
11 632	1 811	282	41	24 742	318	11 392
68 797	13 262	266	651	45 608	2 704	70 176
42 684	7 966	151	214	29 366	1 578	49 411
529	52	12		1 118	45	220
25 282	5 165	73	428	13 597	914	19 365
9 550	1 825	85	118	7 928	399	7 918
7 153	1 156	30	103	4 071	170	4 094
2 204	595	18	13	3 167	206	3 434
136	68	37	2	674	23	390
130	72	9	4	346	59	631
3 407	763	183	107	2 615	56	5 420
3 080	684	176	60	2 232	46	5 238

16-8 各地区限额以上批发和零售业企业财务状况(2009年)
Financial Indicators of Enterprises above Designated Size of Wholesale and Retail Trades by Region (2009)

单位：万元 (10 000 yuan)

地区	Region	企业数(个) Number of Enterprises (unit)	流动资产合计 Total Working Capitals	固定资产原价 Original Value of Fixed Assets	本年折旧 Depreciation in the Year	资产合计 Total Assests	负债合计 Total Liabilities	所有者权益合计 Total Owners' Equities
全省合计	**Total**	**1 512**	**14 890 881**	**3 095 957**	**178 552**	**19 357 412**	**12 134 741**	**7 222 671**
昆明	Kunming	726	8 652 667	1 088 062	69 802	11 057 977	7 486 018	3 571 959
曲靖	Qujing	64	968 284	352 155	21 045	1 241 197	538 956	702 241
玉溪	Yuxi	116	2 391 637	309 705	20 723	2 647 759	1 964 779	682 980
保山	Baoshan	41	238 695	172 889	7 953	426 331	176 871	249 460
昭通	Zhaotong	56	291 611	128 836	7 147	401 130	218 860	182 270
丽江	Lijiang	30	210 599	58 786	3 318	319 017	239 800	79 216
普洱	Pu'er	37	129 051	58 906	4 501	190 116	108 563	81 553
临沧	Lincang	19	65 467	42 546	3 722	106 832	48 752	58 080
楚雄	Chuxiong	52	352 978	130 396	7 835	502 570	191 439	311 131
红河	Honghe	88	479 347	310 646	12 180	767 621	333 551	434 069
文山	Wenshan	41	220 327	96 873	4 542	324 286	137 716	186 570
西双版纳	Xishuangbanna	56	94 644	79 233	3 521	171 461	77 122	94 339
大理	Dali	75	383 893	210 455	5 513	687 391	351 346	336 046
德宏	Dehong	95	163 893	36 860	5 307	206 400	135 448	70 952
怒江	Nujiang	6	17 390	11 230	734	27 027	14 571	12 457
迪庆	Diqing	10	230 399	8 382	710	280 298	110 950	169 348

16-8 续表1 continued

单位：万元 (10 000 yuan)

地 区 Region	营业收入合 计 Business Revenue	#主营业务收 入 Revenue from Principal Business	主营业务成 本 Cost of Principal Business	主营业务税金及附加 Taxes and Other Charges on Principal Business	主营业务利 润 Profits from Principal Business	营业费用 Expenses on Business	管理费用 Expenses on Management	财务费用 Expenses on Finance
全省合计 Total	**30 202 427**	**29 833 432**	**26 483 038**	**145 834**	**3 207 735**	**1 259 093**	**712 424**	**71 395**
昆 明 Kunming	17 709 058	17 577 105	16 041 811	49 721	1 483 676	613 509	331 062	56 719
曲 靖 Qujing	1 813 738	1 773 754	1 437 498	16 438	321 626	114 376	67 852	- 623
玉 溪 Yuxi	3 183 700	3 140 497	2 904 780	7 464	228 436	92 931	50 652	- 56
保 山 Baoshan	529 226	524 964	391 974	5 522	127 469	50 564	24 847	2 263
昭 通 Zhaotong	730 024	712 849	588 870	9 919	113 896	40 997	28 564	1 017
丽 江 Lijiang	482 447	476 288	412 368	6 051	55 671	22 230	13 006	4 225
普 洱 Pu'er	394 139	378 971	307 103	4 729	67 139	26 622	16 669	1 152
临 沧 Lincang	287 150	280 229	217 270	3 376	38 547	15 412	11 673	644
楚 雄 Chuxiong	834 788	814 604	665 262	6 699	142 280	45 970	28 667	553
红 河 Honghe	1 089 242	1 065 324	860 095	9 988	194 560	68 994	49 084	- 518
文 山 Wenshan	559 157	540 231	444 373	5 430	87 456	35 699	15 706	1 747
西双版纳 Xishuangbanna	340 861	339 369	295 298	2 538	36 146	15 435	10 011	325
大 理 Dali	1 247 581	1 209 489	1 075 530	8 538	166 379	61 980	41 341	2 411
德 宏 Dehong	600 505	599 189	559 029	3 910	36 253	15 876	11 914	1 329
怒 江 Nujiang	47 108	46 865	36 599	1 109	9 157	3 902	3 258	188
迪 庆 Diqing	353 705	353 705	245 178	4 402	99 044	34 594	8 119	19

16-8 续表2 continued

单位：万元 (10 000 yuan)

地区	Region	营业利润 Profits from Business	利润总额 Total Profits	应交所得税 Income Tax Payable	劳动、失业保险费 Charges on Labor and Unemployment Insurance	住房公积金和住房补贴 Housing Accumulation Fund and Housing Subsidies	本年应付工资总额 Total Wages Payable	本年应付福利费总额 Total Welfare Payable	本年应交增值税 Value Added Tax Payable
全省合计	**Total**	**1 312 928**	**1 550 412**	**389 267**	**12 880**	**32 900**	**491 437**	**29 156**	**633 731**
昆明	Kunming	589 003	718 070	204 285	2 828	9 731	211 862	11 453	313 873
曲靖	Qujing	147 540	163 767	42 390	526	4 739	55 958	3 420	71 228
玉溪	Yuxi	92 319	118 248	16 611	1 900	4 078	34 511	1 510	32 989
保山	Baoshan	53 556	62 652	15 944	114	1 520	18 539	2 557	25 507
昭通	Zhaotong	49 323	46 238	12 741	2 021	2 283	24 348	241	23 579
丽江	Lijiang	17 062	18 052	4 680	411	732	8 517	851	10 602
普洱	Pu'er	23 953	30 519	8 280	100	814	11 176	1 140	12 442
临沧	Lincang	12 756	17 777	4 474	249	484	7 854	1 004	5 993
楚雄	Chuxiong	74 292	89 921	19 663	1 567	1 462	23 382	247	24 932
红河	Honghe	81 974	87 698	22 447	2 344	2 792	28 276	1 462	24 031
文山	Wenshan	36 357	49 676	11 140	255	1 177	13 500	702	19 904
西双版纳	Xishuangbanna	9 349	8 789	2 436	157	255	7 888	812	7 167
大理	Dali	67 028	79 429	20 800	291	2 256	27 832	3 055	30 960
德宏	Dehong	7 379	8 357	2 292	61	211	5 713	569	11 002
怒江	Nujiang	1 985	2 110	693	29	251	1 637	133	1 750
迪庆	Diqing	49 053	49 112	394	26	115	10 445		17 772

主要统计指标解释

社会消费品零售总额 指国民经济各行业直接销售给城乡居民和社会集团的消费品总额。它是反映各行业通过多种商品流通渠道向居民和社会集团供应的生活消费品总量，是研究国内零售市场变动情况、反映经济景气变化程度的重要指标。

社会消费品零售总额包括:（1）售给城乡居民作为生活用品和修建房屋用的建筑材料；（2）售给社会集团的各种办公用品和公用消费品；（3）售给机关、团体、学校、部队、企业、事业单位的职工食堂和旅店（招待所）附设专门供本店旅客食用，不对外营业的食堂的各种食品、燃料；企业、事业单位和国营农场直接售给本单位职工和职工食堂的自己生产的产品；（4）售给部队干部、战士生活用的粮食、副食品、衣着品、日用品、燃料；（5）售给来华的外国人、华侨、港澳台同胞的消费品；（6）居民自费购买的中、西药品、中药材及医疗用品；（7）报社、出版社直接售给居民和社会集团的报纸、图书、杂志，集邮公司出售的新、旧纪念邮票、特种邮票、首日封、集邮册、集邮工具等；（8）旧货寄售商店自购、自销部分的商品；（9）煤气公司、液化石油气站售给居民和社会集团的煤气、灶具和罐装液化石油气；（10）农民售给非农业居民和社会集团的商品。

批发零售业商品购、销、存总额 指各种登记注册类型的批发、零售贸易企业（单位）以本企业（单位）为总体的，从国内、国外市场购进的商品总量、销售和出口的商品总量、库存商品总量等情况。该指标对促进工农业生产发展、活跃市场、平抑物价、保障供给、满足需求具有举足轻重的作用。该指标可以反映商品流通过程中商品的购进、销售、库存之间的比例关系和存在的问题。

商品购进总额 指从本企业（单位）以外的单位和个人购进（包括从境外直接进口）作为转卖或加工后转卖的商品总额。它反映批发零售贸易业从国内、国外市场上购进商品的总量。

商品购进总额包括:（1）从工农业生产者购进的商品；（2）从出版社、报社的出版发行部门购进的图书、杂志、报纸和音像制品；（3）从各种登记注册类型的批发零售贸易企业（单位）购进的商品；（4）从其他单位购进的商品，如：从机关、团体、企业等单位购进的剩余物资，从餐饮业、服务业购进的商品，从海关、市场管理部门购进的缉私和没收的商品，从居民手中收购的废旧商品等；（5）从国（境）外直接进口的商品。

商品销售总额 指对本企业（单位）以外的单位和个人出售（包括对境外直接出口）的商品总额。它反映批发零售贸易业在国内市场上销售商品以及出口商品的总量。

商品销售总额包括:（1）售给城乡居民和社会集团消费用的商品；（2）售给工业、农业、建筑业、运输邮电业、批发零售贸易业、餐饮业、服务业等作为生产、经营使用的商品；（3）售给批发零售贸易业作为转卖或加工后转卖的商品；（4）对国（境）外直接出口的商品。

批发零售业库存 指报告期末各种登记注册类型的批发零售贸易企业（单位）已取得所有权的商品。它反映批发零售贸易企业（单位）的商品库存情况和对市场商品供应的保证程度。

期末库存包括:（1）存放在批发零售业经营单位（如：门市部、批发站、经营处）仓库、货场、货柜和货架中的商品；（2）挑选、整理、包装中的商品；（3）已记入购进而尚未达到本单位的商品，即发货单或银行承兑凭证已到而货未到的部分；（4）寄放他处的商品，如：因购货方拒绝承付而暂时存放在购货方的商品和已办理加工成品收回手续而未提回的商品；（5）委托其他单位代销（未作销售或调出）尚未售出的商品；（6）代其他单位购进尚未交付的商品。

Explanatory Notes on Principal Statistical Indicators

Total Retail Sales of Consumer Goods refer to the total amount of consumer goods directly sold by all sectors of the national economy to urban and rural residents and social groups. This indicator is used to show the total supplies of consumer goods through various channels of commodity circulation to households and institutions, and to study changes in the domestic retail market and in economic climate.

Total retail sales of consumer goods include: 1).commodities sold to urban and rural residents for their daily use and building materials sold to them for construction or repair of houses; 2).office appliances and supplies sold to social groups; 3).food and fuels sold to staff canteens of government departments, organizations institutions, enterprises, schools, military units and to canteens attached to hotels and hostels that only serve their guests, and commodities produced by enterprises, institutions or state farms and sold directly to their employees or their staff canteens; 4).grain and non-staple food, clothing, articles for daily use and fuels sold to military personnel; 5).consumer goods sold to foreigners, overseas Chinese, and Chinese compatriots from Taiwan, Hong Kong and Macao during their stay in the mainland of China; 6).Chinese and western medicines, Chinese herbal medicine and medical facilities purchased by residents; 7).newspapers, books and magazines directly sold to residents and social groups by publishers, new and old commemorative stamps, special stamps, first-day covers, stamp albums and other stamp-collection articles sold by stamp companies; 8).consumer goods purchased and then sold by second-hand shops; 9).stoves, coal gas and liquefied petroleum gas sold by gas companies to households and social groups; and 10).commodities sold by farmers to non-agricultural residents and social groups.

Total Purchases, Sales and Inventory of Commodities in Wholesale and Retail Trade refer to the total volume of commodities purchased, total volume of sales and exports, and inventory of commodities by wholesale and retail enterprises (establishments) of different status of registration from domestic and overseas markets. This indictor plays an important role in promoting industrial and agricultural production, thriving market, stabilizing prices, ensuring market supply and meeting the needs of consumers. It also reflects the proportional relationship among purchase, sales and inventory of commodities in the circulation of goods and reveals the existing problems.

Total Purchases of Commodities refer to the total volume of commodities purchased by the enterprises (establishments) from other establishments or individuals (including direct imports from abroad) for the purpose of re-selling, either with or without further processing of the commodities purchased. This indicator is used to show the total volume of commodities purchased by wholesale and retail establishments from domestic and overseas markets. Total purchases include: 1).agricultural and industrial products purchased from producers; 2).books, publishers; 3).commodities purchased from wholesale and retail establishments of different status of registration; 4).commodities purchased from other entities, such as surplus materials purchased from government departments, enterprises or institutions, commodities purchased from food and service establishments, confiscated goods purchased from customs authorities or market management agencies, second-hand goods and wastes purchased from residents; and 5).commodities directly imported from abroad.

Total Sales of Commodities refer to total volume of commodities sold by the establishments to other establishments and individuals (including direct exports). This indicator is used to show the total volume of commodities sold at domestic markets and exports. Total sales include: 1).commodities sold to urban and rural residents and social groups for their consumption; 2).commodities sold to establishments in industry, agriculture, construction, transportation, post and telecommunications, wholesale and retail trade, food service and other service industries for their production and operation; 3).commodities sold to wholesale and retail establishments for re-selling, with or without further processing; and 4).commodities for direct export to other countries.

Inventory of Commodities of Wholesale and Retail Enterprises refers to total commodities possessed by wholesale and retail enterprises (establishments) of various status of registration at the end of the report period, which reflects the commodity inventory level of various wholesale and retail enterprises and the potential for market supply. It includes: 1).commodities stored in warehouses, goods yards, counters, and shelves of operating establishments (such as stores, wholesale centers, and operating offices) of wholesale and retail trade; 2).commodities in the process of selecting, sorting, and packing; 3).commodities not arrived but recorded as purchase in the account, i.e. commodities not arrived but payment receipts for the commodities from the sellers or the banks arrived; 4).commodities deposited in other places rather than places mentioned above, for instance: commodities in the hold of purchasers temporarily due to the refusal of payment and commodities not taken back after going through the formalities; 5).commodities entrusted to other entities to sell but not sold yet; 6).commodities purchased for other entities but not delivered yet.

十七、住宿、餐饮和旅游

Hotels, Catering Services and Tourism

17-1 限额以上住宿和餐饮业经营情况（2009年）

单位：万元

类 别	Category	法人企业数（个） Number of Corporate Enterprises (unit)	产业活动单位数（个） Number of Industrial Activity Entities (unit)
总 计	**Total**	**505**	**98**
住宿业	**Hotel Industry**	**373**	**48**
按登记注册类型分组	**Grouped by Status of Registration**		
内资企业	Domestic-funded Enterprises	349	41
国有企业	State-owned Enterprises	93	10
集体企业	Collective-owned Enterprises	22	1
股份合作企业	Joint Stock Cooperative Enterprises	4	
联营企业	Joint Ownership Enterprises	4	
国有联营企业	State -owned Joint Ownership	2	
集体联营	Collective-owned Joint Ownership	1	
有限责任公司	Limited Liability Companies	74	18
国有独资公司	Wholly State-funded Companies	5	
其他有限责任公司	Other Joint Ownership Enterprises	69	18
股份有限公司	Incorporated Corporations	16	2
私营企业	Private Enterprises	127	10
私营独资企业	Private Sale Proprietorship Enterprises	38	1
私营合伙企业	Private Partnership Enterprises	4	
私营有限责任公司	Private Limited Liability Companies	77	9
私营股份有限公司	Private Incorporated Corporations	8	
其他企业	Other Enterprises	9	
港澳台商投资企业	Enterprises Funded by Hong Kong, Macao and Taiwan	11	1
合资经营企业	Joint Ventures	4	
合作经营企业	Cooperative Enterprises	1	
独资经营企业	Enterprises Wholly Funded by Hong Kong, Macao and Taiwan	4	1
外商投资企业	Foreign-funded Enterprises	13	
中外合资经营企业	Sino-foreign Joint Ventures	5	
中外合作经营企业	Sion-foreign-funded Cooperative Enterprises		
外资企业	Wholly Foreign-funded Enterprises	8	
按国民经济行业分组	**Grouped by Sector**		
旅游饭店	Tour Hotel	310	39
一般旅馆	General Hotel	56	6
其他住宿服务	Other Accommodation Services	7	3

注：表中的产业活动单位数为非同业的产业活动单位数，与往年的口径不同。

Basic Statistics on Commodity Sales of Hotels Industry Attained Star level and Catering Services above Designated Size (2009)

(10 000 yuan)

从业人员数 (人) Number of Employed Persons (persons)	营业总收入 Total Business Income	客房收入 Hotels	餐费收入 Catering Services	商品销售收入 Retail Sales of Commodities	其他收入 Other	年末餐饮营业面积 (平方米) Catering Services Operational Area at Year-end (sq.m)	床位数 (个) Number of Hotel beds (unit)	餐位数 (位) Number of Food Seats (unit)
69 223	**631 215**	**245 688**	**315 851**	**17 627**	**52 050**	**744 933**	**113 611**	**336 666**
52 153	**438 295**	**237 356**	**144 345**	**9 836**	**46 757**	**438 711**	**108 705**	**226 405**
46 973	380 336	207 090	125 040	9 508	38 697	391 141	100 043	209 797
11 857	102 306	51 748	34 070	3 089	13 400	108 719	25 933	90 704
2 056	13 242	8 227	3 736	58	1 221	13 246	4 631	6 110
394	1 880	1 384	410	36	51	4 690	1 319	1 526
970	8 618	4 505	2 839		1 274	9 230	1 507	4 890
684	5 737	3 231	1 573		934	7 000	1 071	3 780
80	391	186	172		33	230	117	260
14 422	133 533	69 276	49 480	3 383	11 394	114 190	25 980	42 068
395	2 708	1 700	703	209	97	3 585	1 151	1 366
14 027	130 825	67 576	48 778	3 174	11 298	110 605	24 829	40 702
2 286	17 931	12 052	4 874	142	864	14 749	6 088	8 244
13 440	90 828	53 753	26 178	1 906	8 992	116 022	32 127	52 673
2 895	19 795	11 355	4 883	653	2 905	18 657	7 089	10 655
177	1 498	870	615	1	12	2 606	559	590
9 623	64 644	39 182	18 991	1 149	5 323	85 979	22 698	35 422
745	4 891	2 346	1 690	103	753	8 780	1 781	6 006
1 548	11 997	6 147	3 453	895	1 501	10 295	2 458	3 582
3 013	31 559	15 037	10 937	148	5 439	23 081	4 889	8 593
923	8 639	4 643	2 728	10	1 259	6 398	1 588	2 130
259	4 024	1 792	1 413	16	803		516	600
1 046	9 187	3 803	2 796	60	2 529	12 587	1 672	3 653
1 873	24 586	14 209	7 723	174	2 480	20 529	3 114	5 865
532	3 245	1 702	1 372	36	136	3 945	1 227	2 620
1 341	21 341	12 507	6 351	138	2 345	16 584	1 887	3 245
45 844	394 840	214 898	130 761	7 531	41 650	377 524	96 092	201 299
5 715	39 513	20 545	12 046	2 066	4 857	53 353	11 248	22 616
594	3 942	1 914	1 539	239	250	7 834	1 365	2 490

Note: Number of industrial activities refers to that of industrial activity entities of different industries in this table,and the covarage is different from that of former years.

17-1 续表

单位：万元

类 别	Category	法人企业数（个）Number of Corporate Enterprises (unit)	产业活动单位数（个）Number of Industrial Activity Entities (unit)
餐饮业	**Total of Catering Services**	**132**	**50**
按登记注册类型分组	**Grouped by Status of Registration**		
内资企业	Domestic-funded Enterprises	124	10
国有企业	State-owned Enterprises	7	1
集体企业	Collective-owned Enterprises	6	
股份合作企业	Joint Stock Cooperative Enterprises	4	
有限责任公司	Limited Liability Companies	20	4
其他有限责任公司	Other Joint Ownership Enterprises	20	4
股份有限公司	Incorporated Corporations	2	1
私营企业	Private Enterprises	83	4
私营独资企业	Private Sale Proprietorship Enterprises	23	
私营有限责任公司	Private Limited Liability Companies	55	2
私营股份有限公司	Private Incorporated Corporations	5	2
其他企业	Other Enterprises	2	
港澳台商投资企业	Enterprises Funded by Hong Kong, Macao and Taiwan	4	
合资经营企业	Joint Ventures	2	
独资经营企业	Enterprises Wholly Funded by Hong Kong, Macao and Taiwan	2	
外商投资企业	Foreign-funded Enterprises	4	
中外合资经营企业	Sino-foregin Joint Ventures	2	
外资企业	Wholly Foreign-funded Enterprises	2	
按国民经济行业分组	**Grouped by Sector**		
正餐服务	Dinner Service	123	50
快餐服务	Snack Service	4	
饮料及冷饮服务	Service of Beverages and Cold Drink		
其他餐饮服务	Others Catering Services	5	

continued

(10 000 yuan)

从业人员数 (人) Number of Employed Persons (persons)	营业总收入 Total Business Income	客房收入 Hotels	餐费收入 Catering Services	商品销售收入 Retail Sales of Commodities	其他收入 Other	年末餐饮营业面积 (平方米) Catering Services Operational Area at the Year-end (sq.m)	床位数 (个) Number of Hotel beds (unit)	餐位数 (位) Number of Food Seats (unit)
17 070	**192 920**	**8 332**	**171 505**	**7 791**	**5 292**	**306 222**	**4 906**	**110 261**
12 100	125 896	8 317	109 200	5 592	2 787	235 267	4 880	84 174
619	5 278	555	4 535	115	73	7 385	874	8 120
375	2 974	424	2 313	3	234	6 888	504	4 048
300	2 271	461	1 805	6		4 250	270	1 245
2 934	31 707	4 414	21 617	4 017	1 660	51 661	1 458	17 951
2 934	31 707	4 414	21 617	4 017	1 660	51 661	1 458	17 951
106	1 088	225	863			1 998	111	1 039
7 638	82 010	2 238	77 513	1 444	816	161 651	1 663	51 141
1 447	12 446	605	11 314	487	40	37 021	517	14 459
5 612	59 721	701	57 502	957	562	109 880	608	32 388
579	9 844	932	8 697		215	14 750	538	4 294
128	567		555	8	4	1 434		630
788	16 313		13 325	1 962	1 027	8 565		8 287
152	5 746		3 784	1 962		2 860		6 021
636	10 568		9 541		1 027	5 705		2 266
2 319	34 565		33 315		1 250	14 614		5 300
473	6 343		5 093		1 250	974		800
1 846	28 222		28 222			13 640		4 500
13 365	139 677	7 871	124 309	4 490	3 005	273 447	4 636	99 606
2 567	39 602		38 575		1 027	26 145		8 850
1 138	13 642	461	8 620	3 301	1 260	6 630	270	1 805

17-2 限额以上住宿和餐饮业企业财务状况（2009年）

单位：万元

类　别	Category	企业数（个）Number of Enterprises (unit)	流动资产合计 Total Working Capitals
总　计	**Total**	**505**	**452 464**
住宿业	**Hotels**	**373**	**363 417**
# 国有及国有控股	Of Which: State-owned and State-holding	133	133 809
按登记注册类型分	**Grouped by Status of Registration**		
内 资	Domestic Funded Enterprises	349	298 058
国 有	State-owned	93	68 996
集 体	Collective-owned	22	6 377
股份合作	Cooperative	4	1 226
联营企业	Joint Ownership	4	5 801
国有联营	State Joint Ownership	2	4 471
集体联营	Collective Joint Ownership	1	167
国有与集体联营	Joint State-collective	1	1 163
其他联营	Other Joint Ownership		
有限责任公司	Limited Liability Corporations	74	90 148
国有独资公司	State Sole Funded Corporations	5	1 335
其他有限责任公司	Other Limited Liability Corporations	69	88 814
股份有限公司	Share-holding Corporations Ltd.	16	9 209
私营企业	Private Enterprises	127	89 465
私营独资	Private-funded Enterprises	38	9 108
私营合伙	Private Partnership Enterprises	4	727
私营有限责任公司	Private Limited Liability Corporations	77	69 700
私营股份有限公司	Private Share-holding Corporations Ltd.	8	9 931
其 他	Others	9	26 836
港澳台商投资企业	Enterprises with Funds from Hong Kong,Macao and Taiwan	11	36 456
与港澳台商合资经营	Joint-venture	4	8 419
与港澳台商合作经营	Cooperative	1	4 786
港澳台商独资	Sole Investment	4	5 027
港澳台商独资股份有限公司	Share-holding Corporations Ltd. With Sole Investment	2	18 223
外商投资企业	Foreign Funded Enterprises	13	28 903
中外合资经营	Joint-venture	5	2 583
中外合作经营	Cooperative		
外资企业	Sole Foreign Investment	8	26 320
外商投资股份有限公司	Share-holding Corporations Ltd. with Foreign Investment		
按国民经济行业分	**Grouped by Sector**		
旅游饭店	Tourist Hotels	310	342 357
一般旅馆	General Hotels	56	18 721
其他住宿服务	Other Accommodation Services	7	2 339

Financial Indicators of Enterprises above Designated Size of Catering Services (2009)

(10 000 yuan)

年末资产负债 Assets and Liabilities at Year-end				
固定资产原价 Original Value of Fixed Assets	本年折旧 Depreciation in the Year	资产合计 Total Assests	负债合计 Total Liabilities	所有者权益合计 Total Owners' Equities
1 438 117	**96 568**	**1 706 645**	**984 005**	**722 639**
1 332 710	**89 597**	**1 506 044**	**859 082**	**646 962**
596 467	26 106	593 766	272 860	320 906
1 093 690	56 191	1 252 128	696 781	555 348
367 342	17 523	339 846	141 901	197 945
24 157	1 216	20 533	13 018	7 516
11 549	211	7 895	2 195	5 700
4 344	252	8 170	4 725	3 445
2 849	138	6 088	3 268	2 820
314	16	273	133	140
1 181	98	1 809	1 324	486
327 689	16 728	354 596	221 467	133 129
12 320	156	10 495	1 315	9 180
315 369	16 572	344 101	220 152	123 948
69 082	2 915	58 073	35 244	22 829
262 056	16 300	391 450	233 056	158 394
57 346	1 957	60 740	34 979	25 761
1 578	42	4 140	1 837	2 303
193 278	13 641	302 818	178 288	124 530
9 854	661	23 753	17 953	5 800
27 472	1 046	71 565	45 175	26 391
124 759	4 421	130 739	96 241	34 498
34 180	1 050	27 673	24 355	3 318
25 597	798	34 830	43 032	- 8 202
45 021	1 957	37 065	25 626	11 439
19 961	616	31 170	3 228	27 942
114 261	28 985	123 177	66 061	57 117
18 621	485	20 226	5 929	14 297
95 639	28 500	102 951	60 131	42 820
1 219 332	83 187	1 372 526	766 548	605 978
103 551	5 983	123 269	86 866	36 404
9 827	428	10 249	5 668	4 581

17-2　续表1

单位：万元

类　别	Category	营业收入合计 Business Revenue	# 主营业务收入 Revenue from Principal Business
总　计	**Total**	**576 370**	**562 571**
住宿业	**Hotels**	**405 371**	**393 866**
# 国有及国有控股	Of Which: State-owned and State-holding	167 194	161 356
按登记注册类型分	**Grouped by Status of Registration**		
内 资	Domestic Funded Enterprises	351 324	340 075
国 有	State-owned	96 457	92 468
集 体	Collective-owned	13 023	12 603
股份合作	Cooperative	1 876	1 685
联营企业	Joint Ownership	8 807	7 869
国有联营	State Joint Ownership	5 737	4 988
集体联营	Collective Joint Ownership	580	391
国有与集体联营	Joint State-collective	2 490	2 490
其他联营	Other Joint Ownership		
有限责任公司	Limited Liability Corporations	115 019	111 657
国有独资公司	State Sole Funded Corporations	2 708	2 674
其他有限责任公司	Other Limited Liability Corporations	112 311	108 983
股份有限公司	Share-holding Corporations Ltd.	17 285	16 986
私营企业	Private Enterprises	86 860	84 856
私营独资	Private-funded Enterprises	20 004	19 339
私营合伙	Private Partnership Enterprises	1 499	1 499
私营有限责任公司	Private Limited Liability Corporations	60 435	59 154
私营股份有限公司	Private Share-holding Corporations Ltd.	4 923	4 865
其 他	Others	11 997	11 950
港澳台商投资企业	Enterprises with Funds from Hong Kong,Macao and Taiwan	29 375	29 370
与港澳台商合资经营	Joint-venture	8 639	8 639
与港澳台商合作经营	Cooperative	4 024	4 024
港澳台商独资	Sole Investment	6 892	6 892
港澳台商独资股份有限公司	Share-holding Corporations Ltd. with Sole Investment	9 820	9 815
外商投资企业	Foreign Funded Enterprises	24 672	24 421
中外合资经营	Joint-venture	3 345	3 094
中外合作经营	Cooperative		
外资企业	Sole Foreign Investment	21 327	21 327
外商投资股份有限公司	Share-holding Corporations Ltd. with Foreign Investment		
按国民经济行业分	**Grouped by Sector**		
旅游饭店	Tourist Hotels	362 543	352 314
一般旅馆	General Hotels	39 525	38 283
其他住宿服务	Other Accommodation Services	3 304	3 269

continued

(10 000 yuan)

损益及分配 Losses,Profits and Distribution					
主营业务成本 Cost of Principal Business	主营业务税金及附加 Taxes and Other Charges on Principal Business	主营业务利润 Profits from Principal Business	营业费用 Expenses on Business	管理费用 Expenses on Management	财务费用 Expenses on Finance
211 357	**30 749**	**315 254**	**178 560**	**149 995**	**15 196**
125 790	**21 912**	**241 227**	**133 506**	**129 890**	**12 667**
50 688	9 033	99 617	56 104	56 338	2 972
114 925	19 610	201 250	118 274	109 660	9 959
31 530	5 219	54 634	32 247	32 240	1 835
3 696	746	7 833	4 697	4 332	62
1 227	95	363	425	484	25
1 639	489	5 741	3 257	2 608	- 26
806	344	3 839	1 993	2 028	- 23
179	2	211	80	96	
655	144	1 692	1 185	484	- 3
34 810	6 334	69 497	38 211	34 965	3 496
846	135	1 693	1 601	439	1
33 963	6 199	67 804	36 610	34 526	3 495
4 565	955	11 700	7 284	6 010	306
34 113	5 142	43 508	27 704	24 890	4 015
7 478	1 033	9 557	5 167	3 785	830
535	63	901	447	169	82
24 112	3 711	30 509	20 100	19 600	2 865
1 988	336	2 541	1 991	1 337	237
3 346	631	7 974	4 448	4 131	247
6 651	1 550	21 168	8 714	13 054	650
2 181	444	6 015	2 562	3 958	603
1 882	262	1 879	500	2 058	- 24
943	345	5 605	3 272	3 841	- 14
1 646	500	7 669	2 380	3 197	85
4 213	752	18 808	6 518	7 176	2 059
1 038	155	1 254	1 108	1 204	93
3 175	597	17 555	5 410	5 972	1 966
107 710	19 535	219 928	120 835	118 761	11 619
16 726	2 153	19 629	11 794	9 974	899
1 354	224	1 670	876	1 154	149

17-2　续表2

单位：万元

类　　别	Category	营业利润 Profits from Business	利润总额 Total Profits
总　　计	**Total**	**- 12 986**	**3 735**
住宿业	**Hotels**	**- 21 365**	**- 11 913**
# 国有及国有控股	Of Which: State-owned and State-holding	- 9 658	- 11 581
按登记注册类型分	**Grouped by Status of Registration**		
内 资	Domestic Funded Enterprises	- 24 695	- 14 948
国 有	State-owned	- 7 856	- 8 190
集 体	Collective-owned	- 752	- 705
股份合作	Cooperative	- 409	- 261
联营企业	Joint Ownership	328	347
国有联营	State Joint Ownership	288	308
集体联营	Collective Joint Ownership	13	13
国有与集体联营	Joint State-collective	26	26
其他联营	Other Joint Ownership		
有限责任公司	Limited Liability Corporations	- 3 365	3 526
国有独资公司	State Sole Funded Corporations	- 317	- 324
其他有限责任公司	Other Limited Liability Corporations	- 3 049	3 849
股份有限公司	Share-holding Corporations Ltd.	- 1 679	- 1 701
私营企业	Private Enterprises	- 10 136	- 7 305
私营独资	Private-funded Enterprises	484	171
私营合伙	Private Partnership Enterprises	203	86
私营有限责任公司	Private Limited Liability Corporations	- 9 849	- 6 644
私营股份有限公司	Private Share-holding Corporations Ltd.	- 974	- 919
其 他	Others	- 825	- 658
港澳台商投资企业	Enterprises with Funds from Hong Kong,Macao and Taiwan	- 1 249	- 1 804
与港澳台商合资经营	Joint-venture	- 1 109	- 1 464
与港澳台商合作经营	Cooperative	- 654	- 991
港澳台商独资	Sole Investment	- 1 494	- 1 484
港澳台商独资股份有限公司	Share-holding Corporations Ltd. with Sole Investment	2 008	2 135
外商投资企业	Foreign Funded Enterprises	4 580	4 839
中外合资经营	Joint-venture	- 251	58
中外合作经营	Cooperative		
外资企业	Sole Foreign Investment	4 830	4 780
外商投资股份有限公司	Share-holding Corporations Ltd. with Foreign Investment		
按国民经济行业分	**Grouped by Sector**		
旅游饭店	Tourist Hotels	- 19 230	- 9 649
一般旅馆	General Hotels	- 1 660	- 1 833
其他住宿服务	Other Accommodation Services	- 475	- 431

continued

(10 000 yuan)

损益及分配 Losses,Profits and Distribution			工资、福利费 Wages and Welfare	
应交所得税 Income Tax Payable	劳动、失业保险费 Charges on Labor and Unemployment Insurance	住房公积金和住房补贴 Housing Accumulation Fund and Housing Subsidies	本年应付工资总额 Total Wages Payable	本年应付福利费总额 Total Welfare Payable
6 264	**1 132**	**1 958**	**103 926**	**9 191**
2 458	**715**	**1 550**	**80 802**	**7 823**
989	355	1 124	35 297	3 629
1 865	575	1 224	70 758	6 287
470	216	650	20 271	1 783
15	22	51	3 479	154
	2	4	438	25
118	7	19	2 444	143
118	4	17	1 788	133
			135	11
	2	2	521	
875	184	336	19 874	1 851
11	6		487	1
864	178	336	19 387	1 850
52	51	23	3 503	574
264	78	17	18 288	948
101	37	1	4 117	329
6			233	54
135	41	16	13 038	463
22			902	102
71	15	125	2 461	809
58	52	117	6 186	390
57	6	13	2 041	
	4		800	
1	34	74	1 582	254
	8	30	1 762	136
535	88	210	3 858	1 145
	11	12	781	91
535	77	197	3 077	1 054
2 308	656	1 428	71 647	7 001
146	56	119	8 352	815
4	2	4	803	7

17-2 续表3

单位：万元

类　别	Category	企业数（个）Number of Enterprises (unit)	流动资产合计 Total Working Capitals
餐饮业	**Catering Service**	**132**	**89 047**
# 国有及国有控股	Of Which: State-owned and State-holding	11	14 280
按登记注册类型分	**Grouped by Status of Registration**		
内 资	Domestic Funded Enterprises	124	75 156
国 有	State-owned	7	1 818
集 体	Collective-owned	6	1 625
股份合作	Cooperative	4	1 602
联营企业	Joint Ownership		
国有联营	State Joint Ownership		
集体联营	Collective Joint Ownership		
国有与集体联营	Joint State-collective		
其他联营	Other Joint Ownership		
有限责任公司	Limited Liability Corporations	20	27 661
国有独资公司	State Sole Funded Corporations		
其他有限责任公司	Other Limited Liability Corporations	20	27 661
股份有限公司	Share-holding Corporations Ltd.	2	148
私营企业	Private Enterprises	83	42 256
私营独资	Private-funded Enterprises	23	4 852
私营合伙	Private Partnership Enterprises		
私营有限责任公司	Private Limited Liability Corporations	55	35 372
私营股份有限公司	Private Share-holding Corporations Ltd.	5	2 033
其 他	Others	2	47
港澳台商投资企业	Enterprises with Funds from Hong Kong,Macao and Taiwan	4	4 641
与港澳台商合资经营	Joint-venture	2	2 114
与港澳台商合作经营	Cooperative		
港澳台商独资	Sole Investment	2	2 526
港澳台商独资股份有限公司	Share-holding Corporations Ltd. with Sole Investment		
外商投资企业	Foreign Funded Enterprises	4	9 251
中外合资经营	Joint-venture	2	7 904
中外合作经营	Cooperative		
外资企业	Sole Foreign Investment	2	1 346
外商投资股份有限公司	Share-holding Corporations Ltd. with Foreign Investment		
按国民经济行业分	**Grouped by Sector**		
正餐服务业	Dinner Service	123	72 085
快餐服务业	Snack Service	4	4 324
饮料及冷饮服务业	Service of Beverages and Cold Drinks		
其他餐饮服务业	Other Carering Services	5	12 638

continued

(10 000 yuan)

年末资产负债 Assets and Liabilities at Year-end				
固定资产原价 Original Value of Fixed Assets	本年折旧 Depreciation in the Year	资产合计 Total Assests	负债合计 Total Liabilities	所有者权益合计 Total Owners' Equities
105 408	**6 971**	**200 601**	**124 923**	**75 677**
7 966	1 264	20 776	9 585	11 191
94 464	5 012	170 329	113 265	57 064
3 602	129	3 977	2 505	1 472
5 237	230	5 968	5 041	927
7 586	332	6 180	5 434	746
36 370	1 588	56 852	39 768	17 084
36 370	1 588	56 852	39 768	17 084
269	6	371	203	168
41 274	2 713	96 849	60 282	36 567
10 750	513	18 987	5 956	13 031
28 005	2 033	70 789	51 625	19 164
2 518	167	7 073	2 701	4 372
127	14	132	32	100
5 236	146	11 330	5 721	5 609
491	30	2 574	909	1 665
4 745	116	8 756	4 812	3 944
5 708	1 813	18 942	5 937	13 005
1 711	973	10 005	1 860	8 145
3 997	840	8 936	4 076	4 860
86 271	4 617	162 235	106 855	55 380
9 296	959	18 654	9 281	9 373
9 840	1 395	19 711	8 788	10 924

17-2 续表4

单位：万元

类 别	Category	营业收入合计 Business Revenue	#主营业务收入 Revenue from Principal Business
餐饮业	**Catering Service**	**170 999**	**168 705**
# 国有及国有控股	Of Which: State-owned and State-holding	17 998	17 955
按登记注册类型分	**Grouped by Status of Registration**		
内 资	Domestic Funded Enterprises	119 976	118 854
国 有	State-owned	4 027	3 995
集 体	Collective-owned	2 977	2 953
股份合作	Cooperative	2 271	2 271
联营企业	Joint Ownership		
国有联营	State Joint Ownership		
集体联营	Collective Joint Ownership		
国有与集体联营	Joint State-collective		
其他联营	Other Joint Ownership		
有限责任公司	Limited Liability Corporations	31 821	31 252
国有独资公司	State Sole Funded Corporations		
其他有限责任公司	Other Limited Liability Corporations	31 821	31 252
股份有限公司	Share-holding Corporations Ltd.	631	631
私营企业	Private Enterprises	77 669	77 184
私营独资	Private-funded Enterprises	12 630	12 536
私营合伙	Private Partnership Enterprises		
私营有限责任公司	Private Limited Liability Corporations	58 672	58 281
私营股份有限公司	Private Share-holding Corporations Ltd.	6 368	6 368
其 他	Others	579	567
港澳台商投资企业	Enterprises with Funds from Hong Kong,Macao and Taiwan	16 314	15 287
与港澳台商合资经营	Joint-venture	5 746	5 746
与港澳台商合作经营	Cooperative		
港澳台商独资	Sole Investment	10 568	9 541
港澳台商独资股份有限公司	Share-holding Corporations Ltd. with Sole Investment		
外商投资企业	Foreign Funded Enterprises	34 710	34 565
中外合资经营	Joint-venture	6 343	6 343
中外合作经营	Cooperative		
外资企业	Sole Foreign Investment	28 367	28 222
外商投资股份有限公司	Share-holding Corporations Ltd. with Foreign Investment		
按国民经济行业分	**Grouped by Sector**		
正餐服务业	Dinner Service	117 611	116 499
快餐服务业	Snack Service	39 747	38 575
饮料及冷饮服务业	Service of Beverages and Cold Drinks		
其他餐饮服务业	Other Carering Services	13 641	13 631

continued

(10 000 yuan)

损益及分配 Losses,Profits and Distribution					
主营业务成本 Cost of Principal Business	主营业务税金及附加 Taxes and Other Charges on Principal Business	主营业务利润 Profits from Principal Business	营业费用 Expenses on Business	管理费用 Expenses on Management	财务费用 Expenses on Finance
85 567	**8 837**	**74 027**	**45 054**	**20 105**	**2 529**
11 094	585	6 001	2 180	2 522	- 224
63 891	6 582	48 105	29 426	15 768	2 648
1 898	208	1 614	962	825	17
1 716	170	1 067	1 035	317	18
1 114	122	1 035	577	870	85
16 840	1 551	12 861	6 473	5 638	981
16 840	1 551	12 861	6 473	5 638	981
581	33	18	182	162	1
41 425	4 471	31 288	20 093	7 881	1 541
6 835	813	4 888	2 466	797	139
31 382	3 261	23 637	15 841	6 255	1 299
3 208	397	2 763	1 785	828	103
319	26	222	105	75	5
7 501	670	7 115	5 705	1 126	105
4 015	189	1 542	1 062	254	49
3 487	481	5 573	4 644	871	56
14 174	1 584	18 807	9 923	3 211	- 224
4 276	118	1 949	644	1 094	- 237
9 898	1 467	16 858	9 279	2 117	12
63 276	6 468	46 481	29 333	14 768	2 591
13 679	1 992	22 904	14 178	3 061	99
8 612	377	4 642	1 542	2 276	- 161

17-2 续表5

单位：万元

类别	Category	营业利润 Profits from Business	利润总额 Total Profits
餐饮业	**Catering Service**	**8 379**	**15 648**
# 国有及国有控股	Of Which: State-owned and State-holding	1 701	1 754
按登记注册类型分	**by Status of Registration**		
内资	Domestic Funded Enterprises	1 412	8 746
国有	State-owned	- 13	30
集体	Collective-owned	- 253	- 217
股份合作	Cooperative	- 497	- 477
联营企业	Joint Ownership		
国有联营	State Joint Ownership		
集体联营	Collective Joint Ownership		
国有与集体联营	Joint State-collective		
其他联营	Other Joint Ownership		
有限责任公司	Limited Liability Corporations	303	6 419
国有独资公司	State Sole Funded Corporations		
其他有限责任公司	Other Limited Liability Corporations	303	6 419
股份有限公司	Share-holding Corporations Ltd.	- 328	- 52
私营企业	Private Enterprises	2 158	3 002
私营独资	Private-funded Enterprises	1 535	1 315
私营合伙	Private Partnership Enterprises		
私营有限责任公司	Private Limited Liability Corporations	576	1 614
私营股份有限公司	Private Share-holding Corporations Ltd.	47	73
其他	Others	41	41
港澳台商投资企业	Enterprises with Funds from Hong Kong,Macao and Taiwan	925	831
与港澳台商合资经营	Joint-venture	177	103
与港澳台商合作经营	Cooperative		
港澳台商独资	Sole Investment	749	728
港澳台商独资股份有限公司	Share-holding Corporations Ltd. with Sole Investment		
外商投资企业	Foreign Funded Enterprises	6 042	6 071
中外合资经营	Joint-venture	448	461
中外合作经营	Cooperative		
外资企业	Sole Foreign Investment	5 595	5 610
外商投资股份有限公司	Share-holding Corporations Ltd. with Foreign Investment		
按国民经济行业分	**by Sector**		
正餐服务业	Dinner Service	927	8 195
快餐服务业	Snack Service	6 458	6 449
饮料及冷饮服务业	Service of Beverages and Cold Drinks		
其他餐饮服务业	Other Carering Services	994	1 004

continued

(10 000 yuan)

损益及分配 Losses,Profits and Distribution			工资、福利费 Wages and Welfare	
应交所得税 Income Tax Payable	劳动、失业保险费 Charges on Labor and Unemployment Insurance	住房公积金和住房补贴 Housing Accumulation Fund and Housing Subsidies	本年应付工资总额 Total Wages Payable	本年应付福利费总额 Total Welfare Payable
3 806	**417**	**408**	**23 125**	**1 368**
515	17	155	3 069	216
2 065	336	31	17 761	1 136
17	5	11	630	25
1	3	8	469	
12	1	2	343	21
1 252	296	10	4 638	257
1 252	296	10	4 638	257
2			127	14
773	31		11 389	818
205	8		1 751	74
545	18		8 776	743
23	6		861	2
8			165	1
263	24	111	1 337	44
48	11		420	
215	13	111	918	44
1 478	57	266	4 027	189
156		137	1 468	166
1 322	57	129	2 559	23
1 861	336	30	17 276	1 094
1 559	72	240	3 557	83
386	10	138	2 291	192

17-3 各地区限额以上住宿和餐饮业企业财务状况（2009年）
Financial Indicators of Enterprises above Designated Size of Catering Services by Region (2009)

单位：万元 (10 000 yuan)

地区	Region	企业数（个） Number of Enterprises (unit)	流动资产合计 Total Working Capitals	固定资产原价 Original Value of Fixed Assets	本年折旧 Depreciation in the Year	资产合计 Total Assests	负债合计 Total Liabilities	所有者权益合计 Total Owners' Equities
全省合计	**Total**	**505**	**452 464**	**1 438 117**	**96 568**	**1 706 645**	**984 005**	**722 639**
昆　明	Kunming	212	260 749	736 019	59 369	862 640	486 617	376 023
曲　靖	Qujing	32	16 841	64 515	4 574	76 633	60 744	15 888
玉　溪	Yuxi	35	16 223	90 635	3 999	80 025	40 062	39 964
保　山	Baoshan	8	11 230	29 436	808	37 706	12 304	25 403
昭　通	Zhaotong	16	6 082	17 623	676	26 349	18 935	7 415
丽　江	Lijiang	47	53 429	157 128	7 896	184 895	110 950	73 945
普　洱	Pu'er	11	2 982	14 278	472	15 284	6 095	9 189
临　沧	Lincang	8	7 669	16 922	831	21 772	14 789	6 983
楚　雄	Chuxiong	11	5 293	17 008	2 273	17 816	10 697	7 119
红　河	Honghe	34	11 686	54 910	2 321	61 684	47 023	14 661
文　山	Wenshan	18	5 450	25 323	1 226	30 114	19 379	10 736
西双版纳	Xishuangbanna	21	24 060	76 838	4 908	92 305	67 092	25 213
大　理	Dali	28	15 047	71 343	2 467	85 671	43 965	41 707
德　宏	Dehong	6	6 034	30 272	1 029	60 662	13 366	47 296
怒　江	Nujiang	5	1 990	7 613	634	16 071	11 394	4 677
迪　庆	Diqing	13	7 702	28 252	3 086	37 016	20 595	16 421

17-3 续表1 continued

单位：万元 (10 000 yuan)

地区	Region	营业收入合计 Business Revenue	#主营业务收入 Revenue from Principal Business	主营业务成本 Cost of Principal Business	主营业务税金及附加 Taxes and Other Charges on Principal Business	主营业务利润 Profits from Principal Business	营业费用 Expenses on Business	管理费用 Expenses on Management	财务费用 Expenses on Finance
全省合计	**Total**	**576 370**	**562 571**	**211 357**	**30 749**	**315 254**	**178 560**	**149 995**	**15 196**
昆　明	Kunming	345 277	337 841	124 281	18 074	195 486	107 090	87 017	6 986
曲　靖	Qujing	27 561	26 817	12 503	1 597	12 879	6 865	5 999	669
玉　溪	Yuxi	26 312	26 151	12 244	1 596	11 114	6 959	6 525	836
保　山	Baoshan	11 090	10 897	2 425	789	7 683	4 010	3 012	301
昭　通	Zhaotong	7 741	7 575	3 475	401	3 699	2 617	1 810	261
丽　江	Lijiang	50 011	48 995	16 287	2 090	30 452	17 273	13 270	2 096
普　洱	Pu'er	4 523	4 081	2 353	225	1 503	1 012	890	103
临　沧	Lincang	4 216	4 158	1 347	246	2 565	1 113	1 366	431
楚　雄	Chuxiong	7 515	7 261	2 711	531	3 945	2 390	1 376	234
红　河	Honghe	23 405	22 683	8 887	1 259	12 355	7 130	5 412	772
文　山	Wenshan	9 189	9 109	3 694	649	4 616	2 392	2 546	322
西双版纳	Xishuangbanna	21 242	19 779	8 038	1 188	9 209	6 605	7 616	209
大　理	Dali	18 365	17 593	8 092	1 035	8 253	5 827	5 376	1 186
德　宏	Dehong	4 267	4 010	1 583	224	2 203	2 821	2 070	396
怒　江	Nujiang	3 162	3 131	1 040	182	1 909	820	1 247	87
迪　庆	Diqing	12 493	12 490	2 399	662	7 383	3 637	4 463	307

17-3 续表2 continued

单位：万元 (10 000 yuan)

地 区	Region	营业利润 Profits from Business	利润总额 Total Profits	应交所得税 Income Tax Payable	劳动、失业保险费 Charges on Labor and Unemployment Insurance	住房公积金和住房补贴 Housing Accumulation Fund and Housing Subsidies	本年应付工资总额 Total Wages Payable	本年应付福利费总额 Total Welfare Payable
全省合计	**Total**	**- 12 986**	**3 735**	**6 264**	**1 132**	**1 958**	**103 926**	**9 191**
昆 明	Kunming	- 83	5 415	4 571	757	1 465	59 372	5 755
曲 靖	Qujing	- 61	- 14	318	53	57	4 974	340
玉 溪	Yuxi	- 2 124	- 2 060	52	35	116	4 782	270
保 山	Baoshan	441	1 212	131	3		2 277	161
昭 通	Zhaotong	- 857	- 630	37	1	35	1 941	155
丽 江	Lijiang	- 1 041	- 694	749	89	174	8 877	1 195
普 洱	Pu'er	- 99	352	3	7	15	944	48
临 沧	Lincang	- 345	- 189	7	4	3	734	11
楚 雄	Chuxiong	230	308	25	8	18	1 513	43
红 河	Honghe	- 244	- 167	27	20	13	4 049	537
文 山	Wenshan	- 648	- 489	40	3	4	1 808	36
西双版纳	Xishuangbanna	- 2 699	- 2 945	123	36	30	5 043	110
大 理	Dali	- 3 026	- 1 743	134	32	22	3 957	309
德 宏	Dehong	- 2 888	- 1 236		2		1 308	5
怒 江	Nujiang	- 217	- 336	15	2		645	16
迪 庆	Diqing	674	6 951	32	81	5	1 701	199

17-4 主要年份旅游接待人数及旅游总收入情况

Number of Tourists and Total Tourism Revenue in Significant Years

项 目	Item	2005	2006	2007	2008	2009
国内旅游者（万人次）	Domestic Tourists (10 000 person-times)	6 861	7 721	8 986	10 250	12 023
过夜游客	Of which: Overnight Tourists	4 107	4 748	5 401	6 265	6 728
一日游游客	One-day Tourists	2 754	2 972	3 585	3 985	5 294
海外旅游者（人次）	Overseas Tourists (person-time)	1 502 817	1 810 017	2 219 030	2 502 170	2 844 902
外国人	Of which: Foreigners	996 557	1 111 744	1 447 431	1 691 835	1 917 912
香港同胞	Tourists from Hong Kong	193 423	307 306	338 114	358 570	431 854
澳门同胞	Tourists from Macao	34 864	42 519	93 295	99 117	107 996
台湾同胞	Tourists from Taiwan	277 973	348 448	340 190	352 648	387 140
海外旅游者人天数（人天）	Overseas Tourists (person-day)	2 616 071	3 241 139	4 004 101	4 527 585	5 457 749
国内旅游收入（万元）	Domestic Tourism Revenue (10 000 yuan)	3 861 529	4 471 017	4 947 396	5 947 650	7 306 646
过夜游客收入	Of which: Revenue from Overnight Tourists	3 316 386	3 654 301	3 957 198	4 837 961	5 739 911
一日游收入	Revenue from One-day Tourists	545 143	816 716	990 198	1 109 689	1 566 735
旅游外汇收入合计（万美元）	Total Foreign Exchange Earning (USD 10 000)	52 801	65 844	85 958	100 755	117 221
折合人民币（万元）	Equivalent Amount Converted into RMB (10 000 yuan)	439 836	526 749	644 685	685 137	800 620
旅游总收入（万元）	Total Tourism Revenue (10 000 yuan)	4 301 365	4 997 766	5 592 081	6 632 787	8 107 266

17-5 主要年份分国别接待旅游人次

Number of International Tourists in Yunnan by Nationality in Significant Years

单位：人次 (person-time)

国家和地区	Country and Territory	2000	2002	2005	2006	2007	2008	2009
总　计	**Total**	**1 001 141**	**1 303 550**	**1 502 817**	**1 810 017**	**2 219 030**	**2 502 170**	**2 844 902**
外国人	Foreigners	665 919	781 305	996 557	1 111 744	1 447 431	1 691 835	1 917 912
日　本	Japan	126 104	137 423	85 448	108 503	147 439	138 988	150 677
菲律宾	The Philippines	4 704	3 092	4 021	8 929	11 287	14 433	18 116
新加坡	Singapore	75 541	67 473	63 150	66 125	88 838	104 034	143 453
泰　国	Thailand	77 375	61 631	81 172	72 047	95 248	185 390	216 309
印度尼西亚	Indonesia	8 017	13 253	16 261	14 594	17 628	21 063	27 117
美　国	The United States	38 312	48 688	62 981	75 234	87 671	106 956	104 519
加拿大	Canada	6 965	10 630	15 479	16 474	22 936	25 188	31 493
英　国	The United Kingdom	9 676	13 355	17 289	22 007	31 674	42 486	55 510
法　国	France	15 461	21 471	43 768	45 368	74 918	84 192	94 371
德　国	Germany	14 299	15 838	28 543	29 521	43 595	50 594	75 001
意大利	Italy	4 323	5 226	14 730	18 079	26 301	29 163	39 871
俄罗斯	Russia	443	1 338	5 365	6 270	11 576	6 486	9 513
澳大利亚	Australia	8 286	12 066	25 501	31 381	35 801	35 781	45 219
新西兰	New Zealand	1 685	2 592	4 301	7 035	4 063	6 450	10 922
其　他	Others	274 728	367 229	528 548	590 177	748 456	840 631	895 821
港澳台同胞	Compatriots from Hong Kong, Macao and Taiwan	335 222	522 245	506 260	698 273	771 599	810 335	926 990

17-6 边境地区口岸入境一日游旅客数及外汇收入（2009年）

Number of One-day Entry Tourists and Earnings in Foreign Exchange in Border Areas (2009)

行政区域	Administrative Prefecture	口岸入境一日游人数(万人次) Number of One-day Entry Tourists (10 000 person-time)	比2008年增长（%） Increase Rate Over 2008 (%)	口岸入境一日游外汇收入(万美元) Earnings in Foreign Exchange from One-day Entry Tourists (USD 10 000)	比2008年增长（%） Increase Rate Over 2008 (%)
保　山	Baoshan	7.34	-3.0	425.92	2.7
普　洱	Pu'er	8.37	-6.9	485.64	-14.5
临　沧	Lincang	16.17	-19.9	938.01	-15.2
红　河	Honghe	103.03	15.6	5 975.84	22.2
文　山	Wenshan	12.42	9.9	720.40	16.4
西双版纳	Xishuangbanna	30.80	34.8	1 786.00	42.7
德　宏	Dehong	113.76	12.7	6 598.03	19.4
怒　江	Nujiang	5.37	50.6	311.74	59.5

17-7 各地区旅游情况（2009年）
Tourism Situation by Region (2009)

地　区 Region	旅游总收入（亿元）Total Tourism Revenue (100million yuan)	旅游外汇收入（万美元）Foreign Exchange Earnings (USD10000)	国内旅游人数（万人次）Domestic Tourists (10000 person-time)	海外旅游人数（人次）Overseas Tourists (person-tines)	外国人 Foreigners	香港同胞 Compatriots from Hong Kong	澳门同胞 Compatriots from Macao	台湾同胞 Compatriots From Taiwan
全省合计 Total	**810.73**	**99 979.10**	**12 022.85**	**2 844 902**	**1 917 912**	**431 854**	**107 996**	**387 140**
昆　明 Kunming	226.34	21 758.78	3 037.19	778 274	561 620	74 498	2 436	139 720
曲　靖 Qujing	38.69	257.95	639.98	14 008	3 638	2 827	134	7 409
玉　溪 Yuxi	33.94	28.20	972.99	1 254	1 129	44	4	77
保　山 Baoshan	24.07	1 497.00	552.07	78 084	73 431	1 588	1 495	1 570
昭　通 Zhaotong	14.98	22.52	475.31	611	201	326		84
丽　江 Lijiang	88.66	17 084.14	705.55	525 875	351 199	85 824	1 076	87 776
普　洱 Pu'er	13.44	547.22	304.13	26 174	26 117	7	20	30
临　沧 Lincang	10.99	1 573.05	249.13	44 006	43 975	3		28
楚　雄 Chuxiong	21.58	365.95	812.18	16 655	8 599	414	1 491	2 425
红　河 Honghe	57.96	4 711.26	1 084.84	114 792	103 814	4 784	155	6 038
文　山 Wenshan	30.40	307.34	421.11	15 477	12 265	1 173	90	1 949
西双版纳 Xishuangbanna	62.36	4 424.37	686.05	151 775	144 993	2 357	1 996	2 429
大　理 Dali	92.26	9 985.37	1 105.92	353 003	213 817	68 195	21 126	49 865
德　宏 Dehong	38.53	2 337.09	405.08	82 244	82 175		7	62
怒　江 Nujiang	6.64	628.66	134.54	14 609	13 953	300	43	313
迪　庆 Diqing	49.84	34 450.16	436.80	628 061	276 986	185 787	77 923	87 365

注：本表旅游外汇收入不包括口岸一日游创汇收入。

Note: In this table, the data of foreign exchange earning is not included part of Revenue from one-day tourists in port.

主要统计指标解释

住宿和餐饮业营业收入 指住宿和餐饮业法人企业（单位）在经营活动中因提供服务或销售商品等取得的收入。包括：客房收入、餐费收入、商品销售额和其他收入。客房收入指住宿和餐饮业法人企业（单位）在经营活动中因提供住宿服务取得的收入。餐费收入指住宿和餐饮业法人企业、（单位）因为顾客提供就餐服务取得的收入，包括经烹饪、调制加工后出售的各种食品，如主食、炒菜、凉拌菜等的收入。商品销售额指住宿和餐饮业法人企业（单位）伴随服务而出售商品所取得的收入（含增值税）。其他收入指营业收入中除客房收入、餐费收入、商品销售额以外的其他收入，包括娱乐、健身和商务服务等。

旅游人数

1.**入境旅游人数**：指报告期内来我国观光、度假、探亲访友、就医疗养、购物、参加会议或从事经济、文化、体育、宗教活动的外国人、港澳台同胞等入境游客。统计时，外国人、港澳台同胞每入境一次统计 1 人次。

2.**出境人数**：指中国（大陆）居民因公或因私出境前往其他国家、中国香港特别行政区、澳门特别行政区和台湾省观光、度假、探亲访友、就医疗养、购物、参加会议或从事经济、文化、体育、宗教活动的人数，即出境游客。统计时，按每出境一次统计 1 人次。

3.**国内旅游人数**：指在报告期内在中国（大陆）观光游览、度假、探亲访友、就医疗养、购物、参加会议或从事经济、文化、体育、宗教活动的中国（大陆）居民人数，其出游的目的不是通过所从事的活动谋取报酬。统计时，国内游客按每出游一次统计 1 人次。

国际旅游(外汇)收入 指入境游客在中国（大陆）境内旅行、游览过程中用于交通、参观游览、住宿、餐饮、购物、娱乐等全部花费。

国内旅游收入 又称旅游总花费，指国内游客在国内旅行、游览过程中用于交通、参观游览、住宿、餐饮、购物、娱乐等全部花费。

国际旅行社 指经营业务范围包括入境旅游业务、出境旅游业务和国内旅游业务的旅行社。

国内旅行社 指经营范围仅限于国内旅游业务的旅行社。

星级饭店 指设备、设施、服务符合《旅游饭店星级的划分与评定》(GB/T14308-2003)，通过相关旅游管理部门评定，并取得星级饭店称号的饭店（含预备星级饭店）。

Explanatory Notes on Principal Statistical Indicators

Business Revenue of Hotels and Catering Services refers to revenue received from providing services or selling commodities by corporate enterprises and establishments engaged in hotels and catering services, including income from hotels, from catering services, from selling of commodities and from other services. Income from hotels refers to income of corporate enterprises and establishments engaged in hotels and catering services by providing lodging services. Income from catering services refers to income of corporate enterprises and establishments engaged in hotels and catering services by providing catering services, including selling of cooked or prepared foods such as staple food, cooked dishes or cold dishes. Income from selling of commodities refers to income of corporate enterprises and establishments engaged in hotels and catering services by selling commodities (including value-added tax) that accompany the services they provide. Income from other activities refers to income received other than income from hotels, catering services or selling of commodities, such as income from providing recreation, fitness or business services.

Number of Tourists

1. **Visitor arrivals** refer to the number of foreigners, Chinese compatriots from Hong Kong, Macao and Taiwan Chinese (mainland) who come to China (mainland) for sight-seeing, vacation, visiting relatives, medical treatment, shopping, attending conference, or to engage in economic, cultural, sports and religious activities. In compiling statistics, each time of entering China is counted as one person-time.

2. **Number of Chinese** residents going abroad refer to the number of Chinese (mainland) residents going to other countries, Hong Kong Special Administrative region, Macao Special Administrative region and Taiwan for on official or private purposes, for sight-seeing, vacation, visiting relatives, medical treatment, shopping, attending conference, or to engage in economic, cultural, sports and religious activities. In compiling statistics, each time of leaving is counted as one person-time.

3.**Number of domestic tourists** refers to the number of Chinese (mainland) residents who travel within China (mainland) for sight-seeing, vacation, visiting relatives, medical treatment, shopping, attending conference, or to engage in economic, cultural, sports and religious activities. In compiling statistics, each time of travelling is counted as one person-time.

Foreign Exchange Earnings from International Tourism refer to the total expenditure of foreigners, overseas Chinese, Chinese compatriots from Hong Kong, Macao and Taiwan during their stay in the mainland of China on transportation,sighting, accommodation, food, shopping and entertainment.

Income from Domestic Tourism refers to expenditure of domestic tourists on transportation, sighting, accommodation, food, shopping and entertainment while they travel.

International Travel Agencies refer to travel agencies engaged in tourism entering China, Chinese residents going abroad and domestic tourism.

Domestic Travel Agencies refer to travel agencies only engaged in domestic tourism.

Star-rated Hotels refer to hotels rated with stars as assessed by the relevant tourism authorities according to GB/T14308-2003 standard with reference to their infrastructure, facilities and service levels.

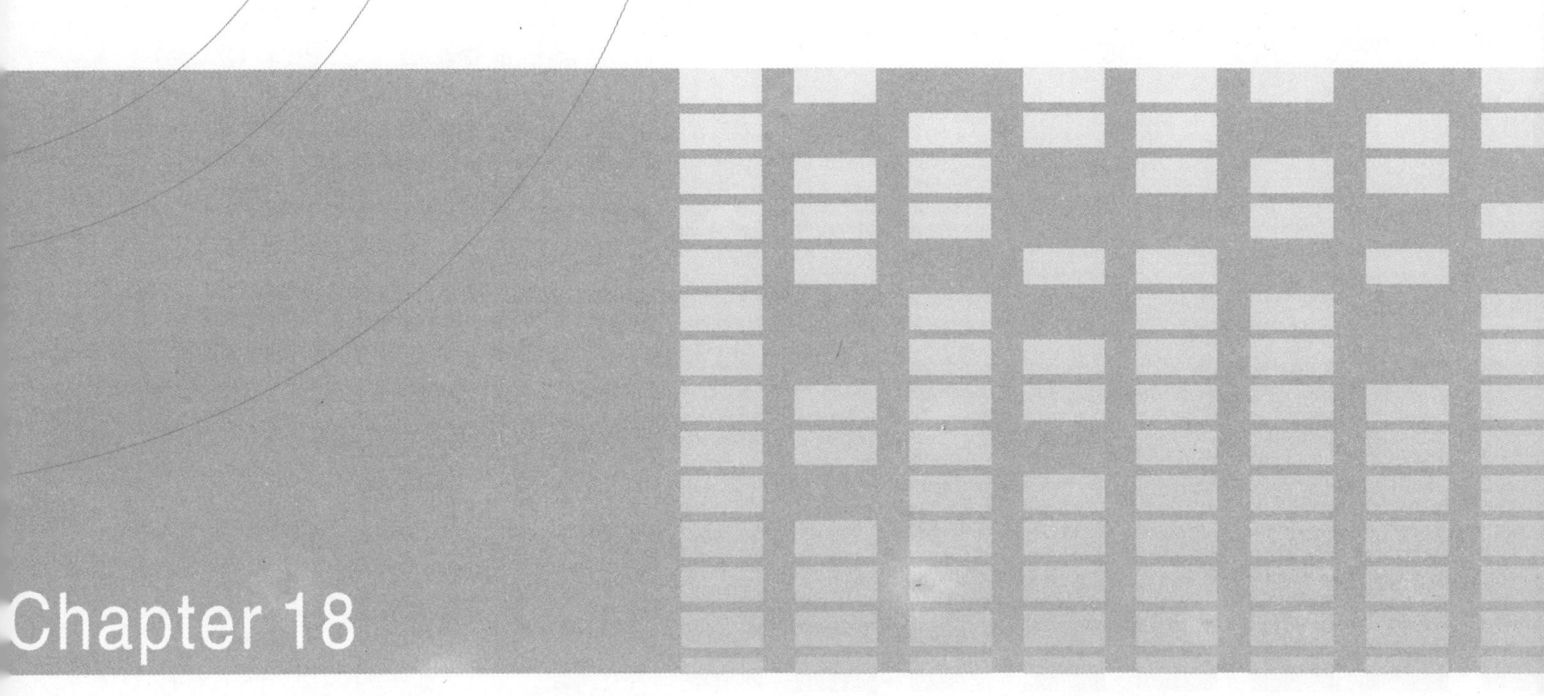

十八、教育、科技、文化和体育

Education,Science and Technology,Culture and Sports

18-1 主要年份各级各类学校数

Number of Schools by Level and Type of School in Significant Years

单位：所 (unit)

年份 Year	普通高等学校 Regular Institutions of Higher Education	中等学校 Secondary Schools					普通小学 Primary Schools	幼儿园 Kindergartens
		普通中等专业学校 Regular Secondary Specialized Schools	普通中学 Regular Secondary Schools			职业中学 Vocational Secondary Schools		
			合计 Total	高中 Senior Secondary Schools	初中 Junior Secondary Schools			
1978	15	70	1 476	841	635		66 672	371
1980	18	100	1 435	610	825	59	59 499	591
1985	26	111	1 765	528	1 237	179	58 484	1 981
1990	26	138	2 030	503	1 527	228	53 556	1 434
1995	26	143	2 225	455	1 770	233	24 612	1 340
1996	26	144	2 242	442	1 800	217	24 078	1 501
1997	26	146	2 240	431	1 809	217	23 724	1 412
1998	26	142	2 245	419	1 826	211	23 249	1 500
1999	24	136	2 225	407	1 818	209	22 705	1 568
2000	24	127	2 236	418	1 818	199	22 151	1 770
2001	28	121	2 276	419	1 857	209	21 315	1 530
2002	31	121	2 267	411	1 856	193	20 595	1 711
2003	34	113	2 275	421	1 854	181	20 296	1 862
2004	43	99	2 280	429	1 851	177	19 725	2 103
2005	44	96	2 257	443	1 814	172	18 747	2 247
2006	50	93	2 266	452	1 814	168	18 127	2 495
2007	51	93	2 281	465	1 816	182	17 163	2 760
2008	59	94	2 272	460	1 812	182	16 573	3 085
2009	61	94	2 248	457	1 791	191	15 826	3 381

18-2 主要年份各级各类学校专任教师数

Number of Full-time Teachers by Level and Type of School in Significant Years

单位：人 (person)

年份 Year	普通高等学校 Regular Institutions of Higher Education	中等学校 Secondary Schools					普通小学 Primary Schools	幼儿园 Kindergartens
		普通中等专业学校 Regular Secondary Specialized Schools	普通中学 Regular Secondary Schools			职业中学 Vocational Secondary Schools		
			合计 Total	高中 Senior Secondary Schools	初中 Junior Secondary Schools			
1978	3 743	2 221	59 003	11 561	47 442	222	164 100	2 474
1980	4 354	3 321	52 665	8 877	43 728	274	175 353	3 493
1985	6 383	4 631	52 140	10 722	41 418	1 947	171 574	8 064
1990	7 754	7 093	69 238	12 331	56 907	3 712	174 159	11 966
1995	7 415	7 886	80 139	12 668	67 471	5 474	181 384	16 330
1996	7 518	8 150	83 840	12 967	70 873	5 661	184 303	17 254
1997	7 690	8 432	88 120	13 057	75 063	5 983	189 129	18 937
1998	8 143	8 400	92 736	13 003	79 733	6 319	193 900	18 272
1999	8 296	8 304	98 927	13 511	85 416	6 900	201 125	18 618
2000	9 237	7 750	105 620	14 631	90 989	7 091	210 507	19 614
2001	9 982	7 678	109 674	15 991	93 683	7 115	217 658	13 148
2002	11 152	7 550	114 916	18 449	96 467	7 165	222 855	14 525
2003	12 236	7 262	120 221	21 497	98 724	7 167	221 589	15 279
2004	15 162	6 145	124 718	25 076	99 642	7 219	218 969	16 963
2005	16 819	6 285	131 685	29 760	101 925	7 517	219 236	17 987
2006	19 402	6 133	138 465	34 046	104 419	7 978	222 022	19 608
2007	21 233	6 300	143 111	36 788	106 323	8 880	222 676	21 251
2008	23 276	7 090	148 602	38 278	110 324	9 094	226 795	23 178
2009	24 893	7 443	155 215	39 728	115 487	9 602	233 811	25 339

18-3 主要年份各级各类学校招生数
Number of New Students Enrollment by Level and Type of School in Significant Years

单位：万人 (10 000 persons)

年份 Year	普通高等学校 Regular Institutions of Higher Education	中等学校 Secondary Schools					普通小学 Primary Schools
		普通中等专业学校 Regular Specialized Secondary Schools	普通中学 Regular Secondary Schools			职业中学 Vocational Secondary Schools	
			合计 Total	高中 Senior Secondary Schools	初中 Junior Secondary Schools		
1978	0.71	1.28	51.55	10.42	41.13		109.34
1980	0.50	1.48	34.97	6.27	28.70	0.35	111.97
1985	1.26	1.97	36.58	6.32	30.26	1.95	103.58
1990	1.30	2.29	44.40	6.51	37.89	3.28	79.99
1995	1.65	3.51	47.66	6.54	41.12	6.56	87.93
1996	1.72	3.70	48.77	5.84	42.93	6.13	87.52
1997	1.83	3.96	52.52	6.25	46.27	6.31	85.27
1998	2.04	3.94	56.30	6.56	49.74	7.31	75.80
1999	2.75	3.65	62.94	7.43	55.51	7.77	70.99
2000	3.20	3.76	69.84	8.82	61.02	6.42	70.20
2001	4.25	4.67	72.20	10.67	61.54	6.20	72.36
2002	5.04	4.81	77.74	12.44	65.30	6.17	73.71
2003	6.22	4.54	81.59	13.84	67.75	5.35	73.11
2004	6.67	5.17	80.13	16.73	63.40	5.00	73.25
2005	7.45	5.97	82.31	19.00	63.31	5.80	73.34
2006	9.07	6.60	86.04	20.47	65.57	6.67	76.03
2007	9.92	6.92	88.59	20.33	68.26	8.73	75.46
2008	11.71	8.34	91.51	21.20	70.31	8.44	72.91
2009	13.24	9.79	91.74	22.03	69.70	10.71	69.50

18-4 主要年份各级各类学校在校学生数

Number of Students Enrollment by Level and Type of School in Significant Years

单位：万人 (10 000 persons)

年份 Year	普通高等学校 Regular Institutions of Higher Education	中等学校 Secondary Schools					普通小学 Primary Schools	幼儿园 Kindergartens
		普通中等专业学校 Regular Specialized Secondary Schools	普通中学 Regular Secondary Schools			职业中学 Vocational Secondary Schools		
			合计 Total	高中 Senior Secondary Schools	初中 Junior Secondary Schools			
1978	1.59	2.66	128.54	23.78	104.76	0.39	436.03	4.08
1980	1.81	4.02	96.86	14.67	82.20	0.54	424.39	10.32
1985	3.23	5.01	101.99	17.49	84.50	4.07	514.66	19.68
1990	4.35	7.38	123.95	18.06	105.89	6.82	446.86	30.06
1995	5.14	10.26	127.25	17.78	109.47	12.54	462.41	51.74
1996	5.40	10.97	133.43	17.61	115.82	9.78	473.12	53.35
1997	5.74	11.68	142.31	17.76	124.55	11.38	483.71	53.72
1998	6.24	12.24	152.15	17.84	134.31	12.51	485.45	54.37
1999	7.39	11.95	167.44	19.42	148.02	15.78	480.80	57.75
2000	9.04	11.92	185.97	22.21	163.76	15.85	472.06	60.35
2001	11.90	12.86	200.46	26.50	173.96	15.26	460.50	62.70
2002	14.34	13.89	215.14	31.55	183.58	14.64	450.93	66.85
2003	17.53	14.84	228.46	36.33	192.13	13.14	441.88	70.66
2004	20.06	14.76	235.06	41.98	193.09	13.21	440.65	75.37
2005	23.21	15.56	238.88	48.31	190.58	14.08	441.23	77.27
2006	26.81	17.35	244.70	54.54	190.16	16.21	452.26	82.38
2007	30.21	18.63	251.77	57.64	194.12	19.64	453.31	86.31
2008	34.35	20.53	259.48	59.47	200.01	21.28	451.04	89.57
2009	38.95	23.37	264.97	61.15	203.82	24.10	444.14	92.17

18-5 主要年份各级各类学校毕业生数

Number of Graduates by Level and Type of School in Significant Years

单位：万人 (10 000 persons)

年份 Year	普通高等学校 Regular Institutions of Higher Education	中等学校 Secondary Schools					普通小学 Primary Schools
		普通中等专业学校 Regular Specialized Secondary Schools	普通中学 Regular Secondary Schools			职业中学 Vocational Secondary Schools	
			合计 Total	高中 Senior Secondary Schools	初中 Junior Secondary Schools		
1978	0.33	0.99	44.60	9.19	35.41	0.11	56.76
1980	0.53	1.59	27.90	8.12	19.78	0.09	48.27
1985	0.54	1.23	24.32	4.63	19.69	0.58	51.90
1990	1.45	2.07	33.99	5.57	28.42	2.63	64.59
1995	1.63	2.63	35.71	5.55	30.16	2.83	56.03
1996	1.45	2.96	34.03	5.25	28.78	2.90	57.98
1997	1.49	3.20	37.03	5.48	31.55	2.97	61.25
1998	1.53	3.30	40.17	5.82	34.35	3.17	61.80
1999	1.58	3.50	42.80	5.15	37.65	3.50	65.61
2000	1.62	3.77	47.54	5.65	41.89	4.61	72.15
2001	1.94	3.69	52.50	5.93	46.56	4.94	76.04
2002	2.56	3.69	58.80	7.11	51.7	4.49	77.52
2003	3.13	3.94	63.94	8.45	55.49	4.30	77.15
2004	3.26	4.87	67.88	9.94	57.94	3.55	72.13
2005	4.49	4.88	73.10	11.60	61.50	4.07	69.32
2006	5.58	4.34	76.29	12.77	63.52	3.98	68.69
2007	6.61	5.07	76.21	15.33	60.88	4.51	71.46
2008	7.28	5.46	77.91	17.39	60.52	5.13	73.23
2009	8.36	6.31	80.45	18.38	62.08	5.58	73.31

18-6 主要年份研究生数

Number of Postgraduates in Significant Years

单位：人 (person)

年 份 Year	招生数 New Students Enrollment	在学人数 Total Enrollment		毕业生数 Graduates	
		攻读硕士学位 Master's Degree	攻读博士学位 Doctor's Degree	攻读硕士学位 Master's Degree	攻读博士学位 Doctor's Degree
1985	448	724	5	98	1
1990	151	467	24	248	11
1991	140	481	26	221	8
1992	198	533	40	148	11
1993	275	612	42	187	8
1995	343	948	77	183	14
1996	414	1 030	156	266	18
1997	592	1 351	202	326	24
1998	643	1 483	175	373	50
1999	822	1 830	247	538	74
2000	1 231	2 376	332	535	46
2001	1 777	3 428	396	559	77
2002	2 302	4 799	500	692	93
2003	3 307	6 739	667	1 052	117
2004	4 517	9 254	916	1 568	116
2005	5 483	12 223	1 147	2 053	151
2006	6 193	14 927	1 319	2 951	210
2007	6 549	16 751	1 507	4 048	207
2008	6 905	18 373	1 711	4 923	271
2009	8 309	20 296	1 895	5 498	262

18-7 各级各类成人学校基本情况（2009年）

Basic Statistics on Adult Schools by Level and Type of School (2009)

单位：所，人 (unit, person)

项 目	Item	学校数(所) Schools	毕业生数 Graduates	招生数 New Student Enrollment	在校学生数 Student Enrollment	教职工合计 Faculty	#专任教师 Full-time Teachers
成人高等教育	**Adult Education Schools**	**2**	**48 337**	**61 297**	**173 664**	**1 885**	**940**
按办学形式	**Grouped by Form of Running a School**						
函 授	Correspondence Schools		30 242	43 011	116 871		
业 余	Sparetime Schools		9 603	17 457	43 334		
脱 产	Full-time Schools		8 492	829	13 459		
成人中专	**Secondary Specialized Schools for Adults**	**135**	**2 447**	**1 449**	**6 291**	**3 698**	**2 518**
成人小学	**Primary Schools for Adults**	**111**	**201 079**		**158 852**	**2 419**	**808**
小学班	Primary Courses	43	87 755		81 760	846	405

18-8 各级各类学校师生比例（2007-2009年）

Student-teacher Ratio by Level and Type of School (2007-2009)

单位：人 (person)

项　目	Item	2007	2008	2009
普通高等学校	Regular Institutions of Higher Education	18.8	19.1	19.4
普通中专	Regular Secondary Specialized Schools	29.6	29.0	31.4
成人中专	Specialized Secondary Schools for Adult	3.0	3.0	2.5
普通高中	Regular Senior Secondary Schools	21.1	23.2	25.2
职业高中	Vocational Senior Secondary Schools	15.7	15.5	15.4
普通初中	Regular Junior Secondary Schools	18.3	18.1	17.6
职业初中	Vocational Junior Secondary Schools	43.3	27.8	22.7
小　学	Primary Schools	20.4	19.9	19.0
幼儿园	Kindergartens	40.6	38.6	36.4

注：普通高等学校师生比例按教育部新标准测算。
Note: The data in this table are calculated according to the new standards of educational departments.

18-9 主要年份小学学龄儿童入学率

Enrollment Rate of School-age Children in Primary Schools in Significant Years

年　份 Year	全省学龄儿童数(万人) School-Age Children (10 000 persons)	已入学学龄儿童数（万人） School-Age Children Enrolled in Schools (10 000 persons)	入学率(%) Enrollment Rate	年　份 Year	全省学龄儿童数（万人） School-Age Children (10 000 persons)	已入学学龄儿童数(万人) School-Age Children Enrolled in Schools (10 000 persons)	入学率(%) Enrollment Rate
1980	400.79	349.54	87.2	2002	421.63	419.86	99.6
1985	421.61	384.14	93.1	2003	412.87	396.92	96.1
1990	342.40	324.06	94.6	2004	416.06	400.02	96.2
1995	427.81	416.79	97.4	2005	420.31	404.77	96.3
1997	452.05	446.64	98.4	2006	427.83	413.17	96.6
1998	454.13	448.37	98.4	2007	425.09	414.84	97.6
1999	449.02	444.52	99.0	2008	420.32	413.15	98.3
2000	438.41	434.10	99.0	2009	415.57	408.45	98.3
2001	429.62	426.92	99.4				

18-10 主要年份自然科学研究成果获奖统计

Statistics on Prizes of Natural Science Research Achievements in Significant Years

单位：项 (unit)

年份 Year	云南省科技进步奖 Provincial Scientific Technological Progress Prize				
	申报数 Applications Acceptance	获奖数 Number of Prize-wining	奖励等级 Reward Grade		
			一等 Grade I	二等 Grade II	三等 Grade III
1985	455	149	3	22	124
1990	179	90		11	79
1995	293	182	1	19	162
1999	377	208	2	24	182
2000	444	193	6	24	163
2002	298	173	8	29	136
2003	416	239	12	15	212
2004	374	221	12	42	167
2005	404	242	15	50	177
2006	358	193	7	33	153
2007	371	187	5	31	151
2008	333	155	10	24	121
2009	350	157	11	26	120

注：1.1985年一等奖中含特等奖一项。2.云南省星火奖从1988年开始实行，2000年以后不再统计。

Note: a. The first prizes in 1985 included the special awards.

b. The Spark Prize was executed in 1988 in Yunnan province,and it hasn't been calculated since 2000.

18-11 主要年份自然科学研究机构数（独立科研机构）

Number of Research Institutions of Natural Science in Significant Years (Independent Research Institutions)

单位：个 (unit)

年份 Year	中国科学院 Chinese Academy of Sciences	国务院各部委直属 Directly under Departments of State Council	省业务局直属 Directly under Provincial Departments	地州(市)直属 Directly under Prefecture (municipal) Departments
1980	5	12	54	83
1985	4	15	57	72
1990	4	14	55	80
1995	4	12	54	79
1997	4	12	54	78
1998	4	12	53	77
1999	4	12	51	73
2000	4	9	55	67
2001	4	9	55	65
2002	4	9	55	64
2003	3	8	55	64
2004	3	5	24	62
2005	3	4	23	61
2006	3	4	22	60
2007	3	4	21	58
2008	3	5	19	59
2009	3	5	19	58

18-12 主要年份分行业自然科学独立研究机构数
Number of Independent Research Institutions of Natural Science by Sector in Significant Years

单位：个 (unit)

年份 Year	合计 Total	农林牧渔业 Farming, Forestry, Animal Husbandry and Fishery	工业 Industry	地质普查及勘探业 Geological Prospecting	建筑业 Construction	交通运输邮电通讯业 Transport, Postal and Telecommunication Services	社会服务业 Social Services	卫生、体育和社会福利业 Health Care, Sports and Social Welfare	科学研究与综合技术服务业 Scientific Research and Polytechnic Services
1985	149	59	44	1	2	3		16	24
1990	153	79	35	2	2	3	3	12	17
1994	150	77	32	2	2	3	3	12	19
1995	149	76	32	2	2	3	3	12	19
1996	149	61	36	3	2	3	5	11	28
1997	148	57	48	3	2	3	7	12	16
1998	146	57	46	3	2	3	7	12	16
1999	140	56	44	1	2	3	7	11	14
2000	135	67	25	1	1	3	4	5	29
2001	133	67	22	1	1	3	4	6	29
2002	132	70	22	1	1	3	4	6	25
2003	130	70	27		2	2	4	6	19
2004	94	57	10		1	1	6	7	12
2005	91	56	9	1	1	1	5	7	11
2006	89	56	8	1	1	1	5	7	10
2007	86	56	7	1	1	1	5	6	9
2008	86	56	7	1	1	1	4	6	10
2009	85	56	7	1		1	4	6	10

注：从1991年起不包括国防科工委系统。
Note: Units under committee of science, technology and industry for national defense have not been included since 1991.

18-13 主要年份分行业自然科学独立研究机构科技活动人员数
Number of Scientific and Technical Personnel in Independent Research Institutions of Natural Science by Sector in Significant Years

单位：人 (person)

年份 Year	合计 Total	农林牧渔业 Farming, Forestry, Animal Husbandry and Fishery	工业 Industry	地质普查及勘探业 Geological Prospecting	建筑业 Construction	交通运输邮电通讯业 Transport, Postal and Telecommunication Services	社会服务业 Social Services	卫生、体育和社会福利业 Health Care, Sports and Social Welfare	科学研究与综合技术服务业 Scientific Research and Polytechnic Services
1985	8 012	1 956	3 522	96	60	193		845	1 340
1990	11 008	2 801	5 006	120	89	190	98	814	1 890
1994	8 875	2 818	2 746	123	72	187	105	876	1 948
1995	8 722	2 821	2 606	120	67	175	115	875	1 943
1996	8 260	2 572	2 523	143	64	170	331	562	1 895
1997	8 135	2 524	2 724	127	53	172	411	592	1 532
1998	7 863	2 305	2 619	128	62	154	400	623	1 482
1999	7 606	2 528	2 306	58	98	160	409	522	1 443
2000	7 160	2 819	1 754	48	82	152	258	321	1 726
2001	7 224	2 978	1 609	43	82	138	220	406	1 748
2002	6 965	3 060	1 574	48	85	157	201	407	1 433
2003	6 573	3 033	1 578		164	116	156	352	1 174
2004	5 229	3 281	293		50	45	317	413	830
2005	5 151	3 192	298	64	50	46	277	413	811
2006	5 517	3 497	343	65	60	35	285	406	826
2007	5 467	3 452	373	61	55	35	292	334	865
2008	5 471	3 465	323	61	55	38	279	333	917
2009	5 657	3 476	302	61		47	283	292	1 196

注：同18-12表。
Note: Same as table 18-12.

18-14 各地区自然科学机构中从事科技人员数（2009年）
Number of Scientific and Technical Personnel in Natural Science Institutions by Region (2009)

单位：人 (person)

地 区	Region	科技人员数 Scientists and Technicians	高级技术人员 Senior Technicians	中级技术人员 Middle Technicians	初级技术人员 Junior Technicians
全省合计	**Total**	**5 657**	**1 427**	**1 989**	**2 241**
昆 明	Kunming	3 310	987	1 230	1 093
曲 靖	Qujing	66	22	25	19
玉 溪	Yuxi	50	12	28	10
保 山	Baoshan	124	21	37	66
昭 通	Zhaotong	88	28	35	25
丽 江	Lijiang	67	15	19	33
普 洱	Pu'er	130	25	39	66
临 沧	Lincang	120	25	47	48
楚 雄	Chuxiong	88	23	44	21
红 河	Honghe	205	43	56	101
文 山	Wenshan	184	38	77	69
西双版纳	Xishuangbanna	764	115	237	412
大 理	Dali	167	36	53	78
德 宏	Dehong	238	22	39	177
怒 江	Nujiang	32	4	11	17
迪 庆	Diqing	24	6	12	6

18-15 各地区独立研究与开发机构情况（2008-2009年）
Basic Statistics on Independent Scientific Research and Development Institutions by Region (2008-2009)

单位：个、人 (unit,person)

地 区	Region	2008				2009			
		合 计 Total		自然科学 Natural Science		合 计 Total		自然科学 Natural Science	
		机 构 Institutions	人 员 Employees	机 构 Institutions	人 员 Employees	机 构 Institutions	人 员 Employees	机 构 Institutions	人 员 Employees
全省合计	**Total**	**105**	**7 741**	**86**	**7 108**	**95**	**8 071**	**85**	**7 441**
昆 明	Kunming	46	4 894	30	4 304	36	5 172	29	4 586
曲 靖	Qujing	3	83	3	83	3	78	3	78
玉 溪	Yuxi	3	68	2	56	3	67	2	55
保 山	Baoshan	4	117	4	117	4	124	4	124
昭 通	Zhaotong	2	89	2	89	2	99	2	99
丽 江	Lijiang	3	67	3	67	3	73	3	73
普 洱	Pu'er	4	147	3	122	4	146	3	122
临 沧	Lincang	6	241	5	235	6	244	5	236
楚 雄	Chuxiong	5	224	5	224	5	224	5	224
红 河	Honghe	5	169	5	169	5	173	5	173
文 山	Wenshan	6	998	6	998	6	989	6	989
西双版纳	Xishuangbanna	6	235	6	235	6	237	6	237
大 理	Dali	5	257	5	257	5	252	5	252
德 宏	Dehong	2	36	2	36	2	35	2	35
怒 江	Nujiang	1	26	1	26	1	26	1	26
迪 庆	Diqing	4	90	4	90	4	132	4	132

18-16 主要年份独立研究与开发机构基本情况

Basic Statistics on Independent Research and Development Institutions in Significant Years

单位：个、人 (unit,person)

指标	Item	2000	2005	2006	2007	2008	2009
机构合计	**Total Institutions**	**156**	**110**	**108**	**104**	**105**	**95**
人员合计	**Total Employees**	**11 645**	**7 660**	**7 638**	**7 522**	**7 741**	**8 071**
自然科学技术领域	Field of Natural Sciences and Technology						
机构数	Number of Institutions	135	91	89	86	86	85
人员数	Number of Employees	10 972	7 101	7 057	6 921	7 108	7 441
#科学家和工程师	Scientists and Engineers	4 555	3 307	3 304	3 520	3 734	3 576
社会、人文科学技术领域	Field of Social Sciences and Humanities						
机构数	Number of Institutions	14	13	13	12	13	4
人员数	Number of Employees	470	342	356	365	401	387
#科学家和工程师	Scientists and Engineers	357	274	279	279	324	301
科技情报和文献机构	Scientific-Technological Information and Literature Institutions						
机构数	Number of Institutions	7	6	6	6	6	6
人员数	Number of Employees	203	217	225	236	232	243
#科学家和工程师	Scientists and Engineers	139	156	183	176	186	179

注：2009年以前人员数为科学家和工程师。

Note:Since 2009,number of scientists and engineers refers to number of scientists and engineers with bachelor degree or above.

18-17 主要年份专利申请和批准数

Number of Patents Applications Approved and Granted in Significant Years

单位：件 (piece)

年份 Year	申请数（件） Applications Examined				批准数（件） Applications Granted			
	合计 Total	发明 Invention	实用新型 Utility Models	外观设计 Design	合计 Total	发明 Invention	实用新型 Utility Models	外观设计 Design
1985	135	66	65	4				
1990	461	77	326	58	362	24	312	26
1993	729	164	485	80	686	35	568	83
1994	883	171	499	213	439	25	367	47
1995	959	195	476	288	569	35	346	188
1996	1 290	266	665	359	602	33	336	233
1997	1 108	163	612	333	692	20	362	310
1998	1 136	163	579	394	832	45	477	310
1999	1 246	198	609	438	1 185	73	695	417
2000	1 710	341	737	632	1 216	139	606	417
2001	1 793	344	807	642	1 347	113	662	572
2002	1 780	448	722	610	1 128	83	522	523
2003	1 976	574	797	605	1 213	172	521	513
2004	1 710	341	737	632	1 216	139	606	471
2005	2 556	776	905	875	1 381	306	563	512
2006	3 085	1 005	1 076	1 004	1 637	355	689	593
2007	3 108	1 014	1 100	994	2 139	368	1 017	754
2008	4 089	1 474	1 389	1 226	2 021	383	1 038	600
2009	4 633	1 637	1 825	1 171	2 923	476	1 338	1 109

18-18 主要年份文化事业机构数

Number of Cultural Institutions in Significant Years

单位：个 (unit)

年 份 Year	艺术事业 Art Institutions		图书出版社 Publishing Houses	博物馆 Museums	公共图书馆 Public Libraries
	表演团体 Art Performance Troupes	艺术表演场所 Art Performance Sites			
1978	149	3	2	4	16
1980	154	26	2	4	80
1985	149	15	4	16	149
1990	137	46	7	20	148
1994	135	44	8	22	148
1995	134	44	8	22	148
1996	133	42	8	23	148
1997	132	40	8	26	148
1998	131	40	8	27	148
1999	130	39	8	27	147
2000	129	40	8	30	148
2001	128	41	8	30	147
2002	124	38	8	30	148
2003	123	39	8	30	149
2004	116	40	8	31	149
2005	135	38	8	32	149
2006	126	33	8	33	149
2007	131	31	8	36	149
2008	127	31	8	36	150
2009	146	34	8	113	150

18-18 续表 continued

单位：个 (unit)

年 份 Year	群众文化事业 Mass Culture		广播电视事业 Broadcasting and Television Stations	
	群众艺术馆及文化馆 Mass Art Centers and Cultural Centers	文 化 站 Cultural Stations	电视发射台及转播台 Television Transmission Stations and Relay Stations	县级以上广播电台 Broadcasting Stations above County Level
1978	145	2	5	3
1980	148	388	5	4
1985	148	1 456	12	5
1990	147	1 477	24	12
1994	147	1 591	15	13
1995	147	1 567	30	14
1996	147	1 582	30	14
1997	147	1 577	44	13
1998	147	1 593	44	13
1999	147	1 580	44	13
2000	147	1 551	44	14
2001	146	1 586	28	14
2002	147	1 576	27	11
2003	148	1 582	17	12
2004	149	1 577	33	14
2005	149	1 535	33	15
2006	148	1 400	33	15
2007	148	1 375	56	15
2008	148	1 376	56	16
2009	148	1 365	56	16

18-19 主要年份艺术、群众文化活动情况

Basic Statistics on Artist and Mass Cultural Activities in Significant Years

年 份 Year	艺术活动 Artist Activities		群众文化活动 Mass Cultural Activities	
	演出场次 (场) Number of Performances (show)	国内观众人次 (千人次) Number of Domestic Spectators (1 000 person-time)	办展览 (个) Number of Exhibitions (unit)	训练班结业 (人次) Number of Persons Completing Courses(person-time)
1978	6 802	9 756	612	
1980	16 102	15 288	968	11 610
1985	9 105	8 864	754	20 229
1990	9 092	10 645	2 504	24 000
1995	14 500	12 954	2 138	70 300
1999	10 240	12 066	3 085	192 000
2000	10 080	13 292	3 427	178 000
2001	11 000	12 209	3 019	167 000
2002	8 874	11 113	3 052	208 000
2003	9 035	10 298	3 333	216 000
2004	10 302	13 220	5 272	218 847
2005	8 215	11 137	4 270	226 000
2006	8 896	12 277	11 507	231 000
2007	15 002	12 547	3 126	439 000
2008	9 592	11 226	3 329	473 000
2009	23 700	20 696	4 161	586 010

18-20 主要年份图书馆、博物馆活动情况

Facilities and Services of Libraries and Museums in Significant Years

年 份 Year	图书馆活动 Library Services Activity		博物馆活动 Museums Services	
	借阅册次 (千册次) Number of Books Borrowed by the Readers (1 000 volume-times)	借阅人次 (千人次) Number of Circulation Borrowing People (1 000 person-times)	陈列、展览 (个) Number of Displays and Exhibitions (unit)	参观人数 (千人次) Number of Visitors (1 000 person-times)
1978	552	358		
1980	3 384	2 889	19	40
1985	5 399	4 630	99	473
1990	7 100	5 170	85	506
1995	5 285	5 586	112	887
1999	7 426	4 030	146	1 437
2000	6 803	3 834	145	1 066
2001	6 877	3 729	156	1 112
2002	6 414	3 415	109	1 234
2003	6 181	3 422	98	580
2004	5 850	2 766	131	1 266
2005	7 005	3 519	139	1 371
2006	6 312	3 171	221	1 815
2007	6 071	3 965	131	1 514
2008	5 680	2 769	299	2 341
2009	7 670	3 897	598	9 326

18-21 主要年份图书、杂志、报纸出版情况
Publication of Books, Magazines and Newspapers in Significant Years

年 份 Year	出版总数（种） Number of Publications (kind)			出版印数（万册、万份） Printed Copies(10 000 copies)		
	图 书 Books Published	杂 志 Magazines Published	报 纸 Newspapers Published	图 书 Books Published	杂 志 Magazines Published	报 纸 Newspapers Published
1978	333	31	7	4 543	75	
1980	336	87	11	8 106	739	17 570
1985	568	65	43	11 411	1 161	32 138
1990	804	68	41	12 330	954	22 280
1995	1 452	99	44	11 889	1 604	25 936
2000	1 644	125	70	13 414	2 877	36 029
2005	2 337	124	61	12 898	2 308	49 736
2006	2 471	124	61	17 388	2 898	53 314
2007	3 117	126	63	15 962	2 793	55 943
2008	3 336	126	63	17 485	3 265	58 879
2009	3 541	125	63	17 068	3 086	67 193

18-22 各地区文化、文物事业基本情况（2009年）
Basic Statistics on Culture and Cultural Relics by Region (2009)

地 区	Region	公共图书馆(个) Public Libraries (unit)	公共图书馆藏书量(万册) Number of books in Public Libraries (unit)	艺术表演团体(个) Numbers of Art Performance Troupes(unit)	艺术表演场所(个) Arts Performance Places (unit)	群众艺术馆及文化馆(个) Mass Art and Cultural Centers (unit)	文化站(个) Cultural Centers (unit)	文化、文物事业费(万元) Total Expenditures on Culture and Cultural Relics (10 000 yuan)	文物事业费(万元) Total Expenditures on Cultural Relics (10 000 yuan)	博物馆(个) Museums (unit)
全省合计	**Total**	**150**	**1507.9**	**146**	**34**	**148**	**1 365**	**89 847**	**12 142.2**	**113**
昆 明	Kunming	17	209.1	9	4	15	128	12 434	1 915.0	80
曲 靖	Qujing	11	100.9	10	3	10	115	4 955	351.0	
玉 溪	Yuxi	10	108.1	7	5	10	76	6 758	573.6	4
保 山	Baoshan	7	51.6	6	1	6	72	2 648	258.1	5
昭 通	Zhaotong	12	74.4	6		12	138	2 986	276.0	3
丽 江	Lijiang	6	43.9	8		6	63	2 101	386.5	2
普 洱	Pu'er	10	65.6	9		11	103	3 653	248.0	2
临 沧	Lincang	9	53.2	12		9	77	2 401	74.3	
楚 雄	Chuxiong	11	109.9	10	3	11	103	5 054	851.8	4
红 河	Honghe	15	149.1	10	4	14	133	6 659	700.6	3
文 山	Wenshan	9	56.9	12		9	104	3 056	326.8	3
西双版纳	Xishuangbanna	4	25.0	8	2	4	32	2 572	41.3	
大 理	Dali	13	98.1	9	1	14	110	4 325	586.5	3
德 宏	Dehong	7	39.2	13		7	53	3 099	257.8	
怒 江	Nujiang	5	34.4	7		5	29	1 356	170.0	1
迪 庆	Diqing	3	15.3	4	2	4	29	1 655	130.0	2

18-23 广播电视基本情况（2006-2009年）

Basic Statistics on Radio and Television Station (2006-2009)

项　目	Item	2006	2007	2008	2009
职工人数(人)	Number of Staff and Workers (person)	13 785	14 694	15 035	15 035
广播电台(座)	Number of Broadcasting Stations (unit)	15	15	16	16
电视台（座)	Number of Television Stations (unit)	16	16	16	16
广播人口覆盖率(%)	Radio Coverage of Population (%)	92.02	92.65	93.12	94.29
电视人口覆盖率(%)	Television Coverage of Population (%)	93.68	94.02	94.34	95.06

18-24 主要年份运动员比赛获奖情况

Prizes Won by Yunnan Athletes in Significant Years

单位：枚　　(unit)

年　份 Year	金　牌 Gold Medal		银　牌 Silver Medal		铜　牌 Copper Medal	
	国　际 International Competitions	全　国 National Competitions	国　际 International Competitions	全　国 National Competitions	国　际 International Competitions	全　国 National Competitions
1978	1	4	1	9	14	8
1980	4	13	2	13		21
1985	11	24	13	13	9	18
1990	4	22		27	6	19
1995	9	27	3	29	4	31
2000	1	44		38	5	36
2005	1	34	1	30		32
2006	6	13	4	15	1	12
2007	2	13		15	1	15
2008	4	14	3	6	5	11
2009	3	17	2	16	10	22

18-25 主要年份等级裁判员、运动员人数

Number of Referees and Athletes in Significant Years

单位：人　　(person)

项　目	Item	1978	1985	1990	1995	2000	2007	2008	2009
等级裁判员合计	**Number of Referees in Grades**	**92**	**1 316**	**1 920**	**1 675**	**2 229**	**1 414**	**1 214**	**1 989**
国际级裁判	International-level Referees			1				2	
国家级裁判	National-level Referees	6			12	7		104	3
一级裁判	First Grade Referees	86	135	145	57	40	134	276	44
二级裁判	Second Grade Referees		280	455	316	519	1 280	832	1 942
三级裁判	Third Grade Referees		901	1 320	134	1 663			
等级运动员合计	**Number of Athletes in Grades**	**25**	**1 843**	**1 379**	**1 474**	**1 187**	**707**	**463**	**1 457**
国际级健将	International-level Master Sportsmen			4	3			7	8
运动健将	Master Sportsmen	3		36	27		2	21	21
一级运动员	First Grade Sportsmen	11	63	38	52	12	53	58	43
二级运动员	Second Grade Sportsmen	11	83	352	328	353	652	377	1 385
三级运动员	Third Grade Sportsmen		861	583	703	479			
少年级运动员	Juvenile Sportsmen		836	433	361	343			

主要统计指标解释

普通高等学校 指按照国家的审批程序批准举办，通过全国统一招生考试，招收高级中等学校毕业和具有同等学历者，实施高等教育,培养高等专门人才的学校。包括大学、专门学院、专科学校和短期职业大学。

成人高等学校 指按国家规定的审批程序批准举办，招收职业高中毕业或同等学历者,利用多种形式对成人实施高等教育，培养相当于普通高等专科或本科毕业水平的专门人才的学校。包括广播电视大学、职工高等学校、农民高等学校、干部管理学院、教育学院、独立函授学院以及普通高等学校举办的函授、夜大学等。

小学学龄儿童入学率 指调查范围内已入小学学习的学龄儿童占该地区校内外学龄儿童总数（包括弱智儿童在内，但不包括盲聋哑儿童）的比重。计算公式为:

小学学龄儿童入学率=已入学的小学学龄儿童数/校内外小学学龄儿童总数 × 100%

科技活动 指在自然科学、农业科学、医药科学、工程与技术科学、人文与社会科学领域(简称科学技术领域)中，与科技知识的产生、发展、传播和应用密切相关的有组织的活动。可分为研究与试验发展(R&D)、研究与试验发展成果应用及相关的科技服务三类活动。该定义是联合国教科文组织考虑成员国特别是发展中国家开展科技统计工作的需要，而对科技活动所作的统计界定。

科技活动人员 指直接从事科技活动，以及专门从事科技活动管理和为科技活动提供直接服务，累计的实际工作时间占全年制度工作时间10%及以上的人员。(1)直接从事科技活动的人员包括：在独立核算的科学研究与技术开发机构、高等学校、各类企业及其他事业单位内设的研究室、实验室、技术开发中心及中试车间（基地）等机构中从事科技活动的研究人员、工程技术人员、技术工人及其他人员，虽不在上述机构工作，但编入科技活动项目（课题）组的人员，科技信息与文献机构中的专业技术人员，从事论文设计的研究生等。(2)专门从事科技活动管理和为科技活动提供直接服务的人员，包括：独立核算的科学研究与技术开发机构、科技信息与文献机构、高等学校、各类企业及其他事业单位主管科技工作的负责人，专门从事科技活动的计划、行政、人事、财务、物资供应、设备维护、图书资料管理等工作的各类人员，但不包括保卫、医疗保健人员、司机、食堂人员、茶炉工、水暖工、清洁工等为科技活动提供间接服务的人员。该指标用来反映投入科技活动人力的规模。

科学家与工程师 指科技活动人员中具有高、中级技术职称（职务）的人员和不具有高、中级技术职称（职务）的大学本科及以上学历人员。该指标用来反映投入科技活动人力的素质。

研究与试验发展(R&D) 指在科学技术领域，为增加知识总量，以及运用这些知识去创造新的应用进行的系统的创造性的活动，包括基础研究、应用研究、试验发展三类活动。国际上通常采用R&D活动的规模和强度指标反映一国的科技实力和核心竞争力。

专业技术人员 指从事专业技术工作和专业技术管理工作的人员，即企事业单位中已经聘任专业技术职务从事专业技术工作和专业技术管理工作的人员，以及未聘任专业技术职务、现在专业技术岗位上工作的人员。包括工程技术人员，农业技术人员，科学研究人员，卫生技术人员，教学人员。

科技活动经费筹集 指从各种渠道筹集到的计划用于科技活动的经费，包括政府资金、企业资金、事业单位资金、金融机构贷款、国外资金和其他资金等。反映各社会经济主体对促进科技进步所作的努力。

政府资金 指从各级政府部门获得的计划用于科技活动的经费，包括科学事业费、科技三项费、科研基建费、科学基金、教育等部门事业费中计划用于科技活动的经费，以及政府部门预算外资金中计划用于科技活动的经费等。

科技活动经费内部支出 指报告年内用于科技活动的实际支出，包括劳务费、科研业务费、科研管理费、非基建投资购建的固定资产、科研基建支出以及其他用于科技活动的支出。不包括生产性活动支出、归还贷款支出及转拨外单位支出。反映科技投入实际完成情况。

劳务费 指以货币或实物形式直接或间接支付给从事科技活动人员的劳动报酬及各种费用。包括各种形式的工资、津贴、奖金、福利、离退休人员费用、人民助学金等。反映改善科技人员的待遇情况。

固定资产购建费 指报告年内使用非基建投资购建的固定资产和用于科研基建投资的实际支出额，即固定资产实际支出和科研基建投资实际完成额之和。固定资产是指长期使用而不改变原有实物形态的主要物资设备、图书资料、实验材料和标本以及其他设备和家具、房屋、建筑物。反映用于改善科研条件和科研手段方面的投入情况。

新产品 指采用新技术原理、新设计构思研制、生产的全新产品，或在结构、材质、工艺等某一方面比原有产品有明显改进，从而显著提高了产品性能或扩大了使用功能的产品。既包括政府有关部门认定并在有效期内的新产品，也包括企业自行研制开发，未经政府有关部门认定，从投产之日起一年之内的新产品。用来反映科技产出及对经济增长的直接贡献。

专利 是专利权的简称，是对发明人的发明创造经审查合格后，由专利局依据专利法授予发明人和设计人对该项发明创造享有的专有权。包括发明、实用新型和外观设计。反映拥有自主知识产权的科技和设计成果情况。

发明 指对产品、方法或者其改进所提出的新的技术方案。是国际通行的反映拥有自主知识产权技术的核心指标。

实用新型 指对产品的形状、构造或者其结合所提出的适于实用的新的技术方案。反映具有一定技术含量的技术成果情况。

外观设计 指对产品的形状、图案、色彩或者其结合所做出的富有美感并适于工业上应用的新设计。反映拥有自主知识产权的外观设计成果情况。

文化事业机构 指从事专业文化工作和为专业文化工作服务的单独核算、独立建制的单位。不包括半工半艺、半农半艺的业余剧团。

艺术表演观众人数 指售票、包场演出或民族地区免费演出的艺术表演观众人数。不包括彩排审查和内部观摩演出的观看人次数。

等级运动员人数 指经考核正式批准授予等级运动员称号的人数。运动员等级分为国际级运动健将、运动健将、一级运动员、二级运动员、三级运动员、少年级运动员。

等级裁判员人数 指经考核正式批准授予等级裁判员称号的人数。裁判员等级分为国际裁判、国家级裁判、一级裁判、二级裁判、三级裁判。

Explanatory Notes on Principal Statistical Indicators

Regular Institutions of Higher Learning refer to the educational institutions set up according to the government evaluation and approval procedures, enrolling graduates from senior high schools and providing higher education courses and training senior professionals. They include fulltime universities and colleges, junior colleges and short-term schools for professional training.

Institutions of Higher Learning for Adults refer to the educational institutions, set up in line with relevant rules approved by the government, enrolling staff and workers with senior high school or equivalent education, and providing higher education courses in many forms of full time, part time, spare time, or correspondence for adults. Professionals thus trained receive a qualification equivalent to graduates studying regular courses at regular universities, colleges and professional colleges. Institutions of higher learning for adults include Radio and TV universities, colleges for staff and workers and for farmers, management colleges for cadres, education colleges, independent correspondence college and correspondence schools, night schools and the like run by regular institutions of higher learning.

Enrollment Rate of Primary School-age Children refers to the proportion of school-age children enrolled at school to the total number of school-age children both at and out of school (including retarded children, but excluding blind, deaf and mute children). The formula is as follows:

Enrollment Rate of Primary School-age Children = (Total Primary School-age Children at School)/(Total Primary School-age Children Both at and out of School)×100%

Scientific and Technological Activities (S&T Activities) refer to organized activities which are closely related to the creation, development, dissemination and application of scientific and technological knowledge in the fields of natural sciences, agricultural science, medical science, engineering and technological science, humanities and social sciences (referred to as scientific and technological fields). S&T activities can be divided into three categories: research and development (R&D) activities, application of R&D results, and related S&T services. This statistical definition is made by UNICHIEF for scientific and technological activities to meet the need for carrying out statistical work in this field in its member countries, especially those developing countries.

Personnel Engaged in S&T Activities refer to personnel directly engaged in S&T activities, in the management of S&T activities, and in providing direct service to S&T activities, who spend over 10% of the total working hours in a year in S&T activities. 1).Personnel directly engaged in S&T activities include researchers, engineers, technicians and other related personnel engaged in S&T activities in independent-accounting R&D institutions, institutions of higher learning, and in research rooms and institutes, laboratories, technological development centers and central experiment workshops under enterprises and institutions. Also included are people working in S&T research project teams, professional and technical personnel working in S&T information and literature institutions, and graduate students working on the design of their theses. 2).Personnel engaged in the management of S&T activities and in providing direct service to S&T activities include administrative personnel responsible for S&T activities in independent-accounting R&D institutions, S&T information and literature institutions, institutions of higher learning, and enterprises and institutions where S&T activities are undertaken. Also included are people responsible for the planning, administration, personnel management, financial management, logistics supply, equipment maintenance, information and library management that are related to S&T activities. People providing indirect services are excluded, such as security personnel, medical staff, drivers, plumbers, cleaners and those providing food and related services. This indicator reflects the scale of personnel engaged in S&T activities.

Scientists and Engineers refer to persons engaged in S&T activities who have obtained technical or professional titles of senior and middle rank, and those without such title but have completed university or higher education. This indicator reflects the quality of personnel engaged in S&T activities.

Research and Development (R&D) refers to systematic and creative activities in the field of science and technology aiming at increasing and using the knowledge for new application. R&D falls into 3 categories of activities: basic research, applied research and experiment and development. The scale and intensity of R&D are widely used internationally to reflect the strength of S&T and the core competitiveness of a country in the world.

Professional and Technical Personnel refer to persons engaged in professional and technical work or in the management of professional and technical activities, i.e., personnel with professional or technical titles who are engaged in professional and technical work or in the management of professional and technical activities, and personnel without professional or technical titles but working on professional or technical posts in enterprises and institutions. They include professionals and technicians working in the fields of engineering, agriculture, scientific research, health care and education.

Funding for S&T Activities refers to funds obtained from various sources for S&T activities, including government funds, self-raised funds by enterprises, self-raised funds by institutions, loans from financial institutions, foreign funds and other funds. This indicator reflects the efforts made by various social economic entities in promoting the development of S&T.

Government Funds refer to funds obtained from government departments at all levels for S&T activities, including funds for scientific undertakings, 3 kinds of funds for S&T activities, funds for capital construction for scientific research, science funds, funds from educational expenditures by educational departments for S&T activities, and extra-budgetary funds from government departments for S&T activities.

Internal Expenditures on S&T Activities refer to the actual expenditures on S&T activities during the report year, including service charges, operating expenses on research activities, overhead charges on research, fixed assets excluded in the investment in capital construction, expenditures on capital construction for scientific research, and other expenditures on S&T activities. Not included are expenditures on production activities, repayment of loans and transfer expenditures. This indicator reflects the real completion of input in S&T.

Service Charges refer to direct or indirect payments, in cash or in kind, made to personnel engaged in S&T activities as remuneration and other charges, including salaries, subsidies, bonus, benefits, retirement pensions, stipends, etc. This indicator reflects the improvement of treatment toward S&T personnel.

Expenditure on Purchase and Construction of Fixed Assets refers to the fixed assets purchased or constructed by using funds excluded in the investment in capital construction and the actual expenditures on capital construction for scientific research within the report year, i.e. the sum total of the actual expenditures on fixed assets and the actual investments in capital construction for scientific research. Fixed asset refers to main materials and equipment, literature and documents in libraries, materials for experiments, specimen, instruments, furniture, buildings and constructions that can be used for a long time without changing their original forms and shapes. This indictor reflects the input in improving the conditions and means of scientific research.

New Products refer to new products produced with new technology and design, or products that represent noticeable improvement in terms of structure, material, or production process so as to improve significantly the character or function of the older versions. They include new products certified by relevant government departments within the period of certification, and those designed and produced by enterprises within a year without certification by government departments. This indictor reflects the S&T output and its direct contribution to economic growth.

Patent is an abbreviation for patent right and refers to the exclusive right of ownership by the inventors or designers for their creations or inventions, conferred by the patent offices after the due process of assessment and approval in accordance with the Patent Law. Patent is granted for inventions, utility models and designs. This indicator reflects the achievements of S&T and design with independent intellectual property.

Inventions refer to the new technical proposals on products or methods or their modifications. This is universal core indicator reflecting the technologies with independent intellectual property.

Utility Models refer to the practical and new technical proposals on the shape and structure of the product or their combination. This indicator reflects the technological results with certain technical content.

Designs refer to the aesthetic and industrially applicable new designs for the shape, pattern and color of the product or their combinations. This indicator reflects the exterior design achievements with independent intellectual property.

Cultural Institutions refer to entities which have their own organizational systems and independent accounting systems and specialize in or serve cultural development, excluding other establishments run by these cultural institutions and amateur cultural groups established by various departments.

Number of Spectators at Art Performance refers to the number of attendants at commercial shows, completely booked shows or a free show offered in minority nationality areas, and does not include the number of spectators at rehearsals of examination and internal shows for observation.

Number of Athletes in Grades refers to the number of athletes who have been conferred titles after examination. The titles of athletes include international masters of sports, masters of sports, first-grade, second-grade and third-grade sportsmen and young athletes.

Number of Referees in Grades refers to the number of referees who have been conferred titles after examination. They are classified as international-level referees, national-level referees and referees of the first, second and third grades.

十九、卫生和其他社会活动

Public Health and Other Social Activities

19-1 主要年份卫生机构数
Number of Health Care Institutions in Significant Years

单位：个 (unit)

年 份 Year	总 计 Total	#医 院 Hospitals	门诊部所 Clinics	疾病预防控制中心(含卫生防疫站) Center for Disease Control and Prevention (Including Epidemic Prevention Stations)	妇幼保健站 Women and Children Care Agencies
1985	6 305	1 813	3 846	159	145
1990	6 671	1 908	4 085	150	144
1992	6 765	1 950	4 107	149	144
1993	6 469	1 969	3 772	157	143
1994	6 474	2 115	3 618	157	143
1995	6 400	2 108	3 522	158	145
1996	11 122	548	53	148	140
1997	11 454	589	46	149	140
1998	11 867	594	53	150	143
1999	11 875	603	51	151	140
2000	13 356	602	51	151	142
2001	12 552	590	37	152	142
2002	8 541	584	38	148	144
2003	9 804	566	52	153	151
2004	9 436	594	69	150	146
2005	10 110	648	73	153	148
2006	10 020	649	69	150	148
2007	9 693	668	73	150	148
2008	9 249	692	74	152	148
2009	9 251	720	66	152	147

注：2002年及以后卫生机构数为登记注册数。
Note:Numbers of health institutions are numbers of registeration since 2002.

19-2 主要年份卫生机构床位数
Number of beds in Health Care Institutions in Significant Years

单位：张 (unit)

年 份 Year	总 计 Total	#医 院 Hospitals	#农 村 Rural Areas	平均每千人口拥有医院床位数 Number of Hospital Beds per 1000 Persons
1985	74 477	68 012	47 709	1.99
1990	84 530	76 145	48 286	2.04
1992	90 981	80 863	50 455	2.11
1993	92 684	82 529	51 904	2.14
1994	93 654	83 351	49 812	2.12
1995	95 552	83 959	50 942	2.10
1996	90 818	60 848	30 719	1.51
1997	93 993	63 418	30 170	1.55
1998	95 965	64 041	29 687	1.55
1999	97 197	64 575	30 551	1.53
2000	97 530	66 106	31 232	1.56
2001	99 768	65 978	31 722	1.55
2002	96 633	67 522	31 931	1.56
2003	98 388	67 930	31 530	1.55
2004	102 167	71 170	32 261	1.61
2005	106 961	74 697	32 482	1.68
2006	110 472	77 366	34 346	1.73
2007	119 038	83 193		1.84
2008	127 784	90 391		1.99
2009	140 130	99 713		2.19

19-3 主要年份卫生机构人员数
Number of Employed Persons in Health Institutions in Significant Years

单位：人 (person)

年 份 Year	总 计 Total	#卫生技术人员 Medical Technical Personnel	#医 生 Doctors	平均每千人拥有卫生技术人员或医生 Number of Medical Technical Personnel or Doctors per 1 000 Persons 卫生技术人员 Medical Technical Personnel	医 生 Doctors
1978	79 520	65 486	31 145	2.12	1.01
1980	89 086	71 375	33 421	2.25	1.28
1985	107 905	87 337	42 660	2.56	1.25
1990	125 503	101 649	53 879	2.72	1.44
1992	131 775	105 622	53 471	2.76	1.40
1993	133 873	107 660	55 452	2.77	1.43
1994	137 167	110 900	57 675	2.82	1.46
1995	139 529	112 530	59 456	2.86	1.49
1996	138 748	111 591	56 392	2.76	1.40
1997	145 863	118 227	59 090	2.89	1.44
1998	147 159	119 200	59 138	2.88	1.43
1999	148 429	121 040	60 680	2.88	1.44
2000	151 588	124 055	62 572	2.93	1.48
2001	149 788	123 021	62 311	2.89	1.46
2002	133 155	109 713	51 746	2.56	1.20
2003	133 960	111 748	52 696	2.55	1.20
2004	136 697	113 871	53 248	2.58	1.21
2005	142 175	118 429	55 837	2.66	1.25
2006	145 621	121 424	56 476	2.71	1.26
2007	149 266	123 722	56 582	2.74	1.25
2008	151 859	126 237	57 276	2.78	1.26
2009	160 761	133 824	59 388	2.94	1.30

注：2002年及以后医生数系执业(助理)医师数。
Note:Numbers of doctors refer to certified (assistant) doctors since 2002.

19-4 主要年份卫生防疫机构、妇幼保健机构情况
Basic Statistics on Epidemic Prevention Institutions, Women and Children Care Agencies in Significant Years

单位：个、人 (unit,person)

年 份 Year	卫生防疫机构 Epidemic Prevention Institutions 机构数 Number of Institutions(unit)	人员数 Number of Employed Persons(person)	妇幼保健机构 Women and Children Care Agencies 机构数 Number of Institutions(unit)	床位数 Number of Beds(unit)	人员数 Number of Employed Persons(person)
1978	149	3 604	142	82	1 194
1985	159	4 931	145	524	2 108
1990	150	5 930	144	928	3 001
1992	149	6 388	144	1 073	3 467
1993	157	6 606	143	1 244	3 669
1994	157	6 810	143	1 350	3 869
1995	158	6 962	145	1 510	4 197
1996	158	7 136	142	1 657	4 270
1997	159	7 344	142	1 836	4 559
1998	150	7 390	141	2 024	4 692
1999	151	7 493	140	2 252	4 822
2000	160	7 574	142	2 356	5 017
2001	175	7 810	142	2 588	5 124
2002	148	7 125	144	3 174	5 624
2003	153	7 241	151	3 341	5 650
2004	150	6 782	146	3 386	5 482
2005	153	7 590	148	3 521	5 641
2006	150	7 585	148	3 662	5 703
2007	150	7 844	148	3 954	5 782
2008	152	7 847	148	4 162	5 638
2009	152	7 734	147	4 398	6 031

19-5 主要年份自然灾害救济情况

Basic Statistics on Relief Work on Natural Disasters in Significant Years

年 份 Year	遭受自然灾害人次(万人) Disaster Victims (10 000 persons)	每万农业人口中遭受自然灾害人次(人) Disaster Victims per 10 000 Farmers (person)	享受自然灾害国家救济人次(万人次) Persons Enjoying State Relief (10 000 person-times)	享受国家救济人占遭受自然灾害人数比重(%) Proportion of Persons Enjoying State Relief to Disaster Victims (%)
1985	856.70	2 845	404.80	47.30
1990	832.00	2 569	749.90	90.10
1993	1 133.88	3 371	623.20	54.90
1994	1 136.00	3 435	562.00	49.50
1995	1 004.36	3 972	532.30	52.90
1996	1 124.00	4 010	547.50	48.70
1997	2 913.00	8 308	936.40	32.10
1998	2 651.00	7 493	527.30	19.90
1999	3 165.21	8 904	600.00	19.00
2000	3 466.10	9 670	432.30	12.50
2001	2 566.48	7 109	886.97	34.60
2002	2 544.00	5 902	441.16	17.34
2003	2 341.20	6 393	758.00	32.37
2004	1 825.30	4 945	1 014.60	55.58
2005	2 756.50	7 409	667.40	24.21
2006	2 161.00	4 820	605.30	28.01
2007	2 071.82	5 501	679.86	32.81
2008	2 921.79	6 613	667.40	22.84
2009	2 646.09	6 463	552.43	20.87

19-6 主要年份优抚事业基本情况

Basic Statistics on Special Care and Preferential Treatment to Disable Servicemen and Family Members of Martyrs and Servicemen in Significant Years

年 份 Year	优抚事业单位(个) Number of Administrative Agencies for Martyrs(unit)	优抚事业单位经费(万元) Funds of Administrative Agencies (10 000 yuan)	年末在院人数(人) Number of Persons under Care at Year-end (person)	优抚对象人数(万人) Number of Persons Enjoying Special Care and Preferential Treatment (10 000 persons)	每万人口中优抚对象人数(人) Number of Persons Enjoying Special Care and Preferential Treatment per 10 000 Persons (person)	优抚事业费(万元) Allowances (10 000 yuan)
1985	1	59.9	83	96.9	283	1 265.5
1990	1	112.3	98	88.8	238	3 539.7
1993	1	211.5	80	88.8	229	4 615.0
1994	1	210.5	79	89.9	228	5 122.7
1995	1	184.3	66	91.6	231	6 293.8
1996	1	200.0	70	90.9	232	6 566.2
1997	2	273.2	93	92.4	226	7 601.5
1998	2	350.9	93	92.82	224	8 125.4
1999	2	424.0	84	93.62	223	10 199.8
2000	3	700.5	85	93.67	221	13 664.3
2001	3	806.8	98	90.99	213	14 976.5
2002	5	1 598.7	281	10.73	25	13 703.8
2003	4	1 305.5	179	10.89	25	16 365.5
2004	4	1 599.1	148	10.63	24	17 804.1
2005	4	1 407.3	197	10.24	23	24 307.7
2006	4	1 502.2	296	10.78	24	29 378.1
2007	5	1 863.8	465	30.48	67	42 867.3
2008	5	1 831.4	367	29.08	64	75 761.6
2009	7	1 659.8	503	29.22	64	85 118.7

注：2002年起优抚对象人数统计口径调整为实际优抚人数。

Note:Since 2002,statistical coverage of persons enjoying special care and preferential treatment was adjusted to the actual numbers.

19-7 主要年份社会福利事业基本情况
Basic Statistics on Social Welfare in Significant Years

年 份 Year	民政事业费总额 (万元) Total Funds for Civil Affairs (10 000 yuan)	城市社会福利事业 Urban Social Welfare		
		单位数(个) Number of Institutions	单位经费(万元) Funds of Institution (10 000 yuan)	年末在院人数(人) Persons under Care at Year-end (person)
1985	10 136.5	34	243.3	1 405
1990	40 948.0	45	334.4	1 536
1993	30 502.3	49	457.0	1 590
1994	31 529.4	49	991.5	1 702
1995	36 916.0	50	1 083.0	1 801
1996	43 966.0	50	1 120.0	1 847
1997	55 903.3	50	1 308.9	2 176
1998	58 810.0	50	1 618.7	2 179
1999	63 169.3	50	1 853.2	1 172
2000	78 944.4	75	2 143.3	2 507
2001	98 782.6	112	2 337.2	2 785
2002	115 945.6	152	2 466.6	3 364
2003	150 814.0	781	2 798.2	11 026
2004	183 854.7	744	3 229.9	10 541
2005	202 345.9	767	5 649.1	10 709
2006	228 803.6	578	9 247.1	13 820
2007	445 267.8	669	14 794.5	16 054
2008	689 106.5	702	15 771.5	20 884
2009	944 328.9	729	21 197.6	27 461

19-8 民政事业基本情况（2007-2009年）
Basic Statistics on Civil Affairs (2007-2009)

项 目	Item	2007	2008	2009
救灾工作情况	**Calamity Relief**			
救灾支出（万元）	Expenditures on Calamity Relief (10 000 yuan)	52 236.90	142 702.60	137 770.30
# 生活救济费（万元）	Expenditure on Victims' Life (10 000 yuan)	16 368.90	33 424.60	25 233.00
城镇居民最低生活保障情况	**Social Relief**			
城镇低保人数（人）	Number of Urban and Rural Households Receiving Income Relief (person)	793 212	858 337	905 675
城镇保障资金（万元）	Expenditures on Income Relief by Urban and Rural Residents (10 000 yuan)	93 538.50	131 988.10	159 630.60
社会福利事业情况	**Social Welfare Institutions**			
单位数（个）	Number of Institutions (unit)	669	702	729
床位数（张）	Number of Beds (set)	22 813	29 773	37 678
收养人数（人）	Number of People Adopted (person)	15 255	20 884	27 461
社会福利企业情况	**Social Welfare Enterprises**			
单位数（个）	Number of Social Welfare Enterprises (unit)	408	523	409
职工数（人）	Number of Employees (person)	32 707	58 080	41 267
# 残疾职工（人）	Physically-challenged (person)	12 599	19 300	15 520
利润额（万元）	Profits (10 000 yuan)	17 606.40	37 710.50	9 151.10

 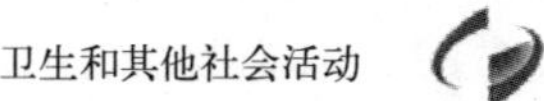

19-9 社会保险参保人数（1996-2009年）
Number of Persons Participating in Social Insurance (1996-2009)

单位：万人 (10 000 persons)

年份 Year	城镇企业职工基本养老保险 Number of Persons Participating in Basic Pension Insurance System for Urban Enterprises' Employees	城镇职工基本医疗保险 Number of Persons Participating in Basic Medical Insurance System for Urban Employees	城镇居民基本医疗保险 Number of Persons Participating in Basic Medical Insurance System for Urban Residents	城镇失业保险 Number of Persons Participating in Unemployment Insurance System	工伤保险 Number of Persons Participating in Employment Injury Insurance System	城镇职工生育保险 Number of Persons Participating in Child-bearing Insurance System for Urban Employees
1996	179.48			135.53	24.94	29.67
1997	168.44			129.00	47.65	57.40
1998	208.92			129.00	101.75	97.43
1999	223.47			181.00	99.64	96.67
2000	252.28	69.48		196.03	99.14	95.47
2001	243.12	185.72		190.73	97.26	96.11
2002	252.13	238.40		183.23	88.96	86.87
2003	257.34	281.52		183.01	84.11	82.79
2004	255.26	302.34		173.20	150.93	142.33
2005	258.69	320.70		189.20	166.95	156.14
2006	267.42	331.54		189.36	173.85	159.51
2007	279.36	345.81	73.00	190.00	188.47	165.14
2008	293.72	356.82	261.38	195.60	202.47	168.38
2009	306.54	397.42	365.03	198.60	215.13	181.13

19-10 各地区社会保险参保人数（2009年）
Number of Persons Participating in Social Insurance by Region (2009)

单位：万人　　(10 000 persons)

地　区	Region	城镇企业职工基本养老保险 Number of Persons Participating in Basic Pension Insurance System for Urban Enterprises' Employees	城镇职工基本医疗保险 Number of Persons Participating in Basic Medical Insurance System for Urban Employees	城镇居民基本医疗保险 Number of Persons Participating in Basic Medical Insurance System for Urban Residents	城　镇失业保险 Number of Persons Participating in Unemployment Insurance System	工伤保险 Number of Persons Participating in Employment Injury Insurance System	城镇职工生育保险 Number of Persons Participating in Child-bearing Insurance System for Urban Employees
全省总计	**Total**	**306.5**	**397.4**	**365.0**	**198.6**	**215.1**	**181.1**
昆　明	Kunming	91.6	109.5	106.2	71.4	51.2	42.3
曲　靖	Qujing	19.7	38.5	38.5	21.8	16.4	10.0
玉　溪	Yuxi	21.1	21.5	22.5	11.6	9.8	6.3
保　山	Baoshan	7.7	12.1	16.3	6.5	4.9	2.6
昭　通	Zhaotong	7.9	17.8	17.8	10.0	8.5	4.9
丽　江	Lijiang	5.9	8.8	7.2	3.0	3.9	2.5
普　洱	Pu'er	10.2	17.8	11.5	8.5	5.2	3.8
临　沧	Lincang	5.9	13.0	7.4	6.3	3.9	2.8
楚　雄	Chuxiong	11.4	20.8	17.8	11.5	7.3	4.9
红　河	Honghe	21.0	37.0	46.2	18.8	12.4	8.8
文　山	Wenshan	7.8	16.9	11.2	7.1	5.1	3.6
西双版纳	Xishuangbanna	4.8	15.2	10.4	4.3	4.3	3.9
大　理	Dali	13.4	22.0	15.9	9.7	7.0	5.9
德　宏	Dehong	4.4	10.4	7.4	4.7	1.6	1.4
怒　江	Nujiang	1.6	3.9	2.8	1.8	1.0	0.8
迪　庆	Diqing	1.4	3.2	2.2	1.6	0.9	0.7

19-11 城镇职工基本养老保险情况（2007-2009年）
Statistics on Basic Pension Insurance for Urban Employees (2007-2009)

类　别	Item	2007	2008	2009
年末参保人数（万人）	**Number of People Insured at Year-end(10 000 persons)**	**279.35**	**293.72**	**306.54**
职　工	Employed People	191.75	204.37	216.32
＃企　业	Enterprises	183.28	195.93	207.59
离休、退休、退职人数	Retired and Resigned Persons	87.61	89.35	90.23
基金收支情况	**Fund Revenue and Expenses**			
基本养老保险费征缴收入(亿元)	Fund Revenue (100 million yuan)	81.40	98.08	124.61
基本养老金支出(亿元)	Fund Expenses (100 million yuan)	95.00	111.42	124.54
企业退休人员社会化管理服务情况	**Socialized Management of Enterprise Retirees**			
企业养老金实发人数(万人)	People Receiving Pension Insurance (10 000 persons)	84.84	86.57	87.34
企业退休人员社会化管理服务人数(万人)	People Receiving Socialized Pension Insurance(10 000 persons)	80.48	86.57	86.35

19-12 主要年份律师、公证工作基本情况
Basic Statistics on Lawyers and Notarization in Significant Years

项　　目	Item	2000	2005	2007	2008	2009
律师工作	**Lawyers**					
律师事务所（个）	Number of Law Offices (unit)	322	405	411	430	447
国资所（个）	State-owned (unit)	182	120	116	116	116
合作所（个）	Cooperative (unit)	38	58	52	50	
合伙所（个）	Partnership (unit)	100	222	235	252	301
个人发起所（个）	Initiated by Individual (unit)	2	5	8	12	30
执业律师（人）	Number of Lawyers (person)	2 286	3 381	3 275	3 404	3 978
专职律师（人）	Full-time Lawyers (person)	1 629	3 209	3 179	3 278	3 621
兼职律师（人）	Part-time Lawyers (person)	431	91	96	126	167
特邀律师（人）	Guest Lawyers (person)	226				
公证工作	**Notarization**					
公证处(个)	Number of Notary Offices (unit)	151	151	140	140	141
公证员(人)	Notaries (person)	374	385	419	431	451
公证员助理（人）	Assistant Notaries (person)		320	374	395	426
办理各类公证事项（件）	Number of Notarized Affairs (item)		242 508	233 074	202 120	255 240

19-13 产品质量监督抽查情况（2009年）
Results of Sampling Checks on Product Quality (2009)

类别	Category	监督检验企业数(个) Number of Enterprises Supervised and Checked (unit)	不合格企业数(个) Number of Enterprises with Products Unqalified (unit)	不合格企业比例(%) Proportion of Enterprises with Products Unqalified(%)	检验批次(批次) Number of Batch-time Checked (unit)	合格批次(批次) Number of Batch-time Qualified (unit)	批次合格率(%) Rate of Batch-time Qualified(%)
总计	**Total**	**12 912**	**3 363**	**26.1**	**17 347**	**13 776**	**79.4**
农用产品	**Agriculture Products**	**1 160**	**318**	**27.4**	**1 552**	**1 241**	**80.0**
农用化肥	Farming Chemical Fertilizers	947	266	28.1	1 295	1 031	79.6
化学农药	Chemical Pesticides	48	27	56.3	84	56	66.7
饲料	Forages						
农膜	Agriculture Films						
加工食品和饮料	**Food and Beverage**	**5 456**	**1 521**	**27.9**	**7 156**	**5 646**	**78.9**
调味品	Seasoning						
白酒	White Spirit	1 162	337	29.0	1 305	982	75.3
啤酒	Beer						
食用植物油	Edible Vegetable Oil	125	4	3.2	155	152	98.1
糕点、糖果	Cake						
桶装饮用水	Packed Drinkable water	521	145	27.8	560	412	73.6
肉制品	Meat	164	38	23.2	195	164	84.1
饮料	Beverage						
酱腌菜产品	Pickled vegetables						
茶叶	Tea	224	18	8.0	276	265	96.0
米、面	Rice and Flour						
炒货	Drid Food						
家用电器	**Household Electric Appliances**						
厨房电器具	Electric Cooking Utensils						
电热器具	Electric Heating Appliances						
轻工产品	**Light Industry Products**	**572**	**53**	**9.3**	**602**	**555**	**92.2**
纸制品	Paoer	61	15	24.6	83	69	83.1
家具	Furniture	96	30	31.3	97	72	74.2
眼镜(架、片)	Spectacles (Glass and Frame)	415	8	1.9	422	414	98.1
玻璃制品	Glass Products						
合成洗涤剂	Chemical Detergent						
橡胶、塑料制品	Plastics Products						
纺织、鞋类商品	**Texile and Shoes**	**48**	**29**	**60.4**	**94**	**68**	**72.3**
布(印染、色织、坯布)	Cloth						
针织品	Knit Goods						
鞋	Shoes						
服装	Clothing	48	29	60.4	94	68	72.3
地毯	Carpet						
化工产品	**Chemical Products**						
涂料、油漆	Paint						
建材商品	**Building Raw Materials**	**2 469**	**705**	**28.6**	**3 133**	**2 360**	**75.3**
水泥	Cement	299	29	9.7	344	322	96.3
石材	Stone						
装饰材料	Decoration Material						
铝合金建筑型材	Alumina Material						
机电产品	**Mechanical and Electrical Products**	**130**	**44**	**33.9**	**207**	**157**	**75.9**
阀类、泵	Valves	29	10	33.5	54	37	68.5
低压电器及元件	Low-voltage Electric Elements						
电动机、柴油机	Motors and Diesel Engines						
冶金商品、金属制品	**Metallurgical and Metal Products**						
线材	Wire Rod						
型材	Section Steel						
能源产品	**Energy**	**1 859**	**141**	**7.6**	**2 138**	**1 972**	**92.2**
焦碳	Coke	39	13	33.3	83	52	62.7
汽油、柴油	Gas and Diesel Oil	1 820	128	7.0	2 055	1 920	93.4

主要统计指标解释

卫生机构 指从卫生行政部门取得《医疗机构执业许可证》，或从民政、工商行政、机构编制管理部门取得法人单位登记证书，为社会提供医疗保健、疾病控制、卫生监督服务或从事医学科研和教育等工作的单位。卫生机构包括医院、疗养院、社区卫生服务中心（站）、卫生院、门诊部、诊所（卫生所、医务室）、急救中心（站）、采供血机构、妇幼保健院（所、站）、专科疾病防治院（所、站）、疾病预防控制中心（防疫站）、卫生监督所、卫生监督检验（监测、检测）机构、医学科研机构、医学在职培训机构、健康教育所(站)等其他卫生机构。

医疗机构 指从卫生行政部门取得《医疗机构执业许可证》的机构，包括医院、疗养院、社区卫生服务中心（站）、卫生院、门诊部、诊所（卫生所、医务室）、妇幼保健院（所、站）、专科疾病防治院（所、站）、急救中心（站）和临床检验中心。

社区卫生服务中心（站） 指为本社区居民提供预防、医疗、保健、康复、健康教育、计划生育技术服务等的基层卫生机构。包括社区卫生服务中心和社区卫生服务站。

卫生人员 指在医疗、预防保健、医学科研和在职教育等卫生机构工作的职工，包括卫生技术人员、其他技术人员、管理人员和工勤人员。

卫生技术人员 包括执业（助理）医师、注册护士、药剂人员、检验和影像人员等卫生专业人员。不包括从事管理工作的卫生技术人员（一律计入管理人员）。

执业医师 指具有《医师执业证》及其“级别”为“执业医师”且实际从事医疗、预防保健工作的人员，不包括实际从事管理工作的执业医师。执业医师类别分为临床、中医、口腔和公共卫生。

执业助理医师 指具有《医师执业证》及其“级别”为“执业助理医师”且实际从事医疗、预防保健工作的人员，不包括实际从事管理工作的执业助理医师。执业助理医师类别同样分为临床、中医、口腔和公共卫生四类。

城市社会福利事业单位 包括社会福利院、儿童福利院和民政部门所属的精神病院等。

城乡社会救济费 社会救济是指国家或集体用于生活困难人员的财物支出。本指标包括城镇社会救济费、乡村社会救济费、精简退职的老职工救济费。

1.**城镇社会救济费** 包括民政部门支出的城镇困难户救济费和机关企事业单位支付的职工生活困难补助费。

2.**乡村社会救济费** 包括民政部门支出的农村五保户、困难户及麻风病人救济费。本指标包括农村集体支付的散居五保户、贫困户救济折款（包括实物）。

3.**精减退职的老职工救济费** 指民政部门支出的精减退职的老职工救济费（包括按原工资40%发给的救济费和其他困难救济费）。

自然灾害受灾人数 指遭受自然灾害人数中的成灾人数。所谓成灾是指遭受自然灾害，作物收成减产三成以上的单位，这种单位的全部农业人口即为成灾人口。

优抚事业单位 指革命残废军人休养院、荣复军人疗养院和复退军人精神病院、光荣院。

优抚对象 优抚是指我国人民群众对革命烈士家属、病故革命军人家属、革命残废军人、革命残废工作人员以及参战负伤致残的民兵、民工的优待和对这些人的抚恤。“优抚对象”包括烈军属、复退军人、革命残废人员。

优抚事业费 指民政部门开支的抚恤事业费。包括牺牲费、烈军属及复员退伍军人补助费、退伍军人安置费、优抚事业单位经费和其他抚恤事业费。

城镇职工基本养老保险

1.**（参保）职工人数**：指报告期末按照国家法律、法规和有关政策规定参加基本养老保险并在社保经办机构已建立缴费记录档案的职工人数，包括中断缴费但未终止养老保险关系的职工人数，不包括只登记未建立缴费记录档案的人数。

2.（参保）**离退休人员人数**：指报告期末参加基本养老保险的离休、退休和退职人员的人数。

3.**基本养老保险基金收入**：指根据国家有关规定，由纳入基本养老保险范围的缴费单位和个人按国家规定的缴费基数和缴费比例缴纳的养老保险基金，以及通过其他方式取得的形成基金来源的收入。包括单位和职工个人缴纳的基本养老保险费、基本养老保险基金利息收入、上级补助收入、下级上解收入、转移收入、财政补贴和其他收入。

4.**基本养老保险基金支出**：指按照国家政策规定的开支范围和开支标准从养老保险基金中支付给参加基本养老保险的个人的养老金、丧葬抚恤补助，以及由于保险关系转移、上下级之间调剂资金等原因而发生的支出。包括离休金、退休金、退职金、各种补贴、医疗费、死亡丧葬补助费、抚恤救济费、社会保险经办机构管理费、补助下级支出、上解上级支出、转移支出、其他支出等。

5.**基本养老保险基金累计结余**：指截止报告期末基本养老保险基金收支相抵后的累计余额。

基本医疗保险

1.**参保人数**：指报告期末按国家有关规定参加基本医疗保险的人数。包括参加保险的职工人数和退休人员人数。

2.**基金收入**：指根据国家有关规定，由纳入基本医疗保险范围的缴费单位和个人，按国家规定的缴费基数和缴费比例缴纳的基金，以及通过其他方式取得的形成基金来源的款项。包括：单位缴纳的社会统筹基金收入、个人缴纳的个人账户基金收入、财政补贴收入、利息收入、其他收入。

3.**基金支出**：指按照国家政策规定的开支范围和开支标准从社会统筹基金中支付给参加基本医疗保险的职工和退休人员的医疗保险待遇支出，和从个人账户基金中支付给参加基本医疗保险的职工和退休人员的医疗费用支出，以及其他支出。包括：住院医疗费用支出、门急诊医疗费用支出、个人账户基金支出、其他支出。

4.**基金累计结余**：指截止报告期末基本医疗保险的社会统筹和个人帐户基金累计结余金额。包括银行存款、财政专户、债券投资和其他。

失业保险

1.**参保人数**：指报告期末按照国家法律、法规和有关政策规定参加了失业保险的城镇企业、事业单位的职工及地方政府规定参加失业保险的其他人员的人数。

2.**失业保险基金收入**：指按照规定从企业、事业及其他单位筹集的失业保险费及其他并入失业保险基金收入的总额。包括单位和个人缴纳的失业保险费、失业保险基金利息收入、上级补助收入、下级上解收入、转移收入、财政补贴和其他收入。

3.**失业保险基金支出**：指报告期内为保障失业人员和下岗职工基本生活、促进其再就业等支出的基金总额。包括失业救济金、医疗费、死亡丧葬补助费、抚恤救济费、转业训练费支出、失业保险经办机构管理费、补助下级支出、上解上级支出、转移支出和其他支出。

4.**基金累计结余**：指截止报告期末失业保险基金收支相抵后的累计余额。

工伤保险

1.**参加保险人数**：指报告期末依据国家有关规定参加工伤保险的职工人数。

2.**享受保险待遇人数**：指劳动者因工负伤致残、死亡或因患职业病致残，根据有关规定享受工伤保险待遇职工或供养直系亲属人数。包括伤残人数、职业病人数、因工死亡人数、供养直系亲属人数。

3.**基金收入**：指根据国家有关规定，由参加工伤保险的单位按国家规定的缴费基数和缴费比例缴纳的工伤保险基金，以及通过其他形式取得的形成基金来源的款项。包括：单位缴纳的社会统筹基金收入、财政补贴收入、利息收入、其他收入。

4.**基金支出**：指按照国家政策规定的开支范围和开支标准从工伤保险基金中支付给参加工伤保险的人员及供养直系亲属工伤保险待遇支出及其他支出。包括工伤医疗费、伤残补助金、工亡补助金、护理费、丧葬补助费、工伤预防费用、职业康复费用和其他支出。

5.**基金累计结余**：指截止报告期末工伤保险基金累计结余金额。包括银行存款、财政专户、债券投资和其他。

生育保险

1.**参保人数**：指报告期末依据有关规定参加生育保险的职工人数。

2.**基金收入**：指根据国家有关规定，由参加生育保险的单位按照国家规定的缴费基数和缴费比例缴纳的生育保险基金，以及通过其他方式取得的形成基金来源的款项。包括：单位缴纳的基金收入、利息收入和其他收入。

3.**基金支出**：指按照国家政策规定的开支范围和开支标准，从生育保险基金中支付给参加生育保险的职工，因妊娠、分娩和计划生育手术而享受的待遇及其他支出。包括：生育津贴、医疗费用支出及其他支出。

4.**基金累计结余**：指截止报告期末生育保险基金累计结余金额。包括银行存款、财政专户、债券投资和其他。

律师　指受聘参加法律顾问工作，担任法律顾问、刑（民）事代理人、刑事辩护人，办理非诉讼事件，解答法律询问，代写法律事务文书等主要从事律师业务的专职法律工作者和兼职律师。

公证人员　指在国家公证机关依法办理公证事务的司法人员，包括公证员、助理公证员和公证处公证的其他人员。

Explanatory Notes on Principal Statistical Indicators

Health Care Institutions refer to the units which have been qualified the Certification of Health Care Institution by the administration of public health, or qualified the Certification of Corporate Unit by the civil affairs, administration for industry and commerce, commission office for public sector reform, and engaging in medical care, disease prevention and control, health supervision and inspection, medicine research and health education, etc., including: hospitals, sanatoriums, community health service centers (stations), health centers, clinics (health stations and infirmaries), first-aid centres (stations), blood gathering and supplying institutions, women and children care agencies (centres and stations), special disease prevention and curing agencies (centres and stations), disease prevention and control centres (epidemic prevention stations), health supervision and inspection agencies, sanitary inspection institutions, medicinal scientific research and on-job training institutions, health education centres and so on.

Medical Organizations refer to the institutions which have been qualified the Certification of Health Care Institution by the administration of public health, including: hospitals, sanatoriums, community health service centers (stations), health centers, clinics (health stations and infirmaries), women and children care agencies (centres and stations), special disease prevention and curing agencies (centres and stations), first-aid centres (stations) and clinic inspection centers.

Community Health Service Centres (stations) refer to the primary units that provide the health care for community residents, such as disease prevention and control, medical treatment, health care, rehabilitation, health education, family planning technical services, including community health service centres and community health service stations.

Health Care Employee refer to all employee engaged in the health care institutions, such as medical organizations, disease prevention and control centres, health care agencies, medicinal scientific research and on-job training institutions, including medical technical personnel, other technical personnel, manager and labour.

Medical Technical Personnel refer to the professional staff engaged in health care, including licensed (assistant) doctors, registered nurse, pharmacists, laboratory technician, and imaging staff, excluding the medical technical personnel engaged in management job (included as the management staff).

Licensed Doctors refer to the medical workers who have obtained the licenses of qualified doctors and are employed in medical treatment, disease prevention or healthcare institutions, excluding the licensed doctors engaged in management job. The classification of licensed doctors is clinician, Chinese medicine, dentist and public health.

Licensed Assistant Doctors refer to the medical workers who have obtained the licenses of qualified assistant doctors and are employed in medical treatment, disease prevention or healthcare institutions, excluding the licensed assistant doctors engaged in management job. The classification of licensed assistant doctors is clinician, Chinese medicine, dentist and public health.

Urban Social Welfare Institutions include social welfare institutions, children welfare institutions, metal hospitals subordinated to the civil affairs departments.

Urban and Rural Social Relief Funds refer to the financial expenditure for the needy by the state or collectives. This indicator includes urban social relief funds, rural social relief funds and relief funds for reduced or resigned old staff and workers.

1.*Urban social relief funds* include the relief funds paid by the civil affairs departments to urban needy households and the living allowances paid by government departments, enterprises and institutions to staff and workers with financial difficulties.

2.*Rural social relief funds* include the relief funds paid by the civil affairs departments to rural households (of infirm and childless old persons) enjoying the five guarantees, needy households and lepers. This indicator also includes the relief in money and in kind paid by rural collectives to scattered-living households (of infirm and childless old persons) enjoying the five guarantees and needy households.

3.*Relief funds for reduced or resigned old staff and workers* refer to the relief funds paid by the civil affairs departments to reduced or resigned old staff and workers (including the relief funds paid at 40% of their original wages and other relief funds).

Number of Natural Disaster Victims refers to the number of people stricken by natural disaster of a certain extent. The so-called "disaster of a certain extent" means any natural disaster that causes crop yield to reduce by over 30% and the total agricultural population hit by it is the stricken population.

Institutions for Special Care refer to rest homes for disabled revolutionary servicemen, the sanatoriums for honorably retired servicemen and mental homes or honor homes for retired servicemen.

Persons Enjoying Special Care Special care means the special treatment and compensation given by the state to family members of revolutionary martyrs, family members of revolutionary servicemen died of illness, disabled revolutionary servicemen, disabled revolutionary working staff and militias and laborers wounded and disabled in war. "Person Enjoying Special Care" refers to family members of revolutionary martyrs, retired servicemen and disabled revolutionary persons.

Funds for Special Care refer to the funds spent by the civil affairs departments for special care, which include sacrifice pensions, allowances for family members of martyrs and retired servicemen, placement allowances for retired servicemen, funds of institutions for special care and other special funds.

Basic Pension Insurance

1.**Number of staff and workers covered** refers to staff and workers participating in the basic pension insurance programme according to national laws, regulations and related policies at the end of the reference period, who have already had payment records in social security management agencies, including those who have interrupt payment without terminating the insurance programme. Those who have registered in the programme but with no payment records are not included.

2. **Number of retirees participating in the basic pension insurance programme** refers to the number of retirees participating in basic pension insurance programmes by the end of the reference period.

3. **Revenue of the basic pension insurance programme** refers to payments made by employers and individuals participating in the pension insurance programme in accordance with the basis and proportion stipulated in State regulations, and income from other sources that become source of pension insurance fund, including the premium paid by employers and staff and workers, interest income, subsidies from higher level agencies, income as transfer from subordinate agencies, transferred income, government financial subsidies and other income.

4. **Expenditure of basic pension insurance programme** refers to payment made on pensions and funeral subsidies to those retired and resigned people covered in pension insurance programmes according to related national policies on scopeand standard of expenditure. Also included are expenditure which arises due to shift of the insurance relationship or adjustment of funds among agencies. More specifically, included are pensions for resigned people, pensions for retired people, pension for people quitting jobs, various subsidies, medical fees, funeral subsidies, compensation payments, management fees for social security agencies, expenses on subsidies to lower subordinates, expenses as transfer to agencies at higher level, transferred expenditure and other expenditure.

5. **Balance of basic pension insurance programme** refers to the balance of basic pension insurance funds at the end of the reference period after deducting expenses from revenue.

Basic Medical Care Insurance

1. **Number of people participating in the insurance programme** refers to people participating in the basic medical care insurance programme according to related regulations as at the end of reference period, including number of staff and workers and retirees participating in this insurance programme.

2. **Revenue of the insurance programme** refers to payments made by employers and individuals participating in the medical care insurance programme in accordance with the basis and proportion stipulated in State regulations, and income from other sources that become source of medical insurance fund, including income

of social comprehensive funds paid by employers, income from individual accounts, government financial subsidies, interest income and other income.

3. **Expenditure of the insurance programme** refers to payment made from social comprehensive funds to those retired and resigned people covered in basic medical care insurance within the scope and standards of expenditure according to related national policies, and medical care payment made from individual accounts to staff and workers and retirees, and other expenses, including medical expenses of hospital inpatients, medical expenses for outpatients and emergency patients, payment from individual accounts and other expenditure.

4. **Balance of the basic medical care insurance programme** refer to the balance of medical care insurance of social comprehensive funds and individual accounts at the end of the reference period, including bank savings, special fiscal accounts, investment in bonds and others.

Unemployment Insurance

1. **Number of people covered** refers to staff and workers in urban enterprises or institutions who have participated in the unemployment insurance programme according to relevant policies and regulations, and other people who have participated according to local government regulations, as at the end of reference period.

2. **Revenue of the unemployment insurance programme** refers to payments made by employers and individuals participating in unemployment insurance programme in accordance with relevant regulations and other income contributed to this programme, including unemployment insurance premium made by employers and individuals, interest income, subsidies from higher level agencies, income as transfer from subordinate agencies, transferred income, government financial subsidies and other income.

3. **Expenditure of the unemployment insurance programme** refers to total expenses during the reference period to guarantee the basic livelihood of unemployed people and laid-off staff and workers and to encourage their re-employment. Included are unemployment relief, medical fees, funeral subsidies, compensation payments, training expenses, management fees for unemployment insurance agencies, subsidies to lower level agencies, expenses as transfer to higher level agencies, transferred expenditure and other expenditure.

4. **Balance of the unemployment insurance programme** refers to the balance of revenue of the programme after deducting expenses at the end of the reference period.

Work Injury Insurance

1. **Number of people covered** refers to staff and workers who have participated in the work injury insurance programme according to relevant national regulations.

2. **Number of beneficiaries** refers to staff and workers and their direct dependents who can, in accordance with relevant regulations, benefit from work injury insurance, as a result of work injury leading to disability or death of the staff/worker, or occupational disease leading to disability. Included in this category are number of injured and disabled people, number of people with occupational diseases, number of deaths at work places, and number of direct dependents.

3. **Revenue of the work injury insurance programme** refers to payments made by employers participating in the work injury insurance programme in accordance with the basis and proportion stipulated in State regulations, and income from other sources that become source of work injury insurance fund, including income of social comprehensive funds paid by employers, government financial subsidies, interest income and other income.

4. **Expenditure of the work injury insurance programme** refers to payments made from work injury insurance funds to those who participated in the work injury insurance programme and their direct dependents within the scope and standards of expenditure according to related national policies, and other expenditure, including medical fees for work injury, injury and disability subsidies, death subsidies, nursing fees, funeral subsidies, injury prevention fees, occupational rehabilitation fees and other expenditure.

5. **Balance of the work injury insurance programme** refers to the balance of the work injury funds at the end of the reference period, including bank savings, special fiscal account, investment in bonds and others.

Maternity Insurance

1. **Number of people covered** refers to staff and workers who have participated in the maternity insurance programme according to relevant regulation at the end of the reporting period.

2. **Revenue of maternity insurance** refers to payments made by employers participating in the maternity insurance programme in accordance with the basis and proportion stipulated in State regulations, and income from other sources that become source of maternity insurance fund, including income of funds paid by employers, interest income and other income.

3. **Expenditure of the maternity insurance programme** refers to payments made from maternity insurance funds to staff and workers who participate in the maternity insurance programme within the scope and standards of expenditure in accordance with related national policies, expenses paid for pregnancy, child delivery or surgeries related to family planning, and other expenditure, including allowance for child bearing, medical fees and other expenditure.

4. **Balance of the maternity programme** refers to the balance of the maternity insurance funds at the end of reference period, including bank savings, special fiscal account, investment in funds and others.

Lawyers refer to the full-time legal workers and the part-time lawyers engaged in the law practices, employed by legal counseling firms to act as legal advisers, agents in criminal or civil lawsuits and defenders in criminal lawsuits, to handle non-lawsuit legal matters, advise on matters of law and write legal papers for others.

Notary Personnel refer to the judicial officers who handle the notary affairs under the law in the national notary organs, including notaries, assistant notaries and other workers who handle the notary affairs in the notary offices.

二十、民族自治地方概况

General Survey of Ethnic Minority Autonomous Areas

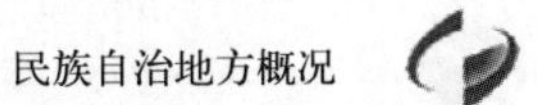

20-1 民族自治地方行政区划（2009年）

Administrative Division of Ethnic Minority Autonomous Regions (2009)

单位：个 Unit:unit

地区	Region	县级市 Number of Cities at County Level	非民族自治县 Number of Counties	民族自治县 Number of Autonomous Counties
全省合计	**Total**	**9**	**79**	**29**
8个自治州	**8 Autonomous Prefectures**	**7**	**42**	**9**
楚雄彝族自治州	Chuxiong Yi Autonomous Prefecture	1	9	
红河哈尼族彝族自治州	Honghe Hani & Yi Autonomous Prefecture	2	8	3
文山壮族苗族自治州	Wenshan Zhuang & Miao Autonomous Prefecture		8	
西双版纳傣族自治州	Xishuangbanna Dai Autonomous Prefecture	1	2	
大理白族自治州	Dali Bai Autonomous Prefecture	1	8	3
德宏傣族景颇族自治州	Dehong Dai & Jingpo Autonomous Prefecture	2	3	
怒江傈僳族自治州	Nujiang Lisu Autonomous Prefecture		2	2
迪庆藏族自治州	Diqing Tibetan Autonomous Prefecture		2	1
其他5个地级市辖	**Antonomous Counties Jurisdiction under Other 5 Cities**	**2**	**37**	**20**

20-2 民族自治县分布情况（2009年）

Geographical Distribution of Ethnic Minority Autonomous Counties (2009)

地　区	Region	自治县数（个） Number of Autonomous Counties (unit)	自治县名称 Schedule of Autonomous Counties
全省合计	**Total**	**29**	
昆　明	Kunming	3	禄劝彝族苗族自治县、石林彝族自治县、寻甸回族彝族自治县 Luquan Yi & Miao Autonomous County, Shilin Yi Autonomous County, Xundian Hui & Yi Autonomous County
玉　溪	Yuxi	3	峨山彝族自治县、新平彝族傣族自治县、元江哈尼族彝族傣族自治县 Eshan Yi Autonomous County Xinping Yi , Dai Autonomous County, Yuanjiang Hani , Yi , Dai Autonomous County
丽　江	Lijiang	2	玉龙纳西族自治县、宁蒗彝族自治县 Yulong Naxi Autonomous County, Ninglang Yi Autonomous County
普　洱	Pu'er	9	宁洱哈尼族彝族自治县、景东彝族自治县、景谷傣族彝族自治县、墨江哈尼族自治县、孟连傣族拉祜族佤族自治县、澜沧拉祜族自治县、西盟佤族自治县、江城哈尼族彝族自治县、镇沅彝族哈尼族拉祜族自治县 Ning'er Hani & Yi Autonomous County, Jingdong Yi Autonomous County, Jinggu Dai & Yi Autonomous County,Mojiang Hani Autonomous County, Menglian Dai & Lahu Wa Autonomous County, Lancang lahu Autonomous County, Ximeng Wa Autonomous County, Jiangcheng Hani & Yi Autonomous County, Zhenyuan Yi & Hani Lahu Autonomous County
临　沧	Lincang	3	双江拉祜族佤族布朗族傣族自治县、耿马傣族佤族自治县、沧源佤族自治县 Shuangjiang Lahu & Wa & Bulang & Dai Autonomous County, Gengma Dai & Wa Autonomous County, Cangyuan Wa Autonomous County
红　河	Honghe	3	金平苗族瑶族傣族自治县、屏边苗族自治县、河口瑶族自治县 Jinping Miao & Yao & Dai Autonomous County, Pingbian Miao Autonomous County, Hekou Yao Autonomous County
大　理	Dali	3	漾濞彝族自治县、南涧彝族自治县、巍山彝族回族自治县 Yangbi Yi Autonomous County, Nanjian Yi Autonomous County, Weishan Yi & Hui Autonomous County
怒　江	Nujiang	2	贡山独龙族怒族自治县、兰坪白族普米族自治县 Gongshan Dulong, Nu Autonomous County Lanping Bai , Pumi Autonomous County
迪　庆	Diqing	1	维西傈僳族自治县 Weixi Lisu Autonomous County

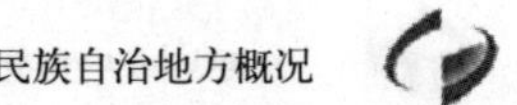

20-3 少数民族分布的主要地区
Geographic Distribution of Ethnic Minorities

民 族	Ethnic Minority	分布的主要地区	Main Geographic Distribution
彝 族	Yi	楚雄州、红河州、玉溪市、大理州、普洱市、昆明市	Chuxiong , Honghe ,Yuxi , Dali , Pu'er , Kunming
白 族	Bai	大理州	Dali
哈尼族	Hani	红河州、西双版纳州、普洱市、玉溪市	Honghe , Xishuangbanna , Pu'er , Yuxi
壮 族	Zhuang	文山州、红河州、曲靖市	Wenshan , Honghe , Qujing
傣 族	Dai	西双版纳州、德宏州、普洱市、临沧市	Xishuangbanna , Dehong , Pu'er , Lincang
苗 族	Miao	文山州、红河州、昭通市	Wenshan , Honghe , Zhaotong
傈僳族	Lisu	怒江州、迪庆州、丽江市、大理州	Nujiang , Diqing , Lijiang , Dali
回 族	Hui	昆明市、大理州、曲靖市、楚雄州、红河州、玉溪市	Kunming , Dali , Qujing , Chuxiong , Honghe , Yuxi
拉祜族	Lahu	普洱市、临沧市、西双版纳州	Pu'er , Lincang , Xishuangbanna
佤 族	Wa	临沧市、普洱市	Lincang , Pu'er
纳西族	Naxi	丽江市、迪庆州	Lijiang , Diqing
瑶 族	Yao	文山州、红河州	Wenshan , Honghe
藏 族	Tibetan	迪庆州	Diqing
景颇族	Jingpo	德宏州	Dehong
布朗族	Bulang	西双版纳州、普洱市、临沧市	Xishuangbanna , Pu'er , Lincang
普米族	Pumi	丽江市、怒江州、迪庆州	Lijiang , Nujiang , Diqing
怒 族	Nu	怒江州	Nujiang
阿昌族	Achang	德宏州、保山市	Dehong , Baoshan
基诺族	Jino	西双版纳州	Xishuangbanna
德昂族	De ang	德宏州、临沧市	Dehong , Lincang
蒙古族	Mongolian	玉溪市	Yuxi
布依族	Buyi	曲靖市	Qujing
独龙族	Dulong	怒江州	Nujiang
水 族	Shui	曲靖市	Qujing

20-4 民族自治地方基本情况（2009年）

地　　区	Region	建立时间
总　计	**Total**	
自治州小计	**Autonomous Prefectures**	
楚雄彝族自治州	Chuxiong Yi Autonomous Prefecture	1958年4月15日
红河哈尼族彝族自治州	Honghe Hani and Yi Autonomous Prefecture	1957年11月18日
文山壮族苗族自治州	Wenshan Zhuang and Miao Autonomous Prefecture	1958年4月1日
西双版纳傣族自治州	Xishuangbanna Dai Autonomous Prefecture	1953年1月24日
大理白族自治州	Dali Bai Autonomous Prefecture	1956年11月22日
德宏傣族景颇族自治州	Dehong Dai and Jingpo Autonomous Prefecture	1953年7月24日
怒江傈僳族自治州	Nujiang Lisu Autonomous Prefecture	1954年8月23日
迪庆藏族自治州	Diqing Tibetan Autonomous Prefecture	1957年9月13日
自治州以外的自治县小计	**Autonomous Counties Except above Prefectures**	
石林彝族自治县	Shilin Yi Autonomous County	1956年12月13日
禄劝彝族苗族自治县	Luquan Yi and Miao Autonomous County	1985年11月25日
寻甸回族彝族自治县	Xundian Hui and Yi Autonomous County	1979年12月20日
峨山彝族自治县	Eshan Yi Autonomous County	1951年5月12日
新平彝族傣族自治县	Xinping Yi and Dai Autonomous County	1980年11月25日
元江哈尼族彝族傣族自治县	Yuanjiang Hani and Yi and Dai Autonomous County	1980年11月22日
普洱哈尼族彝族自治县	Pu'er Hani and Yi Autonomous County	1985年12月15日
墨江哈尼族自治县	Mojiang Hani Autonomous County	1979年11月28日
景东彝族自治县	Jingdong Yi Autonomous County	1985年12月20日
景谷傣族彝族自治县	Jinggu Dai and Yi Autonomous County	1985年12月25日
镇沅彝族哈尼族拉祜族自治县	Zhenyuan Yi and Hani and Lahu Autonomous County	1990年5月15日
江城哈尼族彝族自治县	Jiangcheng Hani and Yi Autonomous County	1954年5月18日
孟连傣族拉祜族佤族自治县	Menglian Dai and Lahu and Wa Autonomous County	1954年6月16日
澜沧拉祜族自治县	Lancang Lahu Autonomous County	1953年4月7日
西盟佤族自治县	Ximeng Wa Autonomous County	1965年3月5日
玉龙纳西族自治县	Yulong Naxi Autonomous County	2002年12月26日
宁蒗彝族自治县	Ninglang Yi Autonomous County	1956年9月20日
双江拉祜族佤族布朗族傣族自治县	Shuangjiang Lahu and Wa and Bulang and Dai Autonomous County	1985年12月30日
耿马傣族佤族自治县	Gengma Dai and Wa Autonomous County	1955年10月16日
沧源佤族自治县	Cangyuan Wa Autonomous County	1964年2月28日

注：2003年4月8日普洱哈尼族彝族自治县更名为宁洱哈尼族彝族自治县。

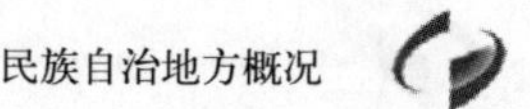

Basic Conditions of Ethnic Minority Autonomous Regions (2009)

Foundation Time	含乡镇、办事处数 (个)	Number of Townships and Towns (Unit)	#民族乡数(个) Number of Nationality Townships and Towns (Unit)
	589乡338镇	**589 Townships and 338 Towns**	
	376乡287镇	**376 Townships and 287 Towns**	
April. 15,1958	71乡57镇	71 Townships and 57 Towns	6
Nov.18,1957	82乡60镇	82 Townships and 60 Towns	9
April.1,1958	75乡39镇	75 Townships and 39 Towns	16
Jan.24,1953	13乡19镇	13 Townships and 19 Towns	14
Nov.22,1956	55乡70镇	55 Townships and 70 Towns	17
July.24,1953	40乡24镇	40 Townships and 24 Towns	5
Aug.23,1954	20乡9镇	20 Townships and 9 Towns	3
Sept.13,1957	20乡9镇	20 Townships and 9 Towns	3
	213乡51镇	**213 Townships and 51 Towns**	
Dec.13,1956	8乡2镇	8 Townships and 2 Towns	
Nov.25,1985	15乡3镇	15 Townships and 3 Towns	
Dec.20,1979	11乡6镇	11Townships and 6 Towns	
May.12,1951	8乡4镇	8 Townships and 4 Towns	
Nov.25,1980	10乡2镇	10 Townships and 2 Towns	
Nov.22,1980	8乡3镇	8 Townships and 3 Towns	
Dec.15,1985	9乡2镇	9 Townships and 2 Towns	
Nov.28,1979	17乡2镇	17 Townships and 2 Towns	
Dec.20,1985	13乡3镇	13 Townships and 3 Towns	
Dec.25,1985	10乡2镇	10 Townships and 2 Towns	
May.15,1990	9乡2镇	9 Townships and 2 Towns	
May.18,1954	6乡2镇	6 Townships and 2 Towns	
June.16,1954	5乡2镇	5 Townships and 2 Towns	
April.7,1953	21乡2镇	21 Townships and 2 Towns	
March.5,1965	7乡1镇	7 Townships and 1 Town	
Dec.26,2002	15乡3镇	15 Townships and 3Towns	
Sept.20,1956	15乡1镇	15 Townships and 1 Town	
Dec.30,1985	5乡2镇	5 Townships and 2 Towns	
Oct.16,1955	7乡4镇	7 Townships and 4 Towns	
Feb.28,1964	8乡3镇	8 Townships and 3 Towns	

Note:Pu'er Hani and Yi autonomous county changed its name into Ning'er Hani and Yi autonomous county in 8th April,2003.

20-4 续表

地　区	Region	土地面积 Land Area 绝对数（平方公里） Level (sq.km)	占全省(%) Proportion to Provincial Total (%)
总　计	**Total**	**276 674**	**70.2**
自治州小计	**Autonomous Prefectures**	**193 686**	**49.1**
楚雄彝族自治州	Chuxiong Yi Autonomous Prefecture	29 258	7.4
红河哈尼族彝族自治州	Honghe Hani and Yi Autonomous Prefecture	32 931	8.4
文山壮族苗族自治州	Wenshan Zhuang and Miao Autonomous Prefecture	32 239	8.2
西双版纳傣族自治州	Xishuangbanna Dai Autonomous Prefecture	19 700	5.0
大理白族自治州	Dali Bai Autonomous Prefecture	29 459	7.5
德宏傣族景颇族自治州	Dehong Dai and Jingpo Autonomous Prefecture	11 526	2.9
怒江傈僳族自治州	Nujiang Lisu Autonomous Prefecture	14 703	3.7
迪庆藏族自治州	Diqing Tibetan Autonomous Prefecture	23 870	6.1
自治州以外的自治县小计	**Autonomous Counties Except the Above Prefectures**	**82 988**	**21.1**
石林彝族自治县	Shilin Yi Autonomous County	1 777	0.5
禄劝彝族苗族自治县	Luquan Yi and Miao Autonomous County	4 378	1.1
寻甸回族彝族自治县	Xundian Hui and Yi Autonomous County	3 966	1.0
峨山彝族自治县	Eshan Yi Autonomous County	1 972	0.5
新平彝族傣族自治县	Xinping Yi and Dai Autonomous County	4 223	1.1
元江哈尼族彝族傣族自治县	Yuanjiang Hani and Yi and Dai Autonomous County	2 858	0.7
宁洱哈尼族彝族自治县	Ning'er Hani and Yi Autonomous County	3 670	0.9
墨江哈尼族自治县	Mojiang Hani Autonomous County	5 459	1.4
景东彝族自治县	Jingdong Yi Autonomous County	4 532	1.1
景谷傣族彝族自治县	Jinggu Dai and Yi Autonomous County	7 777	2.0
镇沅彝族哈尼族拉祜族自治县	Zhenyuan Yi and Hani and Lahu Autonomous County	4 223	1.1
江城哈尼族彝族自治县	Jiangcheng Hani and Yi Autonomous County	3 476	0.9
孟连傣族拉祜族佤族自治县	Menglian Dai and Lahu and Wa Autonomous County	1 957	0.5
澜沧拉祜族自治县	Lancang Lahu Autonomous County	8 807	2.2
西盟佤族自治县	Ximeng Wa Autonomous County	1 391	0.4
玉龙纳西族自治县	Yulong Naxi Autonomous County	7 648	1.9
宁蒗彝族自治县	Ninglang Yi Autonomous County	6 206	1.6
双江拉祜族佤族布朗族傣族自治县	Shuangjiang Lahu and Wa and Bulang and Dai Autonomous County	2 292	0.6
耿马傣族佤族自治县	Gengma Dai and Wa Autonomous County	3 837	1.1
沧源佤族自治县	Cangyuan Wa Autonomous County	2 539	0.6

continued

年末总人口 Total Population at Year-end		少数民族人口 Population of Minority Nationalities		按农业、非农业分 By Agricultural and Non-agricultural Population	
绝对数 (万人) Level (10 000 persons)	占全省 (%) Proportion to Provincial Total (%)	绝对数 (万人) Level (10 000 persons)	占本地区总人口的 (%) Proportion to Local Total Population (%)	农业人口 (万人) Agricultural Population (10 000 persons)	非农业人口 (万人) Non-agricultural Population (10 000 persons)
2 261.8	**49.5**	**1 270.4**	**55.3**	**1 958.2**	**303.6**
1 729.0	**37.8**	**939.7**	**48.7**	**1 474.0**	**255.0**
270.1	5.9	87.8	32.5	230.9	39.2
444.2	9.7	251.7	56.7	367.6	76.6
345.4	7.6	198.2	57.4	315.9	29.5
107.6	2.4	81.4	75.7	75.3	32.3
350.8	7.7	175.2	49.9	308.3	42.5
119.4	2.6	62.3	52.2	96.7	22.7
53.6	1.2	49.5	92.4	46.1	7.5
37.9	0.8	33.0	87.2	33.2	4.7
532.8	**11.7**	**330.7**	**58.5**	**484.2**	**48.6**
24.4	0.5	9.5	34.6	22.8	1.6
44.8	1.0	14.2	30.5	44.1	0.7
51.3	1.1	12.2	21.8	50.0	1.3
16.2	0.4	11.7	66.3	13.2	3.0
28.5	0.6	22.1	74.2	24.8	3.7
21.8	0.5	17.9	79.8	19.2	2.6
19.53	0.4	11.5	50.8	16.3	3.2
37.99	0.8	29.1	74.3	34.4	3.6
37.98	0.8	19.2	46.7	35.2	2.8
31.08	0.7	15.9	45.8	28.0	3.1
21.49	0.5	12.3	52.7	19.4	2.1
12.09	0.3	10.0	79.0	10.0	2.1
13.41	0.3	11.7	85.2	11.6	1.8
49.97	1.1	39.2	76.8	46.3	3.7
9.27	0.2	8.8	94.1	7.8	1.4
18.08	0.4	15.6	85.0	16.5	1.6
28.59	0.6	23.9	80.6	24.2	4.4
17.55	0.4	9.0	44.5	15.4	2.1
23.15	0.5	12.7	51.8	21.7	1.5
25.66	0.6	24.0	93.0	23.4	2.3

20-5 主要年份全省民族自治地方主要指标

指 标	Item	1952
总人口(年末数)(万人)	**Total Population (at year-end) (10 000 persons)**	**866**
#少数民族人口	Minority Population	478
工农业总产值 (万元)	**Gross Output Value of Industry and Agriculture (10 000 yuan)**	**130 671**
农、林、牧、渔业总产值	Gross Output Value of Farming, Forestry, Animal Husbandry and Fishery	115 239
工业总产值	Gross Output Value of Industry	15 432
农 业	**Agriculture**	
主要农业产品产量	Yields of Major Agricultural Products	
粮 食(万吨)	Grain (10 000 tons)	235
甘 蔗 (万吨)	Sugarcane (10 000 tons)	17
烤 烟 (万吨)	Flue-cured Tobacco (10 000 tons)	
大牲畜年末头数 (万头)	Large Livestock at Year-end (10 000 heads)	227
羊年末只数 (万只)	Goats and Sheep at Year-end (10 000 heads)	122
生猪年末头数 (万头)	Hogs at Year-end (10 000 heads)	204
工 业	**Industry**	
主要工业产品产量	Output of Major Industrial Products	
钢 (万吨)	Steel (10 000 tons)	
生 铁 (万吨)	Pig Iron (10 000 tons)	
原 煤 (万吨)	Coal (10 000 tous)	6
发电量 (万千瓦小时)	Electricity (10 000 kwh)	1 143
木 材 (万立方米)	Timber (10 000 cu.m)	1
布 (万米)	Cloth (10 000 m)	155
糖 (万吨)	Sugar (10 000 tons)	1
卷 烟 (万箱)	Cigarettes (10 000 cases)	
运输、邮电	**Transport,Posts and Telecommunication Services**	
铁路通车里程 (公里)	Length of Railways in Operation (km)	545
公路通车里程 (公里)	Length of Highways in Operation (km)	2 328
邮电局(所)数 (个)	Number of Post and Telecommunication Offices (unit)	464
财 政	**Government Finance**	
财政收入 (万元)	Government Revenue (10 000 yuan)	6 288
财政支出 (万元)	Government Expenditure (10 000 yuan)	2 834
卫 生	**Health Care**	
卫生机构数 (个)	Number of Health Institutions (unit)	182
#医院个数	Number of Hospitals	92
卫生机构床位数 (张)	Number of Sickbeds (unit)	1 428
#医院病床数	Number of Sickbeds of Hospitals	1 359
专业卫生技术人员(人)	Number of Medical Technical Personnel (person)	1 715

注：1.1990年以前没有包括镇沅县。
2.工农业总产值1990年以前按1980年不变价格计算,1990年及以后按1990年不变价格计算。
3.公路通车里程含乡村简易公路。

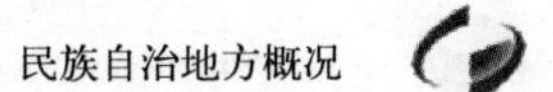

Principal Indicators of Ethnic Minority Autonomous Regions in Significant Years

1957	1965	1978	1980	1985
955	**1 118**	**1 597**	**1 638**	**1 752**
	537	801	828	909
201 717	**225 735**	**471 721**	**471 222**	**754 953**
160 884	167 861	276 017	268 367	413 042
40 833	57 874	195 704	202 855	341 911
310	327	456	436	476
43	73	117	123	340
1	1	3	3	16
316	338	405	414	547
238	358	378	398	431
363	528	717	703	897
			1	1
1		4	4	6
65	66	420	445	690
4 722	5 789	180 500	222 621	359 261
21	75	130	176	224
264	165	439	641	2 660
2	5	8	11	21
		1	5	28
545	545	913	913	913
6 200	12 481	28 233	32 500	43 200
652	732	1 026	1 000	1 000
11 753	19 836	30 215	30 234	77 875
7 689	13 398	50 410	56 774	130 300
982	1 703	2 681	3 114	3 157
99	171	1 045	1 067	1 044
4 902	13 481	29 819	33 262	37 299
3 558	8 864	26 957	30 297	34 210
8 462	17 557	30 073	33 222	39 548

Note:a.The figures excluded the data of Zhenyuan county before 1990.

b.In this table the gross output values of industry and agriculture before 1990 were calculated at constant prices of the year 1980,and after 1990 they are calculated at constant prices of the year 1990.

c.The length of highways includes the simple highways between villages.

20-5 续表

指　　标	Item	1990
总人口(年末数)(万人)	**Total Population (at year-end)　(10 000 persons)**	**1 914**
#少数民族人口	Minority Population	1 019
工农业总产值(万元)	**Gross Output Value of Industry and Agriculture (10 000 yuan)**	**2 122 135**
农、林、牧、渔业总产值	Gross Output Value of Farming, Forestry, Animal Husbandry and Fishery	1 158 481
工业总产值	Gross Output Value of Industry	963 654
农　业	**Agriculture**	
主要农业产品	Yields of Major Agricultural Products	
粮　食（万吨）	Grain (10 000 tons)	565
甘　蔗（万吨）	Sugarcane (10 000 tons)	489
烤　烟（万吨）	Flue-cured Tobacco (10 000 tons)	15
大牲畜年末头数（万头）	Large Livestock at Year-end (10 000 heads)	587
猪牛羊肉年末产量（吨）	Goats and Sheep at Year-end (ton)	618 500
工　业	**Industry**	
主要工业产品	Output of Major Industrial Products	
钢（万吨）	Steel (10 000 tons)	1
生　铁（万吨）	Pig Iron (10 000 tons)	16
原　煤（万吨）	Coal (10 000 tous)	888
发电量（万千瓦小时）	Electricity (10 000 kwh)	615 361
糖（万吨）	Sugar (10 000 tons)	35
卷　烟（万箱）	Cigarettes (10 000 cases)	88
运输、邮电	**Transport,Posts and Telecommunication Services**	
铁路通车里程（公里）	Length of Railways in Operation (km)	913
公路通车里程（公里）	Length of Highways in Operation (km)	52 776
邮电局(所)数（个）	Number of Post Offices(unit)	1 006
财　政	**Government Finance**	
财政收入（万元）	Government Revenue (10 000 yuan)	195 508
财政支出（万元）	Government Expenditure (10 000 yuan)	326 535
卫　生	**Health Care**	
卫生机构数（个）	Number of Health Institutions (unit)	3 380
卫生机构床位数（张）	Number of Health Institutions Sickbeds (unit)	39 453
专业卫生技术人员（人）	Number of Medical Technical Personnel (person)	46 607

注：1.卫生机构、人员、床位数1994年报表制度作了调整，与以前年份不可比。
2.1994年以后财政收入不包括中央税收入。

continued

1995	2000	2001	2005	2006	2007	2008	2009
1 990	**2 070**	**2 081**	**2 214**	**2 228**	**2 237**	**2 250**	**2 262**
1 071	1 121	1 131	1 212	1 229	1 240	1 244	1 270
3 622 293	**5 188 349**	**5 299 907**	**15 400 892**	**19 044 510**	**23 952 206**	**22 982 700**	**23 907 585**
1 588 096	2 137 561	2 184 705	5 447 904	6 089 067	7 201 808	8 553 200	8 181 506
2 034 197	3 050 788	3 115 202	9 952 988	12 955 443	16 750 398	14 429 500	15 726 079
644	751	740	731	750	760	782	819
790	1 075.44	1 104.26	1 046	1 224	1 387	1 371	1 292
32	26	26	36	35	37	41	45
613	667	669	682	693	699	707	720
618 500	958 190	1 002 965	1 347 923	1 441 244	1 551 353	1772807	1979488
1	1	9	137	200	235		303
18	23	55	171	212	298		361
1 154	887	1 042	1 738	1 923	2 379		2 519
832 641	1 162 066	1 301 537	1 858 824	2 327 974	3 341 548		4 659 845
68	114	89	111	105	131		151
143	142	159	178	180	91		
913	970	970					
71 000	94 633	100 199					
1 023	1 208	1 156					
281 815	464 155	526 020	831 449	1 011 547	1 305 485	1 593 200	1 823 714
713 377	1 292 331	1 715 074	2 613 989	3 289 306	4 283 623	5 359 000	7 153 982
3 380	1 612	1 604	4 130	2 057	4 517		
39 453	47 281	47 929	47 134	47 825	53 203		
47 000	48 645	48 716	47 396	47 487	55 019		

Note:a.The number of health institutions,personnel and sickbeds can not be compared with those of the earlier years because of the tabling regulation changed in 1994.

b.The government revenue after 1994 in this table excluded the taxes turned over to the central government.

20-6 民族自治地方主要社会经济指标占全省的比重（2009年）
Proportion of Principal Socio-economic Indicators in Ethnic Minority Autonomous Areas to the Whole Province (2009)

指　标	Item	民族自治地方 Ethnic Minority Autonomous Areas	全　省 Provincial Total	民族自治地方占全省的比重(%) Proportion of Ethnic Minority Autonomous Areas to the Whole province(%)
市县数(个)	**Number of Cities and Counties (unit)**	**78**	**129**	**60.5**
年底总人口(万人)	**Total Population at Year-end (10 000 persons)**	**2 261.80**	**4 571.00**	**49.5**
地区生产总值(当年价)(亿元)	**Gross Regional Product (at Current prices) (100 million yuan)**	**2 390.76**	**6 169.75**	**38.7**
工农业总产值(当年价)(亿元)	**Gross Output Value of Industry and Agriculture (at Current prices) (100 million yuan)**	**2 528.64**	**6 884.40**	**36.7**
农、林、牧、渔业总产值(亿元)	Gross Output Value of Agriculture,Forestry,Animal Husbandry,Fishery (100 million yuan)	956.03	1 706.19	56.0
工业总产值(亿元)	Gross Output Value of Industry (100 million yuan)	1 572.61	5 178.21	30.4
土地面积(平方公里)	**Land Area (sq.km)**	**276 674**	**394 193**	**70.2**
主要农产品产量	**Output of Major Agricultural Products**			
粮　食(万吨)	Grain (10 000 tons)	819.00	1 576.92	51.9
甘　蔗(万吨)	Sugarcane (10 000 tons)	1 292.00	1 761.31	73.4
烤　烟 (万吨)	Flue-cured Tobacco (10 000 tons)	45.00	88.03	51.1
大牲畜年末数(万头)	Large Livestock at the Year-end (10 000 heads)	719.70	1 121.30	64.2
全社会固定资产投资总额(亿元)	**Total Investment in Fixed Assets (100 million yuan)**	**1 694.43**	**4 527.02**	**37.4**
社会消费品零售总额(亿元)	**Retail Sales of Consumer Goods (100 million yuan)**	**711.36**	**2 051.06**	**34.7**
财　政	**Government Finance**			
财政收入(亿元)	Government Revenue (100 million yuan)	182.37	698.25	26.1
财政支出(亿元)	Government Expenditure (100 million yuan)	715.40	1 952.34	36.6

注：财政收支为地方财政收支。
Note:The government revenue and expenditure refers to local government revenue and expenditure.

 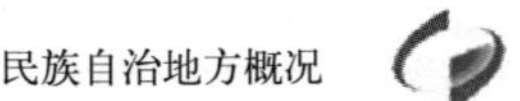

20-7 民族自治地方财政收入和支出（2008-2009年）
Total Government Revenue and Expenditures in Ethnic Minority Autonomous Regions (2008-2009)

单位：万元 (10 000 yuan)

地区	Region	财政收入 Government Revenue		财政支出 Government Expenditure	
		2008	2009	2008	2009
总计	**Total**	**1 593 246**	**1 823 714**	**5 358 060**	**7 153 982**
自治州小计	**Autonomous Prefectures**	**1 352 405**	**1 539 176**	**4 260 017**	**5 627 858**
楚雄彝族自治州	Chuxiong Yi Autonomous Prefecture	227 012	255 832	700 427	910 569
红河哈尼族彝族自治州	Honghe Hani and Yi Autonomous Prefecture	451 396	520 397	1 073 458	1 376 466
文山壮族苗族自治州	Wenshan Zhuang and Miao Autonomous Prefecture	154 388	172 888	667 080	899 434
西双版纳傣族自治州	Xishuangbanna Dai Autonomous Prefecture	72 011	85 990	256 780	352 445
大理白族自治州	Dali Bai Autonomous Prefecture	275 715	315 480	750 219	1 023 923
德宏傣族景颇族自治州	Dehong Dai and Jingpo Autonomous Prefecture	88 679	98 345	365 934	488 697
怒江傈僳族自治州	Nujiang Lisu Autonomous Prefecture	51 178	46 666	210 626	275 430
迪庆藏族自治州	Diqing Tibetan Autonomous Prefecture	32 026	43 578	235 493	300 894
自治州以外的自治县小计	**Autonomous Counties Except the Above Prefectures**	**240 841**	**284 538**	**1 098 043**	**1 526 124**
石林彝族自治县	Shilin Yi Autonomous County	20 090	25 953	55 725	71 161
禄劝彝族苗族自治县	Luquan Yi and Miao Autonomous County	16 078	23 098	72 505	94 887
寻甸回族彝族自治县	Xundian Hui and Yi Autonomous County	21 177	27 096	87 258	108 586
峨山彝族自治县	Eshan Yi Autonomous County	21 220	21 833	47 334	57 070
新平彝族傣族自治县	Xinping Yi and Dai Autonomous County	38 224	42 523	82 462	109 168
元江哈尼族彝族傣族自治县	Yuanjiang Hani and Yi and Dai Autonomous County	13 863	14 297	46 717	68 897
宁洱哈尼族彝族自治县	Ning'er Hani and Yi Autonomous County	10 828	11 926	44 218	60 750
墨江哈尼族自治县	Mojiang Hani Autonomous County	10 008	12 166	61 036	91 269
景东彝族自治县	Jingdong Yi Autonomous County	15 800	18 000	59 005	92 890
景谷傣族彝族自治县	Jinggu Dai and Yi Autonomous County	15 868	18 406	52 755	75 277
镇沅彝族哈尼族拉祜族自治县	Zhenyuan Yi and Hani and Lahu Autonomous County	5 530	7 203	42 088	63 284
江城哈尼族彝族自治县	Jiangcheng Hani and Yi Autonomous County	4 216	5 108	26 983	43 936
孟连傣族拉祜族自治县	Menglian Dai and Lahu and Wa Autonomous County	3 598	4 062	31 811	43 632
澜沧拉祜族自治县	Lancang Lahu Autonomous County	10 556	12 359	91 152	130 367
西盟佤族自治县	Ximeng Wa Autonomous County	1 629	2 119	28 813	45 789
玉龙纳西族自治县	Yulong Naxi Autonomous County	11 549	14 129	54 105	75 006
宁蒗彝族自治县	Ninglang Yi Autonomous County	5 271	7 316	70 520	87 281
双江拉祜族佤族布朗族傣族自治县	Shuangjiang Lahu and Wa and Bulang and Dai Autonomous County	3 347	4 078	44 079	58 208
耿马傣族佤族自治县	Gengma Dai and Wa Autonomous County	7 309	8 507	53 479	79 654
沧源佤族自治县	Cangyuan Wa Autonomous County	4 680	4 359	45 998	69 012

20-8 民族自治地方地区生产总值及其指数（2009年）

单位：万元、%

地　　区	Region	地区生产总值（万元）Gross Regional Product
总　　计	**Total**	**23 907 585**
自治州小计	**Autonomous Prefectures**	**19 602 698**
楚雄彝族自治州	Chuxiong Yi Autonomous Prefecture	3 439 465
红河哈尼族彝族自治州	Honghe Hani and Yi Autonomous Prefecture	5 608 799
文山壮族苗族自治州	Wenshan Zhuang and Miao Autonomous Prefecture	2 848 997
西双版纳傣族自治州	Xishuangbanna Dai Autonomous Prefecture	1 386 353
大理白族自治州	Dali Bai Autonomous Prefecture	4 044 965
德宏傣族景颇族自治州	Dehong Dai and Jingpo Autonomous Prefecture	1 157 088
怒江傈僳族自治州	Nujiang Lisu Autonomous Prefecture	480 471
迪庆藏族自治州	Diqing Tibetan Autonomous Prefecture	636 560
自治州以外的自治县小计	**Autonomous Counties Except the Above Prefectures**	**4 304 887**
石林彝族自治县	Shilin Yi Autonomous County	310 047
禄劝彝族苗族自治县	Luquan Yi and Miao Autonomous County	284 541
寻甸回族彝族自治县	Xundian Hui and Yi Autonomous County	324 689
峨山彝族自治县	Eshan Yi Autonomous County	282 806
新平彝族傣族自治县	Xinping Yi and Dai Autonomous County	410 435
元江哈尼族彝族傣族自治县	Yuanjiang Hani and Yi and Dai Autonomous County	269 674
宁洱哈尼族彝族自治县	Ning'er Hani and Yi Autonomous County	190 301
墨江哈尼族自治县	Mojiang Hani Autonomous County	212 356
景东彝族自治县	Jingdong Yi Autonomous County	250 869
景谷傣族彝族自治县	Jinggu Dai and Yi Autonomous County	335 261
镇沅彝族哈尼族拉祜族自治县	Zhenyuan Yi and Hani and Lahu Autonomous County	144 341
江城哈尼族彝族自治县	Jiangcheng Hani and Yi Autonomous County	110 618
孟连傣族拉祜族佤族自治县	Menglian Dai and Lahu and Wa Autonomous County	89 210
澜沧拉祜族自治县	Lancang Lahu Autonomous County	237 869
西盟佤族自治县	Ximeng Wa Autonomous County	39 797
玉龙纳西族自治县	Yulong Naxi Autonomous County	190 763
宁蒗彝族自治县	Ninglang Yi Autonomous County	125 096
双江拉祜族佤族布朗族傣族自治县	Shuangjiang Lahu and Wa and Bulang and Dai Autonomous County	123 005
耿马傣族佤族自治县	Gengma Dai and Wa Autonomous County	260 581
沧源佤族自治县	Cangyuan Wa Autonomous County	112 628

注：本表总值按当年价格计算，指数按可比价格计算。

Gross Regional Product in Ethnic Minority Autonomous Regions (2009)

(10 000 yuan,%)

第一产业 Primary Industry	第二产业 Secondary Industry	第三产业 Tertiary Industry	地区生产总值指数（上年=100） Indices of Gross RegionalProduct (preceding year=100)	第一产业 Primary Industry	第二产业 Secondary Industry	第三产业 Tertiary Industry
5 867 682	**9 149 417**	**8 890 486**	**112.4**	**107.0**	**115.3**	**113.0**
4 475 813	**7 824 212**	**7 302 673**	**112.3**	**106.4**	**115.0**	**112.9**
816 613	1 386 004	1 236 848	112.2	106.8	114.2	113.2
1 046 043	2 835 561	1 727 195	111.1	105.4	113.1	110.6
706 936	948 273	1 193 788	112.6	106.8	116.8	112.8
406 911	410 109	569 333	112.8	108.2	114.8	114.8
1 040 078	1 454 773	1 550 114	112.0	106.0	117.3	110.9
330 910	346 675	479 503	115.1	107.4	127.7	113.0
59 231	203 544	217 696	113.1	103.8	107.0	124.0
69 091	239 273	328 196	118.1	106.2	114.1	125.1
1 391 869	**1 325 205**	**1 587 813**	**112.9**	**108.8**	**116.9**	**113.3**
93 040	83 304	133 703	114.1	111.9	113.2	116.1
99 242	68 836	116 463	112.9	107.3	125.0	111.2
107 975	83 144	133 570	113.2	106.9	118.9	114.8
49 231	130 075	103 500	110.2	104.0	112.0	110.9
76 147	205 328	128 960	114.1	108.9	110.9	122.5
86 291	64 638	118 745	111.1	108.5	110.4	113.4
60 021	49 760	80 520	110.8	108.4	116.0	109.6
58 623	79 015	74 718	114.4	108.6	126.8	108.5
116 177	51 044	83 648	113.9	112.6	119.0	112.3
131 576	121 950	81 735	116.0	114.6	122.1	109.5
59 550	31 552	53 239	113.9	109.4	127.9	111.0
34 918	46 624	29 076	113.4	102.1	137.0	100.2
35 036	19 167	35 007	112.3	112.3	109.5	114.0
80 108	74 977	82 784	111.2	104.5	114.4	114.8
12 165	7 223	20 409	110.4	110.2	105.9	112.1
54 064	53 054	83 645	114.0	109.9	119.7	113.2
37 096	31 884	56 116	113.2	110.9	110.9	116.3
47 258	37 756	37 991	110.3	105.9	118.3	109.1
118 444	57 685	84 452	111.9	107.5	114.8	115.7
34 907	28 189	49 532	112.9	104.2	112.8	120.4

Note: Data of gross regional value are calculated at current prices,while indices are calculated by comparable prices.

20-9 民族自治地方职工人数（2009年）
Number of Staff and Workers in Ethnic Minority Autonomous Regions (2009)

单位：人 (preson)

地 区	Region	职工人数 Number of Staff and Workers			
		合 计 Total	国有单位 State-owned Entities	城镇集体单位 Urban Collective-owned Entities	其他单位 Others
总 计	**Total**	**1 214 319**	**813 862**	**42 486**	**357 971**
自治州小计	**Autonomous Prefectures**	**974 497**	**659 981**	**28 804**	**285 712**
楚雄彝族自治州	Chuxiong Yi Nationality	143 898	97 060	3 971	42 867
红河哈尼族彝族自治州	Honghe Hani , Yi Nationality	255 702	174 989	9 175	71 538
文山壮族苗族自治州	Wenshan Zhuang , Miao Nationality	131 927	98 203	2 876	30 848
西双版纳傣族自治州	Xishuangbanna Dai Nationality	100 574	82 007	3 629	14 938
大理白族自治州	Dali Bai Nationality	198 840	104 744	5 536	88 560
德宏傣族景颇族自治州	Dehong Dai , Jingpo Nationality	87 362	58 661	2 878	25 823
怒江傈僳族自治州	Nujiang Lisu Nationality	30 089	24 299	231	5 559
迪庆藏族自治州	Diqing Tibetan Nationality	26 105	20 018	508	5 579
自治州以外的自治县小计	**Autonomous Counties Except the Above Prefectures**	**239 822**	**153 881**	**13 682**	**72 259**
石林彝族自治县	Shilin Yi Nationality	26 994	10 859	7 350	8 785
禄劝彝族苗族自治县	Luquan Yi , Miao Nationality	11 918	10 878	556	484
寻甸回族彝族自治县	Xundian Hui , Yi Nationality	23 790	8 839	740	14 211
峨山彝族自治县	Eshan Yi Nationality	15 828	6 978	716	8 134
新平彝族傣族自治县	Xinping Yi , Dai Nationality	16 711	8 389	562	7 760
元江哈尼族彝族傣族自治县	Yuanjiang Hani , Yi , Dai Nationality	13 260	7 831	215	5 214
宁洱哈尼族彝族自治县	Ning'er Hani , Yi Nationality	9 897	6 951	335	2 611
墨江哈尼族自治县	Mojiang Hani Nationality	9 878	7 676	262	1 940
景东彝族自治县	Jingdong Yi Nationality	14 217	10 430	373	3 414
景谷傣族彝族自治县	Jinggu Dai , Yi Nationality	13 892	7 388	456	6 048
镇沅彝族哈尼族拉祜族自治县	Zhenyuan Yi , Hani , Lahu Nationality	7 165	6 222	114	829
江城哈尼族彝族自治县	Jiangcheng Hani , Yi Nationality	5 634	4 239	259	1 136
孟连傣族拉祜族佤族自治县	Menglian Dai , Lahu , Wa Nationality	7 386	6 022	215	1 149
澜沧拉祜族自治县	Lancang Lahu Nationality	12 712	9 583	241	2 888
西盟佤族自治县	Ximeng Wa Nationality	4 135	3 626	489	20
玉龙纳西族自治县	Yulong Naxi Nationality	10 959	7 925	156	2 878
宁蒗彝族自治县	Ninglang Yi Nationality	9 311	7 616	198	1 497
双江拉祜族佤族布朗族傣族自治县	Shuangjiang Lahu , Wa , Bulang , Dai Nationality	5 982	5 376	124	482
耿马傣族佤族自治县	Gengma Dai , Wa Nationality	11 922	10 131	257	1 534
沧源佤族自治县	Cangyuan Wa Nationality	8 231	6 922	64	1 245

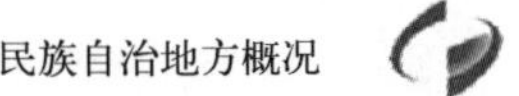

20-10 民族自治地方职工平均工资（2009年）
Average Wages of Staff and Workers in Ethnic Minority Autonomous regions (2009)

单位：元／人　　(yuan/person)

地区	Region	职工平均工资 Average Wages of Staff and Workers			
		合计 Total	国有单位 State-owned Entities	集体单位 Collective-owned Entities	其它单位 Others
总　计	**Total**	**24 966**	**27 314**	**24 396**	**19 275**
自治州小计	**Autonomous Prefectures**	**24 813**	**27 261**	**23 750**	**19 061**
楚雄彝族自治州	Chuxiong Yi Nationality	26 414	30 093	29 615	17 278
红河哈尼族彝族自治州	Honghe Hani , Yi Nationality	24 389	27 498	22 677	16 830
文山壮族苗族自治州	Wenshan Zhuang , Miao Nationality	24 811	26 080	25 102	20 840
西双版纳傣族自治州	Xishuangbanna Dai Nationality	20 275	20 804	19 846	17 475
大理白族自治州	Dali Bai Nationality	25 706	31 476	23 480	18 752
德宏傣族景颇族自治州	Dehong Dai , Jingpo Nationality	22 287	22 534	22 560	21 690
怒江傈僳族自治州	Nujiang Lisu Nationality	28 297	26 323	25 472	36 983
迪庆藏族自治州	Diqing Tibetan Nationality	35 276	36 624	26 426	30 651
自治州以外的自治县小计	**Autonomous Counties Except the Above Prefectures**	**25 588**	**27 545**	**25 755**	**20 119**
石林彝族自治县	Shilin Yi Nationality	25 721	26 821	24 486	22 825
禄劝彝族苗族自治县	Luquan Yi , Miao Nationality	26 039	26 849	20 833	13 441
寻甸回族彝族自治县	Xundian Hui , Yi Nationality	30 821	34 018	34 038	23 994
峨山彝族自治县	Eshan Yi Nationality	23 416	33 979	15 643	15 376
新平彝族傣族自治县	Xinping Yi , Dai Nationality	29 410	34 965	15 526	24 403
元江哈尼族彝族傣族自治县	Yuanjiang Hani , Yi , Dai Nationality	27 149	33 546	30 902	16 153
宁洱哈尼族彝族自治县	Ning'er Hani , Yi Nationality	24 626	27 032	27 281	17 955
墨江哈尼族自治县	Mojiang Hani Nationality	26 410	27 431	41 054	20 564
景东彝族自治县	Jingdong Yi Nationality	22 800	25 321	38 879	13 642
景谷傣族彝族自治县	Jinggu Dai , Yi Nationality	22 948	26 624	21 466	18 604
镇沅彝族哈尼族拉祜族自治县	Zhenyuan Yi , Hani , Lahu Nationality	25 369	25 312	81 393	18 099
江城哈尼族彝族自治县	Jiangcheng Hani , Yi Nationality	23 024	25 094	17 752	16 457
孟连傣族拉祜族佤族自治县	Menglian Dai , Lahu , Wa Nationality	23 791	24 527	26 991	18 314
澜沧拉祜族自治县	Lancang Lahu Nationality	23 721	24 328	30 079	21 327
西盟佤族自治县	Ximeng Wa Nationality	27 114	27 436	22 369	12 150
玉龙纳西族自治县	Yulong Naxi Nationality	27 794	29 827	54 172	20 515
宁蒗彝族自治县	Ninglang Yi Nationality	26 524	27 938	25 654	20 284
双江拉祜族佤族布朗族傣族自治县	Shuangjiang Lahu,Wa ,Bulang,Dai Nationality	17 865	18 596	17 661	11 392
耿马傣族佤族自治县	Gengma Dai , Wa Nationality	24 583	24 972	36 688	20 156
沧源佤族自治县	Cangyuan Wa Nationality	21 469	22 525	29 241	15 166

20-11 民族自治地方农、林、牧、渔业总产值（2009年）

单位：万元

地 区	Region	合 计 Total
总 计	**Total**	**9 560 307**
自治州小计	**Autonomous Prefectures**	**7 295 823**
楚雄彝族自治州	Chuxiong Yi Autonomous Prefecture	1 379 894
红河哈尼族彝族自治州	Honghe Hani and Yi Autonomous Prefecture	1 656 832
文山壮族苗族自治州	Wenshan Zhuang and Miao Autonomous Prefecture	1 116 290
西双版纳傣族自治州	Xishuangbanna Dai Autonomous Prefecture	656 308
大理白族自治州	Dali Bai Autonomous Prefecture	1 765 977
德宏傣族景颇族自治州	Dehong Dai and Jingpo Autonomous Prefecture	515 304
怒江傈僳族自治州	Nujiang Lisu Autonomous Prefecture	95 437
迪庆藏族自治州	Diqing Tibetan Autonomous Prefecture	109 781
自治州以外的自治县小计	**Autonomous Counties Except the Above Prefectures**	**2 264 484**
石林彝族自治县	Shilin Yi Autonomous County	167 647
禄劝彝族苗族自治县	Luquan Yi and Miao Autonomous County	184 973
寻甸回族彝族自治县	Xundian Hui and Yi Autonomous County	188 426
峨山彝族自治县	Eshan Yi Autonomous County	74 582
新平彝族傣族自治县	Xinping Yi and Dai Autonomous County	136 259
元江哈尼族彝族傣族自治县	Yuanjiang Hani and Yi and Dai Autonomous County	129 659
宁洱哈尼族彝族自治县	Ning'er Hani and Yi Autonomous County	87 405
墨江哈尼族自治县	Mojiang Hani Autonomous County	92 938
景东彝族自治县	Jingdong Yi Autonomous County	168 697
景谷傣族彝族自治县	Jinggu Dai and Yi Autonomous County	197 944
镇沅彝族哈尼族拉祜族自治县	Zhenyuan Yi and Hani and Lahu Autonomous County	92 507
江城哈尼族彝族自治县	Jiangcheng Hani and Yi Autonomous County	53 905
孟连傣族拉祜族佤族自治县	Menglian Dai and Lahu and Wa Autonomous County	58 842
澜沧拉祜族自治县	Lancang Lahu Autonomous County	121 609
西盟佤族自治县	Ximeng Wa Autonomous County	19 970
玉龙纳西族自治县	Yulong Naxi Autonomous County	97 417
宁蒗彝族自治县	Ninglang Yi Autonomous County	56 022
双江拉祜族佤族布朗族傣族自治县	Shuangjiang Lahu and Wa and Bulang and Dai Autonomous County	74 995
耿马傣族佤族自治县	Gengma Dai and Wa Autonomous County	181 399
沧源佤族自治县	Cangyuan Wa Autonomous County	79 288

注：本表按现行价格计算。

Gross Output Value of Farming, Forestry, Animal Husbandry and Fishery in Ethnic Minority Autonomous Regions (2009)

(10 000 yuan)

农 业 Farming	林 业 Forestry	牧 业 Animal Husbandry	渔 业 Fishery	农、林、牧、渔服务业 Services in Support of Agriculture, Forestry, Animal Husbandry and Fishery
4 602 931	**1 186 842**	**3 251 193**	**197 668**	**321 673**
3 455 516	**846 738**	**2 560 830**	**161 645**	**271 094**
632 484	100 786	496 720	19 751	130 153
810 590	105 888	664 128	49 216	27 010
571 320	53 294	456 453	15 751	19 472
229 902	343 103	52 538	16 223	14 542
820 867	154 119	702 849	41 107	47 035
301 352	61 770	119 009	17 433	15 740
38 884	13 127	35 847	163	7 416
50 117	14 651	33 286	2 001	9 726
1 147 415	**340 104**	**690 363**	**36 023**	**50 579**
95 820	5 036	57 679	4 083	5 029
89 485	8 815	83 850	631	2 192
80 450	9 169	92 304	4 363	2 140
40 272	4 012	27 170	747	2 381
70 202	11 976	50 146	1 385	2 550
94 760	2 989	30 072	1 255	583
41 418	18 302	23 882	1 179	2 624
45 978	15 931	26 523	1 943	2 563
77 028	40 422	47 005	1 457	2 785
70 498	88 227	31 253	5 616	2 350
39 937	22 629	27 236	1 205	1 500
25 488	15 378	11 266	602	1 171
27 730	19 756	8 134	355	2 867
64 059	15 268	36 715	2 850	2 717
8 855	5 789	4 308	228	790
42 504	3 318	42 192	2 456	6 947
25 763	5 707	22 848	764	940
40 725	6 356	23 363	1 551	3 000
119 129	33 523	24 045	1 762	2 940
47 314	7 501	20 372	1 591	2 510

Note: The data above are calculated at current prices in 1990.

20-12 民族自治地方主要农作物产量（2009年）

单位：吨

地　　区	Region	粮 食 Grain	#稻 谷 Rice
总　计	**Total**	**8 190 311**	**3 405 699**
自治州小计	**Autonomous Prefectures**	**6 275 629**	**2 684 355**
楚雄彝族自治州	Chuxiong Yi Autonomous Prefecture	1 021 750	484 180
红河哈尼族彝族自治州	Honghe Hani and Yi Autonomous Prefecture	1 401 209	633 166
文山壮族苗族自治州	Wenshan Zhuang and Miao Autonomous Prefecture	1 235 290	416 401
西双版纳傣族自治州	Xishuangbanna Dai Autonomous Prefecture	357 820	246 069
大理白族自治州	Dali Bai Autonomous Prefecture	1 391 824	520 057
德宏傣族景颇族自治州	Dehong Dai and Jingpo Autonomous Prefecture	548 346	330 875
怒江傈僳族自治州	Nujiang Lisu Autonomous Prefecture	174 568	37 928
迪庆藏族自治州	Diqing Tibetan Autonomous Prefecture	144 822	15 679
自治州以外的自治县小计	**Autonomous Counties Except the Above Prefectures**	**1 914 682**	**721 344**
石林彝族自治县	Shilin Yi Autonomous County	122 793	33 770
禄劝彝族苗族自治县	Luquan Yi and Miao Autonomous County	182 788	37 252
寻甸回族彝族自治县	Xundian Hui and Yi Autonomous County	198 128	53 271
峨山彝族自治县	Eshan Yi Autonomous County	53 103	27 104
新平彝族傣族自治县	Xinping Yi and Dai Autonomous County	95 734	42 978
元江哈尼族彝族傣族自治县	Yuanjiang Hani and Yi and Dai Autonomous County	59 575	24 525
宁洱哈尼族彝族自治县	Ning'er Hani and Yi Autonomous County	69 972	31 470
墨江哈尼族自治县	Mojiang Hani Autonomous County	117 802	40 018
景东彝族自治县	Jingdong Yi Autonomous County	132 653	48 979
景谷傣族彝族自治县	Jinggu Dai and Yi Autonomous County	127 531	65 008
镇沅彝族哈尼族拉祜族自治县	Zhenyuan Yi and Hani and Lahu Autonomous County	82 617	39 192
江城哈尼族彝族自治县	Jiangcheng Hani and Yi Autonomous County	35 861	19 938
孟连傣族拉祜族佤族自治县	Menglian Dai and Lahu and Wa Autonomous County	47 721	31 917
澜沧拉祜族自治县	Lancang Lahu Autonomous County	182 831	101 994
西盟佤族自治县	Ximeng Wa Autonomous County	33 304	18 882
丽江纳西族自治县	Yulong Naxi Autonomous County	102 498	10 830
宁蒗彝族自治县	Ninglang Yi Autonomous County	72 862	11 078
双江拉祜族佤族布朗族傣族自治县	Shuangjiang Lahu and Wa and Bulang and Dai Autonomous County	57 180	24 692
耿马傣族佤族自治县	Gengma Dai and Wa Autonomous County	86 331	35 006
沧源佤族自治县	Cangyuan Wa Autonomous County	53 398	23 440

Yields of Major Farm Crops in Ethnic Minority Autonomous Regions (2009)

(ton)

				油 料	甘 蔗	烤 烟
#小 麦 Wheat	#玉 米 Maize	#豆 类 Beans and Peas	#薯 类 Tubers	Oil-bearing Crops	Sugar-cane	Flue-cured Tobacco
442 727	**2 826 115**	**548 006**	**490 770**	**2 507 248**	**129 212 807**	**4 458 567**
327 792	**2 125 294**	**434 958**	**322 955**	**2 017 834**	**71 752 431**	**3 121 874**
87 486	253 501	101 960	30 069	456 950	149 040	885 540
70 969	463 126	71 821	87 053	345 378	14 541 737	892 765
59 117	554 101	89 663	89 517	487 973	8 841 695	525 505
172	105 016	2 828	3 283	20 840	7 898 380	
47 336	440 997	133 523	63 129	452 478	2 976 640	816 700
23 383	158 789	7 554	27 154	192 822	36 410 014	1 364
12 033	83 586	17 281	12 714	18 824	934 925	
27 296	66 178	10 328	10 036	42 569		
114 935	**700 821**	**113 048**	**167 815**	**489 414**	**57 460 376**	**1 336 693**
10 304	53 344	9 531	9 335	11 239		167 070
14 338	77 880	12 224	27 889	19 018	18 290	136 297
4 342	43 675	11 176	61 733	47 619		213 651
1 857	20 556	2 131	799	100 529	149 180	107 766
2 266	38 009	2 094	4 092	33 018	6 816 990	138 139
4 132	24 851	2 010	2 052	41 360	6 549 220	108 413
5 443	23 463	2 273	5 777	15 513	3 467	29 163
4 662	59 219	8 091	2 074	30 355	565 921	54 661
14 883	52 521	10 905	4 923	15 350	1 237 794	108 010
3 586	43 691	4 644	9 077	25 671	3 168 000	49 369
6 268	30 394	5 429	869	18 307	302 510	87 202
350	14 230	809	494	7 076	864 210	
128	14 718	626	158	8 443	3 175 240	
2 209	66 458	5 189	2 313	18 512	6 866 230	
464	11 396	307	76	1 825	381 309	
25 933	35 933	14 696	9 846	48 978		77 190
3 549	19 064	10 223	17 942	1 173		13 262
6 006	18 814	2 059	2 870	12 625	4 784 484	14 000
3 413	29 607	6 626	4 576	24 061	17 617 531	7 500
802	22 998	2 005	920	8 742	4 960 000	25 000

20-13 民族自治地方规模以上工业企业单位数及总产值（2009年）

单位：万元

地　　区	Region	工业企业单位数（个） Number of Industrial Enterprises
总　计	**Total**	**3 489**
自治州小计	**Autonomous Prefectures**	**894**
楚雄彝族自治州	Chuxiong Yi Nationality	182
红河哈尼族彝族自治州	Honghe Hani , Yi Nationality	205
文山壮族苗族自治州	Wenshan Zhuang , Miao Nationality	133
西双版纳傣族自治州	Xishuangbanna Dai Nationality	62
大理白族自治州	Dali Bai Nationality	190
德宏傣族景颇族自治州	Dehong Dai , Jingpo Nationality	85
怒江傈僳族自治州	Nujiang Lisu Nationality	15
迪庆藏族自治州	Diqing Tibetan Nationality	22
自治州以外的自治县小计	**Autonomous Counties Except the Above Prefectures**	**266**
石林彝族自治县	Shilin Yi Nationality	30
禄劝彝族苗族自治县	Luquan Yi , Miao Nationality	23
寻甸回族彝族自治县	Xundian Hui , Yi Nationality	20
峨山彝族自治县	Eshan Yi Nationality	23
新平彝族傣族自治县	Xinping Yi , Dai Nationality	16
元江哈尼族彝族傣族自治县	Yuanjiang Hani , Yi , Dai Nationality	17
宁洱哈尼族彝族自治县	Ning'er Hani , Yi Nationality	15
墨江哈尼族自治县	Mojiang Hani Nationality	9
景东彝族自治县	Jingdong Yi Nationality	10
景谷傣族彝族自治县	Jinggu Dai , Yi Nationality	25
镇沅彝族哈尼族拉祜族自治县	Zhenyuan Yi , Hani , Lahu Nationality	11
江城哈尼族彝族自治县	Jiangcheng Hani , Yi Nationality	6
孟连傣族拉祜族佤族自治县	Menglian Dai , Lahu , Wa Nationality	5
澜沧拉祜族自治县	Lancang Lahu Nationality	9
西盟佤族自治县	Ximeng Wa Nationality	2
玉龙纳西族自治县	Yulong Naxi Nationality	6
宁蒗彝族自治县	Ninglang Yi Nationality	12
双江拉祜族佤族布朗族傣族自治县	Shuangjiang Lahu , Wa , Bulang , Dai Nationality	10
耿马傣族佤族自治县	Gengma Dai , Wa Nationality	9
沧源佤族自治县	Cangyuan Wa Nationality	8

注：1.统计范围为年主营业务收入500万元及以上工业。
　　2.工业总产值系按当年价格计算。

Number of Enterprises above Designated Size and Their Gross Output Value in Ethnic Minority Autonomous Areas (2009)

(10 000 yuan)

			工业总产值	
#国 有 Of Which State-owned	轻工业 Light Industry	重工业 Heavy Industry	Gross Output Value of Industry	#国 有 Of Which State-owned
230	**980**	**2 509**	**51 782 090**	**7 970 004**
77	**277**	**617**	**13 383 210**	**2 759 105**
13	59	123	2 399 034	779 739
25	49	156	5 743 943	1 075 828
7	31	102	1 501 396	233 967
11	26	36	307 665	65 260
11	79	111	2 478 203	493 326
5	25	60	515 669	35 178
2		15	244 812	46 840
3	8	14	192 487	28 967
19	**80**	**186**	**2 342 869**	**297 048**
2	10	20	108 050	10 355
1	3	20	57 017	11 947
2	4	16	330 990	17 293
1	5	18	319 902	14 803
2	3	13	695 469	192 662
2	2	15	98 125	15 261
2	3	12	62 938	9 253
1	3	6	67 176	4 686
1	2	8	43 996	4 706
	11	14	168 458	
2	2	9	30 422	10 739
2	2	4	13 068	3 058
	2	3	19 027	
	3	6	94 397	
	1	1	6 070	
	5	1	32 902	
	3	9	28 792	
	7	3	72 365	
1	6	3	66 931	2 283
	3	5	26 775	

Note: a.Statistical coverage are industrial enterprises with annual revenue over 5 million yuan from principal business.
b.Gross industrial product value is calculated at the current prices.

20-14 民族自治地方主要工业产品产量（2009年）

地区	Region	钢（吨）Steel (ton)	生铁(吨) Pig Iron (ton)
总计	**Total**	**9 733 008**	**12 943 018**
自治州小计	**Autonomous Prefectures**	**2 617 580**	**2 912 617**
楚雄彝族自治州	Chuxiong Yi Nationality	1 466 033	1 518 087
红河哈尼族彝族自治州	Honghe Hani , Yi Nationality	1 051 917	1 266 873
文山壮族苗族自治州	Wenshan Zhuang , Miao Nationality		6 940
西双版纳傣族自治州	Xishuangbanna Dai Nationality		
大理白族自治州	Dali Bai Nationality	99 630	120 717
德宏傣族景颇族自治州	Dehong Dai , Jingpo Nationality		
怒江傈僳族自治州	Nujiang Lisu Nationality		
迪庆藏族自治州	Diqing Tibetan Nationality		
自治州以外的自治县小计	**Autonomous Counties Except the Above Prefectures**	**416 115**	**701 230**
石林彝族自治县	Shilin Yi Nationality		57 000
禄劝彝族苗族自治县	Luquan Yi , Miao Nationality		
寻甸回族彝族自治县	Xundian Hui , Yi Nationality		
峨山彝族自治县	Eshan Yi Nationality	9 550	644 230
新平彝族傣族自治县	Xinping Yi , Dai Nationality	406 565	
元江哈尼族彝族傣族自治县	Yuanjiang Hani , Yi , Dai Nationality		
宁洱哈尼族彝族自治县	Ning'er Hani , Yi Nationality		
墨江哈尼族自治县	Mojiang Hani Nationality		
景东彝族自治县	Jingdong Yi Nationality		
景谷傣族彝族自治县	Jinggu Dai , Yi Nationality		
镇沅彝族哈尼族拉祜族自治县	Zhenyuan Yi , Hani , Lahu Nationality		
江城哈尼族彝族自治县	Jiangcheng Hani , Yi Nationality		
孟连傣族拉祜族佤族自治县	Menglian Dai , Lahu , Wa Nationality		
澜沧拉祜族自治县	Lancang Lahu Nationality		
西盟佤族自治县	Ximeng Wa Nationality		
玉龙纳西族自治县	Yulong Naxi Nationality		
宁蒗彝族自治县	Ninglang Yi Nationality		
双江拉祜族佤族布朗族傣族自治县	Shuangjiang Lahu , Wa , Bulang , Dai Nationality		
耿马傣族佤族自治县	Gengma Dai , Wa Nationality		
沧源佤族自治县	Cangyuan Wa Nationality		

注：本表统计范围为全部工业法人单位。

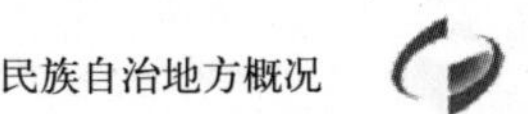

Output of Major Industrial Products in Nationality Autonomous Areas (2009)

原 煤(万吨) Coal (10 000 tons)	发电量(万千瓦小时) Electricity (10 000 kwh)	糖 (吨) Sugar (ton)	卷 烟(万支) Cigarettes (10 000)	农用化肥(吨) Chemicl Fertilizer(ton)	白 酒(千升) Liquor (kiloliter)	啤 酒(千升) Beer (kiloliter)	水 泥(万吨) Cement (10 000 tons)
8 921	**11 738 181**	**2 239 133**	**39 759 975**	**3 567 273**	**235 294**	**481 697**	**5046**
1 931	**4 203 393**	**838 896**		**838 995**	**131 182**	**257 815**	**1652**
171	140 957			55 917	11 878	100 002	121
1 353	1 616 105	173 510		759 177	32 898	13 387	397
140	487 821	52 815		23 901	38 265		253
	641 707	120 309			280	7 920	40
265	358 361	18 730			32 149	133 475	685
2	741 251	473 532			2 063	3 031	137
	111 861				4 123		11
	105 330				9 526		8
588	**456 452**	**671 685**		**95 908**	**27 087**		**415**
83	706				2 887		21
	66 533						49
313	65 850			24 491	4 355		61
27	3 126	5 668		71 417	3 796		18
	53 352	84 357			415		28
	39 003	90 973			607		99
10	9 263				60		49
	101 206	8 083			2600		11
7	9 127	15 035					11
7	26 195	40 571			4399		23
8	4 012	3 311			74		8
	3 783	15 697			380		
3	11 752	40 785			34		
31	10 740	72 975			519		7
	6 607	13 568					
3	7 145				532		
87	14 930				3526		5
3	10 278	56 243			360		2
	6 805	168 905			2264		2
7	6 038	55 515			279		19

Note: Statistical coverage are all industrial legal entities in this table.

20-15 民族自治地方规模以上工业企业主要财务指标（2009年）

单位：万元

地　　区	Region	现价总产值 Gross Output Value (at current prices)
总　计	**Total**	**51 782 090**
自治州小计	**Autonomous Prefectures**	**13 383 210**
楚雄彝族自治州	Chuxiong Yi Nationality	2 399 034
红河哈尼族彝族自治州	Honghe Hani , Yi Nationality	5 743 943
文山壮族苗族自治州	Wenshan Zhuang , Miao Nationality	1 501 396
西双版纳傣族自治州	Xishuangbanna Dai Nationality	307 665
大理白族自治州	Dali Bai Nationality	2 478 203
德宏傣族景颇族自治州	Dehong Dai , Jingpo Nationality	515 669
怒江傈僳族自治州	Nujiang Lisu Nationality	244 812
迪庆藏族自治州	Diqing Tibetan Nationality	192 487
自治州以外的自治县小计	**Autonomous Counties Except the Above Prefectures**	**2 342 869**
石林彝族自治县	Shilin Yi Nationality	108 050
禄劝彝族苗族自治县	Luquan Yi , Miao Nationality	57 017
寻甸回族彝族自治县	Xundian Hui , Yi Nationality	330 990
峨山彝族自治县	Eshan Yi Nationality	319 902
新平彝族傣族自治县	Xinping Yi , Dai Nationality	695 469
元江哈尼族彝族傣族自治县	Yuanjiang Hani , Yi , Dai Nationality	98 125
宁洱哈尼族彝族自治县	Ning'er Hani , Yi Nationality	62 938
墨江哈尼族自治县	Mojiang Hani Nationality	67 176
景东彝族自治县	Jingdong Yi Nationality	43 996
景谷傣族彝族自治县	Jinggu Dai , Yi Nationality	168 458
镇沅彝族哈尼族拉祜族自治县	Zhenyuan Yi , Hani , Lahu Nationality	30 422
江城哈尼族彝族自治县	Jiangcheng Hani , Yi Nationality	13 068
孟连傣族拉祜族佤族自治县	Menglian Dai , Lahu , Wa Nationality	19 027
澜沧拉祜族自治县	Lancang Lahu Nationality	94 397
西盟佤族自治县	Ximeng Wa Nationality	6 070
玉龙纳西族自治县	Yulong Naxi Nationality	32 902
宁蒗彝族自治县	Ninglang Yi Nationality	28 792
双江拉祜族佤族布朗族傣族自治县	Shuangjiang Lahu , Wa , Bulang , Dai Nationality	72 365
耿马傣族佤族自治县	Gengma Dai , Wa Nationality	66 931
沧源佤族自治县	Cangyuan Wa Nationality	26 775

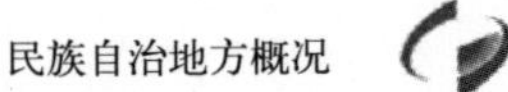

Principal Financial Indicators of Industrial Enterprises of Annual Revenue over 5 Million Yuan from Principal Business with Independent Accounting Systems in Nationality Autonomous Areas (2009)

(10 000 yuan)

主营业务收入 Revenue from Principal Business	固定资产原值 Original Value of Fixed Assets	固定资产净值 Net Value of Fixed Assets	利税总额 Total Profits	亏损企业的亏损总额 Total Loss of Loss-making Enterprises
49 680 832	**40 712 923**	**27 098 910**	**10 941 773**	**597 709**
12 566 401	**12 428 478**	**8 820 359**	**2 860 866**	**165 002**
2 275 780	1 628 137	1 059 269	619 005	9 367
5 340 957	5 280 018	3 642 648	1 194 847	65 058
1 355 485	1 426 158	1 095 820	340 073	11 766
262 475	289 430	199 096	60 285	9 275
2 353 110	1 749 424	1 150 715	519 105	23 391
528 767	1 299 866	1 057 462	62 333	31 613
269 316	406 850	321 440	48 169	4 710
180 511	348 596	293 910	17 049	9 823
2 160 428	**2 092 091**	**1 474 432**	**311 556**	**40 037**
100 870	109 355	73 839	13 099	415
55 412	113 907	102 851	4 959	3 143
300 714	250 092	200 311	21 740	3 398
299 570	103 975	58 867	56 877	4 841
693 386	500 495	377 458	131 758	476
95 466	114 023	71 733	9 010	2 018
49 883	55 930	31 408	3 274	2 440
66 651	166 541	141 892	28 651	965
34 329	30 277	21 737	3 060	320
121 174	251 705	139 396	6 094	7 538
24 534	43 961	31 044	468	1 796
13 743	24 708	12 677	1 907	920
16 484	30 611	17 937	2 881	138
76 760	70 279	57 663	10 610	1 892
6 070	11 630	2 692	670	
28 589	25 478	19 360	3 658	
28 311	30 870	23 320	5 953	
54 859	43 080	28 963	2 695	2 320
62 916	71 967	31 302	6 865	1 301
30 709	43 209	29 983	- 2 672	6 117

二十一、各地区主要经济指标

Principal Economic Indicators by Region

21-1 各地区生产总值及其指数（2009年）
Gross Regional Product and Its Indices by Region (2009)

地 区 Region	绝对数(万元) Level (10 000 yuan)				指 数(上年=100) Index (preceding year=100)			
	地区生产总值 Gross Regional Product	第一产业 Primary Industry	第二产业 Secondary Industry	第三产业 Tertiary Industry	地区生产总值 Gross Regional Product	第一产业 Primary Industry	第二产业 Secondary Industry	第三产业 Tertiary Industry
全 省 Total	**61 697 500**	**10 676 000**	**25 825 300**	**25 196 200**	**112.1**	**105.2**	**113.6**	**113.1**
昆 明 市 Kunming	**18 374 605**	**1 149 246**	**8 245 790**	**8 979 569**	**112.8**	**105.8**	**112.9**	**113.7**
五华区 Wuhua	4 966 068	15 384	2 797 888	2 152 796	111.0	100.8	110.8	111.4
盘龙区 Panlong	2 071 510	19 562	593 591	1 458 357	113.3	104.5	116.9	112.0
官渡区 Guandu	4 078 349	95 128	1 576 342	2 406 879	113.7	98.3	114.8	113.8
西山区 Xishan	2 109 728	30 076	614 787	1 464 865	112.7	102.1	111.3	113.4
东川区 Dongchuan	337 575	32 047	214 179	91 349	111.4	106.8	114.2	105.5
呈贡县 Chenggong	590 731	74 554	282 281	233 896	111.7	92.4	111.0	120.9
晋宁县 Jinning	491 943	108 526	252 648	130 769	114.2	108.5	117.5	113.1
富民县 Fumin	238 739	55 874	108 487	74 378	113.1	107.1	114.0	115.4
宜良县 Yiliang	824 513	244 515	240 556	339 442	113.7	109.2	121.5	111.4
石林县 Shilin	310 047	93 040	83 304	133 703	114.1	111.9	113.2	116.1
嵩明县 Songming	384 872	99 705	165 740	119 427	113.2	107.1	116.1	113.6
禄劝县 Luquan	284 541	99 242	68 836	116 463	112.9	107.3	125.0	111.2
寻甸县 Xundian	324 689	107 975	83 144	133 570	113.2	106.9	118.9	114.8
安宁市 Anning	1 211 849	71 433	715 278	425 138	111.2	106.1	110.6	113.3
曲 靖 市 Qujing	**8 709 446**	**1 600 564**	**4 515 169**	**2 593 713**	**112.8**	**107.1**	**113.3**	**115.1**
麒麟区 Qilin	2 715 210	119 417	1 695 480	900 313	112.9	107.2	113.2	113.0
马龙县 Malong	195 836	48 116	87 542	60 178	113.5	107.5	116.8	113.3
陆良县 Luliang	798 715	282 889	291 573	224 253	113.0	108.1	116.1	113.7
师宗县 Shizong	422 569	157 978	149 241	115 350	113.3	108.0	116.9	113.7
罗平县 Luoping	669 197	171 002	269 748	228 447	108.4	108.6	102.6	115.9
富源县 Fuyuan	954 000	183 296	523 184	247 520	113.5	107.0	114.2	117.0
会泽县 Huize	833 004	164 804	486 529	181 671	113.0	108.5	113.3	115.0
沾益县 Zhanyi	813 322	194 229	421 697	197 396	112.0	107.0	112.0	116.7
宣威市 Xuanwei	1 261 783	282 063	562 877	416 843	112.6	108.0	113.6	114.1
玉 溪 市 Yuxi	**6 444 042**	**665 943**	**3 847 214**	**1 930 885**	**11.8**	**6.0**	**12.8**	**12.9**
红塔区 Hongta	3 818 111	100 024	2 911 826	806 261	14.1	4.7	15.8	16.0
江川县 Jiangchuan	314 985	98 273	77 984	138 728	- 12.2	4.3	- 43.9	- 52.9
澄江县 Chengjiang	305 183	57 370	118 654	129 159	16.5	5.2	20.4	17.5
通海县 Tonghai	422 707	86 373	170 263	166 071	10.1	7.3	13.9	14.8
华宁县 Huaning	284 213	81 973	90 592	111 648	10.2	3.5	16.7	15.8
易门县 Yimen	287 458	58 663	132 110	96 685	8.4	6.4	3.7	2.6
峨山县 Eshan	282 806	49 231	130 075	103 500	10.2	4.0	12.0	11.5
新平县 Xinping	410 435	76 147	205 328	128 960	14.1	8.9	10.9	10.1
元江县 Yuanjiang	269 674	86 291	64 638	118 745	11.1	8.5	10.4	6.4

21-1 续表1 continued

地 区	Region	绝对数(万元) Level (10 000 yuan) 地区生产总值 Gross Regional Product	第一产业 Primary Industry	第二产业 Secondary Industry	第三产业 Tertiary Industry	指 数(上年=100) Index (preceding year=100) 地区生产总值 Gross Regional Product	第一产业 Primary Industry	第二产业 Secondary Industry	第三产业 Tertiary Industry
保 山 市	**Baoshan**	**2 216 595**	**722 938**	**632 872**	**860 785**	**113.1**	**108.0**	**122.2**	**110.6**
隆阳区	Longyang	940 719	269 649	271 522	399 548	113.6	108.8	118.1	113.6
施甸县	Shidian	194 983	76 010	37 198	81 775	113.5	107.0	125.7	113.9
腾冲县	Tengchong	574 667	158 540	164 547	251 580	113.5	109.0	121.1	111.6
龙陵县	Longling	236 600	81 000	91 690	63 910	112.6	107.2	117.0	112.6
昌宁县	Changning	292 840	137 879	72 532	82 429	113.0	109.1	118.0	113.8
昭 通 市	**Zhaotong**	**3 204 517**	**728 869**	**1 302 154**	**1 173 494**	**112.7**	**106.6**	**115.1**	**113.3**
昭阳区	Zhaoyang	1 020 458	126 790	489 116	404 552	114.3	108.1	114.9	115.3
鲁甸县	Ludian	198 004	57 388	81 375	59 241	116.6	108.1	123.5	113.7
巧家县	Qiaojia	232 011	102 579	53 316	76 116	112.8	107.9	122.1	112.4
盐津县	Yanjin	186 696	50 759	71 193	64 744	113.0	106.5	116.0	113.8
大关县	Daguan	109 765	39 031	25 268	45 466	110.9	107.9	110.9	113.1
永善县	Yongshan	236 188	63 168	85 437	87 583	112.4	108.9	113.5	113.4
绥江县	Suijiang	101 353	22 600	35 356	43 397	118.6	107.8	138.6	110.0
镇雄县	Zhenxiong	417 524	142 330	119 045	156 149	112.2	104.0	127.5	110.0
彝良县	Yiliang	239 053	73 383	92 206	73 464	114.9	107.7	117.1	118.3
威信县	Weixin	170 003	38 957	58 111	72 935	116.5	107.7	123.3	115.9
水富县	Shuifu	222 782	11 884	145 462	65 436	102.8	99.6	99.1	113.0
丽 江 市	**Lijiang**	**1 206 746**	**230 015**	**441 400**	**535 331**	**113.0**	**106.0**	**116.7**	**113.2**
古城区	Gucheng	420 702	28 521	136 964	255 217	113.6	107.7	117.1	112.4
玉龙县	Yulong	190 763	54 064	53 054	83 645	114.0	109.9	119.7	113.2
永胜县	Yongsheng	241 358	76 900	84 632	79 826	112.4	105.4	118.7	113.7
华坪县	Huaping	222 003	33 387	126 367	62 249	114.4	106.3	118.5	111.9
宁蒗县	Ninglang	125 096	37 096	31 884	56 116	113.2	110.9	110.9	116.3
普 洱 市	**Pu'er**	**2 116 987**	**643 708**	**689 048**	**784 231**	**113.7**	**106.0**	**124.1**	**110.6**
思茅区	Simao	458 796	56 125	180 289	222 382	113.6	107.4	120.1	109.9
宁洱县	Ning'er	190 301	60 021	49 760	80 520	110.8	108.4	116.0	109.6
墨江县	Mojiang	212 356	58 623	79 015	74 718	114.4	108.6	126.8	108.5
景东县	Jingdong	250 869	116 177	51 044	83 648	113.9	112.6	119.0	112.3
景谷县	Jinggu	335 261	131 576	121 950	81 735	116.0	114.6	122.1	109.5
镇沅县	Zhenyuan	144 341	59 550	31 552	53 239	113.9	109.4	127.9	111.0
江城县	Jiangcheng	110 618	34 918	46 624	29 076	113.4	102.1	137.0	100.2
孟连县	Menglian	89 210	35 036	19 167	35 007	112.3	112.3	109.5	114.0
澜沧县	Lancang	237 869	80 108	74 977	82 784	111.2	104.5	114.4	114.8
西盟县	Ximeng	39 797	12 165	7 223	20 409	110.4	110.2	105.9	112.1
临 沧 市	**Lincang**	**1 813 326**	**631 879**	**585 982**	**595 465**	**111.4**	**106.6**	**112.0**	**115.4**
临翔区	Linxiang	286 162	68 336	68 334	149 492	111.9	106.5	115.2	112.8
凤庆县	Fengqing	272 551	116 200	64 718	91 633	112.4	106.7	124.0	110.9
云 县	Yunxian	416 816	137 227	177 409	102 180	110.4	108.3	108.7	116.6
永德县	Yongde	184 330	75 462	42 241	66 627	112.1	107.5	108.9	118.9
镇康县	Zhenkang	145 801	38 876	56 933	49 992	111.0	106.5	112.2	113.7
双江县	Shuangjiang	123 005	47 258	37 756	37 991	111.5	107.1	112.6	115.7
耿马县	Gengma	260 581	118 444	57 685	84 452	111.2	106.4	115.8	113.5
沧源县	Cangyuan	112 628	34 907	28 189	49 532	108.8	105.8	102.4	115.4

21-1 续表2 continued

地区	Region	绝对数(万元) Level (10 000 yuan) 地区生产总值 Gross Regional Product	第一产业 Primary Industry	第二产业 Secondary Industry	第三产业 Tertiary Industry	指数(上年=100) Index (preceding year=100) 地区生产总值 Gross Regional Product	第一产业 Primary Industry	第二产业 Secondary Industry	第三产业 Tertiary Industry
楚雄州	**Chuxiong**	**3 439 465**	**816 613**	**1 386 004**	**1 236 848**	**112.2**	**106.8**	**114.2**	**113.2**
楚雄市	Chuxiong	1 404 879	148 731	795 697	460 451	112.2	106.2	111.9	114.5
双柏县	Shuangbo	111 495	49 933	23 072	38 490	111.1	106.3	117.6	113.3
牟定县	Mouding	178 692	54 680	54 579	69 433	112.9	105.6	122.5	112.5
南华县	Nanhua	177 172	68 910	53 100	55 162	111.3	106.8	116.1	112.6
姚安县	Yao'an	173 322	65 303	47 898	60 121	111.9	106.5	117.7	112.6
大姚县	Dayao	240 919	78 893	80 433	81 593	104.9	106.2	99.8	110.6
永仁县	Yongren	102 763	39 177	24 046	39 540	111.8	106.0	119.4	113.3
元谋县	Yuanmou	177 902	77 191	35 211	65 500	111.6	106.1	121.9	112.0
武定县	Wuding	211 752	80 762	61 118	69 872	112.0	106.4	116.7	113.6
禄丰县	Lufeng	740 123	152 967	283 055	304 101	112.4	106.0	114.0	113.9
红河州	**Honghe**	**5 608 799**	**1 046 043**	**2 835 561**	**1 727 195**	**111.1**	**105.4**	**113.1**	**110.6**
个旧市	Gejiu	1 054 224	66 113	658 426	329 685	109.5	106.0	107.9	114.3
开远市	Kaiyuan	747 777	98 833	352 621	296 323	107.7	105.7	105.6	111.5
蒙自县	Mengzi	614 642	111 011	309 316	194 315	113.9	108.1	116.7	113.2
屏边县	Pingbian	105 922	33 616	31 637	40 669	106.8	106.6	102.2	111.3
建水县	Jianshui	557 092	134 992	201 228	220 872	111.2	105.3	111.2	114.0
石屏县	Shiping	242 564	105 094	59 315	78 155	110.2	106.8	113.6	111.7
弥勒县	Mile	1 225 163	109 590	951 426	164 147	108.4	106.7	107.1	118.3
泸西县	Luxi	294 230	84 065	94 688	115 477	111.1	106.4	113.5	112.4
元阳县	Yuanyang	174 853	63 113	43 186	68 554	112.1	104.1	134.5	107.6
红河县	Honghe	120 400	54 600	20 590	45 210	111.1	103.0	132.6	111.5
金平县	Jinping	178 986	46 912	85 083	46 991	110.0	107.0	108.3	116.0
绿春县	Luchun	91 320	32 440	29 244	29 636	112.5	107.4	114.5	115.2
河口县	Hekou	148 673	29 553	35 281	83 839	111.7	99.5	118.2	113.1
文山州	**Wenshan**	**2 848 997**	**706 936**	**948 273**	**1 193 788**	**112.6**	**106.8**	**116.8**	**112.8**
文山县	Wenshan	842 960	96 524	387 674	358 762	114.8	105.7	119.4	112.7
砚山县	Yanshan	442 617	93 015	182 644	166 958	113.5	106.0	118.9	111.9
西畴县	Xichou	121 149	45 397	12 768	62 984	109.2	106.8	122.2	108.4
麻栗坡县	Malipo	211 070	58 002	77 988	75 080	112.1	106.0	116.3	111.9
马关县	Maguan	303 504	77 078	118 408	108 018	107.4	107.2	105.7	110.5
丘北县	Qiubei	230 511	99 698	37 546	93 267	112.0	107.4	118.4	114.2
广南县	Guangnan	365 785	153 000	71 564	141 221	111.6	107.0	120.8	111.9
富宁县	Funing	305 033	84 222	99 128	121 683	110.5	106.8	111.1	112.7
西双版纳州	**Xishuangbanna**	**1 386 353**	**406 911**	**410 109**	**569 333**	**112.8**	**108.2**	**114.8**	**114.8**
景洪市	Jinghong	753 778	184 962	243 950	324 866	116.4	111.5	134.5	109.3
勐海县	Menghai	340 038	77 469	127 144	135 425	110.5	110.0	107.2	114.3

21-1 续表3 continued

地 区	Region	绝对数(万元) Level (10 000 yuan)				指 数(上年=100) Index (preceding year=100)			
		地区生产总值 Gross Regional Product	第一产业 Primary Industry	第二产业 Secondary Industry	第三产业 Tertiary Industry	地区生产总值 Gross Regional Product	第一产业 Primary Industry	第二产业 Secondary Industry	第三产业 Tertiary Industry
勐腊县	Mengla	346 529	143 207	74 428	128 894	111.0	112.8	103.6	113.2
大 理 州	**Dali**	**4 044 965**	**1 040 078**	**1 454 773**	**1 550 114**	**112.0**	**106.0**	**117.3**	**110.9**
大理市	Dali	1 596 433	126 236	767 270	702 927	111.1	105.0	114.2	109.1
漾濞县	Yangbi	92 380	26 250	45 475	20 655	113.4	110.3	117.6	108.6
祥云县	Xiangyun	509 248	157 794	248 487	102 967	112.9	112.4	111.0	118.0
宾川县	Binchuan	407 100	192 504	89 756	124 840	110.2	105.1	117.1	113.1
弥渡县	Midu	197 990	64 048	54 629	79 313	110.4	110.0	106.4	113.5
南涧县	Nanjian	150 126	60 580	20 888	68 656	112.2	108.7	114.6	114.3
巍山县	Weishan	193 795	76 058	44 070	73 667	110.2	106.0	114.4	111.8
永平县	Yongping	147 260	61 232	34 490	51 538	111.5	108.7	117.5	111.0
云龙县	Yunlong	161 172	53 854	58 701	48 617	113.2	105.0	122.8	110.4
洱源县	Eryuan	213 284	79 695	58 693	74 896	110.0	105.4	110.1	115.4
剑川县	Jianchuan	111 571	30 052	47 649	33 870	100.4	111.9	87.4	115.3
鹤庆县	Heqing	203 538	57 191	88 314	58 033	114.4	110.4	116.1	115.4
德 宏 州	**Dehong**	**1 157 088**	**330 910**	**346 675**	**479 503**	**115.1**	**107.4**	**127.7**	**113.0**
瑞丽市	Ruili	247 184	51 369	54 338	141 477	111.9	109.0	110.2	113.5
潞西市	Luxi	373 114	101 137	101 121	170 856	115.2	105.0	129.3	113.6
梁河县	Lianghe	90 230	27 255	27 166	35 809	116.0	109.8	134.0	109.9
盈江县	Yingjiang	306 269	93 618	128 268	84 383	121.1	111.8	140.9	110.1
陇川县	Longchuan	143 407	57 531	35 782	50 094	111.0	109.2	114.2	110.6
怒 江 州	**Nujiang**	**480 471**	**59 231**	**203 544**	**217 696**	**113.1**	**103.8**	**107.0**	**124.0**
泸水县	Lushui	161 035	20 503	59 308	81 224	111.8	105.5	119.0	109.0
福贡县	Fugong	47 680	9 642	18 163	19 875	111.7	104.7	116.6	110.8
贡山县	Gongshan	31 579	7 763	11 277	12 539	116.0	105.7	126.1	112.8
兰坪县	Lanping	208 641	21 320	124 093	63 228	110.2	102.9	110.4	112.5
迪 庆 州	**Diqing**	**636 560**	**69 091**	**239 273**	**328 196**	**118.3**	**105.8**	**117.0**	**122.4**
香格里拉县	Shangri-La	422 175	29 984	175 121	217 070	121.2	105.0	112.0	133.2
德钦县	Deqin	94 668	9 555	51 351	33 762	128.7	101.2	148.0	114.6
维西县	Weixi	152 351	29 014	45 974	77 363	122.1	107.3	153.0	113.7

21-2 各地区人均生产总值（2008-2009年）
Per Capita Gross Regional Product by Region (2008-2009)

单位：元/人 (yuan/person)

地区	Region	2008	2009	地区	Region	2008	2009
全　省	**Total**	**12 570**	**13 539**	龙陵县	Longling	7 668	8 604
昆明市	**Kunming**	**26 286**	**29 355**	昌宁县	Changning	7 318	8 507
五华区	Panlong	52 114	56 918	**昭通市**	**Zhaotong**	**5 404**	**6 025**
盘龙区	Guandu	28 456	31 287	昭阳区	Zhaoyang	11 850	12 691
官渡区	Xishan	47 367	53 620	鲁甸县	Ludian	4 740	5 194
西山区	Xishan	27 673	29 660	巧家县	Qiaojia	3 786	4 365
东川区	Dongchuan	10 470	11 474	盐津县	Yanjin	4 514	4 956
呈贡县	Chenggong	22 800	25 966	大关县	Daguan	3 879	4 230
晋宁县	Jinning	14 972	17 494	永善县	Yongshan	5 460	5 905
富民县	Fumin	13 914	15 769	绥江县	Suijiang	5 488	6 374
宜良县	Yiliang	16 726	19 291	镇雄县	Zhenxiong	2 753	3 024
石林县	Shilin	11 331	12 743	彝良县	Yiliang	3 932	4 359
嵩明县	Songming	9 865	11 006	威信县	Weixin	3 884	4 436
禄劝县	Luquan	5 547	6 371	水富县	Shuifu	23 491	23 134
寻甸县	Xundian	5 917	6 355	**丽江市**	**Lijiang**	**9 863**	**8 577**
安宁市	Anning	35 247	37 741	古城区	Gucheng	24 474	21 509
曲靖市	**Qujing**	**13 774**	**14 970**	玉龙县	Yulong	8 695	7 732
麒麟区	Qilin	35 599	38 900	永胜县	Yongsheng	6 040	5 309
马龙县	Malong	9 370	10 131	华坪县	Huaping	13 479	11 420
陆良县	Luliang	11 781	12 901	宁蒗县	Ninglang	4 885	4 436
师宗县	Shizong	10 267	11 082	**普洱市**	**Pu'er**	**7 169**	**8 193**
罗平县	Luoping	11 612	12 256	思茅区	Simao	16 034	17 810
富源县	Fuyuan	12 054	13 540	宁洱县	Ning'er	8 887	9 754
会泽县	Huize	8 700	9 128	墨江县	Mojiang	4 874	5 591
沾益县	Zhanyi	18 274	19 934	景东县	Jingdong	5 952	6 611
宣威市	Xuanwei	8 856	9 435	景谷县	Jinggu	9 146	10 794
玉溪市	**Yuxi**	**26 529**	**28 245**	镇沅县	Zhenyuan	5 906	6 720
红塔区	Hongta	72 899	80 297	江城县	Jiangcheng	8 209	9 172
江川县	Jiangchuan	13 070	11 272	孟连县	Menglian	6 063	6 657
澄江县	Chengjiang	16 466	18 552	澜沧县	Lancang	4 309	4 764
通海县	Tonghai	12 963	13 891	西盟县	Ximeng	3 884	4 298
华宁县	Huaning	12 421	13 265	**临沧市**	**Lincang**	**6 701**	**7 590**
易门县	Yimen	17 016	15 988	临翔区	Lincang	8 547	9 349
峨山县	Eshan	14 938	17 484	凤庆县	Fengqing	5 185	5 980
新平县	Xinping	16 610	14 421	云　县	Yunxian	8 361	9 323
元江县	Yuanjiang	11 320	12 405	永德县	Yongde	4 347	5 010
保山市	**Baoshan**	**8 038**	**8 972**	镇康县	Zhenkang	7 929	8 506
隆阳区	Longyang	9 525	10 523	双江县	Shuangjiang	6 015	6 803
施甸县	Shidian	5 281	5 999	耿马县	Gengma	7 761	9 114
腾冲县	Tengchong	8 078	9 057	沧源县	Cangyuan	5 916	6 418

21-2 续表 continued

单位：元/人 (yuan/person)

地 区	Region	2008	2009	地 区	Region	2008	2009
楚 雄 州	**Chuxiong**	**11 411**	**12 758**	富宁县	Funing	6 847	7 628
楚雄市	Chuxiong	22 414	25 492	**西双版纳州**	**Xishuangbanna**	**11 552**	**12 920**
双柏县	Shuangbo	6 052	6 990	景洪市	Jinghong	13 062	15 704
牟定县	Mouding	7 567	8 700	勐海县	Menghai	9 282	10 211
南华县	Nanhua	6 628	7 385	勐腊县	Mengla	11 954	13 379
姚安县	Yao'an	7 471	8 305	**大 理 州**	**Dali**	**10 587**	**11 555**
大姚县	Dayao	8 160	8 305	大理市	Dali	23 158	25 109
永仁县	Yongren	8 315	9 436	漾濞县	Yangbi	7 777	8 995
元谋县	Yuanmou	7 181	8 337	祥云县	Xiangyun	9 800	11 080
武定县	Wuding	6 682	7 601	宾川县	Binchuan	10 705	11 852
禄丰县	Lufeng	15 121	16 817	弥渡县	Midu	5 855	6 216
红 河 州	**Honghe**	**11 719**	**12 769**	南涧县	Nanjian	6 110	6 808
个旧市	Gejiu	23 116	23 134	巍山县	Weishan	5 850	6 288
开远市	Kaiyuan	21 577	23 837	永平县	Yongping	7 237	8 069
蒙自县	Mengzi	12 922	15 278	云龙县	Yunlong	6 860	7 775
屏边县	Pingbian	6 569	7 157	洱源县	Eryuan	7 001	7 683
建水县	Jianshui	9 959	10 559	剑川县	Jianchuan	6 774	6 401
石屏县	Shiping	7 512	8 148	鹤庆县	Heqing	6 898	7 623
弥勒县	Mile	21 277	22 990	**德 宏 州**	**Dehong**	**8 508**	**9 728**
泸西县	Luxi	6 848	7 481	瑞丽市	Ruili	13 411	14 618
元阳县	Yuanyang	4 182	4 458	潞西市	Luxi	8 680	9 811
红河县	Honghe	3 814	4 157	梁河县	Lianghe	4 662	5 597
金平县	Jinping	4 707	5 127	盈江县	Yingjiang	8 336	10 250
绿春县	Luchun	3 694	4 114	陇川县	Longchuan	7 282	7 963
河口县	Hekou	13 675	14 309	**怒 江 州**	**Nujiang**	**8 121**	**8 989**
文 山 州	**Wenshan**	**7 398**	**8 277**	泸水县	Lushui	8 336	9 540
文山县	Wenshan	16 568	18 567	福贡县	Fugong	4 689	4 987
砚山县	Yanshan	8 735	9 664	贡山县	Gongshan	7 271	8 444
西畴县	Xichou	4 342	4 808	兰坪县	Lanping	10 678	10 060
麻栗坡县	Malipo	6 959	7 639	**迪 庆 州**	**Diqing**	**14 844**	**16 480**
马关县	Maguan	7 995	8 333	香格里拉县	Shangri-La	22 587	26 168
丘北县	Qiubei	4 297	4 973	德钦县	Deqin	11 658	15 027
广南县	Guangnan	4 178	4 735	维西县	Weixi	8 135	9 912

21-3 主要年份各地区年末总人口

Total Population at Year-end by Region in Significant Years

单位：万人 (10 000 persons)

地 区	Region	1978	1985	1990	1995	2000	2005	2008	2009
全省合计	**Total**	**3 091.5**	**3 418.1**	**3 730.6**	**3 989.6**	**4 240.8**	**4 450.0**	**4 543.0**	**4 571.0**
昆 明 市	**Kunming**	**367.2**	**399.3**	**426.9**	**449.9**	**480.9**	**608.57**	**623.9**	**628.0**
五华区	Wuhua	23.4	31.3	36.6	39.8	45.5	89.09	87.49	87.0
盘龙区	Panlong	26.8	34.5	38.2	41.0	44.4	63.47	65.91	73.0
官渡区	Guandu	42.8	44.4	47.8	52.3	58.0	66.79	75.61	76.5
西山区	Xishan	28.0	29.0	29.9	31.5	33.3	74.56	70.75	71.5
东川区	Dongchuan	23.2	27.5	28.5	28.7	29.7	28.15	29.33	29.5
呈贡县	Chenggong	12.3	13.1	13.8	14.4	15.3	21.45	22.5	23.0
晋宁县	Jinning	22.5	23.0	24.0	25.1	26.6	28.02	28.04	28.2
富民县	Fumin	12	12.3	12.7	13.1	13.6	14.52	15.07	15.2
宜良县	Yiliang	33.4	35.0	36.3	37.6	39.5	40.96	42.58	42.9
石林县	Shilin	17.4	18.9	20.2	21.1	22.3	23.49	24.26	24.4
嵩明县	Songming	26.3	28.3	30.4	31.6	33.3	33.97	34.94	28.5
禄劝县	Luquan	36.8	39.7	42.2	43.9	45.2	43.07	44.52	44.8
寻甸县	Xundian	40.2	40	43.3	46.3	49.3	49.76	50.89	51.3
安宁市	Anning	22.1	22.3	22.9	23.5	25.0	31.27	32.01	32.2
曲 靖 市	**Qujing**	**397.7**	**442**	**482.1**	**511.5**	**547.1**	**565.76**	**578.2**	**581.8**
麒麟区	Qilin	68.3	75.8	83.2	91.8	60.6	67.7	69.48	70.1
马龙县	Malong	16	17	17.7	17.5	18.6	18.5	19.2	19.5
陆良县	Luliang	42.6	46.6	50.4	53.8	58.4	61.2	61.8	62.0
师宗县	Shizong	24.4	26.9	30.1	32	34.7	36.6	38.1	38.2
罗平县	Luoping	37.2	41.9	45.9	48.3	52.3	52.7	54.5	54.7
富源县	Fuyuan	44.8	50.4	55.8	60.0	65.4	70.1	70.4	70.5
会泽县	Huize	67.8	74.1	80.8	83.9	88.7	89.4	90.9	91.6
沾益县	Zhanyi					38.4	39.9	40.6	41.0
宣威市	Xuanwei	96.6	109.3	118.3	124.2	130	129.7	133.3	134.2
玉 溪 市	**Yuxi**	**156.6**	**168.9**	**181.9**	**190.6**	**201.7**	**221.35**	**227.6**	**228.7**
红塔区	Hongta	26.4	29.1	32.3	34.6	37.7	46.01	47.4	47.7
江川县	Jiangchuan	19.4	20.7	22.5	23.9	25.6	27.08	27.9	28.0
澄江县	Chengjiang	11.7	12.5	13.3	13.9	14.8	15.9	16.4	16.5
通海县	Tonghai	19.5	21.4	23.4	25.0	26.3	29.6	30.4	30.5
华宁县	Huaning	15.7	17.0	18.1	18.8	19.8	20.72	21.4	21.5
易门县	Yimen	15.2	15.7	16.2	16.6	17.2	17.58	18.0	18.0
峨山县	Ershan	11.9	12.7	13.5	14.1	14.7	15.79	16.2	16.2
新平县	Xinping	21.3	23.2	24.9	25.3	26.3	27.58	28.4	28.5
元江县	Yuanjiang	15.5	16.6	17.7	18.3	19.3	21.09	21.7	21.8

21-3 续表1 continued

单位：万人 (10 000 persons)

地 区	Region	1978	1985	1990	1995	2000	2005	2008	2009
保 山 市	**Baoshan**	**182.9**	**197.8**	**212.2**	**223.6**	**234.5**	**244.2**	**246.4**	**247.7**
隆阳区	Longyang	64.4	68.8	73.9	78.3	83	87.7	88.7	89.4
施甸县	Shidian	25.4	27.4	29.5	31.1	32.3	32.4	32.5	32.5
腾冲县	Tengchong	45.1	49.5	53.4	56.4	59.4	62.7	63.3	63.8
龙陵县	Longling	21.1	23	24.8	25.8	26.5	27.2	27.5	27.6
昌宁县	Changning	26.9	29.1	30.6	32	33.3	34.4	34.4	34.5
昭 通 市	**Zhaotong**	**339.4**	**381.4**	**429**	**457.1**	**491.9**	**507.5**	**529.5**	**534.3**
昭阳区	Zhaoyang	48.8	54.7	62.3	67.3	73.6	74.9	80.1	80.8
鲁甸县	Ludian	22.3	25.8	30.4	33.5	36.2	38.6	38.0	38.3
巧家县	Qiaojia	38.7	43.1	46.8	48	50.4	51.1	53.4	53.0
盐津县	Yanjin	25.3	28.1	31.8	33.1	35.5	36.5	37.5	37.8
大关县	Daguan	17.9	20.1	22.7	23.8	24.4	25.0	25.9	26.1
永善县	Yongshan	31.2	33.7	36.6	37.7	39.3	40.2	39.8	40.2
绥江县	Suijiang	11.5	12.3	13.5	14.4	15.3	15.4	15.8	16.0
镇雄县	Zhenxiong	78.1	90.7	102.7	111.5	121.6	126.2	137.0	139.2
彝良县	Yiliang	34.4	38.8	43.8	46.4	50.6	53.2	54.6	55.1
威信县	Weixin	24.5	26.6	30.3	32.8	35.7	37.0	38.0	38.3
水富县	Shuifu	6.7	7.5	8.2	8.6	9.1	9.4	9.6	9.7
丽 江 市	**Lijiang**	**87.4**	**94.5**	**101.5**	**105.9**	**109.9**	**120.3**	**122.1**	**122.6**
古城区	Gucheng						16.9	17.2	17.2
玉龙县	Yulong	28.4	30.1	31.9	33.2	34.7	22.7	23.1	23.2
永胜县	Yongsheng	30.9	33.1	35.4	36.8	37.7	39.3	39.9	40.0
华坪县	Huaping	12.3	13.3	14.0	14.5	14.8	16.2	16.5	16.5
宁蒗县	Ninglang	15.8	18.0	20.1	21.4	22.7	25.2	25.6	25.7
普 洱 市	**Pu'er**	**188.7**	**209.3**	**220.9**	**225.9**	**231.8**	**256.6**	**258.1**	**258.7**
思茅区	Simao	10.9	12.6	13.7	15.7	18.5	25.5	25.7	25.9
宁洱县	Ning'er	16.9	17.9	18.4	18.5	18.6	19.4	19.5	19.5
墨江县	Mojiang	31.2	34.2	35.2	35.6	35.2	37.8	38.0	38.0
景东县	Jingdong	29.9	32.7	34.1	34.4	35.1	37.8	37.9	38.0
景谷县	Jinggu	24.5	26.7	28	28.5	28.9	30.9	31.0	31.1
镇沅县	Zhenyuan	18.1	19.5	20.3	20.2	20.4	21.4	21.5	21.5
江城县	Jiangcheng	7.1	8.1	8.9	9.1	9.1	11.8	12.0	12.1
孟连县	Menglian	7.2	8.8	9.7	10.4	11.0	13.3	13.4	13.4
澜沧县	Lancang	37.1	41.8	44.8	45.5	46.8	49.7	49.9	50.0
西盟县	Ximeng	5.8	7.0	7.8	8.0	8.2	9.2	9.3	9.3
临 沧 市	**Lincang**	**161.7**	**183.8**	**199.4**	**207.1**	**213.8**	**236.1**	**238.2**	**239.6**
临翔区	Linxiang	21.3	23.8	25.7	26.4	27.3	30.1	30.5	30.7
凤庆县	Fengqing	33.3	37.1	39.9	41.3	42.1	44.9	45.5	45.7

21-3 续表2 continued

单位：万人 (10 000 persons)

地　区	Region	1978	1985	1990	1995	2000	2005	2008	2009
云　县	Yunxian	30.7	35.2	37.7	38.8	39.9	44.0	44.6	44.8
永德县	Yongde	24.8	28.2	30.2	31.1	32.1	36.1	36.7	36.9
镇康县	Zhenkang	11.1	12.9	14.2	14.9	15.5	17.3	17.2	17.3
双江县	Shuangjiang	11.7	13.6	15.0	15.7	16.2	28.5	18.0	18.1
耿马县	Gengma	17.1	19.7	22.0	23.4	24.9	17.7	28.4	28.6
沧源县	Cangyuan	11.7	13.3	14.7	15.4	15.8	17.6	17.4	17.6
楚 雄 州	**Chuxiong**	**208.6**	**211.1**	**233.2**	**242.0**	**250.8**	**265.7**	**269.0**	**270.1**
楚雄市	Chuxiong	34.9	37.9	40.5	44.0	47.4	54.2	54.9	55.3
双柏县	Shuangbo	13.4	14.2	14.9	15.1	15.4	15.8	15.9	16.0
牟定县	Mouding	18.1	18.6	19.4	19.5	19.8	20.3	20.5	20.6
南华县	Nanhua	18.8	20.2	21.5	22.1	22.8	23.7	24.0	24.0
姚安县	Yao'an	17.3	17.9	18.8	19.5	20.0	20.5	20.8	20.9
大姚县	Dayao	25.7	26.3	27.3	27.8	28.0	28.6	29.0	29.1
永仁县	Yongren	8.8	9.4	9.8	10.1	10.3	10.8	10.9	10.9
元谋县	Yuanmou	16.1	17.4	18.5	19.3	20.2	21.1	21.3	21.4
武定县	Wuding	20.8	22.5	24.2	25.1	26.0	27.3	27.8	27.9
禄丰县	Lufeng	34.7	36.7	38.4	39.5	40.9	43.4	43.9	44.1
红 河 州	**Honghe**	**304.3**	**335.5**	**364.0**	**379.6**	**394.2**	**431.2**	**441.2**	**444.2**
个旧市	Gejiu	30.7	34.2	37.1	38.0	38.5	45.2	45.5	45.7
开远市	Kaiyuan	19.4	21.7	24.0	25.3	26.0	31.6	31.3	31.4
蒙自县	Mengzi	23.6	25.6	28.0	29.6	31.5	38.8	40.1	40.3
屏边县	Pingbian	11.5	12.8	13.8	14.1	14.4	14.8	14.9	14.8
建水县	Jianshui	38.9	42.2	45.2	47.2	48.9	51.7	52.6	52.9
石屏县	Shiping	23.6	25.5	26.9	27.6	28.5	29.0	29.6	29.8
弥勒县	Mile	37.7	40.8	44.2	46.3	48.1	51.4	53.1	53.5
泸西县	Luxi	26.4	29.4	32.7	34.8	36.8	38.4	39.2	39.5
元阳县	Yuanyang	28.2	31.3	33.5	34.5	35.9	37.8	39.1	39.4
红河县	Honghe	19.6	22.0	24.0	25.4	26.8	28.2	28.8	29.1
金平县	Jinping	23.2	26.9	29.5	30.4	31.1	32.9	34.6	35.2
绿春县	Luchun	14.5	16.3	18.0	19.2	20.0	21.1	22.1	22.3
河口县	Hekou	7.0	6.8	7.0	7.6	7.7	10.2	10.4	10.4
文 山 州	**Wenshan**	**243.7**	**273.0**	**296.8**	**308.2**	**324.7**	**337.1**	**343.0**	**345.4**
文山县	Wenshan	29.1	32.7	36.8	38.8	41.4	43.9	45.1	45.8
砚山县	Yanshan	30.4	34.2	38.1	40.2	43.0	44.8	45.6	46.0
西畴县	Xichou	19.7	21.7	22.9	23.5	24.4	25.0	25.2	25.3
麻栗坡县	Malipo	21.7	24.2	25.3	25.9	26.7	27.3	27.6	27.7
马关县	Maguan	27.5	31.1	33.7	33.9	34.7	35.7	36.4	36.6

21-3 续表3 continued

单位：万人 (10 000 persons)

地 区	Region	1978	1985	1990	1995	2000	2005	2008	2009
丘北县	Qiubei	30.6	34.7	38.4	40.5	43.5	45.5	46.2	46.5
广南县	Guangnan	54.2	60.2	65.9	68.9	73.0	75.7	77.1	77.4
富宁县	Funing	30.5	34.2	35.7	36.6	38.0	39.2	39.8	40.1
西双版纳州	**Xishuangbanna**	**63.8**	**69.1**	**78.2**	**81.8**	**85.4**	**105.0**	**107.0**	**107.6**
景洪市	Jinghong	27.4	29.2	33.6	34.8	36.7	47.1	47.9	48.2
勐海县	Menghai	22.1	25.0	27.3	28.5	29.3	32.7	33.3	33.4
勐腊县	Mengla	14.3	14.9	17.3	18.5	19.3	25.1	25.8	26.0
大 理 州	**Dali**	**260.3**	**281.3**	**303.0**	**315.7**	**328.6**	**347.1**	**349.3**	**350.8**
大理市	Dali	35.9	39.6	43.6	46.9	50.1	61.4	63.1	64.1
漾濞县	Yangbi	8.0	8.5	9.3	9.7	9.8	10.6	10.3	10.2
祥云县	Xiangyun	35.9	37.6	39.8	41.3	43.5	46.6	45.6	45.8
宾川县	Binchuan	25.8	27.8	29.9	31.1	32.3	34.1	34.2	34.4
弥渡县	Midu	25.4	26.6	28.0	29.2	30.6	31.5	31.8	31.9
南涧县	Nanjian	17.4	19.1	20.2	20.6	21.2	21.9	22.3	22.4
巍山县	Weishan	23.4	25.6	27.6	28.5	29.6	31.0	31.1	31.0
永平县	Yongping	13.5	14.8	15.8	16.5	17.0	18.5	18.2	18.3
云龙县	Yunlong	15.7	17.4	18.8	19.4	19.7	20.6	20.8	20.7
洱源县	Eryuan	25.1	27.3	29.9	31.1	32.3	27.5	27.7	27.8
剑川县	Jianchuan	13.0	14.0	15.4	16.1	16.6	17.5	17.6	17.6
鹤庆县	Heqing	21.2	23.0	24.6	25.3	25.8	26.2	26.7	26.7
德 宏 州	**Dehong**	**69.4**	**80.6**	**90.6**	**96.6**	**101.8**	**115.1**	**118.5**	**119.4**
瑞丽市	Ruili	6.2	7.1	8.2	8.9	11.0	16.3	16.8	17.0
潞西市	Luxi	22.4	26.1	29.2	31.2	32.9	36.6	37.8	38.2
梁河县	Lianghe	11.3	12.9	14.3	15.1	15.6	15.9	16.1	16.2
盈江县	Yingjiang	17.5	20.5	23.4	24.7	25.8	28.9	29.8	30.0
陇川县	Longchuan	11.3	13.2	14.6	15.5	16.5	17.4	18.0	18.1
怒 江 州	**Nujiang**	**29.2**	**34.1**	**43.5**	**45.4**	**46.3**	**52.0**	**53.3**	**53.6**
泸水县	Lushui	8.8	10.5	14.4	15.0	15.3	18.2	18.7	18.8
福贡县	Fugong	4.2	5.0	8.5	8.8	8.9	9.3	9.5	9.6
贡山县	Gongshan	2.6	3.0	3.3	3.3	3.4	3.7	3.7	3.8
兰坪县	Lanping	13.6	15.6	17.3	18.3	18.7	20.9	21.4	21.5
迪 庆 州	**Diqing**	**26.0**	**29.0**	**31.5**	**32.5**	**33.1**	**36.9**	**37.7**	**37.9**
香格里拉县	Shangri-La	9.9	11.2	12.2	12.6	13.0	15.4	16.0	16.3
德钦县	Deqing	5.1	5.4	5.7	5.8	5.8	6.2	6.3	6.3
维西县	Weixi	11.0	12.4	13.6	14.1	14.3	15.2	15.4	15.4

21-4 各地区人口数及构成（2009年）
Population and Its Composition by Region (2009)

单位：万人 (10 000 persons)

地　区	Region	总户数 Total Number of Households	总人口 Total Population	按性别分 By Sex		按农业、非农业分 By Agricultural and Non-agricultural Population	
				男 Male	女 Female	农业人口 Agricultural Population	非农业人口 Non-agricultural Population
全省合计	**Total**	**1287.3**	**4571.0**	**2364.6**	**2206.4**	**3812.8**	**758.2**
昆 明 市	**Kunming**	**179.7**	**628.0**	**323.8**	**304.2**	**370.6**	**257.4**
五华区	Wuhua	22.2	87.0	44.7	42.3	14.8	72.2
盘龙区	Panlong	17.7	73.0	37.7	35.3	13.8	59.2
官渡区	Guandu	20.4	76.5	41.7	34.8	31.8	44.7
西山区	Xishan	20.9	71.5	37.3	34.2	22.5	49.0
东川区	Dongchuan	9.9	29.5	14.9	14.6	24.2	5.3
呈贡县	Chenggong	6.1	23.0	12.0	11.0	19.7	3.3
晋宁县	Jinning	10.8	28.2	14.1	14.1	24.3	3.9
富民县	Fumin	4.7	15.2	7.5	7.7	13.9	1.3
宜良县	Yiliang	13.3	42.9	21.4	21.5	40.3	2.6
石林县	Shilin	8.0	24.4	12.2	12.2	22.8	1.6
嵩明县	Songming	8.4	28.5	14.4	14.1	26.8	1.7
禄劝县	Luquan	12.7	44.8	22.7	22.1	44.1	0.7
寻甸县	Xundian	13.9	51.3	26.7	24.6	50.0	1.3
安宁市	Anning	10.7	32.2	16.7	15.5	17.0	15.2
曲 靖 市	**Qujing**	**179.1**	**581.8**	**306.1**	**275.7**	**513.6**	**68.2**
麒麟区	Qilin	23.2	70.1	37.8	32.3	45.4	24.7
马龙县	Malong	5.4	19.5	10.0	9.5	17.6	1.9
陆良县	Luliang	21.1	62.0	33.2	28.8	55.8	6.2
师宗县	Shizong	10.6	38.2	20.0	18.2	34.9	3.3
罗平县	Luoping	16.8	54.7	28.5	26.2	50.6	4.1
富源县	Fuyuan	18.9	70.5	37.4	33.1	65.6	4.9
会泽县	Huize	28.2	91.6	47.7	43.9	84.6	7.0
沾益县	Zhanyi	11.6	41.0	22.0	19.0	36.8	4.2
宣威市	Xuanwei	43.4	134.2	69.4	64.8	122.4	11.8
玉 溪 市	**Yuxi**	**70.0**	**228.7**	**117.7**	**111.0**	**189.8**	**38.9**
红塔区	Hongta	14.9	47.7	24.9	22.8	33.3	14.4
江川县	Jiangchuan	9.1	28.0	14.4	13.6	24.3	3.7

21-4 续表1 continued

单位：万人 (10 000 persons)

地 区	Region	总户数 Total Number of Households	总人口 Total Population	按性别分 By Sex 男 Male	女 Female	按农业、非农业分 By Agricultural and Non-agricultural Population 农业人口 Agricultural Population	非农业人口 Non-agricultural Population
澄江县	Chengjiang	5.6	16.5	8.8	7.7	14.7	1.8
通海县	Tonghai	9.0	30.5	15.3	15.2	26.3	4.2
华宁县	Huaning	6.5	21.5	10.9	10.6	19.5	2.0
易门县	Yimen	5.7	18.0	9.2	8.8	14.6	3.4
峨山县	Ershan	5.0	16.2	8.3	7.9	13.2	3.0
新平县	Xinping	8.2	28.5	14.8	13.7	24.8	3.7
元江县	Yuanjiang	6.0	21.8	11.1	10.7	19.2	2.6
保 山 市	**Baoshan**	**65.5**	**247.7**	**127.4**	**120.3**	**223.0**	**24.7**
隆阳区	Longyang	24.2	89.4	46.3	43.1	77.3	12.1
施甸县	Shidian	8.4	32.5	16.4	16.1	30.0	2.5
腾冲县	Tengchong	16.4	63.8	32.5	31.3	58.8	5.0
龙陵县	Longling	7.2	27.6	14.2	13.4	25.3	2.2
昌宁县	Changning	22.4	86.2	44.2	42.0	77.8	8.4
昭 通 市	**Zhaotong**	**155.5**	**534.3**	**274.4**	**259.9**	**495.0**	**39.3**
昭阳区	Zhaoyang	24.5	80.8	40.9	39.9	69.8	11.0
鲁甸县	Ludian	11.1	38.3	19.9	18.4	36.0	2.3
巧家县	Qiaojia	16.5	53.0	27.4	25.6	50.6	2.4
盐津县	Yanjin	10.7	37.8	18.9	18.9	34.7	3.1
大关县	Daguan	8.0	26.1	13.7	12.3	24.3	1.7
永善县	Yongshan	13.1	40.2	21.2	19.0	38.1	2.1
绥江县	Suijiang	4.5	16.0	8.5	7.5	14.0	2.0
镇雄县	Zhenxiong	37.3	139.2	69.9	69.3	132.1	7.1
彝良县	Yiliang	15.0	55.1	28.8	26.3	52.4	2.7
威信县	Weixin	11.3	38.3	20.2	18.1	35.6	2.7
水富县	Shuifu	3.5	9.7	5.0	4.7	7.4	2.3
丽 江 市	**Lijiang**	**35.6**	**122.6**	**63.0**	**59.6**	**105.5**	**17.1**
古城区	Gucheng	4.4	17.2	9.2	8.0	10.2	7.0
玉龙县	Yulong	6.1	23.2	11.7	11.5	21.7	1.5
永胜县	Yongsheng	12.2	40.0	20.7	19.3	36.6	3.4
华坪县	Huaping	5.4	16.5	8.3	8.2	13.7	2.8

21-4 续表2 continued

单位：万人 (10 000 persons)

地 区	Region	总户数 Total Number of Households	总人口 Total Population	按性别分 By Sex		按农业、非农业分 By Agricultural and Non-agricultural Population	
				男 Male	女 Female	农业人口 Agricultural Population	非农业人口 Non-agricultural Population
宁蒗县	Ninglang	7.5	25.7	13.1	12.6	23.4	2.3
普 洱 市	**Pu'er**	**70.6**	**258.7**	**135.9**	**122.8**	**224.8**	**33.9**
思茅区	Simao	6.8	25.9	14.0	11.9	15.7	10.2
宁洱县	Ning'er	5.7	19.5	9.9	9.6	16.3	3.2
墨江县	Mojiang	9.6	38.0	19.9	18.1	34.4	3.6
景东县	Jingdong	10.3	38.0	20.5	17.5	35.2	2.8
景谷县	Jinggu	8.8	31.1	16.5	14.6	28.0	3.1
镇沅县	Zhenyuan	6.3	21.5	11.3	10.2	19.4	2.1
江城县	Jiangcheng	3.1	12.1	6.4	5.7	10.0	2.1
孟连县	Menglian	3.6	13.4	6.9	6.5	11.6	1.8
澜沧县	Lancang	13.4	50.0	25.6	24.3	46.3	3.7
西盟县	Ximeng	3.0	9.3	4.8	4.5	7.8	1.4
临 沧 市	**Lincang**	**59.2**	**239.6**	**125.7**	**113.9**	**215.8**	**23.8**
临翔区	Linxiang	8.4	30.7	17.0	13.7	25.5	5.2
凤庆县	Fengqing	10.9	45.7	23.5	22.2	42.5	3.2
云 县	Yunxian	11.4	44.8	23.2	21.6	41.5	3.3
永德县	Yongde	8.3	36.9	19.7	17.3	34.3	2.6
镇康县	Zhenkang	4.2	17.3	9.2	8.1	15.9	1.4
双江县	Shuangjiang	4.2	18.1	9.5	8.5	16.5	1.6
耿马县	Gengma	7.2	28.6	14.7	13.9	24.2	4.4
沧源县	Cangyuan	4.6	17.6	9.0	8.5	15.4	2.1
楚 雄 州	**Chuxiong**	**76.9**	**270.1**	**138.8**	**131.3**	**230.9**	**39.2**
楚雄市	Chuxiong	15.8	55.3	28.5	26.8	39.7	15.6
双柏县	Shuangbo	4.6	16.0	8.2	7.8	14.5	1.5
牟定县	Mouding	5.8	20.6	10.8	9.8	19.1	1.5
南华县	Nanhua	6.4	24.0	12.3	11.7	22.1	1.9
姚安县	Yao'an	5.6	20.9	10.7	10.2	19.4	1.5
大姚县	Dayao	8.5	29.1	14.8	14.2	26.1	3.0
永仁县	Yongren	3.3	10.9	5.6	5.3	9.6	1.3

21-4 续表3 continued

单位：万人 (10 000 persons)

地区	Region	总户数 Total Number of Households	总人口 Total Population	按性别分 By Sex 男 Male	女 Female	按农业、非农业分 By Agricultural and Non-agricultural Population 农业人口 Agricultural Population	非农业人口 Non-agricultural Population
元谋县	Yuanmou	6.3	21.4	11.0	10.3	19.3	2.1
武定县	Wuding	7.5	27.9	14.3	13.7	23.8	4.1
禄丰县	Lufeng	13.1	44.1	22.6	21.5	37.3	6.8
红河州	**Honghe**	**122.0**	**444.2**	**229.7**	**214.5**	**367.6**	**76.6**
个旧市	Gejiu	12.3	45.7	23.5	22.2	29.2	16.5
开远市	Kaiyuan	8.9	31.4	15.9	15.6	25.5	5.9
蒙自县	Mengzi	10.8	40.3	21.1	19.2	19.9	20.4
屏边县	Pingbian	4.0	14.8	7.6	7.2	13.2	1.6
建水县	Jianshui	15.6	52.9	27.4	25.6	45.4	7.6
石屏县	Shiping	9.1	29.8	15.1	14.7	26.6	3.1
弥勒县	Mile	15.1	53.5	27.0	26.4	47.6	5.9
泸西县	Luxi	11.7	39.5	20.2	19.3	35.4	4.1
元阳县	Yuanyang	9.4	39.4	21.0	18.3	37.5	1.8
红河县	Honghe	7.2	29.1	15.5	13.5	27.5	1.6
金平县	Jinping	8.9	35.2	18.4	16.8	32.9	2.3
绿春县	Luchun	5.1	22.3	11.6	10.7	20.6	1.7
河口县	Hekou	2.9	10.4	5.5	4.9	6.4	4.1
文山州	**Wenshan**	**93.1**	**345.4**	**180.3**	**165.1**	**315.9**	**29.5**
文山县	Wenshan	13.7	45.8	23.9	21.9	36.9	8.9
砚山县	Yanshan	12.1	46.0	23.6	22.5	42.4	3.6
西畴县	Xichou	6.9	25.3	13.0	12.2	23.0	2.3
麻栗坡县	Malipo	7.5	27.7	14.5	13.1	25.7	2.0
马关县	Maguan	10.1	36.6	19.3	17.3	33.4	3.2
丘北县	Qiubei	13.0	46.5	24.3	22.2	43.5	3.0
广南县	Guangnan	19.4	77.4	40.6	36.9	73.3	4.1
富宁县	Funing	10.4	40.1	21.2	19.0	37.7	2.4
西双版纳州	**Xishuangbanna**	**26.3**	**107.6**	**54.3**	**53.3**	**75.3**	**32.3**
景洪市	Jinghong	11.9	48.2	24.4	23.8	29.5	18.7
勐海县	Menghai	7.8	33.4	16.8	16.6	28.0	5.4

21-4 续表4 continued

单位：万人 (10 000 persons)

地 区	Region	总户数 Total Number of Households	总人口 Total Population	按性别分 By Sex 男 Male	女 Female	按农业、非农业分 By Agricultural and Non-agricultural Population 农业人口 Agricultural Population	非农业人口 Non-agricultural Population
勐腊县	Mengla	6.6	26.0	13.1	12.9	17.8	8.2
大 理 州	**Dali**	**100.2**	**350.8**	**179.2**	**171.6**	**308.3**	**42.5**
大理市	Dali	18.8	64.1	32.9	31.2	42.8	21.2
漾濞县	Yangbi	3.1	10.2	5.1	5.1	9.3	1.0
祥云县	Xiangyun	13.3	45.8	23.5	22.3	41.7	4.1
宾川县	Binchuan	9.6	34.4	17.5	16.9	32.2	2.2
弥渡县	Midu	9.3	31.9	16.2	15.7	29.9	2.0
南涧县	Nanjian	6.3	22.4	11.4	10.9	21.0	1.3
巍山县	Weishan	8.5	31.0	16.1	14.9	28.9	2.1
永平县	Yongping	5.6	18.3	9.3	9.0	16.5	1.7
云龙县	Yunlong	6.1	20.7	10.5	10.1	19.0	1.7
洱源县	Eryuan	7.3	27.8	14.3	13.5	26.0	1.8
剑川县	Jianchuan	4.7	17.6	9.0	8.7	16.1	1.5
鹤庆县	Heqing	7.6	26.7	13.4	13.3	24.7	2.0
德 宏 州	**Dehong**	**29.0**	**119.4**	**60.7**	**58.7**	**96.7**	**22.7**
瑞丽市	Ruili	3.9	17.0	8.9	8.1	10.6	6.4
潞西市	Luxi	9.1	38.2	18.9	19.3	30.2	8.0
梁河县	Lianghe	4.1	16.2	8.2	8.0	14.5	1.6
盈江县	Yingjiang	7.0	30.0	15.6	14.4	26.4	3.5
陇川县	Longchuan	4.9	18.1	9.2	8.9	14.9	3.2
怒 江 州	**Nujiang**	**15.2**	**53.6**	**27.7**	**25.9**	**46.1**	**7.5**
泸水县	Lushui	5.1	18.8	9.9	8.9	15.3	3.5
福贡县	Fugong	2.8	9.6	5.0	4.6	8.7	0.8
贡山县	Gongshan	1.2	3.8	1.9	1.8	3.2	0.6
兰坪县	Lanping	6.1	21.5	10.9	10.6	18.9	2.6
迪 庆 州	**Diqing**	**9.4**	**37.9**	**19.4**	**18.5**	**33.2**	**4.7**
香格里拉县	Shangri-La	3.9	16.3	8.4	7.8	13.4	2.9
德钦县	Deqing	1.4	6.3	3.3	3.0	5.6	0.7
维西县	Weixi	4.1	15.4	7.7	7.7	14.2	1.2

21-5 各地区职工人数（2009年）

Number of Staff and Workers by Region (2009)

单位：人 (person)

地区	Region	单位就业人员 Number of Employed Persons in Entities	职工人数 Number of Staff and Workers			
			合计 Total	国有单位 State-owned Entities	城镇集体单位 Urban Collective-owned Entities	其他单位 Other Ownership Entities
全省合计	**Total**	**3 120 397**	**2 936 025**	**1 780 082**	**102 662**	**1 053 281**
昆明市	**Kunming**	**939 611**	**884 461**	**441 655**	**40 591**	**402 215**
五华区	Wuhua	131 904	125 470	74 968	5 495	45 007
盘龙区	Panlong	167 650	154 765	81 074	4 578	69 113
官渡区	Guandu	121 048	111 302	50 160	7 949	53 193
西山区	Xishan	176 821	171 844	62 626	3 922	105 296
东川区	Dongchuan	66 985	64 163	35 548	1 399	27 216
呈贡县	Chenggong	12 411	12 127	5 830	527	5 770
晋宁县	Jinning	13 651	13 375	5 169	335	7 871
富民县	Fumin	23 180	22 881	12 538	4 920	5 423
宜良县	Yiliang	19 835	19 787	9 063	231	10 493
石林县	Shilin	27 038	26 994	10 859	7 350	8 785
嵩明县	Songming	13 651	13 456	9 211	1 545	2 700
禄劝县	Luquan	12 043	11 918	10 878	556	484
寻甸县	Xundian	26 927	23 790	8 839	740	14 211
安宁市	Anning	19 248	17 204	10 774	716	5 714
曲靖市	**Qujing**	**318 712**	**309 178**	**186 737**	**12 299**	**110 142**
麒麟区	Qilin	65 905	64 776	51 741	4 115	8 920
马龙县	Malong	10 470	10 133	5 882	114	4 137
陆良县	Luliang	33 310	30 806	17 599	4 877	8 330
师宗县	Shizong	23 727	23 318	12 291	423	10 604
罗平县	Luoping	19 295	17 339	13 340	367	3 632
富源县	Fuyuan	47 076	47 027	21 678	523	24 826
会泽县	Huize	33 634	33 592	18 964	661	13 967
沾益县	Zhanyi	25 175	24 704	10 584	361	13 759
宣威市	Xuanwei	60 120	57 483	34 658	858	21 967
玉溪市	**Yuxi**	**181 553**	**175 498**	**91 982**	**5 540**	**77 976**
红塔区	Hongta	68 042	66 341	33 461	2 448	30 432
江川县	Jiangchuan	11 408	11 224	6 598	215	4 411
澄江县	Chengjiang	10 024	9 794	5 510	291	3 993
通海县	Tonghai	19 773	19 224	6 696	653	11 875
华宁县	Huaning	10 891	10 402	6 612	252	3 538
易门县	Yimen	13 808	12 714	9 907	188	2 619
峨山县	Ershan	16 104	15 828	6 978	716	8 134
新平县	Xinping	18 205	16 711	8 389	562	7 760
元江县	Yuanjiang	13 298	13 260	7 831	215	5 214

21-5 续表1 continued

单位：人 (person)

地 区	Region	单位就业人员 Number of Employed Persons in Entities	职工人数 Number of Staff and Workers 合 计 Total	国有单位 State-owned Entities	城镇集体单位 Urban Collective-owned Entities	其他单位 Other Ownership Entities
保 山 市	**Baoshan**	**136 597**	**136 091**	**68 163**	**3 019**	**64 909**
隆阳区	Longyang	70 437	70 307	28 801	512	40 994
施甸县	Shidian	9 978	9 893	8 000	151	1 742
腾冲县	Tengchong	30 503	30 457	16 283	1 921	12 253
龙陵县	Longling	11 952	11 939	7 016	198	4 725
昌宁县	Changning	13 727	13 495	8 063	237	5 195
昭 通 市	**Zhaotong**	**176 306**	**174 729**	**134 458**	**5 761**	**34 510**
昭阳区	Zhaoyang	55 783	55 769	40 619	1 825	13 325
鲁甸县	Ludian	17 241	17 241	9 085	115	8 041
巧家县	Qiaojia	11 934	11 834	9 322	1 338	1 174
盐津县	Yanjin	10 438	10 438	7 073	397	2 968
大关县	Daguan	7 537	7 537	5 829	101	1 607
永善县	Yongshan	11 142	9 986	9 069	171	746
绥江县	Suijiang	6 890	6 885	4 420	297	2 168
镇雄县	Zhenxiong	22 849	22 849	21 210	481	1 158
彝良县	Yiliang	12 835	12 835	12 415	166	254
威信县	Weixin	8 799	8 500	8 075	112	313
水富县	Shuifu	10 858	10 855	7 341	758	2 756
丽 江 市	**Lijiang**	**82 924**	**76 588**	**45 267**	**2 368**	**28 953**
古城区	Gucheng	31 941	28 416	14 984	1 114	12 318
玉龙县	Yulong	12 407	10 959	7 925	156	2 878
永胜县	Yongsheng	11 998	11 998	9 003	497	2 498
华坪县	Huaping	16 063	15 904	5 739	403	9 762
宁蒗县	Ninglang	10 515	9 311	7 616	198	1 497
普 洱 市	**Pu'er**	**142 911**	**115 855**	**81 719**	**2 965**	**31 171**
思茅区	Simao	47 550	30 939	19 582	221	11 136
宁洱县	Ning'er	10 323	9 897	6 951	335	2 611
墨江县	Mojiang	10 834	9 878	7 676	262	1 940
景东县	Jingdong	14 442	14 217	10 430	373	3 414
景谷县	Jinggu	14 688	13 892	7 388	456	6 048
镇沅县	Zhenyuan	8 260	7 165	6 222	114	829
江城县	Jiangcheng	6 138	5 634	4 239	259	1 136
孟连县	Menglian	9 211	7 386	6 022	215	1 149
澜沧县	Lancang	13 540	12 712	9 583	241	2 888
西盟县	Ximeng	7 925	4 135	3 626	489	20
临沧市	**Lincang**	**96 467**	**89 128**	**70 120**	**1 315**	**17 693**
临翔区	Linxiang	22 381	22 298	17 437	250	4 611

21-5 续表2 continued

单位：人 (person)

地 区	Region	单位就业人员 Number of Employed Persons in Entities	职工人数 Number of Staff and Workers 合 计 Total	国有单位 State-owned Entities	城镇集体单位 Urban Collective-owned Entities	其他单位 Other Ownership Entities
凤庆县	Fengqing	10 781	9 977	7 589	178	2 210
云 县	Yunxian	14 694	13 771	9 081	138	4 552
永德县	Yongde	14 336	11 359	9 255	205	1 899
镇康县	Zhenkang	6 872	5 588	4 329	99	1 160
双江县	Shuangjiang	6 057	5 982	5 376	124	482
耿马县	Gengma	13 109	11 922	10 131	257	1 534
沧源县	Cangyuan	8 237	8 231	6 922	64	1 245
楚 雄 州	**Chuxiong**	**158 709**	**143 898**	**97 060**	**3 971**	**42 867**
楚雄市	Chuxiong	53 932	52 932	35 072	1 983	15 877
双柏县	Shuangbo	7 847	6 678	5 364	87	1 227
牟定县	Mouding	8 633	7 591	5 333	165	2 093
南华县	Nanhua	11 333	9 516	6 062	231	3 223
姚安县	Yao'an	8 164	7 906	5 782	138	1 986
大姚县	Dayao	15 997	12 948	9 678	236	3 034
永仁县	Yongren	5 659	4 557	3 924	75	558
元谋县	Yuanmou	10 050	8 796	6 287	218	2 291
武定县	Wuding	10 603	9 522	7 277	226	2 019
禄丰县	Lufeng	26 491	23 452	12 281	612	10 559
红 河 州	**Honghe**	**268 842**	**255 702**	**174 989**	**9 175**	**71 538**
个旧市	Gejiu	31 176	31 066	19 548	1 229	10 289
开远市	Kaiyuan	37 350	35 959	23 461	339	12 159
蒙自县	Mengzi	62 438	60 924	41 877	3 414	15 633
屏边县	Pingbian	6 480	5 814	4 431	518	865
建水县	Jianshui	24 215	23 265	15 486	1 488	6 291
石屏县	Shiping	16 980	15 913	8 203	816	6 894
弥勒县	Mile	27 915	24 356	17 677	242	6 437
泸西县	Luxi	20 704	20 075	10 805	462	8 808
元阳县	Yuanyang	7 510	6 960	6 727	128	105
红河县	Honghe	6 950	6 657	5 900	92	665
金平县	Jinping	9 874	9 336	6 545	197	2 594
绿春县	Luchun	7 202	6 072	5 614	154	304
河口县	Hekou	10 048	9 305	8 715	96	494
文 山 州	**Wenshan**	**139 572**	**131 927**	**98 203**	**2 876**	**30 848**
文山县	Wenshan	46 488	41 311	26 161	197	14 953
砚山县	Yanshan	18 504	18 234	13 657	339	4 238

21-5 续表3 continued

单位：人 (person)

地区	Region	单位就业人员 Number of Employed Persons in Entities	职工人数 Number of Staff and Workers 合计 Total	国有单位 State-owned Entities	城镇集体单位 Urban Collective-owned Entities	其他单位 Other Ownership Entities
西畴县	Xichou	7 545	7 460	6 230	261	969
麻栗坡县	Malipo	12 791	12 168	9 632	788	1 748
马关县	Maguan	13 478	12 826	8 708	153	3 965
丘北县	Qiubei	12 991	12 614	11 612	396	606
广南县	Guangnan	16 834	16 382	13 739	459	2 184
富宁县	Funing	10 941	10 932	8 464	283	2 185
西双版纳州	**Xishuangbanna**	**102 447**	**100 574**	**82 007**	**3 629**	**14 938**
景洪市	Jinghong	57 730	55 941	44 336	2 786	8 819
勐海县	Menghai	17 155	17 081	12 771	377	3 933
勐腊县	Mengla	27 562	27 552	24 900	466	2 186
大 理 州	**Dali**	**221 957**	**198 840**	**104 744**	**5 536**	**88 560**
大 理 市	Dali	110 016	96 900	39 102	2 065	55 733
漾濞县	Yangbi	4 389	4 063	3 805	63	195
祥云县	Xiangyun	26 380	26 305	9 451	413	16 441
宾川县	Binchuan	12 218	11 081	7 860	136	3 085
弥渡县	Midu	9 019	8 093	5 997	1 098	998
南涧县	Nanjian	6 371	5 408	5 006	150	252
巍山县	Weishan	11 488	8 998	7 414	240	1 344
永平县	Yongping	6 534	6 009	4 732	87	1 190
云龙县	Yunlong	6 727	6 464	5 129	120	1 215
洱源县	Eryuan	10 238	9 638	5 954	106	3 578
剑川县	Jianchuan	7 058	6 690	4 631	603	1 456
鹤庆县	Heqing	11 521	9 191	5 663	455	3 073
德 宏 州	**Dehong**	**91 168**	**87 362**	**58 661**	**2 878**	**25 823**
瑞丽市	Ruili	19 925	19 394	11 322	707	7 365
潞西市	Luxi	33 519	31 708	21 166	815	9 727
梁河县	Lianghe	7 378	7 041	4 935	772	1 334
盈江县	Yingjiang	17 227	16 653	11 093	429	5 131
陇川县	Longchuan	13 119	12 566	10 145	155	2 266
怒 江 州	**Nujiang**	**33 255**	**30 089**	**24 299**	**231**	**5 559**
泸水县	Lushui	13 952	13 445	11 560	39	1 846
福贡县	Fugong	4 220	3 640	3 444	114	82
贡山县	Gongshan	2 639	2 346	2 336	10	
兰坪县	Lanping	12 444	10 658	6 959	68	3 631
迪 庆 州	**Diqing**	**29 366**	**26 105**	**20 018**	**508**	**5 579**
香格里拉县	Shangri-La	19 207	17 276	11 613	255	5 408
德钦县	Deqin	4 152	4 169	4 081	49	39
维西县	Weixi	6 007	4 660	4 324	204	132

21-6 各地区职工平均工资（2009年）

Average Wages of Staff and Workers by Region (2009)

单位：元/人 (yuan/person)

地 区	Region	职工平均工资 Average Wage of Staff and Workers			
		合 计 Total	国有单位 State-owned Entities	城镇集体单位 Urban Collective-owned Entities	其他单位 Other Ownership Entities
全省合计	**Total**	**26 992**	**30 329**	**21 407**	**21 633**
昆 明 市	**Kunming**	**29 889**	**34 330**	**17 960**	**25 745**
五华区	Wuhua	29 617	35 971	14 554	23 284
盘龙区	Panlong	30 071	34 730	15 103	23 916
官渡区	Guandu	30 004	36 410	18 859	26 546
西山区	Xishan	23 227	28 049	16 760	19 062
东川区	Dongchuan	20 730	26 244	15 370	17 620
呈贡县	Chenggong	34 828	31 161	103 595	34 247
晋宁县	Jinning	23 370	32 037	11 778	14 222
富民县	Fumin	22 465	27 900	16 573	17 562
宜良县	Yiliang	22 905	31 777	18 055	15 929
石林县	Shilin	25 721	26 820	24 486	22 825
嵩明县	Songming	23 345	28 421	21 504	18 554
禄劝县	Luquan	26 039	26 849	20 833	13 441
寻甸县	Xundian	30 821	34 018	34 038	23 994
安宁市	Anning	31 315	40 531	31 617	18 696
曲 靖 市	**Qujing**	**29 238**	**33 967**	**24 361**	**21 706**
麒麟区	Qilin	34 891	38 175	19 753	22 322
马龙县	Malong	27 855	36 329	97 363	14 024
陆良县	Luliang	27 199	34 018	20 564	16 676
师宗县	Shizong	24 726	28 289	21 641	20 782
罗平县	Luoping	30 688	32 558	50 927	21 621
富源县	Fuyuan	26 960	30 154	26 486	24 201
会泽县	Huize	31 855	37 376	33 323	23 783
沾益县	Zhanyi	29 069	33 283	39 547	25 379
宣威市	Xuanwei	26 182	30 596	30 174	19 215
玉 溪 市	**Yuxi**	**27 674**	**35 149**	**15 862**	**19 090**
红塔区	Hongta	32 038	41 534	9 574	22 172
江川县	Jiangchuan	23 596	29 870	27 708	14 123
澄江县	Chengjiang	25 133	30 867	21 139	17 298
通海县	Tonghai	24 352	35 922	28 147	16 937
华宁县	Huaning	25 444	30 279	16 154	16 768
易门县	Yimen	22 351	24 825	20 085	13 239
峨山县	Eshan	23 416	33 979	15 643	15 376
新平县	Xinping	29 410	34 965	15 526	24 403
元江县	Yuanjiang	27 149	33 546	30 902	16 153

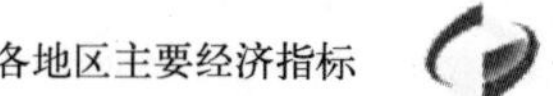

21-6 续表1 continued

单位：元 / 人 (yuan/person)

地 区	Region	职工平均工资 Average Wage of Staff and Workers			
		合 计 Total	国有单位 State-owned Entities	城镇集体单位 Urban Collective-owned Entities	其他单位 Other Ownership Entities
保 山 市	**Baoshan**	**21 405**	**27 013**	**20 493**	**15 377**
隆阳区	Longyang	20 954	28 559	20 264	15 446
施甸县	Shidian	25 215	25 397	19 580	24 789
腾冲县	Tengchong	20 393	25 968	16 855	13 529
龙陵县	Longling	22 843	26 545	19 152	17 802
昌宁县	Changning	21 946	25 719	52 860	14 179
昭 通 市	**Zhaotong**	**26 714**	**29 164**	**25 215**	**17 292**
昭阳区	Zhaoyang	29 019	34 037	14 084	15 744
鲁甸县	Ludian	21 390	26 440	35 175	15 477
巧家县	Qiaojia	26 007	27 891	20 311	17 276
盐津县	Yanjin	24 143	25 684	22 768	20 663
大关县	Daguan	26 573	28 049	40 167	20 559
永善县	Yongshan	25 885	25 838	69 395	16 607
绥江县	Suijiang	26 424	26 781	27 270	25 538
镇雄县	Zhenxiong	29 048	29 197	44 748	19 792
彝良县	Yiliang	21 382	20 803	43 855	36 642
威信县	Weixin	26 729	26 813	58 138	13 706
水富县	Shuifu	29 281	34 223	26 478	16 051
丽 江 市	**Lijiang**	**26 786**	**30 037**	**25 273**	**21 574**
古城区	Gucheng	26 181	32 590	18 851	18 963
玉龙县	Yulong	27 794	29 827	54 172	20 515
永胜县	Yongsheng	26 504	28 672	28 399	18 393
华坪县	Huaping	27 613	28 622	28 722	26 877
宁蒗县	Ninglang	26 524	27 938	25 654	20 284
普 洱 市	**Pu'er**	**24 782**	**26 637**	**31 394**	**19 229**
思茅区	Simao	26 665	29 253	37 858	21 466
宁洱县	Ning'er	24 626	27 032	27 281	17 955
墨江县	Mojiang	26 410	27 431	41 054	20 564
景东县	Jingdong	22 800	25 321	38 879	13 642
景谷县	Jinggu	22 948	26 624	21 466	18 604
镇沅县	Zhenyuan	25 369	25 312	81 393	18 099
江城县	Jiangcheng	23 024	25 094	17 752	16 457
孟连县	Menglian	23 791	24 527	26 991	18 314
澜沧县	Lancang	23 721	24 328	30 079	21 327
西盟县	Ximeng	27 114	27 436	22 369	12 150
临 沧 市	**Lincang**	**24 634**	**26 353**	**32 069**	**17 320**
临翔区	Linxiang	29 748	32 833	26 876	18 333

21-6 续表2 continued

单位：元／人 (yuan/person)

地　区	Region	职工平均工资 Average Wage of Staff and Workers 合　计 Total	国有单位 State-owned Entities	城镇集体单位 Urban Collective-owned Entities	其他单位 Other Ownership Entities
凤庆县	Fengqing	23 671	24 068	21 505	16 123
云　县	Yunxian	22 212	28 307	59 768	13 258
永德县	Yongde	22 384	22 191	35 240	21 936
镇康县	Zhenkang	28 104	28 744	28 072	25 713
双江县	Shuangjiang	17 865	18 596	17 661	11 392
耿马县	Gengma	24 583	24 972	36 688	20 156
沧源县	Cangyuan	21 469	22 525	29 241	15 166
楚 雄 州	**Chuxiong**	**26 414**	**30 093**	**29 615**	**17 278**
楚雄市	Chuxiong	28 545	33 440	25 866	17 824
双柏县	Shuangbo	25 740	27 565	64 802	13 955
牟定县	Mouding	23 522	28 906	36 210	9 213
南华县	Nanhua	23 614	27 051	43 446	15 727
姚安县	Yao'an	25 260	27 710	44 022	15 746
大姚县	Dayao	26 260	29 495	21 089	15 573
永仁县	Yongren	26 673	26 470	27 921	27 945
元谋县	Yuanmou	22 516	26 177	40 476	10 676
武定县	Wuding	24 475	27 335	33 711	13 110
禄丰县	Lufeng	26 516	29 974	25 303	21 969
红 河 州	**Honghe**	**24 389**	**27 498**	**22 677**	**16 830**
个旧市	Gejiu	24 306	28 055	18 926	15 235
开远市	Kaiyuan	29 859	33 933	31 157	22 072
蒙自县	Mengzi	24 643	29 912	30 339	14 368
屏边县	Pingbian	21 669	23 443	20 504	13 313
建水县	Jianshui	22 387	25 186	14 228	17 373
石屏县	Shiping	21 630	27 724	14 789	15 089
弥勒县	Mile	25 735	27 523	105 190	17 100
泸西县	Luxi	22 564	27 490	10 586	16 987
元阳县	Yuanyang	25 903	25 629	49 469	14 552
红河县	Honghe	19 472	20 708	18 550	12 002
金平县	Jinping	26 382	27 610	42 702	21 731
绿春县	Luchun	17 245	17 959	10 357	7 545
河口县	Hekou	22 115	22 087	56 240	15 951
文 山 州	**Wenshan**	**24 811**	**26 080**	**25 102**	**20 840**
文山县	Wenshan	26 534	28 659	72 147	22 352
砚山县	Yanshan	23 800	26 376	23 462	15 652

21-6 续表3 continued

单位：元／人 (yuan/person)

地 区	Region	职工平均工资 Average Wage of Staff and Workers			
		合 计 Total	国有单位 State-owned Entities	城镇集体单位 Urban Collective-owned Entities	其他单位 Other Ownership Entities
西畴县	Xichou	24 318	24 693	14 303	24 639
麻栗坡县	Malipo	22 738	22 951	17 197	18 874
马关县	Maguan	25 917	27 658	51 699	21 215
丘北县	Qiubei	22 184	23 035	13 756	11 398
广南县	Guangnan	23 717	23 360	28 147	24 947
富宁县	Funing	25 966	28 119	23 180	17 953
西双版纳州	**Xishuangbanna**	**20 275**	**20 804**	**19 846**	**17 475**
景洪市	Jinghong	21 660	22 641	17 622	17 870
勐海县	Menghai	21 016	21 984	35 065	16 823
勐腊县	Mengla	17 040	16 966	20 631	17 139
大 理 州	**Dali**	**25 706**	**31 476**	**23 480**	**18 752**
大 理 市	Dali	24 977	35 349	11 591	17 991
漾濞县	Yangbi	29 095	27 741	62 908	44 621
祥云县	Xiangyun	24 193	30 217	11 482	20 524
宾川县	Binchuan	25 994	27 445	89 375	19 574
弥渡县	Midu	27 941	29 897	23 054	21 650
南涧县	Nanjian	30 767	30 524	46 260	26 540
巍山县	Weishan	26 905	28 451	42 238	15 234
永平县	Yongping	26 256	27 883	65 686	16 428
云龙县	Yunlong	28 587	29 535	83 861	19 240
洱源县	Eryuan	24 889	28 955	46 670	17 414
剑川县	Jianchuan	27 016	28 565	20 204	24 652
鹤庆县	Heqing	26 973	30 672	22 072	20 657
德 宏 州	**Dehong**	**22 287**	**22 534**	**22 560**	**21 690**
瑞丽市	Ruili	19 244	20 609	18 450	17 144
潞西市	Luxi	25 519	24 760	23 837	27 391
梁河县	Lianghe	24 840	26 832	16 218	22 371
盈江县	Yingjiang	21 528	22 425	33 465	18 637
陇川县	Longchuan	17 925	17 742	33 892	17 715
怒 江 州	**Nujiang**	**28 297**	**26 323**	**25 472**	**36 983**
泸水县	Lushui	26 289	26 418	13 513	25 764
福贡县	Fugong	23 939	24 309	15 904	19 771
贡山县	Gongshan	28 007	28 029	23 000	
兰坪县	Lanping	32 363	26 582	48 735	43 127
迪 庆 州	**Diqing**	**35 276**	**36 624**	**26 426**	**30 651**
香格里拉县	Shangri-La	34 668	36 193	32 017	31 045
德钦县	Deqin	38 716	38 716	39 850	27 352
维西县	Weixi	32 725	33 848	16 343	21 272

21-7 主要年份各地区国有经济固定资产投资
Investment in Fixed Assets of State-Owned Economy by Region in Significant Years

单位：万元 (10 000 yuan)

地　区	Region	1978	1985	1990	1995	2000	2005	2007	2008	2009
全省合计	**Total**	**135 001**	**337 201**	**512 178**	**2 628 381**	**4 661 973**	**8 152 698**	**12 117 827**	**14 269 485**	**21 453 192**
昆明市	**Kunming**	**23 156**	**111 522**	**170 165**	**927 048**	**1 209 628**	**1 719 048**	**2 853 541**	**3 979 044**	**6 123 570**
五华区	Wuhua	2 604	17 584	24 321	172 540	196 321	475 027	390 321	1 058 423	808 984
盘龙区	Panlong	4 566	21 988	23 886	159 643	319 361	233 759	246 217	575 704	563 388
官渡区	Guandu	5 895	26 495	43 872	272 011	333 342	297 878	562 779	888 723	1 519 413
西山区	Xishan	4 269	20 077	16 130	72 536	140 147	103 298	377 468	428 616	632 294
东川区	Dongchuan	570	2 905	4 083	10 435	7 506	31 203	61 587	49 898	88 756
呈贡县	Chenggong	408	1 702	1 987	18 975	41 705	104 915	348 315	489 024	895 594
晋宁县	Jinning	1 983	5 130	13 230	26 664	19 284	7 965	19 084	29 747	48 380
富民县	Fumin	107	491	455	1 469	7 001	12 595	14 868	16 591	23 606
宜良县	Yiliang	576	2 306	4 104	14 160	43 171	22 190	19 948	50 491	82 764
石林县	Shilin	245	783	866	3 399	7 230	22 287	51 769	72 728	120 388
嵩明县	Songming	386	1 139	1 145	4 080	9 201	32 649	27 166	55 565	70 719
禄劝县	Luquan	246	320	1 463	3 513	10 294	15 385	33 941	44 102	83 725
寻甸县	Xundian	836	563	419	4 291	12 231	26 945	47 609	92 517	66 711
安宁市	Anning	1 871	4 526	25 954	17 805	62 834	216 804	120 163	126 915	278 935
不分县	Unclassified		8 981	13 330			116 148	532 306		839 913
曲靖市	**Qujing**	**20 808**	**44 712**	**70 297**	**271 057**	**395 602**	**932 479**	**1 270 548**	**1 370 907**	**2 018 887**
麒麟区	Qilin	9 400	14 771	19 873	150 569	177 415	223 440	247 104	287 674	373 539
马龙县	Malong	2 038	786	453	4 741	5 052	5 335	17 121	2 878	45 747
陆良县	Luliang	1 004	1 235	1 595	16 111	9 656	44 560	50 808	78 052	111 360
师宗县	Shizong	275	746	876	8 829	4 380	94 949	92 244	91 378	91 307
罗平县	Luoping	1 495	15 813	29 423	2 299	13 620	46 548	55 478	65 293	116 267
富源县	Fuyuan	1 441	2 481	2 829	11 016	15 585	318 581	414 472	358 379	413 517
会泽县	Huize	556	3 857	2 548	25 550	22 149		181 438	102 772	127 005
沾益县	Zhanyi					28 098	39 832	20 784	38 597	156 728
宣威市	Xuanwei	2 763	4 356	11 226	47 651	119 647	159 234	191 099	345 884	557 795
不分县	Unclassified		104	1 055						25 622
玉溪市	**Yuxi**	**3 062**	**19 347**	**21 682**	**241 628**	**288 466**	**406 130**	**512 920**	**517 354**	**914 698**
红塔区	Hongta	1 057	9 943	10 030	145 681	169 291	256 836	280 852	184 113	324 196
江川县	Jiangchuan	127	603	781	8 629	12 075	21 464	22 305	24 876	34 306
澄江县	Chengjiang	239	1 390	1 656	17 715	14 895	8 120	10 060	15 919	53 882
通海县	Tonghai	174	714	1 223	5 408	25 932	10 965	6 736	18 798	30 068
华宁县	Huaning	399	297	1 010	7 076	9 985	20 958	33 438	37 433	78 633
易门县	Yimen	357	1 469	2 952	13 435	12 990	8 953	32 776	55 444	85 429
峨山县	Eshan	89	1 626	1 114	10 935	10 154	9 784	21 925	28 144	71 067
新平县	Xinping	306	1 558	744	22 701	18 077	52 255	58 944	90 353	180 265
元江县	Yuanjiang	314	1 691	1 547	10 048	15 067	8 146	22 919	20 174	56 852
不分县	Unclassified		56	625			8 649	22 965	42 100	

21-7 续表1 continued

单位：万元 (10 000 yuan)

地 区	Region	1978	1985	1990	1995	2000	2005	2007	2008	2009
保 山 市	**Baoshan**	**2 335**	**5 777**	**12 092**	**42 769**	**82 225**	**302 572**	**583 353**	**601 160**	**674 603**
隆阳区	Longyang	1 495	2 850	5 047	20 634	24 433	73 025	123 795	176 146	196 656
施甸县	Shidian	334	218	665	1 279	4 356	23 910	49 593	49 002	80 439
腾冲县	Tengchong	130	695	692	9 776	31 190	25 148	56 234	34 597	98 503
龙陵县	Longling	229	435	2 811	2 819	7 307	145 197	31 068	52 398	101 487
昌宁县	Changning	147	1 571	2 054	8 261	14 939	35 292	67 644	84 360	115 950
不分县	Unclassified		8	823				255 019	204 657	81 568
昭 通 市	**Zhaotong**	**4 546**	**9 893**	**12 146**	**77 413**	**158 124**	**407 280**	**677 482**	**787 275**	**1 096 008**
昭阳区	Zhaoyang	1 091	3 682	4 720	43 835	84 668	261 011	50 286	127 532	137 394
鲁甸县	Ludian	188	176	673	4 090	6 576	16 524	35 699	40 130	50 137
巧家县	Qiaojia	108	1 320	710	3 170	9 881	17 066	16 387	16 855	15 186
盐津县	Yanjin	664	306	199	1 129	5 670	4 182	20 055	20 204	30 884
大关县	Daguan	92	139	283	2 511	410	5 371	14 019	27 858	27 637
永善县	Yongshan	182	271	772	2 323	6 208	10 332	249 937	157 367	223 038
绥江县	Suijiang	52	333	421	2 360	2 737	695	2 140	53 268	82 540
镇雄县	Zhenxiong	254	1 252	770	2 648	6 088	11 311	22 822	24 235	76 292
彝良县	Yiliang	317	923	1 195	2 187	4 138	5 922	16 487	49 896	48 607
威信县	Weixin	274	225	467	2 602	4 973	8 173	17 049	30 409	32 775
水富县	Shuifu	1 324	1 216	1 340	10 558	26 775	66 693	81 034	189 055	326 949
不分县	Unclassified		50	596				151 567	50 466	44 569
丽 江 市	**Lijiang**	**2 540**	**3 344**	**6 504**	**33 897**	**62 508**	**116 142**	**231 748**	**406 333**	**772 951**
古城区	Gucheng	1 908	1 838	2 162	24 121	36 726	40 154	38 215	101 353	153 990
玉龙县	Yulong						35 326	53 558	50 777	111 849
永胜县	Yongsheng	228	321	597	1 644	9 127	9 786	25 645	22 323	38 293
华坪县	Huaping	135	610	451	4 400	8 616	15 819	31 807	58 748	78 462
宁蒗县	Ninglang	269	541	372	3 732	8 039	15 057	15 820	23 734	38 803
不分县	Unclassified		34	171				66 703	149 398	351 554
普 洱 市	**Pu'er**	**3 121**	**10 607**	**17 302**	**42 200**	**74 872**	**94 580**	**192 230**	**374 034**	**680 616**
思茅区	Simao	824	2 725	2 839	11 130	29 599	26 977	43 610	95 911	156 934
宁洱县	Ning'er	467	1 627	2 077	4 838	8 460	11 436	15 981	31 049	39 666
墨江县	Mojiang	239	773	1 226	4 504	2 753	13 575	7 447	9 989	67 062
景东县	Jingdong	250	689	512	4 435	8 699	8 981	12 279	20 023	30 637
景谷县	Jinggu	225	1 102	1 649	8 142	8 405	13 455	17 984	32 441	90 703
镇沅县	Zhenyuan	88	418	902	2 268	3 050	3 505	7 719	5 730	43 217
江城县	Jiangcheng	134	336	595	1 909	898	3 318	5 880	14 513	23 970
孟连县	Menglian	391	486	709	996	5 000	6 456	2 352	4 738	13 612
澜沧县	Lancang	437	1 010	5 935	3 569	3 970	2 137	32 753	45 786	66 632
西盟县	Ximeng	66	138	628	409	4 038	4 740	3 256	10 564	13 824
不分县	Unclassified		1 303	230				42 969	103 290	134 359

21-7 续表2 continued

单位：万元 (10 000 yuan)

地　区	Region	1978	1985	1990	1995	2000	2005	2007	2008	2009
临 沧 市	**Lincang**	**2 790**	**6 360**	**28 640**	**100 588**	**201 231**	**284 984**	**267 827**	**308 701**	**531 496**
临翔区	Linxiang	414	1 111	2 233	16 768	43 796	52 637	53 228	72 983	68 424
凤庆县	Fengqing	176	156	419	6 095	7 594	60 090	45 165	51 894	98 097
云　县	Yunxian	206	2 060	15 495	56 812	119 651	26 877	31 320	25 455	77 075
永德县	Yongde	160	403	762	6 541	13 763	46 258	36 550	49 989	76 281
镇康县	Zhenkang	135	377	303	3 012	1 672	19 793	21 846	22 491	62 514
双江县	Shuangjiang	143	484	1 480	3 587	3 379	14 041	22 926	40 875	51 473
耿马县	Gengma	620	933	5 426	8 122	6 802	36 470	36 708	19 404	50 229
沧源县	Cangyuan	936	438	2 429	2 663	4 574	28 818	20 084	25 610	47 403
不分县	Unclassified		398	93				858		
楚 雄 州	**Chuxiong**	**4 332**	**13 671**	**16 863**	**77 171**	**101 146**	**363 240**	**590 817**	**708 547**	**1 197 983**
楚雄市	Chuxiong	862	5 069	6 617	31 045	49 513	52 634	135 044	151 765	265 427
双柏县	Shuangbo	33	650	344	3 730	4 146	12 392	19 440	32 814	65 624
牟定县	Mouding	264	489	851	5 129	4 296	7 568	26 657	49 741	80 183
南华县	Nanhua	301	2 146	1 088	1 493	6 470	5 446	13 793	26 200	36 113
姚安县	Yao'an	279	269	221	1 873	6 911	11 059	23 788	29 977	41 798
大姚县	Dayao	690	1 245	1 843	4 973	8 127	25 338	44 610	61 522	77 143
永仁县	Yongren	80	298	160	1 999	2 719	4 213	21 505	29 627	41 090
元谋县	Yuanmou	216	1 110	445	1 603	5 412	14 458	24 413	23 279	48 026
武定县	Wuding	149	302	285	1 599	3 889	7 824	30 353	33 050	64 992
禄丰县	Lufeng	1 458	2 063	4 773	14 218	9 663	25 054	49 582	227 500	385 953
不分县	Unclassified		30	236			197 254	201 632	43 072	91 634
红 河 州	**Honghe**	**12 826**	**43 599**	**48 916**	**223 040**	**280 010**	**692 437**	**1 345 028**	**1 349 971**	**1 680 165**
个旧市	Gejiu	2 197	11 771	8 913	30 673	85 338	50 299	102 855	188 185	229 190
开远市	Kaiyuan	2 312	22 948	22 971	42 616	45 211	79 347	206 924	114 556	201 621
蒙自县	Mengzi	459	1 727	1 071	12 293	28 172	211 810	160 181	146 779	122 964
屏边县	Pingbian	104	205	192	2 427	1 746	3 406	8 032	24 170	23 139
建水县	Jianshui	633	1 616	7 378	11 577	16 273	33 581	82 916	99 544	142 710
石屏县	Shiping	395	201	326	8 137	11 582	18 480	22 683	30 485	62 066
弥勒县	Mile	3 733	1 703	3 081	65 996	48 997	29 933	86 744	125 767	158 237
泸西县	Luxi	328	550	960	12 578	15 290	18 198	37 871	76 976	137 478
元阳县	Yuanyang	308	390	724	13 062	4 267	18 293	54 005	62 478	70 682
红河县	Honghe	228	225	171	3 957	4 894	23 310	17 631	21 378	42 993
金平县	Jinping	411	1 265	424	6 429	4 112	8 380	12 268	19 894	42 178
绿春县	Luchun	469	232	194	934	4 908	78 060	113 701	105 270	78 800
河口县	Hekou	1 249	740	1 023	12 361	9 220	119 340	34 474	46 806	72 968
不分县	Unclassified		28	1 488				404 743	287 683	295 139
文 山 州	**Wenshan**	**2 557**	**7 954**	**6 435**	**53 517**	**85 666**	**421 020**	**762 582**	**577 311**	**875 273**
文山县	Wenshan	432	1 443	2 092	19 507	36 836	40 803	91 356	66 543	185 179
砚山县	Yangshan	175	897	688	4 799	13 306	61 885	50 809	176 146	208 694
西畴县	Xichou	156	659	160	5 406	2 300	7 174	7 740	18 055	34 823
麻栗坡县	Malipo	355	1 882	730	6 181	3 875	7 619	11 668	27 041	50 409
马关县	Maguan	351	890	272	6 705	8 971	3 952	7 691	17 102	85 282
丘北县	Qiubei	487	577	565	5 894	5 421	13 827	28 246	33 358	69 722
广南县	Guangnan	344	845	1 357	2 476	6 350	96 444	26 776	173 877	129 442
富宁县	Funing	257	736	350	2 549	8 607	189 316	160 769	65 189	111 722
不分县	Unclassified		25	221				377 527		

21-7 续表3 continued

单位：万元 (10 000 yuan)

地 区	Region	1978	1985	1990	1995	2000	2005	2007	2008	2009
西双版纳州	**Xishuangbanna**	**4 215**	**6 041**	**14 176**	**61 863**	**85 279**	**232 491**	**247 927**	**164 548**	**289 099**
景洪市	Jinghong	2 421	3 232	7 299	34 521	63 520	41 209	15 473	92 420	169 382
勐海县	Menghai	594	930	2 892	7 549	5 710	9 625	11 679	24 337	60 006
勐腊县	Mengla	1 200	1 854	3 862	19 793	16 049	181 657	220 775	47 791	59 711
不分县	Unclassified		25	123				659		
大 理 州	**Dali**	**11 078**	**15 610**	**12 589**	**108 80 2**	**143 127**	**402 763**	**449 052**	**1 110 847**	**735 304**
大理市	Dali	7 867	8 195	6 140	68 901	77 776	151 834	203 942	218 649	351 812
漾濞县	yangbi	917	3 203	201	2 778	4 228	6 053	8 907	12 350	22 147
祥云县	Xiangyun	579	286	333	5 771	4 448	11 789	14 538	8 326	53 326
宾川县	Binchuang	464	922	1 514	8 303	8 448	25 346	8 399	7 788	32 705
弥渡县	Midu	237	591	289	2 679	5 839	54 474	79 060	3 733	21 270
南涧县	Nanjian	139	261	100	1 391	6 383	7 845	17 925	15 560	17 676
巍山县	Weishan	156	383	794	1 221	4 161	14 782	20 195	33 742	53 330
永平县	Yongping	140	288	179	1 226	3 910	10 968	16 943	23 549	32 365
云龙县	Yunlong	176	270	266	3 447	4 172	2 118	3 029	5 623	37 564
洱源县	Eryuan	193	325	1 019	3 358	7 833	12 020	22 163	21 873	52 561
剑川县	Jianchuan	68	227	194	2 405	5 185	5 110	17 699	16 861	22 444
鹤庆县	Heqing	142	548	660	7 322	10 744	7 723	8 369	7 489	38 104
不分县	Unclassified		111	900			92 701	27 883		
德 宏 州	**Dehong**	**3 428**	**7 962**	**10 962**	**66 391**	**73 669**	**81 364**	**108 426**	**152 054**	**304 196**
瑞丽市	Ruili	1 186	1 519	2 426	30 710	36 712	12 569	21 503	24 234	70 050
潞西市	Luxi	1 031	4 109	4 203	9 987	14 186	26 543	34 572	64 637	97 690
梁河县	Lianghe	192	309	632	1 382	3 900	289	7 467	10 841	13 604
盈江县	Yingjiang	413	883	1 862	7 985	10 658	18 719	17 478	32 348	98 659
陇川县	Longchuan	606	1 123	1 255	2 854	8 213	23 244	27 406	19 994	24 193
不分县	Unclassified		19	584						
怒 江 州	**Nujiang**	**1 174**	**1 926**	**7 156**	**9 058**	**27 153**	**62 814**	**62 370**	**163 382**	**141 744**
泸水县	Lushui	840	501	5 151	4 339	14 028	43 521	35 819	66 932	66 539
福贡县	Fugong	57	134	295	806	4 367		2 816	23 408	30 318
贡山县	Gongshan	39	213	342	2 260	2 382	677	7 812	17 834	15 242
兰坪县	Lanping	211	595	1 293	1 653	6 376	12 652	15 923	33 768	29 645
不分县	Unclassified		299	75			5 964		21440	
迪 庆 州	**Diqing**	**627**	**1 850**	**3 682**	**13 576**	**50 849**	**127 554**	**210 271**	**298 295**	**12 447 011**
香格里拉县	Shangri-La	372	1 176	2 514	8 901	36 101	72 939	117 637	149 732	284 158
德钦县	Deqin	81	330	263	689	6 412	41 104	69 399	89 764	120 356
维西县	Weixi	174	191	724	3 986	8 336	13 511	23 235	44 799	81 077
不分县	Unclassified		153	181					14000	
不分地区	**Unclassified by Regi**	**14 573**	**24 121**	**51 239**	**271 373**	**1 342 418**	**1 505 800**	**1 751 705**	**2 135 026**	**2 931 008**

21-8 主要年份各地区财政收入
Government Revenue by Region in Significant Years

单位：万元 (10 000 yuan)

地 区	Region	1978	1990	1995	2000	2004	2005	2007	2008	2009
全省合计	**Total**	**117 606**	**774 246**	**983 491**	**1 807 450**	**2 633 618**	**3 126 490**	**4 867 146**	**6 140 518**	**6 982 525**
昆明市	**Kunming**	**37 316**	**211 214**	**255 821**	**545 299**	**725 730**	**906 655**	**1 330 993**	**1 749 894**	**2 016 125**
五华区	Wuhua	1 249	27 211	25 601	53 678	67 440	71 813	107 705	133 426	157 692
盘龙区	Panlong	1 810	12 241	26 015	53 253	63 700	58 258	78 928	103 789	124 956
官渡区	Guandu	654	10 571	27 160	72 157	94 640	55 273	101 699	160 699	200 917
西山区	Xishan	327	6 812	11 342	27 373	39 818	51 772	86 263	109 269	130 046
东川区	Dongchuan	240	1 667	2 747	3 298	5 568	9 006	37 043	40 128	24 066
呈贡县	Chenggong	240	2 464	4 998	7 505	11 653	19 280	43 198	54 042	53 078
晋宁县	Jinning	1 060	5 646	6 647	9 199	9 465	13 238	24 500	33 108	46 977
富民县	Fumin	152	568	2 915	5 619	5 856	4 422	8 200	10 451	12 106
宜良县	Yiliang	766	3 328	7 334	12 117	17 173	19 311	24 814	33 097	38 309
石林县	Shilin	326	3 187	7 466	8 510	10 285	11 427	14 215	20 090	25 953
嵩明县	Songming	735	2 687	6 847	8 385	9 719	11 165	15 969	22 907	32 876
禄劝县	Luquan	381	1 096	3 568	5 046	7 354	8 908	12 503	16 078	23 098
寻甸县	Xundian	462	2 231	6 417	6 984	8 081	9 445	15 374	21 177	27 096
安宁市	Anning	1 798	14 705	19 284	27 555	52 306	60 911	85 353	108 526	128 009
市本级	City-level	30 025	120 798	106 644	244 620	322 672	502 426	675 229	883 107	990 946
曲靖市	**Qujing**	**12 289**	**82 531**	**112 482**	**140 795**	**236 549**	**294 506**	**464 868**	**560 137**	**631 875**
麒麟区	Qilin	2 210	10 419	29 279	16 166	28 471	34 162	49 976	63 296	76 108
马龙县	Malong	398	2 431	4 319	3 826	5 022	8 315	12 656	16 807	20 176
陆良县	Luliang	958	3 150	12 511	11 952	14 300	16 482	25 200	30 006	33 802
师宗县	Shizong	399	1 929	6 890	6 234	9 233	12 092	18 293	22 128	25 113
罗平县	Luoping	555	3 463	8 311	8 910	13 887	16 106	21 226	26 329	30 068
富源县	Fuyuan	866	3 540	7 703	10 681	16 706	26 373	57 494	64 164	71 802
会泽县	Huize	1 260	5 428	10 349	12 071	30 916	32 986	41 322	50 037	55 116
沾益县	Zhanyi				10 717	18 804	23 367	36 139	44 521	47 162
宣威市	Xuanwei	2 020	8 087	14 610	18 268	32 575	42 679	63 166	72 716	79 377
市本级	City-level	1 335	41 853	12 093	41 970	66 635	81 944	139 396	170 133	193 151
玉溪市	**Yuxi**	**14 991**	**126 588**	**184 196**	**262 099**	**295 710**	**312 286**	**388 965**	**501 621**	**541 595**
红塔区	Hongta	856	7 623	12 484	22 099	24 532	31 927	48 906	59 433	70 136
江川县	Jiangchuan	470	2 147	7 142	7 406	10 744	11 934	16 339	20 130	20 899
澄江县	Chengjiang	284	1 469	5 041	5 281	7 456	9 389	11 168	18 341	24 195
通海县	Tonghai	652	3 178	7 780	8 667	10 080	11 652	17 490	21 695	24 136
华宁县	Huaning	840	1 616	5 769	5 527	7 548	9 680	12 022	17 279	17 889
易门县	Yimen	218	1 518	5 056	5 110	7 634	10 095	16 281	19 781	21 311
峨山县	Eshan	497	1 556	3 714	5 599	9 826	11 286	18 023	21 220	21 833
新平县	Xinping	616	1 784	3 885	6 611	9 986	14 943	26 339	38 224	42 523
元江县	Yuanjiang	745	1 550	2 737	5 849	6 386	8 852	11 211	13 863	14 297
市本级	City-level	10 313	104 148	130 588	189 950	201 518	192 528	211 186	271 655	284 376

21-8 续表1 continued

单位：万元 (10 000 yuan)

地　区	Region	1978	1990	1995	2000	2004	2005	2007	2008	2009
保山市	**Baoshan**	**3 898**	**13 667**	**25 514**	**39 430**	**51 884**	**65 291**	**105 761**	**124 566**	**158 071**
隆阳区	Longyang	1 327	5 724	8 531	14 367	17 775	22 113	32 741	38 185	50 742
施甸县	Shidian	353	1 073	4 293	4 328	3 831	4 201	6 117	7 482	8 294
腾冲县	Tengchong	1 008	3 028	5 271	9 453	12 732	15 270	32 341	39 327	50 081
龙陵县	Longling	201	1 256	2 631	3 830	4 606	6 809	10 501	12 111	14 031
昌宁县	Changning	668	2 242	3 743	5 062	5 834	6 679	9 195	10 496	14 516
市本级	City-level	341	346	1 045	2 390	7 106	10 219	14 866	16 965	20 407
昭通市	**Zhaotong**	**4 817**	**65 360**	**40 717**	**52 837**	**69 674**	**85 216**	**128 874**	**171 286**	**207 906**
昭阳区	Zhaoyang	1 239	4 818	6 882	10 765	13 321	15 038	22 166	30 096	40 711
鲁甸县	Ludian	242	897	2 435	1 630	3 018	3 828	8 166	9 418	10 886
巧家县	Qiaojia	403	1 195	1 419	2 384	2 906	3 034	6 014	6 917	8 560
盐津县	Yanjin	267	945	1 187	1 642	2 338	2 721	5 167	6 998	8 668
大关县	Daguan	221	865	1 168	1 179	1 123	1 441	2 796	4 024	4 656
永善县	Yongshan	296	798	829	1 541	2 236	3 146	6 738	8 528	10 442
绥江县	Suijiang	180	2 790	1 534	1 094	1 300	1 596	2 626	4 748	6 426
镇雄县	Zhenxiong	900	5 229	6 585	5 680	6 985	7 557	11 699	15 188	20 090
彝良县	Yiliang	288	1 323	1 694	2 885	2 863	4 362	8 153	10 028	11 575
威信县	Weixin	435	1 928	2 148	1 986	2 300	2 760	5 389	7 589	10 089
水富县	Shuifu		5 252	1 813	3 983	5 916	7 564	10 233	12 106	12 776
市本级	City-level	346	39 318	13 023	18 068	25 368	32 169	39 727	55 646	63 027
丽江市	**Lijiang**	**1 303**	**5 971**	**10 634**	**21 069**	**34 025**	**40 595**	**72 831**	**95 235**	**116 584**
古城区	Gucheng					11 292	14 173	28 109	30 546	36 743
玉龙县	Yulong					3 471	4 942	8 815	11 549	14 129
永胜县	Yongsheng	391	1 289	2 909	3 336	4 667	3 718	6 069	10 222	13 741
华坪县	Huaping	99	1 069	1 828	3 659	5 637	7 997	16 037	21 209	26 516
宁蒗县	Ninglang	93	557	1 306	1 236	1 487	1 819	3 049	5 271	7 316
市本级	City-level	78	386	169	3 966	7 471	7 946	10 752	16 438	18 139
普洱市	**Pu'er**	**3 156**	**14 081**	**16 759**	**43 902**	**50 693**	**62 326**	**110 983**	**136 974**	**166 000**
思茅区	Simao	1 090	2 966	3 127	7 957	11 161	15 136	23 866	28 775	33 100
宁洱县	Ning'er	1 090	2 161	2 189	4 178	3 770	4 324	9 322	10 828	11 926
墨江县	Mojiang	291	995	1 279	4 369	5 565	5 245	7 828	10 008	12 166
景东县	Jingdong	478	1 468	2 606	5 681	7 947	9 468	11 438	15 800	18 000
景谷县	Jinggu	408	2 041	3 405	8 575	7 358	8 610	12 516	15 868	18 406
镇沅县	Zhenyuan	205	1 403	1 481	3 034	2 503	2 594	4 301	5 530	7 203
江城县	Jiangcheng	49	281	306	1 075	1 915	2 424	3 428	4 216	5 108
孟连县	Menglian	31	409	675	2 157	2 261	2 536	3 551	3 598	4 062
澜沧县	Lancang	314	1 492	1 397	3 267	3 801	4 526	8 449	10 556	12 359
西盟县	Ximeng	24	480	157	623	553	629	1 278	1 629	2 119
市本级	City-level	266	386	137	2 986	3 859	6 834	25 006	30 166	41 551
临沧市	**Lincang**	**2 507**	**7 631**	**17 489**	**36 141**	**41 939**	**46 000**	**69 554**	**84 865**	**100 543**
临翔区	Linxiang	478	1 404	1 884	4 712	4 740	5 368	9 660	11 983	14 298
凤庆县	Fengqing	908	1 801	2 708	4 544	5 871	6 280	8 300	10 845	14 338
云　县	Yunxian	468	1 219	3 871	7 987	10 955	13 044	15 596	18 158	19 505
永德县	Yongde	219	633	1 356	2 977	3 224	3 171	4 649	5 900	7 312
镇康县	Zhenkang	79	278	761	2 269	2 049	2 221	4 699	5 626	6 489
双江县	Shuangjiang	170	519	979	2 000	1 853	1 968	2 840	3 347	4 078
耿马县	Gengma	205	1 147	4 432	5 650	4 378	3 575	6 084	7 309	8 507
沧源县	Cangyuan	107	476	1 073	2 047	1 762	1 622	3 490	4 680	4 359
市本级	City-level	-127	154	425	3 955	7 107	8 751	14 236	17 017	21 657

21-8 续表2 continued

单位：万元 (10 000 yuan)

地 区	Region	1978	1990	1995	2000	2004	2005	2007	2008	2009
楚雄州	**Chuxiong**	**5 049**	**56 660**	**56 015**	**72 299**	**107 327**	**122 935**	**179 503**	**227 012**	**255 832**
楚雄市	Chuxiong	798	5 674	16 008	23 503	29 313	32 915	58 336	73 584	83 054
双柏县	Shuangbo	186	939	2 416	2 463	2 630	3 278	4 925	6 485	7 930
牟定县	Mouding	283	1 322	3 064	2 828	3 299	3 906	4 898	6 479	7 370
南华县	Nanhua	692	1 817	4 340	4 067	4 154	5 278	7 711	8 448	9 779
姚安县	Yao'an	293	913	1 781	3 008	3 056	3 103	4 326	5 583	6 197
大姚县	Dayao	337	1 470	3 394	3 824	4 664	5 208	8 008	11 156	10 840
永仁县	Yongren	196	560	1 246	1 765	1 891	2 151	3 629	5 201	6 758
元谋县	Yuanmou	338	834	1 856	3 309	4 015	4 427	6 788	8 548	8 476
武定县	Wuding	334	1 121	2 624	3 191	4 030	4 750	7 553	12 008	14 229
禄丰县	Lufeng	1 445	4 108	8 018	9 277	14 161	18 644	28 918	32 520	40 175
州本级	Prefecture-level	-234	37 902	11 268	15 064	36 114	39 275	44 411	57 000	61 024
红河州	**Honghe**	**8 982**	**32 652**	**59 148**	**104 071**	**205 703**	**249 959**	**377 116**	**451 396**	**520 397**
个旧市	Gejiu	2 015	8 679	9 215	18 431	29 340	36 805	58 926	75 500	77 271
开远市	Kaiyuan	2 287	5 067	7 533	12 785	22 108	25 853	37 574	45 018	50 125
蒙自县	Mengzi	733	2 602	4 235	6 743	13 514	21 544	39 150	48 857	58 129
屏边县	Pingbian	100	310	882	1 152	2 045	2 533	3 534	4 188	4 691
建水县	Jianshui	1 032	3 529	6 219	8 757	12 768	17 322	26 976	33 186	37 841
石屏县	Shiping	306	1 490	4 013	4 556	6 979	8 180	12 168	14 373	16 977
弥勒县	Mile	1 028	4 503	9 720	12 583	23 794	28 164	39 010	46 192	56 022
泸西县	Luxi	430	2 012	6 142	7 224	10 684	11 892	15 478	20 138	26 141
元阳县	Yuanyang	203	507	833	1 843	2 487	2 737	5 209	6 166	10 511
红河县	Honghe	123	264	554	1 277	1 356	1 579	2 217	2 808	3 353
金平县	Jinping	155	601	1 242	2 258	3 579	5 094	9 566	11 366	13 971
绿春县	Luchun	93	279	494	654	1 926	2 944	4 750	6 060	7 181
河口县	Hekou	80	417	1 690	2 962	4 723	7 038	6 289	7 736	8 970
州本级	Prefecture-level	361	2 389	6 376	22 846	70 400	78 274	116 269	129 808	149 214
文山州	**Wenshan**	**2 313**	**8 269**	**14 432**	**36 666**	**55 175**	**70 917**	**126 000**	**154 388**	**172 888**
文山县	Wenshan	600	2 181	3 121	10 688	20 699	24 129	35 666	44 008	53 608
砚山县	Yanshan	240	858	1 724	4 300	7 537	9 539	15 551	20 593	23 688
西畴县	Xichou	148	589	1 305	2 610	2 307	2 389	2 711	3 508	5 080
麻栗坡县	Malipo	175	764	1 013	2 706	3 228	4 708	11 190	12 190	13 600
马关县	Maguan	283	761	1 237	3 699	5 266	6 678	15 007	17 966	19 666
丘北县	Qiubei	270	775	1 614	3 233	4 328	5 158	7 818	9 816	13 168
广南县	Guangnan	392	1 354	2 021	4 242	5 188	6 399	9 398	12 000	13 460
富宁县	Funing	236	796	1 531	3 288	4 238	7 513	10 806	13 386	15 008
州本级	Prefecture-level	-31	191	866	1 900	2 384	4 404	17 853	20 921	15 610
西双版纳州	**Xishuangbanna**	**1 257**	**6 478**	**18 735**	**30 852**	**27 208**	**36 430**	**60 687**	**72 011**	**85 990**
景洪市	Jinghong	599	3 351	8 217	15 547	13 630	17 428	25 834	32 243	36 206
勐海县	Menghai	481	1 779	4 163	6 237	3 954	4 315	6 839	8 776	11 292

21-8 续表3 continued

单位：万元 (10 000 yuan)

地 区	Region	1978	1990	1995	2000	2004	2005	2007	2008	2009
勐腊县	Mengla	153	1 271	4 913	6 397	3 474	5 793	13 046	12 798	15 704
州本级	Prefecture-level	24	76	1 442	2 671	6 150	8 894	14 968	18 194	22 788
大 理 州	**Dali**	**4 566**	**43 865**	**55 204**	**91 294**	**132 974**	**157 487**	**227 817**	**275 715**	**315 480**
大理市	Dali	1 521	9 886	17 425	11 664	45 885	55 977	90 122	103 995	122 855
漾濞县	Yangbi	146	601	1 268	2 305	2 871	3 551	5 042	5 722	6 826
祥云县	Xiangyun	442	3 658	7 491	8 509	10 961	13 362	20 379	24 693	28 503
宾川县	Binchuan	211	1 856	5 018	6 717	7 303	7 787	11 682	14 594	16 058
弥渡县	Midu	207	1 426	3 713	4 251	4 344	4 438	6 688	8 796	10 855
南涧县	Nanjian	154	715	3 304	4 316	6 109	7 607	9 916	11 129	12 119
巍山县	Weishan	245	1 196	3 102	3 716	4 249	4 866	6 681	7 680	9 692
永平县	Yongping	173	636	2 703	3 018	3 534	3 627	6 133	8 002	9 596
云龙县	Yunlong	175	1 260	1 154	2 459	2 788	3 121	5 778	8 247	8 923
洱源县	Eryuan	510	1 357	3 521	4 148	5 012	6 166	8 556	10 408	10 068
剑川县	Jianchuan	157	445	1 083	2 626	3 379	3 609	6 202	7 611	9 362
鹤庆县	Heqing	340	1 031	2 787	3 265	5 060	6 053	9 857	13 875	14 988
州本级	Prefecture-level	285	19 799	2 635	11 664	31 479	37 323	40 781	50 963	55 635
德 宏 州	**Dehong**	**1 464**	**12 815**	**14 333**	**22 086**	**32 510**	**40 585**	**78 953**	**88 679**	**98 345**
瑞丽市	Ruili	125	4 083	3 838	6 093	7 370	10 307	16 819	22 103	22 092
潞西市	Luxi	495	2 914	3 600	5 447	7 619	8 867	17 440	21 704	25 521
梁河县	Lianghe	189	909	1 150	1 804	2 447	2 529	3 700	4 985	5 720
盈江县	Yingjiang	288	1 931	3 206	4 855	6 729	8 466	14 621	18 739	21 724
陇川县	Longchuan	273	1 612	1 485	3 006	3 048	3 032	5 252	6 136	6 933
州 级	Prefecture-level	48	-148	450	881	5 297	7 384	21 121	15 012	16 355
怒 江 州	**Nujiang**	**316**	**3 479**	**4 985**	**9 669**	**14 818**	**20 088**	**47 789**	**51 178**	**46 666**
泸水县	Lushui	53	741	1 190	2 968	5 037	5 600	7 189	8 927	10 827
福贡县	Fugong	10	70	181	516	579	866	1 470	2 023	2 321
贡山县	Gongshan	2	20	117	778	954	1 146	1 309	1 582	2 302
兰坪县	Lanping	188	2 340	3 053	5 079	5 825	8 518	29 599	29 002	21 018
州本级	Prefecture-level	51	308	444	328	2 423	3 958	8 222	9 644	10 198
迪 庆 州	**Diqing**	**367**	**3 787**	**5 469**	**5 855**	**11 001**	**13 905**	**23 566**	**32 026**	**43 578**
香格里拉县	Shangri-La	166	1 535	2 053	2 902	4 613	5 723	10 188	13 248	16 606
德钦县	Deqin	79	1 126	838	486	918	1 178	2 008	2 788	4 470
维西县	Weixi	100	525	1 651	840	1 229	1 440	2 126	3 612	5 820
州本级	Prefecture-level	22	601	927	1 627	4 241	5 564	9 244	12 378	16 682
省 本 级	**Province-level**	**12 775**	**77 633**	**88 811**	**293 086**	**540 698**	**601 309**	**1 072 886**	**1363 535**	**1504 650**

21-9 各地区人均财政收入（2006-2009年）

Per Capita Government Revenue by Region (2006-2009)

单位：元/人 (yuan/person)

地　区	Region	2006	2007	2008	2009	地　区	Region	2006	2007	2008	2009
全省合计	**Total**	**851**	**1 082**	**1 356**	**1 532**	龙陵县	Longling	325	385	442	510
昆 明 市	**Kunming**	**1 695**	**2 156**	**2 815**	**3 221**	昌宁县	Changning	233	267	306	422
五华区	Wuhua	990	1 225	1 520	1 807	**昭 通 市**	**Zhaotong**	**202**	**249**	**325**	**391**
盘龙区	Panlong	1 010	1 218	1 583	1 799	昭阳区	Zhaoyang	242	286	378	506
官渡区	Guandu	949	1 363	2 138	2 642	鲁甸县	Ludian	132	214	249	285
西山区	Xishan	977	1 254	1 563	1 828	巧家县	Qiaojia	67	113	128	161
东川区	Dongchuan	811	1 273	1 373	818	盐津县	Yanjin	98	140	188	230
呈贡县	Chenggong	1 156	1 920	2 381	2 333	大关县	Daguan	71	110	157	179
晋宁县	Jinning	667	866	1 175	1 671	永善县	Yongshan	107	170	217	261
富民县	Fumin	414	547	695	800	绥江县	Suijiang	119	168	301	404
宜良县	Yiliang	531	595	784	896	镇雄县	Zhenxiong	73	89	111	146
石林县	Shilin	532	592	833	1 067	彝良县	Yiliang	113	151	185	211
嵩明县	Songming	394	462	658	1 036	威信县	Weixin	97	144	201	264
禄劝县	Luquan	242	284	362	517	水富县	Shuifu	1 011	1 077	1 261	1 327
寻甸县	Xundian	238	305	418	530	**丽 江 市**	**Lijiang**	**420**	**599**	**782**	**953**
安宁市	Anning	2 207	2 701	3 401	3 987	古城区	Gucheng	1 011	1 644	1 783	2 138
曲 靖 市	**Qujing**	**643**	**813**	**973**	**1 089**	玉龙县	Yulong	292	383	501	612
麒麟区	Qilin	628	727	913	1 091	永胜县	Yongsheng	110	153	257	344
马龙县	Malong	539	666	876	1 044	华坪县	Huaping	756	978	1 291	1 609
陆良县	Luliang	344	412	487	546	宁蒗县	Ninglang	89	120	206	286
师宗县	Shizong	405	485	582	659	**普 洱 市**	**Pu'er**	**303**	**431**	**531**	**642**
罗平县	Luoping	343	392	484	551	思茅区	Simao	730	932	1 122	1 284
富源县	Fuyuan	538	818	911	1 019	宁洱县	Ning'er	306	478	555	611
会泽县	Huize	412	472	560	604	墨江县	Mojiang	158	207	264	320
沾益县	Zhanyi	741	903	1 103	1 156	景东县	Jingdong	291	302	417	474
宣威市	Xuanwei	402	475	548	594	景谷县	Jinggu	330	404	512	593
玉 溪 市	**Yuxi**	**1 482**	**1 725**	**2 210**	**2 374**	镇沅县	Zhenyuan	158	201	258	335
红塔区	Hongta	809	1 043	1 258	1 475	江城县	Jiangcheng	246	288	352	424
江川县	Jiangchuan	495	592	723	748	孟连县	Menglian	230	265	269	303
澄江县	Chengjiang	643	689	1 122	1 471	澜沧县	Lancang	118	170	212	248
通海县	Tonghai	449	581	716	793	西盟县	Ximeng	100	139	176	229
华宁县	Huaning	478	570	812	835	**临 沧 市**	**Lincang**	**235**	**294**	**357**	**421**
易门县	Yimen	676	915	1 103	1 185	临翔区	Linxiang	201	319	393	467
峨山县	Eshan	877	1 126	1 316	1 350	凤庆县	Fengqing	150	184	239	315
新平县	Xinping	641	934	1 348	1 494	云　县	Yunxian	319	352	408	436
元江县	Yuanjiang	387	521	641	658	永德县	Yongde	100	128	161	199
保 山 市	**Baoshan**	**341**	**432**	**507**	**640**	镇康县	Zhenkang	199	276	328	377
隆阳区	Longyang	298	372	431	570	双江县	Shuangjiang	140	160	187	226
施甸县	Shidian	171	189	231	255	耿马县	Gengma	169	215	258	299
腾冲县	Tengchong	330	514	623	788	沧源县	Cangyuan	140	202	270	249

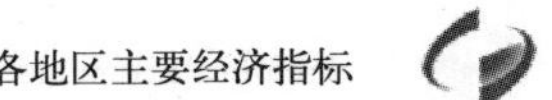

21-9 续表 continued

单位：元/人 (yuan/person)

地区	Region	2006	2007	2008	2009
楚雄州	**Chuxiong**	**538**	**670**	**845**	**949**
楚雄市	Chuxiong	750	1066	1 341	1 507
双柏县	Shuangbo	244	310	407	497
牟定县	Mouding	241	240	316	359
南华县	Nanhua	272	323	353	408
姚安县	Yao'an	190	208	268	297
大姚县	Dayao	235	277	385	374
永仁县	Yongren	276	336	478	621
元谋县	Yuanmou	235	320	401	397
武定县	Wuding	209	275	434	511
禄丰县	Lufeng	522	662	741	913
红河州	**Honghe**	**681**	**865**	**1 028**	**1 176**
个旧市	Gejiu	950	1292	1 656	1 695
开远市	Kaiyuan	936	1204	1 440	1 598
蒙自县	Mengzi	730	986	1 221	1 445
屏边县	Pingbian	207	237	281	316
建水县	Jianshui	407	517	632	717
石屏县	Shiping	344	415	487	572
弥勒县	Mile	617	747	876	1 051
泸西县	Luxi	346	399	515	665
元阳县	Yuanyang	83	136	159	268
红河县	Honghe	66	78	98	116
金平县	Jinping	191	285	332	400
绿春县	Luchun	163	223	279	324
河口县	Hekou	769	611	749	864
文山州	**Wenshan**	**264**	**371**	**451**	**502**
文山县	Wenshan	661	803	981	1 180
砚山县	Yanshan	257	344	453	517
西畴县	Xichou	98	108	139	201
麻栗坡县	Malipo	202	407	443	492
马关县	Maguan	238	418	496	538
丘北县	Qiubei	132	170	213	284
广南县	Guangnan	101	123	156	174
富宁县	Funing	229	274	337	375
西双版纳州	**Xishuangbanna**	**459**	**572**	**675**	**801**
景洪市	Jinghong	446	544	674	753
勐海县	Menghai	160	207	264	339
勐腊县	Mengla	381	510	497	606
大理州	**Dali**	**539**	**654**	**791**	**901**
大理市	Dali	1 206	1444	1 656	1 932
漾濞县	Yangbi	408	471	545	665
祥云县	Xiangyun	353	449	547	624
宾川县	Binchuan	268	343	427	468
弥渡县	Midu	172	212	277	341
南涧县	Nanjian	371	447	500	543
巍山县	Weishan	189	215	247	312
永平县	Yongping	264	333	437	526
云龙县	Yunlong	213	279	398	431
洱源县	Eryuan	265	310	376	363
剑川县	Jianchuan	287	352	432	531
鹤庆县	Heqing	302	372	521	561
德宏州	**Dehong**	**462**	**674**	**751**	**827**
瑞丽市	Ruili	786	1013	1 318	1 308
潞西市	Luxi	310	468	576	671
梁河县	Lianghe	201	231	311	355
盈江县	Yingjiang	369	496	630	727
陇川县	Longchuan	260	295	342	385
怒江州	**Nujiang**	**648**	**905**	**964**	**873**
泸水县	Lushui	342	389	479	578
福贡县	Fugong	131	156	213	243
贡山县	Gongshan	319	354	425	616
兰坪县	Lanping	871	1403	1 363	981
迪庆州	**Diqing**	**491**	**632**	**852**	**1 153**
香格里拉县	Shangri-La	495	649	833	1 029
德钦县	Deqin	244	319	442	710
维西县	Weixi	114	139	236	379

21-10 主要年份各地区财政支出
Government Expenditure by Region in Significant Years

单位：万元 (10 000 yuan)

地 区	Region	1978	1990	1995	2000	2005	2007	2008	2009
全省合计	**Total**	**182 840**	**907 586**	**2 350 993**	**4 141 074**	**7 663 115**	**11 352 175**	**14 702 388**	**19 523 395**
昆 明 市	**Kunming**	**13 190**	**146 397**	**339 844**	**688 003**	**1 148 259**	**1 646 540**	**2 334 865**	**2 707 475**
五华区	Wuhua	335	18 238	38 732	63 344	83 147	117 093	148 170	176 842
盘龙区	Panlong	303	7 654	23 015	47 416	68 263	92 191	125 023	153 402
官渡区	Guandu	698	9 658	31 608	64 973	73 190	105 100	182 860	227 154
西山区	Xishan	339	5 173	14 891	32 147	58 689	91 872	144 576	163 766
东川区	Dongchuan	1 269	4 399	10 008	21 085	50 247	119 985	124 947	141 674
呈贡县	Chenggong	422	2 821	8 699	12 644	28 060	49 611	73 157	74 778
晋宁县	Jinning	462	4 193	9 656	17 055	27 658	50 699	70 105	89 521
富民县	Fumin	334	2 047	6 926	11 868	19 103	30 891	37 919	43 190
宜良县	Yiliang	968	3 270	10 464	16 184	29 148	49 464	70 737	84 201
石林县	Shilin	530	2 796	8 986	15 244	27 788	40 219	55 725	71 161
嵩明县	Songming	639	3 068	9 430	14 560	29 580	53 947	72 330	91 066
禄劝县	Luquan	484	3 051	12 029	19 335	37 993	57 621	72 505	94 887
寻甸县	Xundian	562	4 701	11 595	21 254	42 433	64 791	87 258	108 586
安宁市	Anning	493	7 753	34 103	49 654	87 712	116 264	139 330	153 108
市本级	City-level	9 803	76 677	131 305	281 240	485 248	606 792	930 223	1 034 139
曲 靖 市	**Qujing**	**12 588**	**71 235**	**157 459**	**256 022**	**532 277**	**901 592**	**1 169 321**	**1 401 667**
麒麟区	Qilin	1 532	12 445	30 876	25 482	57 532	84 704	115 480	151 542
马龙县	Malong	508	3 321	6 040	11 294	22 062	33 307	46 449	57 604
陆良县	Luliang	1 333	5 377	12 929	18 940	41 017	73 205	98 766	117 119
师宗县	Shizong	500	3 271	7 353	13 533	30 500	53 288	73 552	90 323
罗平县	Luoping	571	5 059	9 903	19 145	39 661	65 668	84 768	101 067
富源县	Fuyuan	761	5 108	9 646	20 234	50 808	102 060	131 264	149 670
会泽县	Huize	1 003	8 019	23 273	29 934	72 268	112 554	148 618	174 474
沾益县	Zhanyi				21 327	34 261	59 927	77 932	94 491
宣威市	Xuanwei	1 045	9 696	19 573	39 176	86 737	145 827	197 941	245 812
市本级	City-level	2 637	14 239	26 271	56 957	97 431	171 052	194 551	219 565
玉 溪 市	**Yuxi**	**6 480**	**75 495**	**205 135**	**278 101**	**408 743**	**604 191**	**725 275**	**898 224**
红塔区	Hongta	523	9 823	28 438	43 429	60 968	87 055	99 607	118 797
江川县	Jiangchuan	326	4 387	11 946	14 823	29 567	39 188	52 414	62 379
澄江县	Chengjiang	310	3 982	9 968	12 756	20 723	28 381	40 218	59 163
通海县	Tonghai	396	4 695	11 818	14 655	26 171	40 546	47 994	60 106
华宁县	Huaning	348	4 195	9 969	13 355	23 773	31 610	43 220	53 810
易门县	Yimen	315	4 023	9 982	13 105	25 403	36 658	42 496	56 057
峨山县	Eshan	488	4 320	9 974	16 098	28 383	40 293	47 334	57 070
新平县	Xinping	450	5 685	14 388	19 944	40 427	67 940	82 462	109 168
元江县	Yuanjiang	430	4 933	11 551	17 651	28 226	40 968	46 717	68 897
市本级	City-level	2 894	29 451	87 101	112 285	125 102	191 552	222 813	252 777

21-10 续表1 continued

单位：万元 (10 000 yuan)

地 区	Region	1978	1990	1995	2000	2005	2007	2008	2009
保 山 市	**Baoshan**	**5 613**	**26 847**	**61 208**	**105 448**	**226 922**	**364 118**	**468 808**	**620 180**
隆阳区	Longyang	1 514	6 818	15 525	26 246	59 626	91 204	120 241	155 582
施甸县	Shidian	1 017	3 083	7 472	12 962	24 714	41 861	53 123	80 782
腾冲县	Tengchong	887	6 076	12 176	24 950	54 162	102 392	129 502	163 910
龙陵县	Longling	694	3 278	7 042	12 465	27 976	44 774	56 253	77 328
昌宁县	Changning	559	3 882	8 312	13 036	28 296	42 732	57 008	80 816
市本级	City-level	942	3 711	10 681	15 789	32 148	41 155	52 681	61 762
昭 通 市	**Zhaotong**	**7 734**	**62 028**	**111 373**	**177 962**	**371 777**	**630 555**	**882 950**	**1 114 971**
昭阳区	Zhaoyang	760	8 444	12 690	22 788	50 928	80 270	111 959	148 513
鲁甸县	Ludian	362	2 986	6 377	10 238	24 239	47 633	66 271	87 938
巧家县	Qiaojia	463	3 488	6 958	13 698	28 546	57 800	75 035	93 411
盐津县	Yanjin	378	2 521	4 925	10 425	23 364	42 318	57 518	70 299
大关县	Daguan	283	2 232	4 114	8 677	18 381	35 882	49 908	58 262
永善县	Yongshan	461	3 262	6 191	13 175	27 552	48 438	71 751	89 106
绥江县	Suijiang	240	2 968	6 677	8 743	14 223	24 292	31 010	41 654
镇雄县	Zhenxiong	785	8 346	12 740	22 628	58 506	100 633	152 299	199 966
彝良县	Yiliang	502	3 082	6 063	13 699	26 934	51 707	75 501	104 363
威信县	Weixin	497	3 346	6 695	10 680	25 037	42 668	63 828	74 266
水富县	Shuifu		2 043	4 811	7 431	17 231	26 102	38 300	38 194
市本级	City-level	3 003	19 310	33 132	35 780	56 836	72 812	89 570	108 999
丽 江 市	**Lijiang**	**3 955**	**15 456**	**31 752**	**79 256**	**175 712**	**287 181**	**367 047**	**474 537**
古城区	Gucheng					29 172	46 726	54 788	63 295
玉龙县	Yulong					27 992	40 792	54 105	75 006
永胜县	Yongsheng	565	3512	7122	16159	31 988	58 983	73 588	102 332
华坪县	Huaping	340	2 256	4 522	11 110	30 645	52 499	63 331	75 916
宁蒗县	Ninglang	426	2 916	5 559	14 872	25 216	48 291	70 520	87 281
市本级	City-level	2 009	2 357	6 007	15 528	30 699	39 890	50 715	70 707
普 洱 市	**Pu'er**	**5 682**	**35 391**	**65 588**	**153 907**	**290 364**	**558 022**	**593 010**	**854 788**
思茅区	Simao	581	3 752	5 652	13 494	30 409	59 815	60 157	77 274
宁洱县	Ning'er	581	3 266	5 647	11 266	21 182	82 631	44 218	60 750
墨江县	Mojiang	509	2 595	5 945	14 468	27 425	50 257	61 036	91 269
景东县	Jingdong	469	3 107	6 606	15 668	30 219	47 392	59 005	92 890
景谷县	Jinggu	464	3 445	6 579	14 121	26 835	45 755	52 755	75 277
镇沅县	Zhenyuan	378	2 693	5 434	10 811	21 647	34 834	42 088	63 284
江城县	Jiangcheng	277	1 633	3 504	7 832	14 169	27 501	26 983	43 936
孟连县	Menglian	263	1 782	4 487	7 440	14 688	25 884	31 811	43 632
澜沧县	Lancang	695	7 074	7 718	18 807	37 669	69 281	91 152	130 367
西盟县	Ximeng	250	2 006	3 131	6 670	13 917	22 409	28 813	45 789
市本级	City-level	1 796	4 040	10 885	33 330	52 204	92 263	94 992	130 320
临 沧 市	**Lincang**	**5 130**	**29 589**	**54 019**	**110 441**	**226 874**	**385 995**	**491 610**	**695 355**
临翔区	Linxiang	432	2 998	6 163	13 977	24 109	45 218	56 818	80 524
凤庆县	Fengqing	558	3 304	7 217	14 096	25 079	49 888	67 777	102 524
云 县	Yunxian	466	2 893	8 095	15 605	29 593	49 783	59 124	88 765
永德县	Yongde	406	2 595	4 881	10 872	24 220	42 822	54 618	74 430
镇康县	Zhenkang	374	1 998	4 064	8 952	18 679	33 083	44 269	64 822
双江县	Shuangjiang	335	3 083	3 993	8 340	17 105	29 832	44 079	58 208
耿马县	Gengma	459	5 808	7 947	11 544	22 617	40 667	53 479	79 654
沧源县	Cangyuan	430	4 041	4 592	9 159	18 080	34 288	45 998	69 012

21-10 续表2 continued

单位：万元 (10 000 yuan)

地　区	Region	1978	1990	1995	2000	2005	2007	2008	2009
市本级	City-level	1 670	2 871	7 067	17 896	47 392	60 414	65 448	77 416
楚 雄 州	**Chuxiong**	**7 063**	**58 509**	**133 228**	**189 202**	**356 140**	**570 960**	**700 427**	**910 569**
楚雄市	Chuxiong	488	9 326	22 473	30 494	55 147	101 620	123 664	146 386
双柏县	Shuangbo	301	2 510	6 836	9 714	18 349	30 087	38 337	54 227
牟定县	Mouding	272	3 758	8 142	11 162	20 156	30 022	38 240	56 894
南华县	Nanhua	472	4 316	9 179	12 524	21 085	38 365	42 553	64 464
姚安县	Yao'an	308	3 418	7 430	13 339	18 212	31 318	39 057	76 914
大姚县	Dayao	373	4 315	9 916	14 667	25 057	41 338	54 184	78 636
永仁县	Yongren	288	2 107	6 130	9 057	14 575	25 075	35 858	55 113
元谋县	Yuanmou	319	2 764	6 705	11 476	23 355	34 081	53 987	56 990
武定县	Wuding	351	3 545	10 089	15 175	22 955	40 210	54 158	76 150
禄丰县	Lufeng	488	7 250	14 185	18 558	45 517	71 588	81 675	116 114
州本级	Prefecture-level	2 919	15 199	32 143	43 036	91 732	127 256	138 714	128 681
红 河 州	**Honghe**	**10 351**	**52 278**	**130 239**	**236 622**	**524 183**	**819 795**	**1 073 458**	**1 376 466**
个旧市	Gejiu	1 155	7 964	14 623	25 872	67 792	97 674	129 773	152 063
开远市	Kaiyuan	496	4 780	10 364	18 368	44 590	62 070	83 438	89 053
蒙自县	Mengzi	607	3 596	8 165	14 089	39 822	71 042	89 311	111 607
屏边县	Pingbian	342	1 973	4 308	7 902	16 015	25 273	33 417	44 517
建水县	Jianshui	572	4 875	10 442	17 402	39 496	68 277	85 871	114 346
石屏县	Shiping	400	3 088	7 442	13 685	28 203	42 461	55 632	81 228
弥勒县	Mile	529	4 892	12 212	19 301	45 254	79 273	103 203	131 022
泸西县	Luxi	411	3 429	8 904	14 509	28 727	47 104	69 503	91 463
元阳县	Yuanyang	516	2 936	7 437	12 773	24 041	39 490	51 924	81 049
红河县	Honghe	377	2 315	5 434	10 701	20 704	33 985	42 065	65 689
金平县	Jinping	467	2 586	6 883	12 536	25 414	46 724	61 988	86 663
绿春县	Luchun	381	2 023	4 548	9 715	19 441	35 071	47 499	68 548
河口县	Hekou	305	1 690	4 124	9 116	18 737	25 494	36 524	52 381
州本级	Prefecture-level	3 793	6 132	25 353	50 653	105 947	145 857	183 310	206 837
文 山 州	**Wenshan**	**6 564**	**26 818**	**63 131**	**142 601**	**307 800**	**525 324**	**667 080**	**899 434**
文山县	Wenshan	457	3 492	7 732	20 526	50 530	69 120	90 201	116 801
砚山县	Yanshan	417	2 659	6 574	14 742	30 490	52 438	77 334	95 932
西畴县	Xichou	379	2 279	5 163	11 629	25 208	37 286	49 301	65 274
麻栗坡县	Malipo	602	2 709	5 235	12 403	26 466	47 999	60 278	87 424
马关县	Maguan	601	2 914	5 896	14 764	30 764	52 998	70 069	91 676
丘北县	Qiubei	438	2 668	5 812	15 273	28 180	54 774	73 330	96 566
广南县	Guangnan	694	3 535	7 263	18 446	40 933	68 162	93 164	126 673
富宁县	Funing	589	2 877	6 110	13 930	32 076	54 163	74 722	107 954
州本级	Prefecture-level	2 387	3 687	13 346	20 888	43 153	88 384	78 681	111 134
西双版纳州	**Xishuangbanna**	**2 644**	**15 981**	**36 457**	**63 148**	**128 223**	**207 656**	**256 780**	**352 445**
景洪市	Jinghong	511	4 913	10 453	19 415	38 608	68 077	84 007	122 393
勐海县	Menghai	538	3 997	8 107	13 038	27 157	47 292	60 102	77 557

21-10 续表3 continued

单位：万元 (10 000 yuan)

地 区	Region	1978	1990	1995	2000	2005	2007	2008	2009
勐腊县	Mengla	418	3 221	7 928	11 699	25 423	43 059	50 792	72 453
州本级	Prefecture-level	1 177	3 850	9 969	18 996	37 035	49 228	61 879	80 042
大 理 州	**Dali**	**7 515**	**53 428**	**114 829**	**207 071**	**396 589**	**607 140**	**750 219**	**1 023 923**
大理市	Dali	774	8 654	18 961	35 167	83 134	123 929	143 945	194 215
漾濞县	Yangbi	205	1 551	3 602	8 761	16 185	24 822	29 901	35 226
祥云县	Xiangyun	437	4 236	10 463	16 552	30 976	52 676	67 986	99 683
宾川县	Binchuan	433	3 550	8 104	15 264	30 106	52 717	62 478	91 867
弥渡县	Midu	362	2 847	6 010	11 717	21 813	35 041	48 120	68 647
南涧县	Nanjian	290	2 271	5 688	11 624	21 868	31 822	36 916	50 541
巍山县	Weishan	407	3 025	6 374	13 542	22 715	37 874	46 087	61 044
永平县	Yongping	293	2 160	5 317	10 614	17 810	29 716	35 432	52 173
云龙县	Yunlong	352	2 777	5 402	11 144	20 288	34 408	42 232	59 225
洱源县	Eryuan	360	3 012	6 712	13 014	26 364	37 633	46 519	64 028
剑川县	Jianchuan	294	2 102	4 676	11 290	19 543	31 809	37 548	49 828
鹤庆县	Heqing	357	2 433	6 687	11 067	23 633	37 431	56 542	72 868
州本级	Prefecture-level	2 951	14 809	26 833	35 167	62 154	77 262	96 513	124 578
德 宏 州	**Dehong**	**4 551**	**24 760**	**43 640**	**71 826**	**168 212**	**280 082**	**365 934**	**488 697**
瑞丽市	Ruili	367	4 128	7 210	11 780	23 965	39 297	55 866	71 237
潞西市	Luxi	761	4 009	8 287	12 048	30 962	53 660	71 256	103 507
梁河县	Lianghe	450	2 082	4 359	7 644	17 165	27 573	37 077	53 230
盈江县	Yingjiang	592	3 632	7 484	11 594	29 865	51 213	87 785	98 394
陇川县	Longchuan	469	2 550	5 168	9 306	19 689	32 018	47 398	65 037
州本级	Prefecture-level	1 793	6 845	9 335	19 454	46 566	76 321	66 552	97 292
怒 江 州	**Nujiang**	**2 060**	**11 496**	**22 933**	**49 498**	**102 507**	**174 157**	**210 626**	**275 430**
泸水县	Lushui	369	2 676	4 799	11 283	28 780	37 151	46 680	68 823
福贡县	Fugong	291	1 671	3 178	7 871	14 490	24 191	32 619	47 222
贡山县	Gongshan	214	1 112	1 911	5 856	10 656	18 788	25 571	27 936
兰坪县	Lanping	439	3 354	7 803	13 577	27 184	58 620	63 542	77 742
州本级	Prefecture-level	488	2 683	5 242	10 911	21 397	35 407	42 214	53 707
迪 庆 州	**Diqing**	**1 714**	**9 917**	**20 713**	**50 252**	**107 095**	**186 863**	**235 493**	**300 894**
香格里拉县	Shangri-La	463	3 129	6 563	16 310	32 023	49 936	63 819	76 150
德钦县	Deqin	399	2 720	3 364	9 804	16 185	32 728	44 575	63 781
维西县	Weixi	382	1 873	5 223	12 409	24 994	35 804	50 821	66 215
州本级	Prefecture-level	470	2 195	5 563	11 729	33 893	68 395	76 278	94 748
省本级	**Provincial-level**	**78 737**	**187 562**	**749 437**	**1 281 714**	**2 191 438**	**2 602 004**	**3 409 485**	**5 128 340**

注：1994年以后全省分县财政支出数按新财政体制口径统计。
Note: Data of government expenditure by county after 1994 have been recorded according to the new financial system.

21-11 各地区人均财政支出（2006-2009年）
Per Capita Government Expenditure by Region (2006-2009)

单位：元/人 (yuan/person)

地 区	Region	2006	2007	2008	2009
全省合计	**Total**	**2 000**	**2 524**	**3 247**	**4 284**
昆 明 市	**Kunming**	**2 184**	**2 667**	**3 756**	**4 325**
五华区	Wuhua	1 145	1 332	1 688	2 027
盘龙区	Panlong	1 215	1 423	1 907	2 209
官渡区	Guandu	1 123	1 409	2 433	2 987
西山区	Xishan	1 140	1 335	2 067	2 303
东川区	Dongchuan	2 454	4 123	4 276	4 816
呈贡县	Chenggong	1 660	2 205	3 223	3 287
晋宁县	Jinning	1 463	1 791	2 489	3 184
富民县	Fumin	1 646	2 059	2 521	2 854
宜良县	Yiliang	994	1 186	1 677	1 970
石林县	Shilin	1 417	1 676	2 309	2 925
嵩明县	Songming	1 240	1 559	2 077	2 871
禄劝县	Luquan	1 073	1 310	1 634	2 125
寻甸县	Xundian	1 063	1 286	1 721	2 125
安宁市	Anning	3 136	3 679	4 366	4 769
曲 靖 市	**Qujing**	**1 216**	**1 578**	**2 032**	**2 417**
麒麟区	Qilin	1 058	1 233	1 665	2 171
马龙县	Malong	1 413	1 753	2 422	2 980
陆良县	Luliang	900	1 196	1 602	1 892
师宗县	Shizong	1 135	1 413	1 934	2 369
罗平县	Luoping	921	1 212	1 557	1 851
富源县	Fuyuan	1 031	1 452	1 864	2 124
会泽县	Huize	1 036	1 286	1 664	1 912
沾益县	Zhanyi	1 159	1 498	1 930	2 317
宣威市	Xuanwei	903	1 097	1 491	1 838
玉 溪 市	**Yuxi**	**2 195**	**2 679**	**3 195**	**3 937**
红塔区	Hongta	1 517	1 856	2 108	2 499
江川县	Jiangchuan	1 262	1 420	1 882	2 232
澄江县	Chengjiang	1 815	1 752	2 460	3 597
通海县	Tonghai	1 125	1 347	1 585	1 975
华宁县	Huaning	1 259	1 498	2 031	2 512
易门县	Yimen	1 851	2 059	2 370	3 118
峨山县	Eshan	2 131	2 518	2 935	3 528
新平县	Xinping	1 811	2 409	2 908	3 836
元江县	Yuanjiang	1 538	1 905	2 159	3 169
保 山 市	**Baoshan**	**1 151**	**1 487**	**1 908**	**2 510**
隆阳区	Longyang	822	1 035	1 359	1 747
施甸县	Shidian	936	1 296	1 642	2 486
腾冲县	Tengchong	1 090	1 628	2 052	2 579
龙陵县	Longling	1 280	1 640	2 053	2 809
昌宁县	Changning	999	1 242	1 660	2 348
昭 通 市	**Zhaotong**	**953**	**1 216**	**1 674**	**2 096**
昭阳区	Zhaoyang	870	1 037	1 405	1 847
鲁甸县	Ludian	923	1 247	1 754	2 306
巧家县	Qiaojia	733	1 091	1 392	1 757
盐津县	Yanjin	1 066	1 147	1 542	1 866
大关县	Daguan	1 162	1 413	1 943	2 245
永善县	Yongshan	832	1 220	1 823	2 228
绥江县	Suijiang	1 107	1 557	1 966	2 621
镇雄县	Zhenxiong	575	766	1 118	1 448
彝良县	Yiliang	689	959	1 389	1 903
威信县	Weixin	850	1 141	1 689	1 946
水富县	Shuifu	2 377	2 748	3 990	3 968
丽 江 市	**Lijiang**	**1 847**	**2 364**	**3 012**	**3 879**
古城区	Gucheng	1 976	2 733	3 198	3 683
玉龙县	Yulong	1 584	1 774	2 349	3 246
永胜县	Yongsheng	1 049	1 486	1 849	2 561
华坪县	Huaping	2 504	3 201	3 855	4 607
宁蒗县	Ninglang	1 303	1 901	2 762	3 408
普 洱 市	**Pu'er**	**1 457**	**2 167**	**2 300**	**3 308**
思茅区	Simao	1 521	2 337	2 346	2 997
宁洱县	Ning'er	1 468	4 237	2 268	3 114
墨江县	Mojiang	931	1 326	1 609	2 403
景东县	Jingdong	1 004	1 250	1 556	2 447
景谷县	Jinggu	1 049	1 476	1 701	2 424
镇沅县	Zhenyuan	1 255	1 628	1 964	2 947
江城县	Jiangcheng	1 553	2 311	2 254	3 643
孟连县	Menglian	1 437	1 932	2 376	3 257
澜沧县	Lancang	957	1 391	1 827	2 611
西盟县	Ximeng	1 835	2 436	3 122	4 945
临 沧 市	**Lincang**	**1 235**	**1 631**	**2 070**	**2 911**
临翔区	Linxiang	1 086	1 492	1 865	2 631
凤庆县	Fengqing	811	1 104	1 495	2 250
云 县	Yunxian	839	1 124	1 329	1 986
永德县	Yongde	834	1 176	1 493	2 023
镇康县	Zhenkang	1 350	1 946	2 583	3 761
双江县	Shuangjiang	1 247	1 676	2 457	3 228
耿马县	Gengma	1 083	1 437	1 890	2 796
沧源县	Cangyuan	1 353	1 982	2 650	3 947

21-11 续表 continued

单位：元/人 (yuan/person)

地 区	Region	2006	2007	2008	2009	地 区	Region	2006	2007	2008	2009
楚 雄 州	**Chuxiong**	**1 634**	**2 132**	**2 607**	**3 378**	富宁县	Funing	1 044	1 371	1 884	2 700
楚雄市	Chuxiong	1 337	1 858	2 254	2 656	**西双版纳州**	**Xishuangbanna**	**1 578**	**1 957**	**2 405**	**3 285**
双柏县	Shuangbo	1 271	1 892	2 408	3 400	景洪市	Jinghong	1 097	1 433	1 757	2 546
牟定县	Mouding	1 136	1 472	1 865	2 770	勐海县	Menghai	1 044	1 433	1 811	2 327
南华县	Nanhua	1 105	1 605	1 778	2 689	勐腊县	Mengla	1 400	1 682	1 972	2 798
姚安县	Yao'an	1 114	1 506	1 876	3 685	**大 理 州**	**Dali**	**1 441**	**1 743**	**2 152**	**2 925**
大姚县	Dayao	1 109	1 430	1 872	2 711	大理市	Dali	1 800	1 986	2 292	3 054
永仁县	Yongren	1 748	2 322	3 293	5 061	漾濞县	Yangbi	1 716	2 320	2 848	3 430
元谋县	Yuanmou	1 199	1 608	2 535	2 671	祥云县	Xiangyun	865	1 160	1 506	2 183
武定县	Wuding	1 084	1 462	1 956	2 734	宾川县	Binchuan	1 116	1 546	1 827	2 678
禄丰县	Lufeng	1 205	1 638	1 862	2 638	弥渡县	Midu	884	1 109	1 516	2 156
红 河 州	**Honghe**	**1 468**	**1 881**	**2 444**	**3 109**	南涧县	Nanjian	1 109	1 433	1 659	2 264
个旧市	Gejiu	1 663	2 142	2 847	3 336	巍山县	Weishan	882	1 218	1 482	1 967
开远市	Kaiyuan	1 495	1 989	2 670	2 840	永平县	Yongping	1 216	1 615	1 934	2 860
蒙自县	Mengzi	1 345	1 789	2 232	2 775	云龙县	Yunlong	1 359	1 662	2 036	2 860
屏边县	Pingbian	1 296	1 696	2 244	3 002	洱源县	Eryuan	1 123	1 364	1 682	2 307
建水县	Jianshui	986	1 308	1 635	2 167	剑川县	Jianchuan	1 419	1 807	2 133	2 829
石屏县	Shiping	1 143	1 449	1 886	2 737	鹤庆县	Heqing	1 191	1 412	2 123	2 729
弥勒县	Mile	1 117	1 519	1 956	2 459	**德 宏 州**	**Dehong**	**1 906**	**2 392**	**3 099**	**4 108**
泸西县	Luxi	935	1 214	1 778	2 326	瑞丽市	Ruili	1 989	2 367	3 331	4 216
元阳县	Yuanyang	776	1 031	1 341	2 067	潞西市	Luxi	1 095	1 439	1 892	2 721
红河县	Honghe	924	1 192	1 465	2 269	梁河县	Lianghe	1 371	1 723	2 310	3 301
金平县	Jinping	949	1 391	1 809	2 482	盈江县	Yingjiang	1 298	1 736	2 951	3 292
绿春县	Luchun	1 068	1 647	2 184	3 088	陇川县	Longchuan	1 549	1 799	2 644	3 608
河口县	Hekou	2 375	2 475	3 536	5 044	**怒 江 州**	**Nujiang**	**2 707**	**3 298**	**3 967**	**5 153**
文 山 州	**Wenshan**	**1 162**	**1 545**	**1 951**	**2 613**	泸水县	Lushui	1 829	2 008	2 504	3 673
文山县	Wenshan	1 374	1 557	2 011	2 571	福贡县	Fugong	2 133	2 574	3 426	4 942
砚山县	Yanshan	885	1 160	1 700	2 095	贡山县	Gongshan	3 219	5 078	6 874	7 470
西畴县	Xichou	1 184	1 485	1 956	2 587	兰坪县	Lanping	2 091	2 778	2 986	3 629
麻栗坡县	Malipo	1 232	1 745	2 189	3 165	**迪 庆 州**	**Diqing**	**3 750**	**5 010**	**6 263**	**7 960**
马关县	Maguan	1 106	1 476	1 935	2 510	香格里拉县	Shangri-La	2 385	3 181	4 011	4 720
丘北县	Qiubei	860	1 191	1 589	2 083	德钦县	Deqin	3 613	5 195	7 064	10 124
广南县	Guangnan	698	892	1 212	1 640	维西县	Weixi	1 900	2 340	3 315	4 309

21-12 各地区社会消费品零售总额（2008-2009年）
Total Retail Sales of Consumer Goods by Region (2008-2009)

单位：万元 (10 000 yuan)

地　区	Region	2008	2009	地　区	Region	2008	2009
全省合计	**Total**	**17 647 385**	**20 510 638**	**保 山 市**	**Baoshan**	**599 413**	**696 679**
昆 明 市	**Kunming**	**7 336 516**	**8 646 103**	隆阳区	Longyang	294 684	351 690
五华区	Wuhua	2 222 932	2 743 469	施甸县	Shidian	51 864	60 733
盘龙区	Panlong	1 429 910	1 764 423	腾冲县	Tengchong	127 775	153 458
官渡区	Guandu	1 233 677	1 575 303	龙陵县	Longling	47 860	57 393
西山区	Xishan	1 108 927	1 330 113	昌宁县	Changning	61 330	73 405
东川区	Dongchuan	55 983	67 026	**昭 通 市**	**Zhaotong**	**745 978**	**878 468**
呈贡县	Chenggong	104 094	124 606	昭阳区	Zhaoyang	299 245	361 727
晋宁县	Jinning	85 324	106 026	鲁甸县	Ludian	30 956	37 625
富民县	Fumin	48 451	57 468	巧家县	Qiaojia	45 788	56 325
宜良县	Yiliang	130 090	165 878	盐津县	Yanjin	28 920	35 571
石林县	Shilin	117 575	153 145	大关县	Daguan	22 610	27 747
嵩明县	Songming	116 372	138 424	永善县	Yongshan	41 411	49 750
禄劝县	Luquan	53 559	64 937	绥江县	Suijiang	19 126	26 192
寻甸县	Xundian	86 522	102 150	镇雄县	Zhenxiong	103 318	134 107
安宁市	Anning	214 289	253 135	彝良县	Yiliang	55 436	67 666
曲 靖 市	**Qujing**	**1 613 645**	**1 900 429**	威信县	Weixin	35 078	42 212
麒麟区	Qilin	408 877	491 061	水富县	Shuifu	36 776	39 545
马龙县	Malong	38 326	46 600	**丽 江 市**	**Lijiang**	**303 638**	**366 090**
陆良县	Luliang	144 117	175 447	古城区	Gucheng	137 835	172 294
师宗县	Shizong	72 411	85 649	玉龙县	Yulong	32 492	40 445
罗平县	Luoping	138 657	172 018	永胜县	Yongsheng	47 081	60 739
富源县	Fuyuan	132 962	163 613	华坪县	Huaping	44 912	56 231
会泽县	Huize	109 919	135 400	宁蒗县	Ninglang	28 600	36 380
沾益县	Zhanyi	107 989	133 806	**普 洱 市**	**Pu'er**	**527 804**	**611 583**
宣威市	Xuanwei	399 249	496 835	思茅区	Simao	164 316	194 266
玉 溪 市	**Yuxi**	**981 219**	**1 154 467**	宁洱县	Ning'er	39 742	46 180
红塔区	Hongta	440 153	530 351	墨江县	Mojiang	41 254	46 712
江川县	Jiangchuan	70 800	85 192	景东县	Jingdong	48 822	58 217
澄江县	Chengjiang	56 324	70 371	景谷县	Jinggu	66 211	79 321
通海县	Tonghai	88 917	108 923	镇沅县	Zhenyuan	35 096	41 837
华宁县	Huaning	54 617	65 980	江城县	Jiangcheng	22 156	26 366
易门县	Yimen	55 973	67 733	孟连县	Menglian	31 172	36 221
峨山县	Eshan	46 543	57 061	澜沧县	Lancang	61 407	71 514
新平县	Xinping	63 965	78 166	西盟县	Ximeng	9 628	10 950
元江县	Yuanjiang	71 781	90 690				

注：省、州(市)2008年零售额数据根据第二次经济普查结果进行了修订。

Note:Numbers of retail sales of the whole province and prefectures(cities) in 2008 have been adjusted in accordance with the results of the Second Economic Census.

21-12 续表 continued

单位：万元 (10 000 yuan)

地 区	Region	2008	2009	地 区	Region	2008	2009
临沧市	**Lincang**	**485 225**	**594 016**	麻栗坡县	Malipo	62 555	76 317
临翔区	Linxiang	128 222	159 264	马关县	Maguan	101 095	121 895
凤庆县	Fengqing	72 224	98 006	丘北县	Qiubei	61 116	75 233
云 县	Yunxian	76 351	98 205	广南县	Guangnan	135 174	183 026
永德县	Yongde	52 082	66 610	富宁县	Funing	134 133	166 656
镇康县	Zhenkang	24 154	31 210	**西双版纳州**	**Xishuangbanna**	**357 733**	**415 401**
双江县	Shuangjiang	25 820	31 004	景洪市	Jinghong	205 482	248 144
耿马县	Gengma	57 243	70 126	勐海县	Menghai	65 556	76 051
沧源县	Cangyuan	33 827	39 593	勐腊县	Mengla	77 895	91 206
楚 雄 州	**Chuxiong**	**932 753**	**1 097 377**	**大 理 州**	**Dali**	**1 043 772**	**1 204 265**
楚雄市	Chuxiong	414 289	499 523	大理市	Dali	414 062	476 659
双柏县	Shuangbo	20 028	24 298	漾濞县	Yangbi	20 250	23 290
牟定县	Mouding	39 445	48 083	祥云县	Xiangyun	115 174	138 509
南华县	Nanhua	62 145	75 196	宾川县	Binchuan	71 008	85 300
姚安县	Yao'an	42 323	51 705	弥渡县	Midu	66 871	79 309
大姚县	Dayao	56 730	69 139	南涧县	Nanjian	44 068	52 001
永仁县	Yongren	15 701	19 039	巍山县	Weishan	55 090	61 725
元谋县	Yuanmou	38 507	47 576	永平县	Yongping	32 020	38 007
武定县	Wuding	40 717	49 756	云龙县	Yunlong	36 371	42 260
禄丰县	Lufeng	176 067	213 062	洱源县	Eryuan	51 447	59 405
红 河 州	**Honghe**	**1 082 569**	**1 272 460**	剑川县	Jianchuan	30 076	35 013
个旧市	Gejiu	213 832	257 920	鹤庆县	Heqing	42 522	49 754
开远市	Kaiyuan	129 802	159 870	**德 宏 州**	**Dehong**	**392 160**	**460 131**
蒙自县	Mengzi	135 040	163 451	瑞丽市	Ruili	89 097	108 979
屏边县	Pingbian	31 414	37 730	潞西市	Luxi	142 368	173 688
建水县	Jianshui	113 287	137 627	梁河县	Lianghe	26 434	30 465
石屏县	Shiping	70 696	87 252	盈江县	Yingjiang	93 861	112 728
弥勒县	Mile	116 200	140 880	陇川县	Longchuan	30 199	34 271
泸西县	Luxi	94 821	115 247	**怒 江 州**	**Nujiang**	**108 400**	**125 815**
元阳县	Yuanyang	39 584	48 140	泸水县	Lushui	47 999	56 221
红河县	Honghe	27 490	33 639	福贡县	Fugong	12 280	16 594
金平县	Jinping	31 575	37 542	贡山县	Gongshan	9 182	10 690
绿春县	Luchun	27 766	32 000	兰坪县	Lanping	38 339	43 934
河口县	Hekou	17 280	21 162	**迪 庆 州**	**Diqing**	**145 845**	**169 496**
文 山 州	**Wenshan**	**990 716**	**1 187 598**	香格里拉县	Shangri-La	99 956	121 017
文山县	Wenshan	303 169	372 897	德钦县	Deqin	19 340	22 423
砚山县	Yanshan	126 522	149 540	维西县	Weixi	22 702	26 056
西畴县	Xichou	34 808	42 034				

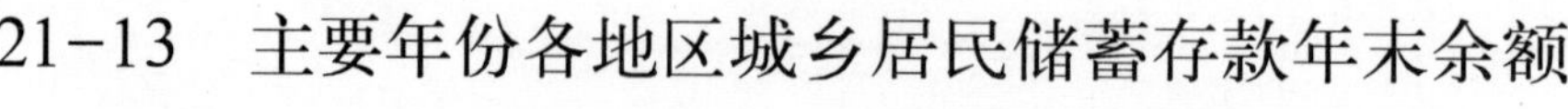

21-13 主要年份各地区城乡居民储蓄存款年末余额

Balance of Savings Deposits of Rural and Urban Residents at Year-end in Significant Years by Region

单位：亿元 (100 million yuan)

地 区	Region	1990	1995	2000	2005	2007	2008	2009
全省合计	**Total**	**117.89**	**500.13**	**1 138.22**	**2 430.28**	**3 046.40**	**3 783.78**	**4 668.61**
昆 明 市	**Kunming**	**31.77**	**169.02**	**443.83**	**993.81**	**1 212.17**	**1 525.36**	**1 922.92**
五华区 盘龙区	Wuhua Panlong	264.65	64.38	264.65	642.16	764.36		1 055.87
官渡区	Guandu				99.16	124.14	166.42	253.85
西山区	Xishan				69.22	80.94	128.67	226.30
东川区	Dongchuan	0.81	3.35	6.28	14.66	24.87	28.01	31.65
呈贡县	Chenggong	1.01	3.71	10.08	27.10	42.57	52.16	88.22
晋宁县	Jinning	1.18	3.84	9.40	17.11	23.20	29.37	37.13
富民县	Fumin	0.48	1.88	4.33	8.49	11.26	13.47	16.02
宜良县	Yiliang	1.97	7.01	17.72	28.72	35.26	42.10	51.41
石林县	Shilin	0.74	3.02	6.60	10.46	12.61	16.31	22.21
嵩明县	Songming	1.00	3.79	9.38	17.16	21.36	25.13	28.99
禄劝县	Luquan	0.32	1.56	4.02	8.16	11.39	14.64	17.17
寻甸县	Xundian	0.37	1.81	4.51	10.50	14.34	17.66	21.64
安宁市	Anning	0.96	3.92	12.21	40.66	45.86	58.97	72.46
曲 靖 市	**Qujing**	**8.95**	**40.96**	**90.79**	**212.86**	**274.38**	**352.45**	**420.95**
麒麟区	Qilin	3.11	10.52	29.59	80.96	98.95	129.57	157.64
马龙县	Malong	0.37	1.35	2.30	6.33	8.52	10.43	12.41
陆良县	Luliang	1.11	3.69	8.94	17.04	22.63	28.28	33.74
师宗县	Shizong	0.36	1.23	8.94	10.00	14.05	17.74	20.52
罗平县	Luoping	0.58	1.82	3.22	12.68	16.45	19.81	23.94
富源县	Fuyuan	0.64	2.04	4.72	19.12	27.40	37.59	45.35
会泽县	Huize	0.72	2.99	8.50	18.94	24.22	28.56	32.65
沾益县	Zhanyi			6.07	13.28	16.18	19.73	22.73
宣威市	Xuanwei	1.70	4.73	14.22	34.51	45.99	60.74	71.97
玉 溪 市	**Yuxi**	**9.52**	**39.87**	**100.49**	**188.85**	**211.40**	**266.16**	**318.65**
红塔区	Hongta	3.46	11.45	40.71	89.94	100.90	127.47	152.51
江川县	Jiangchuan	0.91	3.50	8.95	15.65	18.07	22.35	26.43
澄江县	Chengjiang	0.69	2.34	6.12	12.37	12.40	15.76	18.60
通海县	Tonghai	1.41	4.29	10.36	23.14	26.73	32.69	39.86
华宁县	Huaning	0.70	0.69	6.19	9.63	9.99	12.63	15.27
易门县	Yimen	0.71	2.28	5.63	10.39	11.39	14.69	17.19
峨山县	Eshan	0.51	1.51	4.13	10.59	11.99	15.06	16.91
新平县	Xinping	0.53	1.45	4.27	10.06	12.15	15.55	19.22
元江县	Yuanjiang	0.61	1.65	4.14	7.09	7.79	9.97	12.66

21-13 续表1 continued

单位: 亿元 (100 million yuan)

地 区	Region	1990	1995	2000	2005	2007	2008	2009
保 山 市	**Baoshan**	**4.45**	**21.29**	**44.77**	**78.14**	**104.34**	**127.08**	**155.48**
隆阳区	Longyang	2.01	6.78	18.57	33.37	43.18	52.03	61.62
施甸县	Shidian	0.38	1.64	3.30	6.07	8.09	10.09	12.00
腾冲县	Tengchong	1.24	5.00	13.23	24.90	33.21	41.71	52.77
龙陵县	Longling	0.43	1.53	3.97	7.36	10.22	12.44	15.76
昌宁县	Changning	0.40	1.54	3.74	6.44	9.64	10.82	13.33
昭 通 市	**Zhaotong**	**3.48**	**19.98**	**33.98**	**85.43**	**118.49**	**150.01**	**187.10**
昭阳区	Zhaoyang	1.20	4.21	11.98	28.96	35.69	46.10	57.21
鲁甸县	Ludian	0.12	0.38	1.17	3.14	4.65	6.02	7.46
巧家县	Qiaojia	0.26	0.78	2.06	4.82	7.09	8.80	10.92
盐津县	Yanjin	0.18	0.53	1.59	5.14	7.96	9.79	11.66
大关县	Daguan	0.15	0.44	1.34	3.40	5.23	6.73	8.04
永善县	Yongshan	0.23	0.78	1.99	6.99	10.03	13.23	16.69
绥江县	Suijiang	0.22	0.74	1.80	3.91	6.16	8.16	10.56
镇雄县	Zhenxiong	0.39	1.16	3.31	9.74	13.70	18.66	24.44
彝良县	Yiliang	0.24	0.71	1.95	6.69	10.34	11.30	14.65
威信县	Weixin	0.24	0.69	1.47	4.72	8.36	10.33	12.68
水富县	Shuifu	0.25	1.04	2.39	7.93	9.27	10.90	12.79
丽 江 市	**Lijiang**	**2.20**	**10.11**	**24.53**	**53.66**	**73.90**	**94.05**	**117.19**
古城区	Gucheng				31.14	40.67	50.15	55.63
玉龙县	Yulong							8.53
永胜县	Yongsheng	0.50	2.32	5.35	10.11	13.69	17.78	21.28
华坪县	Huaping	0.44	1.63	3.78	9.33	14.89	20.05	24.24
宁蒗县	Ninglang	0.30	0.90	1.83	3.08	4.65	6.09	7.51
普 洱 市	**Pu'er**	**3.87**	**15.34**	**36.32**	**74.29**	**101.09**	**119.24**	**147.47**
思茅区	Simao	1.00	2.57	10.27	25.29	31.88	39.56	49.12
宁洱县	Ning'er	0.58	1.53	3.79	7.14	11.01	11.97	13.28
墨江县	Mojiang	0.43	1.31	3.24	6.57	9.36	10.62	13.63
景东县	Jingdong	0.37	1.19	3.21	6.32	8.81	10.38	12.98
景谷县	Jinggu	0.35	1.17	3.20	8.09	10.34	11.91	13.40
镇沅县	Zhenyuan	0.25	0.79	2.03	5.17	7.30	8.78	10.53
江城县	Jiangcheng	0.17	0.45	1.07	2.68	3.90	4.48	5.14
孟连县	Menglian	0.18	0.58	2.83	5.87	8.31	9.67	14.04
澜沧县	Lancang	0.46	1.32	2.77	5.97	8.54	9.95	12.94
西盟县	Ximeng	0.09	0.20	0.65	1.20	1.65	1.91	2.41
临 沧 市	**Lincang**	**2.59**	**10.29**	**24.30**	**48.38**	**62.77**	**74.33**	**93.90**
临翔区	Linxiang	0.67	1.66	6.73	14.23	15.90	19.61	24.47
凤庆县	Fengqing	0.41	1.24	2.83	6.54	9.38	10.68	12.94
云 县	Yunxian	0.33	1.16	4.01	7.56	9.59	11.31	13.93
永德县	Yongde	0.25	0.90	1.87	3.92	5.79	6.85	8.28
镇康县	Zhenkang	0.11	0.45	1.43	3.58	5.12	5.94	9.30
双江县	Shuangjiang	0.20	0.50	1.11	2.52	3.75	4.33	5.43
耿马县	Gengma	0.43	1.26	3.58	7.15	9.11	11.04	12.74
沧源县	Cangyuan	0.19	0.46	1.28	2.89	4.14	4.57	6.81

21-13 续表2 continued

单位：亿元 (100 million yuan)

地 区	Region	1990	1995	2000	2005	2007	2008	2009
楚 雄 州	**Chuxiong**	**5.15**	**23.74**	**52.63**	**107.13**	**123.77**	**157.49**	**189.99**
楚雄市	Chuxiong	1.51	4.73	15.29	40.22	46.09	59.27	72.04
双柏县	Shuangbo	0.23	0.73	1.77	3.82	4.61	6.08	7.59
牟定县	Mouding	0.31	1.05	2.64	5.26	6.55	8.39	10.56
南华县	Nanhua	0.30	1.09	2.85	5.62	6.98	8.64	10.82
姚安县	Yao'an	0.28	0.98	2.65	5.87	7.07	8.70	10.93
大姚县	Dayao	0.39	1.33	3.76	8.15	9.51	11.52	14.14
永仁县	Yongren	0.14	0.51	1.48	3.23	3.55	4.50	5.67
元谋县	Yuanmou	0.37	1.41	2.89	6.67	7.76	9.52	11.97
武定县	Wuding	0.30	1.23	3.16	7.06	8.90	11.56	13.39
禄丰县	Lufeng	1.30	4.47	10.69	21.21	22.73	29.29	32.88
红 河 州	**Honghe**	**12.97**	**47.59**	**103.40**	**202.80**	**262.95**	**317.01**	**378.76**
个旧市	Gejiu	3.71	9.91	27.45	53.14	66.61	79.87	87.48
开远市	Kaiyuan	1.94	5.61	14.09	30.57	35.13	41.96	48.63
蒙自县	Mengzi	1.06	2.69	6.62	21.12	29.02	36.90	46.44
屏边县	Pingbian	0.19	0.60	1.39	3.21	4.16	4.85	6.13
建水县	Jianshui	1.84	5.19	13.90	26.09	37.56	42.56	49.57
石屏县	Shiping	1.22	3.64	8.16	14.78	17.72	21.23	25.19
弥勒县	Mile	1.08	3.12	8.69	20.80	25.39	32.17	42.84
泸西县	Luxi	0.56	1.92	3.70	11.57	17.01	21.81	28.27
元阳县	Yuanyang	0.28	1.03	0.27	4.57	7.13	8.04	10.23
红河县	Honghe	0.22	0.61	1.45	3.01	4.30	5.33	6.27
金平县	Jinping	0.30	0.81	1.73	4.10	5.84	7.26	8.92
绿春县	Luchun	0.15	0.44	0.83	2.02	2.93	3.42	4.79
河口县	Hekou	0.42	1.04	2.67	7.83	10.15	11.62	13.70
文 山 州	**Wenshan**	**4.32**	**16.18**	**34.77**	**78.17**	**115.11**	**137.71**	**162.51**
文山县	Wenshan	1.59	3.50	10.78	29.33	39.11	46.50	59.31
砚山县	Yanshan	0.48	1.33	3.70	9.57	14.16	16.83	18.49
西畴县	Xichou	0.28	0.75	1.69	3.83	5.76	7.24	8.47
麻栗坡县	Malipo	0.37	1.12	2.35	6.20	10.73	13.66	14.83
马关县	Maguan	0.53	1.41	3.73	9.47	14.93	16.93	19.07
丘北县	Qiubei	0.36	0.97	2.44	5.06	7.87	10.02	11.92
广南县	Guangnan	0.44	1.23	2.75	7.63	12.63	15.11	17.55
富宁县	Funing	0.28	0.75	1.90	7.09	9.91	11.42	12.87
西双版纳州	**Xishuangbanna**	**3.48**	**14.81**	**29.44**	**63.35**	**78.55**	**95.46**	**117.66**
景洪市	Jinghong	2.10	2.72	16.52	40.19	47.31	59.50	73.29
勐海县	Menghai	0.61	0.70	4.50	8.83	11.40	13.60	18.45

21-13 续表3 continued

单位：亿元 (100 million yuan)

地 区	Region	1990	1995	2000	2005	2007	2008	2009
勐腊县	Mengla	0.90	0.78	5.19	14.32	19.84	22.36	25.92
大 理 州	**Dali**	**6.11**	**29.51**	**69.60**	**143.08**	**177.71**	**216.16**	**262.48**
大理市	Dali	2.99	9.93	32.21	73.62	85.51	102.56	121.75
漾濞县	Yangbi	0.20	0.56	1.72	2.91	3.54	4.19	5.15
祥云县	Xiangyun	0.52	1.95	5.75	13.77	18.17	22.16	27.14
宾川县	Binchuan	0.33	1.09	3.57	8.35	9.60	13.03	17.54
弥渡县	Midu	0.37	0.78	3.51	7.49	10.28	12.88	15.35
南涧县	Nanjian	0.17	0.56	1.86	4.10	5.00	6.45	7.95
巍山县	Weishan	0.29	1.83	4.35	6.68	8.99	10.59	12.63
永平县	Yongping	0.17	0.53	2.10	3.53	4.87	6.09	7.68
云龙县	Yunlong	0.22	0.70	1.86	3.25	5.08	6.16	7.72
洱源县	Eryuan	0.28	1.18	3.63	6.49	8.13	9.57	11.89
剑川县	Jianchuan	0.21	0.74	2.14	4.37	6.26	7.49	8.89
鹤庆县	Heqing	0.35	1.32	3.72	8.49	12.27	15.00	18.77
德 宏 州	**Dehong**	**2.79**	**15.54**	**36.66**	**71.78**	**89.56**	**106.17**	**137.25**
瑞丽市	Ruili	0.48	2.47	12.91	29.16	38.45	46.98	63.70
潞西市	Luxi	0.98	3.29	11.61	21.55	24.71	29.93	37.49
梁河县	Lianghe	0.31	1.02	2.40	3.94	5.29	6.12	7.84
盈江县	Yingjiang	0.55	1.87	4.84	11.68	13.64	14.39	18.33
陇川县	Longchuan	0.38	1.12	3.16	5.45	7.46	8.75	9.90
怒 江 州	**Nujiang**	**0.59**	**4.03**	**6.73**	**15.91**	**21.34**	**23.63**	**27.46**
泸水县	Lushui	0.25	0.68	2.77	7.61	8.09	9.66	11.60
福贡县	Fugong	0.05	0.11	0.40	1.25	1.49	1.84	2.29
贡山县	Gongshan	0.05	0.12	0.34	0.74	1.20	1.31	1.59
兰坪县	Lanping	0.24	0.90	2.83	6.32	10.56	10.81	11.98
迪 庆 州	**Diqing**	**0.64**	**2.66**	**6.10**	**12.64**	**18.89**	**23.69**	**28.82**
香格里拉县	Shangri-La	0.37	1.27	3.66	8.74	12.90	16.40	12.56
德钦县	Deqin	0.11	0.31	0.82	1.49	2.36	2.57	3.28
维西县	Weixi	0.16	0.54	1.34	2.42	3.61	4.72	5.91

21-14 各地区城乡居民人均储蓄存款（2006-2009年）

Per Capita Savings Deposits of Rural and Urban Residents by Region (2006-2009)

单位：元/人 (yuan/person)

地　区	Region	2006	2007	2008	2009
全省合计	**Total**	**6 368**	**6 772**	**8 355**	**10 245**
昆 明 市	**Kunming**	**18 792**	**19 638**	**24 539**	**30 720**
五华区	Wuhua	44 936	50 056		
盘龙区	Panlong				
官渡区	Guandu	15 972	16 645	22 146	33 377
西山区	Xishan	11 115	11 762	18 397	31 817
东川区	Dongchuan	7 356	8 552	9 585	10 760
呈贡县	Chenggong	17 449	18 961	23 002	38 778
晋宁县	Jinning	7 269	8 203	10 424	13 204
富民县	Fumin	6 736	7 526	8 958	10 585
宜良县	Yiliang	7 833	8 451	9 974	12 029
石林县	Shilin	5 197	5 264	6 754	9 129
嵩明县	Songming	5 716	6 176	7 215	9 139
禄劝县	Luquan	2 238	2 586	3 303	3 845
寻甸县	Xundian	4 339	2 845	3 485	4 235
安宁市	Anning	28 534	14 492	18 499	22 570
曲 靖 市	**Qujing**	**4 370**	**4 801**	**6 124**	**7 258**
麒麟区	Qilin	13 877	14 402	18 688	22 588
马龙县	Malong	3 888	4 479	5 446	6 420
陆良县	Luliang	3 405	3 696	4 586	5 450
师宗县	Shizong	3 039	3 722	4 662	5 382
罗平县	Luoping	2 818	3 038	3 637	4 385
富源县	Fuyuan	3 118	3 899	5 339	6 437
会泽县	Huize	2 509	2 767	3 197	3 577
沾益县	Zhanyi	3 745	4 050	4 887	5 574
宣威市	Xuanwei	3 077	3 460	4 574	5 381
玉 溪 市	**Yuxi**	**9 487**	**9 375**	**11 725**	**13 967**
红塔区	Hongta	21 758	21 511	26 980	32 077
江川县	Jiangchuan	6 338	6 536	8 031	9 458
澄江县	Chengjiang	8 552	7 642	9 641	11 307
通海县	Tonghai	8 460	8 884	10 797	13 099
华宁县	Huaning	5 016	4 725	5 930	7 127
易门县	Yimen	6 922	6 387	8 193	9 561
峨山县	Ershan	7 506	7 483	9 348	10 454
新平县	Xinping	4 206	4 315	5 486	6 753
元江县	Yuanjiang	3 824	3 625	4 609	5 823
保 山 市	**Baoshan**	**3 736**	**4 260**	**5 172**	**6 293**
隆阳区	Longyang	4 445	4 901	5 879	6 920
施甸县	Shidian	2 124	2 502	3 118	3 692
腾冲县	Tengchong	4 663	5 283	6 610	8 304
龙陵县	Longling	3 251	3 749	4 540	5 726
昌宁县	Changning	2 138	2 805	3 150	3 872
昭 通 市	**Zhaotong**	**2 077**	**2 285**	**2 845**	**3 518**
昭阳区	Zhaoyang	4 488	4 611	5 785	7 115
鲁甸县	Ludian	984	1 217	1 595	1 956
巧家县	Qiaojia	1 169	1 339	1 633	2 054
盐津县	Yanjin	1 796	2 155	2 623	3 096
大关县	Daguan	1 855	2 063	2 621	3 098
永善县	Yongshan	2 150	2 525	3 360	4 173
绥江县	Suijiang	3 201	3 938	5 175	6 644
镇雄县	Zhenxiong	874	1 043	1 370	1 770
彝良县	Yiliang	1 979	1 918	2 079	2 671
威信县	Weixin	1 640	2 234	2 732	3 323
水富县	Shuifu	10 279	9 753	11 383	13 288
丽 江 市	**Lijiang**	**5 368**	**6 085**	**7 719**	**9 578**
古城区	Gucheng	22 092	23 837	29 301	32 371
玉龙县	Yulong				3 692
永胜县	Yongsheng	3 009	3 452	4 467	5 325
华坪县	Huaping	7 080	9 103	12 214	14 709
宁蒗县	Ninglang	1 569	1 831	2 386	2 932
普 洱 市	**Pu'er**	**3 490**	**3 926**	**4 624**	**5 707**
思茅区	Simao	11 722	12 460	15 424	19 050
宁洱县	Ning'er	4 383	5 659	6 149	6 807
墨江县	Mojiang	2 159	2 469	2 801	3 589
景东县	Jingdong	2 108	2 327	2 737	3 420
景谷县	Jinggu	3 033	3 339	3 841	4 315
镇沅县	Zhenyuan	3 001	3 409	4 095	4 903
江城县	Jiangcheng	2 856	3 287	3 747	4 262
孟连县	Menglian	5 334	6 224	7 235	10 482
澜沧县	Lancang	1 479	1 713	1 995	2 592
西盟县	Ximeng	1 634	1 789	2 062	2 603
临 沧 市	**Lincang**	**2 389**	**2 652**	**3 130**	**3 931**
临翔区	Linxiang	5 219	5 242	6 442	7 994
凤庆县	Fengqing	1 726	2 078	2 357	2 839
云　县	Yunxian	1 953	2 164	2 544	3 116
永德县	Yongde	1 345	1 589	1 873	2 251
镇康县	Zhenkang	2 616	3 009	3 470	5 396
双江县	Shuangjiang	1 759	2 103	2 414	3 012
耿马县	Gengma	2 945	3 223	3 901	4 473
沧源县	Cangyuan	2 008	2 391	2 633	3 895

21-14 续表 continued

单位：元/人 (yuan/person)

地　区	Region	2006	2007	2008	2009	地　区	Region	2006	2007	2008	2009
楚 雄 州	**Chuxiong**	**4 547**	**4 622**	**5 861**	**7 048**	富宁县	Funing	2 164	2 512	2 878	3 219
楚雄市	Chuxiong	8 320	8 428	10 802	13 071	**西双版纳州**	**Xishuangbanna**	**7 316**	**7 405**	**8 945**	**10 966**
双柏县	Shuangbo	2 856	2 904	3 820	4 759	景洪市	Jinghong	10 040	9 955	12 445	15 247
牟定县	Mouding	2 946	3 205	4 094	5 139	勐海县	Menghai	3 160	3 455	4 100	5 535
南华县	Nanhua	2 780	2 924	3 609	4 513	勐腊县	Mengla	7 616	7 760	8 687	10 009
姚安县	Yao'an	3 385	3 402	4 175	5 238	**大 理 州**	**Dali**	**4 858**	**5 102**	**6 200**	**7 498**
大姚县	Dayao	3 227	3 297	3 981	4 873	大理市	Dali	13 728	13 695	16 325	19 148
永仁县	Yongren	3 374	3 284	4 148	5 211	漾濞县	Yangbi	3 263	3 328	3 998	5 015
元谋县	Yuanmou	3 580	3 658	4 474	5 610	祥云县	Xiangyun	3 579	4 005	4 910	5 944
武定县	Wuding	3 149	3 232	4 176	4 806	宾川县	Binchuan	2 771	2 812	3 810	5 112
禄丰县	Lufeng	5 218	5 202	6 677	7 471	弥渡县	Midu	2 820	3 248	4 060	4 820
红 河 州	**Honghe**	**5 565**	**6 032**	**7 217**	**8 556**	南涧县	Nanjian	2 133	2 254	2 896	3 562
个旧市	Gejiu	13 713	14 617	17 531	19 190	巍山县	Weishan	2 693	2 893	3 405	4 070
开远市	Kaiyuan	11 136	11 272	13 420	15 508	永平县	Yongping	2 308	2 648	3 322	4 209
蒙自县	Mengzi	6 334	7 308	9 220	11 548	云龙县	Yunlong	1 956	2 451	2 970	3 728
屏边县	Pingbian	2 526	2 793	3 259	4 132	洱源县	Eryuan	2 774	2 950	3 459	4 284
建水县	Jianshui	6 436	7 194	8 109	9 396	剑川县	Jianchuan	3 101	3 562	4 257	5 047
石屏县	Shiping	5 702	6 046	7 202	8 488	鹤庆县	Heqing	4 149	4 625	5 637	7 030
弥勒县	Mile	4 800	4 864	6 097	8 040	**德 宏 州**	**Dehong**	**7 319**	**7 648**	**8 990**	**11 538**
泸西县	Luxi	3 653	4 385	5 583	7 189	瑞丽市	Ruili	20 957	23 142	28 022	37 703
元阳县	Yuanyang	1 519	1 865	2 076	2 609	潞西市	Luxi	6 720	6 632	7 951	9 857
红河县	Honghe	1 288	1 506	1 856	2 165	梁河县	Lianghe	2 980	3 310	3 810	4 862
金平县	Jinping	1 561	1 738	2 119	2 555	盈江县	Yingjiang	4 803	4 629	4 842	6 134
绿春县	Luchun	1 127	1 376	1 575	2 157	陇川县	Longchuan	3 903	4 202	4 886	5 492
河口县	Hekou	9 372	9 863	11 240	13 191	**怒 江 州**	**Nujiang**	**3 898**	**4 045**	**4 448**	**5 138**
文 山 州	**Wenshan**	**2 852**	**3 386**	**4 027**	**4 721**	泸水县	Lushui	4 902	4 374	5 191	6 192
文山县	Wenshan	7 846	8 802	10 371	13 054	福贡县	Fugong	1 522	1 581	1 939	2 397
砚山县	Yanshan	2 602	3 132	3 702	4 037	贡山县	Gongshan	2 563	3 241	3 523	4 251
西畴县	Xichou	1 837	2 291	2 872	3 356	兰坪县	Lanping	4 313	4 996	5 079	5 593
麻栗坡县	Malipo	3 036	3 905	4 958	5 368	**迪 庆 州**	**Diqing**	**4 019**	**5 060**	**6 305**	**7 624**
马关县	Maguan	3 609	4 155	4 677	5 221	香格里拉县	Shangri-La	6 618	8 219	10 305	7 784
丘北县	Qiubei	1 317	1 712	2 171	2 572	德钦县	Deqin	2 811	3 749	4 072	5 206
广南县	Guangnan	1 286	1 654	1 966	2 272	维西县	Weixi	1 869	2 356	3 078	3 846

21-15 各地区农民人均纯收入（2005-2009年）
Per Capita Net Income of Farmers by Region (2005-2009)

单位：元/人 (yuan/person)

地 区	Region	2005	2006	2007	2008	2009	地 区	Region	2005	2006	2007	2008	2009
全省合计	**Total**	**2 042**	**2 251**	**2 634**	**3 103**	**3 369**	隆阳区	Longyang	2 121	2 341	2 714	3 069	3 528
昆 明 市	**Kunming**	**3 258**	**3 520**	**4 004**	**4 610**	**5 080**	施甸县	Shidian	1 717	1 846	2 086	2 389	2 686
五华区	Wuhua	4 254	4 595	5 266	5 991	6 638	腾冲县	Tengchong	2 035	2 241	2 592	3 002	3 482
盘龙区	Panlong	4 269	4 570	5 249	5 936	6 495	龙陵县	Longling	1 750	1 890	2 174	2 504	2 895
官渡区	Guandu	4 950	5 376	5 965	6 836	7 718	昌宁县	Changning	1 853	2 001	2 348	2 714	3 143
西山区	Xishan	4 978	5 288	5 938	6 672	7 312	**昭 通 市**	**Zhaotong**	**1 300**	**1 456**	**1 704**	**2 116**	**2 445**
东川市	Dongchuan	1 388	1 529	1 814	2 341	2 695	昭阳区	Zhaoyang	1 499	1 668	2 016	2 495	2 927
呈贡县	Chenggong	4 569	4 774	5 459	6 225	6 805	鲁甸县	Ludian	1 286	1 464	1 688	1 990	2 336
晋宁县	Jinning	3 229	3 391	3 820	4 334	5 062	巧家县	Qiaojia	1 222	1 367	1 711	2 143	2 465
富民县	Fumin	3 091	3 317	3 927	4 370	4 931	盐津县	Yanjin	1 248	1 404	1 660	2 060	2 395
宜良县	Yiliang	3 308	3 539	3 999	4 600	5 241	大关县	Daguan	1 155	1 324	1 559	1 962	2 258
石林县	Shilin	3 089	3 339	3 708	4 216	4 790	永善县	Yongshan	1 227	1 372	1 610	2 016	2 362
嵩明县	Songming	3 006	3 222	3 664	4 164	4 686	绥江县	Suijiang	1 361	1 512	1 765	2 224	2 579
禄劝县	Luquan	1 632	1 779	2 041	2 346	2 707	镇雄县	Zhenxiong	1 207	1 351	1 568	1 852	2 153
寻甸县	Xundian	1 890	2 096	2 460	2 795	3 058	彝良县	Yiliang	1 260	1 390	1 629	2 001	2 310
安宁市	Anning	3 759	4 058	4 669	5 563	6 170	威信县	Weixin	1 334	1 489	1 725	2 123	2 446
曲 靖 市	**Qujing**	**2 078**	**2296**	**2 666**	**3 166**	**3 666**	水富县	Shuifu	1 920	2 119	2 352	2 656	3 003
麒麟区	Qilin	3 207	3528	3 847	4 540	5 017	**丽 江 市**	**Lijiang**	**1 459**	**1 610**	**1 922**	**2 374**	**2 845**
马龙县	Malong	1 780	1960	2 260	2 750	3 152	古城区	Gucheng	2 463	2 766	3 220	3 885	4 434
陆良县	Luliang	2 805	3059	3 426	3 937	4 557	玉龙县	Yulong	1 570	1 729	2 036	2 507	2 997
师宗县	Shizong	1 864	2061	2 326	2 857	3 266	永胜县	Yongsheng	1 427	1 548	1 849	2 315	2 804
罗平县	Luoping	2 168	2475	2 925	3 513	4 042	华坪县	Huaping	1 705	1 970	2 326	2 842	3 352
富源县	Fuyuan	2 106	2309	2 685	3 287	3 809	宁蒗县	Ninglang	895	1 001	1 261	1 614	1 938
会泽县	Huize	1 415	1500	1 753	2 113	2 370	**普 洱 市**	**Pu'er**	**1 553**	**1 753**	**2 155**	**2 536**	**2 954**
沾益县	Zhanyi	2 660	2884	3 269	3 917	4 310	思茅区	Simao	1 922	2 180	2 588	3 050	3 472
宣威市	Xuanwei	2 004	2170	2 541	3 118	3 404	宁洱县	Ning'er	1 803	1 998	2 420	2 539	2 920
玉 溪 市	**Yuxi**	**3 314**	**3 534**	**4 008**	**4 761**	**5 119**	墨江县	Mojiang	1 084	1 191	1 469	1 888	2 216
红塔区	Hongta	4 431	4 687	5 216	6 006	6 373	景东县	Jingdong	1 503	1 736	2 102	2 556	3 063
江川县	Jiangchuan	3 258	3 469	3 946	4 670	5 020	景谷县	Jinggu	1 746	1 960	2 366	2 862	3 342
澄江县	Chengjiang	3 497	3 714	4 221	5 009	5 601	镇沅县	Zhenyuan	1 334	1 468	1 774	2 262	2 677
通海县	Tonghai	3 854	4 074	4 621	5 401	5 762	江城县	Jiangcheng	1 028	1 116	1 324	1 818	2 258
华宁县	Huaning	3 056	3 275	3 725	4 453	4 768	孟连县	Menglian	1 265	1 369	1 588	1 980	2 300
易门县	Yimen	2 834	3 054	3 505	4 267	4 630	澜沧县	Lancang	912	1 006	1 202	1 421	1 737
峨山县	Eshan	2 928	3 137	3 542	4 248	4 532	西盟县	Ximeng	806	886	1 080	1 326	1 578
新平县	Xinping	2 688	2 886	3 288	4 005	4 335	**临 沧 市**	**Lincang**	**1 346**	**1 488**	**2 001**	**2 363**	**2 730**
元江县	Yuanjiang	2 591	2 785	3 188	4 006	4 299	临翔区	Linxiang	1 532	1 687	2 068	2 402	2 770
保 山 市	**Baoshan**	**1 879**	**2 052**	**2 365**	**2 717**	**3 120**	凤庆县	Fengqing	1 326	1 470	2 077	2 501	2 926

21-15 续表 continued

单位：元/人 (yuan/person)

地 区	Region	2005	2006	2007	2008	2009
云 县	Yunxian	1 565	1 759	2 296	2 758	3 122
永德县	Yongde	1 281	1 430	1 899	2 282	2 647
镇康县	Zhenkang	1 158	1 260	1 705	1 993	2 314
双江县	Shuangjiang	1 011	1 106	1 574	2 009	2 369
耿马县	Gengma	1 525	1 680	2 238	2 586	2 964
沧源县	Cangyuan	1 159	1 260	1 678	1 998	2 328
楚 雄 州	**Chuxiong**	**2 223**	**2 385**	**2 737**	**3 110**	**3 511**
楚雄市	Chuxiong	2 484	2 668	3 068	3 528	4 029
双柏县	Shuangbo	1 847	1 978	2 190	2 479	2 805
牟定县	Mouding	2 014	2 066	2 379	2 674	3 016
南华县	Nanhua	2 081	2 247	2 603	2 956	3 207
姚安县	Yao'an	2 125	2 305	2 606	2 959	3 344
大姚县	Dayao	2 160	2 299	2 594	2 908	3 267
永仁县	Yongren	1 802	1 967	2 303	2 575	2 935
元谋县	Yuanmou	2 838	3 044	3 556	4 019	4 333
武定县	Wuding	1 791	1 890	2 141	2 356	2 858
禄丰县	Lufeng	2 530	2 695	3 161	3 597	4 071
红 河 州	**Honghe**	**1 991**	**2 210**	**2 528**	**3 023**	**3 446**
个旧市	Gejiu	3 264	3 498	4 096	4 676	5 335
开远市	Kaiyuan	2 951	3 269	3 710	4 241	4 839
蒙自县	Mengzi	2 029	2 262	2 602	3 163	3 612
屏边县	Pingbian	1 256	1 332	1 425	1 667	1 860
建水县	Jianshui	2 215	2 473	2 767	3 196	3 645
石屏县	Shiping	2 147	2 276	2 550	3 009	3 315
弥勒县	Mile	2 112	2 350	2 690	3 160	3 606
泸西县	Luxi	1 885	2 036	2 259	2 621	2 988
元阳县	Yuanyang	1 397	1 564	1 750	1 925	2 156
红河县	Honghe	1 344	1 462	1 588	1 748	1 923
金平县	Jinping	988	1 096	1 205	1 502	1 809
绿春县	Luchun	1 070	1 200	1 406	1 618	1 866
河口县	Hekou	1 760	1 950	2 235	2 698	2 998
文 山 州	**Wenshan**	**1 365**	**1 487**	**1 704**	**2 027**	**2 379**
文山县	Wenshan	1 610	1 764	2 063	2 476	2 954
砚山县	Yangshan	1 484	1 630	1 862	2 149	2 510
西畴县	Xichou	1 171	1 265	1 435	1 750	2 063
麻栗坡县	Malipo	1 320	1 436	1 610	1 879	2 205
马关县	Maguan	1 442	1 566	1 796	2 102	2 588
丘北县	Qiubei	1 314	1 425	1 647	1 896	2 208
广南县	Guangnan	1 200	1 299	1 515	1 921	2 202
富宁县	Funing	1 388	1 509	1 695	2 023	2 337
西双版纳州	**Xishuangbanna**	**2 172**	**2 413**	**2 727**	**3 213**	**3 750**
景洪市	Jinghong	2 468	2 774	3 103	3 611	4 218
勐海县	Menghai	1 916	2 175	2 578	2 977	3 346
勐腊县	Mengla	2 021	2 251	2 501	2 915	3 236
大 理 州	**Dali**	**2 251**	**2 431**	**2 677**	**3 078**	**3 483**
大理市	Dali	3 457	3 675	4 010	4 416	4 872
漾濞县	yangbi	1 581	1 771	2 031	2 383	2 810
祥云县	Xiangyun	2 077	2 253	2 554	2 909	3 359
宾川县	Binchuan	2 307	2 504	2 759	3 038	3 501
弥渡县	Midu	1 839	1 950	2 147	2 398	2 595
南涧县	Nanjian	1 533	1 660	1 837	2 046	2 228
巍山县	Weishan	1 538	1 632	1 750	1 960	2 166
永平县	Yongping	1 438	1 555	1 726	2 065	2 467
云龙县	Yunlong	1 341	1 418	1 512	1 767	2 102
洱源县	Eryuan	1 896	2 130	2 394	2 684	3 039
剑川县	Jianchuan	1 296	1 383	1 592	1 795	2 069
鹤庆县	Heqing	1 525	1 734	1 902	2 350	2 986
德 宏 州	**Dehong**	**1 504**	**1 687**	**2 046**	**2439**	**2 831**
瑞丽市	Ruili	2 130	2 366	2 957	3 372	3 766
潞西市	Luxi	1 654	1 806	2 296	2 734	3 106
梁河县	Lianghe	1 096	1 173	1 277	1 586	2 016
盈江县	Yingjiang	1 516	1 816	2 218	2 669	3 122
陇川县	Longchuan	1 275	1 408	1 580	1 853	2 186
怒 江 州	**Nujiang**	**1 034**	**1 097**	**1 232**	**1 448**	**1 709**
泸水县	Lushui	1 282	1 348	1 485	1 745	1 972
福贡县	Fugong	750	783	927	1 075	1 248
贡山县	Gongshan	754	789	894	1 037	1 257
兰坪县	Lanping	1 332	1 406	1 572	1 877	1 903
迪 庆 州	**Diqing**	**1 425**	**1 614**	**2 287**	**2 595**	**2 936**
香格里拉县	Shangri-La	1 558	1 765	2 396	2 696	3 026
德钦县	Deqin	1 424	1 607	2 273	2 616	2 944
维西县	Weixi	1 285	1 461	2 186	2 468	2 835

注：按照国家统一的调查方法，统计口径，2002年以后各县农民人均纯收入数据均通过农村住户抽样调查取得。

Note: According to the national uniform investigation method and statistical coverage, the data of farmers' per capita net income in each county in 2002 were obtained by the sample surveys on rural households.

21-16 各地区农、林、牧、渔业总产值（2007-2009年）
Gross Output Value of Farming, Forestry, Animal Husbandry and Fishery by Region (2007-2009)

(按现行价格计算) (Calculated at current prices)

单位：万元 (10 000 yuan)

地 区	Region	2007	2008	2009	地 区	Region	2007	2008	2009
全省合计	**Total**	**14 147 868**	**16 414 600**	**17 061 881**	**保 山 市**	**Baoshan**	**859 230**	**1 023 444**	**1 140 798**
昆 明 市	**Kunming**	**1 504 193**	**1 757 375**	**1 909 556**	隆阳区	Longyang	316 691	397 505	432 449
五华区	Wuhua	21 775	24 646	24 798	施甸县	Shidian	107 317	123 383	140 204
盘龙区	Panlong	23 654	29 033	31 120	腾冲县	Tengchong	176 730	216 625	240 120
官渡区	Guandu	135 890	151 790	141 963	龙陵县	Longling	95 965	105 335	115 686
西山区	Xishan	40 698	45 888	47 228	昌宁县	Changning	162 527	180 596	212 339
东川区	Dongchuan	49 950	60 852	63 885	**昭 通 市**	**Zhaotong**	**808 906**	**1 005 471**	**1 090 782**
呈贡县	Chenggong	122 507	134 756	128 316	昭阳区	Zhaoyang	144 656	180 869	195 384
晋宁县	Jinning	132 934	153 334	177 052	鲁甸县	Ludian	59 063	72 550	81 538
富民县	Fumin	66 742	77 463	89 349	巧家县	Qiaojia	105 353	135 431	154 577
宜良县	Yiliang	272 436	326 219	371 270	盐津县	Yanjin	55 241	70 207	76 898
石林县	Shilin	118 196	148 513	167 647	大关县	Daguan	40 015	49 844	55 020
嵩明县	Songming	134 956	156 121	174 989	永善县	Yongshan	67 840	83 278	87 692
禄劝县	Luquan	144 005	168 367	184 973	绥江县	Suijiang	26 095	31 069	33 905
寻甸县	Xundian	146 232	171 240	188 426	镇雄县	Zhenxiong	166 713	202 093	212 433
安宁市	Anning	94 218	109 153	118 540	彝良县	Yiliang	80 875	101 332	109 044
曲 靖 市	**Qujing**	**2 045 518**	**2 598 812**	**2 835 455**	威信县	Weixin	48 035	61 091	65 864
麒麟区	Qilin	175 409	221 285	235 593	水富县	Shuifu	15 020	17 707	18 427
马龙县	Malong	67 658	82 754	89 880	**丽 江 市**	**Lijiang**	**304 391**	**378 652**	**405 350**
陆良县	Luliang	380 183	500 015	528 667	古城区	Lijiang	39 023	48 953	52 171
师宗县	Shizong	155 497	221 554	239 819	玉龙县	Yulong	71 531	88 919	97 417
罗平县	Luoping	241 689	300 009	332 847	永胜县	Yongsheng	101 560	126 888	133 112
富源县	Fuyuan	208 805	248 216	281 866	华坪县	Huaping	53 043	64 358	66 628
会泽县	Huize	227 263	281 806	327 374	宁蒗县	Ninglang	39 234	49 534	56 022
沾益县	Zhanyi	211 881	283 493	303 868	**普 洱 市**	**Pu'er**	**747 256**	**877 635**	**984 862**
宣威市	Xuanwei	377 133	459 680	495 541	思茅区	Simao	65 150	82 765	91 045
玉 溪 市	**Yuxi**	**828 958**	**1 020 092**	**1 081 379**	宁洱县	Ning'er	74 390	79 698	87 405
红塔区	Hongta	117 155	150 272	152 235	墨江县	Mojiang	72 751	85 801	92 938
江川县	Jiangchuan	117 202	139 680	141 319	景东县	Jingdong	122 868	148 938	168 697
澄江县	Chengjiang	62 606	75 273	85 173	景谷县	Jinggu	132 856	165 170	197 944
通海县	Tonghai	106 356	129 364	142 047	镇沅县	Zhenyuan	66 194	83 428	92 507
华宁县	Huaning	93 399	114 537	121 833	江城县	Jiangcheng	52 358	53 335	53 905
易门县	Yimen	71 985	91 656	98 272	孟连县	Menglian	45 686	53 245	58 842
峨山县	Eshan	59 435	74 099	74 582	澜沧县	Lancang	99 432	107 508	121 609
新平县	Xinping	102 530	123 646	136 259	西盟县	Ximeng	15 571	17 747	19 970
元江县	Yuanjiang	98 290	121 565	129 659					

21-16 续表 continued

(按现行价格计算) (Calculated at current prices)

单位：万元 (10 000 yuan)

地 区	Region	2007	2008	2009
临 沧 市	**Lincang**	**765 749**	**942 652**	**1 042 205**
临翔区	Linxiang	85 214	105 350	112 775
凤庆县	Fengqing	122 810	152 000	175 617
云 县	Yunxian	154 240	198 576	218 693
永德县	Yongde	95 791	112 153	123 568
镇康县	Zhenkang	56 927	68 741	75 870
双江县	Shuangjiang	56 647	68 103	74 995
耿马县	Gengma	135 735	166 273	181 399
沧源县	Cangyuan	58 385	71 456	79 288
楚 雄 州	**Chuxiong**	**1 010 184**	**1 233 890**	**1 379 894**
楚雄市	Chuxiong	171 633	208 533	231 834
双柏县	Shuangbo	65 021	80 261	88 659
牟定县	Mouding	69 719	82 857	91 263
南华县	Nanhua	89 379	109 134	120 743
姚安县	Yao'an	86 659	107 157	119 738
大姚县	Dayao	104 611	127 718	143 737
永仁县	Yongren	45 920	58 324	64 664
元谋县	Yuanmou	92 110	112 197	131 213
武定县	Wuding	108 883	132 879	145 825
禄丰县	Lufeng	176 249	214 830	242 218
红 河 州	**Honghe**	**1 190 541**	**1 495 192**	**1 656 832**
个旧市	Gejiu	82 518	104 042	110 297
开远市	Kaiyuan	95 551	128 986	142 000
蒙自县	Mengzi	126 160	161 553	171 564
屏边县	Pingbian	38 942	47 007	52 456
建水县	Jianshui	164 946	206 280	231 150
石屏县	Shiping	140 803	176 010	211 210
弥勒县	Mile	153 535	193 052	214 076
泸西县	Luxi	95 815	124 355	137 488
元阳县	Yuanyang	65 051	81 210	90 168
红河县	Honghe	69 012	82 658	87 626
金平县	Jinping	60 853	73 091	80 031
绿春县	Luchun	47 262	58 489	66 508
河口县	Hekou	50 093	58 459	62 258
文 山 州	**Wenshan**	**824 937**	**972 777**	**1 116 290**
文山县	Wenshan	116 217	135 046	151 990
砚山县	Yangshan	107 828	127 612	146 608
西畴县	Xichou	54 600	64 557	73 556
麻栗坡县	Malipo	70 001	80 910	92 228
马关县	Maguan	91 022	106 036	123 316
丘北县	Qiubei	121 241	143 118	165 300
广南县	Guangnan	167 225	200 629	233 283
富宁县	Funing	96 803	114 869	130 009
西双版纳州	**Xishuangban**	**544 618**	**588 676**	**656 308**
景洪市	Jinghong	246 552	263 909	295 022
勐海县	Menghai	101 716	119 627	131 493
勐腊县	Mengla	196 350	205 140	229 793
大 理 州	**Dali**	**1 367 926**	**1 573 679**	**1 765 977**
大理市	Dali	179 719	199 503	219 500
漾濞县	Yangbi	31 079	36 070	41 520
祥云县	Xiangyun	176 948	208 609	240 347
宾川县	Binchuan	267 758	302 827	335 372
弥渡县	Midu	109 185	127 422	140 220
南涧县	Nanjian	83 960	95 966	105 725
巍山县	Weishan	104 000	119 831	132 070
永平县	Yongping	67 760	79 960	94 996
云龙县	Yunlong	74 876	89 400	107 280
洱源县	Eryuan	137 666	154 188	172 170
剑川县	Jianchuan	49 170	55 404	60 945
鹤庆县	Heqing	85 805	104 499	115 832
德 宏 州	**Dehong**	**383 571**	**455 896**	**515 304**
瑞丽市	Ruili	55 496	67 393	74 168
潞西市	Luxi	123 654	141 443	151 825
梁河县	Lianghe	36 146	42 203	48 927
盈江县	Yingjiang	99 235	122 276	143 885
陇川县	Longchuan	69 040	82 581	96 499
怒 江 州	**Nujiang**	**77 588**	**87 565**	**95 437**
泸水县	Lushui	27 960	31 760	34 462
福贡县	Fugong	10 681	12 430	14 058
贡山县	Gongshan	10 131	11 227	12 808
兰坪县	Lanping	28 816	32 148	34 109
迪 庆 州	**Diqing**	**90 116**	**98 971**	**109 781**
香格里拉县	Shangri-La	39 871	42 864	44 305
德钦县	Deqin	12 294	12 701	14 680
维西县	Weixi	37 951	43 406	50 796

21-17 各地区主要农作物产量(一)（2009年）

Output of Major Farm Crops by Region (I) (2009)

单位：吨 (ton)

地区	Region	粮食 Grain	#稻谷 Rice	#小麦 Wheat	#玉米 Corn	#豆类 Beans	#蚕豆 Broad Beans	#薯类 Tubers
全省合计	**Total**	**15 769 200**	**6 362 300**	**923 000**	**5 426 700**	**1 236 500**	**574 200**	**1 756 500**
昆明市	**Kunming**	**1 131 002**	**343 705**	**67 143**	**415 653**	**89 464**	**48 172**	**150 926**
五华区	Wuhua	8 161	1 927	442	3 636	857	418	969
盘龙区	Panlong	30 186	1 008	1 859	17 852	2 210	1 057	3 652
官渡区	Guandu	21 094	492	813	16 902	1 168	361	1 116
西山区	Xishan	21 304	5 829	1 826	8 649	2 648	1 999	1 066
东川区	Dongchuan	68 912	15 666	2 931	23 681	2 139	219	22 667
呈贡县	Chenggong	10 448	362	21	9 836	83	20	137
晋宁县	Jinning	68 782	26 190	4 787	25 967	7 609	5 697	2 865
富民县	Fumin	59 414	20 250	8 902	19 626	6 668	1 642	2 730
宜良县	Yiliang	183 841	82 991	12 794	55 219	20 292	13 576	8 257
石林县	Shilin	122 793	33 770	10 304	53 344	9 531	6 512	9 335
嵩明县	Songming	101 862	50 401	3 389	24 572	11 507	8 887	6 997
禄劝县	Luquan	182 788	37 252	14 338	77 880	12 224	4 612	27 889
寻甸县	Xundian	198 128	53 271	4 342	43 675	11 176	2 695	61 733
安宁市	Anning	53 289	14 296	395	34 814	1 352	477	1 513
曲靖市	**Qujing**	**2 442 133**	**411 126**	**41 585**	**1 019 560**	**133 858**	**58 651**	**721 393**
麒麟区	Qilin	176 987	68 025	4 134	39 298	31 384	22 833	17 351
马龙县	Malong	80 214	24 833	1 095	23 729	1 959	307	19 397
陆良县	Luliang	286 650	115 440	2 576	64 393	17 681	15 334	70 611
师宗县	Shizong	163 304	32 296	1 397	86 487	5 910	655	35 677
罗平县	Luoping	244 597	38 502	5 763	151 874	10 972	3 643	35 038
富源县	Fuyuan	291 094	22 449	11 572	156 570	21 142	4 856	73 181
会泽县	Huize	361 091	28 834	8 001	85 987	15 421	3 727	212 402
沾益县	Zhanyi	238 014	49 679	347	91 289	15 849	5 320	53 127
宣威市	Xuanwei	600 182	31 068	6 700	319 933	13 540	1 976	204 609
玉溪市	**Yuxi**	**512 969**	**208 087**	**41 471**	**208 046**	**20 515**	**8 862**	**20 516**
红塔区	Hongta	73 297	35 880	6 668	27 949	2 047	1 107	270
江川县	Jiangchuan	39 826	19 653	3 188	9 491	2 179	1 260	5 233
澄江县	Chengjiang	37 090	14 426	3 744	14 769	1 989	814	1 473
通海县	Tonghai	35 510	7 899	5 436	18 424	1 474	772	1 273
华宁县	Huaning	63 547	18 291	7 247	30 310	4 090	721	3 316
易门县	Yimen	55 287	17 331	6 933	23 687	2 501	1 426	2 008
峨山县	Eshan	53 103	27 104	1 857	20 556	2 131	1 416	799
新平县	Xinping	95 734	42 978	2 266	38 009	2 094	806	4 092
元江县	Yuanjiang	59 575	24 525	4 132	24 851	2 010	540	2 052

21-17 续表1 continued

单位：吨 (ton)

地区	Region	粮食 Grain	#稻谷 Rice	#小麦 Wheat	#玉米 Corn	#豆类 Beans	#蚕豆 Broad Beans	#薯类 Tubers
保山市	**Baoshan**	**1 082 716**	**453 002**	**46 939**	**392 116**	**47 669**	**15 753**	**56 073**
隆阳区	Longyang	375 406	151 584	25 122	152 896	22 640	8 435	9 414
施甸县	Shidian	132 735	44 056	10 545	53 425	6 570	2 502	7 367
腾冲县	Tengchong	312 386	159 744	2 317	85 122	5 659	578	19 888
龙陵县	Longling	105 988	41 439	3 921	35 071	3 853	1 057	8 024
昌宁县	Changning	156 201	56 179	5 034	65 602	8 947	3 181	11 380
昭通市	**Zhaotong**	**1 643 327**	**166 240**	**79 153**	**838 882**	**63 955**	**8 732**	**466 543**
昭阳区	Zhaoyang	260 790	38 207	1 970	106 678	14 950	781	93 119
鲁甸县	Ludian	137 370	11 553	4 415	67 974	5 846	940	42 605
巧家县	Qiaojia	176 062	21 039	8 405	73 732	9 467	1 967	58 141
盐津县	Yanjin	118 192	20 343	1 543	70 600	3 554	681	22 106
大关县	Daguan	84 490	6 989	2 360	48 195	2 507	613	23 789
永善县	Yongshan	146 085	21 706	7 951	51 744	6 351	1 288	53 112
绥江县	Suijiang	39 411	9 947	6 914	18 047	1 705	364	2 645
镇雄县	Zhenxiong	356 594	2 973	26 154	212 273	7 519	703	102 577
彝良县	Yiliang	157 731	10 414	6 763	91 201	6 488	765	41 723
威信县	Weixin	145 397	14 406	10 671	90 445	4 850	432	24 902
水富县	Shuifu	21 205	8 663	2 007	7 993	718	198	1 824
丽江市	**Lijiang**	**432 781**	**130 173**	**55 321**	**125 034**	**55 694**	**25 795**	**43 084**
古城区	Gucheng	41 616	4 209	8 571	16 085	6 086	2 191	2 314
玉龙县	Yulong	102 498	10 830	25 933	35 933	14 696	3 040	9 846
永胜县	Yongsheng	151 089	77 515	7 054	36 430	20 479	16 901	6 926
华坪县	Huaping	64 716	26 541	10 214	17 522	4 210	955	6 056
宁蒗县	Ninglang	72 862	11 078	3 549	19 064	10 223	2 708	17 942
普洱市	**Pu'er**	**881 174**	**416 399**	**41 423**	**341 119**	**40 219**	**7 972**	**26 620**
思茅区	Simao	50 882	19 001	3 430	25 029	1 946	575	859
宁洱县	Ning'er	69 972	31 470	5 443	23 463	2 273	506	5 777
墨江县	Mojiang	117 802	40 018	4 662	59 219	8 091	1 198	2 074
景东县	Jingdong	132 653	48 979	14 883	52 521	10 905	2 419	4 923
景谷县	Jinggu	127 531	65 008	3 586	43 691	4 644	833	9 077
镇沅县	Zhenyuan	82 617	39 192	6 268	30 394	5 429	1 587	869
江城县	Jiangcheng	35 861	19 938	350	14 230	809	23	494
孟连县	Menglian	47 721	31 917	128	14 718	626	61	158
澜沧县	Lancang	182 831	101 994	2 209	66 458	5 189	743	2 313
西盟县	Ximeng	33 304	18 882	464	11 396	307	27	76
临沧市	**Lincang**	**771 019**	**265 860**	**59 530**	**331 003**	**42 952**	**16 659**	**44 819**
临翔区	Linxiang	79 940	32 375	7 435	28 238	3 158	1 448	5 899
凤庆县	Fengqing	142 051	41 786	18 536	64 062	7 497	4 633	6 489

21-17 续表2 continued

单位：吨 (ton)

地 区	Region	粮 食 Grain Crops	#稻 谷 Rice	#小 麦 Wheat	#玉 米 Corn	#豆 类 Beans	#蚕 豆 Broad Beans	#薯 类 Tubers
云 县	Yunxian	159 622	46 142	12 027	80 356	8 101	4 085	9 317
永德县	Yongde	129 247	40 810	7 495	58 935	8 466	2 462	11 746
镇康县	Zhenkang	63 250	21 609	3 816	27 993	5 040	1 607	3 002
双江县	Shuangjiang	57 180	24 692	6 006	18 814	2 059	695	2 870
耿马县	Gengma	86 331	35 006	3 413	29 607	6 626	1 264	4 576
沧源县	Cangyuan	53 398	23 440	802	22 998	2 005	465	920
楚 雄 州	**Chuxiong**	**1 021 750**	**484 180**	**87 486**	**253 501**	**101 960**	**77 301**	**30 069**
楚雄市	Chuxiong	187 894	82 379	15 773	53 290	16 038	13 432	4 766
双柏县	Shuangbo	57 132	25 046	5 051	19 515	7 041	4 548	
牟定县	Mouding	85 243	49 345	3 730	12 107	13 051	10 252	1 431
南华县	Nanhua	102 606	34 436	10 187	34 305	8 363	6 078	5 072
姚安县	Yao'an	84 481	49 108	7 227	10 102	11 494	9 396	992
大姚县	Dayao	109 631	48 748	9 996	22 826	18 998	14 706	6 016
永仁县	Yongren	43 492	21 256	2 532	12 597	3 608	2 740	1 666
元谋县	Yuanmou	73 341	47 889	3 455	16 331	2 068	1 301	3 140
武定县	Wuding	94 250	36 251	10 531	28 355	7 716	4 934	6 174
禄丰县	Lufeng	183 680	89 722	19 004	44 073	13 583	9 914	812
红 河 州	**Honghe**	**1 401 209**	**633 166**	**70 969**	**463 126**	**71 821**	**21 127**	**87 053**
个旧市	Gejiu	61 561	18 849	2 927	24 972	2 505	700	9 993
开远市	Kaiyuan	94 636	35 609	6 195	35 722	6 271	3 267	8 553
蒙自县	Mengzi	132 170	48 285	4 835	55 643	9 077	3 419	7 407
屏边县	Pingbian	62 423	25 546	1 220	25 335	3 343	385	3 056
建水县	Jianshui	174 109	93 835	11 649	42 016	7 233	3 227	17 531
石屏县	Shiping	100 234	51 903	13 012	21 287	3 997	1 201	8 422
弥勒县	Mile	187 576	60 977	23 183	85 030	6 271	4 867	6 461
泸西县	Luxi	147 022	47 887	2 735	49 957	7 027	2 742	10 031
元阳县	Yuanyang	137 039	80 487	173	32 961	10 725	371	6 898
红河县	Honghe	91 002	55 907	4 977	18 344	4 999	666	1 675
金平县	Jinping	116 092	67 138	18	38 962	6 051	97	2 114
绿春县	Luchun	79 380	38 205	45	24 230	3 752	185	4 826
河口县	Hekou	17 965	8 538		8 667	570		86
文 山 州	**Wenshan**	**1 235 290**	**416 401**	**59 117**	**554 101**	**89 663**	**9 937**	**89 517**
文山县	Wenshan	148 629	51 802	13 971	69 223	6 077	937	5 769
砚山县	Yanshan	195 157	66 477	11 726	100 894	7 071	824	6 657
西畴县	Xichou	89 940	24 672	3 463	41 294	6 485	506	10 266
麻栗坡县	Malipo	95 781	31 243	1 294	46 048	8 778	528	6 601
马关县	Maguan	138 108	43 658	4 458	63 733	12 705	829	9 686

21-17 续表3 continued

单位：吨 (ton)

地区	Region	粮食 Grain	#稻谷 Rice	#小麦 Wheat	#玉米 Corn	#豆类 Beans	#蚕豆 Broad Beans	#薯类 Tubers
丘北县	Qiubei	180 212	46 423	15 293	100 273	11 625	1 316	6 481
广南县	Guangnan	258 901	91 747	8 565	87 964	26 083	4 113	33 579
富宁县	Funing	128 562	60 379	347	44 672	10 839	884	10 478
西双版纳州	**Xishuangbanna**	**357 820**	**246 069**	**172**	**105 016**	**2 828**	**146**	**3 283**
景洪市	Jinghong	123 617	83 475		39 076	617		383
勐海县	Menghai	155 141	124 083	172	26 831	1 464	146	2 289
勐腊县	Mengla	79 062	38 511		39 109	747		611
大理州	**Dali**	**1 391 824**	**520 057**	**47 336**	**440 997**	**133 523**	**87 309**	**63 129**
大理市	Dali	146 743	81 648	4 128	29 027	19 210	18 693	4 468
漾濞县	Yangbi	50 040	11 500	3 955	22 516	4 044	2 154	3 617
祥云县	Xiangyun	167 528	51 246	5 127	48 729	18 617	16 766	17 886
宾川县	Binchuan	152 613	68 428	3 143	68 346	8 140	6 577	2 906
弥渡县	Midu	138 563	46 796	4 934	44 259	5 606	2 980	2 316
南涧县	Nanjian	94 205	10 224	6 582	51 979	3 352	2 184	3 763
巍山县	Weishan	132 414	51 415	5 098	37 390	12 744	5 847	4 084
永平县	Yongping	75 021	25 831	6 511	24 826	5 809	2 238	3 376
云龙县	Yunlong	95 992	25 311	2 287	44 074	14 986	2 543	3 517
洱源县	Eryuan	149 368	70 664	1 036	29 551	25 702	19 132	5 910
剑川县	Jianchuan	71 323	22 138	2 146	15 879	7 159	1 484	7 599
鹤庆县	Heqing	118 014	54 856	2 389	24 421	8 154	6 711	3 687
德宏州	**Dehong**	**548 346**	**330 875**	**23 383**	**158 789**	**7 554**	**1 891**	**27 154**
瑞丽市	Ruili	69 317	41 830	995	24 092	393	91	1 803
潞西市	Luxi	181 932	104 709	13 440	55 319	3 162	700	5 180
梁河县	Lianghe	50 017	33 624	1 324	10 120	729	183	4 199
盈江县	Yingjiang	147 953	93 154	6 577	33 958	2 147	568	11 873
陇川县	Longchuan	99 127	57 558	1 047	35 300	1 123	349	4 099
怒江州	**Nujiang**	**174 568**	**37 928**	**12 033**	**83 586**	**17 281**	**2 627**	**12 714**
泸水县	Lushui	56 945	18 099	1 121	27 503	4 299	1 092	3 628
福贡县	Fugong	30 965	6 329		19 527	2 190	191	1 659
贡山县	Gongshan	10 065	1 013	355	6 882	458	80	841
兰坪县	Lanping	76 593	12 487	10 557	29 674	10 334	1 264	6 586
迪庆州	**Diqing**	**144 822**	**15 679**	**27 296**	**66 178**	**10 328**	**1 601**	**10 036**
香格里拉县	Shangri-La	63 279	6 094	13 935	25 906	3 036	1 148	5 461
德钦县	Deqin	21 859	726	5 733	10 043	798		710
维西县	Weixi	59 684	8 859	7 628	30 229	6 494	453	3 865

21-18 各地区主要农作物产量(二)（2009年）
Output of Major Farm Crops by Region (II) (2009)

单位：百公斤 (100 kg)

地区	Region	油料 Oil-bearing Crops	#花生 Peanuts	#油菜籽 Rapeseeds	甘蔗 Sugarcane	烤烟 Flue-cured Tobacco	茶叶 Tea	水果 Fruits
全省合计	**Total**	**5 015 623**	**713 109**	**4 141 312**	**176 131 362**	**8 802 744**	**1 829 475**	**30 384 813**
昆明市	**Kunming**	**143 423**	**13 988**	**117 088**	**25 662**	**898 085**	**741**	**1 165 383**
五华区	Wuhua	508		422		8 125		17 970
盘龙区	Panlong	85		55		47 355		22 689
官渡区	Guandu	418		268		5 891	4	54 662
西山区	Xishan	2 116		2 059		7 003		40 386
东川区	Dongchuan	12 548	7 372	5 143	7 362			40 272
呈贡县	Chenggong	69						109 580
晋宁县	Jinning	19 450	39	18 153		31 002		40 844
富民县	Fumin	9 090	147	7 677		27 395		246 805
宜良县	Yiliang	9 990	2 480	4 120	10	136 330	293	56 560
石林县	Shilin	11 239		7 161		167 070	145	272 637
嵩明县	Songming	502		422		69 195		49 630
禄劝县	Luquan	19 018	3 950	13 882	18 290	136 297	8	49 258
寻甸县	Xundian	47 619		47 319		213 651		29 910
安宁市	Anning	10 771		10 407		48 771	291	134 180
曲靖市	**Qujing**	**839 817**	**11 224**	**792 510**	**4 550**	**1 913 397**	**123**	**1 243 095**
麒麟区	Qilin	10 180		8 000		167 500		110 681
马龙县	Malong	12 040		8 390		149 510		72 240
陆良县	Luliang	51 850	110	45 200		253 170		308 790
师宗县	Shizong	48 317	2 154	29 660	930	229 239		63 836
罗平县	Luoping	562 610		562 610	1 320	285 140		81 530
富源县	Fuyuan	131 810	680	130 180		187 348	105	49 759
会泽县	Huize	14 990	7 280	6 840	2 300	90 000		265 650
沾益县	Zhanyi	3 390		1 630		182 080		147 393
宣威市	Xuanwei	4 630	1 000			369 410	18	143 216
玉溪市	**Yuxi**	**542 396**	**14 815**	**519 385**	**13 548 230**	**1 037 675**	**15 104**	**2 033 598**
红塔区	Hongta	130 649	257	130 392		66 625	135	87 526
江川县	Jiangchuan	91 297		90 905		150 568	95	29 817
澄江县	Chengjiang	17 466		16 404		92 247		24 313
通海县	Tonghai	30 757	95	30 527	5 160	94 815		79 303
华宁县	Huaning	41 532	2 108	37 267	3 600	153 039	100	908 168
易门县	Yimen	55 788	577	53 635	24 080	126 063	308	44 041
峨山县	Eshan	100 529	958	97 498	149 180	107 766	3 291	24 721
新平县	Xinping	33 018	8 203	24 442	6 816 990	138 139	3 780	261 609
元江县	Yuanjiang	41 360	2 617	38 315	6 549 220	108 413	7 395	574 100

21-18 续表1 continued

单位：百公斤 (100 kg)

地 区	Region	油料 Oil-bearing Crops	#花生 Peanuts	#油菜籽 Rapeseeds	甘蔗 Sugarcane	烤烟 Flue-cured Tobacco	茶叶 Tea	水果 Fruits
保山市	**Baoshan**	**655 559**	**13 503**	**638 578**	**18 234 602**	**545 138**	**231 811**	**662 318**
隆阳区	Longyang	185 330	5 882	177 711	4 717 826	120 202	17 595	374 832
施甸县	Shidian	47 217	1 767	44 896	3 033 832	131 141	9 428	93 581
腾冲县	Tengchong	368 475	144	367 881	900 740	146 643	68 500	46 634
龙陵县	Longling	12 642	2 640	9 890	4 319 204	35 000	51 708	25 818
昌宁县	Changning	41 895	3 070	38 200	5 263 000	112 152	84 580	121 453
昭通市	**Zhaotong**	**360 762**	**76 870**	**278 199**	**1 356 735**	**552 178**	**23 711**	**2 227 233**
昭阳区	Zhaoyang	2 562	172	1 507	55 788	134 719		1 805 146
鲁甸县	Ludian	14 431	2 845	9 688	6 432	94 264		84 567
巧家县	Qiaojia	10 948	9 175	918	952 232	37 954		31 321
盐津县	Yanjin	85 910	14 124	71 693	11 488	470	16 715	24 757
大关县	Daguan	6 820	5 294	1 526	7 552	17 500	999	5 478
永善县	Yongshan	70 569	9 323	60 771	295 607	10 000	490	159 777
绥江县	Suijiang	17 375	824	16 543	16 039		3 091	29 842
镇雄县	Zhenxiong	51 318	10 106	41 062		176 835	845	36 853
彝良县	Yiliang	34 095	6 761	26 003	5 022	52 936	782	29 624
威信县	Weixin	58 896	14 596	44 300	5 200	27 500	399	6 851
水富县	Shuifu	7 838	3 650	4 188	1 375		390	13 017
丽江市	**Lijiang**	**107 499**	**16 952**	**86 168**	**1 198 788**	**188 988**	**5 919**	**961 194**
古城区	Gucheng	20 762		20 103		11 129		56 805
玉龙县	Yulong	48 978		47 403		77 190		112 433
永胜县	Yongsheng	25 826	11 740	12 970	1 120 303	71 805	24	117 696
华坪县	Huaping	10 760	5 212	5 310	78 485	15 602	5 895	614 593
宁蒗县	Ninglang	1 173		382		13 262		59 667
普洱市	**Pu'er**	**150 577**	**104 812**	**44 664**	**16 566 687**	**343 409**	**461 923**	**589 154**
思茅区	Simao	9 525	6 795	2 672	2 006	15 004	85 042	109 568
宁洱县	Ning'er	15 513	6 677	8 836	3 467	29 163	40 955	18 824
墨江县	Mojiang	30 355	28 949	1 398	565 921	54 661	29 607	52 503
景东县	Jingdong	15 350	6 418	8 778	1 237 794	108 010	63 911	30 117
景谷县	Jinggu	25 671	17 114	8 256	3 168 000	49 369	47 050	119 904
镇沅县	Zhenyuan	18 307	7 423	10 884	302 510	87 202	12 206	53 584
江城县	Jiangcheng	7 076	6 700	376	864 210		74 120	50 737
孟连县	Menglian	8 443	8 240	189	3 175 240		17 323	59 354
澜沧县	Lancang	18 512	15 583	2 363	6 866 230		84 670	91 140
西盟县	Ximeng	1 825	913	912	381 309		7 039	3 423
临沧市	**Lincang**	**197 756**	**33 285**	**161 022**	**53 443 677**	**202 000**	**478 742**	**2 766 939**
临翔区	Linxiang	99 700	1 517	98 151	1 403 569	55 000	43 278	42 350
凤庆县	Fengqing	23 093	745	22 326	2 844 935	51 500	181 060	74 823

21-18 续表2 continued

单位：百公斤 (100 kg)

地 区	Region	油 料 Oil-bearing Crops	#花 生 Peanuts	#油菜籽 Rapeseeds	甘 蔗 Sugarcane	烤 烟 Flue-cured Tobacco	茶 叶 Tea	水 果 Fruits
云 县	Yunxian	20 055	5 329	14 248	6 064 643	25 000	59 113	164 603
永德县	Yongde	8 574	6 664	640	11 491 890	22 500	48 349	260 560
镇康县	Zhenkang	906	756		4 276 625	1 500	22 657	27 120
双江县	Shuangjiang	12 625	2 024	10 571	4 784 484	14 000	44 726	37 329
耿马县	Gengma	24 061	14 802	8 982	17 617 531	7 500	44 493	2 121 187
沧源县	Cangyuan	8 742	1 448	6 104	4 960 000	25 000	35 066	38 967
楚 雄 州	**Chuxiong**	**456 950**	**26 530**	**413 580**	**149 040**	**885 540**	**9 735**	**938 770**
楚雄市	Chuxiong	81 830	210	80 360	1 030	155 850	1 915	95 000
双柏县	Shuangbo	15 440	2 500	12 120	76 140	89 080	4 151	34 130
牟定县	Mouding	54 460	260	51 190		78 940	1 469	37 960
南华县	Nanhua	34 970	510	33 280	340	100 350	1 906	35 960
姚安县	Yao'an	56 790		56 550		84 570	41	60 640
大姚县	Dayao	26 340	360	24 260	17 870	74 000	13	57 330
永仁县	Yongren	16 320	1 300	9 790	7 140	46 810	20	68 900
元谋县	Yuanmou	20 580	18 130	1 940	14 890	20 900		266 060
武定县	Wuding	33 660	2 490	28 770	6 130	82 880	18	111 290
禄丰县	Lufeng	116 560	770	115 320	25 500	152 160	202	171 500
红 河 州	**Honghe**	**345 378**	**133 334**	**197 359**	**14 541 737**	**892 765**	**84 063**	**9 201 232**
个旧市	Gejiu	16 387	13 471	1 730	630 430	27 884	40	319 899
开远市	Kaiyuan	20 412	17 845		1 183 878	50 500	21	209 121
蒙自县	Mengzi	23 651	12 259	7 088	1 975 130	83 958	654	1 746 893
屏边县	Pingbian	8 848	6 027	2 694	130 431	7 858	14 678	212 001
建水县	Jianshui	28 089	19 057	7 671	1 562 840	148 137	355	651 107
石屏县	Shiping	18 015	4 036	12 096	1 160 670	138 031	31	641 205
弥勒县	Mile	48 724	6 534	40 540	4 259 506	222 448	1	549 777
泸西县	Luxi	126 479	312	125 372	1 795	213 189	6	422 418
元阳县	Yuanyang	15 247	14 521		1 627 215		8 101	155 193
红河县	Honghe	3 929	3 879		1 942 805	760	14 207	228 009
金平县	Jinping	17 515	17 478	1	40 124		3 912	2 187 540
绿春县	Luchun	15 661	15 661		16 121		41 473	12 819
河口县	Hekou	2 421	2 254	167	10 792		584	1 865 250
文 山 州	**Wenshan**	**487 973**	**222 403**	**229 179**	**8 841 695**	**525 505**	**71 689**	**1 470 562**
文山县	Wenshan	78 565	45 092	19 289	1 781 190	80 185	12	92 797
砚山县	Yanshan	73 226	63 875	3 429	64 222	137 111	16	73 705
西畴县	Xichou	18 172	7 187	8 244	175 941	26 058	3 725	44 291
麻栗坡县	Malipo	24 132	11 805	12 057	186 207	35 000	4 780	51 318
马关县	Maguan	43 883	15 921	26 548	518 722	46 289	2 198	851 926

21-18 续表3 continued

单位：百公斤 (100 kg)

地区	Region	油料 Oil-bearing Crops	#花生 Peanuts	#油菜籽 Rapeseeds	甘蔗 Sugarcane	烤烟 Flue-cured Tobacco	茶叶 Tea	水果 Fruits
丘北县	Qiubei	51 656	29 803	16 934	13 834	110 754	130	68 774
广南县	Guangnan	159 970	31 608	122 445	2 137 577	90 000	57 701	229 828
富宁县	Funing	38 369	17 112	20 233	3 964 002	108	3 127	57 923
西双版纳州	**Xishuangbanna**	**20 840**	**20 560**	**160**	**7 898 380**		**272 071**	**3 647 642**
景洪市	Jinghong	7 490	7 480		14 620		116 182	1 632 967
勐海县	Menghai	8 550	8 310	160	7 004 550		121 554	391 090
勐腊县	Mengla	4 800	4 770		879 210		34 335	1 623 585
大理州	**Dali**	**452 478**	**14 947**	**427 873**	**2 976 640**	**816 700**	**50 781**	**3 076 502**
大理市	Dali	17 920		16 638		31 338	1 285	117 812
漾濞县	Yangbi	14 686		14 586		2 200	153	48 323
祥云县	Xiangyun	53 167		53 116		135 452	113	73 179
宾川县	Binchuan	125 185	8 772	112 148	280 860	107 749		2 290 091
弥渡县	Midu	42 825	4 833	34 367		105 959	2 492	38 490
南涧县	Nanjian	22 790	539	22 209	2 680	103 891	36 400	36 872
巍山县	Weishan	78 371	153	78 030		112 120	5 312	64 969
永平县	Yongping	24 153		24 063	1 050	71 579	1 653	33 662
云龙县	Yunlong	18 384		18 384	4 550	41 714	2 946	50 224
洱源县	Eryuan	35 191		35 176		45 584	425	178 542
剑川县	Jianchuan	14 008		14 008		31 268		45 531
鹤庆县	Heqing	5 798	650	5 148	2 687 500	27 846	2	98 807
德宏州	**Dehong**	**192 822**	**7 803**	**184 638**	**36 410 014**	**1 364**	**121 989**	**266 443**
瑞丽市	Ruili	18 896	406	18 490	3 550 000		1 813	131 887
潞西市	Luxi	28 427	4 967	23 179	6 110 333	25	70 460	58 266
梁河县	Lianghe	26 776	956	25 820	2 844 084	594	15 183	15 264
盈江县	Yingjiang	43 760	344	43 316	9 336 467		23 235	43 829
陇川县	Longchuan	74 963	1 130	73 833	14 569 130	745	11 298	17 197
怒江州	**Nujiang**	**18 824**	**2 083**	**11 944**	**934 925**		**1 073**	**55 021**
泸水县	Lushui	4 035	172	3 197	934 885		703	12 872
福贡县	Fugong	11 336	1 623	8 282			302	2 323
贡山县	Gongshan	959	288	432			68	2 198
兰坪县	Lanping	2 494		33	40			37 628
迪庆州	**Diqing**	**42 569**		**38 965**				**79 727**
香格里拉县	Shangri-La	28 514		26 241				29 083
德钦县	Deqin	238						30 497
维西县	Weixi	13 817		12 724				20 147

21-19 各地区畜牧业生产情况（2009年）

单位：万头、万只、吨

地 区	Region	猪 Hogs			牛 Cattle and Buffaloes			
		存栏 Stocked	出栏 Slaughtered	肉产量 Output of Meat	存栏 Stocked	出栏 Slaughtered	肉产量 Output of Meat	存栏 Stocked
全省合计	**Total**	**2 736.17**	**2 824.50**	**2 308 235**	**742.57**	**252.63**	**279 878**	**877.59**
昆明市	**Kunming**	**224.77**	**347.43**	**303 273**	**56.09**	**23.51**	**27 698**	**121.30**
五华区	Wuhua	5.82	9.63	6 089	0.59	0.14	155	1.43
盘龙区	Panlong	6.05	8.53	7 842	1.60	0.28	308	3.01
官渡区	Guandu	7.89	7.93	7 063	0.65	0.20	298	1.03
西山区	Xishan	6.28	7.05	7 314	0.99	0.14	399	2.91
东川区	Dongchuan	20.95	23.09	22 028	5.14	1.03	1 112	17.14
呈贡县	Chenggong	0.28	1.82	1 540	0.15	0.08	110	0.23
晋宁县	Jinning	13.96	25.09	18 401	2.59	0.69	1 187	3.47
富民县	Fumin	13.80	14.56	12 589	2.32	0.48	539	5.36
宜良县	Yiliang	28.68	61.66	53 303	5.52	1.42	2 625	9.45
石林县	Shilin	17.52	23.13	20 520	5.10	1.03	1 464	18.35
嵩明县	Songming	14.40	26.85	25 104	2.06	1.71	2 291	3.14
禄劝县	Luquan	30.75	45.16	36 359	11.47	4.71	4 774	29.08
寻甸县	Xundian	39.93	64.18	61 766	16.10	10.80	11 118	23.85
安宁市	Anning	18.47	28.74	23 355	1.82	0.78	1 318	2.84
曲靖市	**Qujing**	**664.10**	**1 056.55**	**1 088 948**	**100.81**	**45.39**	**67 035**	**187.36**
麒麟区	Qilin	46.15	89.88	89 878	4.25	1.96	1 956	5.22
马龙县	Malong	21.04	30.05	28 621	4.89	1.61	1 847	21.10
陆良县	Luliang	69.05	128.35	129 926	7.00	4.12	5 976	22.02
师宗县	Shizong	40.17	61.45	64 806	11.06	4.10	4 936	16.98
罗平县	Luoping	70.11	108.18	106 015	7.49	3.73	5 409	8.42
富源县	Fuyuan	71.77	115.61	114 477	10.39	5.04	8 077	20.08
会泽县	Huize	106.93	157.15	164 791	31.92	15.52	23 084	40.68
沾益县	Zhanyi	59.35	86.95	81 151	8.27	5.10	8 895	24.94
宣威市	Xuanwei	179.54	278.93	309 283	15.55	4.23	6 855	27.92
玉溪市	**Yuxi**	**152.40**	**205.66**	**171 905**	**28.55**	**13.28**	**17 630**	**35.35**
红塔区	Hongta	18.66	41.00	35 618	0.62	0.75	1 555	1.32
江川县	Jiangchuan	28.48	21.03	17 386	0.62	0.16	328	1.22
澄江县	Chengjiang	7.38	10.05	8 579	1.27	0.43	585	3.09
通海县	Tonghai	12.11	22.23	16 704	1.31	1.30	2 561	1.69
华宁县	Huaning	18.52	23.76	23 115	3.84	2.34	3 259	6.36
易门县	Yimen	17.15	26.72	21 470	3.73	1.95	1 967	4.50
峨山县	Eshan	11.43	18.07	13 335	2.81	1.99	2 331	3.87
新平县	Xinping	25.27	28.17	23 165	8.86	2.86	3 235	9.58
元江县	Yuanjiang	13.41	14.61	12 533	5.48	1.49	1 809	3.72

注：全省合计为抽样调查数。

Animal Husbandry Production by Region (2009)

(10 000 heads,10 000 units,ton)

羊 Sheep and Goats		家禽 Poultry			禽蛋产量	奶类产量		蜂蜜产量
出栏 Slaughtered	肉产量 Output of Meat	存栏 Stocked	出栏 Slaughtered	肉产量 Output of Meat	Poultry Eggs Output	Milk Output	#牛奶产量 Cow Milk Output	Honey Output
687.12	**120 704**	**11 705.81**	**17 953.59**	**308 031**	**207 547**	**575 586**	**483 753**	**6 903**
69.03	**14 688**	**2 083.00**	**4 445.99**	**76 967**	**66 290**	**104 047**	**93 554**	**529**
0.46	114	28.53	38.45	684	1 264	1	1	5
1.12	330	36.82	26.47	540	1 366	267	267	5
0.42	98	234.64	207.96	3 955	27 350	12 099	12 004	6
0.87	289	29.73	48.73	1 415	430	380	380	8
8.03	1 017	68.50	132.71	2 572	691	162	162	26
0.49	111	40.47	149.50	2 875	8 802	6 717	6 607	
1.95	439	127.81	331.98	4 968	3 056	27 187	27 128	114
1.65	477	94.11	76.31	1 847	4 320	19	18	45
6.36	1 646	594.67	1 742.51	25 801	2 781	36 050	35 410	39
9.31	2 500	203.56	420.58	8 052	1 604	11 120	1 556	35
2.07	581	111.97	173.50	3 233	3 990	6 740	6 740	5
15.87	3 668	78.40	150.72	2 701	662			131
18.56	2 866	158.54	142.56	2 035	5 849	107	107	78
1.87	552	275.26	804.03	16 289	4 125	3 198	3 174	32
139.18	**34 392**	**1 135.01**	**2 110.95**	**46 345**	**34 654**	**16 503**	**7 030**	**1 803**
5.12	1 535	122.76	330.54	8 266	8 579	3 502	3 502	6
12.01	2 623	76.70	101.69	1 927	2 778			37
14.24	4 576	183.57	347.22	8 981	3 405	10 746	1 693	21
15.15	3 429	88.01	152.32	2 286	1 107	103	83	118
11.65	2 167	48.98	167.34	3 248	1 690			1 440
16.03	3 122	102.95	188.01	3 092	2 517			28
35.98	5 941	200.77	314.09	5 259	7 044	802	802	124
14.34	7 318	112.11	234.33	7 783	3 046	910	910	8
14.65	3 681	199.18	275.39	5 503	4 488	440	40	21
22.43	**5 762**	**1 375.27**	**2 473.76**	**49 716**	**64 793**	**2 754**	**2 454**	**181**
1.02	333	240.17	499.93	11 575	13 893	137	115	97
0.83	328	106.24	189.45	4 275	5 961	26	26	2
1.11	312	84.14	159.08	2 759	1 728	75	64	5
1.68	520	493.37	467.17	8 703	35 012	2 165	2 165	
2.98	907	78.18	207.02	4 201	870	315	48	11
3.77	950	128.85	384.65	8 160	1 657	21	21	10
2.86	692	59.69	200.17	3 970	1 732	15	15	2
6.09	1 214	125.98	274.29	4 546	1 803			34
2.09	506	58.63	92.00	1 527	2 137			20

Note; Total data of province are from sample surveys in this table.

21-19 续表1

单位：万头、万只、吨

地　区	Region	猪 Hogs 存栏 Stocked	猪 Hogs 出栏 Slaughtered	猪 Hogs 肉产量 Output of Meat	牛 Cattle and Buffaloes 存栏 Stocked	牛 Cattle and Buffaloes 出栏 Slaughtered	牛 Cattle and Buffaloes 肉产量 Output of Meat	存栏 Stocked
保 山 市	**Baoshan**	**258.31**	**282.63**	**224 873**	**60.98**	**16.34**	**21 261**	**42.66**
隆阳区	Longyang	71.96	86.49	72 361	16.48	3.71	4 609	14.59
施甸县	Shidian	37.84	38.47	31 359	8.06	1.21	1 356	3.26
腾冲县	Tengchong	57.25	66.21	52 755	13.93	5.26	8 645	5.57
龙陵县	Longling	25.00	19.47	18 342	7.00	0.95	1 540	6.74
昌宁县	Changning	66.26	71.99	50 056	15.51	5.20	5 111	12.50
昭 通 市	**Zhaotong**	**298.61**	**345.97**	**312 910**	**53.65**	**16.19**	**19 280**	**58.15**
昭阳区	Zhaoyang	38.68	60.04	52 296	5.74	2.38	3 215	9.40
鲁甸县	Ludian	23.79	20.54	18 982	7.20	1.99	2 497	6.20
巧家县	Qiaojia	35.40	50.54	45 351	6.62	1.40	1 770	13.56
盐津县	Yanjin	30.14	34.01	26 793	2.44	0.31	339	1.02
大关县	Daguan	18.81	20.61	20 070	2.28	0.43	600	3.70
永善县	Yongshan	29.46	28.43	26 097	3.32	0.70	717	10.49
绥江县	Suijiang	7.47	12.13	11 098	.86	0.36	550	0.95
镇雄县	Zhenxiong	59.68	64.70	62 292	10.70	5.65	6 018	3.53
彝良县	Yiliang	30.81	27.75	26 809	8.62	1.43	1 713	8.26
威信县	Weixin	19.93	20.19	17 362	5.63	1.51	1 812	0.59
水富县	Shuifu	4.45	7.02	5 760	.23	0.04	49	0.46
丽 江 市	**Lijiang**	**103.55**	**88.61**	**65 019**	**35.34**	**8.91**	**11 020**	**107.25**
古城区	Gucheng	10.67	13.20	10 285	2.11	0.74	1 060	3.49
玉龙县	Yulong	21.84	25.15	18 710	7.51	2.63	3 891	16.45
永胜县	Yongsheng	30.22	24.20	17 974	11.89	3.40	3 585	40.06
华坪县	Huaping	15.75	12.82	8 525	4.60	1.15	1 298	12.90
宁蒗县	Ninglang	25.06	13.23	9 525	9.24	0.98	1 186	34.35
普 洱 市	**Pu'er**	**238.83**	**151.15**	**100 131**	**76.84**	**12.55**	**10 931**	**30.23**
思茅区	Simao	18.27	17.58	10 956	2.78	0.79	570	1.87
宁洱县	Ning'er	23.00	14.37	10 995	5.21	0.97	795	1.74
墨江县	Mojiang	28.54	15.38	12 270	13.86	1.56	1 325	3.13
景东县	Jingdong	39.41	26.28	17 873	11.15	2.60	2 001	11.10
景谷县	Jinggu	30.97	16.32	10 935	9.72	1.44	1 160	3.91
镇沅县	Zhenyuan	28.23	17.44	12 248	7.34	0.76	822	5.89
江城县	Jiangcheng	8.37	5.40	3 830	4.91	1.10	733	0.39
孟连县	Menglian	9.27	7.62	3 824	2.40	0.41	305	0.22
澜沧县	Lancang	47.93	27.82	15 294	17.51	2.52	2 912	1.66
西盟县	Ximeng	4.85	2.94	1 906	1.96	0.41	308	0.32
临 沧 市	**Lincang**	**258.41**	**199.79**	**132 591**	**68.92**	**12.51**	**15 472**	**57.87**
临翔区	Linxiang	24.69	15.75	11 413	4.89	1.11	1 338	6.13
凤庆县	Fengqing	50.93	44.02	28 438	12.49	3.07	3 308	17.77

continued

(10 000 heads,10 000 units,ton)

羊 Sheep and Goats		家禽 Poultry			禽蛋产量 Poultry Eggs Output	奶类产量 Milk Output		蜂蜜产量 Honey Output
出栏 Slaughtered	肉产量 Output of Meat	存栏 Stocked	出栏 Slaughtered	肉产量 Output of Meat			#牛奶产量 Cow Milk Output	
27.07	**6 009**	**583.38**	**819.41**	**18 975**	**11 951**	**6 299**	**6 299**	**663**
6.98	1 516	183.51	270.89	6 699	6 070	3 040	3 040	81
1.33	344	44.62	49.58	1 077	614	12	12	26
4.94	1 130	186.60	285.14	6 935	3 540	3 046	3 046	368
3.27	863	70.02	73.88	1 288	553	16	16	20
10.56	2 156	98.64	139.92	2 976	1 174	185	185	168
31.41	**6 434**	**701.44**	**765.80**	**13 439**	**16 794**	**646**	**646**	**173**
5.95	981	73.71	107.29	1 665	2 074	613	613	
3.18	614	55.82	46.03	742	1 241			3
7.81	1 624	50.62	75.19	1 160	1 068	10	10	17
0.45	127	70.41	89.92	1 649	1 043			14
2.25	556	25.88	27.08	517	7			3
5.17	871	40.40	38.81	583	675	20	20	12
1.11	221	22.17	50.74	870	866	3	3	52
2.46	673	215.41	187.31	3 671	6 613			36
2.65	675	71.65	57.66	1 115	1 470			7
0.24	41	56.51	59.00	944	1 500			14
0.14	51	18.87	26.76	523	237			15
39.02	**6 638**	**290.10**	**311.99**	**5 455**	**3 495**	**4 808**	**4 760**	**169**
3.15	635	19.75	22.86	356	536	181	181	5
7.97	1 303	64.54	68.09	1 034	1 319	3 215	3 215	60
15.68	2 607	88.36	84.70	1 601	969	1 260	1 260	58
4.33	690	71.30	92.10	1 786	449	1	1	17
7.89	1 403	46.16	44.25	678	222	151	103	29
13.11	**2 536**	**870.59**	**899.10**	**11 176**	**5 266**	**291**	**291**	**502**
1.03	172	74.45	73.13	1 120	631	182	182	7
0.62	159	47.41	42.09	628	511			34
1.24	250	98.80	109.37	1 254	794			35
6.20	1 161	148.73	198.03	2 818	706			75
1.10	246	118.91	170.42	2 215	955	48	48	32
1.94	336	62.47	62.30	909	779			77
0.18	31	21.10	24.78	328	269			25
0.15	17	36.60	33.88	402	144			35
0.48	119	246.13	172.93	1 363	462	61	61	182
0.17	45	15.99	12.18	139	15			
24.00	**4 707**	**801.30**	**865.97**	**12 135**	**3 810**	**1 032**	**1 032**	**205**
2.14	457	71.02	61.22	917	232	792	792	21
7.49	1 262	134.16	158.77	2 172	507	15	15	66

21-19 续表2

单位：万头、万只、吨

地 区	Region	猪 Hogs			牛 Cattle and Buffaloes			
		存栏 Stocked	出栏 Slaughtered	肉产量 Output of meat	存栏 Stocked	出栏 Slaughtered	肉产量 Output of meat	存栏 Stocked
云　县	Yunxian	54.22	60.08	38 977	13.85	2.21	2 844	17.28
永德县	Yongde	48.48	34.52	20 717	12.06	2.19	3 339	8.11
镇康县	Zhenkang	24.40	8.56	7 369	6.81	0.89	1 327	3.22
双江县	Shuangjiang	18.68	12.58	9 433	4.93	0.72	702	2.30
耿马县	Gengma	21.94	15.51	9 810	7.49	1.24	1 327	2.71
沧源县	Cangyuan	15.07	8.77	6 434	6.40	1.08	1 287	0.35
楚 雄 州	**Chuxiong**	**199.60**	**253.96**	**218 362**	**73.89**	**31.07**	**43 004**	**128.28**
楚雄市	Chuxiong	31.82	37.82	32 527	11.84	6.00	8 338	14.51
双柏县	Shuangbo	18.48	19.35	16 640	8.63	3.56	4 955	17.13
牟定县	Mouding	14.27	16.10	14 490	4.96	1.44	1 998	5.62
南华县	Nanhua	19.24	22.80	18 929	7.36	2.97	3 947	7.52
姚安县	Yao'an	10.58	19.57	16 834	4.32	2.49	3 463	5.90
大姚县	Dayao	20.47	22.54	19 382	7.37	2.79	3 880	21.29
永仁县	Yongren	12.05	14.20	12 213	4.32	1.60	2 224	12.04
元谋县	Yuanmou	13.30	16.05	13 807	5.31	1.62	2 245	10.76
武定县	Wuding	21.15	31.31	26 925	8.07	4.72	6 566	17.78
禄丰县	Lufeng	38.23	54.20	46 615	11.69	3.88	5 388	15.73
红 河 州	**Honghe**	**374.27**	**515.75**	**444 305**	**92.45**	**20.74**	**24 650**	**48.76**
个旧市	Gejiu	20.74	30.40	28 658	3.18	1.53	2 546	1.80
开远市	Kaiyuan	17.95	24.14	20 490	5.58	1.23	1 290	6.49
蒙自县	Mengzi	33.14	61.29	50 910	4.78	1.01	1 569	2.41
屏边县	Pingbian	19.86	22.02	17 585	3.84	0.21	249	0.90
建水县	Jianshui	45.38	85.88	81 804	10.68	2.36	3 551	4.34
石屏县	Shiping	42.95	61.53	52 920	8.86	2.03	2 607	3.38
弥勒县	Mile	43.72	70.26	70 676	13.52	4.27	4 393	14.36
泸西县	Luxi	55.49	65.64	45 755	10.05	2.90	3 704	10.53
元阳县	Yuanyang	29.29	30.20	26 272	8.51	1.61	1 451	0.71
红河县	Honghe	19.62	19.20	16 039	9.24	1.70	1 621	3.00
金平县	Jinping	23.49	24.16	17 839	6.25	0.82	695	0.52
绿春县	Luchun	16.00	15.02	11 631	6.90	0.99	892	0.24
河口县	Hekou	6.66	6.01	3 726	1.06	0.09	82	0.08
文 山 州	**Wenshan**	**305.54**	**353.22**	**291 797**	**127.62**	**41.75**	**40 058**	**35.55**
文山县	Wenshan	35.16	42.77	36 830	10.54	2.17	2 516	2.98
砚山县	Yanshan	30.21	33.45	29 357	13.41	5.18	5 863	6.67
西畴县	Xichou	22.30	31.01	25 897	6.65	2.70	2 361	0.44
麻栗坡县	Malipo	25.70	32.01	29 297	10.33	2.50	2 542	1.61
马关县	Maguan	35.06	41.11	31 944	10.44	1.67	1 401	0.45

continued

(10 000heads,10 000 Units,ton)

羊 Sheep and Goats		家 禽 Poultry			禽蛋产量 Poultry Eggs	奶类产量 Milk		蜂蜜产量 Honey
出栏 Slaughtered	肉产量 Output of meat	存栏 Stocked	出栏 Slaughtered	肉产量 Output of meat	Output	Output	#牛奶产量 Cow Milk Output	Output
7.01	1 406	221.00	279.34	3 942	1 044	225	225	69
2.97	657	113.37	120.31	1 741	420			31
1.61	400	57.19	63.99	995	191			7
1.45	263	62.78	63.39	774	304			8
1.18	232	91.19	88.31	1 135	344			3
0.15	30	50.59	30.64	459	768			
87.38	**15 292**	**839.03**	**1 433.74**	**24 533**	**7 162**	**2 367**	**2 367**	**884**
8.23	1 440	162.47	247.97	4 264	1 564	2 122	2 122	33
10.90	1 908	57.85	53.47	927	240			37
3.31	578	37.24	48.29	821	606	3	3	52
4.81	842	100.97	182.76	3 120	735			37
5.41	947	47.91	81.30	1 385	553	84	84	145
13.30	2 325	61.61	73.71	1 252	728	90	90	332
8.26	1 446	36.48	32.99	566	295			14
7.21	1 263	39.01	54.01	923	282			21
16.65	2 913	162.26	485.29	8 302	898			136
9.32	1 630	133.22	173.95	2 973	1 261	68	68	77
29.24	**6 859**	**1 293.94**	**2 177.06**	**34 537**	**39 883**	**24 031**	**20 280**	**406**
1.52	483	74.59	105.14	1 781	3 860	12 769	12 768	19
2.91	466	165.76	432.47	6 722	9 039	602	180	9
1.74	458	81.38	150.36	2 616	3 118	406	254	2
0.27	90	57.11	65.33	999	501			2
2.49	702	244.17	483.78	7 649	10 277	1 053	53	3
2.10	461	87.68	151.16	2 294	4 131	3 126	2 999	23
7.61	2 179	72.05	125.01	2 386	3 110	5 303	4 013	133
7.48	1 397	123.13	132.38	2 195	3 206	772	13	187
0.36	72	82.34	90.24	1 404	1 128			
1.88	423	74.84	93.40	1 370	608			16
0.45	61	121.00	162.26	2 610				3
0.34	52	89.50	166.03	2 280	702			9
0.06	15	20.40	19.50	231	203			
29.11	**5 450**	**1 128.32**	**1 384.69**	**21 675**	**9 676**	**157**	**157**	**227**
2.51	637	101.96	119.04	2 206	2 659	61	61	6
6.11	1 220	122.43	194.93	2 706	500			41
0.54	71	137.42	180.14	2 674	1 383			12
1.21	225	102.87	127.19	1 866	1 001			16
0.37	62	137.24	165.16	2 479	1 490	20	20	6

21-19 续表3

单位：万头、万只、吨

地 区	Region	猪 Hogs			牛 Cattle and Buffaloes			
		存栏 Stocked	出栏 Slaughtered	肉产量 Output of Meat	存栏 Stocked	出栏 Slaughtered	肉产量 Output of Meat	存栏 Stocked
丘北县	Qiubei	43.01	58.00	56 077	16.60	8.00	8 500	19.50
广南县	Guangnan	77.44	81.74	59 531	34.22	11.24	9 136	2.47
富宁县	Funing	36.67	33.14	22 864	25.42	8.29	7 739	1.42
西双版纳州	**Xishuangbanna**	**48.09**	**31.45**	**20 747**	**10.58**	**4.44**	**4 336**	**0.60**
景洪市	Jinghong	17.30	12.94	8 406	2.52	1.43	1 442	0.24
勐海县	Menghai	18.23	9.86	6 501	6.23	2.38	2 163	0.21
勐腊县	Mengla	12.56	8.65	5 840	1.83	0.63	731	0.15
大理州	**Dali**	**255.02**	**337.47**	**300 747**	**98.17**	**46.48**	**53 123**	**135.04**
大理市	Dali	24.15	57.72	51 946	4.79	4.33	6 058	1.33
漾濞县	Yangbi	12.30	11.07	9 433	6.63	2.43	2 562	9.86
祥云县	Xiangyun	26.32	33.19	30 031	4.55	1.31	1 354	5.66
宾川县	Binchuan	26.47	35.74	35 620	6.37	1.33	1 495	14.47
弥渡县	Midu	23.19	33.75	34 074	8.90	3.18	3 986	3.92
南涧县	Nanjian	18.36	17.64	17 636	10.11	7.31	8 774	8.01
巍山县	Weishan	18.59	21.26	19 136	9.13	7.43	7 803	14.55
永平县	Yongping	23.77	18.25	13 118	8.63	4.76	4 044	15.49
云龙县	Yunlong	22.89	25.00	22 372	13.93	5.19	7 006	22.81
洱源县	Eryuan	18.53	27.12	21 486	12.35	3.34	2 871	16.25
剑川县	Jianchuan	15.99	14.88	12 015	7.11	3.52	4 248	11.33
鹤庆县	Heqing	24.45	41.85	33 880	5.66	2.35	2 922	11.37
德宏州	**Dehong**	**66.88**	**59.49**	**56 159**	**19.33**	**6.18**	**6 794**	**6.56**
瑞丽市	Ruili	6.55	8.67	8 220	1.70	1.75	1 920	0.46
潞西市	Luxi	19.29	16.56	15 523	5.11	1.47	1 622	1.82
梁河县	Lianghe	11.25	6.80	6 460	2.01	0.46	502	0.54
盈江县	Yingjiang	17.44	18.98	17 897	6.83	1.54	1 694	2.53
陇川县	Longchuan	12.35	8.48	8 059	3.67	0.96	1 056	1.20
怒江州	**Nujiang**	**51.69**	**37.01**	**22 776**	**16.37**	**2.64**	**2 791**	**44.04**
泸水县	Lushui	21.21	15.41	10 017	5.61	1.06	1 061	15.01
福贡县	Fugong	9.06	6.46	3 237	2.27	0.52	575	6.70
贡山县	Gongshan	3.76	2.75	1 414	0.95	0.18	190	2.01
兰坪县	Lanping	17.66	12.39	8 108	7.55	0.88	965	20.32
迪庆州	**Diqing**	**47.28**	**26.90**	**16 094**	**24.67**	**3.13**	**3 812**	**22.63**
香格里拉县	Shangri-La	22.55	12.84	8 239	12.03	1.59	2 392	7.12
德钦县	Deqin	5.91	2.40	1 439	6.10	0.33	398	4.95
维西县	Weixi	18.82	11.66	6 416	6.54	1.20	1 022	10.56

continued

(10 000 heads,10 000 units,ton)

羊 Sheep and Goats		家 禽 Poultry			禽 蛋 产 量	奶 类 产 量		蜂 蜜 产 量
出 栏 Slaughtered	肉产量 Output of Meat	存 栏 Stocked	出 栏 Slaughtered	肉产量 Output of Meat	Poultry Eggs Output	Milk Output	#牛奶产量 Cow Milk Output	Honey Output
15.70	2 731	136.57	165.04	2 866	885			30
1.79	357	232.92	252.25	4 085	1 147	76	76	73
0.87	147	156.92	180.94	2 793	611			43
0.26	**80**	**307.18**	**276.96**	**3 371**	**1 310**			**44**
0.09	40	128.50	138.57	1 774	581			10
0.07	20	96.47	69.09	890	467			34
0.10	20	82.20	69.30	707	262			
122.16	**25 764**	**1 066.89**	**1 558.59**	**30 261**	**38 438**	**395 659**	**394 090**	**718**
1.20	239	246.69	454.72	9 093	11 296	151 729	151 729	8
6.52	1 078	36.62	46.49	736	321	438	438	55
2.45	567	192.19	129.76	2 525	11 304	991	991	83
9.33	1 539	69.70	84.15	1 842	1 946	5 958	5 958	83
4.25	1 045	58.90	85.16	2 099	1 729	29 128	29 128	7
14.82	2 223	129.50	225.05	3 376	1 706	210	210	36
19.73	3 353	99.86	187.12	3 742	1 736	3 649	3 649	31
10.81	1 641	53.99	70.53	1 234	573	9	9	41
17.08	4 268	50.76	104.04	2 081	3 034	80	80	253
16.37	5 543	48.87	63.67	1 345	1 489	180 497	180 497	73
7.79	1 425	40.60	48.36	853	912	17 774	16 228	20
11.82	2 843	39.21	59.54	1 335	2 392	5 196	5 173	28
4.72	**949**	**288.97**	**495.97**	**7 272**	**3 838**	**3 025**	**3 025**	**161**
0.77	154	74.68	211.02	3 049	980	45	45	80
1.22	244	78.97	115.69	1 739	1 032	1 680	1 680	37
0.39	81	25.13	33.42	497	251	110	110	10
1.44	291	72.72	92.25	1 353	1 150	815	815	28
0.90	179	37.47	43.59	634	425	375	375	6
19.46	**3 163**	**150.14**	**161.13**	**2 360**	**896**	**51**	**51**	**147**
6.70	1 139	73.63	91.54	1 373	453			57
4.51	706	27.23	20.89	292	116			18
0.84	126	15.24	14.64	185	59	12	12	22
7.41	1 192	34.05	34.06	510	268	39	39	50
6.32	**1 085**	**121.09**	**56.95**	**988**	**891**	**13 916**	**13 916**	**91**
2.13	429	79.65	24.90	419	405	7 893	7 893	21
0.50	101	12.29	8.71	218	148	5 660	5 660	37
3.69	555	29.15	23.34	351	338	363	363	33

21-20 各地区规模以上工业企业单位数和工业总产值（2009年）

Number of Industrial Enterprises of Annual Revenue over 5 Million Yuan from Principal Business with Independent Accounting Systems and Their Gross Output Value by Region (2009)

(按当年价新规定计算)　　(It is calculated according to the new regulation in the current year)

地　区	Region	企业单位数（个）Number of Enterprises (unit)	工业总产值（万元）Gross Industrial Output Value (10 000 yuan)	国有企业 State-owned Industry		集体企业 Collective-owned Enterprise		股份合作制企业 Corporations Enterprise	
				单位数（个）Number of Enterprise (unit)	总产值（万元）Gross Output Value (10 000 yuan)	单位数（个）Number of Enterprise (unit)	总产值（万元）Gross Output Value (10 000 yuan)	单位数（个）Number of Enterprise (unit)	总产值（万元）Gross Output Value (10 000 yuan)
全省合计	**Total**	**3 489**	**51 782 090**	**269**	**17 512 327**	**125**	**641 455**	**47**	**133 698**
昆 明 市	**Kunming**	**1 127**	**18 408 257**	**87**	**5 089 152**	**52**	**167 378**	**15**	**32 216**
五华区	Wuhua	174	5 285 719	17	2 046 217	3	7 142	3	6 761
盘龙区	Panlong	91	1 251 238	7	102 969	2	2 083	3	8 841
官渡区	Guandu	235	3 408 915	17	1 708 979	4	17 621	1	1 122
西山区	Xishan	125	1 296 730	12	94 201	9	16 750	1	3 585
东川区	Dongchuan	78	774 385			1	15 855		
呈贡县	Chenggong	62	829 838	2	64 221	1	894	4	9 463
晋宁县	Jinning	46	530 890	3	62 038	1	680		
富民县	Fumin	49	208 953			2	2 707	2	1 840
宜良县	Yiliang	45	385 881	3	9 942	10	20 970		
石林县	Shilin	30	108 050	2	10 355	3	3 637		
嵩明县	Songming	59	327 012	4	22 179				
禄劝县	Luquan	23	57 017	1	11 947	2	4 096	1	604
寻甸县	Xundian	20	330 990	2	17 293	5	11 146		
安宁市	Anning	90	3 612 640	17	938 813	9	63 795		
曲 靖 市	**Qujing**	**459**	**8 127 125**	**34**	**2 814 847**	**30**	**77 788**	**2**	**1 914**
麒麟区	Qilin	96	3 737 173	12	2 142 200	3	6 683		
马龙县	Malong	21	286 315	1	13 397				
陆良县	Luliang	48	502 319	3	129 575	2	6 063	1	511
师宗县	Shizong	43	268 655	1	21 523	10	43 416		
罗平县	Luoping	38	396 187	4	61 881			1	1 403
富源县	Fuyuan	103	979 064	4	83 134				
会泽县	Huize	18	184 414	1	19 097				
沾益县	Zhanyi	27	1 000 463	1	17 938	6	9 708		
宣威市	Xuanwei	65	772 535	7	326 103	9	11 918		
玉 溪 市	**Yuxi**	**342**	**7 517 119**	**16**	**4 014 519**	**19**	**340 125**	**3**	**11 996**
红塔区	Hongta	117	5 270 631	6	3 708 101	13	319 822		
江川县	Jiangchuan	26	125 674	1	11 413				
澄江县	Chengjiang	24	232 222					1	1 521
通海县	Tonghai	58	396 947	1	39 624	3	5 999	2	10 475
华宁县	Huaning	26	74 235	1	9 795				
易门县	Yimen	35	303 914	1	18 804				
峨山县	Eshan	23	319 902	1	14 803	2	13 524		
新平县	Xinping	16	695 469	3	196 717				
元江县	Yuanjiang	17	98 125	2	15 261	1	782		

注：国有企业中含国有联营企业和国有独资公司。

Note: State-owned enterprises include state-owned jointly-run enterprises and solely state-owned enterprises.

21-20 续表1 continued

地 区	Region	企业单位数 (个) Number of Enterprises (unit)	工业总产值 (万元) Gross Industrial Output Value (10 000 yuan)	国有企业 State-owned Industry		集体企业 Collective-owned Enterprise		股份合作制企业 Corporations Enterprise	
				单位数 (个) Number of Enterprise (unit)	总产值 (万元) Gross Output Value (10 000 yuan)	单位数 (个) Number of Enterprise (unit)	总产值 (万元) Gross Output Value (10 000 yuan)	单位数 (个) Number of Enterprise (unit)	总产值 (万元) Gross Output Value (10 000 yuan)
保 山 市	**Baoshan**	**130**	**835 207**	**5**	**26 456**			**5**	**11 260**
隆阳区	Longyang	51	345 094	1	14 184				
施甸县	Shidian	9	43 003						
腾冲县	Tengchong	34	224 854	2	3 668			1	8 977
龙陵县	Longling	16	149 412	1	7 093			1	
昌宁县	Changning	20	72 844	1	1 511			3	2 283
昭 通 市	**Zhaotong**	**267**	**1 631 282**	**14**	**586 344**	**2**	**3 246**	**2**	**3 810**
昭阳区	Zhaoyang	54	700 407	4	503 215				
鲁甸县	Ludian	13	141 286	1	8 333				
巧家县	Qiaojia	14	55 203	1	4 421				
盐津县	Yanjin	14	96 007						
大关县	Daguan	11	21 982	1	2 359			1	2 252
永善县	Yongshan	8	24 165	2	15 213				
绥江县	Suijiang	9	24 364	1	3 365				
镇雄县	Zhenxiong	67	183 334	1	12 962	1	2 222		
彝良县	Yiliang	35	108 700	1	19 013	1	1 024	1	1 557
威信县	Weixin	32	49 500						
水富县	Shuifu	10	226 333	2	17 464				
丽 江 市	**Lijiang**	**75**	**517 933**	**2**	**9 193**	**3**	**4 402**	**1**	**16 210**
古城区	Gucheng	16	115 041	2	9 193	2	2 659		
玉龙县	Yulong	6	32 902						
永胜县	Yongsheng	17	107 736						
华坪县	Huaping	24	233 462			1	1 743	1	16 210
宁蒗县	Ninglang	12	28 792						
普 洱 市	**Pu'er**	**115**	**788 362**	**15**	**216 937**	**3**	**2 806**	**1**	**1 665**
思茅区	Simao	23	282 810	3	120 837				
宁洱县	Ning'er	15	62 938	2	9 253	1	1 083		
墨江县	Mojiang	9	67 176	1	4 686				
景东县	Jingdong	10	43 996	1	4 706				
景谷县	Jinggu	25	168 458	1	9 764	1	891		
镇沅县	Zhenyuan	11	30 422	2	10 739	1	832		
江城县	Jiangcheng	6	13 068	2	3 058				
孟连县	Menglian	5	19 027						
澜沧县	Lancang	9	94 397	2	52 220			1	1 665
西盟县	Ximeng	2	6 070	1	1 674				
临 沧 市	**Lincang**	**79**	**544 796**	**5**	**23 252**			**1**	**944**
临翔区	Linxiang	13	71 429	1	15 538			1	944
凤庆县	Fengqing	11	48 857	1	663				
云 县	Yunxian	12	109 719	2	4 769				
永德县	Yongde	9	65 853						
镇康县	Zhenkang	7	82 868						
双江县	Shuangjiang	10	72 365						
耿马县	Gengma	9	66 931	1	2 283				
沧源县	Cangyuan	8	26 775						

21-20 续表2 continued

地区	Region	企业单位数(个) Number of Enterprises (unit)	工业总产值(万元) Gross Industrial Output Value (10 000 yuan)	国有企业 State-owned Industry 单位数(个) Number of Enterprise (unit)	国有企业 State-owned Industry 总产值(万元) Gross Output Value (10 000 yuan)	集体企业 Collective-owned Enterprise 单位数(个) Number of Enterprise (unit)	集体企业 Collective-owned Enterprise 总产值(万元) Gross Output Value (10 000 yuan)	股份合作制企业 Corporations Enterprise 单位数(个) Number of Enterprise (unit)	股份合作制企业 Corporations Enterprise 总产值(万元) Gross Output Value (10 000 yuan)
楚雄州	**Chuxiong**	**182**	**2 399 034**	**16**	**790 602**	**4**	**10 978**	**4**	**14 504**
楚雄市	Chuxiong	54	1 113 523	6	719 735	1	6 683		
双柏县	Shuangbo	11	36 502	1	2 002				
牟定县	Mouding	16	48 182	1	3 799			1	9 200
南华县	Nanhua	11	78 076	1	3 472				
姚安县	Yao'an	9	16 441					2	2 446
大姚县	Dayao	14	139 085						
永仁县	Yongren	10	22 555	1	3 202				
元谋县	Yuanmou	11	46 098	1	4 519				
武定县	Wuding	14	51 693	1	8 568				
禄丰县	Lufeng	32	846 880	4	45 305	3	4 295	1	2 858
红河州	**Honghe**	**205**	**5 743 943**	**30**	**2 954 174**	**3**	**20 325**	**1**	**726**
个旧市	Gejiu	42	2 023 818	7	910 183				
开远市	Kaiyuan	20	688 755	6	328 941	2	1 469		
蒙自县	Mengzi	20	904 320	5	642 086				
屏边县	Pingbian	10	37 833	1	1 946	1	18 856		
建水县	Jianshui	15	228 523	2	12 203				
石屏县	Shiping	14	65 810	1	6 657				
弥勒县	Mile	34	1 407 457	2	1 017 130				
泸西县	Luxi	13	187 217	2	25 811				
元阳县	Yuanyang	5	35 837	1	2 875			1	726
红河县	Honghe	4	13 993	1	3 417				
金平县	Jinping	21	120 359						
绿春县	Luchun	2	9 644	1	2 400				
河口县	Hekou	5	20 376	1	524				
文山州	**Wenshan**	**133**	**1 501 396**	**7**	**233 967**			**3**	**8 436**
文山县	Wenshan	24	567 871	3	207 239				
砚山县	Yanshan	27	332 215	3	24 645				
西畴县	Xichou	3	9 962						
麻栗坡县	Malipo	19	123 749						
马关县	Maguan	18	229 902					1	445
丘北县	Qiubei	15	57 851	1	2 083				
广南县	Guangnan	14	84 328					2	7 991
富宁县	Funing	13	95 518						
西双版纳州	**Xishuangbanna**	**62**	**307 665**	**13**	**70 302**	**1**	**791**	**2**	**3 633**
景洪市	Jinghong	24	98 546	6	36 193			2	3 633
勐海县	Menghai	29	145 950	4	27 951				
勐腊县	Mengla	9	63 168	3	6 158	1	791		

21-20 续表3 continued

地 区	Region	企业单位数(个) Number of Enterprises (unit)	工业总产值(万元) Gross Industrial Output Value (10 000 yuan)	国有企业 State-owned Industry		集体企业 Collective-owned Enterprise		股份合作制企业 Corporations Enterprise	
				单位数(个) Number of Enterprise (unit)	总产值(万元) Gross Output Value (10 000 yuan)	单位数(个) Number of Enterprise (unit)	总产值(万元) Gross Output Value (10 000 yuan)	单位数(个) Number of Enterprise (unit)	总产值(万元) Gross Output Value (10 000 yuan)
大 理 州	**Dali**	**190**	**2 478 203**	**13**	**501 066**	**3**	**4 344**	**5**	**18 607**
大理市	Dali	69	1 322 601	7	466 408	2	3 522	3	9 057
漾濞县	Yangbi	10	72 508						
祥云县	Xiangyun	27	513 719	1	2 861				
宾川县	Binchuan	11	**48 833**	**1**	**8 101**			**1**	**6 304**
弥渡县	Midu	8	24 597						
南涧县	Nanjian	7	17 325						
巍山县	Weishan	9	28 970	1	3 884				
永平县	Yongping	12	16 859						
云龙县	Yunlong	6	26 622						
洱源县	Eryuan	9	205 705	1	5 150				
剑川县	Jianchuan	6	56 264	1	4 536				
鹤庆县	Heqing	16	144 199	1	10 127	1	822	1	3 246
德 宏 州	**Dehong**	**85**	**515 669**	**7**	**105 709**	**4**	**4 047**		
瑞丽市	Ruili	14	116 821	1	1 894				
潞西市	Luxi	26	171 432	3	81 366	2	2 639		
梁河县	Lianghe	8	41 194	1	3 116	2	1 408		
盈江县	Yingjiang	32	155 114	1	7 283				
陇川县	Longchuan	5	31 108	1	12 050				
怒 江 州	**Nujiang**	**15**	**244 812**	**2**	**46 840**			**1**	**6 845**
泸水县	Lushui	5	57 778	2	46 840			1	6 845
福贡县	Fugong	5	4 367						
贡山县	Gongshan	1	2 968						
兰坪县	Lanping	4	179 700						
迪 庆 州	**Diqing**	**22**	**192 487**	**3**	**28 967**	**1**	**5 226**	**1**	**932**
香格里拉县	Shangri-La	15	125 103	3	28 967	1	5 226		
德钦县	Deqin	3	55 912						
维西县	Weixi	4	11 472					1	932

21-21 各地区主要工业产品产量（2009年）

Output of Major Industrial Products by Region (2009)

地　区	Region	原　煤 (万吨) Coal (10 000 tons)	发电量 (万千瓦小时) Electricity (10 000 kwh)	农用化肥 (吨) Chemicel Fertilizer (ton)	白　酒 (千升) Liquor (kiloliter)	啤　酒 (千升) Beer (kiloliter)	糖 (吨) Sugar (ton)	水　泥 (万吨) Cement (10 000 tons)
全省合计	**Total**	**8 921**	**11 738 181**	**3 567 273**	**235 294**	**481 697**	**2 239 133**	**5 046**
昆 明 市	**Kunming**	**625**	**1 662 785**	**1 461 462**	**28 240**	**157 340**		**859**
五华区	Wuhua		550 770	16891				
盘龙区	Panlong		3 231	2909				7
官渡区	Guandu		8 837	17 867		62077		135
西山区	Xishan		1 492	677 290				128
东川区	Dongchuan		16 814	16 899	313			20
呈贡县	Chenggong							
晋宁县	Jinning			93 193	500			9
富民县	Fumin		13 464		1 920			13
宜良县	Yiliang	196	546 728	109691	9 129			179
石林县	Shilin	83	706		2 887			21
嵩明县	Songming	34			9 136	95263		25
禄劝县	Luquan		66 533					49
寻甸县	Xundian	313	65 850	24491	4 355			61
安宁市	Anning		388 360	502231				213
曲 靖 市	**Qujing**	**4 063**	**3 869 034**	**641 379**	**9 434**			**852**
麒麟区	Qilin	482	59 978	27 028				46
马龙县	Malong		146		805			43
陆良县	Luliang		46 518	19 150	1 319			310
师宗县	Shizong	300	35 884		1 045			56
罗平县	Luoping	174	248 319	13 756				18
富源县	Fuyuan	1874	1 496 385		1 485			10
会泽县	Huize		149 594	29 146	4 780			72
沾益县	Zhanyi	31	684 503	167 456				55
宣威市	Xuanwei	1 202	1 147 706	384 843				242
玉 溪 市	**Yuxi**	**46**	**145 919**	**182 109**	**11 261**		**180 998**	**718**
红塔区	Hongta		6 086	27 157	621			130
江川县	Jiangchuan			5 632	794			79
澄江县	Chengjiang		29 638	14 839	112			59
通海县	Tonghai		1 877	63 064				57
华宁县	Huaning	19	8 242		1 170			51
易门县	Yimen		4 596		3 745			197
峨山县	Eshan	27	3 126	71 417	3 796		5 668	18
新平县	Xinping		53 352		415		84 357	28
元江县	Yuanjiang		39 003		607		90 973	99

注：本表统计范围为全部工业法人单位。

Note:The coverage of statistics are all industrial legal entities in this table.

21-21 续表1 continued

地 区	Region	原 煤 (万吨) Coal (10 000 tons)	发电量 (万千瓦小时) Electricity (10 000 kwh)	农用化肥 (吨) Chemical Fertilizer (ton)	白 酒 (千升) Liquor (kiloliter)	啤 酒 (千升) Beer (kiloliter)	糖 (吨) Sugar (ton)	水 泥 (万吨) Cement (10 000 tons)
保 山 市	**Baoshan**	**11**	**239 092**	**5 351**		**30 366**	**296 796**	**186**
隆阳区	Longyang		162 694			30 366	81 341	42
施甸县	Shidian		5 039					125
腾冲县	Tengchong		4 475	5 351			9 997	9
龙陵县	Longling		65 069				129 317	5
昌宁县	Changning	11	1 815				76 141	5
昭 通 市	**Zhaotong**	**1 440**	**402 495**	**365 906**	**18 094**		**6 806**	**296**
昭阳区	Zhaoyang	122	103 428	32 388	2 646			147
鲁甸县	Ludian		37 480	13 162	167			56
巧家县	Qiaojia	2	18 040		572		6 806	9
盐津县	Yanjin	120	46 412		1 567			8
大关县	Daguan	32	21 973		1 500			14
永善县	Yongshan	13	10 685		1 050			7
绥江县	Suijiang	106	3 134	1 448	152			20
镇雄县	Zhenxiong	681	18 098		5 859			23
彝良县	Yiliang	137	33 860		1 013			3
威信县	Weixin	223	14 955		3 180			7
水富县	Shuifu	3	94 430	318 908	388			2
丽 江 市	**Lijiang**	**725**	**111 697**	**72 071**	**6 742**		**15 423**	**236**
古城区	Gucheng		27 677		162			54
玉龙县	Yulong	3	7 145		532			
永胜县	Yongsheng	22	24 700		2 294		15 423	71
华坪县	Huaping	613	37 245	72 071	228			105
宁蒗县	Ninglang	87	14 930		3 526			5
普 洱 市	**Pu'er**	**65**	**420 410**		**8 066**	**14 338**	**210 024**	**195**
翠云区			234 797			14 338		85
宁洱县	Ning'er	10	9 263		60			49
墨江县	Mojiang		101 206		2 600		8 083	11
景东县	Jingdong	7	9 127				15 035	11
景谷县	Jinggu	7	26 195		4 399		40 571	23
镇沅县	Zhenyuan	8	4 012		74		3 311	8
江城县	Jiangcheng		3 783		380		15 697	
孟连县	Menglian	3	11 752		34		40 785	
澜沧县	Lancang	31	10 740		519		72 975	7
西盟县	Ximeng		6 607				13 568	
临 沧 市	**Lincang**	**15**	**683 355**		**22 276**	**21 838**	**690 190**	**54**
临翔区	Linxiang	3	22 595		1 144		22 728	
凤庆县	Fengqing		10 149		1 094		40 655	12
云 县	Yunxian		581 950		15 793	21 838	79 732	9
永德县	Yongde	1	11 111		1 176		157 077	8
镇康县	Zhenkang		34 429		166		109 336	1
双江县	Shuangjiang	3	10 278		360		56 243	2
耿马县	Gengma		6 805		2 264		168 905	2
沧源县	Cangyuan	7	6 038		279		55 515	19

21-21 续表2 continued

地 区	Region	原 煤 (万吨) Coal (10 000 tons)	发电量 (万千瓦小时) Electricity (10 000 kwh)	农用化肥 (吨) Chemical Fertilizer (ton)	白 酒 (千升) Liquor (kiloliter)	啤 酒 (千升) Beer (kiloliter)	糖 (吨) Sugar (ton)	水 泥 (万吨) Cement (10 000 tons)
楚 雄 州	**Chuxiong**	**171**	**140 957**	**55 917**	**11 878**	**100 002**		**121**
楚雄市	Chuxiong	33	48 989	9 071	1 400			53
双柏县	Shuangbo	15	28 998					3
牟定县	Mouding				454			
南华县	Nanhua	56			1 382	100 002		
姚安县	Yao'an		218		3 286			2
大姚县	Dayao		7 143					
永仁县	Yongren		6 078		2 118			3
元谋县	Yuanmou		4 607					9
武定县	Wuding			7 172	3 238			2
禄丰县	Lufeng	67	44 925	39 674				50
红 河 州	**Honghe**	**1 353**	**1 616 105**	**759 177**	**32 898**	**13 387**	**173 510**	**397**
个旧市	Gejiu		33 845	114 703	1 986			38
开远市	Kaiyuan	993	674 245	499 718	1 971	13 387	13 723	205
蒙自县	Mengzi	4	54 690	23 131	6 544		28 039	57
屏边县	Pingbian		66 317		2 217			
建水县	Jianshui	26	543		114		12 509	38
石屏县	Shiping	47	8 865				12 175	15
弥勒县	Mile	121	437 751	37 272	14 077		58 236	11
泸西县	Luxi	162	88 155	77 752	1 635			26
元阳县	Yuanyang		4 647		1 404		20 890	3
红河县	Honghe		3 252		2 950		27 938	
金平县	Jinping		177 154	6 601				3
绿春县	Luchun		58 541					
河口县	Hekou		8 101					
文 山 州	**Wenshan**	**140**	**487 821**	**23 901**	**38 265**		**52 815**	**253**
文山县	Wenshan	1	94 377	12 079	2 681		32 991	91
砚山县	Yanshan	13	1 004	11 822	3 664			105
西畴县	Xichou		25 562					33
麻栗坡县	Malipo		133 418		443			
马关县	Maguan	4	98 321		3 433			2
丘北县	Qiubei		46 347		25 423			3
广南县	Guangnan	1	50 683		874		19 824	13
富宁县	Funing	121	38 109		1 747			5
西双版纳州	**Xishuangbanna**		**641 707**		**280**	**7 920**	**120 309**	**40**
景洪市	Jinghong		587 106		269	7 920		33
勐海县	Menghai		42 636		11		95 122	
勐腊县	Mengla		11 965				25 187	7

21-21 续表3 continued

地 区	Region	原 煤 (万吨) Coal (10 000 tons)	发电量 (万千瓦小时) Electricity (10 000 kwh)	农用化肥 (吨) Chemical Fertilizer (ton)	白 酒 (千升) Liquor (kiloliter)	啤 酒 (千升) Beer (kiloliter)	糖 (吨) Sugar (ton)	水 泥 (万吨) Cement (10 000 tons)
大 理 州	**Dali**	**265**	**358 361**		**32 149**	**133 475**	**18 730**	**685**
大理市	Dali		87 734		668	133475		398
漾濞县	Yangbi		151 397		2 538			
祥云县	Xiangyun	110			12 476			66
宾川县	Binchuan	71	6 229		3 700			34
弥渡县	Midu	53	495		2 333			21
南涧县	Nanjian		1 878		662			5
巍山县	Weishan				4 900			12
永平县	Yongping	4	12 003		1 476			8
云龙县	Yunlong		35 421		1 189			59
洱源县	Eryuan		11 741					4
剑川县	Jianchuan	20	14 596		155			77
鹤庆县	Heqing	8	36 867		2 052		18 730	
德 宏 州	**Dehong**	**2**	**741 251**		**2 063**	**3 031**	**473 532**	**137**
瑞丽市	Ruili		7 415			3 031	293 404	15
潞西市	Luxi		22 603				68 832	78
梁河县	Lianghe		61 406				48 999	
盈江县	Yingjiang		555 981				17 365	34
陇川县	Longchuan		5 045				44 932	
怒 江 州	**Nujiang**		**111 861**		**4 123**			**11**
泸水县	Lushui		36 808		2 616			3
福贡县	Fugong		38 621		304			
贡山县	Gongshan		33 644					
兰坪县	Lanping		2 788		1 203			9
迪 庆 州	**Diqing**		**105 330**		**9 526**			**8**
香格里拉县	Shangri-La		98 943		9 526			8
德钦县	Deqin							
维西县	Weixi		6 387					

21-22 各地区规模以上工业企业主要财务指标（2009年）
Principal Financial Indicators of Industrial Enterprises of Annual Revenue over 5 Million Yuan from Principal Business with Independent Accounting Systems by Region (2009)

单位：万元 (10 000 yuan)

地　区	Region	资产总计 Total Assets	负债总计 Total Liabilities	所有者权益总计 Total Owners' Equities	主营业务收入 Revenue from Principal Business	利润总额 Total Profits	利税总额 Total Taxes and Profits
全省合计	**Total**	**76 748 797**	**43 824 813**	**32 715 803**	**49 680 832**	**3 602 465**	**10 941 773**
昆 明 市	**Kunming**	**24 411 233**	**13 700 520**	**10 710 083**	**18 084 179**	**1 114 781**	**2 981 052**
五华区	Wuhua	7 097 521	3 721 910	3 375 610	5 142 261	567 618	1 874 778
盘龙区	Panlong	1 799 257	760 822	1 038 435	1 235 992	142 890	212 476
官渡区	Guandu	4 136 667	2 662 653	1 474 014	3 226 183	156 122	325 329
西山区	Xishan	1 477 766	862 685	614 449	1 269 847	- 19 355	21 489
东川区	Dongchuan	640 151	425 941	214 210	753 066	52 213	79 846
呈贡县	Chenggong	1 173 256	647 094	526 162	812 346	30 381	46 942
晋宁县	Jinning	826 995	391 012	435 983	489 573	35 859	82 016
富民县	Fumin	250 344	182 063	68 281	182 602	2 905	8 672
宜良县	Yiliang	509 350	355 073	154 277	372 774	8 042	33 063
石林县	Shilin	163 778	55 578	108 200	100 870	7 050	13 099
嵩明县	Songming	390 649	231 340	159 309	340 978	23 223	31 765
禄劝县	Luquan	363 126	292 033	71 095	55 412	1 558	4 959
寻甸县	Xundian	486 790	365 882	120 907	300 714	7 322	21 740
安宁市	Anning	5 095 585	2 746 435	2 349 149	3 801 562	98 954	224 877
曲 靖 市	**Qujing**	**11 359 237**	**6 980 822**	**4 360 323**	**7 896 081**	**507 104**	**1 614 702**
麒麟区	Qilin	4 178 977	2 074 084	2 097 679	3 659 108	276 664	1 147 339
马龙县	Malong	222 521	175 598	46 835	269 851	- 1 947	4 718
陆良县	Luliang	467 963	253 147	214 584	475 391	30 965	52 646
师宗县	Shizong	386 238	255 546	130 034	243 640	- 3 289	14 092
罗平县	Luoping	385 971	249 144	131 773	332 183	42 999	63 233
富源县	Fuyuan	2 200 834	1 511 582	685 795	1 001 163	126 393	204 271
会泽县	Huize	114 020	59 138	54 205	183 206	4 018	8 984
沾益县	Zhanyi	2 134 616	1 476 104	658 511	984 730	15 914	53 898
宣威市	Xuanwei	1 268 098	926 479	340 909	746 809	15 386	65 521
玉 溪 市	**Yuxi**	**8 855 478**	**3 372 068**	**5 481 302**	**7 217 711**	**615 546**	**2 597 874**
红塔区	Hongta	6 077 764	1 666 717	4 410 854	5 069 210	445 263	2 300 203
江川县	Jiangchuan	205 779	111 848	93 412	136 775	4 763	14 799
澄江县	Chengjiang	348 302	245 573	102 729	214 251	16 834	25 383
通海县	Tonghai	345 746	206 067	138 980	395 329	22 862	36 417
华宁县	Huaning	115 525	81 057	33 868	70 454	- 3 713	667
易门县	Yimen	318 395	182 031	136 362	243 270	15 141	22 762
峨山县	Eshan	319 517	201 772	117 741	299 570	35 027	56 877
新平县	Xinping	955 582	565 132	390 359	693 386	77 760	131 758
元江县	Yuanjiang	168 869	111 872	56 998	95 466	1 609	9 010

21-22 续表1 continued

单位：万元 (10 000 yuan)

地 区	Region	资产总计 Total Assets	负债总计 Total Liabilities	所有者权益总计 Total Owners ' Equities	主营业务收入 Revenue from Principal Business	利润总额 Total Profits	利税总额 Total Taxes and Profits
保 山 市	**Baoshan**	**1 962 488**	**1 273 635**	**680 105**	**675 933**	**57 941**	**115 703**
隆阳区	Longyang	1 192 502	820 417	372 036	278 877	15 491	36 779
施甸县	Shidian	72 570	19 301	47 723	40 820	5 465	9 010
腾冲县	Tengchong	304 838	174 816	126 869	156 516	28 285	44 998
龙陵县	Longling	292 199	200 525	91 674	131 046	5 628	16 306
昌宁县	Changning	100 378	58 576	41 803	68 673	3 070	8 610
昭 通 市	**Zhaotong**	**3 556 874**	**1 859 723**	**1 695 045**	**1 568 039**	**170 919**	**530 392**
昭阳区	Zhaoyang	1 364 866	596 123	768 180	671 644	76 510	353 068
鲁甸县	Ludian	378 883	276 652	101 440	137 439	13 020	29 046
巧家县	Qiaojia	117 733	57 766	59 667	47 691	5 528	9 578
盐津县	Yanjin	218 462	140 722	77 296	82 546	9 102	14 236
大关县	Daguan	39 882	25 296	14 585	21 867	2 669	4 494
永善县	Yongshan	45 242	31 003	14 239	18 261	1 306	3 331
绥江县	Suijiang	41 299	28 064	13 235	26 277	1 554	7 537
镇雄县	Zhenxiong	125 458	76 480	48 978	183 330	13 630	32 566
彝良县	Yiliang	258 883	167 642	91 241	93 389	3 030	14 584
威信县	Weixin	67 843	28 410	39 426	46 647	4 103	13 164
水富县	Shuifu	898 323	431 566	466 757	238 948	40 469	48 787
丽 江 市	**Lijiang**	**888 981**	**546 573**	**337 484**	**466 488**	**46 973**	**87 336**
古城区	Gucheng	255 402	160 623	91 078	92 816	6 906	13 112
玉龙县	Yulong	65 483	35 512	29 972	28 589	2 933	3 658
永胜县	Yongsheng	197 338	117 625	78 493	87 583	10 539	16 663
华坪县	Huaping	330 251	205 593	124 654	229 190	23 313	47 950
宁蒗县	Ninglang	40 507	27 220	13 287	28 311	3 281	5 953
普 洱 市	**Pu'er**	**2 810 414**	**2 120 538**	**689 553**	**660 570**	**25 721**	**84 694**
思茅区	Simao	1 692 060	1 369 734	322 292	250 943	3 088	27 080
宁洱县	Ning'er	98 857	70 864	27 789	49 883	- 536	3 274
墨江县	Mojiang	231 934	168 730	63 204	66 651	22 983	28 651
景东县	Jingdong	154 084	91 314	62 687	34 329	624	3 060
景谷县	Jinggu	338 319	215 772	122 547	121 174	- 4 228	6 094
镇沅县	Zhenyuan	77 607	70 185	7 422	24 534	- 1 022	468
江城县	Jiangcheng	42 259	25 189	17 070	13 743	829	1 907
孟连县	Menglian	41 120	16 104	25 016	16 484	1 278	2 881
澜沧县	Lancang	128 789	90 447	38 342	76 760	2 615	10 610
西盟县	Ximeng	5 384	2 199	3 185	6 070	90	670
临 沧 市	**Lincang**	**1 110 222**	**708 512**	**401 672**	**516 630**	**20 031**	**58 313**
临翔区	Linxiang	289 604	200 683	88 921	70 809	9 680	15 916
凤庆县	Fengqing	94 083	76 146	17 872	39 702	3 138	5 560
云 县	Yunxian	210 049	113 489	96 560	95 189	9 066	14 702
永德县	Yongde	126 145	81 441	44 704	65 836	2 406	7 036
镇康县	Zhenkang	185 143	111 277	73 866	96 609	497	8 211
双江县	Shuangjiang	82 423	40 118	42 306	54 859	- 437	2 695
耿马县	Gengma	59 784	42 485	17 327	62 916	782	6 865
沧源县	Cangyuan	62 992	42 875	20 117	30 709	- 5 099	- 2 672

21-22 续表2 continued

单位：万元 (10 000 yuan)

地 区	Region	资产总计 Total Assets	负债总计 Total Liabilities	所有者权益总计 Total Owners ' Equities	主营业务收入 Revenue from Principal Business	利润总额 Total Profits	利税总额 Total Taxes and Profits
楚 雄 州	**Chuxiong**	**3 328 406**	**1 646 834**	**1 678 815**	**2 275 780**	**184 365**	**619 005**
楚雄市	Chuxiong	1 826 342	824 910	1 001 432	1 076 461	83 612	452 207
双柏县	Shuangbo	61 083	48 658	12 426	35 374	2 087	4 081
牟定县	Mouding	73 078	48 845	24 062	35 318	1 715	3 440
南华县	Nanhua	101 427	69 922	31 505	60 481	2 990	6 831
姚安县	Yao'an	17 612	10 191	6 132	13 920	- 230	749
大姚县	Dayao	245 083	100 742	143 609	137 524	7 777	15 778
永仁县	Yongren	21 767	16 869	4 760	19 386	114	1 013
元谋县	Yuanmou	28 044	16 935	10 993	46 436	1 558	4 092
武定县	Wuding	135 750	104 896	30 854	45 131	6 145	9 794
禄丰县	Lufeng	818 220	404 866	413 042	805 749	78 597	121 020
红 河 州	**Honghe**	**8 746 547**	**5 512 195**	**3 082 965**	**5 340 957**	**324 666**	**1 194 847**
个旧市	Gejiu	2 643 828	1 757 188	754 711	1 776 902	24 645	100 935
开远市	Kaiyuan	1 619 848	1 199 478	420 370	634 969	7 867	57 474
蒙自县	Mengzi	1 366 633	970 823	376 940	920 905	45 062	95 955
屏边县	Pingbian	77 468	26 244	51 224	35 192	4 184	6 578
建水县	Jianshui	295 163	178 242	116 921	182 839	12 429	24 223
石屏县	Shiping	59 674	34 263	25 408	56 640	1 161	5 652
弥勒县	Mile	1 936 881	850 065	1 086 816	1 388 149	190 911	840 883
泸西县	Luxi	342 139	235 836	106 175	165 289	7 894	18 353
元阳县	Yuanyang	50 762	22 009	28 753	38 102	13 352	15 035
红河县	Honghe	19 390	14 099	4 836	14 312	649	1 853
金平县	Jinping	293 444	202 035	91 409	100 697	15 563	24 944
绿春县	Luchun	17 180	9 462	7 718	10 290	943	1 582
河口县	Hekou	24 137	12 451	11 686	16 670	5	1 380
文 山 州	**Wenshan**	**2 433 520**	**1 492 100**	**929 646**	**1 355 485**	**212 143**	**340 073**
文山县	Wenshan	791 769	438 045	343 819	535 463	93 054	145 338
砚山县	Yanshan	320 884	176 169	143 850	299 669	32 644	58 180
西畴县	Xichou	14 195	11 432	2 763	10 037	331	1 184
麻栗坡县	Malipo	416 928	253 492	163 436	123 510	9 189	15 651
马关县	Maguan	507 964	350 409	157 555	169 468	31 260	50 128
丘北县	Qiubei	79 672	52 065	26 607	40 960	5 395	7 541
广南县	Guangnan	138 311	89 605	48 704	81 926	9 233	18 303
富宁县	Funing	163 797	120 883	42 914	94 453	31 037	43 749
西双版纳州	**Xishuangbanna**	**616 755**	**336 967**	**279 340**	**262 475**	**35 380**	**60 285**
景洪市	Jinghong	296 878	197 946	98 932	97 562	5 188	12 873
勐海县	Menghai	223 708	114 583	109 126	113 888	14 428	24 799
勐腊县	Mengla	96 168	24 439	71 283	51 024	15 763	22 613

21-22 续表3 continued

单位：万元 (10 000 yuan)

地 区	Region	资产总计 Total Assets	负债总计 Total Liabilities	所有者权益总计 Total Owners ' Equities	主营业务收入 Revenue from Principal Business	利润总额 Total Profits	利税总额 Total Taxes and Profits
大 理 州	**Dali**	**2 958 642**	**1 597 572**	**1 357 753**	**2 353 110**	**236 651**	**519 105**
大理市	Dali	1 717 460	813 523	903 738	1 276 261	174 878	413 254
漾濞县	Yangbi	114 883	68 035	46 848	62 823	- 818	2 320
祥云县	Xiangyun	387 786	189 937	197 849	487 858	24 846	41 396
宾川县	Binchuan	51 272	37 416	13 856	48 534	3 703	5 414
弥渡县	Midu	40 512	29 698	10 814	22 034	- 5 566	- 4 215
南涧县	Nanjian	15 584	6 095	6 984	14 706	- 1 411	- 1 014
巍山县	Weishan	33 197	26 332	6 865	24 170	782	2 192
永平县	Yongping	40 639	24 966	15 672	15 343	2 771	4 248
云龙县	Yunlong	113 048	94 268	18 780	26 526	- 1 492	1 352
洱源县	Eryuan	110 837	74 948	35 889	199 832	23 157	26 296
剑川县	Jianchuan	115 824	83 241	31 973	49 747	- 1 774	1 388
鹤庆县	Heqing	217 599	149 115	68 484	125 276	17 576	26 474
德 宏 州	**Dehong**	**1 777 831**	**1 296 092**	**481 707**	**528 767**	**21 700**	**62 333**
瑞丽市	Ruili	140 685	86 990	53 695	125 933	3 049	13 550
潞西市	Luxi	522 250	403 268	118 982	177 432	- 17 956	- 12 177
梁河县	Lianghe	177 698	138 397	39 301	40 545	8 222	13 185
盈江县	Yingjiang	903 995	643 357	260 606	156 491	30 200	48 189
陇川县	Longchuan	33 203	24 081	9 123	28 365	- 1 815	- 414
怒 江 州	**Nujiang**	**692 903**	**439 346**	**253 557**	**269 316**	**17 935**	**48 169**
泸水县	Lushui	217 294	172 710	44 584	58 796	295	8 137
福贡县	Fugong	57 019	44 400	12 619	4 187	- 1 269	- 999
贡山县	Gongshan	34 648	38 755	- 4 106	2 968	- 1 233	- 1 041
兰坪县	Lanping	383 942	183 482	200 461	203 365	20 143	42 071
迪 庆 州	**Diqing**	**491 956**	**364 075**	**126 382**	**180 511**	**3 144**	**17 049**
香格里拉县	Shangri-La	340 388	237 767	102 071	132 353	158	7 808
德钦县	Deqin	104 319	95 065	8 535	34 609	2 208	6 043
维西县	Weixi	47 249	31 243	15 777	13 549	777	3 198

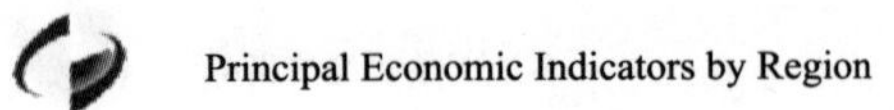

21-23 80个扶贫开发工作重点扶持县主要经济指标（2009年）

地　区	Region	年末总人口（万人）Population (year-end) (10 000 persons)	地区生产总值（万元）Gross Regional Products (10 000 yuan)
全省扶贫开发工作重点扶持县总计	**Key Counties Given Priority in Aid of the Development-oriented Poverty Relief Work in Yunnan Province**	**2 731.57**	**20 748 979**
国家级扶贫开发工作重点扶持县合计	**Key Counties on the State Priority List of the Development-oriented Poverty Relief Work**	**2 379.87**	**17 384 162**
东川区	Dongchuan	29.50	337 575
禄劝县	Luquan	44.80	284 541
寻甸县	Xundian	51.30	324 689
富源县	Fuyuan	70.50	954 000
会泽县	Huize	91.60	833 004
施甸县	Shidian	32.50	194 983
龙陵县	Longling	27.55	236 600
昌宁县	Changning	34.45	292 840
昭阳区	Zhaoyang	80.76	1 020 458
鲁甸县	Ludian	38.29	198 004
巧家县	Qiaojia	52.95	232 011
盐津县	Yanjin	37.82	186 696
大关县	Daguan	26.05	109 765
永善县	Yongshan	40.20	236 188
绥江县	Suijiang	15.96	101 353
镇雄县	Zhenxiong	139.19	417 524
彝良县	Yiliang	55.11	239 053
威信县	Weixin	38.32	170 003
永胜县	Yongsheng	40.04	241 358
宁蒗县	Ninglang	25.66	125 096
宁洱县	Ning'er	19.53	190 301
墨江县	Mojiang	37.99	212 356
景东县	Jingdong	37.98	250 869
镇沅县	Zhenyuan	21.49	144 341
江城县	Jiangcheng	12.09	110 618
孟连县	Menglian	13.41	89 210
澜沧县	Lancang	49.97	237 869
西盟县	Ximeng	9.27	39 797
临翔区	Lincang	30.69	286 162
凤庆县	Fengqing	45.69	272 551
云　县	Yunxian	44.82	416 816
永德县	Yongde	36.91	184 330
镇康县	Zhenkang	17.30	145 801
双江县	Shuangjiang	18.08	123 005
沧源县	Cangyuan	17.55	112 628
双柏县	Shuangbo	15.97	111 495
南华县	Nanhua	23.99	177 172
姚安县	Yao'an	20.91	173 322
大姚县	Dayao	29.05	240 919
永仁县	Yongren	10.91	102 763

Principal Economic Indicators of 80 Key Counties Given Priority in Aid of the Development-oriented Poverty Relief Work (2009)

人均地区生产总值 (元) Per Capita GRP (yuan)	财政一般预算收入 (万元) Financial Revenue (10 000 yuan)	人均财政一般预算收入 (元) Per Capita Financial Revenue (yuan)	城乡居民储蓄存款 (万元) Savings Deposit of Residents (10 000 yuan)	人均居民储蓄存款 (元) Per Capita Savings Deposit of Residents (yuan)	农民人均纯收入 (元) Per Capita Net Income of Rural Residents (yuan)
7 618	**1 203 072**	**442**	**12 411 190**	**4 544**	**2 624**
7 325	**990 577**	**417**	**10 274 204**	**4 317**	**2 569**
11 474	24 066	818	316 500	10 760	2 695
6 371	23 098	517	171 700	3 845	2 707
6 355	27 096	530	216 400	4 235	3 058
13 540	71 802	1 019	453 500	6 437	3 809
9 128	55 116	604	326 500	3 577	2 370
5 999	8 294	255	120 000	3 692	2 686
8 604	14 031	510	157 600	5 726	2 895
8 507	14 516	422	133 300	3 872	3 143
12 691	40 711	506	572 100	7 115	2 927
5 194	10 886	285	74 600	1 956	2 336
4 365	8 560	161	109 200	2 054	2 465
4 956	8 668	230	116 600	3 096	2 395
4 230	4 656	179	80 400	3 098	2 258
5 905	10 442	261	166 900	4 173	2 362
6 374	6 426	404	105 600	6 644	2 579
3 024	20 090	146	244 400	1 770	2 153
4 359	11 575	211	146 500	2 671	2 310
4 436	10 089	264	126 800	3 323	2 446
5 309	13 741	344	212 800	5 325	2 804
4 436	7 316	286	75 100	2 932	1 938
9 754	11 926	611	132 800	6 807	2 920
5 591	12 166	320	136 300	3 589	2 216
6 611	18 000	474	129 800	3 420	3 063
6 720	7 203	335	105 300	4 903	2 677
9 172	5 108	424	51 400	4 262	2 258
6 657	4 062	303	140 400	10 482	2 300
4 764	12 359	248	129 400	2 592	1 737
4 298	2 119	229	24 100	2 603	1 578
9 349	14 298	467	244 700	7 994	2 770
5 980	14 338	315	129 400	2 839	2 926
9 323	19 505	436	139 300	3 116	3 122
5 010	7 312	199	82 800	2 251	2 647
8 506	6 489	377	93 000	5 396	2 314
6 803	4 078	226	54 300	3 012	2 369
6 418	4 359	249	68 100	3 895	2 328
6 990	7 930	497	75 909	4 759	2 805
7 385	9 779	408	108 183	4 513	3 207
8 305	6 197	297	109 342	5 238	3 344
8 305	10 840	374	141 374	4 873	3 267
9 436	6 758	621	56 748	5 211	2 935

21-23 续表

地区	Region	年末总人口（万人） Population (year-end) (10 000 persons)	地区生产总值（万元） Gross Regional Products (10 000 yuan)
武定县	Wuding	27.93	211 752
屏边县	Pingbian	14.79	105 922
泸西县	Luxi	39.47	294 230
元阳县	Yuanyang	39.38	174 853
红河县	Honghe	29.07	120 400
金平县	Jinping	35.21	178 986
绿春县	Luchun	22.29	91 320
文山县	Wenshan	45.77	842 960
砚山县	Yanshan	46.01	442 617
西畴县	Xichou	25.26	121 149
麻栗坡县	Malipo	27.67	211 070
马关县	Maguan	36.64	303 504
丘北县	Qiubei	46.49	230 511
广南县	Guangnan	77.42	365 785
富宁县	Funing	40.14	305 033
勐腊县	Mengla	25.98	346 529
漾濞县	Yangbi	10.24	92 380
弥渡县	Midu	31.90	197 990
南涧县	Nanjian	22.35	150 126
巍山县	Weishan	30.98	193 795
永平县	Yongping	18.25	147 260
云龙县	Yunlong	20.65	161 172
洱源县	Eryuan	27.80	213 284
剑川县	Jianchuan	17.64	111 571
鹤庆县	Heqing	26.74	203 538
梁河县	Lianghe	16.15	90 230
泸水县	Lushui	18.79	161 035
福贡县	Fugong	9.58	47 680
贡山县	Gongshan	3.75	31 579
兰坪县	Lanping	21.48	208 641
香格里拉县	Shangri-La	16.25	422 175
德钦县	Deqin	6.28	94 668
维西县	Weixi	15.37	152 351
省级扶贫开发工作重点扶持县合计	**Key Counties on the Provincial Priority List of the Development-oriented Poverty Relief Work**	**351.70**	**3 364 817**
宣威市	Xuanwei	134.20	1 261 783
腾冲县	Tengchong	63.80	574 667
玉龙县	Yulong	23.15	190 763
牟定县	Mouding	20.58	178 692
石屏县	Shiping	29.77	242 564
祥云县	Xiangyun	45.78	509 248
宾川县	Binchuan	34.42	407 100

continued

人均地区生产总值 (元) Per Capita GRP (yuan)	财政一般预算收入 (万元) Financial Revenue (10 000 yuan)	人均财政一般预算收入 (元) Per Capita Financial Revenue (yuan)	城乡居民储蓄存款 (万元) Savings Deposit of Residents (10 000 yuan)	人均居民储蓄存款 (元) Per Capita Savings Deposit of Residents (yuan)	农民人均纯收入 (元) Per Capita Net Income of Rural Residents (yuan)
7 601	14 229	511	133 874	4 806	2 858
7 157	4 691	316	61 277	4 132	1 860
7 481	26 141	665	282 710	7 189	2 988
4 458	10 511	268	102 328	2 609	2 156
4 157	3 353	116	62 695	2 165	1 923
5 127	13 971	400	89 207	2 555	1 809
4 114	7 181	324	47 879	2 157	1 866
18 567	53 608	1 180	593 100	13 054	2 954
9 664	23 688	517	184 900	4 037	2 510
4 808	5 080	201	84 700	3 356	2 063
7 639	13 600	492	148 300	5 368	2 205
8 333	19 666	538	190 700	5 221	2 588
4 973	13 168	284	119 200	2 572	2 208
4 735	13 460	174	175 500	2 272	2 202
7 628	15 008	375	128 700	3 219	2 337
13 379	15 704	606	259 179	10 009	3 236
8 995	6 826	665	51 500	5 015	2 810
6 216	10 855	341	153 500	4 820	2 595
6 808	12 119	543	79 500	3 562	2 228
6 288	9 692	312	126 300	4 070	2 166
8 069	9 596	526	76 800	4 209	2 467
7 775	8 923	431	77 200	3 728	2 102
7 683	10 068	363	118 900	4 284	3 039
6 401	9 362	531	88 900	5 047	2 069
7 623	14 988	561	187 700	7 030	2 986
5 597	5 720	355	78 400	4 862	2 016
9 540	10 827	578	116 000	6 192	1 972
4 987	2 321	243	22 900	2 397	1 248
8 444	2 302	616	15 900	4 251	1 257
10 060	21 018	981	119 800	5 593	1 903
26 168	16 606	1 029	125 600	7 784	3 026
15 027	4 470	710	32 800	5 206	2 944
9 912	5 820	379	59 100	3 846	2 835
9 598	**212 495**	**606**	**2 136 986**	**6 076**	**3 223**
9 435	79 377	594	719 700	5 381	3 404
9 057	50 081	788	527 700	8 304	3 482
7 732	14 129	612	85 300	3 692	2 997
8 700	7 370	359	105 560	5 139	3 016
8 148	16 977	572	251 896	8 488	3 315
11 080	28 503	624	271 430	5 944	3 359
11 852	16 058	468	175 400	5 112	3 501

21-24 25个边境县市主要经济指标（2009年）

地　区	Region	年末总人口（万人）Population (year-end) (10 000 persons)	地区生产总值（万元）Gross Regional Products (10 000 yuan)
25个边境县合计	**25 Border Counties**	**654.86**	**5 796 970**
腾冲县	Tengchong	63.80	574 667
龙陵县	Longling	27.55	236 600
江城县	Jiangcheng	12.09	110 618
孟连县	Menglian	13.41	89 210
澜沧县	Lancang	49.97	237 869
西盟县	Ximeng	9.27	39 797
镇康县	Zhenkang	17.30	145 801
耿马县	Gengma	28.59	260 581
沧源县	Cangyuan	17.55	112 628
金平县	Jinping	35.21	178 986
绿春县	Luchun	22.29	91 320
河口县	Hekou	10.41	148 673
麻栗坡县	Malipo	27.67	211 070
马关县	Maguan	36.64	303 504
富宁县	Funing	40.14	305 033
景洪市	Jinghong	48.20	753 778
勐海县	Menghai	33.42	340 038
勐腊县	Mengla	25.98	346 529
瑞丽市	Ruili	16.99	247 184
潞西市	Luxi	38.24	373 114
盈江县	Yingjiang	29.97	306 269
陇川县	Longchuan	18.05	143 407
泸水县	Lushui	18.79	161 035
福贡县	Fugong	9.58	47 680
贡山县	Gongshan	3.75	31 579

Principal Economic Indicators of 25 Border County and City

人均地区生产总值（元） Per Capita GRP (yuan)	财政一般预算收入（万元） Financial Revenue (10 000 yuan)	人均财政一般预算收入（元） Per Capita Financial Revenue (yuan)	城乡居民储蓄存款（万元） Savings Deposit of Residents (10 000 yuan)	人均居民储蓄存款（元） Per Capita Savings Deposit of Residents (yuan)	农民人均纯收入（元） Per Capita Net Income of Rural Residents (yuan)
8 881	**340 433**	**522**	**4 686 495**	**7 156**	**2 715**
9 057	50 081	788	527 700	8 304	3 482
8 604	14 031	510	157 600	5 726	2 895
9 172	5 108	424	51 400	4 262	2 258
6 657	4 062	303	140 400	10 482	2 300
4 764	12 359	248	129 400	2 592	1 737
4 298	2 119	229	24 100	2 603	1 578
8 506	6 489	377	93 000	5 396	2 314
9 114	8 507	299	127 400	4 473	2 964
6 418	4 359	249	68 100	3 895	2 328
5 127	13 971	400	89 207	2 555	1 809
4 114	7 181	324	47 879	2 157	1 866
14 309	8 970	864	136 991	13 191	2 998
7 639	13 600	492	148 300	5 368	2 205
8 333	19 666	538	190 700	5 221	2 588
7 628	15 008	375	128 700	3 219	2 337
15 704	36 206	753	732 919	15 247	4 218
10 211	11 292	339	184 520	5 535	3 346
13 379	15 704	606	259 179	10 009	3 236
14 618	22 092	1 308	637 000	37 703	3 766
9 811	25 521	671	374 900	9 857	3 106
10 250	21 724	727	183 300	6 134	3 122
7 963	6 933	385	99 000	5 492	2 186
9 540	10 827	578	116 000	6 192	1 972
4 987	2 321	243	22 900	2 397	1 248
8 444	2 302	616	15 900	4 251	1 257